文 / 白 / 对 / 照

资治通鉴

第二十二册

〔宋〕司马光 　编撰

〔清〕康熙 乾隆 　御批

〔清〕申涵煜 　点评

　　萧祥剑 　主编

　　中华文化讲堂 　译

团结出版社

目 录

资治通鉴卷第二百五十六　唐纪七十二

起阏逢执徐六月，尽强圉协洽三月，凡二年有奇。

【译文】起甲辰（公元884年）六月，止丁未（公元887年）三月，共两年十个月。

【题解】本卷记录了公元884年六月至887年三月的史事，共二年又九个月。正当唐僖宗李儇中和四年六月至光启三年三月。此时期全国军阀大混战，唐王朝中央完全失控。围剿黄巢时，藩镇形式上听命于朝廷。此时黄巢已经剿灭，藩镇失去了一个共同的敌人，唐僖宗被宦官田令孜控制，权威扫地，各地大小军阀恣意妄为、无所顾忌。光启元年三月十二日僖宗返回京师长安，光启二年正月初八日僖宗被田令孜挟持第二次蒙尘，出逃兴元。僖宗返回长安不到十个月，长安京师再次遭到兵灾，化为灰烬。在田令孜挟持僖宗出逃之后，李克用返回太原，邠宁节度使朱玫控制京师，拥立襄王李煴另立朝廷，称帝号。河南蔡州节度使秦宗权收揽黄巢余部，反叛朝廷，也称帝号。一时之间出现了三个皇帝鼎立的局面，全国一片混乱。

僖宗惠圣恭定孝皇帝下之上

中和四年（甲辰，公元八八四年）六月，壬辰，东川留后高仁厚奏郑君雄斩杨师立出降。仁厚围梓州久不下，乃为书射城中，道其将士曰："仁厚不忍城中玉石俱焚，为诸君缓师十日，使诸君自成其功。若十日不送师立首，当分见兵为五番，番分昼夜以攻之，于此甚逸，于彼必困矣。五日不下，四面俱进，克之必矣。诸君图之！"数日，君雄大呼于众曰："天子所诛者元恶耳，他人无预也！"众呼万岁，大噪，突入府中，师立自杀，君雄挈其首出降。仁厚献其首及妻子于行在，陈敬瑄钉其子于城北，敬瑄三子出观之，钉者呼曰："兹事行及汝曹，汝曹于后努力领取！"三子走马而返。以高仁厚为东川节度使。

【译文】中和四年（甲辰，公元884年）六月，壬辰日（初三），东川留后高仁厚向朝廷奏报郑君雄已经将叛贼杨师立杀死，出城投降了。高仁厚围攻梓州，久攻不下，于是写了一封书信，射入城中，劝导城中的将士说："我高仁厚不忍心看到城内不管好坏之人都被杀死，暂时停止攻城十天，然后让你们主动立此大功。如果十天内你们没有交出杨师立的人头，我就要把军队分为五部，各部在白天和黑夜轮流进攻，这样对于我们来说，是很闲逸的，对于你们来说就一定会精疲力竭的。五天后如果攻不下来，各部一起攻打你们，肯定会攻克城池的。你们想想吧！"过了几天，郑君雄大声告诉士兵说："天子要诛杀的只是元凶首恶罢了，跟其他的人是没有什么关系的。"部众们高呼万岁，大声喧哗着冲入官府中，杨师立自杀，郑君雄砍下他的首级打开城门出来投降。高仁厚到僖宗李儇那里献上杨师立的人头以及他的妻姜子女们，陈敬瑄把杨师立的儿子钉在城北，陈敬瑄的三个儿子出去看，被钉的人大喊："这种事也会轮到你的，你们以后等着领受吧！"陈敬瑄的儿子立即骑着马返回。唐僖宗李儇任命高仁厚为东川节度使。

甲辰，武宁将李师悦与尚让追黄巢至瑕丘，败之。巢众殆尽，走至狼虎谷，丙午，巢甥林言斩巢兄弟妻子首，将诣时溥，遇沙陀博野军，夺之，并斩言首以献于溥。

蔡州节度使秦宗权纵兵四出，侵噬邻道。天平节度使朱瑄，有众三万，从父弟瑾，勇冠军中。宣武节度使朱全忠为宗权所攻，势甚窘，求救于瑄，瑄遣瑾将兵救之，败宗权于合乡。全忠德之，与瑄约为兄弟。

【译文】甲辰日（十五日），武宁的将领李师悦联合尚让追击黄巢，到了瑕丘，打败黄巢军，黄巢的手下士兵死的死，伤的伤，几乎灭绝，逃到泰山东南部的狼虎谷。丙午日（十七日），黄巢的外甥林言砍下黄巢以及他的兄弟、妻子的头，正准备送到时溥那里，路上遇到沙陀的博野军，他们将黄巢等人的头抢走了，并且砍下林言的头，一起献给时溥。

蔡州节度使秦宗权放纵士兵各处抢掠，侵吞邻近各道的财物；天平节度使朱瑄拥有部众三万人，堂弟朱瑾勇猛威武，为军中之首。宣武节度使朱全忠遭到秦宗权的攻打，形势危急，向朱瑄请求援救，朱瑄派遣朱瑾带领军队前往救援，在合乡将秦宗权的军队打败。朱全忠很感激他，与朱瑄结拜为兄弟。

秋，七月，壬午，时溥遣使献黄巢及家人首并姬妾，上御大玄楼受之。宣问姬妾："汝曹皆勋贵子女，世受国恩，何为从贼？"其居首者对曰："狂贼凶逆，国家以百万之众，失守宗祧，播迁巴、蜀；今陛下以不能拒贼责一女子，置公卿将帅于何地乎！"上不复问，皆戮之于市。人争与之酒，其馀皆悲怖昏醉，居首者独不饮不泣，至于就刑，神色肃然。

朱全忠击秦宗权，败示权于溵水。

【译文】秋季，七月，壬午日（二十四日），时溥派遣使者向唐僖宗李儇献上黄巢和他家人的首级以及他的各位爱姬、侍妾，僖宗李儇亲临大玄楼接受使者所献。僖宗李儇对黄巢的姬妾说："你们都是有战功、身份尊贵之家的女孩，世代感受国恩，为什么还要跟随贼寇呢？"站在最前面的女子回答说："猖狂的贼寇凶狠暴逆，而大唐有百万军队，却不能保住宗庙，流落巴、蜀，现在陛下斥责女人不能抵抗贼寇，那么把朝中的王公大臣将帅们放在什么地位呢！"僖宗李儇于是不再审问她们，在集市里将她们全杀了。旁边的百姓争着拿酒给她们喝；其他的人都悲痛恐惧，昏昏沉沉地喝醉了，唯独站在前面的那位既不饮酒也不哭泣，一直到了行刑的时候，她的神色依然坦然镇定。

朱全忠进击秦宗权，在溵水将他打败了。

李克用至晋阳，大治甲兵，遣榆次镇将雁门李承嗣奉表诣行在，自陈："有破黄巢大功，为朱全忠所图，仅能自免，将佐已下从行者三百馀人，并牌印皆没不返。全忠仍榜东都、陕、孟，云臣已死，行营兵溃，令所在邀遮屠窜，勿令潮失，将士皆号泣冤诉，请复仇雠。臣以朝廷至公，当俟诏命，拊循抑止，复归本道。乞遣使按问，发兵诛讨，臣遣弟克勤将万骑在河中俟命。"时朝廷以大寇初平，方务姑息，得克用表，大恐，但遣中使赐优诏和解之。克用前后凡八表，称："全忠妒功疾能，阴狡祸贼，异日必为国患。惟乞下诏削其官爵，臣自帅本道兵讨之，不用度支粮饷。"上累遣杨复恭等谕指，称："吾深知卿冤，方事之殷，姑存大体。"克用终郁郁不平。时藩镇相攻者，朝廷不复为之辨曲直。由是互相吞噬，惟力是视，皆无所禀畏矣。

【译文】李克用抵达晋阳，花了很大精力修整铠甲兵器，派遣榆次的镇将雁门人李承嗣奉表前往僖宗李儇那里，自己奏请道："臣有击破黄巢的大功，却遭受朱全忠的暗算，仅仅能免于一死罢了，身边的将佐以下跟随的三百余人，以及他们的职官牌印都没有了，不能找回来。朱全忠还多次在东都、陕州、孟州张贴布告，说臣已死，军营中我的兵马奔逃，他命令各地拦截阻击全部斩杀，不许漏掉一个，为此臣营中将领和士兵都纷纷向臣号哭诉冤，请求报仇雪恨。臣认为朝廷是最公正的，应当等陛下颁发诏命再进攻，因此安抚部下遵守朝廷纲纪，阻止他们擅自报仇的行动，使他们返回原营地。现在恳求陛下派遣使臣审查讯问此事，派遣军队征讨朱全忠，臣派弟弟李克勤率领一万骑兵在河中府等候诏令。"当时朝廷认为最大的贼寇黄巢才刚刚剿灭，正对各方采取宽容姑息的政策，看到了李克用上奏的表文以后，非常害怕，只好派遣宫中宦官送给李克用好言好语的诏书，从中进行调解。李克用前后共呈递八次表文，称说："朱全忠妒忌有战功、有能力的人，是个阴险狡诈，四处惹祸的盗贼，以后必定成为国家的大患。只要陛下颁发诏令削去朱全忠的官职和爵位，臣亲自率领本道官兵对他进行征讨，不用朝廷提供粮食和军饷。"僖宗李儇多次派遣杨复恭等人晓谕旨意，说："朕深深了解你的冤屈，目前正处于多事之秋，姑且以国家大局为重吧！"李克用始终是抑郁难平。当时各地藩镇互相讨伐，朝廷也不再为他们明辨谁是谁非了，因此藩镇互相争夺吞并，只看对方力量的大小，都不禀命朝廷，无所畏忌。

【乾隆御批】朱李曲直本不待辨。且克用既不乞师于朝，复知禀命于上，即因而下诏诘责全忠，暴其贼害有功之罪，于义未尝不正。乃黑白不分一意依进和解。卒之驾驭无方，国威益替，逆藩跋扈，日就陵夷。则姑息之贻祸更烈，亦可观矣。

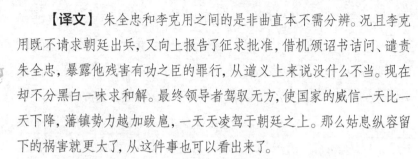

【译文】 朱全忠和李克用之间的是非曲直本不需分辨。况且李克用既不请求朝廷出兵，又向上报告了征求批准，借机颁诏书诘问、谴责朱全忠，暴露他残害有功之臣的罪行，从道义上来说没什么不当。现在却不分黑白一味求和解。最终领导者驾驭无方，使国家的威信一天比一天下降，藩镇势力越加跋扈，一天天凌驾于朝廷之上。那么姑息纵容留下的祸害就更大了，从这件事也可以看出来了。

八月，李克用奏请割麟州隶河东，又奏请以弟克修为昭义节度使，皆许之。由是昭义分为二镇，进克用爵陇西郡王。克用奏罢云蔚防御使，依旧隶河东，从之。

九月，己未，加朱全忠同平章事。

以右仆射、大明宫留守王徽知京兆尹事。上以长安宫室焚毁，故久留蜀未归。徽招抚流散，户口稍归，复缮治宫室，百司粗有绪。冬，十月，关东藩镇表请车驾还京师。

【译文】 八月，李克用向僖宗李儇上奏请割麟州隶属河东节度，又请求任命他的弟弟李克修为昭义节度使，朝廷都准许了他的请求。因此，昭义就分成两个镇。僖宗李儇进封李克用的爵位为陇西郡王。李克用奏请罢免云蔚防御使，云州、蔚州、朔州仍隶属河东节度使管辖，朝廷也答应了他的要求。

九月，己未日（初二），僖宗李儇加封朱全忠为同平章事。

僖宗李儇派右仆射、大明宫留守王徽掌管京兆尹的事务。僖宗李儇因为长安的宫殿、房屋遭受焚毁，因此留在蜀地很久没有返回长安。王徽招抚逃亡流散的百姓，各户里的人口才渐渐增多；又修缮宫殿、房屋，各官署大体上也有了些头绪。冬季，十月，关东的藩镇进呈表文请求僖宗李儇返回京师长安。

朱全忠之降也，义成节度使王铎为都统，承制除官。全忠初镇大梁，事铎礼甚恭，铎依以为援。而全忠兵浸强，益骄倨，铎知不足恃，表请还朝，徙铎为义昌节度使。

鹿晏弘之去河中，王建、韩建、张造、晋晖、李师泰各帅其众与之俱；及据兴元，以建等为巡内刺史，不遣之官。晏弘猜忌，众心不附，王建、韩建素相亲善，晏弘尤忌之，数引入卧内，待之加厚。二建密相谓曰："仆射甘言厚意，疑我也，祸将至矣！"田令孜密遣人以厚利诱之，十一月，二建与张造、晋晖、李师泰帅众数千逃奔行在，令孜皆养为假子，赐与巨万，拜诸卫将军，使各将其众，号随驾五都。又遣禁兵讨晏弘，晏弘率众弃兴元走。

【译文】朱全忠投降唐朝的时候，义成节度使王铎担任都统，遵承僖宗李儇诏命授予朱全忠官职。朱全忠当初镇守大梁时，侍奉王铎，礼节很周到，态度非常恭敬，王铎也依仗他来当作援手。随着朱全忠兵马日渐强盛，他越来越骄横傲慢，王铎知道朱全忠此人不能依靠了，便向朝廷呈递表文请求返回京师任职，朝廷于是将王铎调任义昌节度使。

鹿晏弘离开河中时，王建、韩建、张造、晋晖、李师泰等人各率领军队跟他同行；等到攻取兴元以后，鹿晏弘任命王建等人为巡内刺史，但没有派遣他们赴任。鹿晏弘为人猜忌，大家心里不肯依附，王建、韩建二人平时相互亲近交好，鹿晏弘特别妒忌两个，多次将两人召进内室，很优厚地款待他们，王建、韩建两个人私下商量说："仆射鹿晏弘用甜言蜜语优厚地招待我们，那是对我们有怀疑啊！恐怕很快就会有灾祸啊。"田令孜秘密派人用丰厚的财物去引诱他们，十一月，王建、韩建与张造、晋晖、李师泰率领几千人马逃奔到成都僖宗李儇那里，田令孜把他们都收为义子，赏赐给他们大量财物，加封他们为诸卫将军，让他们分别率领自己的兵马，号称"随驾五都"。又派遣禁卫军征讨鹿晏弘，鹿晏弘放弃兴元城逃走了。

初，宦者曹知悫，本华原富家子，有胆略。黄巢陷长安，知悫归乡里，集壮士，据嵯峨山南，为堡自固，巢党不敢近。知悫数遣壮士变衣服语言，效巢党，夜入长安攻贼营，贼惊以为鬼神；又疑其下有叛者，由是心不自安。朝廷闻而嘉之，就除内常侍，赐金紫。知悫闻车驾将还，谓人曰："吾施小术，使诸军得成大功，从驾群臣但平步往来，俟至大散关，当阅其可归者纳之。"行在闻之，恐其为变；田令孜尤恶之，密以敕旨谕邠宁节度使王行瑜，使诛之，行瑜潜师自嵯峨山北乘高攻之，知悫不为备，举营尽殪。令孜益骄横，禁制天子，不得有所主断。上患其专，时语左右而流涕。

【译文】起初，宦官曹知悫本来是华原地区的富家子弟，有胆量，擅长谋略。黄巢攻克长安时，曹知悫返回故乡，召集英勇之士，占据嵯峨山南，建立碉堡，巩固势力，黄巢的党羽不敢靠近此地。曹知悫多次派遣强壮的勇士变换衣服，改变口音，装成黄巢手下的士兵，晚上进入长安攻打贼营，贼军大惊，都以为是鬼神在作怪。黄巢又怀疑部下叛乱，因此心神不安。朝廷得知事情真相后，特意褒奖曹知悫，授予内常侍的官职，赐给他金印紫绶。曹知悫听说僖宗李儇将要返回京师，对人说："我稍微施展小计，让各路军队取得了收复京师的战功，那些跟随天子的官员只是轻松地来去，等他们抵达大散关，我要审查应该返回长安任职的官员，才能接受他们。"僖宗李儇听到了这些话，担心他作乱；田令孜特别怨恨曹知悫，秘密地把僖宗李儇的诏令告知邠宁节度使王行瑜，命令他诛杀曹知悫。王行瑜暗中派遣大军偷偷地从嵯峨山的北面利用地势较高的便利去偷袭，曹知悫没有防备，全营都被杀死了。田令孜从此更加骄横，干涉僖宗李儇的一言一行，僖宗李儇不能有自己的主张和裁决。僖宗李儇担忧田令孜专权，时时对左右侍奉之人诉说，有时甚至伤感流泪。

鹿晏弘引兵东出襄州，秦宗权遣其将秦诰、赵德諲将兵会之，共攻襄州，陷之；山南东道节度使刘臣容奔成都。德諲，蔡州人也。晏弘引兵转掠襄、邓、均、房、庐、寿，复还许州。忠武节度使周岌闻其至，弃镇走，晏弘遂据许州，自称留后，朝廷不能讨，因以为忠武节度使。

【译文】鹿晏弘率领军队从襄州出发向东进军，秦宗权派遣将领秦诰、赵德諲率领军队与鹿晏弘会合，一起攻打襄州。山南东道节度使刘巨容逃奔成都；赵德諲是蔡州人。鹿晏弘率领军队转往襄、邓、均、房、庐、寿等各州劫掠，然后又返回许州；忠武节度使周岌听说他来了，丢下镇所逃走，鹿晏弘就据守许州，擅自称为留后，朝廷没有办法征讨他，因此任命他为忠武节度使。

十二月，己丑，陈敬瑄表辞三川都指挥、招讨、制置、安抚等使，从之。

初，黄巢转掠福建，建州人陈岩聚众数千保乡里，号九龙军，福建观察使郑镒奏为团练副使。泉州刺史、左厢都虞候李连有罪，亡入溪洞，合众攻福州，岩击败之。镒畏岩之逼，表岩自代，壬寅，以岩为福建观察使。岩为治有威惠，闽人安之。

义昌节度使兼中书令王铎，厚于奉养，过魏州，侍妾成列，服御鲜华，如承平之态。魏博节度使乐彦祯之子从训，伏卒数百人于漳南高鸡泊，围而杀之，及宾僚从者三百馀人皆死，掠其资装侍妾而还。彦祯奏云为盗所杀，朝廷不能诘。

【译文】十二月，己丑日（初三），陈敬瑄向僖宗李儇上表请求辞去三川都指挥、招讨、制置、安抚等使；僖宗李儇准许了他的请求。

起初，黄巢前往福建抢夺时，建州人陈岩聚集几千民众来保卫乡里，号称"九龙军"，福建观察使郑镒奏请僖宗李儇任命他为团练副使。泉州刺史、左厢都虞候李连犯了罪，逃到河间石洞中，聚众攻打福州，被陈岩打败。郑镒害怕陈岩的威势，便奏请让陈岩代替自己，壬寅日（十六日），朝廷任命陈岩为福建观察使。陈岩治理地方常常恩威并施，福建人心都较安定。

义昌节度使兼中书令王铎，自我供应丰厚，经过魏州时，服侍的侍妾排成行，服饰车马艳美，如同太平盛世、物阜民丰时一般；魏博节度使乐彦祯的儿子乐从训，在漳南鸡泊一带埋伏了几百名士兵，围攻并杀掉了王铎，王铎的宾客幕僚等随从三百多人也都连同杀死，然后把王铎带的财物和侍妾劫掠回去。乐彦祯向僖宗李儇奏请说："王铎他们是被贼寇劫掠杀害的。"朝廷也无法追究。

【乾隆御批】铎初自请出师，聊藉以免伴食之诮，非果有制胜长略也。是以坐镇数载，老师縻饷，无尺寸功，乃靦颜表请还朝，不时庸碌无能，亦且出入自由矣。况当戎马倥偬，时拥姬侍而侈服御，致为奸人窥伺，举室罹灾，抑亦自贻之戚耳？史赞乃称其有社稷才，扶支王室几致中兴。不知铎有何功业，而如此称许，可谓信史乎。

【译文】王铎当初主动请求出兵，只是想借此来消除别人对他只会陪着吃饭的讥讽，不是真的有什么杀敌制胜的好策略。因此在外镇守多年，军队让他弄垮了，粮饷也被他消耗掉了，却没有立下尺寸之功，还厚着脸皮请求班师还朝，不仅庸碌无能，简直是由着他自由出入。何况正当军务繁忙之时，他却拥着大群身着华服的姬侍，以致被邪恶之人窥伺，全家都遭受祸殃，这不是自取灭亡吗？史书却称赞他有安邦之才，扶持王室几乎使它复兴起来。真不知王铎有什么功业而受到这样的称许，这可说是令人相信的史实吗？

赐邠宁军号曰静难。

是岁，馀杭镇使陈晟逐睦州刺史柳超，颍州都知兵马使汝阴王敬荛逐其刺史，各领州事，朝廷因命为刺史。

【译文】朝廷赐邠宁军号为"静难"。

这一年，馀杭镇使陈晟驱逐睦州刺史柳超，颍州都知兵马使汝阴人王敬荛驱逐颍州刺史，两人各自统管州中的事务，朝廷于是各任命他们为刺史。

均州贼帅孙喜聚众数千人，谋攻州城，刺史吕烨不知所为。都将武当冯行袭伏兵江南，自乘小舟迎喜，谓曰："州人得良牧，无不归心，然公所从之卒大多，州人惧于剽掠，尚以为疑。不若置军江北，独与腹心轻骑俱进，行袭请为前道，告谕州人，无不服者矣。"喜以为然，从之；既渡江，军吏迎谒，伏兵发，行袭手击喜，斩之，从喜者皆死，江北军望之俱溃。山南东道节度使上其功，诏以行袭为均州刺史。州西有长山，当襄、邓入蜀之道，群盗据之，抄掠贡赋，行袭讨诛之，蜀道以通。

【译文】均州贼寇首领孙喜聚集几千部众，谋划攻打州城，刺史吕烨不知该怎么办。当时都将武当人冯行袭在汉江南岸埋伏士兵，自己乘坐小船过江迎接孙喜，对孙喜说："均州城内的百姓听说你是贤良的长官，没有不归附的，可是你率领的士兵太多了，均州城百姓害怕被劫掠，对你还有怀疑。不如把兵马屯驻在江北，独自与亲信轻装渡过江去，我冯行袭请求在前面引导，告谕均州城内的百姓，那么就不会有人不归顺了。"孙喜同意他的说法，便跟随他前去；他们渡过汉江以后，军吏们上前迎接拜见，埋伏的士兵突然进攻，冯行袭亲手击杀孙喜，把他斩了，随从孙喜的人全部被杀，江北的军队远远望见，都溃败逃走了。山南东道节度使上疏奏报冯行袭的功劳，僖宗李儇颁诏任命冯行袭为均州刺史。有座长山在均州西面，正对从襄州、邓州进入蜀地的交通要道，很多盗贼据守长山，抢夺送往成都的贡品赋税；冯行袭将长山的盗贼剿灭，从而前去蜀地的道路畅行无阻。

凤翔节度使李昌言病，表弟昌符知留后。昌言薨，制以昌符为凤翔节度使。

时黄巢虽平，秦宗权复炽，命将出兵，寇掠邻道，陈彦侵淮南，秦贤侵江南，秦诰陷襄、唐、邓，孙儒陷东都、孟、陕、虢，张晊陷汝、郑，卢瑭攻汴、宋，所至屠翦焚荡，殆无孑遗。其残暴又甚于巢，军行未始转粮，车载盐尸以从。北至卫、滑，西及关辅，东尽青、齐，南出江、淮，州镇存者仅保一城，极目千里，无复烟火。上将还长安，畏宗权为患。

【译文】凤翔节度使李昌言患病，他的表弟李昌符担任留后的职务。后来李昌言病逝，僖宗李儇任命李昌符为凤翔节度使。

12

当时，黄巢贼军虽然被平定了，可是秦宗权又开始作乱，命令各将领派遣军队，对邻近各道进行劫掠，陈彦进攻淮南，秦贤进攻江南，秦诰攻陷襄、唐、邓等州，孙儒攻取东都、孟、陕、虢等地，张晊攻破汝、郑，卢瑭进攻汴、宋，所到之处，杀戮、斩首、焚烧、洗劫，几乎没有活命之人，他们的残暴远远超过黄巢，行军时没有转运粮食，竟然把盐腌的尸体装在车上随军进发。北面到卫州、滑州，西面到关中、京畿一带，东面包括青州、齐州，南面直达江、淮，这些范围内的州镇能够保全的只有一座城，远远望去，千里之内没有人烟。僖宗李儇打算返回长安，害怕秦宗权作乱！

光启元年(乙巳，公元八八五年) 春，正月，戊午，下诏招抚之。

己卯，车驾发成都，陈敬瑄送至汉州而还。

荆南监军朱敬玫所募忠勇军暴横，节度使陈儒患之。郑绍业之镇荆南也，遣大将申屠琮将兵五千击黄巢于长安。军还，儒告琮，使除之。忠勇将程君之闻之，帅其众奔朗州，琮追击之，杀百馀人，馀众皆溃，自是琮复专军政。

【译文】光启元年 (乙巳，公元885年，是年三月方改元) 春季，正月，戊午日 (初二)，僖宗李儇下诏招抚秦宗权。

己卯日 (二十三日)，僖宗李儇从成都出发，陈敬瑄护送到汉州才返回。

荆南监军朱敬玫所招募来的忠勇军凶暴蛮横，（节度使）陈儒很忧虑。郑绍业镇守荆南的时候，派遣大将申屠琮率领五千士兵前往长安去攻打黄巢；军队返回以后，陈儒告诉申屠琮忠勇军的残暴行为，让申屠琮剿灭他们。忠勇军将领程君从得知此事，便率领他的部众逃往朗州，申屠琮追击他们，斩杀一百多人，剩下的人皆溃散了，此后申屠琮又独自掌管军政大权。

雷满屡攻掠荆南，儒重赂以却之。淮南将张瑰、韩师德叛高骈，据复、岳二州，自称刺史，儒请瑰摄行军司马，师德摄节度副使，将兵击雷满。师德引兵上峡大掠，归于岳州，瑰还兵逐儒而代之。儒将奔行在，瑰劫还，囚之。瑰，渭州人，性贪暴，荆南旧将夷灭殆尽。

先是，朱敬玫屡杀大将及富商以致富，朝廷遣中使杨玄晦代之。敬玫留居荆南，尝曝衣。瑰见而欲之，遣卒夜攻之，杀敬玫，尽取其财。瑰恶牙将郭禹慓悍，欲杀之，禹结党千人亡去，庚申，袭归州，据之，自称刺史。禹，青州人成汭也，因杀人亡命，更其姓名。

南康贼帅卢光稠陷虔州，自称刺史，以其里人谭全播为谋主。

【译文】朗州的雷满多次攻打劫掠荆南，陈儒拿丰厚的财物加以贿赂让他退兵。淮南的将领张瑰、韩师德背叛高骈，据守复、岳两州，自称刺史，陈儒请张瑰代理行军司马，韩师德代理节度副使，率领军队前去进攻雷满。韩师德率领军队登上巫峡，大肆抢掠一番，才返回岳州；张瑰率军回去驱逐陈儒，取而代之。陈儒将要逃往僖宗李儇那里，被张瑰抓了回来，拘禁起来。张瑰是渭州人，生性贪婪残暴，荆南原有的将领几乎全被他杀光了。

以前，朱敬玫屡次残害大将与富商，劫掠他们的钱财来使自己富足，朝廷派遣中使杨玄晦去取代他的职位。朱敬玫留下住在荆南，他曾经晾晒衣服，被张瑰看到就有了图谋的打算，于是派遣军队在夜里前去攻打他，将朱敬玫杀死，把财物全部抢去。张瑰嫉妒牙将郭禹矫健勇猛，想要杀死他，郭禹联合同党千人逃走了，庚申日（初四），郭禹袭击归州，攻克此地，自称为刺史。郭禹原本是青州人成汭，因为杀了人逃出来，才改换姓名的。

南康郡贼寇首领卢光稠攻取虔州以后，自称为刺史，任用同乡谭全播出谋划策。

秦宗权责租赋于光州刺史王绪，绪不能给，宗权怒，发兵击之。绪惧，悉举光、寿兵五千人，驱吏民渡江，以刘行全为前锋，转掠江、洪、虔州，是月，陷汀、漳二州，然皆不能守也。

秦宗权寇颍、亳，朱全忠败之于焦夷。

二月，丙申，车驾至凤翔。三月，丁卯，至京师；荆棘满城，狐兔纵横，上凄然不乐。己巳，赦天下，改元。时朝廷号令所在，惟河西、山南、剑南、岭南数十州而已。

【译文】秦宗权向光州刺史王绪求取租赋，王绪没办法供给他；秦宗权大怒，发动军队前去攻打他。王绪惊恐之下，调动光州、寿州全部士兵五千人，并将这里的官吏和百姓驱赶过江，任命刘行全为前锋，先后劫掠江、洪、虔州，这一月，攻克汀、漳两州，但是都没守住这些地方。

秦宗权劫掠颍、亳两州，朱全忠在亳州的焦夷县打败他。

二月，丙申日（初十），僖宗李儇抵达凤翔。三月，丁卯日（十二日），僖宗李儇抵达京师；这时长安城内到处野草丛生，狐狸野兔到处乱跑，僖宗李儇见此情景，悲伤难过，闷闷不乐。己巳日（十四日），僖宗李儇诏令大赦天下，改年号为光启。这时，朝廷号令能够推行的，只有河西、山南、剑南、岭南几十个州而已。

秦宗权称帝，置百官，诏以武宁节度使时溥为蔡州四面行营兵马都统以讨之。

卢龙节度使李可举、成德节度使王镕恶李克用之强，而义武节度使王处存与克用亲善，为侄郅娶克用女。又，河北诸镇，惟义武尚属朝廷，可举等恐其窥伺山东，终为己患，乃相与谋曰："易、定，燕、赵之馀也。"约共灭处存而分其地。又说云中节度使赫连铎使攻克用之背。可举遣其将李全忠将兵六万攻易州，镕遣将将兵攻无极。处存告急于克用，克用遣其将康君立等将兵救之。

【译文】秦宗权自称皇帝，设置百官。僖宗李儇下诏，命令武宁节度使时溥任蔡州四面行营兵马都统，征讨秦宗权。

卢龙节度使李可举、成德节度使王镕憎恨李克用的兵力强盛，而义武节度使王处存跟李克用很亲密，为侄子王郅迎娶李克用的女儿为妻。另外，河北各镇，只有义武节度使还隶属朝廷，李可举等人害怕义武节度使王处存暗中伺机侵占恒山以东地区，最终成为自己的祸患，于是他们一起谋划商议说："易州、定州，本来是燕国、赵国所留下来的地方。"于是相互约定一起将王处存灭掉，然后分割他的地盘；又劝说云中节度使赫连铎，让他进攻李克用的后方，李可举派遣他的部将李全忠率领六万士兵攻打易州，王镕派遣部将率领军队攻打定州的无极。王处存向李克用告急，李克用派遣他的部将康君立等人率领军队前往援救。

闰月，秦宗权遣其弟宗言寇荆南。

初，田令孜在蜀募新军五十四都，每都千人，分隶两神策，为十军以统之，又南牙、北司官共万馀员，是时藩镇各专租税，河南、北、江、淮无复上供，三司转运无调发之所，度支惟收京畿、同、华、凤翔等数州租税，不能赡，赏赉不时，士卒有怨言。令孜患之，不知所出。先是，安邑、解县两池盐皆隶盐铁，置官榷之。中和以来，河中节度使王重荣专之，岁献三千车以供国用，令孜奏复如旧制隶盐铁。夏，四月，令孜自兼两池榷盐使，收其利以赡军。重荣上章论诉不已，遣中使往谕之，重荣不可。时令孜多遣亲信觇藩镇，有不附己者，辄图之。令孜养子匡祐使河中，重荣待之甚厚，而匡祐傲甚，举军皆愤怒。重荣乃数令敢罪恶，责其无礼，监军为讲解，仅得脱去。匡祐归，以告令孜，劝图之。五月，令孜徙重荣为泰宁节度使，以泰宁节度使齐克让为义武节度使，以义武节度使王处存为河中节度使，仍诏李克用以河东军援处存赴镇。

【译文】闰月，秦宗权派遣他的弟弟秦宗言劫掠荆南。

起初，田令孜在蜀州招募新军五十四都，每都有千人，分别隶属于左、右两神策军，组成十个军，便于统领他们，还有南牙、北司的官兵共一万余人，当时各藩镇独自占有田租赋税，河南、河北、江南、淮南各道不再向朝廷进奉贡赋，朝廷的盐铁使、度支使、户部使三司转运钱粮却没有调取征发的来源，财政上只是收取京畿、同州、华州和凤翔等地的田租赋税，根本入不敷出，因此赏赐也不能准时，军中将士很是埋怨。田令孜非常忧虑，不知道如何解决这个问题。以前，安邑、解县两地的盐池都归属盐铁使，设置官吏专门经营；从中和元年以来，河中节度使王重荣专门把持盐池的利润，每年进献三千车的盐来供给国家的需要，田令孜上奏僖宗李儇，请求恢复旧制，盐池隶属盐铁使。夏季，四月，田令孜自己兼任两盐池的榷盐使，获取盐利来供给军中所需。王重荣不断地向僖宗李儇上奏辩论申诉此事，僖宗李儇派遣中使前往劝谕，王重荣还是不罢休。当时，田令孜派遣许多亲信窥视各藩镇的实情，藩镇有不归附自己的，田令孜就暗中谋害他。田令孜的养子田匡祐被派往河中任职，王重荣以很优厚的礼节招待他，可是田匡祐特别狂傲，全军都很愤怒。王重荣于是列举田令孜的罪行，责备田匡祐不懂礼节，监军替田匡祐说情，田匡祐才能脱身离开；田匡祐返回以后，把这件事禀告给田令孜，并且劝说田令孜要好好整治王重荣。五月，田令孜把王重荣改为泰宁节度使，将泰宁节度使齐克让改为义武节度使，把义武节度使王处存调为河中节度使，多次诏令李克用动用河东军队援助王处存赴镇上任。

卢龙兵攻易州，裨将刘仁恭穴地入城，遂克之。仁恭，深州人也。李克用自将救无极，败成德兵。成德兵退保新城，克用复进击，大破之，拔新城，成德兵走，追至九门，斩首万馀级。卢龙兵既得易州，骄怠，王处存夜遣卒三千蒙羊皮造城下，卢龙兵以为羊也，争出掠之，处存奋击，大破之，复取易州，李全忠走。

【译文】卢龙的军队进攻易州，副将刘仁恭从地下挖隧道攻入城中，就这样把易州攻克。刘仁恭是深州人。李克用亲自率领军队前去救援定州的无极，打败成德的军队；成德的军队退守新城，李克用又进兵攻打，大败成德军，攻克新城，成德军队败逃，李克用追击到九门，斩首一万多人。卢龙军队占据了易州，骄傲懈怠，于是王处存在夜间派遣三千士兵蒙上羊皮来到易州城下，卢龙军队以为那是羊群，争着出来抢夺，王处存率兵竭尽全力攻打，大破卢龙军，又夺回了易州，李全忠逃走。

加陕虢节度使王重盈同平章事。

李全忠既丧师，恐获罪，收馀众还袭幽州。六月，李可举窘急，举族登楼自焚死，全忠自为留后。

东都留守李罕之与秦宗权将孙儒相拒数月，罕之兵少食尽，弃城，西保渑池，宗权陷东都。

【译文】僖宗李儇加封陕虢节度使王重盈为同平章事。

李全忠失去军队后，担心获罪，便收聚余下的兵马回去偷袭幽州；六月，李可举处境危急，全族登上城楼，自焚而死，李全忠自称为留后。

东都留守李罕之与秦宗权的部将孙儒对抗了好几个月；李罕之兵马匮乏，粮食也吃光了，最后抛弃东都城，往西退到渑池坚守，于是秦宗权攻占东都。

秋，七月，以李全忠为卢龙留后。

乙巳，右补阙常浚上疏，以为："陛下姑息藩镇太甚，是非功过，骈首并足，致天下纷纷若此，犹未之寤，岂可不念骆谷之艰危，复怀西顾之计乎！宜稍振典刑以威四方。"田令孜之党言于上曰："此疏传于藩镇，岂不致其猜忿！"庚戌，贬浚万州司户，寻赐死。

【译文】秋季，七月，僖宗李儇任命李全忠为卢龙留后。

乙巳日（二十三日），右补阙常浚向僖宗李儇上疏，认为："陛下无原则地宽容藩镇也太过分了，是非没有区别，功过不分辨，手脚一样，好坏相同，以致天下喧哗，纷纷作乱，可是陛下对此还不幡然醒悟，怎么不想想在骆谷时的艰难处境，难道还有西走蜀地的筹划吗！现在应该整顿朝纲法纪来让天下敬畏朝廷。"田令孜的党羽对僖宗李儇说："常浚这个奏疏的内容如果散布到各藩镇去，难道不会让他们产生猜忌和怨恨吗！"庚戌日（二十八日），僖宗李儇贬常浚为万州司户，不久又赐他自尽。

沧州军乱，逐节度使杨全玫，立牙将卢彦威为留后，全玫奔幽州。以保銮都将曹诚为义昌节度使，以彦威为德州刺史。

孙儒据东都月馀，烧宫室、官寺、民居，大掠席卷而去，城中寂无鸡犬。李罕之复引其众入东都，筑垒于市西而居之。

【译文】沧州发生了军士作乱，军士驱逐节度使杨全玫，拥立牙将卢彦威为留后，杨全玫逃到幽州。僖宗李儇任命保銮都将曹诚为义昌节度使，任命卢彦威为德州刺史。

孙儒据守东都一个多月，烧毁宫室、官府、寺庙以及民房，大肆掠夺一番，抢劫一空后才撤离，城中寂静无声，连鸡鸣狗叫的声音都没有。李罕之又带领兵马进入东都，在市西修建营垒驻守。

王重荣自以有复京城功，为田令孜所摈，不肯之兖州，累表论令孜离间君臣，数令孜十罪，令孜结邠宁节充使朱玫、凤翔节度使李昌符以抗之。王处存亦上言："幽、镇兵新退，臣未敢离易、定。且王重荣无罪，有大功于国，不宜轻有改易，摇藩镇心。"诏趣其上道。八月，处存引军至晋州，刺史冀君武闭城不内而还。

洺州刺史马爽，与昭义行军司马奚忠信不叶，起兵屯邢州南，胁孟方立请诛忠信。既而众溃，爽奔魏州，忠信使人赂乐彦祯而杀之。

【译文】王重荣自认为有收复京城长安的功劳，却受到田令孜的打压，不肯前往兖州任职，多次上奏书说明田令孜挑拨君臣不和，历数田令孜的十大罪状；田令孜与邠宁节度使朱玫、凤翔节度使李昌符勾结，一起与王重荣对抗。王处存也上疏说：“幽州、镇州的军队刚刚撤退，我不敢轻易离开易州、定州一带。而且，王重荣没有什么罪过，对国家有巨大的功劳，不应该草率地对他的官职有所变更，以动摇藩镇的忠心。”僖宗李儇诏命催促王重荣早日出发赴任。八月，王处存带领军队抵达晋州，刺史冀君武关闭城门，不让他进入，王处存只好返回。

洺州刺史马爽跟昭义行军司马奚忠信向来不和，马爽发动军队在邢州的南面屯驻，威胁孟方立，命令他诛杀奚忠信；后来，马爽的军队溃败，马爽独自逃奔魏州，奚忠信派人贿赂乐彦祯而将马爽杀死。

秦宗权攻邻道二十馀州，陷之；唯陈州距蔡百馀里，兵力甚弱，刺史赵犨日与宗权战，宗权不能屈。诏以犨为蔡州节度使。犨德朱全忠之援，与全忠结婚，凡全忠所调发，无不立至。

王绪至漳州，以道险粮少，令军中“无得以老弱自随，犯者斩！”唯王潮兄弟扶其母董氏崎岖从军，绪召潮等责之曰：“军皆有法，未有无法之军。汝违吾令而不诛，是无法也。”三子曰：“人皆有母，未有无母之人；将军奈何使人弃其母！”绪怒，命斩其母。三子曰：“潮等事母如事将军，既杀其母，安用其子！请先母死。”将士皆为之请，乃舍之。

【译文】秦宗权攻打邻道的二十几个州，都攻克了；只有陈州距离蔡州一百多里路，兵力特别弱，刺史赵犨每天与秦宗权交战，秦宗权竟然不能让他屈服。僖宗李儇诏命赵犨为蔡州节度使。赵犨因为感激朱全忠援助之恩，与朱全忠结成姻亲，所有朱全忠调动分派的事情，赵犨立刻前往。

王绪抵达漳州，由于路途艰险，粮食匮乏，命令军中："不许年老体弱的人随行，违犯军令者斩首！"只有王潮兄弟搀扶母亲董氏在崎岖不平的道路上跟随军队前行，王绪召来王潮兄弟怒斥他们说："军队都有军法，没有无军法的军队。如果你们违犯我的军令不加诛杀，那就没有军法可言了。"王潮兄弟三人说："人都有母亲，没有无母亲的人；将军哪里能让人抛弃亲生母亲不管呢？"王绪立即大怒，命令斩杀王潮的母亲，王潮兄弟三人说："我们兄弟侍奉母亲就好比侍奉将军，既然要杀死我们的母亲，还怎能用他的儿子们呢？请让我们死在母亲的前面吧！"将士们都替他们求情，王绪这才放过他们。

有望气者谓绪曰："军中有王者气。"于是，绪见将卒有勇略逾己及气质魁岸者皆杀之。刘行全亦死，众皆自危，曰："行全亲也，且军锋之冠，犹不免，况吾属乎！"行至南安，王潮说其前锋将曰："吾属违坟墓，捐妻子，羁旅外乡为群盗，岂所欲哉！乃为绪所迫胁故也。今绪猜刻不仁，妄杀无辜，军中子子者受诛且尽。子须眉若神，骑射绝伦，又为前锋，吾窃为子危之！"前锋将执潮手泣，问计安出。潮为之谋，伏壮士数十人于篁竹中，伺绪至，挺剑大呼跃出，就马上擒之，反缚以徇，军中皆呼万岁。潮推前锋将为主，前锋将曰："吾属今日不为鱼肉，皆王君力也。天以王君为主，谁敢先之！"相推让数四，卒奉潮为将军。绪叹曰："此子在吾网中不能杀，岂非天哉！"

【译文】有一位望云气测吉凶的人对王绪说："军队里有王者之气。"于是，王绪看到将领士兵中有胆识谋略超过自己以及气质超凡身材高大的士兵全部杀死。刘行全也被斩杀了，军营中每人都很恐惧，众人说："刘行全是王绪的亲人，而且在军中的勇猛居于第一位，他还没能免遭杀身大祸，更何况我们这些普通士卒呢！"军队进发至南安，王潮劝说王绪的前锋将领说："我们远离故土，丢下妻子儿女，漂泊异乡为盗贼，难道这就是我们想要的吗？这都是王绪威胁逼迫的缘故啊！现在，王绪无端猜忌我们，对我们又苛刻，残暴不讲仁爱，杀死许多无辜的士兵，军中表现超凡、杰出的将士，几乎都被他杀了，您的须眉样貌仿佛神仙，骑术射箭在同辈之中称冠，而且又担任前锋，我深深为您感到惊惧、焦虑啊！"前锋将领握住王潮的手激动地掉下眼泪，问该怎样办才好。王潮替他谋划，在竹林里埋伏几十名强壮士兵，等到王绪到了，让士兵拔剑大喊着跳出来，在马背上抓住他，然后把他绑着，对众宣布，军营中的将士都高声呼喊万岁。王潮推举前锋将领担任主帅，前锋将领说："我们今天不会成为鱼和肉，被人随意宰割，都是您王先生的功劳啊！上天要授予王先生主帅之位，谁还敢抢先呢！"互相推让了多次，最终拥戴王潮为将军。王绪叹息说："王潮这个人是我手中之物却没能杀死他，难道这不是天意吗？"

潮引兵将还光州，约其属，所过秋豪无犯。行及沙县，泉州人张延鲁等以刺史廖彦若贪暴，帅耆老奉牛酒遮道，请潮留为州将，潮乃引兵围泉州。

九月，戊申，以陈敬瑄为三川及峡内诸州都指挥、制置等使。

蔡军围荆南，马步使赵匡谋奉前节度使陈儒以出，留后张瑰觉之，杀匡及儒。

【译文】王潮带领军队将要返回光州，严格约束部属，经过的地方一点不能侵犯。行军到沙县，泉州人张延鲁等带领年高望重的老人拦住去路进献牛肉美酒，申诉刺史廖彦若贪婪残暴，请求王潮留下担任泉州刺史，王潮于是率领士兵围攻泉州。

九月，戊申日（二十七日），僖宗李儇任命陈敬瑄为三川及峡内诸州都指挥、制置等使。

蔡州的军队围攻荆南，马步使赵匡谋划拥戴前节度使陈儒复出，留后张瑰察觉此事，杀死了赵匡和陈儒。

冬，十月，癸丑，秦宗权败朱全忠于八角。

王重荣求救于李克用，克用方怨朝廷不罪朱全忠，选兵市马，聚结诸胡，议攻汴州，报曰："待吾先灭全忠，还扫鼠辈如秋叶耳！"重荣曰："待公自关东还，吾为虏矣。不若先除君侧之恶，退擒全忠易矣。"时朱玫、李昌符亦阴附朱全忠，克用乃上言："玫、昌符与全忠相表里，欲共灭臣，臣不得不自救，已集蕃、汉兵十五万，决以来年济河，自谓北讨二镇；不近京城，保无掠扰。既诛二镇，乃旋师灭全忠以雪仇耻。"上遣使者谕释，冠盖相望。

【译文】冬季，十月，癸丑日（初二），秦宗权在汴州的八角镇打败朱全忠。

王重荣向李克用请求援助，李克用正在埋怨朝廷对朱全忠在上源驿谋害他却不予治罪之事，挑选士兵，购买马匹，聚集联合北方的各胡族部落，谋划着攻打汴州，他回复王重荣说："等我先消灭了朱全忠，回头再对付这些鼠辈，就像秋风扫落叶一样很容易！"王重荣说："等您从关东返回，恐怕我已成为囚犯了。不如先除掉皇帝身边的恶人，然后再退兵擒拿朱全忠就很容易了。"当时，朱玫、李昌符也暗中亲附朱全忠，于是李克用向

资治通鉴

僖宗李儇上疏说："朱玫、李昌符与朱全忠内外勾结，要一起铲除我，我被逼无奈而自救，现已经聚集蕃兵和汉兵共计十五万大军，决定在明年过河，从渭河的北面征讨朱玫、李昌符；但不会进逼长安，保证长安不会受到侵扰。等平定那两镇之后，立即回师消灭朱全忠，以洗刷我的仇恨和耻辱。"僖宗李儇派遣使者前去告谕劝解，前后派出的使者络绎不绝。

朱玫欲朝廷讨克用，数遣人潜入京城，烧积聚，或刺杀近侍，声云克用所为。于是，京师震恐，日有讹言。令孜遣玫、昌符将本军及神策鄜、延、灵、夏等军各三万人屯沙苑，以讨王重荣。重荣发兵拒之，告急于李克用，克用引兵赴之。十一月，重荣遣兵攻同州，刺史郭璋出战，败死。重荣与玫等相守月馀，克用兵至，与重荣俱壁沙苑，表请诛令孜及玫、昌符。诏和解之，克用不听。十二月，癸酉，合战，玫、昌符大败，各走还本镇，溃军所过焚掠。克用进逼京城，乙亥夜，令孜奉天子自开远门出幸凤翔。

【译文】朱玫想让朝廷征讨李克用，屡次派人暗中潜入长安，点火烧毁储藏的财物，或者刺杀近臣，放出风声说是李克用指使干的。于是长安人人震惊恐惧，每天都有谣言传出。田令孜派遣朱玫、李昌符率领自己的部队以及神策鄜、延、灵、夏等军各三万人，在沙苑屯驻，以征讨王重荣，王重荣发动军队抵抗他们，并且向李克用禀告情况危急，李克用率领军队前往救援。十一月，王重荣派兵进攻同州，刺史郭璋出来迎战，战败身亡。王重荣与朱玫、李昌符相持了一个多月，李克用的军队才抵达，与王重荣一起在沙苑安置营垒，呈递表文请求诛杀田令孜及朱玫、李昌符；僖宗李儇诏命要他们和解，李克用不听僖宗李儇的诏命。十二月，癸酉日（二十三日），两军会战，朱玫、李昌符惨败，各自逃走至原来的镇所，溃败逃跑的军队所过之处，焚烧劫掠，无所不为。李克用进逼京城，乙亥日（二十五日）夜，田令孜侍奉僖宗李儇从长安城西的开远门逃出去，逃到了凤翔。

初，黄巢焚长安宫室而去，诸道兵入城纵掠，焚府寺民居什六七，王徽累年补葺，仅完一二，至是复为乱兵焚掠，无孑遗矣。

是岁，赐河中军号护国。

【译文】起初，黄巢离开时，将长安宫室焚烧，各道官兵进入长安城后又大肆劫掠一番，焚烧官府、寺庙和民房的十分之六七，经王徽多年的修补，仅仅完成了十分之一二，到这时再次遭到乱军的焚烧抢掠，没有什么遗留的了。

这一年，朝廷赐河中军号称"护国"。

光启二年（丙午，公元八八六年）春，正月，镇海牙将张郁作乱，攻陷常州。

李克用还军河中，与王重荣同表请大驾还宫，因罪状田令孜，请诛之。上复以飞龙使杨复恭为枢密使。

戊子，令孜请上幸兴元，上不从。是夜，令孜引兵入宫，劫上幸宝鸡，黄门卫士从者才数百人，宰相朝臣皆不知。翰林学士承旨杜让能宿直禁中，闻之，步追乘舆，出城十馀里，得人所遗马，无羁勒，解带系颈而乘之，独追及上于宝鸡。明日，乃有太子少保孔纬等数人继至。让能，审权之子；纬，戣之孙也。宗正奉太庙神主至鄠，遇盗，皆失之。朝士追乘舆者至鄠屋，为乱兵所掠，衣装殆尽。

【译文】 光启二年（丙午，公元886年）春季，正月，镇海牙将张郁叛乱，攻克了常州。

李克用把军队带回河中，跟王重荣一起向僖宗李儇上表，请僖宗李儇返回宫中，顺便列数田令孜的罪状，请求杀死他。僖宗李儇又任命飞龙使杨复恭为枢密使。

戊子日（初八），田令孜请僖宗李儇驾临兴元，僖宗李儇不肯前往。一天晚上，田令孜带领军队冲入行宫，劫持僖宗李儇到宝鸡去，宦官和卫士跟从的只有几百人，宰相、朝中的臣子都不知道此事。翰林学士承旨杜让能当晚正在僖宗李儇行宫值宿，听说僖宗李儇被田令孜劫持离开，跑着追赶僖宗李儇的车驾，跑出凤翔城十几里，杜让能发现一匹被遗弃的马，没有笼头和缰绳，于是解下腰带绑在马脖子上，骑马独自追赶到宝鸡面见僖宗李儇。第二天，太子少保孔纬等才陆续赶到。杜让能是杜审权的儿子；孔纬是孔戣的孙子。当时，宗正官奉持太庙先帝的牌位走到鄠县时，遭遇强盗，所有太庙的神主都被抢夺丢失了。朝中官员追赶僖宗李儇的车驾到达盩厔，遭乱兵劫掠，连衣服、行装几乎都被抢走了。

庚寅，上以孔纬为御史大夫，使还召百官，上留宝鸡以待之。

时田令孜弄权，再致播迁，天下共忿疾之。朱玫、李昌符亦耻为之用，且惮李克用、王重荣之强，更与之合。

萧遘因邠宁奏事判官李松年至凤翔，遣召朱玫亟迎车驾，癸巳，玫引步骑五千至凤翔。孔纬诣宰相，欲宣诏召之，萧遘、裴澈以令孜在上侧，不欲往，辞疾不见。纬令台吏趣百官诣行在，皆辞以无袍笏，纬召三院御史，泣谓："布衣亲旧有急，犹当赴之。岂有天子蒙尘，为人臣子，累召而不往者!" 御史请办装数日而行，纬拂衣起曰："吾妻病垂死且不顾，诸君善自为谋，请从此辞！"乃诣李昌符，请骑卫送至行在，昌符义之，赠装钱，遣骑送之。

【译文】庚寅日（初十），僖宗李儇任命孔纬为御史大夫，命令他返回召百官前来，僖宗李儇留在宝鸡等待他们。

这时候田令孜凭借职位滥用权力，再次导致僖宗李儇的流亡迁徙，天下人都痛恨田令孜；朱玫、李昌符也觉得受他利用深以为耻，又惧怕李克用、王重荣的兵马强盛，便改变策略与李克用、王重荣联合起来。

萧遘因为邠宁奏事判官李松年前往凤翔，于是派遣他宣召朱玫即刻来迎接僖宗李儇。癸巳日（十三日），朱玫率领五千步骑兵抵达凤翔。孔纬到达宰相那里，想宣读诏令请宰相前往宝鸡；萧遘、裴澈因为田令孜在僖宗李儇身边，不想去，以生病为由不去谒见僖宗。孔纬命令御史台的官吏催促朝中百官前去宝鸡，他们都以没有衣袍和朝笏为由拒绝前往；孔纬诏令三院的御史，悲感交集，流着泪对他们说："一般老百姓的亲戚朋友有了危难，还应当前去援救。哪里有天子忍受风沙侵袭流亡在外，身为臣子再三被召请仍不动身前往的啊！"御史请求暂缓几天去置备一下行装再前往，孔纬气得甩袖子，站起来，说："我的妻子都要病死了，我都顾不上她，你们几位就好好为自己谋划吧，我就此告辞啦！"于是去拜见李昌符，请他派遣骑兵护送他到僖宗李儇那里，李昌符被他的凛然大义感动，送给他行装和钱财，派遣骑兵送他回去。

邠宁、凤翔兵追逼乘舆，败神策指挥使杨晟于潘氏，钲鼓之声闻于行宫。田令孜奉上发宝鸡，留禁军守石鼻为后拒。置感义军于兴、凤二州，以杨晟为节度使，守散关。时军民杂糅，锋镝纵横，以神策军使王建、晋晖为清道斩斫使，建以长剑五百前驱奋击，乘舆乃得前。上以传国宝授建使负之以从，登大散岭。李昌符焚阁道丈馀，将摧折，王建扶掖上自烟焰中跃过。夜，宿板下，上枕建膝而寝，既觉，始进食，解御袍赐建曰："以其有泪痕故也。"车驾才入散关，朱玫已围宝鸡。石鼻军溃，玫长驱攻散关，不克。嗣襄王煴，肃宗之玄孙也，有疾，从上不及，留遵涂驿，为玫所得，与俱还凤翔。

庚戌，李克用还太原。

【译文】邠宁、凤翔的军队追逐逼迫僖宗李儇的车驾，在潘氏堡打败了神策指挥使杨晟，讨伐击鼓的声音传到僖宗李儇住的行宫。田令孜侍奉僖宗李儇从宝鸡逃走，留下禁兵防守石鼻，在后抵御乱军。又在兴州、凤州设置感义军，任命杨晟为节度使，驻守散关。当时士兵和百姓混在一起，交战时刀箭横飞，僖宗李儇任命神策军使王建、晋晖为清道斩斫使。王建率领五百人手持长剑在前面奋力冲杀开路，僖宗乘坐的车驾才得以向前行进。僖宗李儇命王建背着传国宝跟随左右；登上大散岭。李昌符焚烧栈道一丈多长，栈道就要折断了，王建挽扶着僖宗从烟火中跳过去；这晚，住在临时搭建的板屋内，僖宗李儇把王建的膝盖当作枕头安歇，醒来以后，才吃些食物，僖宗李儇解下帝袍赏赐给王建说："因为这件衣服上有你的眼泪啊！"僖宗这时才进入散关，朱玫已经包围了宝鸡。石鼻的军队溃逃，朱玫长驱直入，攻打散关，但没有攻打下来。嗣襄王李煴是唐肃宗李亨的玄孙，身有疾病，跟不上僖宗，留在遵涂驿，被朱玫抓获，带到凤翔去了。

庚戌日（三十日），李克用返回太原。

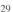

二月，王重荣、朱政、李昌符复上表请诛田令孜。

以前东都留守郑从谠为守太傅兼侍中。

朱玫、李昌符使山南西道节度使石君涉栅绝险要，烧邮驿，上由它道以进。山谷崎岖，邠军迫其后，危殆者数四，仅得达山南。三月，壬午，石君涉弃镇逃归朱玫。

【译文】二月，王重荣、朱玫、李昌符又向僖宗李儇上表请求诛杀田令孜。

僖宗李儇任命前东都留守郑从谠兼任太傅兼侍中。

朱玫、李昌符派遣山南西道节度使石君涉修建木栅，阻断险要的道路，焚毁递送邮件的驿站，僖宗李儇只得改由其他道路行进；山路崎岖难行，朱玫的邠军紧紧追赶，危急紧张的情况不时出现，在历经重重艰险后，勉强到达山南。三月，壬午日（初三），石君涉放弃镇所投奔朱玫。

癸未，凤翔百官萧遘等罪状田令孜及其党韦昭度，请诛之。初，昭度因供奉僧澈结宦官，得为相。澈师知玄鄙澈所为，昭度每与同列诣知玄，皆拜之，知玄揖使诣澈啜茶。

山南西道监军冯翊严遵美迎上于西县，丙申，车驾至兴元。

戊戌，以御史大夫孔纬、翰林学士承旨、兵部尚书杜让能并为兵部侍郎、同平章事。

【译文】癸未日（初四），在凤翔的百官萧遘等人列举田令孜跟他的党羽韦昭度的罪行，请求僖宗李儇将他们处死。起初，韦昭度因为侍奉僧澈而与宦官结交，然后才得以担任宰相。僧澈的师父知玄鄙视僧澈的做法，韦昭度每次跟同僚们到知玄那里，都行拜手礼，知玄仅行拱手礼，便让他们到僧澈那儿去喝茶。

资治通鉴

山南西道监军冯翊人严遵美在西县迎接僖宗李儇，丙申日
（十七日），僖宗李儇抵达兴元。

戊戌日（十九日），僖宗李儇任命御史大夫孔纬和翰林学士
承旨、兵部尚书杜让能共同担任兵部侍郎、同平章事。

保銮都将李铤等败邠军于凤州。

诏加王重荣应接粮料使，使调本道谷十五万斛以济国用。
重荣表称令孜未诛，不奉诏。

以尚书左丞卢渥为户部尚书，充山南西道留后。以严遵美为
内枢密使，遣王建帅部兵戍三泉，晋晖及神策使张造帅四都兵屯
黑水，修栈道以通往来。以建遥领壁州刺史。将帅遥领州镇自
此始。

【译文】保銮都将李铤等人在凤州打败了朱玫的军队。

僖宗李儇诏命加封王重荣为应接粮料使，诏令他调集本道
的谷米十五万斛以供国家之需。王重荣向僖宗李儇上表称田令
孜还没有诛杀，他不接受诏命。

僖宗李儇任命尚书左丞卢渥为户部尚书，代理山南西道留
后。任命严遵美为内枢密使，派遣王建率领士兵去戍守三泉，晋
晖及神策军使张造率领四都的军队在黑水驻扎，修建栈道，使
往来的道路能畅通无碍。任命王建兼任壁州刺史。将帅在远地
兼任州镇的职务就是从这时开始的。

陈敬瑄疑东川节度使高仁厚，欲去之。遂州刺史郑君立起
兵攻陷汉州，进向成都。敬瑄遣其将李顺之逆战，君立败死。
敬瑄又发维、茂羌军击仁厚，杀之。

【译文】陈敬瑄对东川节度使高仁厚心生疑虑，打算杀掉

他。遂州刺史郑君立率军夺取汉州，向成都进军。陈敬瑄派遣将领李顺之前去迎战，郑君立战败被杀。陈敬瑄又派遣维、茂两地羌族军队进攻高仁厚，杀死了高仁厚。

朱玫以田令孜在天子左右，终不可去，言于萧遘曰："主上播迁六年，中原将士冒矢石，百姓供馈饷，战死饿死，什减七八，仅得复京城。天下方喜车驾还宫，主上更以勤王之功为敕使之荣，委以大权，使堕纲纪，骚扰藩镇，召乱生祸。玫昨奉尊命来迎大驾，不蒙信察，反类胁君。吾辈报国之心极矣，战贼之力殚矣，安能垂头弭耳，受制于阉寺之手哉！李氏孙尚多，相公盍改图以利社稷乎？"遘曰："主上践阼十馀年，无大过恶。正以令孜专权肘腋，致坐不安席，上每言之，流涕不已。近日上初无行意，令孜陈兵帐前，迫胁以行，不容俟旦。罪皆在令孜，人谁不知！足下尽心王室，正有引兵还镇，拜表迎銮。废立重事，伊、霍所难，遘不敢闻命！"玫出，宣言曰："我立李氏一王，敢异议者斩！"

【译文】 朱玫因为田令孜在僖宗李儇的身旁，最终没有铲除他，对萧遘说："六年来陛下流亡迁徙，中原一带的将领士兵在刀箭中出入，老百姓供给军队军粮，战死和饿死的人，十分已去了七八分，这才得以收复长安。天下官民都为陛下返回长安而高兴，陛下却把拯救皇室的大功加给宦官田令孜，交付给他朝政大权，导致朝纲法纪受践踏，各藩镇受到侵扰，也导致王重荣发兵作乱惹出祸患。我朱玫日前奉您的命令去迎接皇上，没有受到大家的信任与理解，反而有胁迫陛下的嫌疑。我们报效国家之心已经忠诚到了极点，跟寇贼作战的力气也用尽啦，怎么能够俯首帖耳，忍受那些宦官的裁断安排呢？皇室中李氏的子孙还有许多，你为什么不为国家长久安定另做谋划呢？"萧遘对他说：“当今陛下即位十几年，不曾有大的过错。正是因为田令孜在陛下身边专擅大权，致使陛下难以安心，每当谈到这些，陛下都痛哭流泪不止。近几天的事，陛下起初没有逃走的意思，田令孜却仍安排士兵，胁迫陛下离开，竟然没允许等到天亮就把陛下带走。所有的罪过都在田令孜身上，人们有谁不晓得这个情况呢！你对朝廷竭尽忠诚，正应当带领军队返回镇所，恭敬地进献奏表来迎接陛下。废立君主的大事，商朝伊尹放逐商王太甲、汉朝霍光废黜昌邑王都曾很是艰难，我萧遘可不敢按您的命令去做啊！”朱玫退出后，宣布说：“我拥立李氏子孙出来做皇帝，谁敢有异议，立即斩首。”

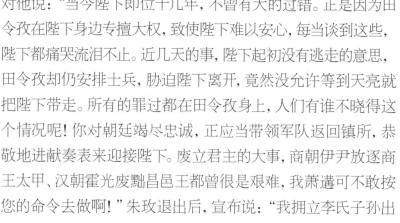

夏，四月，壬子，玫逼凤翔百官奉襄王煴权监军国事，承制封拜指挥，仍遣大臣入蜀迎驾，盟百官于石鼻驿。玫使萧遘为册文，遘辞以文思荒落；乃使兵部侍郎判户部郑昌图为之。乙卯，煴受册，玫自兼左、右神策十军使，帅百官奉煴还京师；以郑昌图同平章事、判度支、盐铁、户部，各置副使，三司之事一以委焉。河中百官崔安潜等上襄王笺，贺受册。

田令孜自知不为天下所容，乃荐枢密使使杨复恭为左神策中尉、观军容使，自除西川监军使，往依陈敬瑄。复恭斥令孜之党，出王建为利州刺史，晋晖为集州刺史，张造为万州刺史，李师泰为忠州刺史。

【译文】夏季，四月，壬子日（初三），朱玫逼迫在凤翔的百官尊奉襄王李煴暂时监理军国政事，遵承君命封爵拜官，领导群臣，仍派遣大臣进入蜀地迎接僖宗李儇，在石鼻驿与百官盟誓。朱玫要求萧遘撰写诏书，萧遘以文笔生疏文思衰竭拒绝了；于是命令兵部侍郎判户部郑昌图来撰写。乙卯日（初六），李煴接受册封。朱玫自己兼任左、右神策十军使,率领百官奉送李煴返回京师;任命郑昌图为同平章事,判度支、盐铁、户部,各部门设置副使,御史大夫、中书、门下三司的事务完全委任郑昌图一人。留在河中府的朝中百官崔安潜等人向襄王李煴进呈表文,恭贺他接受册封。

田令孜内心很清楚,自己不会被天下人所宽容,于是推荐枢密使杨复恭为左神策中尉、观军容使,自己担任西川监军使,前往依附陈敬瑄。杨复恭排斥田令孜的党羽,把王建改任为利州刺史,晋晖改任为集州刺史,张造改任为万州刺史,李师泰改任为忠州刺史。

五月,朱玫以中书侍郎、同平章事萧遘为太子太保,自加侍中、诸道盐铁、转运等使;加裴澈判度支,郑昌图判户部;以淮南节度使高骈兼中书令,充江、淮盐铁、转运等使、诸道行营兵马都统;淮南右都押牙、和州刺史吕用之为岭南东道节度使;大行封拜以悦藩镇。遣吏部侍郎夏侯潭宣谕河北,户部侍郎杨陟宣谕江、淮,诸藩镇受其命者什六七,高骈仍奉笺劝进。

吕用之建牙开幕,一与骈同;凡骈之腹心,及将校能任事者,皆逼以从己,诸所施为,不复咨禀。骈颇疑之,阴欲夺其权,而根蒂已固,无如之何。用之知之,甚惧,访于其党前度支巡官郑杞、前知庐州事董瑾,杞曰:“此固为晚矣!”用之问策安出,杞曰:“曹孟德有言:‘宁我负人,无人负我。’”明日,与瑾共为书一缄授用之,其语秘,人莫有知者。

【译文】五月,朱玫任命中书侍郎、同平章事萧遘为太子太保;加封自己为侍中、诸道盐铁、转运等使;加封裴澈为判度支;任命郑昌图为判户部;任命淮南节度使高骈兼中书令,代理江淮盐铁、转运等使，诸道行营兵马都统；任命淮南右都押牙、和州刺史吕用之为岭南东道节度使；大肆地封官拜爵以取悦拉拢各藩镇。他还派遣吏部侍郎夏侯潭宣示告谕河北，派户部侍郎杨陟宣示告谕江、淮，各处藩镇接受襄王李煴命令的有十分之六七，高骈因而进呈表文劝襄王李煴称帝。

吕用之建立牙帐，设置幕府，都与高骈一样，所有能够委任的高骈亲信和各将校，都逼迫他们归顺自己，做什么事，都不再禀告高骈。高骈虽然对他很怀疑，想要暗中削夺他的权力，然而吕用之已经根深蒂固，高骈拿他无可奈何！吕用之知道高骈了解自己的作为后，非常害怕，征询他的同党前度支巡官郑杞和前知庐州事董瑾的建议，郑杞说："高骈觉察得太晚了，您无须担心。"吕用之询问现在如何应对，郑杞说："曹孟德有句话：'宁可我辜负别人，也不要别人辜负我。'"第二天，郑杞跟董瑾一起写了封信给吕用之，信中的话很机密，没有人知道信里的内容。

【乾隆御批】 骈本悻悻小人，怨望不已，浸成跋扈，至劝进朱玫，而逆迹更显著矣。用之辈亦遂尤而效之，不旋踵而变起肘腋。倾覆身家，殆天道之巧于示报欤。

【译文】 高骈原本是一个心怀怨恨的小人，对朝廷一直怨恼愤恨不已，逐渐形成了他的专横暴戾之势，以至劝说朱玫称帝，他的反叛迹象就更加明显了。吕用之等人效仿他的这些恶行，转眼之间就在肘腋之下发动了反叛。最后造成全家覆灭，这大概是老天善巧方便地给人们展示的因果之报吧！

萧遘称疾归永乐。

初，凤翔节度使李昌符与朱玫同谋立襄王，既而玫自为宰相专权，昌符怒，不受其官，更通表兴元。诏加昌符检校司徒。

朱玫遣其将王行瑜将邠宁、河西兵五万追乘舆，感义节度使杨晟战数却，弃散关走，行瑜进屯凤州。

【译文】萧遘声称有病，返回永乐县。

起初，凤翔节度使李昌符和朱玫暗中谋划拥立襄王李熅，襄王被拥立后，朱玫自己担任宰相，把持朝廷大权；李昌符气愤不已，不肯接受官职，改变立场向兴元僖宗李儇呈递奏疏。僖宗李儇诏命加封李昌符为检校司徒。

朱玫派遣他的部将王行瑜率领邠宁、河西的军队五万人前去追讨僖宗李儇，感义节度使杨晟多次交战败退，最终放弃散关逃走，王行瑜进兵在凤州驻扎。

是时，诸道贡赋多之长安，不之兴元，从官卫士皆乏食，上涕泣，不知为计。杜让能言于上曰："杨复光与王重荣同破黄巢，复京城，相亲善；复恭其兄也。若遣重臣往谕以大义，且致复恭之意，宜有回虑归国之理。"上从之，遣右谏议大夫刘崇望使于河中，赍诏谕重荣，重荣既听命，遣使表献绢十万匹，且请讨朱玫以自赎。

【译文】 这时，各道进献的贡赋大多运往长安，却不送给僖宗李儇，跟随僖宗的官员和卫士粮食匮乏，僖宗痛哭流泪，不知如何应付。杜让能向僖宗进言说："杨复光与王重荣一起将黄巢打败，收复长安，他们两人关系亲密友好；杨复恭是他的哥哥。如果派遣大臣前去对他晓以大义，并且转达杨复恭的想法，他应该会同意归顺朝廷的。"僖宗李儇听从他的计谋，派遣右谏议大夫刘崇望出使河中，手持诏书告谕王重荣，王重荣马上服从诏命，派遣使者呈递奏表，进献十万匹绢，并且请求诛讨朱玟，以便借此机会赎自己的罪过。

戊戌，襄王熅遣使至晋阳赐李克用诏，言："上至半涂，六军变扰，苍黄晏驾，吾为藩镇所推，今已受册。"朱玟亦与克用书，克用闻其谋皆出于玟，大怒。大将盖寓说克用曰："銮舆播迁，天下皆归咎于我，今不诛玟，黜李熅，无以自湔洗。"克用从之，燔诏书，囚使者，移檄邻道，称："玟敢欺藩方，明言晏驾。当道已发蕃、汉三万兵进讨凶逆，当共立大功。"寓，蔚州人也。

秦贤寇宋汴，朱全忠败之于尉氏南；癸巳，遣都将郭言将步骑三万击蔡州。

【译文】戊戌日（二十日），襄王李熅派遣使者到晋阳赐给李克用诏书，说："陛下走到半路，六军突然作乱，皇上仓促去世，我被各藩镇拥举，如今已经接受册命了。"朱玟也写信给李克用，李克用听说这些阴谋都出自朱玟，不禁勃然大怒。大将盖寓劝李克用说："皇帝流亡迁徙，天下人都认为是我们当初进逼长安所致，现在假如不诛杀朱玟，废黜襄王李熅的话，就没有办法为自己澄清。"李克用听从了盖寓的建议，将襄王李熅的诏书烧掉，囚禁派来的使臣，然后向邻近各道发出檄文，说："朱玟竟然敢欺骗各藩镇，胆敢公然说天子驾崩。本道已经出动蕃、汉军队三万人进发征讨叛逆的贼臣。大家应当共同来建功立业。"盖寓是蔚州人。

秦贤侵犯宋州、汴州，在尉氏的南边被朱全忠打败；癸巳日（十五日），秦贤又派遣都将郭言率领步兵、骑兵三万人进攻蔡州。

六月，以扈跸都将杨守亮为金商节度、京畿制置使，将兵二万出金州，与王重荣、李克用共讨朱玫，守亮本姓訾，名亮，曹州人，与弟信皆为杨复光假子，更名守亮、守信。

李克用遣使奉表称："方发兵济河，除逆党，迎车驾，愿诏诸道与臣协力。"先是，山南之人皆言克用与朱玫合，人情恼惧；表至，上出示从官，并谕山南诸镇，由是帖然。然克用表犹以朱全忠为言，上使杨复恭以书谕之云："俟三辅事宁，别有进止。"

【译文】六月，僖宗李儇任命神策军五十四都之一的扈跸都将杨守亮担任金商节度、京畿制置使，率领两万士兵，从金州出发，与王重荣、李克用一起征讨朱玫。杨守亮本来姓訾，名亮，曹州人，跟弟弟杨信都是杨复光的义子，后来分别改名叫守亮、守信。

李克用派遣使者向僖宗李儇呈上表文，说："如今，臣派军队渡过黄河，将朱玫逆党消灭，迎接陛下车驾，希望诏令各道军队与臣齐心协力征讨朱玫。"在此之前，山南的人都说李克用与朱玫勾结在一起，人心惶恐，李克用的奏疏送到以后，僖宗李儇拿给随从的官员们看，并且告谕山南各镇，从此人心才安定下来。然而李克用的奏表仍然坚持要朝廷惩治朱全忠当年谋害他的罪行，僖宗李儇便派遣杨复恭用书信晓谕他说："等到京兆、冯翊、扶风等三辅的事情平息了，朕自会安排处置的。"

衡州刺史周岳发兵攻潭州，钦化节度使闵勖招淮西将黄皓入城共守，皓遂杀勖。岳攻拔州城，擒皓，杀之。

镇海节度使周宝遣牙将丁从实袭常州，逐张郁。郁奔海陵，依镇遏使南昌高霸。霸，高骈将也，镇海陵，有民五万户，兵三万人。

【译文】衡州刺史周岳发动军队进攻潭州，钦化节度使闵勖召来淮西将领黄皓进入城中共同防守,黄皓却将闵勖杀死。周岳攻克潭州城后,抓获黄皓,并且将他杀了。

镇海节度使周宝派遣牙将丁从实去偷袭常州,驱逐张郁;于是张郁逃到海陵,依附镇遏使南昌人高霸。高霸是高骈的部将,镇守海陵,拥有百姓五万户,士兵三万人。

秋,七月,秦宗权陷许州,杀节度使鹿晏弘。

王行瑜进攻兴州,感义节度使杨晟弃镇走,据文州,诏保銮都将李铤、扈跸都将李茂贞、陈佩屯大唐峰以拒之。茂贞,博野人,本姓宋,名文通,以功赐姓名。

要命钦化军曰武安,以衡州刺史周岳为节度使。

【译文】秋季,七月,秦宗权攻克许州,杀死节度使鹿晏弘。

王行瑜攻打兴州,感义节度使杨晟丢弃镇所逃走,占据了文州,僖宗李儇诏令保銮都将李铤、扈跸都将李茂贞和陈珮驻扎在大唐峰来抵抗王行瑜。李茂贞是博野人,本来姓宋,名文通,因为立下战功,所以赐给这个姓名。

朝廷更改钦化军名为武安军,任命衡州刺史周岳为节度使。

八月,卢龙节度使李全忠薨,以其子匡威为留后。

王潮拔泉州,杀廖彦若。潮闻福建观察陈岩威名,不敢犯福州境,遣使降之,岩表潮为泉州刺史。潮沈勇有智略,既得泉州,招怀离散,均赋缮兵,吏民悦服。幽王绪于别馆,绪惭,自杀。

【译文】八月,卢龙节度使李全忠去世,僖宗李儇任命他的儿子李匡威为留后。

王潮攻取了泉州，杀死了廖彦若。王潮听到福建观察使陈岩的威名，不敢侵犯福州的边境，派遣使者向陈岩投降，陈岩向僖宗李儇上表，僖宗李儇任命王潮为泉州刺史。王潮沉着勇敢，聪明有谋略，攻取泉州以后，他招抚和体恤流亡的百姓，平均赋税修整兵器，官吏和百姓都心悦诚服。王潮将王绪囚禁在别馆，王绪羞愧得无地自容，自杀了。

九月，朱玫将张行实攻大唐峰，李铤等击却之。金吾将军满存与邠军战，破之，复取兴州，进守万仞寨。

李克修攻孟方立，甲午，擒其将吕臻于焦冈，拔故镇、武安、临洺、邯郸、沙河，以大将安金俊为邢州刺史。

长安百官太子太师裴璩等劝进于襄王熅。冬，十月，熅即皇帝位，改元建贞，遥尊上为太上元皇帝。

【译文】九月，朱玫的部将张行实攻打大唐峰，李铤等人打退了他。金吾将军满存与朱玫的邠宁军交战，打败了邠宁军，再次占据兴州，进兵驻守万仞寨。

李克修进攻孟方立，甲午日（十八日），在焦冈捉住了孟方立的部将吕臻，攻取了故镇、武安、临洺、邯郸、沙河等地；任命大将安金俊为邢州刺史。

在长安的百官和太子太师裴璩等人劝襄王李熅即帝位。冬季，十月，李熅即皇帝位，改年号为建贞，遥尊僖宗李儇为太上元皇帝。

董昌谓钱镠曰："汝能取越州，吾以杭州授汝。"镠曰："然，不取终为后患。"遂将兵自诸暨趋平水，凿山开道五百里，出曹娥埭，浙东将鲍君福帅众降之。镠与浙东军战，屡破之，进屯丰山。

感化牙将张雄、冯弘铎得罪于节度使时溥，聚众三百，走渡江，袭苏州，据之。雄自称刺史，稍聚兵至五万，战舰千馀，自号天成军。

河阳节度使诸葛爽薨，大将刘经、张全义立爽子仲方为留后。全义，临濮人也。

李克修攻邢州，不克而还。

【译文】 董昌对钱镠说："你如果将越州攻克，我就把杭州送给你。"钱镠答道："好！如果不能攻取越州，它终究会成为后患。"于是，钱镠率领军队从诸暨奔赴平水，开掘五百里长的山路，到达曹娥埭，浙东将军鲍君福率领兵马向钱镠投降。钱镠与浙东的军队交战，多次打败他们，进发的军队在丰山驻扎。

感化军牙将张雄、冯弘铎得罪了节度使时溥，于是聚集部众三百人，渡过长江，进攻苏州，占据那里。张雄自称刺史，逐渐招募士兵五万人，拥有战船一千余艘，自称天成军。

河阳节度使诸葛爽去世，大将刘经、张全义拥立诸葛爽的儿子诸葛仲方为留后。张全义是临濮县人。

李克修进攻邢州，没有攻克，只好退兵。

十一月，丙戌，钱镠克越州，刘汉宏奔台州。

义成节度使安师儒委政于两厢都虞候夏侯晏、杜标，二人骄恣，军中忿之。小校张骁潜出，聚众二千攻州城，师儒斩晏、标首谕之，军中稍息。天平节度使朱瑄谋取滑州，遣濮州刺史朱裕将兵诱张骁，杀之。朱全忠先遣其将朱珍、李唐宾袭滑州，入境，遇大雪。珍等一夕驰至壁下，百梯并升，遂克之。虏师儒以归。全忠以牙将江陵胡真知义成留后。

田令孜至成都请寻医，许之。

【译文】 十一月，丙戌日（十一日），钱镠攻取越州，刘汉宏逃奔台州。

义成节度使安师儒把处理政事的大权完全交给两厢都虞候夏侯晏、杜标两人，这两个人骄横放肆，军营将士都愤恨他们。小校张骁偷偷跑出去，召集士卒两千人攻打滑州城，安师儒将夏侯晏、杜标二人的头砍了宣告众人，军中稍微安定了些。天平节度使朱瑄谋划夺取滑州，派遣濮州刺史朱裕率领军队引诱张骁，杀死了他。朱全忠先派遣手下将领朱珍、李唐宾进攻滑州，攻入滑州境内，恰巧遇上大雪，朱珍等人一个晚上就赶到滑州城下，用百架云梯同时登城，将滑州城攻了下来，俘虏了安师儒后返回。朱全忠委任牙将江陵人胡真担任义成留后。

田令孜向僖宗李儇请求到成都去找医生看病，朝廷允许了他的请求。

十二月，戊寅，诸军拔凤州，以满存为凤州防御使。

杨复恭传檄关中，称"得朱玫首者，以静难节度使赏之"。王行瑜战数败，恐获罪于玫，与其下谋曰："今无功，归亦死；曷若与汝曹斩玫首，定京城，迎大驾，取邠宁节钺乎？"众从之。甲寅，行瑜自凤州擅兵引归京师，玫方视事，闻之，怒，召行瑜，责之曰："汝擅归，欲反邪？"行瑜曰："吾不反，欲诛反者朱玫耳！"遂擒斩之，并杀其党数百人。诸军大乱，焚掠京城，士民无衣冻死者蔽地。裴澈、郑昌图帅百官二百馀人奉襄王奔河中，王重荣诈为迎奉，执煴，杀之，囚澈、昌图；百官死者殆半。

【译文】 十二月，戊寅日（十二月无此日），各路军队攻克凤州，朝廷任命满存为凤州防御使。

杨复恭派人传送檄文到关中，说道："谁能得到朱玫首级，就把朱玫静难节度使的官职授予他。"王行瑜作战屡次失利，害怕受到朱玫的治罪，于是跟他的部下商议，说："现在我们作战没有大功，回去也是一死；不如我们前去砍下朱玫的首级，平定京城，迎接天子返回，得到邠宁节度使的职位，怎么样呢？"部众们齐声应和，听从了他的建议。甲寅日（初十），王行瑜从凤州擅自带领军队返回长安，朱玫正在处理政事，听说此事，十分愤怒，召来王行瑜，斥责他说："你擅自返回，想要造反吗？"王行瑜答道："我不想造反，只是想要把造反的朱玫杀死而已！"于是抓住朱玫，砍下他的头，并且把其同党几百个人也杀死了。各路军队乱作一团，焚烧劫掠京城，没有衣服被冻死的士民遍地全是。裴澈、郑昌图率领百官两百多人侍奉襄王李煴逃到河中，王重荣假装迎接，捉住了襄王李煴，把他杀死了，囚禁了裴澈、郑昌图；众官被处死的将近一半。

【申涵煜评】僖宗信任宦寺，两致播迁，已得罪于社稷。襄王之立，未为无名，但朱玫实非其人，事遂同于僭窃。成为王而败为贼，理固然也。

【译文】唐僖宗信任宦官，两次导致颠沛流离，已获罪于社稷之神。朱玫等人拥立襄王李煴，并非没有名义，但是朱玫实在不是一个合适之人，因此这件事情简直和越分窃取国家一样。成者为王而败者为寇，道理本来就是如此。

台州刺史杜雄诱刘汉宏，执送董昌，斩之。昌徙镇越州，自称知浙东军府事，以钱镠知杭州事。

王重荣函襄王煴首送行在，刑部请御兴元城南门献馘，百官毕贺。太常博士殷盈孙议，以为："煴为贼臣所逼，正以不能死节罪耳。礼，公族罪在大辟，君为之素服不举。今煴已就诛，宜废为庶人，令所在葬其首。其献馘称贺之礼，请俟朱玫首至而行之。"从之。盈孙，侑之孙也。

【译文】台州刺史杜雄引诱刘汉宏，把他抓住送到董昌那里，董昌把他杀死了。董昌将镇所迁往越州，自称为浙东军府事，派遣钱镠去掌管杭州的事务。

王重荣将襄王李煴的首级装在匣内送到僖宗李儇那里，刑部请僖宗李儇驾临兴元城的南门接受进献，朝廷百官都前往庆祝。太常博士殷盈孙有不同看法，他认为："李煴是受逆贼威逼，他不能以死殉节才是罪过啊！按照礼节，公族里有人犯了死罪被处斩，国君应为他穿丧服，不能奏乐。今天李煴已经伏诛，应该废他为庶人，诏令在其所在地埋葬。至于那呈献李煴首级来庆贺的典礼，请等到朱玫的首级送来以后再举行吧！"僖宗李儇听从了他的建议。殷盈孙是殷侑的孙子。

河阳大将刘经，畏李罕之难制，自引兵镇洛阳，袭罕之于渑池，为罕之所败，经弃洛阳走，罕之追杀殆尽。罕之军于巩，将渡河，经遣张全义将兵拒之。时诸葛仲方幼弱，政在刘经，诸将多不附。全义遂与罕之合兵攻河阳，为经所败，罕之、全义走保怀州。

【译文】河阳的大将刘经，害怕李罕之难以控制，便亲自带领军队镇守洛阳，在渑池偷袭李罕之，却被李罕之打败了。于是刘经放弃洛阳逃走，李罕之继续追击，把刘经的军队几乎消灭光了。李罕之在巩县屯扎，准备渡河，刘经派遣张全义率领军队抵挡他。当时诸葛仲方年幼弱小，大权都被刘经掌控，将领大多数不想亲附他，张全义于是和李罕之联合进攻河阳，被刘经打败, 李罕之、张全义退守怀州。

初, 忠武决胜指挥使孙儒与龙骧指挥使朗山刘建锋戍蔡州, 拒黄巢, 扶沟马殷隶军中, 以材勇闻。及秦宗权叛, 儒等皆属焉。宗权遣儒将兵攻陷郑州, 刺史李璠奔大梁。儒进陷河阳, 留后诸葛仲方奔大梁。儒自称节度使, 张全义据怀州, 李罕之据泽州以拒之。

初, 长安人张佶为宣州幕僚, 恶观察使秦彦之为人, 弃官去, 过蔡州, 宗权留以为行军司马。佶谓刘建锋曰:"秦公刚鸷而猜忌, 亡无日矣, 吾属何以自免!"建锋方自危, 遂与佶善。

【译文】起初, 忠武决胜指挥使孙儒和龙骧指挥使朗山人刘建锋戍守蔡州, 抵御黄巢, 扶沟人马殷在军中, 凭借才干及勇敢闻名。等到秦宗权作乱, 孙儒等人都归顺秦宗权。秦宗权派遣孙儒率领军队进攻郑州, 刺史李璠逃奔大梁。孙儒进兵攻克河阳, 留后诸葛仲方也逃奔大梁。孙儒自称节度使, 张全义据守怀州、李罕之据守泽州来抵抗孙儒。

起初, 长安人张佶是宣州官府里的幕僚, 因为憎恨观察使秦彦的为人, 便放弃官职离开了; 路过蔡州时, 秦宗权挽留他, 让他担任行军司马。张佶对刘建锋说:"秦宗权刚强凶悍又猜疑妒忌, 他的末日马上要到了, 我们应该考虑如何免祸啊!"刘建锋正为自己的安危忧愁, 于是与张佶亲近起来。

寿州刺史张翱遣其将魏虔将万人寇庐州, 庐州刺史杨行愍遣其将田頵、李神福、张训拒之, 败虔于褚城。滁州刺史许勍袭舒州, 刺史陶雅奔庐州。高骈命行愍更名行密。

是岁, 天平牙将朱瑾逐泰宁节度使齐克让, 自称留后。瑾将袭兖州，求婚于克让，乃自郓盛饰车服，私藏兵甲以赴之。亲迎之夕，甲士窃发，逐克让而代之。朝廷因以瑾为泰宁节度使。

【译文】寿州刺史张翱派遣他的部将魏虏率领一万人进攻劫掠庐州，庐州刺史杨行愍派遣他的部将田頵、李神福、张训抵挡他们，在褚城打败了魏虏。滁州刺史许勃袭击舒州，舒州刺史陶雅逃往庐州。高骈让杨行愍改名为杨行密。

这一年，天平牙将朱瑾驱逐泰宁节度使齐克让，自称为留后。朱瑾要进攻兖州，假装向齐克让请求通婚议和，又置备华丽的车马和服装，暗中派出裹藏兵器的军队，从郓州奔赴兖州。齐克让迎接朱瑾的当天夜里，朱瑾的兵马偷偷发起攻击，驱逐齐克让取而代之。朝廷因此任命朱瑾为泰宁节度使。

安陆贼帅周通攻鄂州，路审中亡去。岳州刺史杜洪乘虚入鄂，自称武昌留后，朝廷因以授之。湘阴贼帅邓进思复乘虚陷岳州。

秦宗言围荆南二年，张瓌城自守，城中米斗直钱四十缗，食甲鼓皆尽，击门扉以警夜，死者相枕。宗言竟不能克而去。

【译文】安陆贼帅周通进攻鄂州，据守鄂州的路审中逃走；岳州刺史杜洪乘虚进入鄂州，自称武昌留后，朝廷便因此任命他为武昌留后。驻扎在湘阴的贼帅邓进思又趁机攻占岳州。

秦宗言围攻荆南两年，张瓌亲自率兵环城自守，城中的米价上涨到一斗四十缗，连盔甲、鼓皮都吃光了！在晚上只好击打门板报告时辰，尸体一个压着一个。可是秦宗言最终还是没有攻克荆南城，只好离去。

光启三年(丁未，公元八八七年)春，正月，以邠州都将王行瑜为静难军节度使，扈跸都头李茂贞领武定节度使，扈跸都头杨守宗为金商节度使，右卫大将军顾彦朗为东川节度使，金商节度使杨守亮为山南西道节度使。彦朗，丰县人也。

辛巳，以董昌为浙东观察使，钱镠为杭州刺史。

秦宗权自以兵力十倍于朱全忠，而数为全忠所败，耻之，欲悉力以攻汴州。全忠患兵少，二月，以诸军都指挥使朱珍为淄州刺史，募兵于东道，期以初夏而还。

戊辰，削夺三川都监田令孜官爵，长流端州。然令孜依陈敬瑄，竟不行。

代北节度使李国昌薨。

【译文】光启三年（丁未，公元887年）春季，正月，僖宗李儇任命邠州都将王行瑜为静难军节度使，神策军中的扈跸都头李茂贞兼管武定节度使，另一位扈跸都头杨守宗为金商节度使，右卫大将军顾彦朗为东川节度使，金商节度使杨守亮为山南西道节度使。顾彦朗是丰县人。

辛巳日（初七），僖宗李儇任命董昌为浙东观察使，钱镠为杭州刺史。

秦宗权自认为兵力是朱全忠的十倍，然而多次被他打败，深感羞耻，想要拼尽全力攻打汴州。朱全忠担心兵力少，二月，他任命诸军都指挥使朱珍为淄州刺史，到东道招募士兵，约定初夏时返回。

戊辰日（二十四日），僖宗李儇诏令削夺三川都监田令孜的官爵，永远将他流放到端州。然而田令孜依靠陈敬瑄，竟然拒不奉诏，坚决不启程上路。

代北节度使李国昌去世。

三月，癸未，诏伪宰相萧遘、郑昌图、裴澈，于所在集众斩之，皆死于岐山。时朝士受煴官者甚众，法司皆处以极法。杜让能力争之，免者什七八。

壬辰，车驾至凤翔，节度使李昌符，恐车驾还京虽不治前过，恩赏必疏，乃以宫室未完，固请驻跸府舍，从之。

太傅兼侍中郑从谠罢为太子太保。

【译文】 三月，癸未日（初九），僖宗李儇诏命将伪宰相萧遘、郑昌图、裴澈就其所在地聚集民众斩首，他们都死在岐山县。当时朝中的士人接受李煴授官的人特别多，刑部要将他们全部处斩；杜让能为这些人极力辩解，免除死刑的人占十分之七八。

壬辰日（十八日），僖宗李儇抵达凤翔，节度使李昌符害怕僖宗李儇返回长安以后，就算不追究他之前与朱玫驱逐圣驾的大罪，对他的恩遇也会减少，于是以宫室还没修建好为借口，坚决请求僖宗李儇在凤翔府第留驻，僖宗李儇准许了他的要求。

太傅兼侍中郑从谠被罢免，僖宗李儇改任他为太子太保。

【乾隆御批】 胡寅以萧遘之罪，与裴、郑身相襄王者有间，曾不思身为辅臣，前不死难，后不死节，面颜甘受伪命，尚欲以辞疾自文律，以《春秋》之义书诛复，何辞哉。

【译文】 胡寅认为萧遘的罪恶与裴澈、郑昌图等亲自给襄王做宰相的人应该有所不同，他也不想想，身为一个辅佐大臣，前不为国难而死，后不为守节而死，厚颜无耻地甘心听从伪朝廷的命令，还想以患病为托词来美化自己，用《春秋》之义来权衡给他定一个死罪，看他还有什么话可说？

镇海节度使周宝募亲军千人，号后楼兵，禀给倍于镇海军，镇海军皆怨，而后楼兵浸骄不可制。宝溺于声色，不亲政事，筑罗城二十馀里，建东第，人苦其役。宝与僚属宴后楼，有言镇海军怨望者，宝曰："乱则杀之！"度支催勤使薛朗以其言告所善镇海军将刘浩，戒之使戢士卒，浩曰："惟反可以免死耳！"是夕，宝醉，方寝，浩帅其党作乱，攻府舍而焚之。宝惊起，徒跣叩芙蓉门呼后楼兵，后楼兵亦反矣。宝帅家人步走出青阳门，遂奔常州，依刺史丁从实。浩杀诸僚佐，癸巳，迎薛朗入府，推为留后。宝先兼租庸副使，城中货财山积，是日，尽于乱兵之手。

高骈闻宝败，列牙受贺，遣使馈以齑粉。宝怒，掷之地曰："汝有吕用之在，他日未可知也！"扬州连岁饥，城中馁死者日数千人，坊巷为之寥落，妖异数见，骈悉以为周宝当之。

【译文】镇海节度使周宝招募随行卫士千人，号称"后楼兵"，供给他们的谷粮比镇海军多了一倍；镇海军的将士都很不满，而后楼兵却是越来越骄横，不能管束。周宝沉溺在歌舞和女色中，不亲自处理政务，修筑长达二十多里的罗城，兴建东边的府第，百姓都为承受繁重苦役而痛苦不堪。周宝和他的属下曾在后楼宴饮，有人说出镇海军的怨恨，周宝说："谁敢作乱就把他杀死！"度支催勤使薛朗把周宝的话告诉与他交好的镇海军将领刘浩，劝告他要平息士兵的情绪，刘浩说："只有作乱才可以免死！"这天晚上，周宝喝得很醉，正要睡觉，刘浩率领他的同党作乱，攻打官府院舍，并且放火焚烧。周宝从梦中惊醒，从床上爬起，光着脚去敲打芙蓉门，呼喊后楼兵，后楼兵也造反了。周宝带领全家人跑出青阳门，于是逃往常州，投靠刺史丁从实。刘浩将周宝的属下杀死，癸巳日（十九日），刘浩迎接薛朗进入府中，推举他为留后。周宝原先兼租庸副使时，城中的钱财货物堆积如山，这一天，都被乱兵抢光。

高骈听说周宝大败，将吏排列于衙外，接受大家的祝贺，并派遣使者赠送齑粉给周宝，咒骂他会像齑粉般粉身碎骨。周宝大怒，把它扔到地上，说："有吕用之在你身边，日后如何你也无法预料啊！"扬州连续几年闹饥荒，城内饿死的人每天都有好几千，街道集市萧条，灾害频繁，高骈认为这些灾异应验了周宝的失败。

山南西道节度使杨守亮忌利州刺史王建骁勇，屡召之。建惧，不往。前龙州司仓周庠说建曰："唐祚将终，藩镇互相吞噬，皆无雄才远略，不能戡济多难。公勇而有谋，得士卒心，立大功者非公而谁！然葭萌四战之地，难以久安。阆州地僻人富，杨茂实，陈、田之腹心，不修职贡，若表其罪，兴兵讨之，可一战而擒也。"建从之，召募溪洞酋豪，有众八千，沿嘉陵江而下，袭阆州，逐其刺史杨茂实而据之，自称防御使，招纳亡命，军势益盛，守亮不能制。

【译文】山南西道节度使杨守亮妒忌利州刺史王建的勇猛矫健，多次召令王建前往他的镇所；王建惧怕，不愿意前往。前龙州司仓周庠劝说王建："唐朝的国运就要没了，藩镇互相攻打吞并，全都没有雄才大略，哪能平定消除这么多的灾难？你勇猛又有谋略，士兵都很拥护您，建立功业非您莫属啊！但是利州是军事要地，争战也最频繁，难以长久保持安定。阆州偏僻，百姓富足，刺史杨茂实是陈敬瑄、田令孜的亲信，不听从朝廷诏令，不缴纳赋税，如果呈递奏疏列举其罪状，派遣军队进行征讨，可以一举就把他抓获！"王建听从了他的建议，召集溪洞中的酋长豪杰，共计八千士兵，沿着嘉陵江顺流而下，袭击阆州，驱逐阆州刺史杨茂实，占据了阆州，自称防御使，招收亡命之

资治通鉴

徒，军势更加强盛，杨守亮没有能力控制他。

部将张虔裕说建曰："公乘天子微弱，专据方州，若唐室复兴，公无种矣。宜遣使奉表天子，杖大义以行师，蔑不济矣。"部将綦毋谏复说建养士爱民以观天下之变，建皆从之。庠、虔裕、谏，皆许州人也。

初，建与东川节度使顾彦朗俱在神策军，同讨贼。建既据阆州，彦朗畏其侵暴，数遣使问遗，馈以军食，建由是不犯东川。

初，周宝闻淮南六合镇遏使徐约兵精，诱之使击苏州。

【译文】部将张虔裕劝告王建说："您趁天子弱小，割据地方州郡，如果唐朝皇室复兴，你就要遭受灭族大祸。你应该派遣使臣向皇帝呈递奏表，用仁德大义统率军队，没有不能取胜的道理！"部将綦毋谏又劝告王建，招募人才，爱护百姓，来静观天下形势的变化。王建接受他们的建议。周庠、张虔裕、綦毋谏都是许州人。

起初，王建和东川节度使顾彦朗都在神策军中，共同征讨贼寇；王建据守阆州以后，顾彦朗害怕他残暴侵夺，屡次派遣使者问候和馈赠礼物，又供给他军粮，王建因此没有侵犯东川顾彦朗的地盘。

起初，周宝听说淮南六合的镇遏使徐约的军队精良，便引诱他去进攻苏州。

资治通鉴卷第二百五十七　唐纪七十三

起强圉协洽四月，尽著雍涒滩，凡一年有奇。

【译文】起丁未（公元887年）四月，止戊申（公元888年），共一年九个月。

【题解】本卷记录了公元887年四月至888年的史事，共一年又九个月。正当唐僖宗李儇光启三年四月至光启四年。此时期，唐僖宗返回京师长安后驾崩，其弟唐昭宗李敏即位，想要有一番作为。全国军阀混战，主战场仍在河南，其次是淮南、西川、河阳。河南中原争战，朱全忠在蔡州围困秦宗权，又大败兖州的朱瑄、郓州的朱瑾。河北魏博镇内讧，部众推举罗弘信担任留后，罗弘信诛杀前任魏博节度使乐彦祯、乐从训父子，与朱全忠交好。河南尹张全义赶走河阳节度使李罕之，李罕之逃往泽州，投靠李克用，张全义向朱全忠求救，引发朱李大战，李克用兵败。至此，朱全忠势力强盛，称雄于河南、河北，无人可敌。

僖宗惠圣恭定孝皇帝下之下

光启三年（丁未，公元八八七年）夏，四月，甲辰朔，约逐苏州刺史张雄，帅其众逃入海。

高骈闻秦宗权将寇淮南，遣左厢都知兵马使毕师铎将百骑屯高邮。

时吕用之用事，宿将多为所诛，师铎自以黄巢降将，常自危。

师铎有美妾，用之欲见之，师铎不许。用之因师铎出，窃往见之。师铎惭怒，出其妾，由是有隙。

师铎将如高邮，用之待之加厚，师铎益疑惧，谓祸在旦夕。师铎子娶高邮镇遏使张神剑女，师铎密与之谋，神剑以为无是事。神剑名雄，人以其善用剑，故谓之"神剑"。时府中藉藉，亦以为师铎且受诛，其母使人语之曰："设有是事，汝自努力前去，勿以老母、弱子为累！"师铎疑未决。

【译文】 光启三年（丁未，公元887年）夏季，四月，甲辰朔日（初一），徐约驱逐苏州刺史张雄，张雄率领他的部众逃亡海上。

高骈听说秦宗权准备劫掠淮南，派遣左厢都知兵马使毕师铎率领百名骑兵在高邮驻扎。

此时，吕用之当政，军中的老将多数被他杀死了，毕师铎因为是从黄巢那里投降过来的将领，常常为自己的安危忧虑。毕师铎有一位很漂亮的爱妾，吕用之想要看看她，毕师铎没有答应；吕用之利用毕师铎外出时机，偷偷地去看她，毕师铎知道羞愧气恼，休掉了那个小妾，为此毕师铎与吕用之结下了仇怨。

毕师铎准备去高邮，吕用之对他更加亲厚。毕师铎更加疑惑害怕，认为灾祸很快就要降临了。毕师铎的儿子迎娶高邮镇遏使张神剑的女儿为妻，毕师铎与张神剑秘密商议，张神剑认为吕用之不会加害毕师铎。张神剑本名张雄，人们因他擅长用剑，所以称他张神剑。当时州府中纷纷传言，也认为毕师铎将要被杀，毕师铎的母亲派人告诉他说："如果有这种事，你自己要想方设法逃走！不要因为有老母、弱子而受到拖累啊！"毕师铎迟疑不定。

会骈子四十三郎者素恶用之，欲使师铎帅外镇将吏疏用之罪恶，闻于其父，密使人绐之曰："用之比来频启令公，欲因此相图，已有委曲在张尚书所，宜备之！"师铎问神剑曰："昨夜使司有文书，翁胡不言？"神剑不寤，曰："无之。"师铎不自安，归营，谋于腹心，皆劝师铎起兵诛用之。师铎曰："用之数年以来，人怨鬼怒，安知天不假手于我诛之邪！淮宁军使郑汉章，我乡人，昔归顺时副将也，素切齿于用之，闻吾谋，必喜。"乃夜与百骑潜诣汉章，汉章大喜，悉发镇兵及驱居民合千馀人从师铎至高邮。师铎诘张神剑以所得委曲，神剑惊曰："无有。"师铎声色浸厉，神剑奋曰："公何见事之暗！用之奸恶，天地所不容。况近者重赂权贵得岭南节度，复不行，或云谋窃据此土，使其得志。吾辈岂能握刀头，事此妖物邪！要邀此数贼以谢淮海，何必多言！"汉章喜，遂命取酒，割臂血沥酒，共饮之。乙巳，众推师铎为行营使，为文告天地，移书淮南境内，言诛用之及张守一、诸葛殷之意。以汉章为行营副使，神剑为都指挥使。

【译文】恰巧此时，高骈的儿子四十三郎素来憎恶吕用之，想让毕师铎率领外面的镇将、官吏分条陈述吕用之的恶行，然后禀告给他的父亲，于是暗中派人欺骗毕师铎说："吕用之最近屡次报告高骈，想要以此来算计你，张尚书那里已经有机密的文件，你应该早点防备啊！"毕师铎对张神剑说："昨天晚上淮南节度使司有一封机密文书，亲家翁怎么没有告诉我呢？"张神剑不明白，说："没有啊！"毕师铎心神不安，回到军营，与亲信商议，他们都劝毕师铎发兵诛杀吕用之。毕师铎说："吕用之最近几年的作为，招致民怨沸腾，神鬼共愤，怎么知道上天不是借用我的手杀掉他呢！淮宁军使郑汉章是我的同乡，当初离开黄巢投奔高骈时是个副将，素来对吕用之无比痛恨，如果知道我讨伐吕用之，他一定会非常高兴的。"于是，毕师铎连夜与一百名骑兵偷偷抵达郑汉章那里；郑汉章听后非常高兴，把镇所的军队全部发动起来，又驱使当地百姓，共一千多人跟随毕师铎到达高邮。毕师铎向张神剑追问收到的秘密文书，张神剑惊讶地说："根本没有什么机密文书啊。"毕师铎声音脸色越来越严厉，张神剑厉声大喊："你怎么这样不明白！吕用之奸诈邪恶，天地难容，人神共愤。何况最近大肆对当权显贵进行贿赂，担任岭南节度使，又不前往赴任，有人说他谋划占据此地，如果让他如愿以偿的话，我们哪能持刀从军，侍奉这个奸恶之人呢！我们要把吕用之这几个乱臣贼子千刀万剐以对淮海百姓谢罪，还有什么可说的呢！"郑汉章听后心情很畅快，于是命令准备酒，用刀划破胳膊让血滴到酒里，两人饮血酒结盟。乙巳日（初二），众将推举毕师铎为行营使，撰写表文，祭告天地，把书信送到淮南境内，说明诛杀吕用之和张守一、诸葛殷等人的用意。任用郑汉章为行营副使，张神剑为都指挥使。

　　神剑以师铎成败未可知，请以所部留高邮，曰："一则为公声援，二则供给粮饷。"师铎不悦，汉章曰："张尚书谋亦善，苟终始同心，事捷之日，子女玉帛相与共之，今日岂可复相违！"师铎乃许之。戊申，师铎、汉章发高邮。

　　庚戌，讽骑以白高骈，吕用之匿之。

　　朱珍至淄青旬日，应募者万馀人，又袭青州，获马千匹。辛亥，还，至大梁，朱全忠喜曰："吾事济矣！"

　　【译文】 张神剑认为毕师铎的成功或失败还无法预料，因此请求将自己带领的部属留在高邮，说："一方面为您做声援，另一方面供给您粮食和军需。"毕师铎很不高兴，郑汉章说：

"尚书张神剑的计谋也不错，如果你们自始至终同心同德，等到事情成功那一天，美女宝玉缎帛共同享用，今天怎能再互相闹意见呢！"毕师铎这才同意张神剑的建议。戊申日（初五），毕师铎、郑汉章从高邮出发。

庚戌日（初七），毕师铎派侦察骑兵前往广陵向高骈禀告出师缘由，吕用之隐瞒了这一消息。

朱珍抵达淄青十天，前来应征当兵的有一万多人，此外又偷袭青州，得到上千匹战马；辛亥日（初八），起程返回，抵达大梁，朱全忠高兴地说："我的大业就要成功了！"

时蔡人方寇汴州，其将张晊屯北郊，秦贤屯板桥，各有众数万，列三十寨，连延二十馀里。全忠谓诸将曰："彼蓄锐休兵，方来击我，未知朱珍之至，谓吾兵少，畏怯自守而已。宜出其不意，先击之。"乃自行兵攻秦贤寨，士卒踊跃争先。贤不为备，连拔四寨，斩万馀级，蔡人大惊，以为神。

全忠又使牙将新野郭言募兵于河阳、陕、虢，得万馀人而还。

【译文】这时，蔡州的军队正在劫掠汴州，他们的都将张晊在汴州城的北郊驻扎，秦贤在板桥屯驻，各有士兵几万人，分成三十六寨，依次排列，绵延达二十里路。朱全忠对各将领说："他们养精蓄锐，先让士兵休息，再来攻打我们。但他们不知道朱珍招募士兵已经回来了，还以为我们的兵少，害怕胆怯，只求防守而已。我们应该出其不意，先去攻击他们。"于是亲自带领军队去攻打秦贤的守寨，士兵们奋勇前进，争先恐后。秦贤没有防备，被连续攻下了四个守寨，被杀掉一万多人。蔡州的军队大为吃惊，还以为是神兵天降呢。

资治通鉴

朱全忠又派遣牙将新野人郭言到河阳、陕、虢等地去招募士兵，招募了一万多人后返回。

毕师铎兵奄至广陵城下，城中惊扰。壬子，吕用之引麾下劲兵，诱以重赏，出城力战。师铎兵少却，用之始得断桥塞门为守备。是日，骈登延和阁，闻喧噪声，左右以师铎之变告。骈惊，急召用之诘之，用之徐对曰："师铎之众思归，为门卫所遏，适已随宜区处，计寻退散，倘或不已，正烦玄女一力士耳，愿令公勿忧。"骈曰："近者觉君之妄多矣，君善为之，勿使吾为周侍中。"言毕，惨沮久之，用之惭懅而退。

师铎退屯山光寺，以广陵城坚兵多，甚有悔色。癸丑，遣其属孙约与其子诣宣州，乞师于观使察秦彦，且许以克城之日迎彦为帅。会师铎馆客毕慕颜自城中逃出，言"众心离散，用之忧窘，若坚守之，不日当溃。"师铎乃悦。

【译文】毕师铎的军队很快就抵达广陵城下，引起了城中的一阵骚动。壬子日（初九），吕用之带领部下的精兵，用丰厚的赏赐引诱他们，出城去奋力作战。毕师铎的军队稍微退却了一些，吕用之这时才能砍断城壕上的桥梁，堵住城门来防守。这一天，高骈登临延和阁，听到喧嚷之声，身边的人把毕师铎作乱的消息禀告给他。高骈大吃一惊，迅速叫来吕用之，问他究竟发生了什么事。吕用之缓慢地回答说："毕师铎的军队想要回来，被看门士兵拦截了，刚才我已经随机应变，做了安排，估计没有多久他们便会撤退离去的；如果还不停息的话，只有烦劳九天玄女中的一位大力士来将他们平定啦。您放心吧，不用忧虑啊！"高骈说："最近我感觉你虚妄不实的地方确实很多，你要好自为之！不要让我像周侍中那样。"说完，伤心丧气了好长时间；吕用之又惭愧又惶恐，退了出去。

　　毕师铎退兵在山光寺屯驻，因为广陵城池坚固，士兵众多，很后悔自己的作为；癸丑日（初十），毕师铎派遣他的部属孙约和他的儿子到宣州去，向观察使秦彦请求军队援助，并且私下许诺他，把城攻下来后，迎接秦彦去担任统帅。恰逢此时，毕师铎的门客毕慕颜从城中逃出来，说："城中人心涣散，吕用之忧虑窘迫，如果你们坚决防守，用不了多久城里一定会溃败的。"毕师铎这才高兴起来。

　　是日未明，骈召用之，问以事本末，用之始以实对，骈曰："吾不欲复出兵相攻，君可选一温信大将，以我手札谕之。若其未从，当别处分。"用之退，念诸将皆仇敌，往必不利于己。甲寅，遣所部讨击副使许戡，赍骈委曲及用之誓状并酒湆出劳师铎。师铎始亦望骈旧将劳问，得以具陈用之奸恶，披泄积愤，见戡至，大骂曰："梁缵、韩问何在，乃使此秽物来。"戡未及发言，已牵出斩之。乙卯，师铎射书入城，用之不发，即焚之。

　　【译文】这天，天还没亮，高骈召来吕用之，询问他事情的经过，吕用之这时才如实回答。高骈说："我不想再出兵相互攻打，你可以挑选一位温和诚实的大将，拿我的亲笔书信去晓谕毕师铎，如果他不听从，再另做处置吧！"吕用之退出后，想到各将领都是自己的仇敌，如果让他们前往，一定会对自己不利。甲寅日（十一日），吕用之派遣他的部属讨伐副使许戡，拿着高骈的亲笔书信以及吕用之的誓状，连同酒、肉等出城去犒劳毕师铎，毕师铎开始也希望高骈旧部大将前来犒劳问候，申诉吕用之的所有奸邪罪恶之事，以坦露宣泄一下心中积压已久的愤恨，等看到前来的是许戡以后，放声大骂道："梁缵、韩问他们在哪里？竟然派你这个污秽不堪的东西来！"许戡还没来得及开口说话，就被拉出去斩首了。乙卯日（十二日），毕师铎将一封书信射进城中，吕用之看都没看，就把它烧了。

　　丁巳，用之以甲士百人入见骈于延和阁下，骈大惊，匿于寝室，久而后出，曰："节度使所居，无故以兵入，欲反邪！"命左右驱出。用之大惧，出子城南门，举策指之曰："吾不可复入此！"自是高、吕始判矣。

　　是夜，骈召其从子前左金吾卫将军杰密议军事。戊午，署杰都牢城使，泣而勉之，以亲信五百人给之。

　　【译文】丁巳日（十四日），吕用之派遣武装的士兵一百人前往延和阁去探望高骈。高骈大惊失色，藏在寝室里，许久以后才出来，说："节度使居住的地方，士兵无缘无故闯入，难道要造反吗？"命令身边的人把他们赶出去。吕用之非常害怕，从内城南门逃走，举起马鞭指着南门说："我绝不会再进此门了。"从此之后，高骈、吕用之这才分开。

　　这天晚上，高骈叫来他的侄儿前左金吾卫将军高杰秘密商讨军务；戊午日（十五日），任命高杰总领牢城使，流着泪伤感地鼓励他，授予他亲信五百人。

　　用之命诸将大索城中丁壮，无问朝士、书生，悉以白刃驱缚登城，令分立城上，自旦至暮，不得休息。又恐其与外寇通，数易其地，家人饷之，莫知所在。由是城中人亦恨师铎入城之晚也。

　　骈遣大将石锷以师铎幼子及其母书并骈委曲至扬子谕师铎，师铎遽遣其子还，曰："令公但斩吕、张以示师铎，师铎不敢负恩，愿以妻子为质。"骈恐用之屠其家，收师铎母妻子置使院。

【译文】 吕用之命令各部将大肆搜寻抓捕城中的壮丁，不管是朝中文官还是普通书生，都用明晃晃锋利的刀威逼他们，并且命人捆绑他们登上城墙，命令他们分别站立在城墙上，从早晨到晚上，不让他们休息；又害怕他们跟城外的贼寇暗中往来，多次变换他们戍守的地方，就算家人给他们送饭食，都不知道他们在哪里。因此，城中的人也怨恨毕师铎——为什么这么久还不攻城。

高骈派遣大将石锷送毕师铎的小儿子以及他母亲的信跟高骈亲笔书函到扬子县给毕师铎，毕师铎很快派他的儿子回去，说：“只要您斩掉吕用之、张守一让我看看，我毕师铎绝对不敢辜负您的恩德，我愿意用我的妻子、儿子做人质。”高骈担心吕用之屠杀毕师铎的家人，只得收留毕师铎的母亲、妻儿，将他们安置在使院里。

辛酉，秦彦遣其将秦稠将兵三千至扬子助师铎。壬戌，宣州军攻南门，不克。癸亥，又攻罗城东南隅，城几陷者数四。甲子，罗城西南隅守者焚战格以应师铎，师铎毁城以内其众。用之帅其众千人力战于三桥北，师铎垂败，会高杰以牢城兵自子城出，欲擒用之以授师铎，用之乃开参佐门北走。骈召梁缵以昭义军百馀人保子城。

乙丑，师铎纵兵大掠。骈不得已，命彻备，与师铎相见于延和阁下，交拜如宾主之仪，署师铎节度副使、行军司马，仍承制加左仆射，郑汉章等各迁官有差。

【译文】 辛酉日（十八日），秦彦派遣他的大将秦稠率领三千士兵到扬子县援助毕师铎。壬戌日（十九日），宣州的军队进攻南门，攻不下来；癸亥日（二十日），又攻打大城的东南角，有好几次几乎就要攻下城了。甲子日（二十一日），大城西南角防守的人烧了防御木栅，来响应毕师铎，毕师铎派人毁掉城墙，接纳那些人。吕用之率领他的军队上千人在三桥的北边竭尽全力作战，毕师铎即将失败之时，正好高杰率领牢城的士兵从内城出来，想要抓吕用之交给毕师铎，吕用之于是打开参佐门向北逃窜。高骈叫梁缵率领昭义军一百多人守卫内城。

乙丑日（二十二日），毕师铎放纵军队大肆劫掠财物。高骈迫不得已，命令撤除防守，跟毕师铎在延和阁下会面，彼此相拜，就像宾主一般，高骈任命毕师铎担任节度副使、行军司马，仍承受制命加封左仆射，郑汉章等人各自升迁至不同等级的职位。

左莫邪都虞候申及，本徐州健将，入见骈，说之曰："师铎逆党不多，诸门尚未有守者，请令公及此选元从三十人，夜自教场门出，比师铎觉之，迫不及矣。然后发诸镇兵，还取府城，此转祸为福也。若一二日事定，浸恐艰难，及亦不得在左右矣。"言之，且泣，骈犹豫不听。及恐语泄，遂窜匿。会张雄至东塘，及往归之。

丙寅，师铎果分兵守诸门，搜捕用之亲党，悉诛之。师铎入居使院，秦稠以宣军千人分守使宅及诸仓库。丁卯，骈牒请解所任，以师铎兼判府事。

【译文】左莫邪都虞候申及，本来是徐州特别英勇的健将，他进去拜见高骈，禀告说："毕师铎叛党不多，许多城门还没有人驻守，请您趁这个机会挑选之前就跟从您的三十名亲信，夜里从教场门逃出去，等到毕师铎发觉了，再追赶也来不及啦！然后派遣各镇的军队，返回攻取府城，这是转祸为福的好办法啊！您一两天内必须决定这件事，再拖延的话恐怕就很难办了，

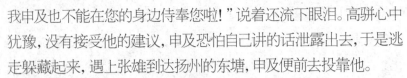

我申及也不能在您的身边侍奉您啦!"说着还流下眼泪。高骈心中犹豫,没有接受他的建议,申及恐怕自己讲的话泄露出去,于是逃走躲藏起来,遇上张雄到达扬州的东塘,申及便前去投靠他。

丙寅日(二十三日),毕师铎果然分别派遣士兵防守各城门,搜捕吕用之的亲戚、同党,把他们全都杀死。毕师铎在使院中居住,秦稠派遣宣军千人分别守卫使官的宅院以及各仓库。丁卯日(二十四日),高骈上牒文向朝廷请求辞去职务,任命毕师铎兼管府中的事务。

师铎遣孙约至宣城,趣秦彦过江。或说师铎曰:"仆射向者举兵,盖以用之辈奸邪暴横,高令公坐自聋瞽,不能区理,故顺众心为一方去害。今用之既败,军府廓然,仆射宜复奉高公而佐之,但总其兵权以号令,谁敢不服。用之乃淮南一叛将耳,移书所在,立可枭擒。如此,外有推奉之名,内得兼并之实,虽朝廷闻之,亦无亏臣节。使高公聪明,必知内愧;如其不悛,乃机上肉耳,奈何以此功业付之他人,岂惟受制于人,终恐自相鱼肉。前日秦稠先守仓库,其相疑已可见。且秦司空为节度使,庐州、寿州其肯为之下乎!仆见战攻之端未有穷已,岂惟淮南之人肝脑涂地,窃恐仆射功名成败未可知也!不若及今亟止秦司空勿使过江,彼若粗识安危,必不敢轻进。就使他日责我以负约,犹不失为高氏忠臣也。"师铎大以为不然,明日,以告郑汉章,汉章曰:"此智士也!"散求之,其人畏祸,竟不复出。

【译文】毕师铎派遣孙约前往宣城,催促秦彦赶快渡江。有人劝毕师铎说:"您前日发动军变,是因为吕用之奸邪残暴蛮横之故,高令公闲坐在那儿既听不见也看不到,没办法分辨是非,不能处理政务,因此请顺应大家的心意为淮南铲除祸害。

现在，吕用之既然已经失败了，军中府里也都肃清了，您应该仍旧辅佐服侍高公。只要您统领兵权来发布军令，谁敢不服从您呢！吕用之只不过是淮南的一个叛将罢了，只要您送封信到他所在的地方，马上就可以把他抓获斩杀。如此，您在外有推崇侍奉高公的美名，在内有兼并的事实，即使朝廷听到了这些事，也无损您臣子的节操。如果高公明智的话，必然会心里感到羞愧；假如他仍然不改变，那么他也只是案板上可以任人随意宰割的一块肉罢了，为何要把这种功劳送给别人，怎能只受别人的牵制管束呢？恐怕到头来还是会自相残杀的！前天，秦彦派遣军队先守卫仓库，他对你的疑虑我已经看出来了。并且秦司空担任节度使，庐州、寿州哪里肯屈居在他之下呢？我认为征战攻伐的事，没有结束终了的一天，哪里只有淮南生灵涂炭、尸横满地呢，我私下担忧您的功名成败还无法预知呢。不如趁现在赶紧制止秦司空，不要让他渡江，假如他稍微感知到风吹草动，必然不敢贸然进攻的；即使以后他斥责您违反约定，您仍然不失为高氏的忠臣啊！"毕师铎对此很不以为然，第二天，毕师铎把这件事告诉郑汉章，郑汉章说："这是一个聪慧优秀的人才啊！"分派手下到各处去寻找他，可是那个人害怕灾祸降临，竟然不再出来了。

戊辰，骈迁家出居南第，师铎以甲士百人为卫，其实囚之也。是日，宣军以所求未获，焚进奉两楼数十间，宝货悉为煨烬。己巳，师铎于府厅视事，凡官吏非有兵权者皆如故，复迁骈于东第。自城陷，诸军大掠，昼夜不已。至是，师铎始以先锋使唐宏为静街使，禁止之。

骈先为盐铁使，积年不贡奉，货财在扬州者，填委如山。骈作郊天、御楼六军立仗仪服，及大殿元会、内署行幸供张器用，皆刻镂金玉、蟠龙蹙凤数十万事，悉为乱兵所掠，归于闾阎，张陈寝处其中。

【译文】戊辰日（二十五日），高骈从家里搬出去，住在南边的府第，毕师铎派遣武装士兵百人护送，实际上是囚禁他。这一天，宣军因为所要求的赏赐拿不到，便焚烧进奉院两座楼的几十间房屋，珍宝财物都化为灰烬。己巳日（二十六日），毕师铎在府厅中处理事务，凡是没有兵权的官吏都依照原先的职位任职，又把高骈迁到东边的府第。从府城被攻克以后，各路军队大肆劫掠，日夜不停，到这时，毕师铎才任命先锋使唐宏为静街使，禁止军队掠夺。

高骈以前担任盐铁转运使的时候，几年都没有进奉东西给朝廷，因此在扬州的钱财、货物堆积如山。高骈做郊天祭祀大典、皇帝登楼宣布大赦时六军所用的仪仗服装，以及大殿中元旦的大会、内府官署中供皇帝巡行使用的一切器具及所有陈设等，都镶嵌上金银、宝石，雕刻盘旋的龙、敛翼的凤，总共有几十万件，全都被乱兵抢夺，这些东西散入百姓家中，摆放在寝室里头。

庚午，获诸葛殷，杖杀之，弃尸道旁，怨家抉其目，断其舌，众以瓦石投之，须臾成冢。吕用之之败也，其党郑杞首归师铎，师铎署杞知海陵监事。杞至海陵，阴记高霸得失，闻于师铎。霸获其书，杖杞背，断手足，刳目截舌，然后斩之。

蔡将卢瑭屯于万胜，夹汴水而军，以绝汴州运路，朱全忠乘雾袭之，掩杀殆尽。于是，蔡兵皆徙就张晊，屯于赤冈，全忠复就击之，杀二万馀人。蔡人大惧，或军中自相惊，全忠乃还大梁，养兵休士。

【译文】庚午日（二十七日），抓住了诸葛殷，用木杖打死了他，把他的尸体丢弃在路旁，他的仇家挖出他的眼睛，割断他的舌头，民众拿瓦砾石头丢他，没多久，便堆积得如同坟冢一般。吕用之失败时，他的党羽郑杞首先归顺毕师铎，毕师铎任郑杞掌管海陵监事。郑杞到达海陵，暗中记录海陵镇遏使高霸的为政得失，向毕师铎禀报。高霸截获了郑杞的文书，于是用棍棒击打郑杞的后背，砍断他的手和脚，挖出眼睛割下舌头，然后将他斩杀。

蔡州的将领卢瑭在万胜镇屯兵，在汴水两岸驻扎军队，以断绝汴州运送货物的道路，朱全忠乘雾袭击他，因为趁他没防备时出击，几乎把卢瑭的士兵都杀死了。就这样，蔡州的士卒都跑到张晊那里，在赤冈驻扎；朱全忠又就地攻打他们，杀死了两万多人。蔡州人十分害怕，有时在军营内就惊慌起来，朱全忠于是返回大梁，休养整顿军队。

辛未，高骈密以金遗守者，毕师铎闻之，壬午，复迎骈入道院，收高氏子弟甥侄十馀人同幽之。

前苏州刺史张雄帅其众自海溯江，屯于东塘，遣其将赵晖入据上元。

毕师铎之攻广陵也，吕用之诈为高骈牒，署庐州刺史杨行密行军司马，追兵入援。庐江人袁袭说行密曰："高公昏惑，用之奸邪，师铎悖逆，凶德参会，而求兵于我，此天以淮南授明公也，趣赴之。"行密乃悉发庐州兵，复借兵于和州刺史孙端，合数千人赴之，五月，至天长。郑汉章之从师铎也，留其妻守淮口，用之帅众攻之，旬日不克，汉章引兵救之。用之闻行密至天长，引兵归之。

丙子，朱全忠出击张晊，大破之。秦宗权闻之，自郑州引精兵会之。

【译文】辛未日（二十八日），高骈偷偷赠送金子给看守他的士兵。毕师铎听说此事以后，壬午日（四月无此日），又把高骈送入道院，把高骈的子弟甥侄十几个人也一起囚禁起来。

前苏州刺史张雄率领他的军队从海上沿着长江逆流而上，在东塘驻扎，他还派遣属下将领赵晖进入上元县据守。

毕师铎进攻广陵的时候，吕用之假借高骈的名义颁布文书，暂任庐州刺史杨行密为行军司马，命他派遣军队来广陵援救。庐江人袁袭对杨行密说：“高公昏庸糊涂，吕用之狡诈邪恶，毕师铎作乱犯上，这三种恶人聚集在一起，却来向我们求救，这是上天要把淮南送给你，你应当立即奔赴广陵。”杨行密于是发动庐州全部军队，另外又向和州刺史孙端调借士兵，共计率领几千人一同前往，五月，抵达天长镇。郑汉章跟随毕师铎出征的时候，把他的妻子留下来防守淮口，吕用之率领军队攻打淮口，攻打了十日，仍然没有攻下来，郑汉章率领军队救援。吕用之听到杨行密到了天长镇，便带领军队返回。

丙子日（初三），朱全忠出兵进攻张晊，大破张晊的军队。秦宗权听到这个消息后，从郑州率领精锐军队前来与张晊会合。

张神剑求货于毕师铎，师铎报以俟秦司空之命，神剑怒，亦以其众归杨行密。及海陵镇遏使高霸、曲溪人刘金、盱眙人贾令威悉以其众属焉。行密众至万七千人，张神剑运高邮粮以给之。

朱全忠求救于兖、郓，朱瑄、朱瑾皆引兵赴之，义成军亦至。辛巳，全忠以四镇兵攻秦宗权于边孝村，大破之，斩首二万余级，宗权宵遁，全忠追之，至阳武桥而还。全忠深德朱瑄，兄事之。蔡人之守东都、河阳、许、汝、怀、郑、陕、虢者，闻宗权败，皆弃去。宗权发郑州，孙儒发河阳，皆屠灭其人，焚其庐舍而去，宗权之势自是稍衰。朝廷以扈驾都头杨守宗知许州事，朱全忠以其将孙从益知郑州事。

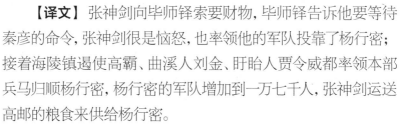

【译文】张神剑向毕师铎索要财物，毕师铎告诉他要等待秦彦的命令，张神剑很是恼怒，也率领他的军队投靠了杨行密；接着海陵镇遏使高霸、曲溪人刘金、盱眙人贾令威都率领本部兵马归顺杨行密，杨行密的军队增加到一万七千人，张神剑运送高邮的粮食来供给杨行密。

朱全忠向兖、郓两州请求救援，朱瑄、朱瑾都率领军队赶往援助，义成军也赶到了。辛巳日（初八），朱全忠用四镇的士兵在边孝村进攻秦宗权，大破他的军队，斩杀了两万多人；秦宗权在夜里逃走，朱全忠派人追杀他，追到郑州的阳武桥才返回。朱全忠深深感谢朱瑄，对待他就像自己的哥哥一样。蔡州防守东都、河阳、许、汝、怀、郑、陕、虢等地的军队，听说秦宗权战败，都放弃守地逃走了。秦宗权进军郑州，孙儒进军河阳，都大肆屠杀那里的百姓，焚烧当地的房屋然后离开，秦宗权的势力从这以后有所衰落。朝廷派遣扈驾都头杨守宗管理许州的事务，朱全忠派他的部众孙从益管理郑州的事务。

钱镠遣东安都将杜稜、浙江都将阮结、静江都将成及将兵讨薛朗。

甲午，秦彦将宣歙兵三万余人，乘竹筏沿江而下，赵晖邀击于上元，杀溺殆半。丙申，彦入广陵，自称权知压淮南节度事，仍

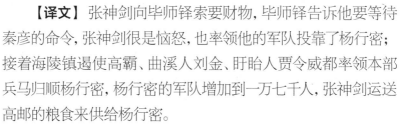

以毕师铎为行军司马，补池州刺史赵锽为宣歙观察使。戊戌，杨行密帅诸军抵广陵城下，为八寨以守之，秦彦闭城自守。

【译文】 钱镠派东安都将杜稜、浙江都将阮结、静江都将成及率领军队讨伐薛朗。

甲午日（二十一日），秦彦率领宣歙的三万士兵，搭乘竹筏沿着江水顺流而下，赵晖在上元县截击，杀死、溺死的士兵几乎有一半。丙申日（二十三日），秦彦进入广陵，声称暂代淮南节度使，仍然任用毕师铎为行军司马，补任池州刺史赵锽为宣歙观察使。戊戌日（二十五日），杨行密率领各路军队抵达广陵城下，设置八个营寨守住广陵周围，秦彦则关闭城门坚决防守。

六月，戊申，天威都头杨守立与凤翔节度使李昌符争道，麾下相殴，帝命中使谕之，不止。是夕，宿卫皆严兵为备。己酉，昌符拥兵烧行宫，庚戌，复攻大安门。守立与昌符战于通衢，昌符兵败，帅麾下走保陇州。杜让能闻难，挺身步入侍。韦昭度质其家于军中，誓诛反贼，故军士力战而胜之。守立，复恭之假子也。壬子，以扈驾都将、武定节度使李茂贞为陇州招讨使，以讨昌符。

【译文】 六月，戊申日（初六），神策五十四都中的天威都头杨守立和凤翔节度使李昌符为了抢夺道路，部下对打起来，僖宗李儇派中使劝告他们，但士兵间的冲突、互殴仍没停止。这天晚上，宫中值宿士兵严阵以待。己酉日（初七），李昌符率领士兵们焚烧了行宫，庚戌日（初八），又进攻大安门。杨守立和李昌符在通衢大路交战，李昌符战败，率领部下逃奔陇州，在陇州防守。在这期间，杜让能听说皇宫有大难，挺身而出冲进宫中护卫僖宗李儇；韦昭度则把自己的家人放在军营中当作人质，来表示他誓死斩杀谋反贼子的决心，因此军中士卒竭力苦战，终于战胜了叛兵。杨守立是杨复恭的义子。壬子日（初十），僖宗李儇任命扈驾都将、武定节度使李茂贞为陇州招讨使，前去讨伐李昌符。

甲寅，河中牙将常行儒杀节度使王重荣。重荣用法严，末年尤甚。行儒尝被罚，耻之，遂作乱。夜，攻府舍，重荣逃于别墅。明旦，行儒得而杀之。制以陕虢节度使王重盈为护国节度使，又以重盈子珙权知陕虢留后。重盈至河中，执行儒，杀之。

戊午，秦彦遣毕师铎、秦稠将兵八千出城，西击杨行密。稠败死，士卒死者什七八。城中乏食，樵采路绝，宣州军始食之。

壬戌，亳州将谢殷逐其刺史宋兖。

【译文】甲寅日（十二日），河中牙将常行儒斩杀节度使王重荣。王重荣用法严苛，到了晚年变本加厉；常行儒曾经被惩处过，深以为羞耻，于是趁机作乱。趁夜，常行儒带人攻打官府房舍，王重荣逃进别墅；第二天早上，常行儒抓住王重荣并将他斩杀。朝廷颁诏委任王重荣的哥哥陕虢节度使王重盈为护国节度使，又任命王重盈的儿子王珙暂任陕虢留后。王重盈抵达河中，抓住了常行儒，将他杀了。

戊午日（十六日），秦彦派遣毕师铎、秦稠率领军队八千人出城，西进攻打杨行密，秦稠战败而死，战死的士兵们占十分之七八。广陵城内粮食匮乏，出外打柴的道路也断了，秦彦率领的宣州军队开始吃人来充饥。

壬戌日（二十日），亳州的将领谢殷驱逐刺史宋兖。

孙儒既去河阳，李罕之召张全义于泽州，与之收合馀众。罕之据河阳，全义据东都，共求援于河东。李克用以其将安金俊为泽州刺史，将骑助之，表罕之为河阳节度使，全义为河南尹。

初东都经黄巢之乱，遗民聚为三城以相保，继以秦宗权、孙儒残暴，仅存坏垣而已。全义初至，白骨蔽地，荆棘弥望，居民不满百户，全义麾下才百馀人，相与保中州城，四野俱无耕者。全义乃于麾下选十八人材器可任者，人给一旗一榜，谓之屯将，使诣十八县故墟落中，植旗张榜，招怀流散，劝之树艺。惟杀人者死，馀但笞杖而已，无严刑，无租税，民归之者如市。又选壮者教之战陈，以御寇盗。数年之后，都城坊曲，渐复旧制，诸县户口，率皆归复，桑麻蔚然，野无旷土。其胜兵者，大县至七千人，小县不减二千人，乃奏置令佐以治之。全义明察，人不能欺，而为政宽简。出，见田畴美者，辄下马，与僚佐共观之，召田主，劳以酒食；有蚕麦善收者，或亲至其家，悉呼出老幼，赐以茶綵衣物。民间言："张公不喜声伎，见之未尝笑，独见佳麦良茧则笑耳。"有田荒秽者，则集众杖之；或诉以乏人牛，乃召其邻里责之曰："彼诚乏人牛，何不助之！"众皆谢，乃释之。由是邻里有相助，故比户皆有蓄积，凶年不饥，遂成富庶焉。

【译文】孙儒已经离开河阳，李罕之叫张全义前往泽州，与他收聚余下的士兵。李罕之据守河阳，张全义据守东都，共同向河东请求援助；李克用派遣他的部将安金俊为泽州刺史，率领骑兵来援助他们，并且向朝廷上表请求任命李罕之为河阳节度使，张全义为河南尹。

起初，东都洛阳经过黄巢作乱后，遗留下来的百姓聚集在三个城里相互保护，后来又经过秦宗权、孙儒的残暴烧杀劫掠，只剩下毁坏的城墙。张全义刚到这里的时候，只见白骨累累，放眼望去荒草丛生，百姓共计不足一百户，张全义的士兵才

资治通鉴

一百多人，一起守卫三城中间的中州城，四周田野都没有种地的人。张全义于是从士兵中选出十八个有才能、有器度可以任用的，发给每人一面旗子、一张榜文，称作"屯将"，命令他们分别到河南十八个县原来的村中，竖起大旗，张贴榜文，召集安抚四处流亡的百姓，劝说他们种田耕作。除杀人的处死外，其余的人只用竹板、木板来体罚罢了，没有严酷的刑罚，也没有租金税收之类的东西，来归顺的百姓就好像上市场那般地积极踊跃。此外，又选出身强力壮的人，教他们作战技能，攻守防御的阵势，用来抵御贼寇强盗的侵犯。几年之后，都城中的街坊曲巷，逐渐地恢复至昔日的规模，各县的户口，大致已经恢复到过去的水平。桑麻茂盛，田野里再也没有空地。那些能拿武器服兵役的人，大县达到七千人，小县也不少于两千人，于是，张全义向朝廷进呈奏章请求设置县令佐官治理这些地方。张全义明察秋毫，人们欺骗不了他，同时他处理政务又宽厚简明。他出巡时，看到田地里农作物长得茂盛，常常下马跟幕僚们一起观赏，找来田地的主人，用酒食犒劳他；有擅长养蚕种麦的人粮食丰收了，张全义有时就到这些人的家里，把男女老幼都叫出来，赏赐给他们茶叶、丝绸和衣物等。民间传言说："张公不喜欢音乐舞伎，看到那些不曾笑过；只有看到长得很好的麦子、结得很好的蚕茧才大笑啊！"有的人自己的田地荒芜了，张全义就召集众人当面杖责进行惩罚；有的人申诉说缺乏人手和耕牛，张全义便把他的邻居叫来责问说："这个人真的缺少人力、耕牛，你们为什么不肯帮助他呢？"民众都向张全义承认错误，请求谅解，这才释放了他们。从此以后，邻里之间就相互帮助，因此家家都有积蓄，荒年也不会有饥饿的情形出现，所以就成了物产富饶、人口众多的地方了。

【乾隆御批】 全义于是时能以抚流散、劝农桑为务，在有司中可云铮铮杰出者。特其人朝晋暮梁，依草附木，虽有善政，无裨国用，真田舍一夫，又何足称之有。

【译文】 张全义在这个时候能把安抚流散人员、鼓励农业生产作为自己的要务，这在官员中也是卓越的人物了。只是他这个人早上跟着齐国，晚上又跟着梁国，依仗他人的权势和地位，虽然有善于从政的能力，但对国家却没有什么实际的益处，就是一个乡野农夫罢了，又有什么值得称道的呢?

杜稜等败薛朗将李君畔于阳羡。

秋，七月，癸未，淮南将吴苗帅其徒八千人逾城降杨行密。

八月，壬寅朔，李茂贞奏陇州刺史薛知筹以城降，斩李昌符，灭其族。

朱全忠引兵过亳州，遣其将霍存袭谢殷，斩之。

丙子，以李茂贞同平章事、充凤翔节度使。

以韦昭度守太保、兼侍中。

【译文】 杜稜等人在阳羡将薛朗的部将李君畔打败。

秋季，七月，癸未日（十二日），淮南的将领吴苗率领他的部众八千人翻越城墙向杨行密投降。

八月，壬寅朔日（初一），李茂贞向朝廷奏报，陇州刺史薛知筹献出陇州城投降，斩杀了李昌符，灭了李昌符的全族。

朱全忠率领军队经过亳州，派遣他的部将霍存袭击谢殷，把谢殷杀死了。

丙子日（八月无此日），僖宗李儇任命李茂贞为同平章事，充任凤翔节度使。

僖宗李儇任命韦昭度掌理太保、兼任侍中。

朱全忠欲兼兖、郓，而以朱瑄兄弟有功于己，攻之无名，乃诬瑄招诱宣武军士，移书诮让。瑄复书不逊，全忠遣其将朱珍、葛从周袭曹州，壬子，拔之，杀刺史丘弘礼。又攻濮州，与兖、郓兵战于刘桥，杀数万人，朱瑄、朱瑾仅以身免。全忠与兖、郓始有隙。

秦彦以张雄兵强，冀得其用，以仆射告身授雄，以尚书告身三通授裨将冯弘铎等。广陵人竞以金玉珠缯诣雄军贸食，通犀带一，得米五升，锦衾一，得糠五升。雄军既富，不复肯战。未几，复助杨行密。

【译文】朱全忠想要兼并兖、郓两州，但是因为朱瑄兄弟对自己有功，攻打他们没有理由，于是就捏造事实，诬陷朱瑄，说他招引宣武军的士兵，送去书信责备他。朱瑄给朱全忠的回信也不恭敬，朱全忠于是派遣属下将领朱珍、葛从周袭击曹州，壬子日（十一日），攻取了曹州，杀死了刺史丘弘礼。又攻打濮州，与兖州、郓州的士兵在刘桥作战，杀死了几万人，朱瑄、朱瑾仅能免于一死。从此以后，朱全忠就与兖州的朱瑄、郓州的朱瑾结下了仇怨。

秦彦因为张雄的兵力强盛，希望张雄为他所用，便把仆射的委任状授予张雄，又将尚书的委任状三份授予副将冯弘铎等人。广陵人争着拿金银、珠宝、玉石、丝绸等物到张雄的军队里换取粮食，一条通天犀带只能够换五升米，一条丝绸的被子只能换五升米糠。张雄的军士富有之后，就不肯再作战，没过多久，又去援助杨行密。

丁卯，彦悉出城中兵万二千人，遣毕师铎、郑汉章将之，陈于城西，延袤数里，军势甚盛。行密安卧帐中，曰："贼近告我。"

牙将李宗礼曰："众寡不敌，宜坚壁自守，徐图还师。"李涛怒曰："吾以顺讨逆，何论众寡！大军至此，去将安归！涛愿将所部为前锋，保为公破之！"涛，赵州人也。行密乃积金帛刍米于一寨，使羸弱守之，多伏精兵于其旁，自将十馀人冲其陈，兵始交，行密阳不胜而走，广陵兵追之，入空寨，争取金帛刍米，伏兵四起，广陵众乱。行密纵兵击之，俘斩殆尽，积尸十里，沟渎皆满，师铎、汉章单骑仅免。自是秦彦不复言出师矣。

【译文】丁卯日（二十六日），秦彦出动城中全部的一万两千士兵，派遣毕师铎、郑汉章率领他们，在广陵城西排兵布阵，绵延几里地，军势极为旺盛。杨行密却安安稳稳地躺在军帐里面说："贼寇靠近时再禀告我。"牙将李宗礼说："敌我数量悬殊，我们应当加固营垒自我坚守，再慢慢谋划把军队撤回。"李涛愤怒地说："我们顺应天道讨伐逆贼，哪管人多人少！军队已经来到这里，能撤离到哪里去！我愿意带领兵马做前锋，保证为杨公你打败贼寇。"李涛是赵州人。杨行密于是把金银、布帛、粮食等都积聚在一个寨中，命令瘦弱的士兵来守卫，又在附近埋伏了很多精锐强健的士兵，亲自率领一千多人迎击毕师铎的军阵。双方军队开始交战后，杨行密假装战败，退兵逃跑，广陵的士兵追杀他们，冲入空寨中，争着去抢夺金银、布帛、粮食。这时埋伏的士兵从四面蜂拥而入，广陵的士兵立刻乱成一团，杨行密纵兵追杀他们，几乎把他们俘虏、斩杀光了，堆积的尸体绵延了十里长，沟渠中都堆满了死尸，毕师铎、郑汉章仅能够独自骑马逃跑。从这以后，秦彦再也不提出兵的事了！

九月，以户部侍郎、判度支张濬为兵部侍郎、同平章事。

高骈在道院，秦彦供给甚薄，左右无食，至然木像、煮革带食之，有相啗者。彦与毕师铎出师屡败，疑骈为厌胜，外围益急，恐骈党有内应者。有妖尼王奉仙言于彦曰："扬州分野极灾，必有一大人死，自此喜矣。"甲戌，命其将刘匡时杀骈，并其子弟甥侄无少长皆死，同坎瘗之。乙亥，杨行密闻之，帅士卒缟素向城大哭三日。

朱珍攻濮州，朱瑄遣其弟罕将步骑万人救之。辛卯，朱全忠逆击罕于范，擒斩之。

【译文】九月，僖宗李儇任命户部侍郎、判度支张濬为兵部侍郎、同平章事。

高骈在道院中居住，秦彦供给他的饮食非常少，身边的人，都没有东西吃，以至于有的人烧掉木像、煮皮带来吃，有的竟相互吃人肉充饥。秦彦与毕师铎出动军队一再战败，怀疑是高骈通过巫术诅咒他们，广陵城外的围攻又越来越急迫，秦彦担心高骈的党羽中有做内应的人。有一位叫王奉仙的妖尼告诉秦彦说："扬州位当列宿所冲，将有特别大的灾祸，必定会有一位权势很高的大人物死亡，然后这里就会安定无事了。"甲戌日（初四），秦彦命令属下将领刘匡时杀死高骈，连同高骈的子弟甥侄不论年龄大小全都处死，把他们一同埋葬在一个大坑里。乙亥日（初五），杨行密听到此事，率领士兵们穿着白色的丧服面向广陵城痛哭三天。

朱珍进攻濮州，朱瑄派遣他的弟弟朱罕率领步兵、骑兵共计约有一万人援救濮州；辛卯日（二十一日），朱全忠在范县迎击朱罕的军队，捉住了朱罕，并将他杀了。

冬，十月，秦彦遣郑汉章将步骑五千出击张神剑、高霸寨，破之，神剑奔高邮，霸奔海陵。

丁未，朱珍拔濮州，刺史朱裕奔郓，珍进兵攻郓。瑄使裕诈遗珍书，约为内应，珍夜引兵赴之，瑄开门纳汴军，闭而杀之，死者数千人，汴军乃退。瑄乘胜复取曹州，以其属郭词为刺史。

甲寅，立皇子升为益王。

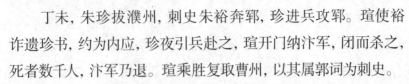

【译文】 冬季，十月，秦彦派遣郑汉章率领步兵、骑兵五千人攻打张神剑、高霸的守寨，把守寨攻克了，张神剑逃到高邮，高霸逃到海陵。

丁未日（初七），朱珍攻取濮州，刺史朱裕逃到郓州；朱珍又进军攻打郓州。朱瑄命令朱裕给朱珍写了一封欺骗他的书信，说是约好作为朱珍的内应，于是朱珍在夜间率领军队前往郓州，朱裕打开城门把汴州军队迎进来，然后关门将他们斩杀，杀死了几千人，汴州军队于是撤退了。朱瑄乘胜又攻克曹州，任命他的部属郭词为刺史。

甲寅日（十四日），僖宗李儇册立皇子李升为益王。

杜稜等拔常州，丁从实奔海陵。钱镠奉周宝归杭州，属纂鞬，具部将礼，郊迎之。

杨行密围广陵且半年，秦彦、毕师铎大小数十战，多不利。城中无食，米斗直钱五十缗，草根木实皆尽，以堇泥为饼食之，饿死者太半。宣军掠人诣肆卖之，驱缚屠割如羊豕，讫无一声，积骸流血，满于坊市。彦、师铎无如之何，嘣蹙而已。外围益急，彦、师铎忧濩，殆无生意，相对抱膝，终日悄然。行密亦以城久不下，欲引还。己巳夜，大风雨，吕用之部将张审威帅麾下士三百，晨，伏于西壕，俟守者易代，潜登城，启关纳其众，守者皆不斗而溃。先是，彦、师铎信重尼奉仙，虽战陈日时，赏罚轻重，皆取决焉。至是复咨于奉仙曰："何以取济？"奉仙曰："走为上策。"乃自开化门出奔东塘。行密帅诸军合万五千人入城，以梁缵不尽节于高氏，为秦、毕用，斩于戟门之外。韩问闻之，赴井死。以高骈从孙愈摄副使，使改殡骈及其族。城中遗民才数百家，饥羸非复人状，行密辇西寨米以赈之。行密自称淮南留后。

【译文】 杜稜等人攻取了常州，丁从实逃到海陵。钱镠迎奉周宝返回杭州，佩戴盔甲弓箭，向周宝行部将的礼节，亲自到杭州郊外迎接他。

杨行密围攻广陵将近半年，与秦彦、毕师铎大大小小打了几十仗，大多战败了；城中又没有食物可吃，一斗米涨到五万钱，连草根、果子都吃光了，用黏土做成饼来吃，一大半的士兵被饿死。宣州军队劫掠百姓运到市场出卖，对他们驱赶捆绑屠杀宰割就像对待猪羊一样，一直到街上寂静无声，堆积的尸骨和流淌的鲜血，弥漫在市场周围。秦彦、毕师铎对这种情况也无计可施，只能紧皱眉头罢了。广陵城外的围攻更加急迫，秦彦、毕师铎忧愁烦恼，几乎没有活下去的念头，相对抱膝，整天愁眉苦脸。杨行密也因为围攻广陵城太久仍然攻克不了，打算率军返回庐州。己巳日（二十九日）的晚上，刮起大风，下起大雨，吕用之的部将张审威率领部下三百士兵，在凌晨埋伏在西边的壕沟里，等到防守的人换班，偷偷地登上城墙，打开城门，让外面的士兵进去，城内的守卫都没有抵抗就溃败了。在这之前，秦彦、毕师铎信赖倚重尼姑王奉仙，连发兵作战的阵容、日期、时辰以及奖励处罚的多少，都由尼姑王奉仙来裁定。到这时，秦彦、毕师铎又询问王奉仙说："怎样才能挽回败局？"王奉仙回答说："离城出走是最好的对策。"于是秦彦、毕师铎从开化门逃出，逃到东塘。杨行密率领各路军队共计一万五千人进入城中，因为梁缵不能向高骈竭尽臣节，还为秦彦、毕师铎效力，因此在戟门的外面就把他杀死了；韩问听到这个消息，跳到井里自尽。杨行密任命高骈的侄孙高愈代理副使，让他改葬高骈以及他的族人。城中剩下的百姓只有几百户，饥饿瘦弱得没了人样，杨行密用车子搬运城西守寨的米粮来救济他们。杨行密自称为淮南留后。

秦宗权遣其弟宗衡将兵万人渡淮，与杨行密争扬州，以孙儒为副，张佶、刘建锋、马殷及宗权族弟彦晖皆从。十一月，辛未，抵广陵城西，据行密故寨，行密辎重之未入城者，为蔡人所得。秦彦、毕师铎至东塘，张雄不纳，将渡江趣宣州。宗衡召之，乃引兵还，与宗衡合。

【译文】秦宗权派遣他的弟弟秦宗衡率领上万士兵渡过淮水，跟杨行密争夺扬州，任命孙儒为副将，张佶、刘建锋、马殷以及秦宗权的族弟秦彦晖都跟随一起去。十一月，辛未日（初二），抵达广陵城的西边，占据杨行密以前攻城时用的守寨，杨行密军队没有运入城内的器械、粮草等物，都被蔡州军队得到了。秦彦、毕师铎抵达东塘，张雄拒绝接纳他们，他们便想渡过长江逃往宣州。这时秦宗衡召请他们，于是秦彦、毕师铎率军返回，与秦宗衡联合。

未几，宗权召宗衡还蔡，拒朱全忠。孙儒知宗权势不能久，称疾不行。宗衡屡促之，儒怒，甲戌，与宗衡饮酒，座中手刃之，传首于全忠。宗衡将安仁义降于行密。仁义，本沙陀将也，行密悉以骑兵委之，列于田頵之上。儒分兵掠邻州，未几，众至数万，以城下乏食，与彦、师铎袭高邮。

【译文】没过多久，秦宗权召秦宗衡返回蔡州，抵御朱全忠。孙儒知道秦宗权的势力不会维持太长久，便推说身体有病，不能与他同行；秦宗衡多次催促他，孙儒十分恼怒。甲戌日（初五），孙儒和秦宗衡饮酒，在酒席上亲手将秦宗衡杀死，把他的首级送到朱全忠那里。秦宗衡的部将安仁义向杨行密投降。安仁义本来是沙陀的将领，杨行密把全部的骑兵委任给他率领，地位排在田頵之上。孙儒分派士兵去抢劫掠夺邻近的几个州，没多久，部众增加到几万人，因为城下食物匮乏，孙儒于是与秦彦、毕师铎去袭击高邮。

初，宣武都指挥使朱珍与排陈斩斫使李唐宾，勇略、功名略相当，全忠每战，使二人偕，往无不捷，然二人素不相下。珍使人迎其妻于大梁，不白全忠，全忠怒，追还其妻，杀守门者，使亲吏蒋玄晖召珍，以汉宾代总其众。馆铎巡官冯翊敬翔谏曰："朱珍未易轻取，恐其猜惧生变。"全忠悔，使人追止之。珍果自疑，丙子夜，珍置酒召诸将。唐宾疑其有异图，斩关奔大梁，珍亦弃军单骑继至。全忠两惜其才，皆不罪，遣还濮州，因引兵归。

【译文】起初，宣武都指挥使朱珍和排阵斩斫使李唐宾很英勇，有智谋，两人的功劳与名位相差无几，朱全忠每次打仗，都让两人同行，所到之处没有不打胜的，可是朱珍、李唐宾二人平时却互不服气。朱珍派人到大梁迎接他的妻子，没有向朱全忠报告，朱全忠很生气，派兵去追赶，追回了他的妻子，杀死守门卫兵，派遣他的亲近官吏蒋玄晖召回朱珍，让李唐宾代替朱珍统领他的军队。馆驿巡官冯翊人敬翔劝朱全忠说："朱珍不可轻易被人取代，恐怕这样做的话，他会猜疑害怕趁机作乱的。"于是，朱全忠很后悔，派人赶紧追上蒋玄晖，停止原有的安排。朱珍果然起了疑心，丙子日（初七）的晚上，朱珍置办酒宴款待各将领。李唐宾怀疑他图谋叛乱，杀了守护城门的士兵，逃到大梁，朱珍随后也抛弃军队，独自骑马跟着到了大梁。朱全忠爱惜这两个人的才能，对他们都不加责备，派遣他们返回濮州，二人便带兵返回。

全忠多权数，将佐莫测其所为，惟敬翔能逆知之，往往助其所不及。全忠大悦，自恨得翔晚，凡军机、民政悉以咨之。

辛巳，高邮镇遏使张神剑帅麾下二百人逃归扬州。丙戌，孙儒屠高邮。戊子，高邮残兵七百人溃围而至，杨行密虑其为变，分隶诸将，一夕尽坑之。明日，杀神剑于其第。

【译文】朱全忠玩弄权术，手下将领佐吏对他的所作所为都无法猜测，只有敬翔能够预先了解，往往帮助朱全忠完善他未想到的地方，朱全忠很是高兴，深为认识敬翔太晚而倍感遗憾，凡是军事机密、民政大事等都向他询问。

辛巳日（十二日），高邮镇遏使张神剑率领部下两百人逃回扬州；丙戌日（十七日），孙儒屠掠高邮。戊子日（十九日），高邮的残兵七百人冲破包围回来，杨行密害怕他们叛乱，于是将他们分别隶属于各位将领，在一个晚上，将他们全部坑杀；第二天，杨行密在府第又杀了张神剑。

杨行密恐孙儒乘胜取海陵，壬寅，命镇遏使高霸帅其兵民悉归府城，曰："有违命者，族之！"于是，数万户弃资产、焚庐舍、挈老幼迁于广陵。戊戌，霸与弟眸、部将余绕山、前常州刺史丁从实至广陵，行密出郭迎之，与霸、眸约为兄弟，置其将卒于法云寺。

己亥，秦宗权陷郑州。

【译文】杨行密惧怕孙儒乘胜攻取海陵，壬寅日（十一月无此日），命令镇遏使高霸率领他的士兵、百姓都返回扬州府城，说：“违反军令，诛杀全族。”于是几万户人家丢弃财物、田产，烧掉房屋、田舍，扶老携幼迁徙到广陵。戊戌日（二十九日），高霸与胞弟高昍、部将余绕山、前任常州刺史丁从实到达广陵，杨行密到城外迎接，与高霸、高昍结拜为兄弟，把他们的将领和士兵安置在法云寺。

己亥日（三十日），秦宗权攻克郑州。

朝廷以淮南久乱，闰月，以朱全忠兼淮南节度使、东南面招讨使。

陈敬瑄恶顾彦朗与王建相亲，恐其合兵图己，谋于田令孜，令孜曰：“建，吾子也，不为杨兴元所容，故作贼耳。今折简召之，可致麾下。”乃遣使以书召之，建大喜，诣梓州见彦朗曰：“十军阿父见召，当往省之。因见陈太师，求一大州，若得之，私愿足矣！”乃留其家于梓州，率麾下精兵二千，与从子宗鐬、假子宗瑶、宗弼、宗侃、宗弁俱西。宗瑶，燕人姜郅；宗弼，许人魏弘夫；宗侃，许人田师侃；宗弁，鹿弁也。

【译文】朝廷因为淮南长久以来都处在战乱中，闰月，任命朱全忠兼淮南节度使、东南面招讨使。

陈敬瑄厌恶顾彦朗和王建两人关系亲密，担心他们联合起来谋害自己，就与田令孜商议，田令孜说：“王建是我的干儿子，他不为杨兴元（守亮）所容纳，因此才做贼寇罢了。今天只要我写一封信给他，召他来，马上就可以把他收到你的部下。”于是，田令孜派人给王建送去一封书信召请他。王建十分高兴，前赴梓州面见顾彦朗说：“神策十军观军容使让我的义父田令孜召请我，我应当前去探望。顺便去拜见太师陈敬瑄，向他求取一个大州，如果得到了，我的愿望就实现了。"于是把他的家人留在梓州，率领部下精兵两千人，和侄儿王宗鐬、义子王宗瑶、王宗弼、王宗侃、王宗弁一同西去。王宗瑶就是燕人姜郅；王宗弼就是许人魏弘夫；王宗侃是许人田师侃；王宗弁就是鹿弁。

建至鹿头关，西川参谋义李谓敬瑄曰："王建，虎也，奈何延之入室！彼安肯为公下乎！"敬瑄悔，亟遣人止之，且增修守备。建怒，破关而进，败汉州刺史张顼于绵竹，遂拔汉州，进军学射山，又败西川将句惟立于蚕北，又拔德阳。敬瑄遣使让之，对曰："十军阿父召我来，乃门而拒之，重为顾公所疑，进退无归矣。"田令孜登楼慰谕之，建与诸将于清远桥上髡发罗拜，曰："今既无归，且辞阿父作贼矣！"顾彦朗以其弟彦晖为汉州刺史，发兵助建，急攻成都，三日不克而退，还屯汉州。

敬瑄告难于朝，诏遣中使和解之；又令节茂贞以书谕之，皆不从。

【译文】王建抵达鹿头关，西川参谋李义禀告陈敬瑄说："王建是一头猛虎，为何要请他进入室内呢？他怎么肯做你的属下呢？"陈敬瑄有些后悔了，急忙派人去阻止王建西进，并且加强守备。王建听闻后很是气恼，攻取鹿头关向前进发，在绵竹打败汉州刺史张顼，于是攻克汉州，继续进军；又在成都的蚕北镇打败西川将领句惟立，接着攻克德阳。陈敬瑄派遣使者去斥责他，他回答说："我义父召我来，到了门口却又拒绝我，又加上被顾彦朗怀疑，这真让我进退两难，无所归依啊！"田令孜登上城楼安慰他，说明情况，王建和各将领在清远桥上，把头发剪掉，一个个排列参拜，说："现在我们既然已经没有归路，那么就辞别义父暂且去做贼寇了。"顾彦朗任命他的弟弟顾彦晖为汉州刺史，派遣军队去帮助王建，迅速攻打成都，打了三天，没有攻克，便撤退了，在汉州屯驻。

陈敬瑄向朝廷告急，僖宗李儇诏命派遣中使调解他们；此外，又命令李茂贞用书信晓谕他们，他们都不听从。

杨行密欲遣高霸屯天长以拒孙儒，袁袭曰："霸，高氏旧将，常挟两端，我胜则来，不胜则叛。今处之天长，是自绝其归路也，不如杀之。"己酉，行密伏甲执霸及丁从实、余绕山，皆杀之。又遣千骑掩杀其党于法云寺，死者数千人。是日，大雪，寺外数坊地皆赤。高睢出走，明日，获而杀之。

吕用之在天长也，绐杨行密曰："用之有银五万铤，埋于所居，克城之日，愿备麾下一醉之资。"庚戌，行密阅士卒，顾用之曰："仆射许此曹银，何食言邪！"因牵下械系，命田頵鞫之，云："郑杞、董瑾谋因中元夜，邀高骈至其第建黄箓斋，乘其入静，缢杀之，声言上升。因令莫邪都帅诸军推用之为节度使。"是日，腰斩用之，怨家刳裂立尽，并诛其族党。军士发其中堂，得桐人，书骈姓名于胸，桎梏而钉之。

【译文】 杨行密想要派遣高霸屯驻在天长镇以便抵御孙儒，袁袭说："高霸是高骈的旧部将，常常脚踏两条船，我们战胜，他就来归顺，我们失利，他又背叛我们。现在要让他在天长屯驻，这是自己断了退路，不如把他杀死。"己酉日（初十），杨行密设下伏兵，抓住了高霸和丁从实、余绕山，将他们都杀死了。另外，杨行密又派遣千名骑兵到法云寺去偷袭杀害他的同党，有几千人被杀。这一天，天降大雪，法云寺外几条街的地面却都被鲜血染红。高睢出逃，第二天，也被抓获杀死。

吕用之在天长镇的时候，欺骗杨行密说："我有银子五万锭，埋在居住的地方，等到攻克广陵城时，我愿意献给你做饮酒庆功的费用。"庚戌日（十一日），杨行密检阅士兵，回过头看着吕用之说："你承诺给他们银子，为什么言而无信呢！"于是把他拉下去，给他戴上刑具，命令田頵审问他，田頵说："吕用之和郑杞、董瑾谋划在七月十五日的夜晚，邀请高骈到他的府第去举行黄箓大斋，趁着他入睡时，把他勒死，对外就宣称高骈升天为仙了。然后趁机命令莫邪都帅各军拥立吕用之担任节度使。"当天，吕用之被处以腰斩，与吕用之结仇的人马上把他的尸体肢解了，接着又诛杀了吕用之的家族党羽。士兵们挖开他家的中堂，发现了一个桐木雕刻的人，写着高骈的姓名，手上戴着镣铐，身上钉着钉子。

　　袁袭言于行密曰："广陵饥弊已甚，蔡贼复来，民必重困，不如避之。"甲寅，行密遣和州将延陵宗以其众二千人归和州，乙卯，又命指挥使蔡俦将兵千人，辎重数千两，归于庐州。
　　赵晖据上元，会周宝败，浙西溃卒多归之，众至数万。晖遂自骄大，治南朝台城而居之，服用奢僭。张雄在东塘，晖不与通问。雄溯江而上，晖以兵塞其中流。雄怒，戊午，攻上元，拔之。晖奔当涂，未至，为其下所杀。馀众降，雄悉坑之。
　　【译文】袁袭告诉杨行密说："广陵城饥荒已经相当严重，孙儒的蔡州贼军又来攻打，老百姓一定更加贫困，不如暂且躲开他。"甲寅日（十五日），杨行密派遣和州的将领延陵宗率领两千士兵返回和州，乙卯日（十六日），又命令指挥使蔡俦率领士兵千人，运载几千辆车的军需器械、粮草等，回到庐州。
　　赵晖据守上元县，适逢周宝战败，浙西溃散的士兵大多投靠赵晖，他的军队达到几万人。赵晖便骄横起来，整修南朝的台城来居住，穿的衣服、使用的器物奢侈华丽超越身份。张雄占据东塘，赵晖不跟他互通问候。张雄逆江而上，赵晖派出军队在长江中流拦截张雄军队。张雄勃然大怒。戊午日（十九日），张雄攻打上元县，把它攻取了。赵晖逃往当涂，还没抵达，被其部下杀死。余下的士兵都投降张雄，张雄都把他们坑杀了。

朱全忠遣内客将张延范致朝命于杨行密，以行密为淮南节度副使，又以宣武行军司马李璠为淮南留后，遣牙将郭言将兵千人送之。

感化节度使时溥自以于全忠为先进，官为都统，顾不得领淮南，而全忠得之，意甚恨望。全忠以书假道于溥，溥不许。璠至泗州，溥以兵袭之，郭言力战得免而还，徐、汴始构怨。

【译文】朱全忠派遣内客将张延范将朝廷的诏令交给杨行密，任命杨行密为淮南节度副使，又任命宣武行军司马李璠为淮南留后，派遣牙将郭言率领士兵千人护送李璠。

感化节度使时溥认为他跟朱全忠相比，自己是前辈，官职又升到都统，可是却不能统领淮南，而朱全忠却得到这一任命，心中很是怨恨不满。朱全忠写信向时溥借道，时溥没有答应。李璠到达泗州，时溥命令军队袭击他，护送的牙将郭言竭尽全力迎战才免于一死，退了回去，徐、汴两州从这时起，开始结下仇怨。

十二月，癸巳，秦宗权所署山南东道留后赵德諲陷荆南，杀节度使张瑰，留其将王建肇守城而去，遗民才数百家。

饶州刺史陈儒陷衢州。

上蔡贼帅冯敬章陷蕲州。

乙未，周宝卒于杭州。

钱镠以杜稜为常州制置使。命阮结等进攻润州，丙申，克之。刘浩走，擒薛朗以归。

【译文】十二月，癸巳日（二十五日），秦宗权所委任的山南东道留后赵德諲攻克荆南，将节度使张瑰杀死，留下属将王建肇防守荆南城，然后离去，城中剩下的百姓只有几百家。

饶州刺史陈儒攻克衢州。

上蔡贼寇的首领冯敬章攻克蕲州。

乙未日（二十七日），周宝在杭州去世。

钱镠派杜稜担任常州制置使。命令阮结等人攻打润州，丙申日（二十八日），攻取了润州；刘浩逃走，活捉了薛朗返回。

文德元年（戊申，公元八八八年）春，正月，甲寅，孙儒杀秦彦、毕师铎、郑汉章。彦等之归秦宗衡也，其众犹二千馀人，其后稍稍为儒所夺。裨将唐宏知其必及祸，恐并死，乃诬告彦等潜召汴军。儒杀彦等，以宏为马军使。

张守一与吕用之同归杨行密，复为诸将合仙丹，又欲干军府之政，行密怒而杀之。

【译文】文德元年（戊申，公元888年，是年二月方改元）春季，正月，甲寅日（十六日），孙儒杀死秦彦、毕师铎、郑汉章。秦彦等人归顺秦宗衡的时候，他们的兵马还有两千多人，后来逐渐被孙儒所夺，秦彦的副将唐宏知道会有大的祸患，害怕一起去送死，于是诬告秦彦等人暗中将汴州军队召来。孙儒杀掉秦彦等人以后，任命唐宏为马军使。

张守一和吕用之一起归顺杨行密后，一方面替各将领配置仙丹，另一方面去干涉军府中的军政事务，杨行密一怒之下杀了张守一。

蔡将石璠将万馀人寇陈、亳，朱全忠遣朱珍、葛从周将数千骑击擒之。癸亥，以全忠为蔡州四面行营都统，代时溥，诸镇兵皆受全忠节度。

张廷范至广陵，杨行密厚礼之。及闻李璠来为留后，怒，有不受之色。廷范密使人白全忠，宜自以大军赴镇，全忠从之。至宋州，廷范自广陵逃来，曰："行密未可图也。"甲子，李璠至，言徐军遮道，全忠乃止。

【译文】蔡州将领石璠率领一万余人进犯陈州、亳州，朱全忠派遣朱珍、葛从周率领几千骑兵攻打并活捉了石璠。癸亥日（二十五日），僖宗李儇下诏任命朱全忠为蔡州四面行营都统，代替时溥，各镇军队都受朱全忠的节制调度。

张廷范抵达广陵时，杨行密用很优厚的礼节招待他；等到听说李璠要来担任淮南留后，很不满意，露出不接受的脸色。张廷范偷偷派人禀告朱全忠，应当亲自率领大军赶赴广陵，朱全忠听从了他的意见。朱全忠到了宋州，张廷范从广陵逃回，说："还不能对杨行密谋划算计。"甲子日（二十六日），李璠到了，说时溥的徐州军在路上拦截，朱全忠这才停止前往。

丙寅，钱镠斩薛朗，剖其心以祭周宝，以阮结为润州制置使。

二月，朱全忠奏以杨行密为淮南留后。

乙亥，上不豫。壬午，发凤翔。己丑，至长安。庚寅，赦天下，改元。以韦昭度兼中书令。

魏博节度使乐彦祯，骄泰不法，发六州民筑罗城，方八十里，人苦其役。其子从训，尤凶险，既杀王铎，魏人皆恶之。从训聚亡命五百馀人为亲兵，谓之子将。牙兵疑之，藉藉不安。从训惧，易服逃出，止于近县，彦祯因以为相州刺史。从训遣人至魏运甲兵、金帛，交错于路，牙兵益疑。彦祯惧，请避位，居龙兴寺为僧，从推都将赵文玞知留后事。

【译文】丙寅日（二十八日），钱镠斩杀薛朗，将他的心挖出来祭奠周宝，任命阮结为润州制置使。

二月，朱全忠向朝廷上奏，任命杨行密为淮南留后。

乙亥日（初七），僖宗李儇生病；壬午日（十四日），僖宗李儇从凤翔出发，己丑日（二十一日），抵达长安。庚寅日（二十二日），僖宗李儇下诏大赦天下，改年号为文德；任命韦昭度兼中书令。

魏博节度使乐彦祯，骄横不守法度，征发六州的百姓，在魏州城墙外修建外城方圆八十里，人们为沉重的劳役所苦；他的儿子乐从训，特别凶狠阴险，将王铎杀死以后，魏州人都憎恨他。乐从训召集亡命之徒五百多人作为自己的亲兵，称之为子将（儿子将士），魏州牙兵对此有疑虑，喧嚷不安。乐从训十分惧怕，更换了衣服逃出魏州城，留驻在附近州县，乐彦祯于是任命乐从训为相州刺史。乐从训派人到魏州搬运铠甲、兵器、黄金、布帛等，车辆在道路上来来往往，牙兵们见了更加怀疑。乐彦祯也很恐慌，请求辞去魏博节度使的官位，隐居到龙兴寺做僧人，部众们拥戴都将赵文玞掌管留后的职务。

从训引兵三万至城下，文玞不出战，众复杀之，推牙将贵乡罗弘信知留后事。先是，人有言"见白须翁，言弘信当为地主"者。文玞既死，众群聚呼曰："谁欲为节度使者？"弘信出应曰：

"白须翁已命我矣。"众环视曰："可也。"遂立之。弘信引兵出，与从训战，败之。从训收馀众保内黄，魏人围之。

先是，朱全忠将讨蔡州，遣押牙雷邺以银万两请籴于魏。牙兵既逐彦祯，杀邺于馆。从训既败，乃求救于全忠。

【译文】乐从训带领三万士兵到达魏州城下；赵文玠不出来作战，部众们又将他杀死，推举牙将贵乡人罗弘信掌管留后的职务。之前，有人说："看到一个白胡须老人，他说罗弘信应当做本地的长官。"赵文玠死了以后，众人便聚在一起喊叫说："有谁想担任节度使？"罗弘信走出来回答说："那个白胡须老人已经指定我担任了。"众人围着他，看了多时，说："可以。"于是拥立他为魏博节度使。罗弘信率领军队冲出去，与乐从训交战，把他打败了。乐从训收聚残余的士兵据守内黄县，魏州的士兵把他包围了。

之前，朱全忠要征讨蔡州，派遣押牙将雷邺带着白银一万两到魏州买粮食，魏州牙兵既然赶走了节度使乐彦祯，便在馆舍将雷邺杀死了。乐从训战败后，便向朱全忠请求救援。

初，河阳节度使李罕之与河南尹张全义刻臂为盟，相得欢甚。罕之勇而无谋，性复贪暴，意轻全义，闻其勤俭力穑，笑曰："此田舍一夫耳！"全义闻之，不以为忤。罕之屡求谷帛，全义皆与之，而罕之征求无厌，河南不能给，小不如所欲，辄械河南注吏至河阳杖之，河南将佐皆愤怒。全义曰："李太傅所求，奈何不与！"竭力奉之，状若畏之者，罕之益骄。罕之所部不耕稼，专以剽掠为资，啖人为粮，至是悉其众攻绛州，绛州刺史王友遇降之；进攻晋州，护国节度使王重盈密结全义以图之。全义潜发屯兵，夜乘虚袭河阳，黎明，入三城，罕之逾垣步走，全义悉俘其家，遂兼领河阳节度使。罕之奔泽州，求救于李克用。

【译文】 起初，河阳节度使李罕之和河南尹张全义割臂结为同盟，两人意气相投，关系非常亲密友好。李罕之勇猛却缺少谋略，个性又贪婪、残暴，有瞧不起张全义之意，他听说张全义勤勉节俭重视农耕，嘲笑说："他这样不过是一个田间农夫罢了！"张全义听到这话，并没有与他计较作对。李罕之多次要稻谷、布帛，张全义都送给他；然而李罕之的索求是没有止境的，河南也无法再供给他，稍微不如他所愿，他就将河南的主管官吏抓来戴上刑具，送到河阳来鞭打，河南的将领、佐吏们都很气愤。张全义说："李太尉要求的东西，为何不给他呢？"于是尽力侍奉李罕之，好像很怕李罕之似的，李罕之便更加骄横起来。李罕之的手下士兵不耕种庄稼，专门通过抢劫搜刮他人的资财，吃人肉作为粮食，到这时，李罕之发动全部军队进攻绛州，绛州刺史王友遇投降；又进攻晋州，护国节度使王重盈秘密联合张全义来谋划除掉他。张全义暗中派遣民兵，夜里，趁着后方空虚去偷袭河阳，天亮以后，攻进河阳的北城、南城、中弹城，李罕之翻越城墙徒步逃走，张全义把他的家人都抓获了，如此一来，张全义兼领河阳节度使。李罕之逃往泽州，向李克用求救。

三月，戊戌朔，日有食之，既。

己亥，上疾复作，壬寅，大渐。皇弟吉王保，长而贤，群臣属望。十军观军容使杨复恭请立其弟寿王杰。是日，下诏，立杰为皇太弟，监军国事。右军中尉刘季述遣兵迎杰于六王宅，入居少阳院，宰相以下就见之。癸卯，上崩于灵符殿。遗制，太弟杰更名敏，以韦昭度摄冢宰。

昭宗即位，体貌明粹，有英气，喜文学，以僖宗威令不振，朝廷日卑，有恢复前烈之志，尊礼大臣，梦想贤豪，践阼之始，中外忻忻焉。

【译文】三月，戊戌朔日（初一），出现日食，是日全食。

己亥日（初二），僖宗李儇的病又发作了；壬寅日（初五），病情大大加重。僖宗李儇的弟弟吉王李保，年龄大又有贤明，朝中群臣都对他寄予厚望。十军观军容使杨复恭请求立僖宗李儇的弟弟寿王李杰；这一天，僖宗李儇下诏命，立李杰为皇太弟，监领军国政事。右军中尉刘季述派遣士兵前往六王宅迎接李杰，迁入少阳院居住，自宰相以下朝中大臣都到少阳院参拜李杰。癸卯日（初六），唐僖宗李儇在灵符殿驾崩。留下遗诏，皇太弟李杰改名李敏，任命韦昭度代理宰相。

昭宗李敏即皇帝位，他精明能干，有英武之气，喜好文学，因为唐僖宗李儇时皇威法令不能提振，朝廷的威望日益下降，他便有恢复以前功业的宏大志向，对朝中大臣很尊重，渴望贤能豪杰来辅佐，登基不久，朝廷内外有了一些起色。

朱全忠襄粮于宋州，将讨秦宗权，会乐从训来告急，乃移军屯滑州，遣都押牙李唐宾等将步骑三万攻蔡州，遣都指挥使朱珍等分兵救乐从训。自白马济河，下黎阳、临河、李固三镇，进至内黄，败魏军万馀人，获其将周儒等十人。

李克用以其将康君立为南面招讨使，督李存孝、薛阿檀、史俨、安金俊、安休休五将、骑七千，助李罕之攻河阳。张全义婴城自守，城中食尽，求救于朱全忠，以妻子为质。

王建攻彭州，陈敬瑄救之，乃去。建大掠西川，十二州皆被其患。

【译文】 朱全忠在宋州运送粮食，将要进攻秦宗权；恰逢此时，乐从训前来向他求援，朱全忠于是把军队派往滑州驻扎，派遣都押牙李唐宾等人率领步兵、骑兵共三万人进攻蔡州，派遣都指挥使朱珍等人分别率领军队去援救乐从训。从白马县渡河，攻克黎阳、临河、李固三个镇，进军到达内黄，打败了魏州的军队一万多人，抓获他们的将领周儒等十人。

李克用任命部将康君立为南面招讨使，率领李存孝、薛阿檀、史俨、安金俊、安休休五位将领，以及七千骑兵，援助李罕之进攻河阳。张全义环城自守，城中的食物已经吃光了，于是向朱全忠求救，让自己的妻子儿女作为人质。

王建进攻彭州，陈敬瑄去援救彭州，王建这才率军离去。王建大肆抢劫掠夺西川，西川的十二个州都遭受了他的祸害。

夏，四月，庚午，追尊上母王氏曰恭宪皇后。

壬午，孙儒袭扬州，克之。杨行密出走，儒自称淮南节度使。行密将奔海陵，袁袭劝归庐州，再为进取之计，从之。

朱全忠遣其将丁会、葛从周，牛存节将兵数万救河阳。李存孝令李罕之以步兵攻城，自帅骑兵逆战于温，河东军败，安休休惧罪，奔蔡州。汴人分兵欲断太行路，康君立等惧，引兵还。全忠表丁会为河阳留后，复以张全义为河南尹。会，寿春人；存节，博昌人也。全义德全忠出己，由是尽心附之，全忠每出战，全义主给其粮仗无乏。

【译文】夏季，四月，庚午日(初三)，唐昭宗李敏追尊生母王氏为恭宪皇后。

壬午日(十五日)，孙儒率军去偷袭扬州，把它攻了下来；杨行密离开扬州逃走，孙儒自称淮南节度使。杨行密想要投奔海陵，袁袭劝他返回庐州，再做进攻筹划，杨行密听从了袁袭的建议。

朱全忠派遣他的部将丁会、葛从周、牛存节率领几万士兵去支援河阳。李存孝命令李罕之率领步兵攻城，自己率领骑兵在温县迎战，河东的军队战败了，安休休害怕被治罪，逃奔蔡州。朱全忠分派汴州军队想要截断河阳以北的太行路，康君立等河东将领很害怕，当即率军返回。朱全忠向朝廷上表，任命丁会为河阳留后，又任命张全义为河南尹。丁会是寿春人，牛存节是博昌人。张全义感激朱全忠营救自己，从此真心实意地归附他，朱全忠每次出去打仗，张全义主管供给粮食和兵器，从不缺少。

李罕之为泽州刺史，领河阳节度使。罕之留其子颀事克用，身还泽州，专以寇钞为事，自怀、孟、晋、绛数百里间，州无刺史，县无令长，田无麦禾，邑无烟火者，殆将十年。河中、绛州之间有摩云山，绝高，民保聚其上，寇盗莫能近。罕之攻拔之，时人谓之"李摩云"。

乐从训移军洹水，罗弘信遣其将程公信击从训，斩之，与父彦祯皆枭首军门。癸巳，遣使以厚币犒全忠军，请修好，全忠乃召军还。诏以罗弘信权知魏博留后。

【译文】李罕之担任泽州刺史，兼领河阳节度使。留下他的儿子李颀侍奉李克用，他本人则返回泽州，专门做些抢劫掠夺之事，从怀、孟、晋、绛等州起，几百里之内，州里都没有刺史，县中没有县令，田里没有禾麦，邑中没有人烟，这种情况，将近有十年了。河中、绛州之间有一座摩云山，高耸入云，百姓在这座山上聚集守护，贼寇强盗都不敢靠近，李罕之攻取了摩云山，因此当时人们也叫他"李摩云"。

　　乐从训把军队转移到洹水驻扎，罗弘信派遣他的将领程公信攻打乐从训，把乐从训杀死了，将他和他的父亲乐彦祯的人头砍下，悬挂在军门前。癸巳日（二十六日），罗弘信派出使者带着十分丰厚的财物犒劳朱全忠的军队，请求建立友好关系，朱全忠这才命令军队返回。昭宗李敏下诏任命罗弘信暂时代理魏博留后的职务。

　　归州刺史郭禹击荆南，逐王建肇，建肇奔黔州。诏以禹为荆南留后。荆南兵荒之馀，止有一十七家，禹厉精为治，抚集凋残，通商务农，晚年殆及万户。时藩镇各务兵力相残，莫以养民为事，独华州刺史韩建招抚流散，劝课农桑，数年之间，民富军赡。时人谓之北韩南郭。

　　秦宗权别将常厚据夔州，禹与其将汝阳许存攻夺之。久之，朝廷以禹为荆南节度使，建肇为武泰节度使。禹奏复姓名为成汭。

　　加李克用兼侍中。

　　【译文】归州刺史郭禹攻打荆南，驱逐了王建肇，王建肇逃往黔州。昭宗李敏下诏任命郭禹为荆南留后。荆南在兵荒马乱之后，只有十七户人家，郭禹振作精神想尽办法治理此地，抚慰安定疲惫受难的百姓，疏通货物交易，注重农田耕作，到郭禹晚年时，荆南已将近一万民户。那时各藩镇把招兵买马相互残杀视作重要的事情，而不安抚百姓，只有华州刺史韩建召集安抚流散的百姓，勉励督促百姓勤于农间耕种和栽桑养蚕，并且定期检验考察，几年之内，百姓富足，军中的给养也很充足。当时的人称之为"北韩南郭"。

秦宗权的别将常厚占据夔州，郭禹和他的部将汝阳人许存攻取了夔州。过了好长时间，朝廷任命郭禹为荆南节度使，任命王建肇为武泰节度使。郭禹向朝廷上奏，请求恢复原来的姓名成汭。

昭宗李敏加封李克用兼任侍中。

五月，己亥，加朱全忠兼侍中。

赵德諲既失荆南，且度秦宗权必败，壬寅，举山南东道来降，且自托于朱全忠。全忠表请以德諲自副，制以山南东道为忠义军，以德諲为节度使，充蔡州四面行营副都统。

朱全忠既得洛、孟，无西顾之忧，乃大发兵击秦宗权，大破宗权于蔡州之南，克北关门。宗权屯守中州，全忠分诸将为二十八寨以环之。

【译文】五月，己亥日（初三），昭宗李敏加封朱全忠兼任侍中。

赵德諲已经丧失荆南，并且考虑秦宗权必定会失败，壬寅日（初六），便率领山南东道的军队来投降，并且依附于朱全忠。朱全忠进呈表章奏请让赵德諲为自己的副职，昭宗李敏颁发诏令，命山南东道军队为忠义军，任命赵德諲为节度使，充任蔡州四面行营副都统。

朱全忠夺取洛、孟两州以后，没有西面的顾虑了，于是大规模派遣军队攻打秦宗权，在蔡州的南面大破秦宗权的军队，攻克北关门；秦宗权退守中城，朱全忠分派各位将领设置二十八个营寨，把秦宗权包围起来。

加凤翔节度使李茂贞检校侍中。

陈敬瑄方与王建相攻,贡赋中绝。建以成都尚强,退无所掠,欲罢兵,周庠、綦毋谏以为不可,庠曰:"邛州城堑完固,食支数年,可据之以为根本。"建曰:"吾在军中久,观用兵者不倚天子之重,则众心易离。不若疏敬瑄之罪,表请朝廷,命大臣为帅而佐之,则功庶可成。"乃使庠草表,请讨敬瑄以赎罪,因求邛州。顾彦朗亦表请赦建罪,移敬瑄它镇以靖两川。

【译文】 昭宗李敏加封凤翔节度使李茂贞为检校侍中。

陈敬瑄正在和王建相互攻打,因此进献朝廷的贡品赋税就中断了。王建因为成都还很强盛,撤退没有地方可以抢劫掠夺,想要收兵,周庠、綦毋谏认为不可以,周庠说:"邛州的城墙堑壕完好又坚固,粮食可供应几年,应当据守此地作为立足之地。"王建说:"我率领军队很长时间了,看到率领军队的人如果不依靠天子的威望,那么部下就很容易军心涣散的;我们不如上疏陈述陈敬瑄的罪状,上表请求朝廷,任命朝中大臣为统帅,我们来辅佐他,那么大业差不多就可以成功了!"于是派周庠起草表文,请求征讨陈敬瑄来赎罪,顺便请求治理邛州。顾彦朗也向昭宗李敏上表请求赦免王建的罪过,把陈敬瑄调到其他的镇所,来安定东、西两川。

初,黄巢之乱,上为寿王,从僖宗幸蜀。时事出仓猝,诸王多徒行至山谷中,寿王疲乏,不能前,卧磻石上。田令孜自后至,趣之行,王曰:"足痛,幸军容给一马。"令孜曰:"此深山,安得马!"以鞭挟王使前,王顾而不言,心衔之。及即位,遣人监西川军,令孜不奉诏。上言愤藩镇跋扈,欲以威制之。会得彦朗、建表,以令孜所恃者敬瑄耳,六月,以韦昭度兼中书令,充西川节度使,兼西川招抚制置等使,征敬瑄为龙武统军。

【译文】 起初，黄巢叛乱的时候，昭宗李敏还是寿王，随从僖宗李儇到达蜀地。当时事情非常紧迫，各王大多在高山深谷之中徒步而行，寿王疲惫不堪，难以向前行进，躺在岩石上歇息。田令孜从后面赶上来，催促他快点赶路，寿王说："我脚疼，希望你能给我一匹马。"田令孜说："在这深山里，怎么会有马呢！"用鞭子抽打寿王，催促他起身快走，寿王回头盯了田令孜一会儿却没有说什么话，心中对他充满怨恨。等到即皇帝位后，派遣人统领西川军，田令孜拒不奉行诏令。昭宗李敏正气愤藩镇们骄横跋扈，想要用威势来制服他们。正巧此时，他得到顾彦朗、王建所上的奏表，认为田令孜有恃无恐是因为他依靠陈敬瑄罢了，六月，任命韦昭度兼中书令，充任西川节度使，兼两川招抚制置等使，征调陈敬瑄担任禁军的龙武统军。

【乾隆御批】 欲以威制强藩，昭宗尔时尚属有志振作，顾以两川重镇委任不得其人，安望其能绥靖乎？矧王建潜萌异志，而昭度庸鄙，不足与之抗衡，无怪西蜀之渐为蚕食也。

【译文】 想用威力来制服强大的藩镇势力，昭宗那个时候还算有志想使朝廷振作，却没有给两川重镇委任合适的人才，怎么能指望他们实现地方的安定呢？况且王建暗中已萌生异心，而昭度却庸俗鄙陋，完全无法和王建抗衡，难怪西蜀被逐渐吞食了。

王建军新都，时绵竹土豪何义阳、安仁费师懃等所在拥兵自保，众或万人，少者千人。建遣王宗瑶说之，皆帅众附于建，给其资粮，建军复振。

置佑国军于河南府，以张全义为节度使。

秋，七月，李罕之引河东兵寇河阳，丁会击却之。

升凤州为节度府，割兴、利州隶之，以凤州防御使满存为节度使、同平章事。

以权知魏博留后罗弘信为节度使。

【译文】王建在新都驻军，这时绵竹的土豪何义阳、安仁县的费师懃等人，在当地拥兵自守，部众多的达一万人，少的也有一千人；王建派遣王宗瑶劝说他们，他们都率领部众归附王建，供给王建财物粮食，王建的军队又振作强盛起来。

朝廷在河南府设置佑国军，任命张全义为节度使。

秋季，七月，李罕之率领河东的士兵劫掠河阳，丁会把李罕之击退了。

朝廷将凤州升为节度府，把兴州、利州划归其下，任命凤州防御使满存为节度使、同平章事。

昭宗李敏任命暂时代理魏博留后职位的罗弘信为节度使。

八月，戊辰，朱全忠拔蔡州南城。

杨行密畏孙儒之逼，欲轻兵袭洪州，袁袭曰：“钟传定江西已久，兵强食足，未易图也。赵锽新得宣州，怙乱残暴，众心不附。公宜卑辞厚币，说和州孙端、上元张雄使自采石济江侵其境，彼必来逆战，公自铜官济江会之，破锽必矣。”行密从之，使蔡俦守庐州，帅诸将济自糁潭。

【译文】八月，戊辰日（初三），朱全忠攻占了蔡州的南城。

杨行密惧怕孙儒逼迫自己，想要率领装备轻便的士兵偷袭洪州，袁袭说：“钟传平定江西已经很久了，兵力强大，粮食充足，很难谋划诛除他。赵锽新近占据宣州，据城作乱，残横暴虐，民心不服。你应当以十分谦虚的言辞和丰厚的财物，去劝说和州的孙端、上元的张雄，让他们从采石渡过长江进犯宣州境内，赵锽一定会前来迎战，你从铜官渡过长江与孙端、张雄会合，一定会打败赵锽。"杨行密依从了袁袭的建议，派遣蔡俦防守庐州，率领众将领从椮潭渡过长江。

孙端、张雄为赵锽所败，锽将苏塘、漆朗将兵二万屯曷山。袁袭曰："公引兵急趋曷山，坚壁自守，彼求战不得，谓我畏怯，因其怠，可破也。"行密从之。塘等大败，遂围宣州。锽兄乾之自池州帅众救宣州，行密使其将陶雅击乾之于九华，破之。乾之奔江西，以雅为池州制置使。

【译文】孙端、张雄被赵锽打败，赵锽的部将苏塘、漆朗率领两万士兵在曷山屯驻。袁袭对杨行密说："您带领军队迅速奔赴曷山，加固您的壁垒，自己积极防守，他们再三请求作战，您都不要前去迎战，他们认为我们惧怕了，这时，利用他们懈怠的时机，就可以打败他们了。"杨行密依从了他的建议。结果苏塘等人惨败，杨行密便包围了宣州。赵锽的哥哥赵乾之从池州率领部众援救宣州，杨行密派他的部将陶雅在九华攻打赵乾之把他也打败了。赵乾之逃往江西，朝廷任命陶雅为池州制置使。

九月，朱全忠以馈运不继，且秦宗权残破不足忧，引兵还。丙申，遣朱珍将兵五千送楚州刺史刘瓒之官。

钱镠遣其从弟镖将兵攻徐约于苏州。

冬，十月，徐兵邀朱珍、刘瓒不听前，珍等击之，取沛、滕二县，斩获万计。

孟方立遣其将奚忠信将兵三万袭辽州，李克修邀击，大破之，擒忠信送晋阳。

辛卯，葬惠圣恭定孝皇帝于靖陵。庙号僖宗。

陈敬瑄、田令孜闻韦昭度将至，治兵完城以拒之。

【译文】九月，朱全忠因为军需运输不能接续，并且秦宗权的军队已经破败，已不值得忧虑，便率领军队返回。丙申日（初二），派遣朱珍率领五千士兵护送楚州刺史刘瓒前往任所。

钱镠派遣他的堂弟钱铢率领士兵前往苏州攻打徐约。

冬季，十月，徐州的士兵在半路阻击朱珍、刘瓒，不让他们奔赴楚州，朱珍等人攻打徐州的士兵，占据沛、滕两个县，杀死和俘虏的人数以万计。

孟方立派遣他的部将奚忠信率领三万士兵偷袭辽州，李克修半路拦截，大败奚忠信的军队，抓获奚忠信押送晋阳。

辛卯日（二十七日），在靖陵埋葬了惠圣恭定孝皇帝李儇，庙号为僖宗。

陈敬瑄、田令孜听说韦昭即将到达，便整顿军备，修缮城墙来抵抗他。

十一月，时溥自将步骑七万屯吴康镇，朱珍与战，大破之。朱全忠又遣别将攻宿，刺史张友降之。

丙申，秦宗权别将攻陷许州，执忠武留后王蕴，复取许州。

十二月，蔡将申丛执宗权，折其足而囚之，降于全忠，全忠表丛为蔡州留后。

【译文】十一月，时溥亲自率领步兵、骑兵七万人在吴康镇屯驻，朱珍与他交战，大破时溥的军队。朱全忠另外又派遣别将进攻宿州，宿州的刺史张友向朱全忠投降。

丙申日（初三），秦宗权的别将攻克了许州，抓住了忠武留后王蕴,再一次进兵夺取了许州。

十二月,蔡州军队将领申丛抓获秦宗权,砍断他的脚把他囚禁起来,然后向朱全忠投降,朱全忠上表请求任命申丛为蔡州留后。

初,感义节度使杨晟既失兴、凤,走据文、龙、成、茂四州。王建攻西川,田令孜以晟己之故将,假威戎军节度使,使守彭州。王建攻彭州,陈建瑄眉州刺史山行章将兵五万壁新繁以救之。

丁亥,以韦昭度为行营招讨使,山南西道节度使杨守亮副之,东川节度使顾彦朗为行军司马;割邛、蜀、黎、雅置永平军,以王建为节度使,治邛州,充行营诸军都指挥使。

戊子,削陈敬瑄官爵。

山南西道节度使杨守厚陷夔州。

【译文】起初,感义节度使杨晟失去兴州、凤州以后,逃走后占据了文、龙、成、茂四个州。王建进攻西川,田令孜因为杨晟是自己神策军的旧将,让杨晟代理威戎军节度使,命他守卫彭州。王建进攻彭州,陈敬瑄的属下眉州刺史山行章率领五万人在新繁修建营垒来救援彭州。

丁亥日(二十四日),朝廷任命韦昭度为行营招讨使,任命山南西道节度使杨守亮为他的副使,任命东川节度使顾彦朗为行军司马;分出邛、蜀、黎、雅四个州来设置永平军,任命王建为节度使,治所在邛州,充任行营诸军都指挥使。

戊子日(二十五日),朝廷削夺陈敬瑄的官爵。

山南西道节度使杨守亮攻陷了夔州。

资治通鉴卷第二百五十八　唐纪七十四

起屠维作噩，尽重光大渊献，凡三年。

【译文】起己酉（公元889年），止辛亥（公元891年），共三年。

【题解】本卷记录了公元889年至891年的史事，共三年。正当唐昭宗李晔龙纪元年至大顺二年。昭宗精明能干，有英武之气，因为唐僖宗李儇时皇威法令不能提振，朝廷的威望日益下降，他发愿重整雄风，恢复先代的功业。他利用军阀混战，任命韦昭度征讨西川陈敬瑄，采纳宰相张濬的计谋，利用朱全忠及河北三镇为主力讨伐李克用。韦昭度昏庸懦弱，张濬行为轻浮，结果韦昭度被王建赶走，张濬大败而归。昭宗离间杨复恭与义子的感情，巧借杨复恭义子李顺节，驱逐了杨复恭，然后杀死李顺节，朝纲仍然不振。此时期，军阀混战的主战场一个是江南，另一个是西川。江南争战主要是占据扬州的孙儒与杨行密争雄。西川王建得势占据成都，是此时期最大的赢家。

昭宗圣穆景文孝皇帝上之上

龙纪元年(己酉，公元八八九年)春，正月，癸巳朔，赦天下，改元。

以翰林学士承旨、兵部侍郎刘崇望同平章事。

汴将庞师古拔宿迁，军于吕梁。时溥逆战，大败，还保彭城。

壬子，蔡将郭璠杀申丛，送秦宗权于汴，告朱全忠云："丛谋复立宗权。"全忠以璠为淮西留后。

戊申，王建大破山行章于新繁，杀获近万人，行章仅以身免。杨晟惧，徙屯三交，行章屯濛阳，与建相持。

【译文】龙纪元年（己酉，公元889年）春季，正月，癸巳朔日（初一），昭宗李敏大赦天下，改年号为龙纪。

昭宗李敏任命翰林学士承旨、兵部侍郎刘崇望为同平章事。

汴州的将领庞师古攻取了洪州的宿迁，在吕梁驻军。时溥迎战，结果惨败，撤回军队防守彭城。

壬子日（二十日），蔡州的将领郭璠将申丛杀死，把秦宗权押送到汴州，郭璠对朱全忠说："申丛筹划再次拥立秦宗权。"朱全忠于是任命郭璠为淮西留后。

戊申日（二十八日），王建在新繁大破山行章的军队，斩杀、俘获的士兵将近万人，山行章仅能脱身免死罢了。杨晟恐惧极了，调转军队在三交屯驻，山行章在濛阳屯驻，与王建相对峙。

二月，朱全忠送秦宗权至京师，斩于独柳。京兆尹孙揆监刑，宗权于槛车中引首谓揆曰："尚书察宗权岂反者邪？但输忠不效耳。"观者皆笑。揆，逖之族孙也。

三月，加朱全忠兼中书令，进爵东平郡王。全忠既克蔡州，军势益盛。

加奉国节度使赵德諲中书令，加蔡州节度使赵犨同平章事，充忠武节度使，以陈州为治所。会犨有疾，悉以军府事授其弟昶，表乞骸骨，诏以昶代为忠武节度使。未几，犨薨。

丙申，钱镠拔苏州，徐约亡入海而死。钱镠以海昌都将沈粲权知苏州。

【译文】二月，朱全忠把秦宗权送往京师，在独柳处斩。京兆尹孙揆监督行刑，秦宗权在槛车中抬头对孙揆说："您看我秦宗权难道是谋反之人吗？只是竭尽忠心没有效果罢了。"围观的人听到这话都笑了。孙揆是刑部侍郎孙逖的族孙。

三月，昭宗李敏加封朱全忠兼任中书令，进爵位为东平郡王。朱全忠攻下蔡州以后，兵力更加强大了。

昭宗李敏加封奉国节度使赵德諲为中书令，加封蔡州节度使赵犨为同平章事，充任忠武节度使，把陈州作为治所。适逢赵犨生病，他把全部军府事务交给了他的弟弟赵昶，自己上表请求辞职，昭宗李敏下诏任命赵昶代理忠武节度使。不久，赵犨病逝。

丙申日（初五），钱镠攻取苏州，徐约逃亡到海上后就死了。钱镠派海昌都将沈粲暂时代理苏州的事务。

夏，四月，赐陕虢军号保义。

五月，甲辰，润州制置使阮结卒，钱镠以静江都将成及代之。

李克用大发兵，遣李罕之、李存孝攻孟方立，六月，拔磁、洺二州。方立遣大将马溉、袁奉韬将兵数万拒之，战于琉璃陂，方立兵大败，二将皆为所擒，克用乘胜进攻邢州。方立性猜忌，诸将多怨，至是皆不为方立用，方立惭惧，饮药死。弟摄洺州刺史迁，素得士心，众奉之为留后，求援于朱全忠。全忠假道于魏博，罗弘信不许。全忠乃遣大将王虔裕将精兵数百，间道入邢州共守。

【译文】夏季，四月，赐给陕虢军号叫"保义"。

五月，甲辰日（十三日），润州制置使阮结去世，钱镠派静江都将成及代替他。

李克用大举调发军队，派遣李罕之、李存孝征讨孟方立，六月，攻取磁、洺两州。孟方立派遣大将马溉、袁奉韬率领士兵几万人抵挡他们，双方在琉璃陂交战，孟方立的军队大败，马溉、袁奉韬都被俘虏了，李克用乘胜进攻邢州。孟方立性情猜疑嫉妒，各位将领都怨恨他，到这时，都不肯为他效命，孟方立又惭愧又害怕，服药自尽了。孟方立的弟弟代理洺州刺史孟迁，一向深得士兵的拥护，于是大家拥戴他为昭义军留后，孟迁向朱全忠请求援助。朱全忠向魏博节度使罗弘信借路，罗弘信没有答应；朱全忠于是派遣大将军王虔裕率领精兵几百人，从小路进入邢州去一起防守。

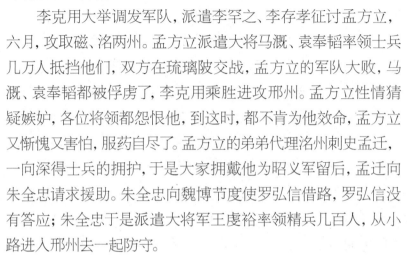

杨行密围宣州，城中食尽，人相啖，指挥使周进思据城逐赵锽。锽将奔广陵。田頵追擒之。未几，城中执进思以降。行密入宣州，诸将争取金帛，徐温独据米囷，为粥以食饿者。温，朐山人也。锽将宿松周本，勇冠军中，行密获而释之，以为裨将。锽既败，左右皆散，惟李德诚从锽不去，行密以宗女妻之。德诚，西华人也。行密表言于朝，诏以行密为宣歙观察使。

朱全忠与赵锽有旧，遣使求之。行密谋于袁袭，袭曰："不若斩首以遗之。"行密从之。未几，袭卒，行密哭之曰："天不欲成吾大功邪，何为折吾股肱也！吾好宽而袭每劝我以杀，此其所以不寿与！"

【译文】杨行密包围宣州，城内粮食吃完了，人们就相互残杀，以吃人肉来充饥。指挥使周进思占据宣州城，赶走了赵锽；

赵锽打算逃往广陵，被田頵追赶上抓住了。不久以后，城内的军队抓住周进思，向杨行密投降。杨行密进入宣州城，各位将领争着抢夺金银布帛，只有徐温占据粮仓，做粥给饥饿的人吃。徐温是朐山人。赵锽的部将宿松人周本，英勇在军中第一，杨行密俘获他后，又把他释放了，任命他做副将。赵锽战败以后，他身边的人都四散奔逃，只有李德诚追随赵锽，没有离开，杨行密把同宗的女儿嫁给了李德诚。李德诚是西华人。杨行密上表向朝廷奏报，昭宗李敏下诏任命杨行密为宣歙观察使。

朱全忠与赵锽有旧交，派遣使者向杨行密索要赵锽；杨行密跟袁袭商议，袁袭说："不如砍了赵锽的脑袋去送给朱全忠。"杨行密听从了袁袭的建议。不久，袁袭去世，杨行密痛哭着说："难道老天不想让我成就大的功业吗？为什么要折损我的得力助手呢？我一向宽厚待人，而袁袭常常劝我杀人，这难道就是他不能长寿的原因吗？"

孙儒遣兵攻庐州，蔡俦以州降之。

朱珍拔萧县，据之，与时薄相拒，朱全忠欲自往临之。珍命诸军皆葺马厩，李唐宾部将严郊独惰慢，军吏责之，唐宾怒，见珍诉之。珍亦怒，以唐宾为无礼，拔剑斩之，遣骑白全忠，云唐宾谋叛。淮南左司马敬翔，恐全忠乘怒，仓猝处置违宜，故留使者，逮夜，然后从容白之，全忠果大惊。翔因为画策，诈收唐宾妻子系狱，遣骑往慰抚，全忠从之，军中始安。秋，七月，全忠如萧县，未至，珍出迎，命武士执之，责以专杀而诛之。诸将霍存等数十人叩头为之请，全忠怒，以床掷之，乃退。丁未，至萧县，以庞师古代珍为都指挥使。八月，丙子，全忠进攻时薄壁，会大雨，引兵还。

【译文】孙儒派遣士兵攻打庐州,蔡俦举州向他投降。

朱珍攻下萧县,占据了此地,和时溥对抗,朱全忠想要亲自到阵前督战。朱珍命令各路军队都要修整好马厩,李唐宾的部将严郊特别懒惰懈怠,军吏斥责他,李唐宾很生气,见到朱珍,就向他诉说;朱珍也很生气,以为李唐宾没有礼貌,拔出佩剑,把李唐宾杀死了,然后派遣骑兵报告朱全忠,说李唐宾阴谋作乱。淮南左司马敬翔,担心朱全忠会趁着怒气仓促处理这件事,难免做得不妥当,于是把朱珍派来的使者扣留,到了夜晚,才把这件事禀告朱全忠,朱全忠非常吃惊。敬翔趁机为朱全忠出谋划策,假装逮捕李唐宾的妻子、孩子,将他们囚禁在监狱,然后派遣骑兵前往朱珍那里抚慰,朱全忠依从敬翔的安排,军营上下才安定下来。秋季,七月,朱全忠前往萧县,还没到达,朱珍出来迎接,朱全忠命令武士当场抓住他,责备他擅自杀死将领,将他处决。霍存等几十个将领向朱全忠磕头求情,朱全忠大怒,拿坐床砸向他们,霍存等将领才退下。丁未日(十七日),到了萧县,朱全忠任命庞师古代替朱珍为都指挥使。八月,丙子日(十七日),朱全忠进攻时溥的营垒,正逢大雨,朱全忠带领军队撤回。

冬,十月,平卢节度使王敬武薨。子师范,年十六,军中推为留后,棣州刺史张蟾不从。诏以太子少师崔安潜兼侍中,充平卢节度使。蟾迎安潜至州,与之共讨师范。

以给事中杜孺休为苏州刺史,钱镠不悦,以知州事沈粲为制置指挥使。

杨行密遣马步都虞候田頵等攻常州。

【译文】冬季,十月,平卢节度使王敬武去世;他的儿子王师范, 这时才十六岁, 军中推举他为留后, 棣州刺史张蟾不肯听从。昭宗李敏下诏任命太子少师崔安潜兼任侍中, 充任平卢节度使。张蟾迎接崔安潜抵达棣州, 与他一起讨伐王师范。

昭宗李敏任命给事中杜孺休为苏州刺史。钱镠很不高兴, 派知州事沈粲为制置指挥使。

杨行密派遣马步都虞候田頵等人进攻常州。

十一月, 上改名晔。

上将祀圆丘。故事, 中尉、枢密皆裼衫侍从。僖宗之世, 已具襕笏。至是, 又令有司制法服, 孔纬及谏官、礼官皆以为不可, 上出手札谕之曰: "卿等所论至当。事有从权, 勿以小瑕遂妨大礼。"于是, 宦官始服剑佩侍祠。己酉, 祀圆丘, 赦天下。

上在藩邸, 素疾宦官, 及即位, 杨复恭恃援立功, 所为多不法, 上意不平。政事多谋于宰相, 孔纬、张濬劝上举大中故事抑宦者权。复恭常乘肩舆至太极殿。他日, 上与宰相言及四方反者, 孔纬曰: "陛下左右有将反者, 况四方乎!"上瞿然问之, 纬指复恭曰: "复恭陛下家奴, 乃肩舆造前殿, 多养壮士为假子, 使典禁兵, 或为方镇, 非反而何!"复恭曰: "子壮士, 欲以收士心, 卫国家, 岂反邪!"上曰: "卿欲卫国家, 何不使姓李而姓杨乎?"复恭无以对。

【译文】十一月, 昭宗李敏改名为李晔。

昭宗李晔准备在圜丘举行祭天大典。按照以前的惯例, 护军中尉、枢密使都要身穿大襟分开的衣衫服侍跟随皇帝。僖宗李儇时, 这些人已经穿上了上下衣相连的衣服并且手执朝笏。到这时, 昭宗李晔又命令有关官吏制造礼法规定的法服, 孔纬和谏官、礼官都认为此事不适宜。昭宗亲手写信晓谕他们说: "你们所议论的事情很正确，但事情也有个变通，不要因为小问题而损害了大礼节。"从这时宦官开始冕服佩剑随侍祭祀。己酉日（二十一日），昭宗李晔在圜丘举行祭天大典，颁诏大赦天下。

昭宗李晔在寿王府时，一向痛恨宦官，等到即位后，杨复恭倚仗着当初拥立昭宗即位有功，所作所为大多违犯朝廷法度，昭宗心里对他很不满意。有关朝政事务，昭宗李晔大多和宰相商讨，孔纬、张濬劝昭宗按大中时旧事，抑制宦官的权力。杨复恭经常乘坐轿子到太极殿。有一天，昭宗和宰相说到了天下叛乱之人，孔纬说："在您的身边，就有将要叛乱的人，更何况是天下四方呢！"昭宗很惊异地问他是谁，孔纬指着杨复恭说："杨复恭是陛下的家奴，可是却乘坐轿子到前殿来，又养了很多壮士作为义子，让他们执掌禁军，或管理藩镇，这不是要叛乱又是做什么呢！"杨复恭辩解说："我招养壮士作为义子，是想拉拢将士的心，保卫国家，哪里是叛乱呀！"昭宗说："你想保卫国家，为什么不让这些壮士姓李却姓杨呢？"杨复恭无话可答。

复恭假子天威军使杨守立，本姓胡，名弘立，勇冠六军，人皆畏之。上欲讨复恭，恐守立作乱，谓复恭："朕欲得卿胡子在左右。"复恭见守立于上，上赐姓名李顺节，使掌六军管钥，不期年，擢至天武都头，领镇海节度使，俄加同平章事。及谢日，台吏申请班见百僚，孔纬判不集。顺节至中书，色不悦。他日，语微及之，纬曰："宰相师长百僚，故有班见。相公职为都头，而于政事堂班见百僚，于意安乎？"顺节不敢复言。

【译文】杨复恭的义子天威军使杨守立，原本姓胡，名叫弘立，勇冠六军，大家都惧怕他。昭宗李晔想要征讨杨复恭，又担心杨守立作乱，于是对杨复恭说："朕想要你的胡姓义子在身边侍奉。"杨复恭向昭宗引见杨守立，昭宗赐给他姓名为李顺节，派他掌管六军屯营门的钥匙，不到一年，提拔到神策军中天武都的都头，兼领镇海节度使，没过多久，加封同平章事。等到谢恩的那一天，台省的官吏申请按班次和百官相见，孔纬裁定不用会集百官。李顺节到了中书省，脸色看上去很不高兴。有一天，孔纬在和李顺节的谈话中委婉地说到这件事，孔纬说："宰相是朝中群臣的师长，所以可以按班次和百官相见。您的官职是都头，却在政事堂中按班次和百官相见，您心里安稳吗？"李顺节不敢再说什么话了。

朱全忠求领盐铁，孔纬独执以为不可，谓进奏吏曰："朱公须此职，非兴兵不可！"全忠乃止。

田頵攻常州，为地道入城。中宵，旌旗甲兵出于制置使杜稜之寝室，遂虏之，以兵三万戍常州。

朱全忠遣庞师古将兵自颍上趋淮南，击孙儒。

十二月，甲子，王建败山行章及西川骑将宋行能于广都。行能夺还成都，行章退守眉州。壬申，行章请降于建。

【译文】朱全忠向朝廷请求兼领盐铁专卖的职务，只有孔纬坚决认为不可以，对进奏昭宗李晔的官吏说："朱公请求这一职务，势必要起兵造反啊！"朱全忠这才停止请求。

田頵攻打常州，挖掘地道进入城中；在三更时，旌旗、武装士兵等从制置使杜稜的卧室中钻出，神不知鬼不觉地就把杜稜抓获了，然后派三万名士兵在常州戍守。

朱全忠派遣庞师古率领士兵从颍上奔赴淮南，攻打孙儒。

十二月，甲子日（初七），王建在广都打败了山行章和西川骑兵将领宋行能；宋行能逃奔成都，山行章退兵防守眉州。壬申日（十五日），山行章向王建请求投降。

戊寅，孙儒自广陵引兵度江，壬午，逐田頵，取常州，以刘建锋守之。儒还广陵，建锋又逐成及，取润州。

前山南东道节度使刘巨容之在襄阳也，有申屠生教之烧药为黄金。田令孜之弟过襄阳，巨容出金示之。及寓居成都，令孜求其方，不与，恨之，是岁，令孜杀巨容，灭其族。

【译文】戊寅日（二十一日），孙儒从广陵率领军队渡江，壬午日（二十五日），赶走了田頵，占领了常州，派刘建锋驻守。孙儒返回广陵以后，刘建锋又驱逐成及，占领了润州。

前山南东道节度使刘巨容在襄阳时，有个叫申屠生的人教给他烧炼药物制作黄金的方法。田令孜的弟弟路过襄阳，刘巨容拿出烧炼的黄金给他看。等到刘巨容住到成都，田令孜向他索求炼制黄金的秘方，刘巨容没有给他，因此田令孜对刘巨容充满怨恨，这一年，田令孜将刘巨容杀死，并且诛灭了他的全族。

大顺元年（庚戌，公元八九〇年）春，正月，戊子朔，群臣上尊号曰圣文睿德光武弘孝皇帝；改元。

李克用急攻邢州，孟迁食竭力尽，执王虔裕及汴兵以降。克用以安金俊为邢洺团练使。

壬寅，王建攻邛州，陈敬瑄遣其大将彭城杨儒将兵三千助刺史毛湘守之，湘出战，屡败。杨儒登城，见建兵盛，叹曰："唐祚尽矣！王公治众，严而不残，殆可以庇民乎！"遂帅所部出降。建养以为子，更其姓名曰王宗儒。乙巳，建留永平节度判官张琳为邛南招安使，引兵还成都。琳，许州人也。

陈敬瑄分兵布寨于犀浦、郫、导江等县，发城中民户一丁，昼则穿重壕，采竹木，运砖石；夜则登城，击柝巡警，无休息。

【译文】 大顺元年（庚戌，公元890年）春季，正月，戊子朔日（初一），朝中文武群臣为昭宗李晔上尊号为圣文睿德光武弘孝皇帝，改年号为大顺。

李克用大举进攻邢州，孟迁食竭力尽，抓住了王虔裕，率领汴州军队向李克用投降。李克用任用安金俊为邢洺团练使。

壬寅日（十五日），王建攻打邛州，陈敬瑄派遣大将彭城人杨儒率领三千士兵援助刺史毛湘守城，毛湘出战，多次战败而回。杨儒登上城楼，看见王建的军队气势很盛，感慨地说："大唐气数已到头了，王建治理民众，严格却不残暴，大概可以庇护老百姓吧！"于是，杨儒率领所辖部队出城向王建投降。王建收杨儒为义子，改其姓名为王宗儒。乙巳日（十八日），王建留下永平节度判官张琳为邛南招安使，自己率领士兵返回成都。张琳是许州人。

陈敬瑄在犀浦、郫、导江等县分别安设营寨，对城内居住的百姓每户征调一个壮丁，白天让他们挖掘重重堑壕，砍伐竹木，运送砖块等，夜里就命他们登上城墙，击打木梆来巡夜，从不给他们休息时间。

韦昭度营于唐桥，王建营于东阊门外。建事昭度甚谨。

辛亥，简州将杜有迁执刺史员虔嵩降于建，建以有迁知州事。

汴将庞师古等众号十万。度淮，声言救杨行密，攻下天长；壬子，下高邮。

二月，己未，资州将侯元绰执刺史杨戡降于王建，建以元绰知州事。

乙丑，加朱全忠守中书令。

庞师古引兵深入淮南，己巳，与孙儒战于陵亭，师古兵败而还。

【译文】韦昭度在唐桥驻扎，王建在东阎门外安营；王建侍奉韦昭度特别恭谨。

辛亥日（二十四日），简州大将杜有迁抓了刺史员虔嵩向王建投降，王建任命杜有迁管理州中的事务。

汴州将领庞师古等人的军队号称十万，渡过淮河，扬言说是要援救杨行密，攻克了天长镇；壬子日（二十五日），又攻取了高邮。

二月，己未日（初三），资州将领侯元绰抓住刺史杨戡向王建投降，王建派遣元绰管理州中事务。

乙丑日（初九），昭宗李晔加封朱全忠署理中书令。

庞师古率领士兵深入淮南，己巳日（十三日），跟孙儒在陵亭交战，庞师古的军队战败，只得撤退。

杨行密遣其将马敬言将兵五千，乘虚袭据润州。李友将兵二万屯青城，将攻常州。安仁义、刘威、田頵败刘建锋于武进，敬言、仁义、威屯润州。友，合肥人；威，慎县人也。

李克用将兵攻云州防御使赫连铎，克其东城。铎求救于卢龙节度使李匡威，匡威将兵三万赴之。丙子，邢洺团练使安金俊中流矢死，河东万胜军使申信叛降于铎。会幽州军至，克用引还。

【译文】杨行密派遣属下将领马敬言率领五千士兵，乘虚进攻并占据了润州。李友率领两万军队在青城安营，要攻打常州。安仁义、刘威、田頵在武进打败刘建锋，马敬言、安仁义、刘威在润州屯驻。李友是合肥人，刘威是慎县人。

李克用率军攻打云州防御使赫连铎，攻克东城。赫连铎向卢龙节度使李匡威请求援助，李匡威率领三万士兵前往救援。丙子日（二十日），李克用的将领邢团练使安金俊在激战中被乱箭射死，河东万胜军使申信向赫连铎投降。又正好赶上幽州的军队赶到，李克用便率领军队返回。

时溥求救于河东，李克用遣其将石君和将五百骑赴之。

李克用巡潞州，以供具不厚，怒昭义节度使李克修，诟而笞之。克修惭愤成疾，三月，薨。克用表其弟决胜军使克恭为昭义留后。

赐宣歙军号宁国，以杨行密为节度使。

【译文】时溥向河东求救，李克用派遣他的部将石君和率领五百名骑兵前往救援。

李克用巡视潞州，因为供奉的物品不丰盛，便对昭义节度使李克修很恼怒，将他辱骂并鞭打一顿。李克修羞愧怨愤以致身患重病，三月，便去世了。李克用向朝廷上表，任命他的弟弟决胜军使李克恭担任昭义留后。

朝廷赐宣歙军号为宁国，任命杨行密为节度使。

夏，四月，宿州将张筠逐刺史张绍光，附于时溥；朱全忠帅诸军讨之。溥出兵掠砀山，全忠遣牙内都指挥使朱友裕击之，杀三千馀人，擒石君和。友裕，全忠之子也。

乙丑，陈敬瑄遣蜀州刺史任从海将兵二万救邛州，战败，欲以蜀州降王建。敬瑄杀之，以徐公钵代为蜀州刺史。丙寅，嘉州刺史朱实举州降于建。丙子，僰道土豪文武坚执戎州刺史谢承恩降于建。

赫连铎、李匡威表请讨李克用。朱全忠亦上言："克用终为国患，今因其败，臣请帅汴、滑、孟三军，与河北三镇共除之。乞朝廷命大臣为统帅。"

【译文】夏季，四月，宿州的将领张筠驱逐刺史张绍光，依附时溥；朱全忠率领各路军队征讨张筠。时溥派遣士兵去砀山劫掠，朱全忠派遣牙内都指挥使朱友裕攻打他们，杀死三千多人，活捉了石君和。朱友裕是朱全忠的儿子。

乙丑日（初十），陈敬瑄派遣蜀州刺史任从海率领两万士兵援救邛州，结果作战失败，准备以蜀州来向王建投降；陈敬瑄杀了任从海，另外派徐公钵担任蜀州刺史。丙寅日（十一日），嘉州刺史朱实以嘉州向王建投降。丙子日（二十一日），僰道的土豪文武坚抓住戎州刺史谢承恩向王建投降。

赫连铎、李匡威向朝廷上表，请求征讨李克用。朱全忠也上表说："李克用最终会成为国家的祸患，现在趁着他战败之际，请让臣率领汴、滑、孟三镇的军队以及河北的三镇共同除掉李克用。请朝廷派大臣作为统帅。"

初，张濬因杨复恭以进，复恭中废，更附田令孜而薄复恭。及复恭再用事，深恨之。上知濬与复恭有隙，特亲倚之。濬亦以功名为己任，每自比谢安、裴度。克用之讨黄巢屯河中也，濬为都统判官。克用薄其为人，闻其作相，私谓诏使曰："张公好虚谈而无实用，倾覆之士也。主上采其名而用之，他日交乱天下，必是人也。"濬闻而衔。

上从容与濬论古今治乱，濬曰："陛下英睿如此，而中外制于强臣，此臣日夜所痛心疾首也。"上问以当今所急，对曰："莫若强兵以服天下。"上于是广募兵于京师，至十万人。

【译文】起初，张濬依靠杨复恭得以进用，杨复恭中途被废黜，张濬于是又去依附田令孜而疏远了杨复恭。等到杨复恭再次执掌大权，他对张濬深为痛恨。昭宗李晔清楚张濬与杨复恭有矛盾，便对张濬格外地亲近倚重；张濬也以建功扬名作为自己的责任，常常把自己比作谢安、裴度。李克用征讨黄巢，在河中安营驻扎时，张濬充任都统判官。李克用瞧不起他的为人，听说他做了宰相，私下对传达诏书的使者说："张公喜爱虚无浮夸的谈论，没有真正的才干，切实的效用，是扰乱社稷的人啊！皇上听说他的虚名就重用他，以后扰乱天下的，肯定是此人。"张濬听到以后，便在心里对李克用有了怨恨。

昭宗李晔闲暇时和张濬谈论古今治乱之事，张濬说："您这样英明睿智，可是朝廷内外却受到剽悍臣子们的挟制，这是我无时无刻不深深感到痛心疾首的事情啊！"昭宗询问当今最为紧迫的事是什么，张濬回答说："任何事情都比不上用强大的军队来使天下人服从更重要的。"昭宗于是多方招募士兵到京师里来，军队达到了十万人。

及全忠等请讨克用，上命三省、御史台四品以上议之，以为不可者什六七，杜让能、刘崇望亦以为不可。濬欲倚外势以挤杨复恭，乃曰："先帝再幸山南，沙陀所为也。臣常虑其与河朔相表里，致朝廷不能制。今两河藩镇共请讨之，此千载一时。但乞陛下付臣兵柄，旬月可平。失今不取，后悔无及。"孔纬曰："濬言是也。"复恭曰："先朝播迁，虽藩镇跋扈，亦由居中之臣措置未得其宜。今宗庙甫安，不宜更造兵端。"上曰："克用有兴复大功，今乘其危而攻之，天下其谓我何？"纬曰："陛下所言，一时之体也；张濬所言，万世之利也。昨计用兵、馈运、犒赏之费，一二年间未至匮乏，在陛下断志行之耳。”上以二相言叶，俛俯从之，曰：“兹事今付卿二人，无贻朕羞！”

【译文】等到朱全忠等人请求征讨李克用的时候，昭宗李晔命令尚书、门下、中书三省及御史台四品以上的官吏商讨这件事情，结果认为不可以讨伐的占十分之六七，杜让能、刘崇望两位宰相也认为不可以征讨。张濬想要依靠朝廷外面的势力来排挤杨复恭，于是说：“先帝第二次蒙尘巡幸山南，就是沙陀人造成的。我常常忧虑李克用与河朔地区的藩镇内外勾结，致使朝廷不能控制。现在河南的朱全忠、河北的李匡威共同请求征讨李克用，这是个千载难逢的好时机。只希望陛下授予臣统领军队的大权，一个月就可以把李克用剿除。如果错失现在的良机而不努力争取的话，那么将后悔莫及。”孔纬附和说：“张濬说得很对。”杨复恭说：“先皇流离迁徙，虽然说是因为藩镇剽悍强横，但也有在朝大臣举措不得当的缘故啊。今天王室刚刚稳定，不应该再起战事啊！”昭宗李晔说：“李克用有打败黄巢收复长安的战功，现在趁着战败而去进攻，天下人如何想朕？”孔纬说：“陛下所说的是现在一时的道理；张濬所说的是今后世代的长远利益。昨天计算调遣军队、运送物资、犒劳奖赏的费用，一两年内都不至于缺乏，希望陛下立即决断派军征讨了。”昭宗李晔由于两位宰相所说的相符合，因此勉强听从了他们的建议，说：“这件事就交给你们两位去办理了，可不要留给朕耻辱啊！”

五月，诏削夺克用官爵、属籍，以浚为河东行营都招讨制置宣慰使，京兆尹孙揆副之，以镇国节度使韩建为都虞候兼供军粮料使，以朱全忠为南面招讨使，王镕为东面招讨使，李匡威为北面招讨使，赫连铎副之。

浚奏给事中牛徽为行营判官，徽曰："国家以丧乱之馀，欲为英武之举，横挑强寇，离诸侯心，吾见其颠沛也！"遂以衰疾固辞。徽，僧孺之孙也。

李克恭骄恣不晓军事。潞人素乐李克修之简俭，且死非其罪，潞人怜之，由是将士离心。初，潞人叛孟氏，牙将安居受等召河东兵以取潞州。及孟迁以邢、洺、磁州归李克用，克用宠任之，以迁为军城都虞候，群从皆补右职，居受等咸怨且惧。

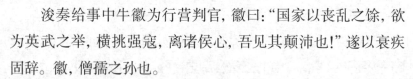

【译文】 五月，昭宗李晔诏命削夺李克用的官职、爵位，以及把他从皇族的名册中销掉，任命张浚为河东行营都招讨、制置、宣慰使，任命京兆尹孙揆为他的副使，任命镇国节度使韩建为都虞候兼供军粮料使，任命朱全忠为南面招讨使（王镕做东面招讨使），任命李匡威为北面招讨使，赫连铎则为他的副使。

张浚向昭宗李晔上奏，请求任命给事中牛徽为行营判官，牛徽说："国家刚刚经历了先帝丧事和战乱，现在却又要有英明威武的举动，挑动强敌，使各藩镇离心，我看天下又要动荡不安了！"于是借身体衰老多病坚决地推辞。牛徽是牛僧孺的孙子。

李克用新委任的昭义留后李克恭骄横放纵不通晓打仗之事，而潞州人向来喜欢李克修的俭省，并且他不是因为自身的原因招致死罪，潞州人都同情他，因此军中的将士也不同心。起初，潞州人叛变孟氏，牙将安居受等人召来河东的军队攻陷潞州；等到孟迁以邢、洺、磁三州投降李克用后，李克用很宠爱信任孟迁，任命孟迁为军城都虞候，随从孟迁的部下都担任了重要官职，安居受等人对此都很怨恨，而且感到恐惧。

【乾隆御批】 克用固非始终忠于唐室之人，然既有兴复功，岂应首议削除？况尔时朝命本不能致讨，特欲藉力三镇，徒快其并吞私计耳。然使克用果灭，则三镇益强，仍为国患。矧克用又未易即灭，而徒授之口实，卒之一博不胜，转不得不屈体调停，使诸藩效尤胁制，是直甘心沥鸩自毙。范祖禹死疾庸医之喻，犹不足尽之。

【译文】 李克用本不是从始至终忠于唐室的人，但是既然他有兴复国家的功劳，怎么能首先讨论将其削除呢？况且当时朝廷的命令原本不能控制讨伐，只是想借用三镇的力量，却加快了他们之间并吞的个人计划而已。即使真的能消灭李克用，那么三镇的力量也会更加强大，仍会成为国家的隐患。况且李克用也不是很容易就被立即消灭的，只不过白白地授他以话柄，如果讨伐不成功，反过来就不得不屈尊使人居中调停，就会使各个藩镇都效仿他威胁皇帝这样做，那简直是饮鸩止渴。如果用范祖禹患病因庸医致死这件事来形容，也不足以证明其愚蠢了。

昭义有精兵，号"后院将"。克用既得三州，将图河朔，令李克恭选后院将尤骁勇者五百人送晋阳，潞人惜之。克恭遣牙将李元审及小校冯霸部送晋阳，至铜鞮，霸劫其众以叛，循山而南，至于沁水，众已三千人。李元审击之，为霸所伤，归于潞。庚子，克恭就元审所馆视之，安居受帅其党作乱，攻而焚之，克恭、元审皆死。众推居受为留后，附于朱全忠。居受使召冯霸，不至。居受惧，出走，为野人所杀。霸引兵入潞，自为留后。

【译文】 昭义拥有精锐的士兵，号称"后院将"。李克用夺取三州以后，打算图谋河朔，命令李克恭从"后院将"中挑选特别勇猛剽悍的五百士兵送到晋阳，潞州人深觉遗憾。李克恭派遣牙将李元审以及小校冯霸率领送往晋阳，队伍行进到潞州的铜县，冯霸胁迫这些人叛逃，沿着高山向南进发，到达沁水时，军队人数已达三千。李元审追击冯霸，被冯霸打伤，返回潞州。庚子日（十五日），李克恭到李元审那里看望他，安居受率领党羽作乱，进攻他们并且把房子都烧毁了，李克恭、李元审都死了。部众们推举安居受为留后，依附朱全忠。安居受派人召请冯霸，冯霸没有来。安居受恐惧，逃走，被田野的农夫杀死。冯霸率领军队进入潞州，自己担任留后。

时朝廷方讨克用，闻克恭死，朝臣皆贺。全忠遣河阳留后朱崇节将兵入潞州，权知留后。克用遣康君立、李存孝将兵围之。

壬子，张濬帅诸军五十二都及邠、宁、鄜、夏杂虏合五万人发京师，上御安喜楼饯之。濬屏左右言于上曰："俟臣先除外忧，然后为陛下除内患。"杨复恭窃听，闻之。两军中尉饯濬于长乐坂，复恭属濬酒，濬辞以醉，复恭戏之曰："相公杖钺专征，作态邪？"濬曰："俟平贼还，方见作态耳！"复恭益忌之。

【译文】 这时朝廷开始征讨李克用，听说李克恭死了，朝臣都向昭宗李晔祝贺。朱全忠派遣河阳留后朱崇节率领军队进驻潞州，代理留后。李克用派遣康君立、李存孝率领军队包围潞州。

壬子日（二十七日），张濬率领各路军队五十二都和邠、宁、鄜、夏等地少数民族的士兵共计五万人从京师长安出发，昭宗李晔亲临安喜楼为他饯行。张濬躲开身边的人对昭宗说："等臣先诛除外忧，然后再为陛下清除内患。"杨复恭暗中偷听到他们的谈话。两军中尉在长乐坂为张濬饯行，杨复恭劝张濬喝酒，张濬推辞说喝醉了，杨复恭和他开玩笑说："你奉有陛下号令信物专门征讨李克用，现在是故意做出这种姿态吗？"张濬说："等我诛灭了贼寇返回长安，再让你见识我的姿态吧。"杨复恭对他更加嫉恨。

癸丑，削夺李罕之官爵。六月，以孙揆为昭义节度使，充招讨副使。

丁巳，茂州刺史李继昌帅众救成都，己未，王建击斩之。辛酉，资简都制置应援使谢从本杀雅州刺史张承简，举城降建。

孙儒求好于朱全忠，全忠表为淮南节度使。未几，全忠杀其使者，遂复为仇敌。

【译文】癸丑日（二十八日），昭宗李晔削夺了李罕之的官职、爵位；六月，任命孙揆为昭义节度使，充任招讨副使。

丁巳日（初三），茂州刺史李继昌率领军队援救成都，己未日（初五），王建击杀了李继昌。辛酉日（初七），资、简都制置应援使谢从本杀死雅州刺史张承简，将雅州全城献出向王建投降。

孙儒向朱全忠请求和好，朱全忠向朝廷上表，任命孙儒为淮南节度使。没过多久，朱全忠杀死孙儒的使者，于是他们又成了仇敌。

光启末，德州刺史卢彦威逐义昌节度使杨全玫，自称留后，求旌节，朝廷未许。至是，王镕、罗弘信因张濬用兵，为之请，乃以彦威为义昌节度使。

张濬会宣武、镇国、静难、凤翔、保大、定难诸军于晋州。

更命义成军曰宣义。辛未，以朱全忠为宣武、宣义节度使。全忠以方有事徐、杨，征兵遣戍，殊为辽阔，乃辞宣义，请以胡真为节度使，从之。然后赋出入，皆制于全忠，一如巡属。及胡真入为统军，竟以全忠为两镇节度使，罢淮南不领焉。

【译文】光启末年（末年当作"初年"），德州刺史卢彦威驱逐义昌节度使杨全玫，自称为留后，请求朝廷授予旌节，朝廷没有答应他的要求。到这时，王镕、罗弘信因为张濬已经出兵，便替卢彦威请求，于是朝廷任命卢彦威为义昌节度使。

张濬在晋州与宣武、镇国、静难、凤翔、保大、定难各路军队会合。

朝廷把义成军改为宣义军；辛未日（十七日），任命朱全忠为宣武、宣义节度使。朱全忠因为徐、扬两州正赶上战争，于是征调士兵，将他们去戍守，他管辖的疆域实在是太辽阔了，于是辞掉宣义节度使的职位，要求任命胡真为节度使，朝廷依从了他；可是宣义地方的军队调动和粮赋收支等事情，都受到朱全忠的控制，完全就像他巡视的属地。等到胡真进入长安担任统军，最终让朱全忠充任宣武、宣义两镇节度使，而不再兼任淮南节度使。

秋，七月，官军至阴地关，朱全忠遣骁将葛从周将千骑潜自壶关夜抵潞州，犯围入城。又遣别将李谠、李重胤、邓季筠将兵攻李罕之于泽州，又遣张全义、朱友裕军于泽州之北，为从周应援。季筠，下邑人也。全忠奏："臣已遣兵守潞州，请孙揆赴镇。"张濬亦恐昭义遂为汴人所据，分兵二千，使揆将之趣潞州。

【译文】秋季，七月，官军抵达阴地关，朱全忠派遣勇将葛从周率领千名骑兵从壶关偷偷出发，在夜里抵达潞州，进犯并包围了州城，并且攻入城中。又派遣别将李谠、李重胤、邓季筠等人率领士兵到泽州攻打李罕之，另外，又派遣张全义、朱友裕在泽州的北面屯驻，以接应支援葛从周。邓季筠是下邑人。朱全忠上奏说："臣已经派遣军队守卫潞州，请命孙揆前往潞州镇所。"张濬也担心昭义军队被朱全忠的汴州军队占据，便分派士兵二千人，命令孙揆率领他们奔赴潞州。

八月，乙丑，揆发晋州，李存孝闻之，以三百骑伏于长子西谷中。揆建牙杖节，褒衣大盖，拥众而行。存孝突出，擒揆及赐旌节中使韩归范、牙兵五百馀人，追击馀众于刁黄岭，尽杀之。存孝械揆及归范，绑以素练，徇于潞州城下曰："朝廷以孙尚书为潞帅，命韩天使赐旌节，葛仆射可速归大梁，令尚书视事。"遂绑以献于克用。克用囚之，既而使人诱之，欲以为河东副使。揆曰："吾天子大臣，兵败而死，分也，岂能伏事镇使邪！"克用怒，命以锯锯之，锯不能入。揆骂曰："死狗奴！锯人当用板夹，汝岂知邪！"乃以板夹之，至死，骂不绝声。

【译文】八月，乙丑日（十二日），孙揆从晋州出发。李存孝听到了这一消息，派三百名骑兵在长子县西边的山谷中埋伏。孙揆竖立牙旗，手执节度使的仪仗，穿着宽大的衣服，头上顶着清凉伞，在队伍的簇拥下前进。李存孝的伏兵突然冲出，活捉了孙揆、赏赐旌节的中使韩归范以及五百名牙兵，追杀残余兵马，一直追到刁黄岭，将他们全部杀死。李存孝给孙揆和韩归范戴上刑具，用白绢将他们捆绑起来，在潞州城下示众说："朝廷任命尚书孙揆为潞州的节度使，派使臣韩归范赏赐旌节，葛从周你可以马上返回大梁了，好让孙揆来管理政事！"李存孝把孙揆和韩归范捆绑着献给李克用。李克用把他们囚禁起来，没有多久，派人去引诱孙揆，想让他担任河东副使。孙揆说："我是天子的大臣，如今兵败而死，是我的本分，哪里能够屈身侍奉镇使呢！"李克用很愤怒，命令用锯子将他锯死，可是锯不进去。孙揆破口大骂说："你这个该死的狗奴才！锯人应该用木板把人夹住，你哪里知道呢！"于是又用木板把孙揆夹起来，一直

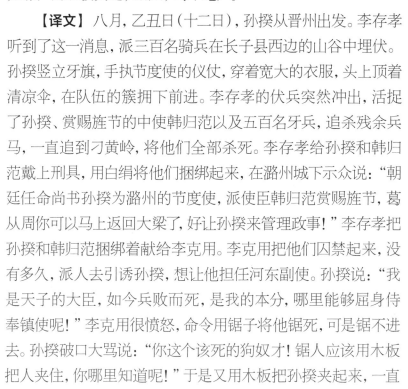

到死，孙揆都大骂不止。

丙寅，孙儒攻润州。

苏州刺史杜孺休到官，钱镠密使沈粲害之。会杨行密将李友拔苏州，粲归杭州。镠欲归罪于粲而杀之，粲奔孙儒。

王建退屯汉州。

陈敬瑄括富民财以供军，置征督院，逼以桎梏棰楚，使各自占。凡有财者如匿赃、虚占，急征，咸不聊生。

李罕之告急于李克用，克用遣李存孝将五千骑救之。

【译文】丙寅日（十三日），孙儒进攻润州。

苏州刺史杜孺休到任就职，钱镠秘密派沈粲去杀他。适逢杨行密的将领李友攻取了苏州，沈粲便返回杭州。钱镠想要把谋害杜孺休的罪过加到沈粲的身上而杀了他，沈粲便投奔了孙儒。

王建撤兵在汉州屯驻。

陈敬瑄搜刮富有百姓的财物来供给军队所需，设置征督院来负责征调督促等事情，经常给百姓戴上镣铐鞭打他们，命令他们自报家中财物数目；凡是家中有财物却藏起来的，或者本来没财物却虚报财物的，都催促上缴，老百姓都难以活命。

李罕之向李克用告急，李克用派遣李存孝率领五千名骑兵去支援他。

九月，壬寅，朱全忠军于河阳。汴军之初围泽州也，呼李罕之曰："相公每恃河东，轻绝当道。今张相公围太原，葛仆射入潞府，旬日之间，沙陀无穴自藏，相公何路求生邪！"及李存孝至，选精骑五百，绕汴寨呼曰："我，沙陀之求穴者也，欲得尔肉以饱士卒，可令肥者出斗！"汴将邓季筠，亦骁将也，引兵出战，存孝生擒之。是夕，李谠、李重胤收众遁去，存孝、罕之随而击之，至马牢山，大破之，斩获万计，追至怀州而还。存孝复引兵攻潞州，葛从周、朱崇节弃潞州而归。戊申，全忠庭责诸将桡之罪，斩李谠、李重胤而还。

【译文】九月，壬寅日（十九日），朱全忠在河阳驻扎。汴州的军队当初包围泽州的时候，向李罕之喊话："你常常依附河东节度使李克用，与汴州军队轻易断绝关系；现在宰相张濬围攻太原，仆射葛从周攻入潞州，十天之内，李克用的沙陀军便无处藏匿，你还去哪儿寻求活路呢！"等到李存孝奔赴泽州，挑选精锐骑兵五百人，绕着汴州军队的营寨呼喊："我们就是沙陀寻找藏身之地的人，现在要用你们的肉来喂饱我们的士兵，可以让胖的出来决战！"汴州的将领邓季筠也是一位勇猛大将，率领士兵出战，李存孝活捉了他。这天晚上，李谠、李重胤聚集士兵逃走了，李存孝、李罕之紧追不舍，追到马牢山，大破他们的军队，斩首、虏获的士兵数以万计，一直追杀到怀州才返回。李存孝又带领军队进攻潞州，葛从周、朱崇节放弃潞州逃回。戊申日（二十五日），朱全忠大庭广众之下斥责各将领战败的过失，斩杀李谠、李重胤后才撤了回去。

李克用以康君立为昭义留后，李存孝为汾州刺史。存孝自谓擒孙揆功大，当镇昭义，而君立得之，愤恚不食者数日，纵意刑杀，始有叛克用之志。

李匡威攻蔚州，虏其刺史邢善益，赫连铎引吐蕃、黠戛斯众数万攻遮虏平，杀其军使刘胡子。克用遣其将李存信击之，不胜；更命李嗣源为存信之副，遂破之。克用以大军继其后，匡威、铎皆败走，获匡威之子武州刺史仁宗及铎之婿，俘斩万计。

【译文】李克用任命康君立为昭义留后，李存孝为汾州刺史。李存孝认为自己活捉孙揆的功劳很大，应该去镇守昭义，然而却让康君立获得了这一职位，心中愤愤不平，好几天吃不下饭，任意用刑，滥杀无辜，开始有背叛李克用的想法。

李匡威进攻蔚州，俘虏了蔚州刺史邢善益，赫连铎率领吐蕃、黠戛斯的军队几万人攻打遮虏平，杀死了军使刘胡子。李克用派遣属下将领李存信与赫连铎作战，没能打胜，又命令李嗣源为李存信的副将，于是打败了赫连铎。李克用率领大军随后抵达，于是李匡威、赫连铎都溃败奔逃，李克用抓住了李匡威的儿子武州刺史李仁宗以及赫连铎的女婿，俘虏和斩杀的人以万计算。

李嗣源性谨重廉俭，诸将相会，各自诧勇略，嗣源独默然，徐曰："诸君喜以口击贼，嗣源但以手击贼耳。"众惭而止。

杨行密以其将张行周为常州制置使。闰月，孙儒遣刘建锋攻拔常州，杀行周，遂围苏州。

邛州刺史毛湘，本田令孜亲吏，王建攻之急，食尽，救兵不至。壬戌，湘谓都知兵马使任可知曰："吾不忍负田军容，吏民何罪！尔可持吾头归王建。"乃沐浴以俟刃。可知斩湘及二子降于建，士民皆泣。甲戌，建持永平旌节入邛州，以节度判官张琳知留后。缮完城隍，抚安夷獠，经营蜀、雅。冬，十月，癸未朔，建引兵还成都，蜀州将李行周逐徐公钵，举城降建。

【译文】李嗣源性格谨慎、沉着、廉洁、俭朴，各将领集会时，每人都夸赞自己的英勇、智谋，只有李嗣源沉默不语，缓缓说道："各位喜好耍嘴进攻贼寇，而我李嗣源只是用双手去进攻贼寇。"众将听了都觉得惭愧，便不再各自炫耀了。

杨行密任命部将张行周为常州制置使。闰月，孙儒派遣刘建锋攻克常州，杀死张行周，包围了苏州。

邛州刺史毛湘，本来是田令孜亲近的官吏，王建攻打邛州越来越急迫，城内粮食都吃完了，援军还没到达。壬戌日（初九），毛湘对都知兵马使任可知说："我不忍心辜负观军容使田令孜，可是邛州城内的老百姓有什么过错！你可以砍我的人头去向王建投降。"说完，毛湘便洗澡更衣等待他来砍自己的头。任可知遵命斩杀了毛湘和他的两个儿子向王建投降，城内的士卒百姓都为此痛哭流泪。甲戌日（二十一日），王建拿着永平军的旌节进入邛州，任命节度判官张琳担任留后。王建把邛州的城池修整完善，安抚夷、獠，营建蜀州、雅州。冬季，十月，癸未朔日（初一），王建率领军队返回成都，蜀州的将领李行周赶走了徐公钵，献出城投降王建。

【乾隆御批】 湘力守孤城无援，效命可谓能死，其识视杨儒之率众出降，相去奚啻倍蓰。但尔时邛州犹唐封域，湘虽令孜亲吏，实为唐守土，乃不曰不负朝廷而曰不负军容，则于大义全未明晓。一语之谬，其死轻若鸿毛，惜哉！

【译文】 毛湘奋力守卫孤城却没有援兵，可说是誓死效忠，他的胆识与杨儒率部投降比起来相差何止十倍百倍。但那时邛州仍是唐朝的封地，毛湘虽然是田令孜的亲信，却是为大唐守卫疆土，他不说不负朝廷却说不负田军容，就是不明大义了。一句话的错误，就让他的死轻如鸿毛了，可惜啊！

乙酉，朱全忠自河阳如滑州视事，遣使者请粮马及假道于魏以伐河东，罗弘信不许，又请于镇，镇人亦不许。全忠乃自黎阳济河击魏。

加邠宁节度使王行瑜侍中，佑国节度使张全义同平章事。

【译文】 乙酉日（初三），朱全忠从河阳前往滑州处理政事，朱全忠派遣使者向魏州的罗弘信索求粮食马匹和借道经过魏州征讨河东节度使李克用等事情，罗弘信没有答应；又向镇州请求，镇州人也没有同意；朱全忠于是从黎阳渡河去进攻魏州。

昭宗李敏加封邠宁节度使王行瑜为侍中，加封佑国节度使张全义任同平章事。

官军出阴地关，游兵至于汾州。李克用遣薛志勤、李承嗣将骑三千营于洪洞，李存孝将兵五千营于赵城。镇国节度使韩建以壮士三百夜袭存孝营，存孝知之，设伏以待之。建兵不利，静难、凤翔之兵不战而走，禁军自溃。河东兵乘胜逐北，抵晋州西门。张濬出战，又败，官军死者近三千人。静难、凤翔、保大、定难之军先渡河西归，濬独有禁军及宣武军合万人，与韩建闭城拒守，自是不敢复出。存孝引兵攻绛州，十一月，刺史张行恭弃城走。存孝进攻晋州，三日，与其众谋曰："张濬宰相，俘之无益；天子禁兵，不宜加害。"乃退五十里而军；濬、建自含口遁去。存孝取晋、绛二州，大掠慈、隰之境。

【译文】 张濬统领的官军从阴地关进发，游击部队抵达汾州。李克用派遣薛志勤、李承嗣带领三千骑兵在洪洞县安营扎寨，李存孝带领五千士兵在赵城县扎营。镇国节度使韩建派遣三百名壮士在晚上偷袭李存孝的军营，李存孝知道了韩建的计划，设下伏兵等待他；韩建的士兵进攻不利，静难、凤翔的士兵没有交战就逃走了，禁军自己溃散。河东的士兵乘胜追逐败军，一直追到晋州的西门；张濬出城作战，又战败了，死掉的官兵将近三千人。静难、凤翔、保大、定难的军队先渡河西去，张濬手下只有宫中的禁军和宣武的军队，共计约有万人，与韩建关闭城门坚守，从此就不敢再出战。李存孝率领士兵进攻绛州，十一月，绛州刺史张行恭弃城逃走。李存孝攻打晋州，打了三天，与他的部众谋划说："张濬身为宰相，我们抓他也没有什么好处，天子手下的禁军，我们也不应当杀死。"于是撤退五十里驻军；张濬、韩建这才从含口逃离。李存孝攻克晋、绛两个州，大肆劫掠慈、隰两州。

先是，克用遣韩归范归朝，附表讼冤，言："臣父子三代，受恩四朝，破庞勋，翦黄巢，黜襄王，存易定，致陛下今日冠通天之冠，佩白玉之玺，未必非臣之力也！若以攻云州为臣罪，则拓跋思恭之取鄜延，朱全忠之侵徐、郓，何独不讨？赏彼诛此，臣岂无辞！且朝廷当阽危之时，则誉臣为韩、彭、伊、吕；及既安之后，则骂臣为戎、羯、胡、夷。今天下握兵立功之人，独不惧陛下它日之骂乎！况臣果有大罪，六师征之，自有典刑，何必幸臣之弱而后取之邪！今张濬既出帅，则固难束手，已集蕃、汉兵五十万，欲直抵蒲、潼，与濬格斗；若其不胜，甘从削夺。不然，方且轻骑叩阍，顿首丹陛，诉奸回于陛下之扆座，纳制敕于先帝之庙庭，然后自拘司败，恭俟铁锧。"表至，濬已败，朝廷震恐。濬与韩建逾王屋至河阳，撤民屋为筏以济河，师徒失亡殆尽。

是役也，朝廷倚朱全忠及河朔三镇；及濬至晋州，全忠方连兵徐、郓，虽遣将攻泽州而身不至。行营乃求兵粮于镇、魏，镇、魏倚河东为扞蔽，皆不出兵；惟华、邠、凤翔、鄜、夏之兵会之。

兵未交而孙揆被擒，幽、云俱败，杨复恭复从中沮之，故浚军望风自溃。

【译文】之前，李克用遣送韩归范返回朝廷时，让韩归范附带奏表申诉冤屈，说："我家父子三代，承蒙武宗李瀍、宣宗李忱、懿宗李漼、僖宗李儇四朝皇帝的恩宠，打败庞勋，剪灭黄巢，废黜襄王李煴，守护易州、定州，才让陛下现在头戴通天冠，佩带白玉玺，这怎能说没有我的功劳呢！如果认为攻打云州是我的罪过的话，那么拓跋思恭攻占鄜州、延州，朱全忠进犯徐、郓两州，凭什么就不征讨呢？赏赐他们却诛讨我，我怎能无话说呢？ 况且当朝廷危难之时，就褒扬我是当今的韩信、彭越、伊尹、吕尚；等到天下稍微安定了，就斥责我是北戎、羯族、胡人、蛮夷。这样做，现在天下手握重兵立有战功的大将，难道就不忧虑陛下将来有一天会辱骂他们吗？而且，如果我果真有大罪，朝廷派遣军队来征讨我，自然有法律刑典，为什么趁我的军队衰败之时来攻打呢？现在，张濬已经出兵，我确实很难束手就擒，我已聚集蕃人、汉人的士兵五十万，想要直接抵达蒲州、潼关，和张濬交战；如果我不能战胜的话，甘愿听从陛下削夺官爵的处置。否则，将要率领轻骑兵去打开宫门，在殿阶前叩头，到陛下宝座下揭发奸佞小人，去先帝的庙堂交还制书诏敕，然后把自己捆绑起来前往刑部官员那里，恭敬地等候刑罚。"奏表送到时，张濬已经战败，朝廷里群臣震惊、害怕。张濬和韩建越过王屋山，抵达河阳，拆除百姓的住屋，做成木筏来渡河，军中的士卒失踪、被杀的很多，几乎没有剩下。

这次战役，朝廷依靠朱全忠和河朔三个镇；等到张濬抵达晋州，朱全忠这才与徐、郓两州的军队联合，虽然派遣将领去攻打泽州，可是他并没有亲自前往。出征的官军于是向镇、魏两州请求士兵、粮食的援助，镇、魏倚赖河东做屏障，因此都没有派兵；只有华州、邠州、凤翔、鄜州（鄜当作"鄜"）、夏州的士兵与张濬会合。军队还没有交战，孙揆就被抓获了，幽州的李匡威、云州的赫连铎都打了败仗，杨复恭又从中阻挠，所以张濬的军队一战就溃败，士兵往往闻风逃窜。

十二月，己丑，孙儒拔苏州，杀李友。安仁义等闻之，焚润庐舍，夜遁。儒使沈粲守苏州，又遣其将归传道守润州。

辛丑，汴将丁会、葛从周击魏，渡河，取黎阳、临河，庞师古、霍存下淇门、卫县，朱全忠自以大军继之。

是岁，置升州于上元县，以张雄为刺史。

【译文】十二月，乙丑日（初八），孙儒攻占了苏州，杀死李友。安仁义等人听到这个消息，便焚烧润州的屋舍，连夜逃走。孙儒派遣沈粲在苏州防守，此外又派遣部将归传道守卫润州。

辛丑日（二十日），汴州的将领丁会、葛从周去攻打魏州，渡过河，攻占了黎阳、临河两县，庞师古、霍存攻取了淇门镇、卫县，朱全忠亲自率领大军紧随其后。

这一年，朝廷在上元县设置升州，任命张雄为刺史。

大顺二年（辛亥，公元八九一年）春，正月，罗弘信军于内黄。丙辰，朱全忠击之，五战皆捷，到永定桥，斩首万馀级。弘信惧，遣使厚币请和。全忠命止焚掠，归其俘，还军河上。魏博自是服于汴。

【译文】大顺二年（辛亥，公元891年）春季，正月，罗弘信在内黄驻军。丙辰日（初五），朱全忠攻打他，交战五次，都打胜了，一直打到永定桥，斩杀了一万多人。罗弘信很恐惧，派遣使者赠送很多钱财来请求和好。朱全忠于是命令停止烧杀抢掠，把俘虏遣还，退兵回到黄河边。魏博从此归附了朱全忠。

庚申，制以太保、门下侍郎、同平章事孔纬为荆南节度使，中书侍郎、同平章事张濬为鄂岳观察使。以翰林学士承旨、兵部侍郎崔昭纬同平章事，御史中丞徐彦若为户部侍郎、同平章事，昭纬，慎由从子；彦若，商之子也。

杨复恭使人劫孔纬于长乐坡，斩其旌节，资装俱尽，纬仅能自免。李克用复遣使上表曰："张濬以陛下万代之业，邀自己一时之功，知臣与朱温深仇，私相连结。臣今身无官爵，名是罪人，不敢归陛下藩方，且欲于河中寄寓，进退行止，伏俟指麾。"诏再贬孔纬均州刺史，张濬连州刺史。赐克用诏，悉复其官爵，使归晋阳。

【译文】庚申日（初九），昭宗李晔任命太保、门下侍郎、同平章事孔纬为荆南节度使，任命中书侍郎、同平章事张濬为鄂岳观察使。任命翰林学士承旨、兵部侍郎崔昭纬为同平章事，任命御史中丞徐彦若为户部侍郎、同平章事。崔昭纬是崔慎由的侄儿；徐彦若是徐商的儿子。

杨复恭派人到长乐坡去劫持孔纬，砍断他的旌节，把他所有的资财、行装抢劫一空，孔纬仅能免被杀死。李克用又派遣使者向朝廷上表说："张濬拿陛下万世的基业，来获取自己一时的战功，他知道我与朱温有仇怨，便私下里跟他勾结起来。我现在没有官职爵位，又有罪人的名声，不敢再回去管理陛下的藩镇，只是想在河中一带留驻，是进是退如何举动，敬候朝廷明示。"昭宗下诏将孔纬再次贬职，降为均州刺史；张濬也再次贬职，降为连州刺史。同时，昭宗赐给李克用诏命，恢复他所有的官职爵位，命令他返回晋阳。

资治通鉴卷第二百五十八 唐纪七十四

【申涵煜评】 濬以倾覆之徒，荷将相之寄，趾高气扬，丧师辱国。孔纬素称老成，亦与之叶同者，意主于匡扶王室，遂不肯因人废言耳，而亦坐此连贬，朝廷益孤矣。

【译文】 张濬以被罢免的身份，担任将相的重任，趾高气扬，丧师辱国。孔纬一向自称老成，也和张濬差不多，大概在于力主匡扶王室，就不肯因人而废弃其言吧，而也因此一同被贬，朝廷就更加孤立了。

孙儒尽举淮、蔡之兵济江，癸酉，自润州转战而南，田頵、安仁义屡败退，杨行密城戍皆望风奔溃。儒将李从立奄至宣州东溪，行密守备尚未固，众心危惧，夜，使其将合肥台濛将五百人屯溪西；濛使士卒传呼，往返数四，从立以为大众继至，遽引去。儒前军至溧水，行密使都指挥使李神福拒之。神福阳退以示怯，儒军不设备，神福夜帅精兵袭之，俘斩千人。

【译文】 孙儒率领淮州、蔡州的所有士兵渡江，癸酉日（二十二日），从润州辗转南进，田頵、安仁义屡次战败撤退，杨行密的守城士卒都闻风逃命。孙儒手下将领李从立突然进逼宣州城的东溪，杨行密的守卫工作还没有做好，军中人心恐慌，夜里，杨行密派属将合肥人台濛带领五百士兵到宛溪的西侧驻扎，台濛命令士卒来回呼喊，李从立以为是杨行密的大军相继到了，立即带领军队撤退。孙儒的前军抵达溧水，杨行密派遣都指挥使李神福抵抗他。李神福假装撤退，表现出畏怯害怕的样子，孙儒的军队没有防备，李神福在夜晚率领精兵前去偷袭，俘虏和斩首的有上千人。

二月，加李克用守中书令，复李罕之官爵；再贬张濬绣州司户。

韦昭度将诸道兵十馀万讨陈敬瑄，三年不能克，馈运不继，朝议欲息兵。三月，乙亥，制复敬瑄官爵，令顾彦朗、王建各帅众归镇。

【译文】二月，昭宗李晔加封李克用为守中书令，恢复李罕之的官职爵位；把张濬再贬为绣州司户。

韦昭度率领各道的士兵十几万人前去讨伐陈敬瑄，攻打了三年还没有攻下，军粮的运输、供给没法接续，朝廷官员商议要停止战事。三月，乙亥日（二十五日），昭宗李晔诏命恢复陈敬瑄的官职爵位，命令顾彦朗、王建各率领部众返回镇所。

王师范遣都指挥使卢弘击攻棣州刺史张蟾，弘引兵还攻师池，师范使人以重赂迎之，曰："师范童稚，不堪重任，愿得避位，使保首领，公之仁也。"弘以师范年少，信之，不设备。师范密谓小校安丘刘鄩曰："汝能杀弘，吾以汝为大将。"弘入城，师范伏甲而享之，鄩杀弘于座及其党数人。师范慰谕士卒，厚赏重誓，自将以攻棣州，执张蟾，斩之。崔安潜逃归京师。师范以鄩为马步副都指挥使。诏以师范为平卢节度使。

师范和谨好学，每本县令到官，师范辄备仪卫往谒之；令不敢当，师范命客将挟持，令坐于听事，自称"百姓王师范"，拜之于庭。僚佐或谏，师范曰："吾敬桑梓，所以教子孙不忘本也！"

【译文】王师范派遣都指挥使卢弘攻打棣州刺史张蟾，卢弘却率军回过头攻打王师范，王师范派人赠送丰厚的财物来迎接他，说："我王师范年少愚笨，不能胜任这个官职，愿意把这职位授给你，请求保住我的人头，就是你的仁爱啊。"卢弘因为王师范年龄较小，相信了这番话，不再防备他。王师范偷偷地对小校安丘人刘鄩说："你如果能将卢弘杀死，我就任命你为大将。"卢弘进城以后，王师范事先埋伏了全副武装的士兵，然后款待他，刘鄩在筵席座上击杀了卢弘和他的几个党羽。王师范安抚晓谕士兵，并且优厚地奖赏有功之人，郑重地发誓，亲自率领大军进攻棣州，把棣州刺史张蟾捉住，将他斩杀；崔安潜逃回长安。王师范任命刘鄩为马步副都指挥使。昭宗李晔颁发诏令，任命王师范为平卢节度使。

王师范性格温和，谨慎好学，每当有本地新县令赴任，王师范就设置仪仗和卫士前往拜见；县令愧不敢当，王师范命令礼宾负责人搀扶县令，让他在厅堂上端坐，王师范自称"百姓王师范"，然后在厅堂上跪拜县令。有的属官就此事劝阻他，王师范说："我爱自己的家乡，这样做是用来教导子孙后代永远不要忘本！"

【乾隆御批】 节使不敢横行，理固宜尔。然当时逆藩跋扈，朝命视同弁髦，何有于桑梓一令？况师范并无尽心效忠之可纪，乃欲以曲谨沽名饰诈，其谁欺？

【译文】 身为节度使不任意行事，道理上固然是说得通的。然而当时叛逆的藩镇骄横跋扈，根本不把朝廷的命令放在眼里，地方上小官的命令又算得了什么呢？况且王师范也没有尽心效忠于朝廷的事迹可记述，只不过想以细节处的谨慎及沽名钓誉的行为来掩饰他的狡诈，这是在欺骗谁呢？

张濬至蓝田，逃奔华州依韩建，与孔纬密求救于朱全忠。

全忠上表为纬、浚讼冤，朝廷不得已，并听自便。纬至商州而还，亦寓居华州。

邢洺节度使安知建潜通朱全忠，李克用表以李存孝代之。知建惧，奔青州，朝廷以知建为神武统军。知建帅麾下三千人将诣京师，过郓州。朱瑄与克用方睦，伏兵河上，斩之，传首晋阳。

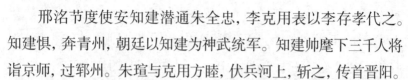

【译文】张浚到了蓝田，逃往华州去依附韩建，他和孔纬偷偷地向朱全忠求救。朱全忠向朝廷上表为孔纬、张浚申诉冤屈，朝廷无可奈何，让孔纬、张浚自便行事。孔纬到达商州后返回，也在华州留驻。

邢洺节度使安知建暗中和朱全忠互相来往，李克用向朝廷上表，请求任命李存孝代替安知建。安知建很恐惧，逃到青州，朝廷任命安知建为神武统军。安知建率领部下三千人准备到长安，路过郓州时，因为朱瑄和李克用感情很好，在黄河的岸边埋伏士兵，杀了安知建，将他的首级传送到晋阳。

夏，四月，有彗星见于三台，东行入太微，长十丈馀。甲申，赦天下。

成都城中乏食，弃儿满路。民有潜入行营贩米入城者，逻者得之，以白韦昭度，昭度曰："满城饥甚，忍不救之！"释勿问。亦有白陈敬瑄者，敬瑄曰："吾恨无术以救饿者，彼能如是，勿禁也。"由是贩者浸多，然所致不过斗升，截筒，径寸半，深五分，量米而鬻之，每筒百馀钱，饿殍狼籍。军民强弱相陵，将吏斩之不能禁；乃更为酷法，或断腰，或斜劈，死者相继而为者不止。人耳目既熟，不以为惧。吏民日窘，多谋出降，敬瑄悉捕其族党杀之，惨毒备至。内外都指挥使、眉州刺史成都徐耕，性仁恕，所全活数千人。田令孜曰："公掌生杀而不刑一人，有异志邪?"耕惧，夜，取俘囚戮于市。

【译文】夏季，四月，有彗星出现在三台的位置，然后向东移动，进入了太微星座，长达十余丈。甲申日（初五），昭宗李晔下诏大赦天下。

成都城中食物匮乏，随处可见被遗弃的婴儿。百姓中有人偷偷潜入围城的行营，贩卖粮米，巡逻的人抓住他们，报告韦昭度，韦昭度说："成都全城的人都饥饿难耐，怎能忍心不援救他们呢！"下令释放卖米人不治他们的罪。也有去报告陈敬瑄的，陈敬瑄说："我正伤心没办法救助这些饥饿之人，他们即使这样做也不要阻止了！"因此，贩卖米粮的人逐渐多了起来。然而所得到的米也不过一斗半升罢了，他们砍断竹筒，竹筒直径有一寸半，深度是五分，用这个量米来卖，每一筒米卖一百多钱，饿死的人满地都是，杂乱陈卧。军队、百姓强的欺负弱的，将领、官吏将他们杀死也没法禁止；于是改为更为严酷的惩治方式，有的被拦腰砍成两截，有的斜着被劈斩而死，被处斩的人连续不断，可是无视法度的人仍然不断涌现，人们对酷刑听的看的多了，也不再觉得惊恐。成都城内的官吏和百姓的处境日渐困窘，许多人谋划出城投降，陈敬瑄把这些人的家族党羽全部抓住斩杀，残酷狠毒，无所不至。内外都指挥使、眉州刺史成都人徐耕，本性仁善、宽容，受到他保护、救活的百姓有几千人之多。田令孜问他说："你掌握着生杀大权却没有惩治一个人，是不是有作乱的筹划？"徐耕很是恐惧，夜里，把抓获的囚犯都提出来在市街上斩杀了。

王建见罢兵制书，曰："大功垂成，奈何弃之！"谋于周庠，庠

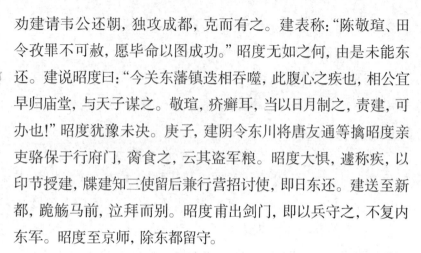

劝建请韦公还朝，独攻成都，克而有之。建表称："陈敬瑄、田令孜罪不可赦，愿毕命以图成功。"昭度无如之何，由是未能东还。建说昭度曰："今关东藩镇迭相吞噬，此腹心之疾也，相公宜早归庙堂，与天子谋之。敬瑄，疥癣耳，当以日月制之，责建，可办也！"昭度犹豫未决。庚子，建阴令东川将唐友通等擒昭度亲吏骆保于行府门，脔食之，云其盗军粮。昭度大惧，遽称疾，以印节授建，牒建知三使留后兼行营招讨使，即日东还。建送至新都，跪觞马前，泣拜而别。昭度甫出剑门，即以兵守之，不复内东军。昭度至京师，除东都留守。

【译文】王建看到停止战事的诏令，说："大功就要告成，为什么要放弃呢！"跟周庠谋划，周庠劝王建去请韦昭度返回朝廷，独自进攻成都，攻克并据守该城。于是王建呈递奏表请求："陈敬瑄、田令孜的罪行不能赦免，臣愿意全力效命来争取胜利。"韦昭度对他无计可施，因此也不能东返长安。王建劝韦昭度说："现在关东各藩镇相互兼并，这是朝廷很大的祸患，您应当及早返回朝廷，与陛下共同谋划。陈敬瑄就如同疥疮皮癣似的，我会花一段时日来对付他，责成我王建去做，就可以成功了！"韦昭度心里犹豫迟疑，还是没有决断。庚子日（二十一日），王建暗中派遣东川将领唐友通等人在行营办公处的门口把韦昭度的亲吏骆保抓住，把他切成肉片吃掉，声称他偷盗军粮。这一来，韦昭度感到非常恐惧，立即借口身体有病，把印章、旌节交付王建，上文书任命王建担任节度使、招抚使和制置使三使的留后职务，兼行营招讨使，当天就起程东返京师。王建把韦昭度送到新都，在战马前跪拜，向韦昭度敬酒饯行，流着泪行礼送别。韦昭度刚刚出了剑门，王建就命令士兵守卫剑门，不再让东边的军队进入。韦昭度抵达京师长安，被授予东都留守一职。

建急攻成都，环城烽堠亘五十里。有狗屠王鹞，请诈得罪亡入城说之，使上下离心，建遣之。鹞入见陈敬瑄、田令孜，则言"建兵疲食尽，将遁矣"，出则鬻茶于市，阴为吏民称建英武，兵势强盛；由是敬瑄等懈于守备而众心危惧。建又遣其将京兆郑渥诈降以觇之，敬瑄以为将，使乘城，既而复以诈得归。建由是悉知城中虚实，以渥为亲从都指挥使，更姓名曰王宗渥。

【译文】 王建迅速攻打成都，环城设置烽火和堑壕绵延五十里。有个叫王鹞的宰狗屠夫，向王建请求假装犯罪逃进城里游说，让城内的士兵百姓和陈敬瑄不能同心协力，于是王建就派他去了。王鹞进城后去拜见陈敬瑄、田令孜，对他们说："王建的军队筋疲力尽，食物也吃完了，大概就要逃走啦！"王鹞退出来就在街市上卖茶，暗中向官吏百姓称赞王建英明威武，军队强盛；因此，陈敬瑄等守备松弛，而城内的百姓却倍感恐惧。王建又派遣属下将领京兆人郑渥假装投降以便入城查看城内军情，陈敬瑄任命郑渥为将领，让他登城守备，不久，郑渥又通过欺诈的办法出城返回军营，王建因此能详细了解城中的虚实，派郑渥为亲从都指挥使，更改姓名为王宗渥。

【乾隆御批】 敬瑄拒命数年，岂可无端议赦，建执持未为非理。但力促节使还朝，自任讨贼，名为功惜垂成，实乃心觊重镇，其遗迹自不可掩。迨昭度迟疑，建辄擒脔小吏，则更与叛逆无异。而庸夫逐因而胆落，举手而授之印节，建于是如虎传翼，益不可制。西川之衅，讵非昭度酿成哉？

【译文】 陈敬瑄多年抗拒王命，怎能没来由地就赦免，王建力主讨伐也不是没有道理。但他竭力促使节度使还朝，并自任讨贼将军，名义上是怕功亏一篑，实际却是他希望得到重镇，他的用心自然是无法掩盖的。等到韦昭度稍有迟疑，王建就擒获那个小官并杀吃了他，这样的行为与叛贼没有区别。而无能之人却因而胆战心惊，把印节拱手送给了王建，使他如虎添翼，更加不可控制。西川的这场祸乱，难道不是韦昭度酿成的吗？

　　以武安节度使周岳为岭南西道节度使。

　　李克用大举击赫连铎，败其兵于河上，进围云州。

　　杨行密遣其将刘威、朱延寿将兵三万击孙儒于黄池，威等大败。延寿，舒城人也。孙儒军于黄池，五月，大水，诸营皆没，乃还扬州，使其将康暀据和州，安景思据滁州。

　　丙午，立皇子祐为德王。

　　杨行密遣其将李神福攻和、滁，康暀降，安景思走。

　　【译文】 昭宗李晔任命武安节度使周岳为岭南西道节度使。

　　李克用大举进攻赫连铎，在北河上打败了他的军队，进兵围攻云州。

　　杨行密派遣他的部将刘威、朱延寿率领三万士兵前往黄池镇攻打孙儒，结果刘威、朱延寿惨败。朱延寿是舒城人。孙儒率领军队在黄池镇屯驻，五月，洪水泛滥，各个营寨都被淹没了，于是返回扬州，他命令手下将领康暀据守和州，安景思据守滁州。

　　丙午日（五月无此日），昭宗李晔册立皇子李祐为德王。

　　杨行密派遣他的部将李神福进攻和州、滁州，结果康暀投降，安景思则逃走了!

秋，七月，李克用急攻云州，赫连铎食尽，奔吐谷浑部，既而归于幽州。克用表大将石善友为大同防御使。

朱全忠遣使与杨行密约共攻孙儒。儒恃其兵强，欲先灭行密，后敌全忠，移牒藩镇，数行密、全忠之罪，且曰："俟平宣、汴，当引兵入朝，除君侧之恶。"于是，悉焚扬州庐舍，尽驱丁壮及妇女渡江，杀老弱以充食。行密将张训、李德诚潜入扬州，灭馀火，得谷数十万斛以赈饥民。泗州刺史张谏贷数万斛以给军，训以行密之命馈之，谏由是德行密。

【译文】秋季，七月，李克用急迫地进攻云州，赫连铎把食物吃没了，就逃到吐谷浑部落，没有多久，他又返回幽州。李克用向朝廷上表任命大将石善友为大同防御使。

朱全忠派遣使者和杨行密约定好日期一起进攻孙儒。孙儒自恃他的军队强盛，打算先将杨行密消灭，然后再抵挡朱全忠，他传送公文给各藩镇，列数杨行密、朱全忠的罪状，并且说："等平定宣州、汴州以后，自会带领军队入朝，诛除陛下身边的奸贼。"于是，孙儒把扬州城的房屋全部焚毁，驱赶所有壮年男子和妇女渡过长江，把年老体弱的人杀死充作粮食。杨行密的将领张训、李德诚偷偷进入扬州城，将余火灭掉，得到几十万斛粮谷用来救济饥民。泗州刺史张谏请求借几万斛粮食供给军队，张训以杨行密的命令向张谏赠送粮食，张谏因此对杨行密很是感激。

邢洺节度使李存孝劝李克用攻镇州，克用从之。八月，克用南巡泽潞，遂涉怀孟之境。

朱全忠遣其将丁会攻宿州，克其外城。

乙未，孙儒自苏州出屯广德，杨行密引兵拒之。儒围其寨，行密将上蔡李简帅百馀人力战，破寨，拔行密出之。

王建攻陈敬瑄益急，敬瑄出战辄败，巡内州县率为建所取。威戎节度使杨晟时馈之食，建以兵据新都，彭州道绝。敬瑄出，慰勉士卒，皆不应。

【译文】 邢洺节度使李存孝劝李克用进攻镇州，李克用听从了他的建议。八月，李克用南巡泽州、潞州，于是进入怀州、孟州境内。

朱全忠派遣他的部将丁会进攻宿州，攻下了外城。

乙未日（十八日），孙儒从苏州进军，在广德屯驻，杨行密率领军队抵抗孙儒。孙儒包围了杨行密的守寨，杨行密的部将上蔡人李简率领一百多人竭尽全力作战，冲破守寨，把杨行密从包围中解救出来。

王建更加猛烈地进攻陈敬瑄，陈敬瑄出去交战往往大败而回，他管辖内的州县大多被王建占据了。威戎节度使杨晟时常赠送给他一些食物，王建派兵占据了新都，通往彭州的道路被截断了。陈敬瑄出来，安慰鼓励士兵，士卒都不理睬。

辛丑，田令孜登城谓建曰："老夫向于公甚厚，何见困如是？"建曰："父子之恩岂敢忘！但朝廷命建讨不受代者，不得不然。倘太师改图，建复何求！"是夕，令孜自携西川印节诣建营授之，将士皆呼万岁。建泣谢，请复为父子如初。

先是，建常诱其将士曰："成都城中繁盛如花锦，一朝得之，金帛子女恣汝曹所取，节度使与汝曹迭日为之耳！"壬寅，敬瑄开城迎建。建署其将张勍为马步斩斫使，使先入城。乃谓将士曰："吾与汝曹三年百战，今始得城，汝曹不忧不富忠，慎勿焚掠坊市。吾已委张勍护之矣，彼幸执而白我，我犹得赦之；若先斩而后白，吾亦不能救也！"既而士卒有犯令者，勍执百馀人，皆搥其胸而杀之，积尸于市，众莫敢犯。故时人谓勍为"张打胸"。

【译文】辛丑日（二十四日），田令孜登临城楼，对王建说："老夫我待你一向宽厚，为什么要如此围攻我呢？"王建说："身为您的养子，不敢忘记养父的恩德！可是朝廷命令我征讨不接受职务调动的人，我不得不这样做。如果太师您改变主意，我王建还要求什么呢？"这天傍晚，田令孜亲自携带西川节度使的官印符节前往王建的军营交给王建，将士们都欢呼万岁。王建感动得落泪，赶紧称谢不止，请求恢复养父子的关系，就像当初那样。

以前，王建常常引诱他的将领、士兵，对他们说："成都城富庶得繁花似锦，如果占据那里，金银、布帛、女人等随你们的心愿去拿，节度使的职位我就和大家轮流做吧！"壬寅日（二十五日），陈敬瑄打开城门迎接王建，王建任命属下将领张勍为马步斩斫使，命令他先行入城，然后对将领士兵们说："我与你们三年来打了上百次战斗，现在才得到城池，你们不要发愁不能得到荣华富贵，千万不要烧毁劫掠店铺街市。我已经任命张勍守卫成都城，对违反军令的人，他若是抓来禀告我，我或许还能赦免；如果他先行斩杀了然后再禀告我，我也不能救你们了！"没过多久，有的士兵违反了禁令，张勍抓住了一百多人，击打他们的胸膛然后处死，尸体在街市上堆积起来，军中士兵见此情形，都不敢再违犯军令。因此，当时人们称张勍是"张打胸"。

癸卯，建入城，自称西川留后。小校韩武数于使厅上马，牙司止之，武怒曰："司徒许我迭日为节度使；上马何为!"建密遣人刺杀之。

初，陈敬瑄之拒朝命也，田令孜欲盗其军政，谓敬瑄曰："三兄尊重，军务烦劳，不若尽以相付，日具记事咨呈，兄但高居自逸而已。"敬瑄素无智能，忻然许之。自是军事皆不由己，以至于亡。建表敬瑄子陶为雅州刺史，使随陶之官，明年，罢归，寓居新津，以一县租赋赡之。

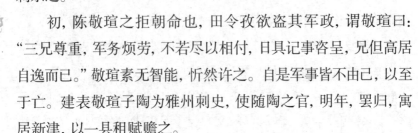

【译文】癸卯日（二十六日），王建进入城中，自称为西川留后。小校韩武几次在节度使的厅堂前上马，牙司阻止他，韩武怒气冲冲地说："王司徒许诺与我轮流担任节度使，在厅堂前骑上战马，又算得了什么事呢!"于是王建秘密地派人把他杀了。

起初，陈敬瑄抗拒朝廷诏令的时候，田令孜想要窃取他的军政大权，田令孜对陈敬瑄说："三哥你身份尊贵，言行庄重，军中事务又琐碎又劳苦，不如全部交托我来处理，每天将所有记录的事情呈报于您，老兄你只要高高在上自享安逸就行了。"陈敬瑄向来就没有谋略、才华，很高兴地答应了。从此之后，军中的事务都无法按照自己的意思去处理，以致最终灭亡。王建向朝廷上表任命陈敬瑄的儿子陈陶为雅州刺史，让陈敬瑄跟随陈陶到任所去；第二年，贬黜陈敬瑄返回故乡，在新津县居住，用一个县的田租赋税供养他。

癸丑，建分遣士卒就食诸州，更文武坚姓名曰王完阮，谢从本曰王宗本。陈敬瑄将佐有器干者，建皆礼而用之。

六军十二卫观军容使、左神策军中尉杨复恭总宿卫兵，专制朝政，诸假子皆为节度使、刺史，又养宦官子六百人，皆为监军。假子龙剑节度使守贞、武定节度使守忠不输贡赋，上表讪薄朝廷。

上舅瑰求节度使，上访于复恭，复恭以为不可，瑰怒，诟之。瑰出入禁中，颇用事，复恭恶之，奏以为黔南节度使。至吉柏津，令山南西道节度使杨守亮覆诸江中，宗族宾客皆死，以舟败闻。上知复恭所为，深恨之。

【译文】癸丑日（八月无此日），王建派遣手下士兵分别前往各州就地筹粮食用，更改文武坚的姓名为王宗阮，改谢从本的姓名为王宗本。陈敬瑄的部将佐吏们有气度见识有才能的，王建都以礼相待并且重用他们。

六军十二卫观军容使、左神策军中尉杨复恭统领宿卫的军队，专断朝政，他的各位养子都担任节度使、刺史，还养了宦官义子六百人，都充任监军。杨复恭的养子龙剑节度使杨守贞、武定节度使杨守忠竟然不向朝廷进奉贡品赋税，还上表诽谤鄙薄朝廷。

昭宗李晔的舅舅王瑰请求担任节度使，昭宗问杨复恭，杨复恭认为不适宜，王瑰大怒，大骂杨复恭。王瑰在宫禁中进出，很有权力，杨复恭非常怨恨他，奏请昭宗任命他为黔南节度使，王瑰便动身赴任，到达吉柏津，杨复恭命令山南西道节度使杨守亮在江中将他的坐船掀翻，王瑰的宗族、宾客都因此丧命，杨守亮向朝廷奏报说王瑰乘船时遇难。昭宗李晔知道是杨复恭暗中杀害了王瑰，更加憎恨他。

李顺节既宠贵，与复恭争权，尽以复恭阴事告上，上乃出复恭为凤翔监军，复恭慍恚，不肯行，称疾，求致仕。九月，乙卯，以复恭为上将军致仕，赐以几杖。使者致诏命还，复恭潜遣腹心张绾刺杀之。

加护国节度使王重盈兼中书令。

东川节度使顾彦朗薨，军中推其弟彦晖知留后。

【译文】李顺节受到尊宠，地位显贵，与杨复恭开始争夺权力，把杨复恭暗地里做的事全都禀告昭宗李晔，昭宗于是下令任命杨复恭为凤翔监军；杨复恭心中怨恨，不想启程赴任，声称有病，请求退休回家。九月，乙卯日（初八），杨复恭以上将军的官职退休归隐，昭宗把几案和手杖赏赐给他。使者送去诏命让他返回，杨复恭暗中派遣心腹张绾偷偷地把使者杀死了。

昭宗李晔加封护国节度使王重盈兼任中书令。

东川节度使顾彦朗去世，军中推举他的弟弟顾彦晖担任留后的职位。

冬，十月，壬午，宿州刺史张筠降于丁会。

癸未，以永平节度使王建为西川节度使；甲申，废永平军。建既得西川，留心政事，容纳直言，好施乐士，用人各尽其才，谦恭俭素；然多忌好杀，诸将有功名者，多因事诛之。

【译文】冬季，十月，壬午日（初五），宿州刺史张筠向丁会投降。

癸未日（初六），昭宗李晔任命永平节度使王建为西川节度使；甲申日（初七），朝廷废除永平军。王建攻占西川以后，专心治理政事，接纳大家的直言劝谏，喜好施舍百姓，乐于接近招纳贤德的人，能根据他人的才能来任用他们，表现谦虚、恭谨、节俭、朴素；可是多猜忌，喜好杀人，有功劳声望的将领，他往往找借口把他们杀死。

杨复恭居第近玉山营，假子守信为玉山军使，数往省之。或告复恭与守信谋反，乙酉，上御安喜门，陈兵自卫，命天威都将李顺节、神策军使李守节将兵攻其第。张绾帅家众拒战,守信引兵助之,顺节等不能克。丙戌,禁兵守含光门,俟其开,欲出掠两市,遇刘崇望,立马谕之曰:"天子亲在街东督战,汝曹皆宿卫之士,当于楼前杀贼立功,勿贪小利,自取恶名。"众皆曰:"诺。"遂从崇望而东。守信之众望见兵来,遂溃走。守信与复恭挈其族自通化门出,趣兴元,永安都头权安追之,擒张绾,斩之。复恭至兴元,杨守亮、杨守忠、杨守贞及绵州刺史杨守厚同举兵拒朝廷,以讨李顺节为名。守厚,亦复恭假子也。

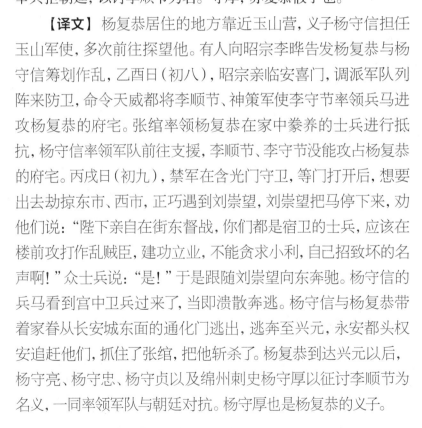

【译文】杨复恭居住的地方靠近玉山营,义子杨守信担任玉山军使,多次前往探望他。有人向昭宗李晔告发杨复恭与杨守信筹划作乱,乙酉日(初八),昭宗亲临安喜门,调派军队列阵来防卫,命令天威都将李顺节、神策军使李守节率领兵马进攻杨复恭的府宅。张绾率领杨复恭在家中豢养的士兵进行抵抗,杨守信率领军队前往支援,李顺节、李守节没能攻占杨复恭的府宅。丙戌日(初九),禁军在含光门守卫,等门打开后,想要出去劫掠东市、西市,正巧遇到刘崇望,刘崇望把马停下来,劝他们说:"陛下亲自在街东督战,你们都是宿卫的士兵,应该在楼前攻打作乱贼臣,建功立业,不能贪求小利,自己招致坏的名声啊!"众士兵说:"是!"于是跟随刘崇望向东奔驰。杨守信的兵马看到宫中卫兵过来了,当即溃散奔逃。杨守信与杨复恭带着家眷从长安城东面的通化门逃出,逃奔至兴元,永安都头权安追赶他们,抓住了张绾,把他斩杀了。杨复恭到达兴元以后,杨守亮、杨守忠、杨守贞以及绵州刺史杨守厚以征讨李顺节为名义,一同率领军队与朝廷对抗。杨守厚也是杨复恭的义子。

李克用攻王镕,大破镇兵于龙尾岗,斩获万计,遂拔临城,攻元氏、柏乡；李匡威引幽州兵救之。克用大掠而还，军于邢州。

十一月，曹州都将郭铢杀刺史郭词，降于朱全忠。

泰宁节度使朱瑾将万馀人攻单州。

乙丑，时溥将刘知俊帅众二千降于朱全忠。知俊，沛人，徐之骁将也。溥军自是不振。全忠以知俊为左右开道指挥使。

辛未，寿州将刘弘鄂恶孙儒残暴，举州降朱全忠。

【译文】李克用进攻王镕，在龙尾岗大破镇州的军队，斩杀和俘获的士兵数以万计，于是攻克了临城，派遣军队攻打元氏、柏乡；李匡威率领幽州的士兵前来援救王镕。李克用大肆掠夺了一番才返回，率军在邢州驻扎。

十一月，曹州都将郭铢把刺史郭词杀死，向朱全忠投降。

泰宁节度使朱瑾率领部众一万多人攻打单州。

乙丑日（十九日），时溥的将领刘知俊率领部众两千人向朱全忠投降。刘知俊是沛县人，是徐州军队的一员猛将。时溥的军队从此一蹶不振。朱全忠任命刘知俊为左右开道指挥使。

辛未日（二十五日），寿州的将领刘弘鄂怨恨孙儒的残暴蛮横，以寿州投降朱全忠。

十二月，乙酉，汴将丁会、张归霸与朱瑾战于金乡，大破之，杀获殆尽，瑾单骑走免。

天威都将李顺节恃恩骄横，出入常以兵自随。两军中尉刘景宣、西门君遂恶之，白上，恐其作乱。戊子，二人以诏召顺节，顺节入至银台门，二人邀顺节于仗舍坐语，供奉官似先知自后斩其首，从者大噪而出。于是，天威、捧日、登封三都大掠永宁坊，至暮乃定，百官表贺。

孙儒焚掠苏、常，引兵逼宣州，钱镠复遣兵据苏州。儒屡破杨行密之兵，旌旗辎重亘百馀里。行密求救于钱镠，镠以兵食助之。

【译文】十二月，乙酉日（初九），汴州的将领丁会、张归霸和朱瑾在金乡交战，大破朱瑾的部队，杀死、虏获的人非常多，他的人马被斩杀抓获，几乎全军覆没，朱瑾自己骑马逃走免于一死。

天威都将李顺节仰仗昭宗李晔的恩宠，骄纵蛮横，进出时经常有卫士跟随。两军中尉刘景宣、西门君遂憎恨他，向昭宗禀告，担心李顺节会作乱。戊子日（十二日），西门君遂二人假借昭宗诏令召李顺节前来，李顺节进入皇宫到达银台门，他们二人便邀请李顺节前往仪仗房舍坐下谈话，供奉官似先知从背后砍下李顺节的人头，跟随李顺节的侍卫大叫着逃走。于是神策军的天威、捧日、登封三都的士兵大肆劫掠永宁坊，到了夜里才停止。百官们都呈递表文祝贺。

孙儒对苏州、常州烧杀抢掠，率领士兵进逼宣州，钱镠又派遣士兵占据苏州。孙儒多次打败杨行密的军队，他的军队的旌旗和器械粮草等物绵延达一百余里。杨行密向钱镠请求支援，钱镠于是援助他一些军需粮食。

【乾隆御批】 顺节承命讨逆，不能杀贼立功，已负委任，及禁军肆掠，置若罔闻，继复陈兵自随，骄横不法，其罪实无可逭。然不过一宿卫都头耳，执而诛之，初非难事，诱杀即已失刑，表贺尤堪嗤鄙。

【译文】 李顺节奉命讨伐逆贼，没能杀贼立功已经有负任命，等到见到禁军肆意抢掠却又置若罔闻，后来又经常带兵器进宫，傲慢蛮横又不守王法，其罪实不可赦。然而他只不过是一名宿卫都头而已，逮捕并将他处死，起初也不是什么难事，诱杀他已是不符合刑律的事，上表庆贺，就更让人嗤之以鼻了。

以顾彦晖为东川节度使，遣中使朱道弼赐旌节。杨守亮使杨守厚囚道弼，夺其旌节，发兵攻梓州。癸卯，彦晖求救于王建；甲辰，建遣其将华洪、李简、王宗侃、王宗弼救东川。建密谓诸将曰："尔等破贼，彦晖必犒师，汝曹于行营报宴，因而执之，无烦再举。"宗侃破守厚七砦，守厚走归绵州。彦晖具犒礼，诸将报宴，宗弼以建谋告之，彦晖乃以疾辞。

【译文】昭宗李晔任命顾彦晖为东川节度使，诏令中使朱道弼赐给他旌节。杨守亮派遣杨守厚囚禁朱道弼，夺取了节度使的旌旗斧钺，派遣军队进攻梓州。癸卯日（二十七日），顾彦晖向王建请求援助；甲辰日（二十八日），王建派遣他的部将华洪、李简、王宗侃、王宗弼前去支援东川。王建偷偷地告诉各将领说："你们将杨守厚打败，顾彦晖一定会来犒劳安抚士兵，你们在行营的答谢宴会上，趁机将他抓获，没必要再次起兵攻打他。"王宗侃攻破了杨守厚的七个守寨，杨守厚逃奔至绵州。顾彦晖置办了犒劳的礼物，将领也准备设宴答谢，王宗弼却将王建的阴谋告诉了顾彦晖，顾彦晖于是借口生病推辞了答谢宴。

初，李茂贞养子继臻据金州，均州刺史冯行袭攻下之，诏以行袭为昭信防御使，治金州。杨守亮欲自金、商袭京师，行袭逆击，大破之。

是岁，赐泾原军号曰彰义，增领渭、武二州。

福建观察使陈岩疾病，遣使以书召泉州刺史王潮，欲授以军政，未至而岩卒。岩妻弟都将范晖讽将士推己为留后，发兵拒潮。

【译文】起初，李茂贞的养子李继臻占据了金州，均州刺史冯行袭攻取了那里，昭宗李晔下诏任命冯行袭为昭信防御使，治理金州。杨守亮打算从金州、商州袭击长安，冯行袭迎击，大破他的军队。

这年，朝廷赐泾原军号为彰义，增添渭、武两个州。

福建观察使陈岩病重，派遣使者拿书信去召泉州刺史王潮前来，想要授予他军政大权，使者还没有到达泉州，陈岩就去世了。陈岩的妻弟都将范晖暗示并劝说军中将士推举自己担任留后，出兵抵抗王潮。

资治通鉴卷第二百五十九　唐纪七十五

起玄黓困敦，尽阏逢摄提格，凡三年。

【译文】起壬子（公元892年），止甲寅（公元894年），共三年。

【题解】本卷记录了公元892年至894年的史事，共三年。正当唐昭宗李晔景福元年至乾宁元年。此三年间各地军阀混战改变了格局，初步形成地区间的大军阀。雄踞中原的朱全忠，对兖州、郓州用兵，多次打败朱瑾、朱瑄，朱瑾、朱瑄指日可灭。朱全忠成为全国第一大军阀，占有广阔的中原，四周的各藩镇都不是他的对手。李克用稳固占有太原、河东，对河北各藩镇用兵，北破幽州，是仅次于朱全忠的第二大军阀。王建已完全占有西川，诛杀了陈敬瑄、田令孜。杨行密经过数年争战，重新占据扬州，占有淮南。钱镠占据杭州，王潮占据福州。唐昭宗不识英才，不顾大局，任命歇后诗人郑綮做宰相，让天下人笑话，又不听杜让能的劝谏，轻启战端，讨伐凤翔节度使李茂贞，结果战败使李茂贞的势力加速变强。李茂贞凌侮蔑视唐昭宗，唐王朝进一步衰弱。

昭宗圣穆景文孝皇帝上之中

景福元年（壬子，公元八九二年）春，正月，丙寅，赦天下，改元。

凤翔李茂贞、静难王行瑜、镇国韩建、同州王行约、秦州李茂庄五节度使上言：杨守亮容匿叛臣复恭，请出军讨之，乞加茂贞山南西道诏讨使。朝议以茂贞得山南，不可复制，下诏和解之，皆不听。

王镕、李匡威合兵十余万攻尧山，李克用遣其将李嗣勋击之，大破幽、镇兵，斩获三万。

【译文】景福元年（壬子，公元892年）春季，正月，丙寅日（二十一日），昭宗李晔大赦天下，改年号为景福。

凤翔军李茂贞、静难军王行瑜、镇国军韩建、同州的王行约、秦州的李茂庄五位节度使向昭宗李晔进言说杨守亮收容并藏匿叛逆乱臣杨复恭，请求派遣军队征讨杨守亮，并请求加封李茂贞为山南西道招讨使。朝廷官员商议认为，如果李茂贞被授予山南西道招讨使的官职，就不能控制他的势力了，于是昭宗李晔颁下诏令对他们进行调停和解，结果他们都不听从诏命。

王镕、李匡威联合军队十几万人进攻尧山，李克用派遣属下将领李嗣勋进行抵抗，结果大破幽、镇两州的军队，斩杀、虏获的士兵有三万人。

杨行密谓诸将曰："孙儒之众十倍于我，吾战数不利，欲退保铜官，何如？"刘威、李神福曰："儒扫地远来，利在速战。宜屯据险要，坚壁清野以老其师，时出轻骑抄其馈饷，夺其俘掠。彼前不得战，退无资粮，可坐擒也。"戴友规曰："儒与我相持数年，胜负略相当。今悉众致死于我，我若望风弃城，正堕其计。淮南士民从公渡江及自儒早来降者甚，公宜遣将先护送归淮南，使复生业，儒军闻淮南安堵，皆有思归之心，人心既摇，安得不败！"行密悦，从之。友规，庐州人也。

【译文】杨行密对各将领说："孙儒的部众比我们多出十倍,我们与他交战,多次失利,我打算退兵驻守铜官,你们说怎么样呢?"刘威、李神福齐声说："孙儒调动全部军队远道而来,速战速决对他很有好处。我们应当占据险要的地方,坚守堡垒,将周围的人畜钱粮转走,使孙儒的军队疲惫困乏,然后我方再不时地派出轻骑兵抢夺他们运送的军粮,夺取他们俘获的物资。这样一来,他们向前没有办法作战,后退又没有了钱财、粮饷,我们就可以轻而易举地擒获他们!"戴友规说:"孙儒和我们互相对峙已有好几年了,双方胜败的情况大体上相同。现在孙儒发动全部军队要置我们于死地,我们如果望风而逃丢弃城池,那就正迎合了孙儒的计谋。淮南的士子百姓跟随您渡过长江以及从孙儒的军营中前来投降的人非常多,您应该派遣将领先将他们送回淮南,让他们恢复生产;孙儒的士兵听到淮南地区的百姓都安居乐业,那么人人都想返回家乡,这样,他们的士兵军心动摇,怎么不会战败呢!"杨行密很高兴,都听从了他们的建议。戴友规是庐州人。

威戎节度使杨晟与杨守亮等约攻王建,二月,丁丑,晟出兵掠新繁、汉州之境,使其将吕尧将兵二千会杨守厚攻梓州;建遣行营都指挥使李简击尧,斩之。

戊寅,朱全忠出兵击朱瑄,遣其子友裕将兵前行,军于斗门。

李茂贞、王行瑜擅举兵击兴元。茂贞表求招讨使不已,遗杜让能、西门君遂书,陵蔑朝廷。上意不能容,御延英,召宰相、谏官议之。时宦官有阴与二镇相表里者,宰相相顾不敢言,上不悦。给事中牛徽曰:"先朝多难,茂贞诚有翼卫之功;诸杨阻兵,亟出攻讨，其志亦在疾恶，但不当不俟诏命耳。比闻兵过山南，杀伤至多。陛下倘不以招讨使授之，使用国法约束，则山南之民尽矣。"上曰："此言是也。"乃以茂贞为山南西道招讨使。

【译文】威戎节度使杨晟和杨守亮等人相约进攻王建，二月，丁丑日（初二），杨晟率领军队劫掠新繁、汉州等地，派遣他的部将吕尧率领士兵两千人联合杨守厚进攻梓州；王建派遣行营都指挥使李简攻打吕尧，将他杀了。

戊寅日（初三），朱全忠率领军队攻打朱瑄，派遣他的儿子朱友裕带兵先行，在濮阳县的斗门城驻扎。

李茂贞、王行瑜擅自率领军队攻打兴元。李茂贞不断地向昭宗李晔上表请求担任招讨使，写信给杜让能和西门君遂，心中蔑视朝廷。昭宗无法容忍，亲临延英殿，召集宰相、谏官商议此事。当时有一些宦官暗中与李茂贞、王行瑜勾结，因而宰相们相互观望没有人站出来发言，昭宗见这样很不高兴。给事中牛徽说："前朝多灾多难，李茂贞确实有辅佐、护卫的功劳；杨氏几人起兵作乱，李茂贞立即派军讨伐，他的心意也是痛恨杨复恭一伙奸恶之人，只是不应该不等待朝廷的诏令就擅自行动。近来，听说他率军路过山南，斩杀残害了很多人。陛下如果不把山南西道招讨使的职位授予李茂贞，使用国家法度来管束他的话，那么山南的百姓就会被杀光了！"昭宗说："你说的这些话是对的。"于是昭宗李晔任命李茂贞为山南西道招讨使。

甲申，朱全忠至卫南，朱瑄将步骑万人袭斗门，朱友裕弃营走，瑄据其营。全忠不知，乙酉，引兵趣斗门，至者皆为郓人所杀。全忠退军瓠河，丁亥，瑄击全忠，大破之，全忠走。张归厚于后力战，全忠仅免，副使李璠等皆死。

朱全忠奏贬河阳节度使赵克裕，以佑国节度使张全义兼河阳节度使。

【译文】甲申日（初九），朱全忠到达卫南。朱瑄率领步兵、骑兵上万人袭击斗门城，朱友裕丢弃营寨逃走了，朱瑄占据了他的营寨。朱全忠对此事完全不知道，乙酉日（初十），朱全忠率领士兵直奔斗门城，到达的士兵都被郓州兵杀死了。朱全忠被迫撤兵在瓠河镇驻军，丁亥日（十二日），朱瑄攻打朱全忠，大破他的军队，朱全忠逃走。张归厚在后面竭尽全力作战，朱全忠才得以免于被杀，副使李璠等人都阵亡了。

朱全忠向昭宗李晔上奏，请求贬黜河阳节度使赵克裕，任命佑国节度使张全义兼任河阳节度使。

孙儒围宣州。初，刘建锋为孙儒守常州，将兵从儒击杨行密，甘露镇使陈可言帅部兵千人据常州。行密将张训引兵奄至城下，可言仓猝出迎，训手刃杀之，遂取常州。行密别将又取润州。

朱全忠连年攻时溥，涂、泗、濠三州民不得耕获，兖、郓、河东兵救之，皆无功，复值水灾，人死者什六七。溥困甚，请和于全忠，全忠曰："必移镇乃可。"溥许之。全忠乃奏请移溥它镇，仍命大臣镇徐州。诏以门下侍郎、同平章事刘崇望同平章事，充感化节度使，以溥为太子太师。溥恐全忠诈而杀之，据城不奉诏，崇望及华阴而还。

忠义节度使赵德諲薨，子匡凝代之。

范晖骄侈失众心，王潮以从弟彦复为都统，弟审知为都监，将兵攻福州。民自请输米饷军，平湖洞及滨海蛮夷皆以兵船助之。

【译文】孙儒围攻宣州。起初，刘建锋为孙儒防守常州，率领士兵跟随孙儒攻打在甘露镇的杨行密，派遣陈可言率领部下千人据守常州。杨行密的部将张训率领军队突然到达城下，陈可言在仓促之间出城迎战，张训亲手把他杀了，于是攻取了常州。杨行密的别将又攻克了润州。

　　朱全忠连年征讨时溥，因此徐、泗、濠三州的百姓不能耕种收获，兖州、郓州、河东的军队支援时溥，都没有取得胜利，又正赶上闹水灾，百姓死亡的占十分之六七。时溥的处境也特别窘迫，向朱全忠请求和好，朱全忠回答说："你必须迁移镇所离开徐州。"时溥同意了。朱全忠于是向朝廷奏请将时溥迁到其他的镇所，再派遣大臣来镇守徐州。昭宗李晔任命门下侍郎、同平章事刘崇望担任同平章事，充任感化节度使，任命时溥为太子太师。时溥惧怕朱全忠欺骗他，杀害自己，因此据守城池，没有接受诏命，刘崇望到了华阴后又返回长安。

　　忠义节度使赵德諲去世，他的儿子赵匡凝代替他的职位。

　　范晖骄横奢侈，得不到属下的拥护，王潮任命堂弟王彦复为都统，胞弟王审知为都监，率领军队进攻福州，百姓主动请求给王潮的军队运送粮米，平湖洞以及海边的蛮夷也用兵力和船只对王潮进行援助。

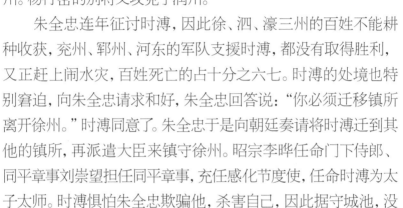

　　辛丑，王建遣族子嘉州刺史宗裕、雅州刺史王宗侃、威信都指挥使华洪、茂州刺史王宗瑶将兵五万攻彭州，杨晟逆战而败，宗裕等围之。杨守亮遣其将符昭救晟，径趋成都，营三学山。建亟召华洪还。洪疾驱而至，后军尚未集，以数百人夜去昭营数里，多击更鼓；昭以为蜀军大至，引兵宵遁。

　　【译文】辛丑日（二十六日），王建派遣侄儿嘉州刺史王宗裕、雅州刺史王宗侃、威信都指挥使华洪、茂州刺史王宗瑶率领五万士兵攻打彭州，杨晟迎战，都战败了，王宗裕等人包围了杨晟。杨守亮派遣他的部将符昭救援杨晟，符昭直接奔赴成都，在汉州金堂县的三学山安营扎寨。王建紧急召华洪返回成都。华洪火速抵达，后面的军队还没有来得及集合，就率领几百人连夜到离符昭营寨几里以外的地方，频繁地敲打更鼓；符昭以为有大批的蜀军到达这里，便在夜里率领士兵逃走了。

三月，以户部尚书郑延昌为中书侍郎、同平章事。延昌，从说之从兄弟也。

左神策勇胜三都都指挥使杨子实、子迁、子钊，皆守亮之假子也，自渠州引兵救杨晟，知守亮必败，壬子，帅其众二万降于王建。

李克用、王处存合兵攻王镕，癸丑，拔天长镇。戊午，镕与战于新市，大破之，杀获三万馀人；辛酉，克用退屯栾城。诏和解河东及镇、定、幽四镇。

【译文】三月，昭宗李晔任命户部尚书郑延昌为中书侍郎、同平章事。郑延昌是郑从说的堂兄弟。

左神策勇胜三都都指挥使杨子实、杨子迁、杨子钊，都是杨守亮的义子，他们从渠州率领军队救援杨晟，知道杨守亮肯定会战败，壬子日（初八），他们率领军队两万人向王建投降。

李克用、王处存联合士兵进攻王镕，癸丑日（初九），他们攻取了天长镇。戊午日（十四日），王镕在新市与他们交战，大破他们的军队，杀死和掳掠的士兵有三万多；辛酉日（十七日），李克用撤退军队在栾城屯驻。昭宗李晔颁发诏令调解河东及镇州、定州、幽州四镇和好。

杨晟遗杨守贞、杨守忠、杨守厚书，使攻东川以解彭州之围，守贞等从之。神策督将窦行实戍梓州，守厚密诱之为内应；守厚至涪城，行实事泄，顾彦晖斩之。守厚遁去。守贞、守忠军至，无所归，盘桓绵、剑间，王建遣其将吉谏袭守厚，破之。癸亥，西川将李简邀击守忠于钟阳，斩获三千馀人。夏，四月，简又破守厚于铜铻，斩获三千馀人，降万五千人；守忠、守厚皆走。

乙酉，置武胜军于杭州，以钱镠为防御使。

【译文】杨晟写信给杨守贞、杨守忠、杨守厚，让他们进攻东川以求解除彭州的围困，杨守贞等遵从他的安排。神策督将窦行实在梓州驻守，杨守厚暗中引诱他作为内应；杨守厚抵达涪城，窦行实担任内应的事情败露了，于是顾彦晖将窦行实杀死，杨守厚只好逃走了。杨守贞、杨守忠的军队赶到，找不到去处，在绵州、剑州之间逗留。王建派遣手下将领吉谏袭击杨守厚，打败了他。癸亥日（十九日），西川的将领李简在钟阳镇拦击杨守忠，斩首和俘获的士兵有三千多人。夏季，四月，李简又在铜铻将杨守厚的军队打败，斩首和俘获的士兵有三千多人，投降的士兵有一万五千人；杨守忠、杨守厚都逃走了。

乙酉日（十二日），朝廷在杭州设置武胜军，任命钱镠为防御使。

天威军使贾德晟，以李顺节之死，颇怨愤，西门君遂恶之，奏而杀之。德晟麾下千馀骑奔凤翔，李茂贞由是益强。

李匡威出兵侵云、代，壬寅，李克用始引兵还。

时溥遣兵南侵，至楚州，杨行密将张训、李德诚败之于寿河，遂取楚州，执其刺史刘瓒。

【译文】天威军使贾德晟，因为李顺节的死，深感怨恨愤怒，西门君遂憎恶他，便向昭宗李晔上奏，把贾德晟杀死。贾德晟手下一千多名骑兵逃奔到凤翔，李茂贞由此更加强大。

李匡威派出军队前去进犯云州、代州，壬寅日（二十九日），李克用才率领军队返回晋阳。

时溥派遣士兵侵扰南方，抵达楚州，杨行密的将领张训、李德诚在寿河将时溥打败，乘胜攻占楚州，抓获楚州刺史刘瓒。

五月，加邠宁节度使王行瑜兼中书令。

杨行密屡败孙儒兵，破其广德营，张训屯安吉，断其粮道。儒食尽，士卒大疫，遣其将刘建锋、马殷分兵掠诸县。六月，行密闻儒疾疟，戊寅，纵兵击之。会大雨、晦冥，儒军大败，安仁义破儒五十馀寨，田頵擒儒于陈，斩之，传首京师，儒众多降于行密。刘建锋、马殷收馀众七千，南走洪州，推建锋为帅，殷为先锋指挥使，以行军司马张佶为谋主，比至江西，众十馀万。

丁酉，杨行密帅众归扬州；秋，七月，丙辰，至广陵，表田頵守宣州，安仁义守润州。

【译文】五月，朝廷加封邠宁节度使王行瑜兼任中书令。

杨行密屡次打败孙儒的军队，攻破孙儒在广德安设的营寨；张训则在安吉驻扎，将孙儒的运粮道路截断。孙儒军中粮食断绝，瘟疫流行，孙儒派遣属下将领刘建锋、马殷分别率领军队到各县劫掠财物。六月，杨行密听说孙儒得了疟疾，戊寅日（初六），派出军队攻打他。正巧遇到倾盆大雨，天地昏暗一片，孙儒的军队大败，安仁义攻占了孙儒五十多个守寨，田頵在阵前捉住了孙儒，把他杀了，命人将首级传送到京城长安，孙儒的部众大多数归附杨行密。刘建锋、马殷聚集残兵七千人，向南逃奔洪州,部众们推举刘建锋为统帅,马殷为先锋指挥使,委任张佶为主谋人,等到军队抵达江西,士兵已经有十多万人了。

丁酉日(二十五日),杨行密率领军队回到扬州;秋季,七月,丙辰日(十四日),抵达广陵,杨行密向朝廷呈递奏表,请求派遣田頵守卫宣州,安仁义守卫润州。

先是,扬州富庶甲天下,时人称扬一、益二,及经秦、毕、孙、杨兵火之馀,江、淮之间,东西千里扫地尽矣。

王建围彭州,久不下,民皆窜匿山谷;诸寨日出俘掠,谓之"淘虏",都将先择其善者,馀则士卒分之,以是为常。

【译文】 之前,扬州富庶居天下第一,当时人称:扬州第一、益州第二;等到经过秦彦、毕师铎、孙儒、杨行密各股军队的交战之后,江、淮之间,东西千里之内一片惨败衰落的凄凉景象。

王建围攻彭州,很久还没有攻打下来,百姓都逃跑、躲藏到山谷中;王建各个营寨的士兵每天出去抓人抢劫,并且把这种做法称作"淘虏",他们抢夺来的百姓财物,军中将领先把好的挑走,剩下的再让士兵们去分,把这看得很平常。

有军士王先成者,新津人,本书生也,世乱,为兵,度诸将惟北寨王宗侃最贤,乃往说之曰:"彭州本西川之巡属也,陈、田召杨晟,割四州以授之,伪署观察使,与之共拒朝命。今陈、田已平而晟犹据之,州民皆知西川乃其大府而司徒乃其主也,故大军始至,民不入城而入同谷避之,以俟招安。今军至累月,未闻招安之命,军士复从而掠之,与盗贼无异,夺其资财,驱其畜产,分其老弱妇女以为奴婢,使父子兄弟流离愁怨;其在山中者暴露于暑雨，残伤于蛇虎，孤危饥渴，无所归诉。彼始以杨晟非其主而不从，今司徒不加存恤，彼更思杨氏矣。"宗侃恻然，不觉屡移其床前问之，先成曰："又有甚于是者，今诸寨每旦出六七百人，入山淘虏，薄暮乃返，曾无守备之意，赖城中无人耳，万一有智者为之画策，使乘虚奔突，先伏精兵千人于门内，登城望淘虏者稍远，出弓弩手、炮手各百人，攻寨之一面，随以役卒五百，负薪土填壕为道，然后出精兵奋击，且焚其寨；又于三面城下各出耀兵，诸寨咸自备御，无暇相救，城中得以益兵继出，如此，能无败乎！"宗侃瞿然曰："此诚有之，将若之何？"

资治通鉴

【译文】有一位名叫王先成的军士，是新津人，他原本是个读书人，因为社会动荡混乱，所以去当兵服役，他私下考虑各位将领中，只有北方的守寨王宗侃是最贤明的，于是，他就前往游说王宗侃，说："彭州本来是西川的属地，陈敬瑄、田令孜将杨晟召来，然后分割出四个州授予杨晟管理，任命杨晟为观察使，与他们一起抗拒朝廷诏命。现在陈敬瑄、田令孜已经被剿灭，而杨晟却还是据守彭州，彭州的百姓都清楚西川才是他们的军府，而检校司徒王建才是他们的官长，所以王建的大军刚到达时，当地百姓并没有进入城内归顺杨晟，而是逃往高山深谷躲避，等待着王建的召集安抚。现在大军抵达这里已经好几个月了，没有听说召集安抚的命令，军士们反而又跟着来劫掠他们，这与强盗贼寇没有什么区别。劫掠他们的钱财，赶走他们饲养的牲畜，把年老体弱的人以及妇女分给士兵作为奴婢，让这里的父子兄弟流离失所，愁苦哀怨。那些在山谷中的百姓，酷暑暴雨之下没有遮盖之物，不时遭受毒蛇猛虎的伤害，孤单又危险，饥渴难耐，却无处倾诉痛苦。他们当初认为杨晟不是他们的官长而没有听从他的命令，现在司徒对他们也不加以慰问、赈济，他们就会更加思念杨氏了。"王宗侃深感悲痛，不知不觉地多次向前移动座位，询问王先成。王先成说："还有比这更危险的事情：现在各个营寨每天早晨派遣六七百名士兵，进入深山密林劫掠百姓的财物，天黑时才返回，士兵竟然没有守寨防范之心。这只是侥幸仰仗城中没有人罢了，万一有一位聪慧之人替杨晟出谋划策，让他趁着空虚时来突袭，事先在彭州城门内埋伏一千精壮士兵，当登上城楼看到王建营寨的士兵前去劫掠走远时，便派出弓箭手、炮手各一百人，进攻营寨的一面，紧随着派遣五百名役卒，身背柴草土石填满堑壕垫好道路，然后发动精锐军队奋勇进攻，并且烧毁守寨；又在另外三面的城下各派出炫耀兵力的军队，各个营寨都自己忙着防备抵抗，没有时间相互救援，彭州城内不断增派军队继续出击，这样一来，王建怎么能不打败仗呢？"王宗侃很吃惊地望着他，说："果真像你说的这样，那该怎么办呢？"

先成请条列为状以白王建，宗侃即命先成草之，大指言："今所白之事，须四面通共，宗侃所司止于北面，或所白可从，乞以牙举施行。"事凡七条："其一，乞招安山中百姓。其二，乞禁诸寨军士及子弟无得一人辄出淘虏，仍表诸寨之旁七里内听樵牧，敢越表者斩。其三，乞置招安寨，中容数千人，以处所招百姓，宗侃请选所部将校谨干者为招安将，使将三十人昼夜执兵巡卫。其四，招安之事须委一人总领，今榜帖既下，诸寨必各遣军士入山招安，百姓见之无不惊疑，如鼠见狸，谁肯来者！欲招之必有其术，愿降帖付宗侃专掌其事。其五，乞严勒四寨指挥使，悉索前日所虏彭州男女老幼集于营场，有父子、兄弟、夫妇自相认者即使相从，牒其人数，部送招安寨，有敢私匿一人者斩；仍乞勒府中诸营，亦令严索，有自军前先寄归者，量给资粮，悉部送归招安寨。其六，乞置九陇行县于招安寨中，以前南郑令王玭摄县令，设置曹局，抚理百姓，择其子弟之壮者，给帖使自入山招其亲戚；彼知司徒严禁侵掠，前日为军士所虏者，皆获安堵，必欢呼踊跃，相帅下山，如子归母，不日尽出。其七，彭州土地宜麻，百姓未入山时多沤藏者，宜令县令晓谕，各归田里，出所沤麻鬻之，以为资粮，必渐复业。"建得之大喜，即行之，悉如所申。

【译文】王先成请求一条条列举，写成奏疏，向王建禀告，王宗侃立即命令王先成撰写草稿，大意是说："今天所禀告的事情，必须四方面联合，王宗侃所管辖的只有北面的军队，如果可以依从禀告的建议，请求用节度使的名义提出实行。"事情共有七条："其一，请求召集安抚山谷中的百姓。其二，请求阻止各营寨的军中士兵和子弟，谁也不准出去劫掠百姓，在各营寨的旁边竖立石碑，方圆七里之内随意打柴放牧，有敢超越石碑者斩首。其三，请设置召集安抚百姓的守寨，最好能容纳几千人，用来安置招回来的百姓，请王宗侃选择部下将校中谨慎干练的人为招安将，命令他们带领三十人早晚拿着兵器巡逻保卫。其四，召集安抚之事必须委任一人为统领，今天榜帖已经发布出去，各寨一定各自派遣士兵进入山中召集安抚，但是百姓看到士兵没有不惊恐疑虑的，就像老鼠看见猫一般，有谁愿意前来呢！想要召集他们，必须想办法，希望发下军帖，交给王宗侃专门处理这件事。其五，请严格命令四面守寨的指挥使，把之前抢掠的彭州男女老幼全都聚集在营寨的广场上，有父亲与儿子、哥哥与弟弟、丈夫与妻子自己相互认出的，就让他们团聚，在公文上标清人数，分别送往招安寨，有胆敢私自藏匿一人的立即斩杀；再请求命令成都府中的各军营，要求他们也严格搜寻，有之前从军队前线返回的百姓，酌量送给些资财粮食，全都送回招安寨。其六，请在招安寨里设置九陇行县，任命前任南郑县令王丕代理县令，县内设置曹署，安抚治理百姓，选择那些健壮的子弟，发给他们军帖，让他们自己进入山中召集他们的亲人；他们知道司徒严格禁止侵扰劫掠，以前被士兵们俘获去的，都得到了安定的住所，一定会欢呼雀跃，相互领着下山，就像小孩回归母亲的怀抱一般，没有几天便会全部出来的。其七，彭州的土地适合种麻，这里的百姓在没有进山时把大量沤过的麻藏了起来，应当命令县令明确告诉百姓，各自返回田间故里，将沤藏的麻挖出来卖掉，换取资财粮食，这样必定会逐渐恢复家业。"王建接到状文大为欢喜，当即实行，全部遵从办理。

明日，榜帖至，威令赫然，无敢犯者。三日，山中民竞出，赴招安寨如归市，寨不能容，斥而广之；浸有市井，又出麻鬻之。民见村落无抄暴之患，稍稍辞县令，复故业。月馀，招安寨皆空。

己巳，李茂贞克凤州，感义节度使满存奔兴元。茂贞又取兴、洋二州，皆表其子弟镇之。

【译文】 第二天，榜帖送达各营区，禁令非常清楚明确，没有人胆敢违反。过了三天，山中的百姓争先恐后地走出来，赶往招安寨中，就如同赶到市场去一样，招安寨容纳不了这么多人，就开辟地盘扩展寨子。逐渐地又有了集市，百姓又拿出收藏的麻来卖。招安寨的百姓看到村落没有残暴劫掠之患，逐渐辞别九陇行县县令，回到故里恢复旧业。又过了一个多月，招安寨里的百姓都走光了，返回故里。

己巳日（二十七日），李茂贞攻取了凤州，感义节度使满存逃往兴元。李茂贞又攻克兴、洋两个州，都向朝廷上表请求任命他的子弟来镇守。

八月，以杨行密为淮南节度使、同平章事，以田頵知宣州留后，安仁义为润州刺史。

孙儒降兵多蔡人，行密选其尤勇健者五千人，厚其禀赐，以皁衣蒙甲，号"黑云都"，每战，使之先登陷陈，四邻畏之。

【译文】八月，昭宗李晔任命杨行密为淮南节度使、同平章事，任命田頵担任宣州留后，任命安仁义为润州刺史。

从孙儒那边投降的士兵很多是蔡州人，杨行密挑选出五千特别勇敢健壮的士兵，给他们丰厚的供给和奖赏，让他们用黑色的外衣蒙着铠甲，号称"黑云都"，每当作战时，让这些人在前面冲锋陷阵，四周邻近的军队都很惧怕他们。

行密以用度不足，欲以茶盐易民布帛，掌书记舒城高勖曰："兵火之馀，十室九空，又渔利以困之，将复离叛。不若悉我所有易邻道所无，足以给军；进贤守令劝课农桑，数年之间，仓库自实。"行密从之。田頵闻之曰："贤者之言，其利远哉！"行密驰射武伎，皆非所长，而宽简有智略，善抚御将士，与同甘苦，推心待物，无所猜忌。尝早出，从者断马鞦，取其金，行密知而不问，它日，复早出如故，人服其度量。

【译文】杨行密因为费用不足，想要用茶、盐来换取百姓的布帛，掌书记舒城人高勖说："战乱刚刚平定，老百姓十户有九家是一贫如洗，官府却又要谋取利益让他们艰难困窘，这将会让百姓再次背叛我们啊。不如用我们拥有的东西来与邻道交换我们所没有的，这样就足以供给军队的需要了！再挑选贤明的太守和县令，勉励考察百姓的农业耕作、植桑养蚕情况，几年之间，粮仓府库自然会充足起来。"杨行密听从了他的建议。田頵听到这件事以后，说："这是贤者说的话啊！它的好处确实是太深远了。"杨行密对于骑射武艺等，都不很擅长，然而他对人宽容仁厚，生活俭朴又有才智谋略，擅长安抚任用将士，与他们同甘共苦，待人处事也能真诚，没有任何猜疑嫉妒之心。杨行密曾经清晨外出，跟随的人砍断了马股后的革带，把上面装饰的黄金偷走，杨行密知道了这件事后，也没有去追究那个人，以后，他仍然早晨外出，就像以前一样，人人都叹服他的度量。

淮南被兵六年，士民转徙几尽；行密初至，赐与将吏，帛不过数尺，钱不过数百，而能以勤俭足用，非公宴，未尝举乐。招抚流散，轻徭薄敛，未及数年，公私富庶，几复承平之旧。

【译文】 淮南一带遭受战乱已经连续六年了，当地士人和百姓辗转迁徙几乎走光了；杨行密刚到这里时，赏赐将领官吏的布帛不过几尺，银钱不足几百。可是，杨行密能够凭借勤劳节俭保证军中充足的给养，除非因公设置酒宴，他自己从不举办歌舞音乐。召集安抚那些流离失所的百姓，减轻徭役，减少赋税，不到几年的时间，官府、百姓富庶，几乎恢复到太平盛世时的状态。

李克用北巡至天宁军，闻李匡威、赫连铎将兵八万寇云州，遣其将李君庆发兵于晋阳。克用潜入新城，伏兵于神堆，擒吐谷浑逻骑三百；匡威等大惊。丙申，君庆以大军至，克用迁入云州。丁酉，出击匡威等，大破之。己亥，天威等烧营而遁；追至天成军，斩获不可胜计。

辛丑，李茂贞攻拔兴元，杨复恭、杨守亮、杨守信、杨守贞、杨守忠、满存奔阆州。茂贞表其子继密权知兴元府事。

【译文】李克用向北巡视到了天宁军时，听说李匡威、赫连铎率领士兵八万人劫掠云州，便派遣他的部将李君庆从晋阳发动军队。李克用本人却偷偷潜入新城，在神堆设下伏兵，擒获吐谷浑的巡逻骑兵三百人；李匡威等大为震惊。丙申日（二十五日），李君庆率领大军到达，李克用便迁往云州。丁酉日（二十六日），李克用出兵攻打李匡威等人，大破他们的军队。己亥日（二十八日），李匡威等人焚烧军营之后逃走了！李克用追到天成军，斩杀、虏获的士兵极多，根本没有办法计算。

辛丑日（三十日），李茂贞攻取了兴元，杨复恭、杨守亮、杨守信、杨守贞、杨守忠、满存逃往阆州。李茂贞向昭宗李晔上表，请求任命他的儿子李继密暂时担任兴元府的职务。

九月，加荆南节度使成汭同平章事。

时溥迫监军奏称将士留己，冬，十月，复以溥为侍中、感化节度。朱全忠奏请追溥新命；诏谕解之。

【译文】九月，昭宗李晔加封荆南节度使成汭为同平章事。

时溥逼迫监军向朝廷奏称军中将士挽留他，冬季，十月，昭宗李晔又任命时溥为侍中、感化节度使。朱全忠向昭宗上奏，请求追回加封给时溥的新的任命；昭宗下诏规劝朱全忠和时溥和解。

初，邢、洺、磁州留后李存孝，与李存信俱为李克用假子，不相睦。存信有宠于克用，存孝在邢州，欲立大功以胜之，乃建议取镇冀；存信从中沮之，不时听许。及王镕围尧山，存孝救之，不克。克用以存信为蕃、马步都指挥使，与存孝共击之，二人互相猜忌，逗留不进；克用更遣李嗣勋等击破之。存信还，谮存孝无心击贼，疑与之有私约。存孝闻之，自以有功于克用，而信任顾不及存信，愤怨，且惧及祸，乃潜结王镕及朱全忠，上表以三州自归于朝廷，乞赐旌节及会诸道兵讨李克用；诏以存孝为邢、洺、磁节度使，不许会兵。

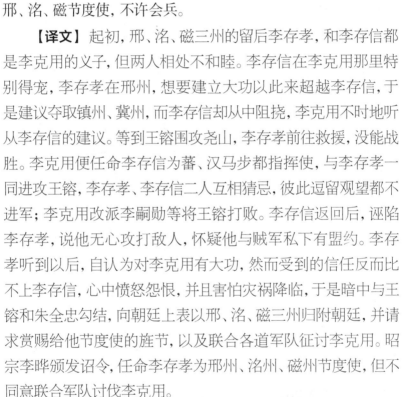

【译文】起初，邢、洺、磁三州的留后李存孝，和李存信都是李克用的义子，但两人相处不和睦。李存信在李克用那里特别得宠，李存孝在邢州，想要建立大功以此来超越李存信，于是建议夺取镇州、冀州，而李存信却从中阻挠，李克用不时地听从李存信的建议。等到王镕围攻尧山，李存孝前往救援，没能战胜。李克用便任命李存信为蕃、汉马步都指挥使，与李存孝一同进攻王镕，李存孝、李存信二人互相猜忌，彼此逗留观望都不进军；李克用改派李嗣勋等将王镕打败。李存信返回后，诬陷李存孝，说他无心攻打敌人，怀疑他与贼军私下有盟约。李存孝听到以后，自认为对李克用有大功，然而受到的信任反而比不上李存信，心中愤怒怨恨，并且害怕灾祸降临，于是暗中与王镕和朱全忠勾结，向朝廷上表以邢、洺、磁三州归附朝廷，并请求赏赐给他节度使的旌节，以及联合各道军队征讨李克用。昭宗李晔颁发诏令，任命李存孝为邢州、洺州、磁州节度使，但不同意联合军队讨伐李克用。

十一月，时溥濠州刺史张璲、泗州刺史张谏以州附于朱全忠。

乙未，朱全忠遣其子友裕将兵十万攻濮州，拔之，执其刺史邵伦，遂令友裕移兵击时溥。

孙儒将王坛陷婺州,刺史蒋环奔越州。

庐州刺史蔡俦发杨行密祖父墓,与舒州刺史倪章连兵,遣使送印于朱全忠以求救。全忠恶其反覆,纳其印,不救,且牒报行密;行密谢之。行密遣行营都指挥使李神福将兵讨俦。

【译文】十一月,时溥的濠州刺史张璲、泗州刺史张谏等人以州归顺朱全忠。

乙未日(十一月无此日),朱全忠派遣他的儿子朱友裕率领十万大军攻打濮州,把它攻取了,抓住了刺史邵伦,于是,朱全忠又命令朱友裕调转军队攻打时溥。

孙儒的部将王坛攻克婺州,刺史蒋环逃到越州。

庐州刺史蔡俦将杨行密父亲和祖父的坟墓挖开,与舒州刺史倪章联合军队,派遣使者送去印信向朱全忠求救。朱全忠憎恨蔡俦反复无常,接受他送来的官印,却不派兵援助,并且给杨行密送去书信报告这些消息;杨行密对朱全忠表示感谢。杨行密派遣行营都指挥使李神福率领军队征讨蔡俦。

《宣明历》浸差,太子少詹事边冈造新历成,十二月,上之。命曰《景福崇玄历》。

壬午,王建遣其将华洪击杨守亮于阆州,破之。建遣节度押牙延陵郑顼使于朱全忠;全忠问剑阁,顼极言其险。全忠不信,顼曰:"苟不以闻,恐误公军机。"全忠大笑。

是岁,明州刺史钟文季卒,其将黄晟自称刺史。

【译文】唐穆宗李恒时建立的《宣明历》逐渐出现误差,太子少詹事边冈完成新历改造,十二月,进献给朝廷。昭宗李晔把新历命名为《景福崇玄历》。

壬午日(十二日),王建派遣他的部将华洪在阆州攻打杨守亮,打败了杨守亮的军队。王建派遣节度押牙、延陵人郑顼出使到朱全忠那里,朱全忠询问剑阁的情况,郑顼极力陈述剑阁如何险要。朱全忠不相信他所说的,郑顼说:"如果您不听我说的话,恐怕会耽误您的军机大事。"朱全忠听后哈哈大笑。

这一年,明州刺史钟文季去世,他的将领黄晟自称为明州刺史。

景福二年(癸丑,公元八九三年)春,正月,时溥遣兵攻宿州,刺史郭言战死。

东川留后顾彦晖既与王建有隙,李茂贞欲抚之使从己,奏请更赐彦晖节;诏以彦晖为东川节度使。茂贞又奏遣知兴元府事李继密救梓州,未几,建遣兵败东川、凤翔之兵于利州。彦晖求和,请与茂贞绝;乃许之。

凤翔节度使李茂贞自请镇兴元,诏以茂贞为山南西道兼武定节度使,以中书侍郎、同平章事徐彦若同平章事,充凤翔节度使,又割果、阆二州隶武定军。茂贞欲兼得凤翔,不奉诏。

【译文】景福二年(癸丑,公元893年)春季,正月,时溥派遣士兵攻打宿州,宿州刺史郭言战死。

东川留后顾彦晖与王建有矛盾,李茂贞便想安抚顾彦晖让他服从自己,于是向昭宗李晔上奏请求再次赐予顾彦晖节度使的旌节,昭宗颁诏任命顾彦晖为东川节度使。李茂贞又奏请派遣掌管兴元府事务的李继密援救梓州,不久,王建派遣军队在利州打败了东川、凤翔的军队。顾彦晖向王建求和,请求与李茂贞断绝关系;王建便答应了他。

凤翔节度使李茂贞自己请求镇守兴元,昭宗李晔下诏任命李茂贞为山南西道兼武定节度使,任命中书侍郎、同平章事徐彦若为同平章事,充任凤翔节度使,另外,又分割出果、阆两个州归属武定军。而李茂贞打算兼领凤翔,所以没有接受诏命。

二月,甲戌,加西川节度使王建同平章事。

李克用引兵围邢州,王镕遣牙将王藏海致书解之,克用怒,斩藏海,进兵击镕,败镇兵于平山,辛巳,攻天长镇,旬日不下。镕出兵三万救之,克用逆战于叱日岭下,大破之,斩首万馀级,馀众溃去。河东军无食。脯其尸而啖之。

【译文】二月,甲戌日(初五),昭宗李晔加封西川节度使王建为同平章事。

李克用率领军队围攻邢州,镇州的王镕派遣牙将王藏海给李克用送去书信进行解释。李克用大怒,将王藏海杀死,派军队进攻王镕,在平山县打败了镇州的军队。辛巳日(十二日),李克用攻打天长镇,打了十天还没有攻克。王镕出动三万士兵前往救援,李克用在叱日岭下迎战,大破王镕的军队,斩首一万多人,余下的士兵都溃散逃走了。李克用的河东军队没有粮食,把被杀士兵的尸体剁成肉酱吃。

时溥求救于朱瑾,朱全忠遣其将霍存将骑兵三千军曹州以备之。瑾将兵二万救徐州,存引兵赴之,与朱友裕合击徐、兖兵于石佛山下,大破之,瑾遁归兖州。辛卯,徐兵复出,存战死。

李克用进下井陉,李存孝将兵救王镕,遂入镇州,与镕计事,镕又乞师于朱全忠,全忠方与时溥相攻,不能救,但遗克用书,言“邺下有十万精兵,抑而未进。”克用复书:“倘实屯军邺下,颙望降临;必欲真决雌雄,愿角逐于常山之尾。”甲午,李匡威引兵救镕,败河东兵于元氏,克用引还邢州。镕犒匡威于藁城,辇金帛二十万以酬之。

【译文】时溥向朱瑾请求救援，朱全忠派遣他的部将霍存率领三千骑兵在曹州屯驻来防备朱瑾军队的进攻。朱瑾率领两万士兵救援徐州，霍存带兵赶去，和朱友裕在彭城附近的石佛山下联合攻打徐州、兖州的军队，结果徐州、兖州军队惨败，朱瑾逃回兖州。辛卯日（二十二日），徐州的士兵又发动进攻，霍存战死。

李克用进军攻下井陉，李存孝率领军队救援王镕，于是进入镇州，与王镕商议大事。王镕又向朱全忠请求出兵，朱全忠这时正在和时溥激战，没有办法去援救他，不过，他给李克用送去一封书信，说："我在邺下驻扎有十万精兵，只因为我的压制才没有让他们进军。"李克用给朱全忠回信说："倘若你在邺下确实屯驻有精兵，那么我恭候大军前来；如果一定要分出胜负，请到常山脚下决一死战。"甲午日（二十五日），李匡威率领士兵援救王镕，在元氏打败了李克用的军队，李克用率领军队返回邢州。王镕在藁城犒劳李匡威，拿出金帛二十万来酬谢他。

朱友裕围彭城，时溥数出兵，友裕闭壁不战。朱瑾宵遁，友裕不追，都虞候朱友恭以书谮友裕于全忠。全忠怒，驿书下都指挥使庞师古，使代之将，且按其事。书误达于友裕，友裕大惧，以二千骑逃入山中，潜诣砀山，匿于伯父全昱之所。全忠夫人张氏闻之，使友裕单骑诣汴州见全忠，泣涕拜伏于庭；全忠命左右捽抑，将斩之，夫人趋就抱之，泣曰："汝舍兵众，束身归罪，无异志明矣。"全忠悟而舍之，使权知许州。友恭，寿春人李彦威也，幼为全忠家僮，全忠养以为子。张夫人，砀山人，多智略，全忠敬惮之，虽军府事，时与之谋议；或将兵出，中途，夫人以为不可，遣一介召之，全忠立为之返。

庞师古攻佛山寨，拔之，自是徐兵不敢出。

资治通鉴

【译文】朱友裕包围彭城，时溥多次出动军队攻打，朱友裕关起营门不出来迎战。朱瑾在石佛山下战败，在夜间逃走，朱友裕也不追赶，都虞候朱友恭写信给朱全忠诋毁朱友裕，朱全忠看后特别生气，用驿马传送书信给都指挥使庞师古，派他代替朱友裕统率军队，并且审查信中提到的那些事。可是这封传送的书信却误送到朱友裕那里，朱友裕非常害怕，率领二千（应该是"二十"才对）名骑兵逃入山中，暗中去砀山，藏匿在伯父朱全昱那里。朱全忠的夫人张氏听说了此事，便要朱友裕独自骑马到汴州见朱全忠，朱友裕在厅堂上大哭，流着泪跪下求饶。朱全忠命令身边侍卫揪住他的头发，按住他的脖子，要把他拉出去斩首，张夫人赶紧跑过去抱住朱友裕，流着眼泪说："你离开军队，独自一人回来认罪，没有其他的图谋已经很明显了。"朱全忠听后立即明白过来，收回对朱友裕的处罚，命他暂且掌管许州事务。朱友恭是寿春人李彦威，幼年时，是朱全忠的家僮，朱全忠收养他为义子。张夫人是砀山人，很有智慧，擅长筹谋，朱全忠敬畏她，即使是军府要事，也时时与她商议、谋划；有时，率领军队出战，已经行进到半路，而张夫人认为这次出征不可取，只派遣一个人去召请朱全忠，朱全忠立即就返回。

庞师古攻打佛山寨，把它攻克了，从此徐州的军队就不敢再出来交战！

李匡威之救王镕也，将发幽州，家人会别，弟匡筹之妻美，匡威醉而淫之。二月，匡威自镇州还，至博野，匡筹据军府自称留后，以符追行营兵。匡威众溃归，但与亲近留深州，进退无所之，遣判官李抱真入奏，请归京师。京师屡更大乱，闻匡威来，坊市大恐，曰："金头王来图社稷。"士民或窜匿山谷。王镕德其以己故致失地，迎归镇州，为筑第，父事之。

【译文】李匡威去援救王镕的时候，准备从幽州出发，家人都到使馆去为他送行，他的弟弟李匡筹的妻子很漂亮，李匡威喝醉酒之后，就把她奸淫了。二月，李匡威从镇州回来，到达博野，李匡筹占据军府，自称留后，用符节派兵追回行营的军队。李匡威的人马溃散返回，他只得与一些亲近的士兵留在深州，进退没有去处，便派遣判官李抱真向朝廷奏报，请求返回京师长安。京师屡次经历战乱，听说李匡威要来，街市上的人非常惊恐，说："金头王李匡威要来图谋大唐皇位了。"长安的士人百姓有的竟逃往山谷中躲藏起来。因为李匡威是为救援王镕而丧失幽州的，因此王镕对李匡威感恩戴德，迎接他到镇州，替他修建府第，侍奉他就如同侍奉父亲一般。

以渝州刺史柳玭为泸州刺史，柳氏自化绰以来，世以孝悌礼法为士大夫所宗。玭御史大夫，上欲以为相。宦官恶之，故久谪于外。玭戒其子弟曰："凡门地高，可畏不可恃也。立身行己，一事有失，是得罪重于他人，死无以见先人于地下，此其所以可畏也。门高则骄心易生，族盛则为人所嫉；懿行实才，人未之信，小有颣，众皆指之：此其所以不可恃也。故膏粱子弟，学宜加勤，行宜加励，仅得比他人耳！"

【译文】昭宗李晔任命渝州刺史柳玭为泸州刺史。柳氏从柳公绰以后，世代都以孝顺父母、尊敬兄长、重礼守法而为士大夫们所尊崇。柳玭担任御史大夫，昭宗想要任命他为宰相，宦官憎恨他，因此柳玭许久都被贬谪在外。柳玭曾告诫子弟，说：

"大体来说，门第高贵的人，它越使人惧怕而不可以依赖！这些人为人处世，如果一件事上出现失误，招致的罪过就会比别人严重得多，死后也没有脸在地下与祖先相见，这是说可怕的原因。门第高就容易产生骄纵之心，家族昌盛就要受人妒忌；他们的美德善行、真才实学，人们不一定会相信，而稍微有一点缺憾，大家又都会去指责他，这就是它不可以依赖的缘故。因此，富贵人家的子弟，学习应该更加勤奋，行为应该更加勤勉，这样也仅仅是能和其他人相比较罢了。"

王建屡请杀陈敬瑄、田令孜、朝廷不许。夏，四月，乙亥，建使人告敬瑄谋作乱，杀之新津。又告令孜通凤翔书，下狱死。建使节度判官冯涓草表奏之曰："开匣出虎，孔宣父不责他人；当路斩蛇，孙叔敖盖非利己。专杀不行于阃外，先机恐失于彀中。"涓，宿之孙也。

【译文】 王建屡次向朝廷请求杀死陈敬瑄、田令孜，朝廷都不准许。夏季，四月，乙亥日（初七），王建派人告发陈敬瑄暗中谋反作乱，在新津将他杀死。又派人告发田令孜与凤翔节度使李茂贞暗中往来书信，把田令孜关进监狱，最终致死。王建命令节度判官冯涓起草表文，上奏昭宗李晔，说："打开木笼把猛虎放出，孔子责备自己的弟子而不斥责别人；孙叔敖将两头蛇杀死，并不是为了他自身获得利益。在宫廷之外统兵的将领如果没有专杀独断的权力，重要的机会就要在奸臣的圈套中丧失了。"冯涓是冯宿的孙子。

汴军攻徐州，累月不克。通事官张涛以书白朱全忠云："进军时日非良，故无功。"全忠以为然，敬翔曰："今攻城累月，所费甚多，徐人已困，旦夕且下，使将士闻此言，则懈于攻取矣。"全忠乃焚其书。癸未，全忠自将如徐州；戊子，庞师古拔彭城，时溥举族登燕子楼自焚死。己丑，全忠入彭城，以宋州刺史张廷范知感化留后，奏乞朝廷除文臣为节度使。

【译文】汴州的军队进攻徐州，几个月都没有攻下来。通事官张涛写信禀告朱全忠说："进军的时机没有把握好，所以没有效果。"朱全忠同意他的看法。敬翔说："现在我们攻打徐州城好几个月，耗费巨大的财力、物力，徐州的百姓已经困乏极了，攻克徐州是早晚的事，如果让军中将士听到张涛的这些话，那么进攻的劲头就会松懈下来。"朱全忠于是把张涛的信烧掉了。癸未日（十五日），朱全忠亲自率领士兵前往徐州；戊子日（二十日），庞师古攻取了彭城，时溥全族的人登上燕子楼自焚而死。己丑日（二十一日），朱全忠进入彭城，任命宋州刺史张廷范担任感化留后，奏请朝廷任命文官担任节度使。

李匡威在镇州，为王镕完城堑，缮甲兵，训士卒，视之如子，匡威以镕年少，且乐真定土风，潜谋夺之。李抱真自京师还，为之画策，阴以恩施悦其将士。王氏在镇久，镇人爱之，不徇匡威。匡威忌日，镕就第吊之。匡威素服衷甲，伏兵劫之，镕趋抱匡威曰："镕为晋人所困，几亡矣，赖公以有今日；公欲得四州，此固镕之愿也，不若与公共归府，以位让公，则将士莫之拒矣。"匡威不以为然，与镕骈马，陈兵入府，会大风雷雨，屋瓦皆振。匡威入东偏门，镇之亲军闭之，有屠者墨君和自缺垣跃出，拳殴匡威甲士，挟镕于马上，负之登屋。镇人既得镕，攻匡威，杀之，并其族党。镕时年十七，体疏瘦，为君和所挟，颈痛头偏者累日。李匡筹奏镕杀其兄，请举兵复冤；诏不许。

【译文】李匡威在镇州，为王镕修整城郭堑壕，修理盔甲兵器，把王镕当成儿子一样对待。李匡威因为王镕年纪小，并且喜欢镇州的风土人情，所以暗中谋划夺取镇州。李抱真从京师返回，替李匡威筹划此事，暗中施予恩惠来取悦将士们。王镕一家在镇州已经生活了很长时间，镇州人拥戴王镕，而不顺从李匡威。在李匡威父母的忌日，王镕到李匡威的寓所凭吊，李匡威身穿丧服，里面却穿着铠甲，设下伏兵将王镕劫持，王镕跑到李匡威的面前抱着他说："我王镕被河东李克用围困时，几乎要兵败而死，依靠你的救援才有今日；你想得到镇州、冀州、深州、赵州这四个州，这本来就是我所期望的，不如我和你一同回到节度使府，把节度使的职位让给你，这样军中将士就不会再反抗你了。"李匡威觉得他说得很有道理，便和王镕比肩并马，排列军队进入府中。恰逢狂风大作雷雨交加，房屋上的瓦都震动起来。李匡威走进镇州城的东偏门，王镕的镇州亲军立即把东偏门关闭，有个叫墨君和的屠夫从残破的墙壁后面跳出来，用拳头猛击李匡威的披甲士兵，把王镕从马背上夹在腋下，背着他登上房顶。镇州的士兵得到了王镕后，便攻打李匡威，杀死了他，连同他的族人和党羽也都杀了。王镕当时才十七岁，身体又瘦又高，这次被墨君和夹着跑，竟好几天脖子疼痛脑袋歪斜。李匡筹向朝廷奏报王镕将他的哥哥李匡威杀了，请求发兵报仇，昭宗李晔下诏不许他擅自行动。

幽州将刘仁恭将兵戍蔚州，过期未代，士卒思归。会李匡筹立，戍卒奉仁恭为帅，还攻幽州，至居庸关，为府兵所败。仁恭奔河东，李克用厚待之。

李神福围庐州；甲午，杨行密自将诣庐州，田頵自宣州引兵会之。初，蔡人张颢以骁勇事秦宗权，后从孙儒，儒败，归行密，行密厚待之，使将兵戍庐州。蔡俦叛，颢更为之用。及围急，颢逾城来降，行密以隶银枪都使袁袭。袭以颢反复，白行密，请杀之，行密恐袭不能容，置之亲军。袭，陈州人也。

【译文】幽州的将领刘仁恭率领士兵戍守蔚州，过了期限还没有人来替换他们，士兵们都想回家。适逢李匡筹即位，戍守的士兵便拥戴刘仁恭为统帅，掉转头来攻打幽州，到了居庸关，被幽州节度使的军队打败。刘仁恭逃奔河东，李克用对待他相当优厚。

李神福包围庐州；甲午日（二十六日），杨行密亲自率领军队抵达庐州，田頵从宣州率领士兵与他会合。起初，蔡州人张颢凭借骁勇善战侍奉秦宗权，后来又跟随孙儒，孙儒战败后，张颢归附杨行密，杨行密对待他也很优厚，委任他率领军队在庐州屯驻。蔡俦作乱的时候，张颢又为他效力。等到庐州城被包围后，情况紧急，张颢越过城墙去投降杨行密，杨行密将他隶属银枪都使袁袭。袁袭认为张颢为人反复无常，向杨行密进言，请求将张颢杀了，杨行密担心袁袭不能容纳张颢，便把张颢安排在亲军中。袁袭是陈州人。

王彦复、王审知攻福州，久不下。范晖求救于威胜节度使董昌，昌与陈岩婚姻，发温、台、婺州兵五千救之。彦复、审知以城坚，援兵且至，士卒死伤多，白王潮，欲罢兵更图后举，潮不许。请潮自临行营，潮报曰："兵尽添兵，将尽添将，兵将俱尽，吾当自来。"彦复、审知惧，亲犯矢石急攻之。五月，城中食尽，晖知不能守，夜，以印授监军，弃城走，援兵亦还。庚子，彦复等入城。辛丑，晖亡抵沿海都，为将士所杀。潮入福州，自称留后，素服葬陈岩，以女妻其子延晦，厚抚其家。汀、建二州降，岭海间群盗二十馀辈皆降溃。

【译文】王潮派遣王彦复、王审知进攻福州，很久没有攻克。范晖向威胜节度使董昌请求支援，董昌和陈岩有姻亲关系，于是派遣温州、台州、婺州士兵五千人前往救援。王彦复、王审知因为福州城坚固，救援军队即刻赶到，军中死亡受伤的士兵已经很多，他们把这里的情况禀告王潮，想要撤兵，另外谋划攻打，王潮没有答应他们的请求。他们请王潮亲自莅临行营，王潮回复说：“士兵没有了增派士兵，将领战死派遣将领，士兵、将领都战死了，我自然前来。”王彦复、王审知害怕了，亲自冒着被弓箭射、被巨石砸的危险，急速地抢攻。五月，福州城内粮食吃光了，范晖清楚不能守住城池，夜里，他把官印交给监军，然后离开福州城逃走了，前来救援的军队也纷纷返回。庚子日（初二），王彦复等人进入福州城。辛丑日（初三），范晖逃到驻守海滨的部队，被将士杀死。王潮进入福州，自称为留后，穿上丧服将陈岩安葬，把自己的女儿嫁给陈岩的儿子陈延晦，对陈岩的家属抚恤得十分优厚。汀州、建州也向王潮投降，从岭南到海滨的二十多股盗贼或者归顺王潮或者溃败逃散。

闰月，以武胜防御使钱镠为苏杭观察使。又以扈跸都头曹诚为黔中节度使，耀德都头李铤为镇海节度使，宣威都头孙惟晟为荆南节度使，六月，以捧日都头陈珮为岭南东道节度使，并同平章事。时李茂贞跋扈，上以武臣难制，欲用诸王代之，故诚等四人皆加恩，解兵柄，令赴镇。

李匡筹出兵攻王镕之乐寿、武强，以报杀匡威之耻。

【译文】闰月，昭宗李晔任命武胜防御使钱镠为苏杭观察使。又任命扈跸都头曹诚为黔中节度使，任命耀德都头李铤为镇海军节度使，任命宣威都头孙惟晟为荆南节度使，六月，昭宗李晔任命捧日都头陈珮为岭南东道节度使，全都为同平章事。这时，李茂贞飞扬跋扈，昭宗感到武臣难以控制，打算用皇族各王代替他们，因此曹诚、李铤、孙惟晟、陈珮四人都接到昭宗的诏令，解除他们在长安的兵权，命令他们奔赴镇所。

李匡筹派遣军队攻打王镕的乐寿、武强等地，来报王镕杀害李匡威的仇。

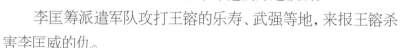

秋，七月，王镕遣兵救邢州；李克用败之于平山，壬申，进击镇州。镕惧，请以兵粮二十万助攻邢州，克用许之。克用治兵于栾城，合镕兵三万进屯任县，李存信屯琉璃陂。

丁亥，杨行密克庐州，斩蔡俦。左右请发俦父母冢，行密曰："俦以此得罪，吾何为效之！"

加天雄节度使李茂庄同平章事。

钱镠发民夫二十万及十三都军士筑杭州罗城，周七十里。

升州刺史张雄卒，冯弘铎代之为刺史。

【译文】秋季，七月，王镕派遣士兵救援邢州；李克用在平山把他打败，壬申日（初六），李克用进兵攻打镇州，王镕惧怕了，请求拿出军粮二十万来帮助李克用攻打邢州，李克用答应了王镕的请求。李克用在栾城派遣军队，联合王镕的士兵三万人进驻任县，李存信在琉璃陂驻扎军队。

丁亥日（二十一日），杨行密攻克庐州，杀死蔡俦。杨行密身边的人请求挖毁蔡俦父母的坟墓，杨行密说："蔡俦因为挖掘了我家祖坟而获罪，我怎么能去效仿他呢！"

昭宗李晔加封天雄节度使李茂庄为同平章事。

钱镠征发民夫二十万人以及十三都的军士修筑杭州的外围城，方圆有七十里。

　　升州刺史张雄去世，冯弘铎代替他担任刺史。

　　李茂贞恃功骄横，上表及遗杜让能书，辞语不逊。上怒，欲讨之，茂贞又上表，略曰："陛下贵为万乘，不能庇元舅之一身；尊极九州，不能戮复恭之一竖。"又曰："今朝廷但观强弱，不计是非。"又曰："约衰残而行法，随盛壮以加恩；体物锱铢，看人衡纩。"又曰："军情易变，戎马难羁，唯虑甸服生灵，因兹受祸，未审乘舆播越，自此何之！"上益怒，决讨茂贞，命杜让能专掌其事，让能谏曰："陛下初临大宝，国步未夷，茂贞近在国门，臣愚以为未宜与之构怨，万一不克，悔之无及。"上曰："王室日卑，号令不出国门，此乃志士愤痛之秋。药弗瞑眩，厥疾弗瘳。朕不能甘心为屡懦之主，惓惓度日，坐视陵夷。卿但为朕调兵食，朕自委诸王用兵，成败不以责卿！"让能曰："陛下必欲行之，则中外大臣共宜协力以成圣志，不当独以任臣。"上曰："卿位居元辅，与朕同休戚，无宜避事！"让能泣曰："臣岂敢避事！况陛下所欲行者，宪宗之志也；顾时有所未可，势有所不能耳。但恐他日臣徒受晁错之诛，不能弭七国之祸也。敢不奉诏，以死继之！"上乃命让能留中书，计画调度，月馀不归。崔昭纬阴结邠、岐，为之耳目，让能朝发一言，二镇夕必知之。李茂贞使其党纠合市人数百千人，拥观军容使西门君遂马诉曰："岐帅无罪，不宜致讨，使百姓涂炭。"君遂曰："此宰相事，非吾所及。"市人又邀崔昭纬、郑延昌肩舆诉之，二相曰："兹事主上专委杜太尉，吾曹不预知。"市人因乱投瓦石，二相下舆走匿民家，仅自免，丧堂印及朝服。上命捕其唱帅者诛之, 用兵之意益坚。京师民或亡匿山谷, 严刑所不能禁。八月, 以嗣覃王嗣周为京西招讨使, 神策大将军李鐬副之。

【译文】李茂贞自恃有功骄横跋扈, 向昭宗李晔进呈表章以及给杜让能写信, 言辞都很不恭敬。昭宗很气愤, 想要讨伐李茂贞。李茂贞再次呈上奏表, 大意说: "陛下作为一统天下的大唐皇帝, 却不能保护皇舅王瑰的性命; 陛下是天下万民最尊崇的, 却不能斩杀杨复恭这个奸佞之人。" 又说: "现在朝廷只在乎各节度使谁强谁弱, 却不计较是非曲直。" 还说: "朝廷管束势力弱的人, 对他们用刑法来制裁, 亲附势力强盛的人, 对他们施加恩宠; 处事视其轻重而计较得失, 看人权衡利害而仰人鼻息。" 又说: "军情容易变化, 征战的马匹很难拉着缰绳控制它, 我只是忧虑在您国土内的百姓会因此而遭受灾祸, 不知道天子在流亡迁徙, 丧失居所后, 从此地又要迁到哪里去呢?" 昭宗更加愤怒了, 决定征讨李茂贞, 命令杜让能专门管理此事, 杜让能劝昭宗说: "陛下刚刚即帝位, 我们的社稷还没平稳, 李茂贞距离国都的城门很近, 我认为不应当与他结怨, 一旦没有消灭他, 那么悔之晚矣。" 昭宗说: "国势日益衰微, 诏令的推行竟然不能超出国都的城门, 这是有志之士深感悲愤痛苦的时候啊! 《书经》里不是说, 吃药不到使眼睛昏花的程度, 疾病是不会好的。朕不甘心做一个软弱的任人欺辱的皇帝, 默默地在这里度日, 坐在这儿看着别人来欺侮。你只管为朕调集军队和粮食, 朕亲自委派各王率领军队, 不论成败都不会追究你的责任。" 杜让能回答说: "陛下一定要发兵征讨李茂贞, 那么朝廷内外的大臣都应当同心协力帮助陛下实现宏大的心愿, 而不应只任用臣一人。" 昭宗李晔说: "你作为宰相, 与朕休戚与共, 不应该逃避这件事。"杜让能激动地流下眼泪说："臣怎么敢逃避此事呢！何况陛下要完成的事情，也是先帝宪宗李纯的遗愿，只是从时间上讲还不到时机，就形势说也不允许罢了。只是臣恐怕将来有一天会像汉景帝刘启时的晁错那样白白遭受杀身之祸，却没能平息吴楚等七国叛乱的大祸。臣怎敢不奉行陛下的诏令，以死报答陛下呢！"昭宗李晔于是命令杜让能留在中书省，出谋划策，调度兵马，筹划了一个多月没有回家。崔昭纬暗中勾结邠州、岐州，作为他们的耳目，因此杜让能早晨说的话，邠州、岐州傍晚就一定会知晓。李茂贞指使他的党羽纠集集市中成百上千的人，围在观军容使西门君遂马前诉说："李茂贞大帅没有罪，不应当对他讨伐，而让百姓遭受战祸。"西门君遂说："这是宰相的事，不是我的能力所能做到的。"那些被召集的人又阻拦崔昭纬、郑延昌乘坐的轿子进行申诉，两位宰相说："这件事皇上专门委任太尉杜让能处理，我们事先也不清楚。"那些被召集的人于是乱扔瓦砾石块，两位宰相被逼无奈下了轿，走进百姓家中躲藏，但是这样仅能免受灾祸罢了，印信跟朝服都丢失了。昭宗李晔命令抓捕那些倡导、带头的人，把他们都杀了，发动战事的想法更加坚定。京师里的百姓有的逃走躲藏到山谷中，即使对他们进行严厉的惩罚也不能阻止他们逃走。八月，昭宗诏命覃王李嗣周为京西招讨使，神策大将军李镠担任他的副使。

【乾隆御批】茂贞表辞狂悖无状。昭宗痛愤陵夷，决策命讨，尚稍知振作。但内未除左右之奸，而欲外剪邠、岐之贼，庸可得乎？让能位居宰辅，谊当休戚与共，乃临事畏避，股肱心膂之谓何？至其奉诏，运筹谋无不泄，庸碌无能，更不足为责备矣。

【译文】 李茂贞上表言辞放诞又违背情理，简直无礼至极。昭宗痛恨他的不恭，决定下令讨伐他，看来还稍有振作之势。但是当时朝廷内奸臣未除，却想剪除王行瑜、李茂贞等外贼，怎么能行呢？杜让能位居宰相之位，本应与皇上休戚与共，却临战畏缩，又哪里显示出辅佐帝王之重臣的样子呢？等到接受诏命，所有谋划之事都被他泄露给叛贼，庸碌无能，也就不值得责备了。

【申涵煜评】 昭宗将讨邠岐，而昭纬已伏于肘腋，阴结二镇，有谋必泄。夫内贼不能除，安能及于外贼。杜让能力阻用兵，有先事之明，反受后事之诛，冤哉！

【译文】 昭宗将要讨伐邠岐，而崔昭纬已经埋伏在他的身边，暗地里结交二镇，有谋划必定泄露。内贼不能除去，怎么进攻外贼？杜让能极力阻止昭宗用兵，有先见之明，反而事后受到诛杀，真是冤枉啊！

丙辰，杨行密遣田頵将宣州兵二万攻歙州；歙州刺史裴枢城守，久不下。时诸将为刺史者多贪暴，独池州团练使陶雅宽厚得民，歙人曰："得陶雅为刺史，请听命。"行密即以雅为歙州刺史，歙人纳之。雅尽礼见枢，送之还朝。枢，遵庆之曾孙也。

朱全忠命庞师古移兵攻兖州，与朱瑾战，屡破之。

【译文】 丙辰日（二十一日），杨行密派遣田頵率领宣州的两万士兵征讨歙州；歙州刺史裴枢据城坚守，田頵很久没有攻下。当时各军中将领当了刺史以后大多贪婪残暴，只有池州团练使陶雅待人宽厚深得民心，歙州人说："如果让陶雅来担任刺史，我们愿意听从他的命令。"杨行密立即任命陶雅为歙州刺史，歙州的百姓就接纳了他。陶雅用极重的礼节去拜见裴枢，恭送裴枢返回朝廷。裴枢是裴遵庆的曾孙。

朱全忠命令庞师古调动军队征讨兖州，跟朱瑾交战，屡次打败朱瑾。

九月，丁卯，以钱镠为镇海节度使。

李存孝夜犯李存信营，虏奉诚军使孙考老。李克用自引兵攻邢州，掘堑筑垒环之。存孝时出兵突击，堑垒不能成。河东牙将袁奉韬密使人谓存孝曰："大王惟俟堑成即归晋阳，尚书所惮者独大王耳，诸将非尚书敌也。大王若归，咫尺之堑，安能沮尚书之锋锐邪！"存孝以为然，按兵不出。旬日，堑垒成，飞走不能越，存孝由是遂穷。汴将邓季筠从克用攻邢州，轻骑逃归。朱全忠大喜，使将亲军。

【译文】九月，丁卯日（初二），昭宗李晔任命钱镠为镇海节度使。

李存孝在夜间进攻李存信的营寨，抓获了奉诚军使孙考老。李克用亲自率领军队攻打邢州，围绕邢州挖掘堑壕修建营垒。李存孝不时地派遣军队突然袭击，让李克用的堑壕营垒不能建成。河东牙将袁奉韬偷偷派人对李存孝说："陇西郡王李克用只是等着堑壕营垒修整好就返回晋阳，尚书你所惧怕的只是李克用而已，他手下的各位将领都不是你的对手！等到大王李克用返回，那只有几尺宽的沟堑，如何能阻挡尚书您锐利的锋芒呢！"李存孝觉得他说的话很有道理，于是按兵不动。过了十天，沟堑堡垒都修筑完成了，连飞禽、走兽都无法越过，李存孝因此被困住。汴州军队原来的将领邓季筠这时也跟随李克用进攻邢州，他乘马轻装逃回汴州。朱全忠见了他特别高兴，命令他率领亲军。

乙亥，覃王嗣周帅禁军三万送凤翔节度使徐彦若赴镇，军于兴平。李茂贞、王行瑜合兵近六万，军于盩厔以拒之。禁军皆新募市井少年，茂贞、行瑜所将皆边兵百战之馀，壬午，茂贞等进逼兴平，禁军皆望风逃溃，茂贞等乘胜进攻三桥，京城大震，士民奔散，市人复守阙请诛首议用兵者。崔昭纬心害太尉、门下侍郎、同平章事杜让能，密遗茂贞书曰："用兵非主上意，皆出于杜太尉耳。"甲申，茂贞陈于临皋驿，表让能罪，请诛之。让能言于上曰："臣固先言之矣，请以臣为解。"上涕下不自禁，曰："与卿诀矣！"是日，贬让能梧州刺史，制辞略曰："弃卿士之臧谋，构藩垣之深衅，咨询之际，证执弥坚。"又流观军容使西门君遂于儋州，内枢密使李周潼于崖州，段诩于驩州。乙酉，上御安福门，斩君遂、周潼、诩，再贬让能雷州司户。遣使谓茂贞曰："惑朕举兵者，三人也，非让能之罪。"以内侍骆全瓘、刘景宣为左右军中尉。

【译文】乙亥日（初十），覃王李嗣周率领三万禁兵护送凤翔节度使徐彦若前往镇所，在兴平驻扎军队。李茂贞、王行瑜联合军队将近六万人，在盩厔驻军进行对抗。朝廷禁军都是刚刚从市街上征募的少年，而李茂贞、王行瑜所率领的都是边防士兵，经历过大小战斗上百次，壬午日（十七日），李茂贞等进军逼近兴平，朝廷禁军都闻风逃跑，李茂贞等乘胜进攻三桥，京师长安听说后很震恐，士民们奔走逃跑，市民又聚集在皇宫门前守候，要求诛杀首先倡议讨伐的人。崔昭纬存心要陷害太尉、门下侍郎、同平章事杜让能，于是偷偷地送信给李茂贞，说："发动战争并不是皇上的意思，都是杜太尉的想法。"甲申日（十九日），李茂贞在临皋驿陈列军队，向昭宗李晔上表列举杜让能的罪状，请求昭宗将他诛杀。杜让能向昭宗奏报说："臣早就说过了，现在就让臣承担此事的过失，从而解除陛下的危难吧！"昭宗悲伤哭泣，不能自已，说："朕与你诀别啦！"这一天，昭宗把杜让能贬为梧州刺史，诏命的大意是说："朕没能听取谋臣的深谋远虑,与藩镇们结下深深的矛盾,最后讨论时,所坚持的意见更加坚决。"接着,昭宗又将观军容使西门君遂流放到儋州,把内枢密使李周潼流放到崖州,把段诩流放到欢州。乙酉日(二十日),昭宗亲临安福门,当众斩杀了西门君遂、李周潼、段诩,把杜让能又贬为雷州司户。昭宗还派遣使者对李茂贞说:"煽动、蛊惑朕来发动讨伐的就是这三位,并不是杜让能的罪过啊!"昭宗李晔任命内侍骆全瓘、刘景宣为左右军的中尉。

壬辰,以东都留守韦昭度为司徒、门下侍郎、同平章事,御史中丞崔胤为户部侍郎、同平章事,胤,慎由之子也,外宽弘而内巧险,与崔昭纬深相结,故得为相。季父安潜谓所亲曰:"吾父兄刻苦以立门户,终为缁郎所坏!"缁郎,胤小字也。

【译文】壬辰日(二十七日),昭宗李晔任命东都留守韦昭度为司徒、门下侍郎、同平章事,御史中丞崔胤为户部侍郎、同平章事。崔胤是崔慎由的儿子,他表面上对人宽宏大量,实际上内心却奸诈、阴险,跟崔昭纬互相勾结,交情深厚,因此能担任宰相。他的叔叔崔安潜对亲近的人说:"我的父亲、兄长兢兢业业地创立家业,到头来还是被崔缁郎败坏了。"缁郎是崔胤的小名。

李茂贞勒兵不解,请诛杜让能然后还镇,崔昭纬复从而挤之。冬,十月,赐让能及其弟户部侍郎弘徽自尽。复下诏布告中外,称"让能举枉错直,爱憎系于一时;鬻狱卖官,聚敛逾于巨万。"自是朝廷动息皆禀于邠、岐,南、北司往往依附二镇以邀恩泽。有崔铤、王超者,为二镇判官,凡天子有所可否,其不遑者,辄诉于铤、超,二人则教茂贞、行瑜上章论之,朝廷少有依违,其辞语已不逊。

制复以茂贞为凤翔节度使兼山南西道节度使、守中书令,于是茂贞尽有凤翔、兴元、洋、陇秦等十五州之地。以徐彦若为御史大夫。

戊戌,以泉州刺史王潮为福建观察使。

【译文】李茂贞统率军队,并没有撤退的意思,向昭宗李晔请求诛杀杜让能,然后才返回镇所,崔昭纬又从中排挤杜让能。冬季,十月,昭宗李晔颁布诏令,赐杜让能和他的弟弟户部侍郎杜弘徽自尽。还向朝廷内外发下诏书,说:“杜让能举荐奸邪之人而不任用正直之人,对人的喜好和憎恶都只凭借一时的决定;他拿案狱官司做交易,卖官鬻爵,搜刮百姓的钱财超过亿万。”从此以后,朝廷的一举一动都要向邠州、岐州报告,南衙北司往往依附李茂贞和王行瑜获取恩赏。有两个人,名叫崔铤、王超,他们担任邠州、岐州两镇的判官,凡是昭宗对一些事情的决断,没能让某些人如愿以偿,他们就向崔铤、王超二人申诉,崔铤、王超二人便怂恿李茂贞、王行瑜呈递奏表进行论辩,朝廷对他们的决定稍微有些异议,李茂贞、王行瑜便出言不逊。

昭宗又任命李茂贞为凤翔节度使、兼山南西道节度使、代理中书令,于是李茂贞占据了凤翔、兴元、洋州、陇秦等十五个州。昭宗任命徐彦若为御史大夫。

戊戌日(初四),昭宗李晔任命泉州刺史王潮为福建观察使。

舒州刺史倪章弃城走,杨行密以李神福为舒州刺史。

邠宁节度使、守侍中兼中书令王行瑜求为尚书令;韦昭度密奏:“太宗以尚书令执政,遂登大位,自是不以授人臣。惟郭子仪以大功拜尚书令,终身避让。行瑜安可轻议!"十一月,以行瑜为太师,赐号尚父,仍赐铁券。

【译文】舒州刺史倪章丢弃舒州城逃走,杨行密任命李神福为舒州刺史。

邠宁节度使、代理侍中兼中书令王行瑜向昭宗李晔请求担任尚书令;韦昭度秘密向昭宗上奏,说:"太宗皇帝李世民是凭借尚书令执掌政务大权,从而登基称帝的,所以从此以后没有再授职尚书令,而郭子仪一直到去世都推辞担任这一官职。王行瑜怎么可以如此贸然地请求此职呢?"十一月,昭宗李晔任命王行瑜为太师,赐号尚父,还颁赐铁券。

十二月,朱全忠请徙盐铁于汴州以便供军;崔昭纬为全忠新破徐、郓,兵力倍增,若更判盐铁,不可复制,乃赐诏开谕之。

汴将葛从周攻齐州刺史朱威,朱瑄、朱瑾引兵救之。

初,武安节度使周岳杀闵勖,据潭州,邵州刺史邓处讷闻而哭之,诸将入吊,处讷曰:"吾与公等咸受仆射大恩,今周岳无状杀之,吾欲与公等竭一州之力,为仆射报仇,可乎?"皆曰:"善!"于是,训卒厉兵,八年,乃结朗州刺史雷满共攻潭州,克之,斩岳,自称留后。

【译文】十二月,朱全忠向昭宗李晔请求把盐铁转运使衙署迁到汴州,以便供应军需。崔昭纬认为朱全忠刚刚打败时溥的徐州军队和朱瑾的郓州军队,军队实力倍增,如果再让他兼任盐铁转运使,朝廷就不可能再控制他了,于是朝廷颁诏劝导朱全忠。

汴州的将领葛从周攻打齐州刺史朱威,朱瑄、朱瑾率领军队援救朱威。

起初，武安节度使周岳杀死闵勖，占据潭州，邵州刺史邓处讷听到了这件事以后去哭祭闵勖，各位将领也都进去吊唁，邓处讷说："我和你们都蒙受闵仆射的恩惠，现在周岳无缘无故杀害他，我想要和你们出动邵州的全部士兵，为闵仆射报仇，怎么样呢？"所有的将领都说："好。"于是邓处讷训练士兵、把兵器磨锋利，过了八年，才联合朗州刺史雷满征讨潭州，把它攻克了，然后杀掉周岳，邓处讷自称为留后。

乾宁元年（甲寅，公元八九四年）春，正月，乙丑朔，赦天下，改元。

李茂贞入朝，大陈兵自卫，数日归镇。

以李匡筹为卢龙节度使。

二月，朱全忠自将击朱瑄，军于鱼山。瑄与朱瑾合兵攻之，兖、郓兵大败，死者万馀人。

【译文】乾宁元年（甲寅，公元894年）春季，正月，乙丑朔日（初一），昭宗李晔大赦天下，改年号为乾宁。

李茂贞进入京师长安，大肆部署军队自卫，几天后返回凤翔。

昭宗李晔任命李匡筹为卢龙节度使。

二月，朱全忠亲自率领士兵征讨朱瑄的军队，在鱼山驻扎军队。朱瑄和朱瑾联合士兵攻打朱全忠，兖州、郓州的军队大败，死的有一万多人。

以右散骑常侍郑綮为礼部侍郎、同平章事。綮好诙谐，多为歇后诗，讥嘲时事；上以为有所蕴，手注班簿，命以为相，闻者大惊。堂吏往告之，綮笑曰："诸君大误，使天下更无人，未至郑綮!"史曰:"特出圣意。"綮曰:"果如是,奈人笑何!"既而贺客至,綮搔首言曰:"歇后郑五作宰相,时事可知矣!"累让不获,乃视事。

以邵州刺史邓处讷为武安节度使。

彰义节度使张钧薨,表其兄镡为留后。

【译文】 昭宗李晔任命右散骑常侍郑綮为礼部侍郎、同平章事。郑綮喜欢开玩笑,说话幽默风趣,他写了很多歇后诗,讽刺嘲笑当时的政事;昭宗认为郑綮内藏才华,亲自把他的姓名列入在朝大臣的登记册,任命郑綮为宰相,听到这一消息的人都很震惊。中书省吏员前去告诉郑綮这一任命,郑綮笑着说:"你们一定是大错特错了,即使天下如何无人才,也轮不到我郑綮担任宰相呀!"官吏们说:"但这是天子的意思啊!"郑綮说:"如果真是如此,那让百姓怎么笑话啊!"接着,前来祝贺的宾客来了,郑綮用手抓着头说:"歇后诗人郑五充任宰相,当朝的政事就可以想见到了何等地步了!"郑綮多次推辞这一官职,都没有得到昭宗的准许,他只能赴任去视察政事!

昭宗李晔任命邵州刺史邓处讷为武安节度使。

彰义节度使张钧去世,有人呈递表章奏请任命张钧的哥哥张镡为留后。

【申涵煜评】 小人富贵功名到手,便居之俨然,极力作态。郑五于无意中拜相,既能累让于前,复能勇退于后,时时恐为人笑,真有自知之明,君子人也。

【译文】 小人富贵功名到手之后,就装得有模有样的,极力作态。郑綮在无意中拜相位,既能多次在人前相让,又能勇敢退居于后,时时担心被人取笑,真有自知之明,真是君子啊。

三月，黄州刺史吴讨举州降杨行密。

邢州城中食尽，甲申，李存孝登城谓李克用曰："儿蒙王恩得富贵，苟非困于谗慝，安肯舍父子而从仇雠乎！愿一见王，死不恨！"克用使刘夫人视之。夫人引存孝出见克用，存孝泥首谢罪曰："儿粗立微劳，存信逼儿，失图至此！"克用叱之曰："汝遗朱全忠、王镕书，毁我万端，亦存信教汝乎！"囚之，归于晋阳，车裂于牙门。存孝骁勇，克用军中皆莫及；常将骑兵为先锋，所向无敌，身被重铠，腰弓髀槊，独舞铁楇陷陈，万人辟易。每以二马自随，马稍乏，就阵中易之，出入如飞。克用惜其才，意临刑诸将必为之请，因而释之。既而诸将疾其能，竟无一人言者。既死，克用为之不视事者旬日，私恨诸将，而于李存信竟无所谴。又有薛阿檀者，其勇与存孝相侔，诸将疾之，常不得志，密与存孝通；存孝诛，恐事泄，遂自杀。自是克用兵势浸弱，而朱全忠独盛矣。克用表马师素为邢洺节度使。

【译文】 三月，黄州刺史吴讨以黄州向杨行密投降。

邢州城中的食物吃完了，甲申日（二十一日），李存孝登上城楼对李克用说："儿子蒙受父亲的恩惠，才得到富贵荣华，如果不是受到奸佞、邪恶之人的逼迫，怎么肯舍弃父子亲情来听从仇人的调遣呢？我希望再见大王一面，立即死去也无遗憾！"李克用让刘夫人去看望李存孝。刘夫人带着李存孝出邢州城拜见李克用。李存孝跪拜在地上向李克用叩头认罪说："儿子我刚立下一点战功，李存信便逼迫我，我失去了主意，落到这种地步！"李克用怒斥他说："你给朱全忠、王镕写的书信，大肆地诬陷我，这也是李存信威逼你的吗？"于是，命人将李存孝囚禁，送回晋阳，在牙门前将李存孝车裂处死。李存孝非常英勇强悍，李克用的军中没有谁比得上他；李存孝经常率领骑兵担任先锋，不管到哪里都没有敌手；他身上穿着厚重的铠甲，腰间挂着弓箭，腿上钩着长矛，独自一人舞动带锤的铁鞭冲锋陷阵，所攻之处敌人纷纷躲避倒退，万夫莫敢挡。李存孝常常带着两匹战马跟随自己作战，骑着的马稍微疲乏了，他就在阵地上改骑另一匹战马，出入战阵像飞一般快。李克用很爱惜李存孝的才干，他猜测快到行刑前各位将领会为李存孝求情的，他就可以趁机将李存孝放了。后来，军中各位将领妒忌李存孝的本领，竟然没有一个人出来替他求情。李存孝被处死后，李克用为此悲伤而不处理政务长达十几天，在心中怨恨手下将领，可是对李存信竟然没有什么处罚。另外有一位叫薛阿檀的将领，他和李存孝一样英勇，各将领都妒忌他，经常让他心愿得不到实现，他曾经秘密跟李存孝交往；李存孝被处死以后，薛阿檀恐怕事情泄露就自尽了。从此以后，李克用的军力逐渐衰弱，而朱全忠处于兴盛时期。李克用向朝廷上表，请求任命马师素为邢洺节度使。

朱全忠遣军将张从晦慰抚寿州。从晦陵侮刺史江彦温而与诸将夜饮；彦温疑其谋己，明日，尽杀在席诸将，以书谢全忠而自杀。军中推其子从顼知军州事，全忠为之腰斩从晦。

【译文】朱全忠派遣军中的将领张从晦慰问安抚寿州。张从晦欺凌侮辱刺史江彦温，然后和寿州各位将领整夜宴饮；江彦温怀疑张从晦要谋害自己，第二天，他把在席间饮酒的各位将领全都杀死，之后写信向朱全忠谢罪，也自尽了。军中推举他的儿子江从顼来主持军中、寿州的事务，朱全忠因为这件事把张从晦腰斩。

五月，加镇海节度使钱镠同平章事。

刘建锋、马殷引兵至澧陵，邓处讷遣邵州指挥使蒋勋、邓继崇将步骑三千守龙回关。殷先至关下，遣使诣勋，勋等以牛酒犒师。殷使说勋曰："刘骧智勇兼人，术家言当兴翼、轸间。今将十万众，精锐无敌，而君以乡兵数千拒之，难矣。不如先下之，取富贵，还乡里，不亦善乎！"勋等然之，谓众曰："东军许吾属还。"士卒皆欢呼，弃旗帜铠仗遁去。建锋令前锋衣其甲，张其旗，趋潭州。潭人以为邵州兵还，不为备。建锋入径入府，处讷方宴，擒斩之。戊辰，建锋入潭州，自称留后。

【译文】 五月，昭宗李晔加封镇海节度使钱镠为同平章事。

刘建锋、马殷率领士兵到达澧陵，邓处讷派遣邵州指挥使蒋勋、邓继崇率领步兵、骑兵三千人在龙回关驻守。马殷先到达龙回关下，派遣使者到蒋勋那里，蒋勋等人拿出牛肉、美酒来犒劳慰问士兵。马殷的使者劝说蒋勋："刘骧既有智谋又有胆识，占卜算命的人说他会在荆州、长沙这一带兴起。如今刘骧率领十万军队，装备精良，士兵强盛，无人可敌，而你率领几千名乡兵去进攻他，确实太难取胜了。你不如率先从龙回关撤兵，求取富贵荣华，返回乡里，不是也很好吗？"蒋勋等人觉得他说的话有道理，于是告诉士兵说："从东边来的军队准许我们返回啦！"士兵们都欢呼雀跃，丢掉旗帜、铠甲、武器，逃走了。刘建锋命令先锋部队穿上他们的铠甲，竖立起他们的旗帜，径直奔向潭州。潭州人认为是邵州的军队回来了，并没有做防备。所以，刘建锋直接冲入府中，邓处讷正在宴请宾客，刘建锋擒住他并把他杀死了。戊辰日（初七），刘建锋进入潭州，自称为留后。

王建攻彭州,城中人相食,彭州内外都指挥使赵章出降。王先成请筑龙尾道,属于女墙。丙子,西川兵登城,杨晟犹帅众力战,刀子都虞候王茂权斩之。获彭州马步使安师建,建欲使为将,师建泣谢曰:"师建誓与杨司徒同生死,不忍复戴日月,惟速死为惠。"再三谕之,不从,乃杀之,礼葬而祭之。更赵章姓名曰王宗勉,王茂权名曰宗训,又更王钊名曰宗谨,李绾姓曰王宗勉,王茂权名曰宗训,又更王钊名曰宗谨,李绾姓名曰王宗绾。

【译文】王建攻打彭州,城中的人把食物吃光了,不得不吃死尸,彭州内外都指挥使赵章出城投降。王先成建议在彭州城外修筑像龙尾一样的登道,与城上的短墙相接,以便攻入城内。丙子日(十五日),王建的西川军队登上了彭州城墙,杨晟仍率领军队竭尽全力奋战,刀子都虞候王茂权杀了杨晟。王建抓住了彭州马步使安师建,王建打算任命他为将领,安师建流着泪拒绝说:"我安师建发誓与司徒杨晟生死与共,不忍心独自活在世上,只求将我快些斩首就是您的恩惠了。"王建反复劝导他,安师建依然态度坚决,不肯答应,王建只好将他斩杀了,然后按礼节埋葬、祭奠他。王建更改赵章的姓名为王宗勉,改王茂权为王宗训,此外又更改王钊的名字为王宗谨,李绾的姓名为王宗绾。

辛卯,中书侍郎、同平章事郑延昌罢为右仆射。

朱瑄、朱瑾求救于河东,李克用遣骑将安福顺及弟福庆、福迁督精骑五百假道于魏,渡河应之。

武昌节度使杜洪攻黄州,杨行密遣行营都指挥使朱延寿等救之。

【译文】辛卯日(三十日),中书侍郎、同平章事郑延昌被朝廷罢免官职，贬为右仆射。

朱瑄、朱瑾向河东请求援助，李克用派遣骑兵将领安福顺与他的弟弟安福庆、安福迁率领精锐骑兵五百人向魏州借路，渡过黄河前往支援。

武昌节度使杜洪攻打黄州，杨行密派遣行营都指挥使朱延寿等人去援救。

六月，甲午，以宋州刺史张廷范为武宁节度使，从朱全忠之请也。

蕲州刺史冯敬章邀击淮南军，朱延寿攻蕲州，不克。

戊午，以翰林学士承旨、礼部尚书李溪同平章事；方宣制，水部郎中知制诰刘崇鲁出班掠麻恸哭。上召崇鲁，问其故，对言："溪奸邪，依附杨复恭、西门君遂，得在翰林，无相业，恐危社稷。"溪竟罢为太子少傅。溪，鄘之孙也。上师溪为文，崔昭纬恐溪为相，分己权，故使崇鲁沮之。溪十表自讼，丑诋"崇鲁父符受赃枉法，事觉自杀；弟崇望与杨复恭深交，崇鲁庭拜田令孜，为朱玫作劝进表，乃云臣交结内臣，何异抱赃唱贼！且故事，縗巾惨带，不入禁庭。臣果不才，崇鲁自应上章论列，岂于正殿恸哭！为国不祥，无人臣礼，乞正其罪。"诏停崇鲁见任。溪犹上表不已，乞行诛窜，表数千言，诟詈无所不至。

李克用大破吐谷浑，杀赫连铎，擒白义诚。

【译文】六月，甲午日（初三），昭宗李晔任命宋州刺史张廷范为武宁节度使，这是按照朱全忠的请求任命的。

蕲州刺史冯敬章迎击淮南的军队，朱延寿征讨蕲州，但没有攻下来。

戊午日（二十七日），昭宗李晔任命翰林学士承旨、礼部尚书李溪为同平章事；正在宣读诏命的时候，水部郎中知制诰刘崇鲁从大臣班次中冲出来，夺过诏书，并且大声号哭。昭宗叫来刘崇鲁，询问他是什么原因，他回答说："李溪为人奸诈邪恶，亲附杨复恭、西门君遂，才被授予翰林学士的官职，根本没有担任宰相的德行，恐怕他会危害大唐社稷啊。"李溪最终被贬为太子少傅。李溪是唐宪宗李纯时李郾都的孙子。昭宗李晔向李溪学习写文章，崔昭纬担心李溪担任宰相后，会分去他的权力，因而指派刘崇鲁冲出来阻挠此事。李溪进献十次表文去申诉这件事情，在表文中辱骂刘崇鲁，说："刘崇鲁的父亲刘符接受贿赂，违犯法纪，事情被觉察后自尽而死；他的弟弟刘崇望跟杨复恭有深厚的交情，刘崇鲁在朝堂上叩拜田令孜，为朱玫写劝说他称帝的表文，反而却诬陷我结交宦官，这跟怀抱赃物，口中却大喊抓贼有什么区别呢！况且按照惯例，戴着粗绸巾和浅色衣带等不吉利的服饰都不能进入朝堂。我如果真的没有才识，刘崇鲁自然应当上呈表章论说陈述此事，怎么能在宫中正殿大哭不止呢？这对国家来说，确实是不吉祥的，没有为人臣子的礼节，请陛下抓他来治罪。"昭宗李晔诏命停止刘崇鲁现任的职务。李溪仍然不断向昭宗上奏表文，请将刘崇鲁诛杀或流放，表文长达几千字，侮辱谩骂无所不至。

李克用大破吐谷浑，杀死了赫连铎，活捉了白义诚。

【乾隆御批】 崇鲁甘为昭纬爪牙，党私攻讦，谬博直名，较豁之金邪附势更为奸巧，而彼此狺狺交哄，挠紊朝常，唐室纪纲扫地矣，其欲不亡，得乎？

【译文】 刘崇鲁甘愿做崔昭纬的爪牙，结党营私，诽谤攻击他人，荒谬地博取正直的名声，比起李豁的奸邪和趋炎附势更加狡诈，而他们彼此争吵谩骂，扰乱朝纲，唐朝的典章法度形同虚设，想不灭亡，怎么可能呢？

秋，七月，李茂贞遣兵攻阆州，拔之，杨复恭、杨守亮、杨守信帅其族党犯围走。

礼部侍郎、同平章事郑綮自以不合众望，累表避位，诏以太子少保致仕；以御史大夫徐彦若为中书侍郎兼吏部尚书、同平章事。

绵州刺史杨守厚卒，其将常再荣举城降王建。

杨复恭、守亮、守信将自商山奔河东，至乾元，遇华州兵，获之。八月，韩建献于阙下，斩于独柳。李茂贞献复恭遗守亮书，诉致仕之由云："承天门乃隋家旧业，大侄但积粟训兵，勿贡献。吾于荆榛中立寿王，才得尊位，废定策国老，有如此负心门生天子！"

【译文】秋季，七月，李茂贞派遣士兵攻打阆州，把它攻克了，杨复恭、杨守亮、杨守信率领他们的家族、党羽突围逃走。

礼部侍郎、同平章事郑綮自己认为不能符合众人的要求、期望，再三地向昭宗李晔上表请求辞职，昭宗诏命以太子少保让他辞官归隐；任命御史大夫徐彦若为中书侍郎兼任吏部尚书、同平章事。

绵州刺史杨守厚去世，他的部将常再荣举城向王建投降。

杨复恭、杨守亮、杨守信准备从商山逃往河东，到达乾元县的时候，遭遇华州的军队，被他们抓获。八月，韩建把杨复恭父子三人献给朝廷，在独柳把他们斩杀了。李茂贞献上杨复恭送给杨守亮的书信，信上陈诉他辞官退位的原因："唐朝的江山原本是隋朝的基业，大侄你只管储备粮食训练士兵，不要向朝廷进贡。我当初在荆棘榛丛一样的艰难处境中拥立寿王继承帝位，才让他能够称帝，没想到我这个制定国家大计的元老却被罢黜免职，竟然有如此负心的门生天子啊！"

昭义节度使康君立诣晋阳谒李克用。己未，克用会诸将饮博，酒酣，克用语及李存孝，流涕不已。君立素与李存信善，一言忤旨。克用拔剑斫之，因于马步司。九月，庚申朔，出之，君立已死。克用表云州刺史薛志诚为昭义留后。

【译文】昭义节度使康君立到晋阳拜见李克用。己未日（三十日），李克用与各位将领集会饮酒、下棋，喝到酣畅时，李克用说到了李存孝，不禁悲从中来，痛哭流泪不止。康君立平时和李存信亲近交好，因为一句话说得不谨慎惹怒了李克用，李克用拔出剑砍康君立，把他拘禁在马步司。九月，庚申朔日（初一），李克用命令释放康君立，可是康君立已经死了，李克用向朝廷上表任命云州刺史薛志诚为昭义留后。

冬，十月，丁酉，封皇子祉为棣王，禊为虔王，禋为沂王，祎为遂王。

刘仁恭数因盖寓献策于李克用，愿得兵万人取幽州。克用方攻邢州，分兵数千，欲纳仁恭于幽州，不克。李匡筹益骄，数侵河东之境。克用怒，十一月，大举兵攻匡筹，拔武州，进围新州。

以泾原留后张鐇为彰义节度使。

朱全忠遣使至泗州，使者陵慢刺史张谏，谏举州降杨行密。行密遣押牙唐令回持茶万馀斤如汴宋贸易，全忠执令回，尽取其茶。扬、汴始有隙。

【译文】冬季，十月，丁酉日（初八），昭宗李晔下诏封儿子李祤为棣王，李禊为虔王，李禋为沂王，李祎为遂王。

刘仁恭几次通过盖寓向李克用进献计策，希望给他一万军队征讨李匡筹的幽州。李克用正在进攻邢州，于是分派出几千兵马，想让刘仁恭攻打幽州，却未能攻下那里。李匡筹更加骄纵，几次进犯李克用的河东地区，李克用非常震怒，十一月，派遣军队大举攻打李匡筹，攻克了武州，进军包围新州。

昭宗李晔任命泾原留后张鐇为彰义节度使。

朱全忠派遣使者到泗州，使者侮辱并怠慢刺史张谏，张谏便以泗州向杨行密投降。杨行密派遣押牙唐令回护送茶叶一万多斤前往汴州、宋州进行交易，朱全忠抓住了唐令回，把他的茶叶全部劫掠了。扬州、汴州从此开始有了矛盾。

十二月，李匡筹遣大将将步骑数万救新州，李克用选精兵逆战于段庄，大破之，斩首万馀级，生擒将校三百人，以练绁之，徇于城下。是夕，新州降。辛亥，进攻妫州。壬子，匡筹复发兵出居庸关，克用使精骑当其前以疲之，遣步将李存审自他道出其背夹击之，幽州兵大败，杀获万计。甲寅，李匡筹挈其族奔沧州，义昌节度使卢彦威利其辎重、妓妾，遣兵攻之于景城，杀之，尽俘其众。存审本姓符，宛丘人，克用养以为子。丙辰，克用进军幽州，其大将请降。匡筹素暗懦，初据军府，兄匡威闻之，谓诸将曰："兄失弟得，不出吾家，亦复何恨！但惜匡筹才短，不能保守，得及二年，幸矣。"

加匡国节度使王行约检校待中。

吴讨畏杜洪之逼，纳印请代于杨行密，行密以先锋指挥使瞿章权知黄州。

【译文】十二月，李匡筹派遣大将军率领步兵、骑兵几万人援救新州。李克用挑选精壮士兵在新州东南的段庄迎战，把李匡筹军队打得惨败，斩杀一万余人，活捉了将校三百人，用绳索将他们绑起来，在新州城下示众。当天傍晚，新州士兵向李克用投降了。辛亥日（二十三日），李克用攻打妫州。壬子日（二十四日），李匡筹又派遣军队从居庸关出来，李克用派遣精锐骑兵挡在他的前面，使李匡筹的士兵疲乏，另外派遣步兵将领李存审从另外的道路绕到背后进行夹击，李匡筹的幽州军队惨败，被斩杀、擒获的士兵数以万计。甲寅日（二十六日），李匡筹带领他的族人逃往沧州，义昌节度使卢彦威贪图他的器械、军粮、妓女、美妾等，派遣士兵在景城攻打他，把李匡筹杀死了，将他的部下全部抓获。李存审原本姓符，是宛丘人，李克用收养他做义子。丙辰日（二十八日），李克用进军幽州，幽州大将请求投降。李匡筹平时愚昧软弱，当他刚刚担任幽州节度使时，他的哥哥李匡威知道后，对各位将领说："我做哥哥的失去的，让弟弟得到了，仍然没有出我们的家门，也没有什么可遗恨的，只可惜李匡筹才能不足，不能够保住那里，能据守那里两年，就值得庆幸了。"

昭宗李晔加封匡国节度使王行约为检校侍中。

吴讨害怕杜洪的威逼，于是交纳官印请杨行密派人代替他，杨行密委任先锋指挥使瞿章暂时代理黄州刺史的职务。

是岁，黄连洞蛮二万围汀州，福建观察使王潮遣其将李承勋将万人击之；蛮解去，承勋追击之，至浆水口，破之。闽地略定。潮遣僚佐巡州县，劝农桑，定租税，交好邻道，保境息民，闽人安之。

封州刺史刘廉卒，子隐居丧于贺江，士民百馀人谋乱，隐一夕尽诛之。岭南节度使刘崇龟召补右都押牙兼贺水镇使；未几，表为封州刺史。

【译文】 这一年，黄连洞的蛮人两万人包围汀州，福建观察使王潮派遣他的部将李承勋率领士兵万人前去讨伐他们；蛮人被打得溃散离去，李承勋继续追杀他们，到了浆水口，打败了蛮人。闽地大体上被平定了。王潮派遣属下官员到各州县巡视，勉励百姓耕种纺织，制定地租赋税限额，和邻近各道友好交往，保护境内让百姓休养生息，福建民众很安宁。

封州刺史刘廉去世，他的儿子刘隐住在贺江守丧，士民一百多人暗中谋划作乱，刘隐在一夜间把他们全都杀死了。岭南节度使刘崇龟召来刘隐补授右都押牙兼任贺水镇使，不久，刘崇龟又上表朝廷请求任命刘隐为封州刺史。

义胜节度使董昌为政苛虐，于常赋之外，加敛数倍，以充贡献及中外馈遗，每旬发一纲，金万两，银五千铤，越绫万五千匹，他物称是，用卒五百人，或遇雨雪风水违程，则皆死。责奉为天下最，由是朝廷以为忠，宠命相继，官至司徒、同平章事，爵陇西郡王。

昌建生祠于越州，制度悉如禹庙，命民间祷赛者，无得之禹庙，皆之生祠。昌求为越王，朝廷未之许，昌不悦曰："朝廷欲负我矣，我累年贡献无算而惜一越王邪！"有诣之者曰："王为越王，曷若为越帝。"于是，民间讹言时世将变，竞相帅填门喧噪，请昌为帝。昌大喜，遣人谢之曰："天时未至，时至我自为之。"其僚佐吴瑶、都虞候李畅之等皆劝成之，吏民献谣谶符瑞者不可胜纪，其始赏之以钱数百缗，既而献者日多，稍减至五百、三百而已，昌曰："谶云'兔子上金床'，此谓我也。我生太岁在卯，明年复在卯，二月卯日卯时，吾称帝之秋也。"

【译文】 义胜节度使董昌推行政令严苛残暴，在正常的赋税下，又增加了好几倍的赋税，用来作为补足贡品以及府内府外的馈赠。董昌每十天向京师长安进献一批贡品，包括黄金一万两，白银五千铤，浙江绸绢一万五千匹，其他物品也都与之差不多；派遣五百名士兵运送，有时由于遇到暴雨大雪狂风洪水而耽误行程，运送贡品的士兵就会全部被处死。董昌进献的物品是全国最多的、最好的，所以，朝廷认为他对国家最忠诚了，赐给他的恩宠接续不断，官职升到司徒、同平章事，爵位是陇西郡王。

董昌在越州修建了一座祠堂，它的规模形状完全和越州大禹庙一样，命令民间祈福求神的百姓，不准去大禹庙，必须都到他的生祠祈福。董昌向朝廷请求任命他为越王，朝廷没有答应他的要求，董昌很不高兴地说："朝廷要对不起我了，我多年来向朝廷无数次地进贡，朝廷竟然连一个越王的爵位都不舍得赐给我！"有人向他谄媚说："你做越王，还不如称越帝。"于是民间谣传世道要变了，人们争着挤满董昌的府门喧嚷呐喊，纷纷请求董昌称帝。董昌欣喜若狂，派人出去答谢那些人说："时机还不成熟，时机一到我必然称帝。"他的属僚吴瑶、都虞候李畅之等人都劝说他即帝位，于是官吏百姓纷纷进献预示大吉的隐语和祥瑞征兆，无法计算；董昌开始对进献的人赏赐几百缗钱，后来进献的人越来越多，赏钱逐渐减少到不足五百、三百文罢了。董昌说："谶语说：'兔子上了金床'，这就是说的我啊！我出生时，太岁星在卯，明年刚好太岁星又在卯，二月的卯日卯时就是我称帝的时候了。"

资治通鉴卷第二百六十　唐纪七十六

起旃蒙单阏，尽柔兆执徐，凡二年。

【译文】起乙卯（公元895年），止丙辰（公元896年），共两年。

【题解】本卷记录了公元895年至896年的史事，共两年。正当唐昭宗李晔乾宁二年至三年。此时期全国割据军阀远交近攻，争斗得异常激烈。北方李克用与朱全忠势不两立为主要战场。河北幽州刘仁恭助李克用，魏州罗弘信助朱全忠。南方淮南杨行密与苏杭钱镠争雄。钱镠北连朱全忠夹击杨行密，杨行密南连越州董昌夹击钱镠。关陇三镇，邠宁王行瑜、凤翔李茂贞、华州韩建联合进犯京师，想要废帝，李克用发兵救援昭宗。李克用先灭王行瑜，迎接昭宗返回京师，又打算出兵西讨李茂贞。昭宗误听权贵、近臣的话，下诏让李克用与李茂贞和解。没过多久，李茂贞以昭宗令各王统领禁军为名，再次进兵京师，昭宗被迫出幸华州，唐王室直接被藩镇掌控，已经名存实亡。

昭宗圣穆景文孝皇帝上之下

乾宁二年（乙卯，公元八九五年）春，正月，辛酉，幽州军民数万以麾盖歌鼓迎李克用入府舍；克用命李存审、刘仁恭将兵略定巡属。

癸未，朱全忠遣其将朱友恭围兖州，朱瑄自郓以兵粮救之，友恭设伏，败之于高梧，尽夺其饷，擒河东将安福顺、安福庆。

己巳，以给事中陆希声为户部侍郎、同平章事。希声，元方五世孙也。

资治通鉴

【译文】乾宁二年（乙卯，公元895年）春季，正月，辛酉日（初三），幽州的士兵和百姓几万人手持旌旗与伞盖、敲打锣鼓、唱歌跳舞欢迎李克用进入卢龙节度使官署；李克用命令李存审、刘仁恭带领军队巡视安定卢龙节度使所属的各个州县。

癸未日（二十五日），朱全忠派遣他的部将朱友恭围攻兖州，朱瑄从郓州运送兵械、粮食援助朱瑾，朱友恭运用计谋设下伏兵，在高梧把朱瑄打败了，把他的兵械、粮食全部抢走了，还活捉了河东将领安福顺和安福庆。

己巳日（十一日），昭宗李晔任命给事中陆希声为户部侍郎、同平章事。陆希声是陆元方的第五代孙子。

壬申，护国节度使王重盈薨，军中请以重荣子行军司马珂知留后事。珂，重盈兄重简之子也，重荣养以为子。

杨行密表朱全忠罪恶，请会易定、兖、郓、河东兵讨之。

董昌将称帝，集将佐议之。节度副使黄碣曰："今唐室虽微，天人未厌。齐桓、晋文皆翼戴周室以成霸业。大王兴于畎亩，受朝廷厚恩，位至将相，富贵极矣，奈何一旦忽为族灭之计乎！碣宁死为忠臣，不生为叛逆！"昌怒，以为惑众，斩之，投其首于厕中，骂之曰："奴贼负我！好圣明时三公不能待，而先求死也！"并杀其家八十口，同坎瘗之。又问会稽令吴镣，对曰："大王不为真诸侯以传子孙，乃欲假天子以取灭亡邪！"昌亦族诛之。又谓山阴令张逊曰："汝有能政，吾深知之，俟吾为帝，命汝知御史台。"逊曰："大王起石镜镇，建节浙东，荣贵近二十年，何苦效李锜、刘辟之所为乎！浙东僻处海隅，巡属虽有六州，大王若称帝，彼必不从，徒守孤城，为天下笑耳！"昌又杀之，谓人曰："无此三人者，则人莫我违矣！"

【译文】 壬申日（十四日），护国节度使王重盈去世，军中将士请求派遣王重荣的儿子行军司马王珂掌理留后的事务。王珂是王重盈的哥哥王重简的儿子，王重荣收养他为儿子。

杨行密向朝廷进呈表章列数朱全忠的罪状，请求联合易定、兖州、郓州、河东的军队征讨朱全忠。

董昌将要称帝，聚集将校、僚佐们来商讨这件事。节度副使黄碣说："现在大唐皇室虽然衰败，但是天道民心还没有憎恶厌弃它。春秋时代的齐桓公、晋文公都辅佐尊奉周室才成就了称霸一方的千秋功业。您的官爵达到陇西郡王，也是从田间百姓逐渐兴起的，承蒙朝廷的宽厚恩宠，一直做到节度使和宰相，荣华富贵已达到巅峰，为什么突然做出这要被诛灭九族的打算呀？我黄碣宁愿做忠臣而死，也不愿意苟且偷生做个背叛朝廷的叛贼。"董昌非常愤怒，认为这是在蛊惑、扰乱军心，于是把他杀死了，将他的头扔到厕所里，大骂说："你这个奴才贼子辜负了我，好好的圣明时代的三公职位，你不能等到，却要先自己找死！"并且杀死他的全家八十人，将他们埋葬在同一个大坑里。董昌又询问会稽令吴镣，吴镣回答说："大王您不做诸侯让子孙世袭传递，而要做假天子去招致灭亡吗？"董昌听后，把吴镣的家人也杀光了。董昌又对阴山令张逊说："你有处理政事的才能，我清楚地知道，等我称帝后，任命你掌管御史台。"张逊回答说："大王您当初从石镜镇兴起，在浙东被授予节度使的职位，享受荣华富贵将近二十年了，何苦效仿李锜、刘辟等人背叛朝廷最后遭受杀身大祸呢！浙东地方偏僻，又位于海边，管辖的虽然有台州、明州、温州、处州、婺州、衢州这六个州，但大王您如果擅自称帝，他们一定不会亲附，你白白地据守越州一座空城，只会让天下人耻笑啊。"董昌又把他杀死了，对大家说："只要没有他们，那么其他的人也都不会背叛我了。"

二月，辛卯，昌被衮冕登子城门楼，即皇帝位。悉陈瑞物于庭以示众。先是，咸通末，吴、越间讹言山中有大鸟，四目三足，声云"罗平天册"，见者有殃，民间多画像以祀之，及昌僭号，曰："此吾鸑鷟也。"乃自称大越罗平国，改元顺天，署城楼曰天册之楼，令群下谓己曰："圣人"。以前杭州刺史李邈、前婺州刺史蒋瑰、两浙盐铁副使杜郢、前屯田郎中李瑜为相。又以吴瑶等皆为翰林学士、李畅之等皆为大将军。

昌移书钱镠，告以权即罗平国位，以镠为两浙都指挥使。镠遗昌书曰："与其闭门作天子，与九族、百姓俱陷涂炭，岂若开门作节度使，终身富贵邪！及今悛悔，尚可及也！"昌不听，镠乃将兵三万诣越州城下，至迎恩门见昌，再拜言曰："大王位兼将相，奈何舍安就危！镠将兵此来，以俟大王改过耳。若天子命将出师，纵大王不自惜，乡里士民何罪，随大王族灭乎！"昌惧，致犒军钱二百万，执首谋者吴瑶及巫觋数人送于镠，且请待罪天子。镠引兵还，以状闻。

【译文】二月，辛卯日（初三），董昌穿上天子的礼服，戴上天子的冠冕，亲临内城的城楼，坐上皇帝的宝位；并把官吏和百姓进献的祥瑞物品全都摆放在庭堂上向众人展示。在此之前，咸通末年，浙东一带民间谣传山中有大鸟，有四只眼睛三条腿，嘴里叫着"罗平天册"，见到此鸟的人都会有灾祸降临，于是百姓纷纷画像祭祀它，一直到董昌背叛朝廷将要自称皇帝，就说："这鸟就是我的凤凰。"于是自称大越罗平国，改年号为顺天，给越州城楼题字为"天册之楼"，命令部下称他为"圣人"。董昌任命前杭州刺史李邈、前婺州刺史蒋瑰、两浙盐铁副使杜郢、前屯田郎中李瑜为宰相。又任命吴瑶等人都为翰林学士，李畅之等人都为大将军。

　　董昌写信给钱镠，告诉他已暂且即罗平国皇帝位，任命钱镠为两浙都指挥使。钱镠写信给董昌说："您关起门来称帝，让您的家族和百姓一同遭受大祸，怎么比得上打开城门担任节度使，一辈子有享不尽的荣华富贵呢！即使如今改正之前的过失，也还来得及啊！"董昌不听从钱镠的劝说，钱镠于是带领三万军队奔赴越州城下，到越州城西迎恩门与董昌见面，两次下拜，对董昌说："大王您已经是节度使，又担任宰相，为什么要放弃安定的生活而自找灾祸呢！钱镠我带领军队前来这里，就是等着大王你改过自新。即使大王你不顾念自己，可是乡里的士人百姓有什么过错，要随着你被灭族呢？"董昌害怕了，送上二百万钱犒劳军队，抓住首先策划此事的吴瑶以及几位男巫女巫送到钱镠那里，并且向天子谢罪。钱镠率领军队返回，把这件事向朝廷禀报。

　　王重盈之子保义节度使珙、晋州刺史瑶举兵击王珂，表言珂非王氏子。与朱全忠书，言"珂本吾家苍头，不应为嗣。"珂上表自陈，且求援于李克用。上遣中使谕解之。

　　上重李溪文学，乙未，复以溪为户部侍郎、同平章事。

　　己酉，朱全忠军于单父，为朱友恭声援。

　　李克用表刘仁恭为卢龙留后，留兵戍之；壬子，还晋阳。

妫州人高思继兄弟,在武干,为燕人所服,克用皆以为都将,分掌幽州兵;部下士卒,皆山北之豪也,仁恭惮之。久之,河东兵戍幽州者暴横,思继兄弟以法裁之,所诛杀甚多。克用怒,以让仁恭,仁恭诉称高氏兄弟所为,克用俱杀之。仁恭欲收燕人心,复引其诸子置帐下,厚抚之。

【译文】 王重盈的儿子保义节度使王珙、晋州(晋字当改作绛字)刺史王瑶率领士兵攻打王珂,并且向朝廷上表说王珂不是王氏的儿子。又给朱全忠送去书信,说:"王珂原本是我家的奴仆,不应该成为继承人。"王珂呈上表章向朝廷陈述自己的情况,并且向李克用请求援助。昭宗李晔派遣中使传谕,让他们和解。

昭宗李晔器重李溪的文学才识,乙未日(初七),又任命李溪为户部侍郎、同平章事。

己酉日(二十一日),朱全忠在单父驻军,以便接应援助朱友恭。

李克用向昭宗李晔上表,任命刘仁恭为卢龙留后,留下军队驻守幽州;壬子日(二十四日),李克用从幽州返回晋阳。

妫州人高思继兄弟几人,勇猛强悍,被燕地一带百姓佩服,李克用任命他们为都将,分别掌管幽州的军队;他们手下的士兵,都是幽州山北等地的豪杰,刘仁恭很害怕他们。过了一段时间,戍守幽州的河东士兵凶残蛮横,高思继兄弟用军法惩治他们,处罚并杀死很多士兵。李克用很气愤,斥责刘仁恭,刘仁恭禀告李克用说这是高氏兄弟所为,李克用把他们全杀了。刘仁恭想笼络燕地百姓,于是又把高思继兄弟的几个儿子安置在身边,好好地安抚他们。

崔昭纬与李茂贞、王行瑜深相结，得天子过失，朝廷机事，悉以告之。邠宁节度副使崔铤，昭纬之族也，李溪再入相，昭纬使铤告行瑜曰："向者尚书令之命已行矣，而韦昭度沮之，今又引李溪为同列，相与荧惑圣听，恐复有杜太尉之事。"行瑜乃与茂贞表称溪奸邪，昭度无相业，宜罢居散秩。上报曰："军旅之事，联则与藩镇图之；至于命相，当出朕怀。"行瑜等论列不已，三月，溪复罢为太子少师。

【译文】崔昭纬跟李茂贞、王行瑜交往，关系甚密，情谊深厚，崔昭纬把自己知道的天子过失，或者是朝廷中的机密之事，全都禀告李茂贞、王行瑜。邠宁节度副使崔铤，是崔昭纬同族人；李溪再次进入朝中担任宰相，崔昭纬派遣崔铤告诉王行瑜说："之前，尚书令的诏命已经颁布了，可是韦昭度从中阻挠，现在韦昭度又举荐李溪同为宰相，他们相互勾结迷惑陛下，恐怕又要发生太尉杜让能那样的事情了。"王行瑜于是与李茂贞上表朝廷陈述李溪奸诈阴险，韦昭度没有担任宰相的才德，应当罢免他们的宰相职位，授予闲职。昭宗李晔回答说："军队征战之事，我就与藩镇们商议；至于任命宰相的事，则应当出自联的意思。"王行瑜等人仍然争论不休，三月，李溪又被免除相职，改为太子少师。

王珙、王瑶请朝廷命河中帅，诏以中书侍郎、同平章事崔胤同平章事，充护国节度使；以户部侍郎、判户部王抟为中书侍郎、同平章事。

王珂，李克用之婿也。克用表重荣有功于国，请赐其子珂节钺。王珙厚结王行瑜、李茂贞、韩建三帅，更上表称珂非王氏子，请以珂为陕州、珙为河中。上谕以先已允克用之奏，不许。

加王镕兼侍中。

【译文】 王珙、王瑶请求朝廷任命河中的统帅，昭宗李晔颁诏任命中书侍郎、同平章事崔胤为同平章事，充任护国节度使；任命户部侍郎、判户部王抟为中书侍郎、同平章事。

王珂是李克用的女婿。李克用向朝廷上表，说王重荣对国家有功劳，请求赏赐给他的儿子王珂节度使的旌旗节钺。王珙送上重礼与王行瑜、李茂贞、韩建三位节度使结交，他们交替着向朝廷进呈表章陈述王珂并不是王重荣的儿子，请求任命王珂为陕州刺史，王珙为河中节度使。昭宗李晔传谕说已经先准许了李克用上奏的请求，便不再准许他们的请求。

昭宗李晔加封王镕兼任侍中。

杨行密浮淮至泗州，防御使台濛盛饰供帐，行密不悦。既行，濛于卧内得补绽衣，驰使归之。行密笑曰："吾少贫贱，不敢忘本。"濛甚惭。

行密攻濠州，拔之，执刺史张璲。

行密军士掠得徐州人李氏之子，生八年矣，行密养以为子，行密长子渥憎之；行密谓其将徐温曰："此儿质状性识，颇异于人，吾度渥必不能容，今赐汝为子。"温名之曰知诰。知诰事温，勤孝过于诸子。尝得罪于温，温笞而逐之；及归，知诰迎拜于门。温问："何故犹在此？"知诰泣对曰："人子舍父母将何之！父怒而归母，人情之常也。"温以是益爱之，使掌家事，家人无违言。及长，喜书善射，识度英伟。行密常谓温曰："知诰俊杰，诸将子皆不及也。"

丁亥，行密围寿州。

【译文】 杨行密搭乘舟筏渡过淮水前往泗州，防御使台濛大肆地装饰陈设帷帐等用具，杨行密心里很不高兴。等到杨行密离开后，台濛在他的卧室内找到了一件缝补过的衣服，赶紧派遣使者把衣服送还杨行密。杨行密笑着说："我小时候家里贫寒，出身卑贱，如今我也不敢忘本啊。"台濛听后十分羞愧。

杨行密攻打濠州，把它攻占了，抓住刺史张璲。

杨行密的军中士兵抢到徐州的李姓人家的一个小孩，已经八岁了，杨行密把他收为养子，杨行密的长子杨渥讨厌这个孩子；杨行密对他的属将徐温说："这个孩子朴实而聪慧，和其他孩子很不一样，我估计杨渥一定不能容他，现在把他赐给你做养子！"徐温给他取名为知诰。徐知诰侍奉徐温，勤劳和孝顺都超过其他几个孩子。有一次，徐知诰得罪了徐温，徐温用鞭子抽打他，并将他驱逐出门；等到徐温回来时，徐知诰在门口跪拜迎接。徐温问他："你为什么还留在这里呢？"徐知诰流着眼泪回答说："做儿子的离开父母还能到何处呢！父亲盛怒时就先回到母亲的身边，这是人之常情啊！"徐温因此更加爱护他，任命他管理家中的事务，家里的人对他很顺从，没有说半句闲话的。徐知诰长大以后，喜好读书，擅长射箭，见识非凡，气度英伟。杨行密经常对徐温说："徐知诰英伟超凡，各位将领的儿子都比不上他。"

丁亥日（三十日），杨行密围攻寿州。

上以郊畿多盗，至有逾垣入宫或侵犯陵寝者，欲令宗室诸王将兵巡警，又欲使之四方抚慰藩镇。南北司用事之臣恐其不利于己，交章论谏。上不得已，夏，四月，下诏悉罢之。

朝廷以董昌有贡输之勤，今日所为，类得心疾，诏释其罪，纵归田里。

户部侍郎、同平章事陆希声罢为太子少师。

【译文】昭宗李晔因为长安的郊外盗贼横行，甚至有翻过城墙进入皇宫或挖掘皇陵的，便打算命令宗室各王率领军队巡查防备，又打算派他们到各地安抚藩镇节度使。这时，朝中大臣和有权的宦官都担心他们对自己不利，互相进呈奏章劝阻此事。昭宗无得已，夏季，四月，颁下诏令停止这件事。

朝廷因为董昌过去勤于进贡纳赋，把他这次称帝的叛逆之举，看作是得了疯病一般，昭宗李晔于是颁诏赦免董昌的罪过，赐他返回故里。

户部侍郎、同平章事陆希声被朝廷罢免职务，改为太子少师。

杨行密围寿州，不克，将还；庚寅，其将朱延寿请试往更攻，一鼓拨之，执刺史江从勖。行密以延寿权知寿州团练使。

未几，汴兵数万攻寿州，州中兵少，吏民恼惧。延寿制，军中每旗二十五骑。命黑云队长李厚将十旗击汴兵，不胜；延寿将斩之，厚称众寡不敌，愿益兵更往，不胜则死。都押牙汝阳柴再用亦为之请，乃益以五旗。厚殊死战，再用助之，延寿悉众乘之，汴兵败走。厚，蔡州人也。

行密又遣兵袭涟水，拔之。

【译文】杨行密围攻寿州，没有攻下来，准备退兵返回；庚寅日（初三），他的部将朱延寿请求再次前往进攻，结果一鼓作气将寿州攻克，擒住寿州刺史江从勖。杨行密任命朱延寿暂任寿州团练使。

没过多久，汴州士兵几万人进攻寿州，寿州的士兵不多，官吏、百姓惊慌恐惧。朱延寿规定，军队每个旗帜下有二十五名骑兵。他命令黑云队长李厚率领十旗骑兵攻击汴州军队,但没办法战胜;朱延寿准备把李厚斩首,李厚申诉敌众我寡,兵力悬殊,希望能给他增派军队再次前往,如果还不能打胜情愿被处斩。都押牙将汝阳人柴再用也替李厚求情,于是朱延寿又给李厚增拨了五旗兵力。李厚竭尽全力奋战,柴再用协助他,朱延寿乘势率全部兵马攻击,汴州军队最终战败撤走。李厚是蔡州人。

杨行密又派遣士兵前去偷袭涟水县,把涟水县攻克了。

钱镠表董昌僭逆,不可赦,请以本道兵讨之。

太傅、门下侍郎、同平章事韦昭度以太保致仕。

戊戌,以刘建锋为武安节度使。建锋以马殷为内外马步军都指挥使。

杨行密遣使诣钱镠,言董昌已改过,宜释之;亦遣诣昌,使趣朝贡。

河东遣其将史俨、李承嗣以万骑驰入于郓,朱友恭退归于汴。

【译文】钱镠向朝廷呈递奏表,说董昌称帝又叛逆大罪,不应该赦免,请求率领本道的士兵征讨董昌。

太傅、门下侍郎、同平章事韦昭度以太保的官职辞官归隐。

戊戌日(十一日),昭宗李晔任命刘建锋为武安节度使。刘建锋任命马殷为内外马步军都指挥使。

杨行密派遣使者到钱镠那里,说董昌已经知罪改过了,应当赦免他的罪行,也派使者前去董昌那里,让他马上向朝廷进贡纳赋。

河东派遣将领史俨、李承嗣率领万名骑兵飞驰进入郓州，朱友恭退兵返回汴州。

五月，诏削董昌官爵，委钱镠讨之。

初，王行瑜求尚书令不获，由是怨朝廷。畿内有八镇兵，隶左右军。邠阳镇近华州，韩建求之；良原镇近邠州，王行瑜求之。宦官曰："此天子禁军，何可得也！"王珂、王珙争河中，行瑜、建及李茂贞皆为珙请，不能得，耻之。珙使人语三帅曰："珂不受代而与河东昏姻，必为诸公不利，请讨之。"行瑜使其弟匡国节度使行约攻河中，珂求救于李克用。行瑜乃与茂贞、建各将精兵数千入朝，甲子，至京师，坊市民皆窜匿。上御安福门以待之，三帅盛陈甲兵，拜伏舞蹈于门下。上临轩，亲诘之曰："卿辈不奏请俟报，辄称兵入京城，其志欲何为乎？若不能事朕，今日请避贤路！"行瑜、茂贞流汗不能言，独韩建粗述入朝之由。上与三帅宴，三帅奏称："南、北司互有朋党，堕紊朝政。韦昭度讨西川失策，李溪作相，不合众心，请诛之。"上未之许。是日，行瑜等杀昭度、溪于都亭驿，又杀枢密使康尚弼及宦官数人。又言："王珂、王珙嫡庶不分，请除王珙河中，徙王行约于陕，王珂于同州。"上皆许之。始，三帅谋废上，立吉王保；至是，闻李克用已起兵于河东，行瑜、茂贞各留兵二千人宿卫京师，与建皆辞还镇。贬户部尚书杨堪为雅州刺史。堪，虞卿之子，昭度之舅也。

【译文】五月，昭宗李晔诏命削夺董昌的官职爵位，任命钱镠征讨他。

起初，王行瑜谋求担任尚书令没有获得，因此对朝廷充满怨恨。京师长安所辖地区有八镇军队，归属左、右神策军。阳镇靠近华州，韩建向朝廷奏请兼管；良远镇靠近邠州，王行瑜奏请由他管理。宦官们说："这都是陛下的禁卫军，怎么能让他们统管呢！"王珂、王珙争夺河中节度使这一官职，王行瑜、韩建以及李茂贞都替王珙请求，但王珙没有获得，他们对此觉得很耻辱。王珙派人对三位统帅说："王珂在河中不接受我的替代而与河东节度使李克用结成姻亲，对你们各位一定没有好处，请求你们征讨王珂。"王行瑜派遣他的弟弟匡国节度使王行约前去征讨河中，王珂向李克用请求救援。王行瑜于是和李茂贞、韩建各自率领精锐士兵几千人进入朝廷，甲子日（初八），他们抵达京师，街坊市区中的百姓都纷纷逃窜、藏匿。昭宗李晔驾临安福门等待他们，三位统帅大规模地排列精锐的武装士兵，在安福门下行跪拜舞蹈礼。昭宗走到门楼前，责问他们说："你们不上表奏请等待朝廷诏命，就发动军队攻入京城，究竟想怎么样呢？如果你们不能侍奉朕的话，今天我就退位让给贤明的人！"王行瑜、李茂贞听后浑身出冷汗而不敢说话，只有韩建简略地陈述了前来京师的原因。昭宗与三位节度使宴饮，三位节度使向昭宗李晔奏请说："朝中大臣和宫内宦官狼狈为奸，败坏干扰朝廷政事。韦昭度征讨西川决策失误，李溪充任宰相，不符合群臣的意愿，请求陛下将李溪诛杀。"昭宗没有准许他们的请求。这一天，王行瑜等人在都亭驿将韦昭度、李溪杀死，又杀死了枢密使康尚弼以及几位宦官。他们又说："王珂和王珙嫡庶不分，请求陛下任命王珙到河中，迁移王行约去陕州，迁王珂到同州。"昭宗都准许了。开始时，王行瑜等三位节度使谋划废黜昭宗，拥立吉王李保即帝位。这时，听说李克用已经在河东起兵，王行瑜、李茂贞便分别留下两千军队守卫京师，然后与韩建一同辞别京城，返回镇所。昭宗又诏令把户部尚书杨堪贬为雅州刺史。杨堪是虞卿的儿子，也是韦昭度的舅舅。

初，崔胤除河中节度使，河东进奏官薛志勤扬言曰："崔公虽重德，以之代王珂，不若光德刘公于我公厚也。"光德刘公者，太常卿刘崇望也。及三帅入朝，闻志勤之言，贬崇望昭州司马。李克用闻三镇兵犯阙，即日遣使十三辈发北部兵，期以来月渡河入关。

【译文】起初，崔胤担任河中节度使的时候，河东进奏官薛志勤扬言说："崔胤虽然是重视德行之人，但是让他取代王珂的做法，比不上长安城内光德坊的刘公对我主公李克用感情深厚。"光德坊刘公就是太常卿刘崇望！等到三位统帅进入朝廷听到薛志勤的话，就将刘崇望贬为昭州司马。李克用听到三镇的士兵侵犯朝廷，当天就派遣使者十三批调发北部蕃族部落的军队，约定下个月渡过黄河进入关中。

六月，庚寅，以钱镠为浙东招讨使；镠复发兵击董昌。

辛卯，以前均州刺史孔纬、绣州司户张濬并为太子宾客。壬辰，以纬为吏部尚书，复其阶爵；癸巳，拜司空，兼门下侍郎、同平章事。以张濬为兵部尚书、诸道租庸使。时纬居华州，濬居长水，上以崔昭纬等外交藩镇，朋党相倾，思得骨鲠之士，故骤用纬、濬。纬以有疾，扶舆至京师，见上，涕泣固辞；上不许。

【译文】六月，庚寅日（初四），昭宗李晔任命钱镠为浙东招讨使；钱镠又派遣士兵讨伐董昌。

辛卯日（初五），昭宗李晔任命前均州刺史孔纬、绣州司户张濬同时担任太子宾客。壬辰日（初六），昭宗任命孔纬为吏部尚书，恢复他的官职爵位。癸巳日（初七），昭宗又授予孔纬司空，兼任门下侍郎、同平章事。任命张濬为兵部尚书，各道的租庸使。当时，孔纬在华州居住，张浚在长水居住，昭宗李晔因为崔昭纬等人在外结交藩镇，朋党之间又互相倾轧排挤，很想找到刚直的贤人辅佐，因此没有按照渐进的次序就直接提拔重用孔纬、张浚。孔纬因为身体生病，抱病乘车抵达京师，他面见昭宗，流着泪坚决推辞官职；昭宗不同意他辞去官职。

李克用大举蕃、汉兵南下，上表称王行瑜、李茂贞、韩建称兵犯阙，贼害大臣，请讨之，又移檄三镇，行瑜等大惧。克用军至绛州，刺史王瑶闭城拒之；克用进攻，旬日，拔之。斩瑶于军门，杀城中违拒者千馀人。秋，七月，丙辰朔，克用至河中，王珂迎谒于路。

【译文】李克用率领蕃、汉士兵浩浩荡荡地向南进发，向朝廷上表称王行瑜、李茂贞、韩建举兵进犯朝廷，残害大臣，请求率领军队征讨他们，又给三个镇守送去檄文，王行瑜等人非常害怕。李克用的军队到达绛州，绛州刺史王瑶紧闭城门抗拒；李克用发动进攻，十天，就将绛州攻取，在军营的大门前将王瑶斩杀，并杀死城内抗拒的一千余人。秋季，七月，丙辰朔日（初一），李克用抵达河中，王珂在路上迎接拜见他。

匡国节度使王行约败于朝邑，戊午，行约弃同州走，己未，至京师。行约弟行实时为左军指挥使，帅众与行约大掠西市。行实奏称同华已没，沙陀将至，请车驾幸邠州。庚申，枢密使骆全瓘奏请车驾幸凤翔。上曰："朕得克用表，尚驻军河中。就使沙陀至此，朕自有以枝梧，卿等但各抚本军，勿令摇动。"

【译文】匡国节度使王行约在朝邑被打败，戊午日（初三），王行约放弃同州逃走，己未日（初四），他抵达京师。王行约的弟弟王行实此时担任左军指挥使,率领部众和王行约大肆地劫掠西市。王行实上奏,说同州、华州已经沦陷,李克用的沙陀军即将赶到,请陛下的车驾前往邠州避祸。庚申日(初五),枢密使骆全瓘上表奏请昭宗李晔车驾巡游凤翔。昭宗说:"朕收到了李克用的奏表,他还率军在河中屯驻。就算是李克用的沙陀军抵达这里,朕也有办法对付他,你们只管安抚好自己的士兵,不要让他们动摇骚乱就行了。"

右军指挥使李继鹏,茂贞假子也,本姓名阎珪,与骆全瓘谋劫上幸凤翔。中尉刘景宣与王行实知之,欲劫上幸邠州。孔纬面折景宣,以为不可轻离宫阙。向晚,继鹏连奏请车驾出幸,于是王行约引左军攻右军,鼓噪震地。上闻乱,登承天楼,欲谕止之,捧日都头李筠将本军,于楼前侍卫。李继鹏以凤翔兵攻筠,矢拂御衣,著于楼桷,左右扶上下楼,继鹏复纵火焚宫门,烟炎蔽天。时有盐州六都兵屯京师,素为两军所惮,上急召令入卫;既至,两军退走,各归邠州及凤翔。城中大乱,互相剽掠,上与诸王及亲近幸李筠营,护跸都头李居实帅众继至。

【译文】右军指挥使李继鹏是李茂贞的义子,原来的姓名叫阎珪,他跟骆全瓘暗中谋划劫持昭宗李晔到凤翔;中尉刘景宣和王行实知道此事后,想要劫持昭宗到邠州;孔纬当面斥责刘景宣,认为昭宗不能轻易离开宫廷。将到傍晚时,李继鹏连续上奏请昭宗前往凤翔,王行约见李继鹏要抢先将昭宗劫走,便率领他的左军进攻李继鹏的右军,锣鼓声喧闹声震动天地。昭宗听到外面一片大乱,登上承天楼,想下令制止他们,捧日都头李筠率领自己的军队,在承天楼前护卫昭宗。李继鹏指挥凤翔军队进攻李筠,飞箭擦过昭宗的衣服,射在承天楼的椽木上,身边的侍卫搀扶着昭宗下楼；李继鹏又放火烧毁宫门，浓烟烈火遮盖了天空。当时有盐州六都的士兵在京师屯驻，左、右两军向来就害怕他们，昭宗便紧急诏令这支军队入宫护卫；盐州六都军队到达后，左右两军都撤退离开，分别返回邠州和凤翔。长安城内混乱不堪，到处烧杀掠夺，昭宗与各王以及亲近官员到李筠的军营躲避，神策军护跸都头李居实率领军队相继到达。

或传王行瑜、李茂贞欲自来迎车驾，上惧为所迫，辛酉，以筠、居实两都兵自卫，出启夏门，趣南山，宿莎城镇。士民追从车驾者数十万人，比至谷口，暍死者三之一，夜，复为盗所掠，哭声震山谷。时百官多扈从不及，户部尚书、判度支及盐铁转运使薛王知柔独先至，上命权知中书事及置顿使。

壬戌，李克用入同州。崔昭纬、徐彦若、王抟至莎城。甲子，上徙幸石门镇，命薛王知柔与知枢密院刘光裕还京城，制置守卫宫禁。丙寅，李克用遣节度判官王瑰奉表问起居。丁卯，上遣内侍郗廷昱赍诏诣李克用军，令与王珂各发万骑同赴新平。又诏彰义节度使张鏐以泾原兵控扼凤翔。

【译文】有人传言王行瑜、李茂贞要亲自来迎接昭宗李晔，昭宗害怕被他们逼迫，辛酉日（初六），用李筠、李居实两都的军队来自我防卫，从启夏门逃出，一直奔向南山，晚上在莎城镇留宿。追随昭宗的士民有几十万人，等到了谷口的时候，中暑而死的有三分之一，到夜里，逃跑的百姓又遭受盗贼的抢掠，哭喊声震动山谷。当时朝廷百官大多数来不及跟从昭宗，只有户部尚书、判度支及盐铁转运使薛王李知柔首先赶到，昭宗李晔便任命他暂时掌管中书省事务及兼任置顿使。

壬戌日（初七），李克用攻入同州。崔昭纬、徐彦若、王抟抵达莎城。甲子日（初九），昭宗李晔迁到石门镇，派遣薛王李知柔和知枢密院刘光裕返回京城，部署军队守卫皇宫。丙寅日（十一日），李克用派遣节度判官王瑰呈递表文问候昭宗的起居情况。丁卯日（十二日），昭宗派遣内侍郗廷昱拿诏命前去李克用的军营，命令他和王珂各派出一万骑兵一同前往新平。又诏令彰义节度使张鐇率领泾原军队控制凤翔的李茂贞。

李克用遣兵攻华州；韩建登城呼曰："仆于李公未尝失礼，何为见攻？"克用使谓之曰："公为人臣，逼逐天子，公为有礼，孰为无礼者乎！"会郗廷昱至，言李茂贞将兵三万至盩厔，王行瑜将兵至兴平，皆欲迎车驾，克用乃释华州之围，移兵营渭桥。

以薛王知柔为清海节度使、同平章事，仍权知京兆尹、判度支，充盐铁转运使，俟反正日赴镇。

【译文】李克用派遣士兵攻打华州；韩建登上城墙，大声喊道："我对李公没有什么失礼之处，为什么要攻打我呢？"李克用派人对他说："你身为大唐臣子，却威逼驱逐皇帝，你这样如果还算有礼的话，那么天下还有谁是无礼呢？"适逢郗廷昱赶到这里，说李茂贞率领三万士兵抵达盩厔，王行瑜率领士兵抵达兴平，他们都要来迎接昭宗李晔，李克用这才解除了对华州的包围，率领士兵到渭桥安营扎寨。

昭宗李晔任命薛王李知柔为清海节度使、同平章事，仍然代理京兆尹、判度支，充任盐铁转运使，等到平定动乱后赶赴镇所。

上在南山旬馀，士民从车驾避乱者日相惊曰："邠、岐兵至矣！"上遣延王戒丕诣河中，趣李克用令进兵。壬午，克用发河中。八月，上遣供奉官张承业诣克用军。承业，同州人，屡奉使于克用，因留监其军。己丑，克用进军渭桥，遣其将李存贞为前锋；辛卯，拨永寿，又遣史俨将三千骑诣石门侍卫。癸巳，遣李存信、李存审会保大节度使李思孝攻王行瑜黎园寨，擒其将王令陶等，献于行在。思孝本姓拓跋，思恭之弟也。李茂贞惧，斩李继鹏，传首行在，上表请罪，且遣使求和于克用。上复遣延王戒丕、丹王允诲克用，令且赦茂贞，并力讨行瑜，俟其殄平，当更与卿议之。且命二王拜克用为兄。

【译文】昭宗李晔在南山十几天，跟随昭宗车驾的士人百姓每天都惊恐地说："邠州、岐州的军队要来这里了！"昭宗派遣延王李戒丕前往河中，催促李克用下达命令进发军队。壬午日（二十七日），李克用的军队从河中出发。八月，昭宗派遣供奉官张承业前往李克用的军营。张承业是同州人，多次奉昭宗的谕令前去李克用的军营，昭宗趁此机会把他留在李克用的军营监视李克用。己丑日（初五），李克用进军渭桥，任命部将李存贞为前锋；辛卯日（初七），李克用攻克永寿，又派遣史俨率领三千骑兵到石门护卫昭宗；癸巳日（初九），李克用派遣李存信、李存审联合保大节度使李思孝攻打王行瑜的梨园寨，活捉了他的部将王令陶等人，送到昭宗那里。李思孝本姓拓跋，是李思恭的弟弟。李茂贞兵败很是害怕，于是斩杀李继鹏，把人头传送到石门镇昭宗的驻地，向朝廷呈递表文请求治罪，并且派出使者向李克用求和。昭宗李晔再次派遣延王李戒丕、丹王李允向李克用传达诏命，让他暂时将李茂贞赦免，联合军队全力征讨王行瑜，等把王行瑜剿灭了，朝廷会再与李克用商议如何惩治李茂贞。并且命令延王、丹王两位跟李克用结拜为兄弟，他们称李克用为义兄。

以前河中节度使崔胤为中书侍郎、同平章事。

戊戌，削夺王行瑜官爵。癸卯，以李克用为邠宁四面行营都招讨使，保大节度使李思孝为北面招讨使，定难节度使李思谏为东面招讨使，彰义节度使张鏻为西面招讨使。克用遣其子存勖诣行在，年十一，上奇其状貌，抚之曰："儿方为国之栋梁，它日宜尽忠于吾家。"克用表请上还京；上许之。令克用遣骑三千驻三桥为备御。辛亥，车驾还京师。

壬子，司空兼门下侍郎、同平章事崔昭纬罢为右仆射。

以护国留后王珂、卢龙留后刘仁恭各为本镇节度使。

时宫室焚毁，未暇完葺，上寓居尚书省，百官往往无袍笏仆马。

以李克用为行营都统。

【译文】昭宗李晔任命前河中节度使崔胤为中书侍郎、同平章事。

戊戌日（十四日），昭宗李晔削夺了王行瑜的官职爵位。癸卯日（十九日），昭宗任用李克用为邠宁四面行营都招讨使，任用保大节度使李思孝为北面招讨使，任命定难节度使李思谏为东面招讨使，任命彰义节度使张鏻为西面招讨使。李克用派遣他的儿子李存勖到昭宗那里，这时李存勖年龄仅十一岁，昭宗惊奇他的身形容貌，抚摸着他，说："孩子，你是朝廷的栋梁，将来要对天子竭尽忠诚拼死效力呀。"李克用上表请求昭宗返回长安，昭宗赞同。命令李克用派遣三千骑兵在三桥驻扎执行警卫防御。辛亥日（二十七日），昭宗的车驾返回京师。

壬子日（二十八日），司空兼门下侍郎、同平章事崔昭纬被罢免官职，改为右仆射。

昭宗李晔任命护国军留后王珂、卢龙留后刘仁恭各为他们本镇的节度使。

当时宫殿已经被焚毁，没来得及修建整理，昭宗李晔暂时在尚书省居住，朝中官员常常连长袍笏板和仆役马匹都没有。

昭宗任命李克用为行营都统。

九月，癸亥，司空兼门下侍郎、同平章事孔纬薨。

辛未，朱全忠自将击朱瑄，战于梁山；瑄败走还郓。

李克用急攻梨园，王行瑜求救于李茂贞，茂贞遣兵万人屯龙泉镇，自将兵三万屯咸阳之旁。克用请诏茂贞归镇，仍削夺其官爵，欲分兵讨之。上以茂贞自诛继鹏，前已赦宥，不可复削夺诛讨，但诏归镇，仍令克用与之和解。以昭义节度使李罕之检校侍中，充邠宁四面行营副都统。史俨败邠宁兵于云阳，擒云阳镇使王令海等，献之。

【译文】九月，癸亥日（初十），司空兼门下侍郎、同平章事孔纬去世。

辛未日（十八日），朱全忠亲自率领士兵攻打朱瑄，在梁山交战；朱瑄战败，逃回郓州。

李克用大举攻打梨园，王行瑜向李茂贞请求援助，李茂贞派遣士兵万人在龙泉镇屯驻，自己则率领三万士兵屯驻在咸阳附近。李克用奏请朝廷诏令李茂贞返回凤翔镇所，再削去他的官职爵位，想分派军队对李茂贞进行征讨。昭宗李晔认为李茂贞自己先诛杀了李继鹏，不久前已经免除了他的罪行，不便重新颁诏将他削夺官职进行征讨，只是诏令李茂贞返回凤翔镇所，依然诏令李克用与李茂贞和解。朝廷任命昭义节度使李罕之为检校侍中，充任邠宁四面行营副都统。史俨在云阳打败邠宁的军队，生擒云阳镇使王令海等人，进献给朝廷。

王建遣简州刺史王宗瑶等将兵赴难；甲戌，军于绵州。

董昌求救于杨行密，行密遣泗州防御使台濛攻苏州以救之，且表昌引咎，愿修职贡，请复官爵。又遗钱镠书，称："昌狂疾自立，已畏兵谏，执送同恶。不当复伐之。"

【译文】王建派遣简州刺史王宗瑶等人率领军队解救朝廷危难；甲戌日（二十一日），王宗瑶等人在绵州驻扎。

董昌向杨行密请求援助，杨行密派遣泗州防御使台濛进攻苏州来援救他，并且向朝廷上表说董昌已经自行认错悔过，愿意修好进贡，请求恢复他的官职爵位。杨行密又给钱镠送去一封书信，信中说："董昌一时发疯而擅自称帝，在你率军劝阻他时已经很恐惧，并将蛊惑他称帝的奸恶之人捉拿交给你，这样就不应当再征讨他了。"

冬，十月，丙戌，河东将李存贞败邠宁军于梨园北，杀千馀人。自是梨园闭壁不敢出。

贬右仆射崔昭纬为梧州司马。

魏国夫人陈氏，才色冠后宫；戊子，上以赐李克用。

克用令李罕之、李存信等急攻梨园；城中食尽，弃城走。罕之等邀击之，所杀万馀人，克梨园等三寨，获王行瑜子知进及大将李元福等；克用进屯梨园。庚寅，王行约、王行实烧宁州遁去。克用奏请以匡国节度使苏文建为静难节度使，趣令赴镇，且理宁州，招抚降人。

上迁居大内。

【译文】冬季，十月，丙戌日（初三），河东军队的将领李存贞在梨园寨北部打败王行瑜的邠宁军队，斩杀一千余人，从此以后，梨园军营关闭寨门，再也不敢出来作战。

昭宗李晔把右仆射崔昭纬贬为梧州司马。

魏国夫人陈氏，才能姿色在后宫堪数第一；戊子日（初五），昭宗李晔把她赐给李克用。

李克用命令李罕之、李存信等人大举围攻梨园；城中的粮食吃完了，王行瑜弃城逃走。李罕之等截击他们，斩杀一万余人，攻克了梨园等三个营寨，抓获王行瑜的儿子王知进以及大将李元福等。李克用进军梨园寨驻扎。庚寅日（初七），王行约、王行实焚烧宁州后逃走。李克用向朝廷上奏，请求派遣匡国节度使苏文建为静难节度使，催促他前往镇守，暂且把镇所设置在宁州，召集安抚前来投降的人。

昭宗李晔迁回皇宫居住。

朱全忠遣都将葛从周击兖州，自以大军继之。癸卯，围兖州。

杨行密遣宁国节度使田頵、润州团练使安仁义攻杭州镇戍以救董昌，昌使湖州将徐淑会淮南将魏约共围嘉兴。钱镠遣武勇都指挥使顾全武救嘉兴，破乌墩、光福二寨。淮南将柯厚破苏州水栅。全武，馀姚人也。

义武节度使王处存薨，军中推其子节度副使郜为留后。

以京兆尹武邑孙偓为兵部侍郎、同平章事。

【译文】朱全忠派遣都将葛从周攻打兖州，自己则率领大军随后进发。癸卯日（二十日），朱全忠包围兖州。

杨行密派遣宁国节度使田頵、润州团练使安仁义进攻驻守杭州的军队来援救董昌，董昌派湖州将领徐淑会同淮南将领魏约围攻嘉兴。钱镠派遣武勇都指挥使顾全武援救嘉兴，攻克乌墩、光福两个营寨。淮南将领柯厚攻破苏州的水上栅栏。顾全武是余姚人。

义武节度使王处存去世，军中推举他的儿子节度副使王郜为留后。

昭宗李晔任命京兆尹武邑人孙偓为兵部侍郎、同平章事。

王行瑜以精甲五千守龙泉寨，李克用攻之。李茂贞以兵五千救之，营于镇西。李罕之击凤翔兵，走之，十一月，丁巳，拨龙泉寨。行瑜走入邠州，遣使请降于克用。

齐州刺史朱琼举州降于朱全忠。琼，瑾之从父兄也。

衢州刺史陈儒卒，弟岌代之。

【译文】 王行瑜派遣精锐的甲兵五千人在龙泉寨防守，李克用攻打寨子；李茂贞率领五千军队救援王行瑜，在龙泉镇的西面安营扎寨。李罕之偷袭李茂贞的凤翔军，打跑了凤翔军，十一月，丁巳日（初五日），李罕之攻克龙泉寨。于是，王行瑜逃进邠州，派遣使者向李克用请求投降。

齐州刺史朱琼以州向朱全忠投降。朱琼是朱瑾的堂兄。

衢州刺史陈儒去世，他的弟弟陈岌接替他的职位。

李克用引兵逼邠州，王行瑜登城，号哭谓克用曰："行瑜无罪，迫胁乘舆，皆李茂贞及李继鹏所为，请移兵问凤翔，行瑜愿束身归朝。"克用曰："王尚父何恭之甚！仆受诏讨三贼臣，公预其一，束身归朝，非仆所得专也。"丁卯，行瑜挈族弃城走。克用入邠州，封府库，抚居人，命指挥使高爽权巡抚军城，奏趣苏文建赴镇。行瑜走至庆州境，部下斩行瑜，传首。

【译文】 李克用率领士兵逼近邠州，王行瑜登上城楼，大声痛哭哀号，对李克用说："我王行瑜没有什么罪过啊！逼迫威胁皇上的车驾，都是李茂贞和李继鹏做的，请你调派军队去征讨凤翔节度使李茂贞，我王行瑜愿意捆绑自己回到朝廷。"李克用说："王尚父真是太谦恭了！我受朝廷的诏令征讨你、李茂贞、韩建三个乱臣贼子，你是其中一个，你想自己捆绑入朝见天子，这不是我能擅自做主的事。"丁卯日（十五日），王行瑜携带家族弃城逃走。李克用攻入邠州，封闭所有的府库，安抚居住的百姓，任命指挥使高爽暂且掌管巡抚军城职务，又奏请朝廷催促苏文建赶赴镇所。王行瑜逃到庆州的境内，被部下杀死了，将他的首级传送到朝廷。

朱瑄遣其将贺瑰、柳存及河东将何怀宝将兵万馀人袭曹州，以解兖州之围。瑰，濮阳人也。丁卯，全忠自中都引兵夜追之，比明，至巨野南，及之，屠杀殆尽，生擒瑰、存、怀宝，俘士卒三千馀人，是日晡后，大风沙尘晦冥，全忠曰："此杀人未足耳！"下令所得之俘尽杀之。庚午，缚瑰等徇于兖州城下，谓朱瑾曰："卿兄已败，何不早降！"

【译文】 朱瑄派遣他的部将贺瑰、柳存以及河东的将领薛怀宝（薛字他本都作何字）率领一万多士兵袭击曹州，以求解除兖州被围困的窘迫处境。贺瑰是濮阳人。丁卯日（十五日），朱全忠从中都率领士兵在夜间追赶他们，到天亮时，在巨野的南方追赶上他们，把他们几乎杀光，活捉了贺瑰、柳存、薛怀宝，俘获士兵三千多人。这一天傍晚，天空刮起大风，沙尘弥漫，天昏地暗，朱全忠说："这是杀人还不够数的缘故啊！"于是下令把擒获的俘虏全部处死。庚午日（十八日），朱全忠捆绑贺瑰等人在兖州城下示众，告诉朱瑾说："你哥哥朱瑄已经被我打败，为什么你还不早点投降呢？"

丁丑，雅州刺史王宗侃攻拔利州，执刺史李继颙，斩之。

朱瑾伪遣使请降于朱全忠，全忠自就延寿门下与瑾语。瑾曰："欲送符印，愿使兄琼来领之。"

辛巳，全忠使琼往，瑾立马桥上，伏骁果董怀进于桥下，琼至，怀进突出，擒之以入，须臾，掷首城外。全忠乃引兵还，以琼弟批为齐州防御使，杀柳存、何怀宝；闻贺瑰名，释而用之。

【译文】丁丑日（二十五日），雅州刺史王宗侃攻占了利州，把刺史李继颙抓获，并杀死了他。

朱瑾派出使者假装向朱全忠请求投降，朱全忠亲自前往兖州城的延寿门下与朱瑾商谈。朱瑾对朱全忠说："我打算交送符节官印给您，希望让我的堂兄齐州刺史朱琼来领取吧。"

辛巳日（二十九日），朱全忠派遣朱琼前去领取，朱瑾骑马在桥上停驻，把勇猛果敢的董怀进埋伏在桥下，朱琼到达时，董怀进突然冲出，把朱琼抓住带到兖州城内，没过多久，朱琼的脑袋就被扔到兖州城外。朱全忠没有办法，只得率领士兵返回，后来，朱全忠又派朱琼的弟弟朱批为齐州防御使，杀死柳存、薛怀宝；朱全忠知道贺瑰的名声，不仅释放了他，而且还任用他。

李克用旋军渭北。

加静难节度使苏文建同平章事。

蒋勋求为邵州刺史，刘建锋不许，勋乃与邓继崇起兵，连飞山、梅山蛮寇湘潭，据邵州，使其将申德昌屯定胜镇以扼潭人。

【译文】李克用带军队返回，在渭北驻扎。

昭宗李晔加封静难节度使苏文建为同平章事。

蒋勋请求担任邵州刺史，刘建锋没有准许，蒋勋于是和邓继崇发动军队，联合飞山、梅山的蛮人劫掠湘潭县，占据了邵州；蒋勋还派遣他的部将申德昌屯兵在定胜镇以便阻止潭州人的进入。

十二月，甲申，阆州防御使李继雍、蓬州刺史费存、渠州刺史陈璠各帅所部兵奔王建。

乙酉，李克用军于云阳。

王建奏："东川节度使顾彦晖不发兵赴难，而掠夺辎重，遣泸州刺史马敬儒断峡路，请兴兵讨之。"戊子，华洪大破东川兵于楸林，俘斩数万，拔楸林寨。

【译文】十二月，甲申日（初二），阆州防御使李继雍、蓬州刺史费存、渠州刺史陈璠等分别率领部下士兵投奔王建。

乙酉日（初三），李克用在云阳驻扎军队。

王建向朝廷上奏说："东川节度使顾彦晖没有派遣士兵赶去救援国家的危难，却抢劫掠夺军械、器材、粮食等物，又派遣泸州刺史马敬儒截断三峡水路，请求朝廷发兵征讨顾彦晖。"戊子日（初六），王建的将领华洪在楸林把东川军队打得惨败，俘获、斩杀几万人，攻克了楸林寨。

乙未，进李克用爵晋王，加李罕之兼侍中，以河东大将盖寓领容管观察使；自馀克用将佐、子孙并进官爵。克用性严急，左右小有过辄死，无敢违忤；惟盖寓敏慧，能揣其意，婉辞裨益，无不从者。克用或以非罪怒将吏，寓必阳助之怒，克用常释之；有所谏诤，必征近事为喻；由是克用爱信之，境内无不依附，权与克用侔。朝廷及邻道遣使至河东，其赏赐赂遗，先入克用，次及寓家。朱全忠数遣数人间之，及扬言云盖寓已代克用，而克用待之益厚。

丙申，王建攻东川，别将王宗弼为东川兵所擒，顾彦晖畜以为子，戊戌，通州刺史李彦昭将所部兵二千降于建。

【译文】乙未日（十三日），昭宗李晔加封李克用的爵位为晋王，加封李罕之兼侍中，任命河东大将盖寓兼任容管观察使；李克用的其他将领、佐僚以及儿子、孙子都被加官封爵。李克用为人严厉又急躁，手下人稍微犯点错误就会被处死，没人敢与他对抗；只有盖寓机敏聪明，能够揣测出李克用的心思，他对李克用总是委婉劝谏加以完善，李克用总是听从他的建议。李克用有时对手下将士怪罪迁怒，盖寓一定会表面上促使他更为生气，结果往往让李克用怒气全消。盖寓劝说李克用改正错误时，一定用最近发生的事打比方，因此李克用对盖寓特别宠爱信任，所辖境内的将领官吏也没有不亲附盖寓的，他的权力几乎与李克用相等。朝廷以及相邻的各道派遣使者前往河东，他们赏赐赠送的钱物，先运送到李克用那里，然后就送到盖寓的家中。朱全忠多次派人挑拨他们两人，并扬言说盖寓已经取代了李克用，然而李克用对待他却更加亲厚了。

丙申日（十四日），王建进攻东川时，别将王宗弼被东川的士兵捉住了，顾彦晖收养他为养子。戊戌日（十六日），通州刺史李彦昭率领他的部属两千人向王建投降。

李克用遣掌书记李袭吉入谢恩，密言于上曰："比年以来，关辅不宁，乘此胜势，遂取凤翔，一劳永逸，时不可失。臣屯军渭北，专俟进止。"上谋于贵近，或曰："茂贞复灭，则沙陀大盛，朝廷危矣！"上乃赐克用诏，褒其忠款，而言："不臣之状，行瑜为甚。自朕出幸以来，茂贞、韩建自知其罪，不忘国恩，职贡相继，且当休兵息民。"克用奉诏而止。既而私于诏使曰:"观朝廷之意,似疑克用有异心也。然不去茂贞,关中无安宁之日。"又诏免克用入朝,将佐或言:"今密迩阙庭,岂可不入见天子!"克用犹豫未决,盖寓言于克用曰:"向者王行瑜辈纵兵狂悖,致銮舆播越,百姓奔散。今天子还未安席,人心尚危,大王若引兵渡渭,窃恐复惊骇都邑。人臣尽忠,在于勤王,不在入觐,愿熟图之!"克用笑曰:"盖寓尚不欲吾入朝,况天下之人乎!"乃表称:"臣总帅大军,不敢径入朝觐,且惧部落士卒侵扰渭北居人。"

辛亥,引兵东归。表至京师,上下始安。诏赐河东士卒钱三十万缗。克用既去,李茂贞骄横如故,河西州县多为茂贞所据,以其将胡敬璋为河西节度使。

【译文】李克用派遣掌书记李袭吉入朝谢恩,偷偷地禀告昭宗李晔说:"近年来,关中三辅地区动荡不安,趁着战胜之际,进攻凤翔,可以一劳永逸,不可失去良机。我现在在渭水北边驻扎,专门等候朝廷的诏令。"昭宗、朝中权贵以及近臣商量,有人说:"李茂贞一旦被消灭,那么李克用的势力就会大大扩充,朝廷就危险了!"昭宗于是向李克用颁布诏书,褒奖他对朝廷的忠心,但又说:"背叛朝廷的罪行,王行瑜太重了。这次朕自离开长安巡游以来,李茂贞、韩建已经知道自己的过错,没有忘记朝廷的恩德,进献的赋税贡品连续不断,暂且停止对他们的讨伐,让军队休整,百姓安宁。"李克用接到诏书立即停止了行动。没过多久,李克用私下里对传达诏令的使臣说:"我观察朝廷的意思,似乎怀疑我李克用有别的企图啊!可是如果不除去李茂贞,关中将永远没有安宁的日子。"昭宗李晔另外又下诏命,免除李克用入朝拜见天子的惯例,李克用的部将佐吏中有人说:"现在朝廷就在眼前,怎么能不进入长安朝见天子呢?"李克用心中犹疑,不能决断,盖寓对李克用说:"之前,王行瑜放纵士兵,狂妄叛逆,导致皇上流离失所,百姓逃亡。现在天子返回京师还没有安定,人心惶惶,大王如果率领军队渡过渭水,我担心又会让人震惊、惧怕。大臣对朝廷竭尽忠心,关键是为皇室抚危解难,并不在于入朝朝见天子,希望大王能好好考虑一下。"李克用笑着说:"盖寓尚且不想让我入朝,更何况是天下百姓呢!"于是上表说:"我统率大军,不敢随意进入京城觐见皇上,并且忧虑率领的士兵会侵扰渭水以北的百姓。"辛亥日(二十九日),李克用率领士兵们东返晋阳。他的表文传到京师,上至朝廷下到百姓这时才感到安心。昭宗李晔诏命赏赐河东军队三十万缗钱。李克用离开以后,李茂贞的骄纵狂横依然如故,河西的州县大多数被李茂贞占领,李茂贞任命他的将领胡敬璋为河西节度使。

【乾隆御批】 克用乘胜进取,其心固不可信,然使因其力以去茂贞,则河西地近京师朝廷,或可自除镇帅以资巩卫。沙陀虽盛一时焉,能越长安而辄据之?乃一时君臣畏首畏尾,若是不亡何待!

【译文】 李克用想乘胜追击李茂贞,他的用心固然不可信,然而若能借他的力量除去李茂贞,那么河西靠近京城,或许皇上可以自己任命大将镇守来保卫京城。沙陀的力量虽然盛极一时,难道还能占据长安吗?都是君臣一时的畏首畏尾,若不灭亡更待何时呢?

【申涵煜评】 克用既歼邠帅,倘乘其兵力并灭岐华,因而入朝辅政,沙陀性直,未必便至篡夺。乃不从其请,欲图目前苟安,而转眼复乱,如久病尫怯,闻瞑眩之药而生惧,积弱使然也。

【译文】 李克用既然已经歼灭邠帅王行瑜,假如这时乘其军事实力一并消灭岐帅李茂贞、华帅王建,因而入朝辅政,沙陀性直,不一定就到篡夺的地步。然而昭宗不听他的请求，大概是想考虑眼前的苟且偷安。而转眼天下又混乱，就如久病瘦怯，一听说头昏眼花的药就恐惧，这是长期衰弱造成的。

朱全忠之去兖州也，留葛从周将兵守之，朱瑾闭城不复出，从周将还，乃扬言"天平、河东救兵至，引兵西北邀之，"夜半，潜归故寨。瑾以从周精兵悉出，果出兵攻寨。从周突出奋击，杀千余人，擒其都将孙汉筠而还。

加镇海节度使钱镠兼侍中。

【译文】朱全忠离开兖州时，留下部将葛从周率领军队守卫兖州，朱瑾紧闭城门不再出城。葛从周将要返回时，扬言说："天平和河东的救援军队已经来到，我军到西北方向去阻截他们。"半夜，葛从周把军队又悄悄带回原来的营寨。朱瑾认为葛从周的精兵都离开了，果然派遣军队进攻城外的营寨。葛从周率领军队突然杀出奋勇进攻，斩杀了一千余人，抓获朱瑾的都将孙汉筠后返回。

昭宗李晔加封镇海节度使钱镠兼任侍中。

彰义节度使张鐇薨，以其子琮权知留后。

朱瑄、朱瑾屡为朱全忠所攻，民失耕稼，财力俱弊。告急于河东，李克用遣大将史俨、李承嗣将数千骑假道于魏以救之。

安州防御使家晟与朱全忠亲吏蒋玄晖有隙，恐及祸，与指挥使刘士政、兵马监押陈可璠将兵三千袭桂州，杀经略使周元静而代之。晟醉侮可璠，可璠手刃之，推士政知军府事，可璠自为副使。诏即以士政为桂管经略使。玄晖，吴人也。

【译文】彰义节度使张鐇去世，昭宗李晔任命他的儿子张

235

璠代理留后。

朱瑄、朱瑾屡次遭受朱全忠的攻打，百姓放弃了农耕，军中物资人力都很匮乏，于是向河东节度使李克用告急。李克用派遣大将史俨、李承嗣率领几千骑兵借道魏州去援救他们。

安外防御使家晟与朱全忠亲近的官吏蒋玄晖有矛盾，担心灾祸降临，便和指挥使刘士政、兵马监押陈可璠率领三千士兵偷袭桂州，杀死了经略使周元静并取代他的职位。家晟在酒醉后侮辱陈可璠，陈可璠亲手把他杀死了，推举刘士政管理军府中的事务，陈可璠自己担任副使。昭宗李晔诏命任命刘士政为（桂管的）经略使。蒋玄晖是吴人。

乾宁三年（丙辰，公元八九六年）春，正月，西川将王宗黁攻拔龙州，杀刺史田昉。

丁巳，刘建锋遣都指挥使马殷将兵讨蒋勋，攻定胜寨，破之。

辛未，安仁义以舟师至湖州，欲渡江应董昌，钱镠遣武勇都指挥使顾全武、都知兵马使许再思守西陵，仁义不能度。昌遣其将汤臼守石城，袁邠守馀姚。

【译文】乾宁三年（丙辰，公元896年）春季，正月，西川将领王宗黁攻取了龙州，杀掉了刺史田昉。

丁巳日（初五），刘建锋派遣都指挥使马殷率领军队征讨蒋勋，攻打定胜寨，将蒋勋打败了。

辛未日（十九日），安仁义派遣水军前往湖州，想要渡江去接应董昌，钱镠派遣武勇都指挥使顾全武、都知兵马使许再思在西陵驻守，使安仁义无法渡江。董昌派遣属下将领汤臼守卫石城山，袁邠守卫余姚。

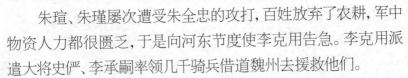

闰月，克用遣蕃、汉都指挥使李存信将万骑假道于魏以救兖、郓，军于莘县。朱全忠使人谓罗弘信曰："克用志吞河朔，师还之日，贵道可忧。"存信戢众不严，侵暴魏人。弘信怒，发兵三万夜袭之。存信军溃退。保洺州，丧士卒什二三，委弃资粮兵械万楼；史俨、李承嗣之军隔绝不得还。弘信自是与河东绝，专志于汴。金忠方图兖、郓，畏弘信议其后，弘信每有赠遗，全忠必对使者北向拜授之，曰："六兄于予，倍年以长，固非诸邻之比。"弘信信之，全忠以是得专意东方。

丁亥，果州刺史张雄降于王建。

【译文】闰月，李克用派遣蕃、汉都指挥使李存信率领万名骑兵向魏州借路救援兖州、郓州，在莘县驻扎。朱全忠派人对罗弘信说："李克用的目的是侵占黄河以北的地盘，他的军队返回时，你那里会让人担忧。"李存信管束士兵不严格，士兵对魏州百姓残害侵扰，罗弘信特别愤怒，派遣三万军队在晚上偷袭李存信，因此李存信的军队溃散，撤退到洺州据守，损失士兵十分之二三，丢弃的资财、粮食、兵器数以万计；史俨、李承嗣的军队被阻隔，也不能返回。罗弘信从此与河东节度使李克用彻底决裂，一心一意依附汴州的朱全忠。朱全忠正在图谋兖州、郓州，惧怕罗弘信暗算他的后方，罗弘信每次向他赠送礼物，朱全忠一定当着罗弘信使者的面向北行拜手礼后接受礼物，嘴里念叨："六哥对我来说，是上一辈的长者，不是邻近各道节度使所能相比的。"罗弘信相信了朱全忠，朱全忠因此才得以全身心地攻打东边的兖州、郓州。

丁亥日（初五），果州刺史张雄向王建投降。

二月，戊辰，顾全武、许再思败汤臼于石城。上用杨行密之请，赦董昌，复其官爵；钱镠不从。

以通王滋判侍卫诸将事。

朱全忠荐兵部尚书张濬，上欲复相之；李克用表请发兵击全忠，且言"濬朝为相，臣则夕至阙庭！"京师震惧，上下诏和解之。

【译文】二月，戊辰日（十七日），顾全武、许再思在石城打败汤臼。昭宗李晔采纳杨行密的建议，赦免了董昌，恢复他的官职、爵位；钱镠坚决反对昭宗的做法，不听从昭宗的决定。

昭宗派通王李滋兼管侍卫各将领的事务。

朱全忠向朝廷推荐兵部尚书张濬，昭宗李晔打算重新任命张濬为宰相。李克用向朝廷呈递奏表请求派军队进攻朱全忠，并且说："张濬如果早晨做了宰相，我傍晚就会赶到朝廷！"京城长安上下震惊恐惧，于是，昭宗李晔颁下诏书劝李克用与朱全忠和解。

【乾隆御批】以昭纬潜通藩镇，因改用纬、浚，而纬、浚亦即结交藩镇之人。盖唐祚久衰，诸臣中具谋国之心者，百无一二，而一二人者又无干济之才，如杜让能等且澌灭殆尽，而所用率皆金邪气运，至是，尚可与图存乎？

【译文】因崔昭纬私通藩镇，便改用孔纬、张浚，而他们也是很快就去结交藩镇的人。看来唐朝的国运已衰败很久了，大臣中有志于为国家利益谋划的人一百个里也没有一两个，而就是这一两个人，也无济世之才，像杜让能这样的人都消亡得差不多了，而所任用的大多是奸邪之辈，国家到了这种地步，还能为它谋划存亡大计吗？

三月，以天雄留后李继徽为节度使。

保大节度使李思孝表请致仁，荐弟思敬自代，诏以思孝为太师，致仕，思敬为保大留后。

朱全忠遣庞师古将兵伐郓州，败郓兵于马颊，遂抵其城下。

己酉，顾全武等攻馀姚，明州刺史黄晟遣兵助之；董昌遣其将徐章救馀姚，全武击擒之。

【译文】三月，昭宗李晔任命天雄留后李继徽为节度使。

保大节度使李思孝向昭宗李晔上表请求辞官归隐，举荐他的弟弟李思敬来代理他的职位；昭宗下诏任命李思孝为太师，准许辞官归隐，李思敬为保大留后。

朱全忠派遣庞师古率领军队征讨郓州，在马颊打败了郓州的军队，于是庞师古进军抵达郓州城下。

己酉日（二十八日），顾全武等人进攻余姚，明州刺史黄晟派遣军队援助他；董昌派遣他的部将徐章救援余姚，顾全武攻击徐章，并活捉了他。

夏，四月，辛酉，河涨，将毁滑州城，朱全忠命决为二河，夹滑城而东，为害滋甚。

李克用击罗弘信，攻洹水，杀魏兵万馀，进攻魏州。

武安节度使刘建锋既得志，嗜酒，不亲政事。长直兵陈赡妻美，建锋私之。赡袖铁挝击杀建锋；诸将杀赡，迎行军司马张佶为留后。佶将入府，马忽踶啮，伤左髀。时马殷攻邵州未下，佶谢诸将曰："马公勇而有谋，宽厚乐善，吾所不及，真乃主也。"乃以牒召之。殷犹豫未行，听直军将汝南姚彦章说殷曰："公与刘龙骧、张司马，一体人也，今龙骧遇祸，司马伤髀，天命人望，舍公尚谁属哉！"殷乃使亲从都指挥使李琼留攻邵州，径诣长沙。

【译文】夏季，四月，辛酉日（初十），河水上涨，滑州城即将被冲毁，朱全忠命人挖掘河流，清除堵塞的东西，使河水分成两路, 两条河夹着滑州城向东流去, 造成的灾难反而更严重了。

李克用攻打罗弘信, 率领军队进攻洹水, 杀掉魏州的士兵一万多人, 派发军队进攻魏州。

武安节度使刘建锋占据长沙后便觉得心愿实现了, 于是整天饮酒, 不再处理政事。长值兵陈赡的妻子很美, 刘建锋和她私通; 陈赡在衣袖内藏带铁挝将刘建锋打死了。各将领又将陈赡处死, 后来, 迎接行军司马张佶为武安留后。张佶准备进入节度使府时, 他骑的马突然狂乱踢咬, 把张佶的左大腿弄伤了。当时马殷还没有攻下邵州, 张佶于是辞谢各位拥立他的将领说: "马殷有勇有谋, 待人宽厚, 与人友善, 我不如他, 他才是真正的将帅啊!"送给马殷公文召请他前来长沙。马殷犹豫不决没有启程, 听直军将姚彦章劝说马殷: "你与刘建锋、张佶都是人才, 现在刘建锋遇害, 张佶大腿受伤, 人们的期望是上天安排的, 除了你还能有谁担任呢?"马殷于是派遣亲近的侍从都指挥使李琼留下攻打邵州, 自己直接前往长沙。

淮南兵与镇海兵战于皇天荡, 镇海兵不利, 杨行密遂围苏州。

钱镠、钟传、杜洪畏杨行密之强, 皆求援于朱全忠; 全忠遣许州刺史朱友恭将兵万人渡淮, 听以便宜从事。

【译文】淮南的士兵跟镇海的士兵在皇天荡交战, 结果镇海军队战败, 于是, 杨行密率军包围苏州。

钱镠、钟传、杜洪惧怕杨行密强盛起来, 都向朱全忠请求救援; 朱全忠派遣许州刺史朱友恭率领军队万人渡过淮水, 让他根据情况随机应变, 自主处理军务。

董昌使人觇钱镠兵, 有言其强盛者辄怒, 斩之; 言兵疲食尽，则赏之。戊寅，袁邠以馀姚降于镠；顾全武、许再思进兵至越州城下。五月，昌出战而败，婴城自守，全武等围之。昌始惧，去帝号，复称节度使。

马殷至长沙，张佶肩舆入府，坐受殷拜谒，已，乃命殷升听事，以留后让之，即趋下，帅将吏拜贺，复为行军司马，代殷将兵攻邵州。

　　【译文】董昌派人侦察钱镠军队的情况，有人说钱镠军队强盛，董昌就大怒，将他斩杀；那些说钱镠军队筋疲力尽粮食吃光的人，就受到董昌的赏赐。戊寅日（二十七日），袁邠献出余姚向钱镠投降；顾全武、许再思进军抵达越州城下。五月，董昌出去交战，却打败了，环城自守，顾全武等人包围了他。董昌这时才害怕了，除去了帝号，恢复节度使的官职。

　　马殷抵达长沙，张佶乘坐轿子进入节度使府，坐在那里接受马殷的拜见。事情结束后，张佶让马殷登堂处理政事，把留后的职位让给马殷，自己当即走下来，率领将领官吏恭贺马殷任留后，张佶重新充任行军司马，代替马殷率领军队进攻邵州。

　　癸未，苏州常熟镇使陆郢以州城应杨行密，虏刺史成及。行密阅及家所蓄，惟图书、药物，贤之，归，署行军司马。及拜且泣曰："及百口在钱公所。失苏州不能死，敢求富贵！愿以一身易百口之死！"引佩刀欲自刺。行密遽执其手，止之，馆于府舍。其室中亦有兵仗，行密每单衣诣之，与之共饮膳，无所疑。

　　钱镠闻苏州陷，急召顾全武，使趋西陵备行密，全武曰："越州贼之根本，奈何垂克而弃之！请先取越州，后复苏州。"镠从之。

　　【译文】癸未日（初三），苏州常熟镇使陆郢以州城响应杨行密，抓获了刺史成及。杨行密查看成及家里的收藏，只有图书和药物，认为他是有德行的人，就送他回去了，并任命他为行军司马。成及跪谢杨行密并且流泪说："我整个家族有一百口人在钱镠那里，我身为刺史丧失苏州却不能以身殉职，哪还敢再谋求富贵呢？用我一个人来换取百条人命吧。"说完，他拿过佩刀就要自尽。杨行密连忙抓住他的手，阻止他，让他住在节度使的府舍中。成及的屋里也放着兵器，杨行密常常身穿单衣前去成及那里，与他一同饮酒吃饭，一点也不怀疑。

资治通鉴

　　钱镠听说苏州被攻克了，急忙叫来顾全武，派遣他赶快到西陵去防备杨行密，顾全武说："越州是董昌这伙贼寇的大本营，怎么能立即就要攻克了却又放弃它呢！请让我先夺取越州，然后再去将苏州收复。"钱镠听从了顾全武的建议。

　　淮南将朱延寿奄至蕲州，围其城。大将贾公铎方猎，不得还，伏兵林中，命勇士二人衣羊皮夜入延寿所掠羊群，潜入城，约夜半开门举火为应，复衣皮返命。公铎如期引兵至城南，门中火举，力战，突围而入。延寿惊曰："吾常恐其溃围而出，反溃围而入，如此，城安可猝拔！"乃白行密，求军中与公铎有旧者持誓书金帛往说之，许以婚。寿州团练副使柴再用请行，临城与语，为陈利害。数日，公铎及刺史冯敬章请降。以敬章为左都押牙，公铎为右监门卫将军。延寿进拔光州，杀刺吏刘存。

　　【译文】淮南的将领朱延寿迅速赶到蕲州，围攻蕲州城。蕲州大将贾公铎正在城外狩猎，不能返回，于是，贾公铎把军队埋伏在树林里，命令两个勇猛的士兵身披羊皮趁夜混入朱延寿所抢掠的羊群中，偷偷地进入城内，与城里的人约定半夜打开城门举起火把互相呼应，这两个人又身披羊皮返回贾公铎的营地，向贾公铎禀告这些情况。贾公铎如约率领军队到达城南，看到门中举起火把，便用尽全力作战，突破包围冲入城中。朱延寿大惊失色，说："我常常担心贾公铎会冲破包围逃走，现在反倒是打破包围冲进来，如此一来，蕲州城怎么可能马上攻陷呢！"朱延寿于是把这一情况禀告杨行密，请求派军中与贾公铎有旧交的人拿着盟誓书信和金银布帛前去劝说，并承诺和贾公铎结成姻亲。寿州团练副使柴再用请求前往，在靠近蕲州城的地方，柴再用与贾公铎相见，为贾公铎陈述利弊得失。过了几天，贾公铎跟刺史冯敬章请求投降。杨行密任命冯敬章为左都押牙，贾公铎为右监门卫将军。朱延寿进军攻克光州，将刺史刘存杀死。

丙戌，上遣中使诣梓州和解两川，王建虽奉诏还成都，然犹连兵未解。

崔昭纬复求救于朱全忠。戊子，遣中使赐昭纬死，行至荆南，追及，斩之，中外咸以为快。

【译文】 丙戌日（初六），昭宗李晔派遣中使前往梓州，劝说西川节度使王建和东川节度使顾彦晖和解，王建虽然接收诏令返回成都，可是双方仍然交战，没有和解。

崔昭纬又向朱全忠请求援助。戊子日（初八），朝廷派遣宦官赐崔昭纬自尽，崔昭纬走到荆南，宦官追上他，杀死了他，京城内外都拍手称快。

荆南节度使成汭与其将许存溯江略地，尽取滨江州县。武泰节度使王建肇弃黔州，收馀众保丰都。存又引兵西取谕、涪二州，汭以其将赵武为黔中留后，存为万州刺史。

汭知存不得志，使人诇之，曰："存不治州事，日出蹴鞠。"汭曰：“存将逃，先匀足力也。”遣兵袭之，存弃城走；其众稍稍归之，屯于茅坝。赵武数攻丰都，王建肇不能守，与存皆降于王建，建忌存勇略，欲杀之，掌书记高烛曰：“公方总揽英雄以图霸业，彼穷来归我，奈向杀之！”建使戍蜀州，阴使知蜀州王宗绾察之。宗绾密言存忠勇廉厚，有良将才，建乃舍之，更其姓名曰王宗播，而宗绾竟不使宗播知其免己也。宗播元从也目官柳修业，每劝宗播慎静以免祸。其后宗播为建将，遇强敌诸将所惮者，以身先之。及有功，辄称病，不自伐，由是得以功名终。

资治通鉴

【译文】荆南节度使成汭与属下将领许存沿着长江逆流而上侵吞土地，把长江沿岸的州县全都攻占了。武泰节度使王建肇放弃黔州，聚集残余兵马固守忠州的丰都县。许存又率领军队向西攻克了渝、涪两个州，成汭派遣他的部将赵武为黔中留后，许存为万州刺史。

成汭知道许存不得志，于是派人去刺探他的一举一动，回来禀告说：“许存不处理州内的事情，每天只是出去踢球玩乐。”成汭说：“许存是想要逃走，现在是首先锻炼脚力。”于是派遣军队攻打许存，许存放弃万州城逃走；许存的军队逐渐聚集，在茅坝驻扎。赵武几次进攻丰都，王建肇守不住，于是与许存一起向王建投降。王建妒忌许存的勇猛和谋略，想把他杀了，掌书记高烛说：“您正在全力招揽英雄豪杰，来谋求霸业，他处境艰难的时候来归顺我们，怎么能杀死他呢？”于是王建派许存戍守蜀州，暗中派遣管理蜀州事务的王宗绾来观察他。王宗绾秘密地禀告王建，说许存忠于职守、有勇有谋、态度谦逊、做事严谨，有优秀将领的才能；王建这才放弃了之前的成见，把许存的姓名改为王宗播，认作养子，可是王宗绾却没有让王宗播得知，当初是他向王建美言从而解除了王建对王宗播的怀疑。

原来跟随王宗播的孔目官柳修业，常常劝说王宗播要谨慎镇静以免除难以预知的灾祸。从此以后，王宗播作为王建的手下将领，凡遇到强敌而各位将领有所恐惧时，他就身先士卒冲锋陷阵；等到立下战功，他就声称患病，不炫耀自己的功劳，所以，王宗播能够终身保全功名。

　　甲午，夜，顾全武急攻越州，乙未旦，克其外郭，董昌犹据牙城拒之。戊戌，镠遣昌故将骆团给昌云："奉诏，令大王致仕归临安。"昌乃送牌印，出居清道坊。己亥，全武遣武勇都监使吴璋以舟载昌如杭州，至小江南，斩之，并其家三百馀人，宰相李邈、蒋瓌以下百馀人。昌在围城中，贪吝益甚，口率民间钱帛，减战士粮。及城破，库有金帛杂货五百间，仓有粮三百万斛。钱镠传昌首于京师，散金帛以赏将士，开仓以振贫乏。

　　【译文】甲午日（十四日）的晚上，顾全武大举攻打越州，乙未日（十五日）的清晨，攻占了外城，董昌仍然据守牙城来抵抗敌军。戊戌日（十八日），钱镠派遣董昌的旧部骆团欺骗董昌说："接到朝廷诏令，命令大王您辞官退职返回临安。"董昌于是交上令牌和官印，从内城迁出前往清道坊居住。己亥日（十九日），顾全武派遣武勇都监使吴璋用船只把董昌从越州送往杭州，抵达小江的南面，把董昌杀死，连同董昌家族三百余人都杀死了；董昌任用的宰相李邈、蒋瓌以下的一百多名官员，全部被杀死。董昌在被围困的城中时贪婪又吝啬，日益厉害，他按照人口数量来聚敛百姓的钱财、布帛，克扣士兵的粮食。等到越州被攻破的时候，库中有金、帛、杂货共计五百间，仓中有米粮三百万斛。钱镠把董昌的首级送达京师，散发金银布帛来奖励将官士兵，打开仓库拿出米粮来救济贫困百姓。

李克用攻魏博，侵掠遍六州。朱全忠召葛从周于郓州，使将兵营洹水以救魏博，留庞师古攻郓州，六月，克用引兵击从周，汴人多凿坎于陈前，战方酣，克用之子铁林指挥使落落马遇坎而踬，汴人生擒之；克用自往救之。马亦踬，几为汴人所获；克用顾射汴将一人，毙之，乃得免。克用请修好以赎落落，全忠不许，以与罗弘信，使杀之。克用引军还。

葛从周自洹水引兵济河，屯于杨刘，复击郓，及兖、郓、河东之兵战于故乐亭，破之，兖、郓属城皆为汴人所据，屡求救于李克用，克用发兵赴之，为罗弘信所拒，不得前，兖、郓由是不振。

【译文】李克用攻打魏博，侵掠遍及魏、博、贝、卫、澶、相六个州。朱全忠从郓州召回葛从周，命令他率领军队，在洹水驻军扎营以便救援魏博，留下庞师古来进攻郓州。六月，李克用率领士兵攻打葛从周，汴州军队在阵前挖了很多陷阱，双方打得正激烈的时候，李克用的儿子铁林指挥李落落骑的马遇到陷阱被绊倒了，汴州军队把他活捉了。李克用亲自去营救李落落，战马也被绊倒了，几乎就要被汴州军队抓获，李克用这时回身发箭射中一名汴州将领，将他射死，这才免于被俘虏。李克用向朱全忠请求和好以便赎回李落落，朱全忠没有准许，将李落落送给罗弘信，命罗弘信杀死他。李克用只得率领士兵撤退返回晋阳。

朱全忠的将领葛从周从洹水率领士兵渡过黄河，在杨刘屯驻，再次攻打郓州，与兖州、郓州、河东的士兵在故乐亭交战，打败了葛从周的军队。但兖州、郓州所属的城镇都被朱全忠的汴州军队占据，兖州、郓州多次向李克用请求救援，李克用派遣军队前往支援，又受到魏博节度使罗弘信的阻拦，无法前进，兖州、郓州从此一蹶不振。

初，李克用屯渭北，李茂贞、韩建惮之，事朝廷礼甚恭。克用去，二镇贡献渐疏，表章骄慢，上自石门还，于神策两军之外，更置军圣、捧宸、保宁、宣化等军，选补数万人，使诸王将之；嗣延王戒丕、嗣覃王嗣周又自募麾下数千人。茂贞以为欲讨己；语多怨望，嫌隙日构。茂贞亦勒兵扬言欲诣阙讼冤；京师士民争亡匿山谷。上命通王滋及嗣周、戒丕分将诸军以卫近畿，戒丕屯三桥。茂贞遂表言"延王无故称兵讨臣，臣今勒兵入朝请罪。"上遽遣使告急于河东。丙寅，茂贞引兵逼京畿，覃王与战于娄馆，官军败绩。

【译文】起初，李克用在渭北驻扎军队的时候，李茂贞、韩建惧怕他，侍奉朝廷的礼节特别谦恭。李克用离开以后，这两个镇所进贡的财物就逐渐减少了，对昭宗李晔上的奏表态度也很傲慢、无礼。昭宗从石门返回京师后，在左右神策军之外，又设置安圣军、捧宸军、保宁军、宣化军等军队，精选增补了几万人，命令各王率领。继任延王李戒丕和继任覃王李嗣周又自己招募部下军队几千人。李茂贞以为朝廷要征讨他，言语中有很多埋怨之词，朝廷和李茂贞之间的矛盾逐渐加深。李茂贞也部署军队扬言说要前往京师向朝廷申诉冤屈；京城长安的士民争着逃到山谷里躲藏。昭宗李晔命令通王李滋和覃王李嗣周、延王李戒丕分别率领各路军队，守卫京师长安一带，并命李戒丕前往三桥屯驻。李茂贞于是向朝廷上表说："延王无缘无故举兵来征讨我，我今天就要率领军队入朝请罪！"昭宗李晔火速派遣使者向河东告急。丙寅日（十七日），李茂贞率领军队进逼京城，覃王与他在娄馆交战，官兵大败。

秋，七月，茂贞进逼京师。延王戒丕曰："今关中藩镇无可依者，不若自鄜州济河，幸太原，臣请先往告之。"辛卯，诏幸鄜州；壬辰，上出至渭北；韩建遣其子从允奉表请幸华州，上不许，以建为亦畿都指挥、安抚制置及开通四面道路、催促诸道纲运等使。而建奉表相继，上及从官亦惮远去，癸巳，至富平，遣宣徽使元公讯召建，面议去留。甲午，建诣富平见上，顿首涕泣言："方今藩臣跋扈者，非止茂贞。陛下若去宗庙园陵，远巡边鄙，臣恐车驾济河，无复还期。今华州兵力虽微，控带关辅，亦足自固。臣积聚训厉，十五年矣，西距长安不远，愿陛下临之，以图兴复。"上乃从之。乙未，宿下邽；丙申，至华州，以府署为行宫；建视事于龙兴寺。茂贞遂入长安，自中和以来所葺宫室、市肆，燔烧俱尽。

【译文】秋季，七月，李茂贞进兵逼近京师。延王李戒丕说："今天关中藩镇没有一位可以依靠的人，不如从鄜州渡河前往太原，我请求先行一步去禀告河东节度使李克用。"辛卯日（十二日），昭宗李晔诏命驾临鄜州；壬辰日（十三日），昭宗离开京师抵达渭水的北面。韩建派遣他的儿子韩从允手捧表章请求昭宗前往华州，昭宗没有同意。朝廷任命韩建为京畿都指挥、安抚制置及开通四面道路、催促诸道纲运等使。然而韩建送上的表文接连不断，昭宗和随从的官吏们也怕走得太远，癸巳日（十四日），到了富平，派遣宣徽使元公讯召来韩建，当面与他商量去留。甲午日（十五日），韩建到达富平拜见昭宗，他跪下磕头流泪说："当今各藩镇大臣骄横跋扈的，并不只李茂贞一人，陛下如果离开宗庙园陵，到边远之地巡游，我忧虑陛下渡过黄河，就再也没有返回的机会了。现在华州军队虽然不强盛，但控制关中京畿一带，也还完全可以自卫。我聚集粮草，训练士兵，已经十五年了，并且华州往西距离长安也不远，希望陛下驾

资治通鉴

临华州，来谋求振兴光复社稷。"昭宗这才听从他的建议。乙未日(十六日)，昭宗李晔在下邽住宿；丙申日(十七日)，昭宗驾临华州，把节度使府作为行宫；韩建在龙兴寺处理政务。李茂贞便进入长安，将从僖宗李儇中和年间以来所修建的宫殿、市场、店铺等，全被焚烧了。

乙巳，以中书侍郎、同平章事崔胤同平章事，充武安节弃使。上以胤，崔昭纬之党也，故出之。

丙午，以翰林学士承旨、尚书左丞陆扆为户部侍郎、同平章事。扆，陕人也。

水部郎中何迎表荐国子《毛诗》博士襄阳朱朴，才如谢安，道士许岩士亦荐朴有经济才。上连日召对，朴有口辩，上悦之，曰："朕虽非太宗，得卿如魏征矣!"赐以金帛，并赐何迎。

【译文】乙巳日(二十六日)，昭宗李晔任命中书侍郎、同平章事崔胤为同平章事，充任武安节度使。昭宗李晔因为崔胤是崔昭纬的同党，因此把他调出朝廷。

丙午日(二十七日)，昭宗李晔任命翰林学士承旨、尚书左丞陆扆为户部侍郎、同平章事。陆扆是陕人。

水部郎中何迎向朝廷上表推荐国子监《毛诗》博士襄阳人朱朴，声称他才华如同谢安一般；道士许岩士也举荐朱朴，说他有经国济世的才能。昭宗李晔一连数日命他来对答，朱朴很有口才，能言善辩，昭宗很赞赏他，说："朕虽然不如太宗李世民，但得到你就像得到魏征一样啊!"赏赐给朱朴金银布帛，并且也奖赏了何迎。

以徐彦若为大明宫留守，兼京畿安抚制置等使。

杨行密表请上迁都江淮,王建请上幸成都。

宰相畏韩建,不敢专决政事。八月,丙辰,诏建关议朝政;建上表固辞,乃止。

韩建移檄诸道,令共输资粮诣行在。李克用闻之,叹曰:"去岁从余言,岂有今日之患!"又曰:"韩建天下痴物,为贼臣弱帝室,是不为李茂贞所擒,则为朱全忠所虏耳!"因奏将与邻道发兵入援。

加钱镠兼中书令。

癸丑,以王建为凤翔西面行营招讨使。

【译文】昭宗李晔任命徐彦若为大明宫留守,兼任京畿安抚制置等使。

杨行密向朝廷上表请求昭宗李晔迁都到江淮,王建请求昭宗亲临成都。

宰相惧怕韩建,不敢擅自裁决政事。八月,丙辰日(初八),昭宗李晔诏令韩建入朝商议朝廷政事;韩建上呈表章坚决推辞,这才作罢。

韩建给各道传送檄文,命令他们一起运送物资粮食到华州昭宗这里。李克用听到了这一消息,感叹地说:"去年皇上若是听从了我的话,怎么会有现在的祸患!"又说:"韩建是当今世上的愚蠢之人,替乱臣贼子来削弱大唐皇室的势力,这样,他不被李茂贞抓住,就会被朱全忠俘虏。"于是向朝廷上奏说将和邻近的几个道派遣军队前去援救。

昭宗李晔加封钱镠兼任中书令。

癸丑日(初五),昭宗李晔任命王建为凤翔西面行营招讨使。

甲寅，以门下侍郎、同平章事王抟同平章事，充威胜节度使。

上愤天下之乱，思得奇杰之士不次用之。国子博士朱朴自言："得为宰相，月馀可致太平。"上以为然。乙丑，以朴为左谏议大夫、同平章事。朴为人庸鄙迂僻，无它长。制出，中外大惊。

丙寅，加韩建兼中书令。

【译文】甲寅日（初六），昭宗李晔任命门下侍郎、同平章事王抟为同平章事，充任威胜节度使。

昭宗李晔愤恨天下战乱不能平息，想获得特别杰出的人才然后破格任用。国子博士朱朴自己说："我能担任宰相，只要一个多月便可以让天下太平安定。"昭宗信以为真。乙丑日（十七日），任命朱朴为左谏议大夫、同平章事。朱朴为人平庸、浅陋、迂腐、孤僻，并没有什么突出的才能。诏令颁布后，朝廷内外都大为震惊。

丙寅日（十八日），昭宗李晔加封韩建兼任中书令。

九月，庚辰，升福建为威武军，以观察使王潮为节度使。

以湖南留后马殷判湖南军府事。殷以高郁为谋主。郁，扬州人也。殷畏杨行密、成汭之强，议以金帛结之，高郁曰："成汭不足畏也，行密公之仇。虽以万金赂之，安肯为吾援乎！不若上奉天子，下抚士民，训卒厉兵，以修霸业，则谁与为敌矣。"殷从之。

【译文】九月，庚辰日（初二），朝廷晋升福建为威武军，任命观察使王潮为节度使。

昭宗李晔任命湖南留后马殷兼管湖南军府的事务。马殷任用高郁为自己的主谋。高郁是扬州人。马殷害怕杨行密、成汭的强盛，商议用黄金、布帛来笼络他们，高郁说："成汭不足畏惧。杨行密是您的仇敌，即使拿万两金子去贿赂他，他也不肯作为

资治通鉴卷第二百六十　唐纪七十六

我们的援手。不如一面服侍天子，一面安抚士民，训练士兵，磨光兵器，以图谋霸业，这样的话，谁能跟我们为敌呢？"马殷依从了他的建议。

崔胤出镇湖南，韩建之志也。胤密求援于朱全忠，且教之营东都宫阙，表迎车驾，且全忠与河南尹张全义表请上廷都洛阳，全忠仍请以兵二万迎车驾，且言崔胤忠臣，不宜出外。韩建惧，复奏召胤为相，遣使谕全忠以且宜安静，全忠乃止。乙未，复以胤为中书侍郎、同平章事。以翰林学士承旨、兵部侍郎崔远同平章事。远，琪弟玙之孙也。

【译文】崔胤被贬出京师，镇守湖南，这是韩建的主意。崔胤秘密地向朱全忠请求援助，并且叫他整修东都洛阳的宫殿，上表迎接天子。于是，朱全忠和河南尹张全义上表请昭宗李晔迁都到洛阳，朱全忠再三请求派出两万军队迎接昭宗的车驾，并且说崔胤是一位忠臣，不应当调他到外地去任职。韩建害怕了，重新上奏召请崔胤担任宰相，派遣使臣传诏朱全忠暂且应当保持安定，朱全忠这才停止行动。乙未日（十七日），朝廷又任命崔胤为中书侍郎、同平章事。任命翰林学士承旨、兵部侍郎崔远为同平章事。崔远是崔琪的弟弟崔玙的孙子。

丁酉，贬中书侍郎、同平章事陆扆为硖州刺史。崔胤恨扆代己，诬扆，云党于李茂贞而贬之。

己亥，以朱朴兼判户部，凡军旅财赋之事，上一以委之。以孙偓为凤翔四面行营都统，又以前定难节度使李思谏为静难节度使，兼副都统。

以保大留后李思敬为节度使。

河东将李存信攻临清，败汴将葛从周于宗城北，乘胜至魏州北门。

【译文】丁酉日(十九日)，将中书侍郎、同平章事陆扆贬为硖州刺史。崔胤怨恨陆扆取代自己的职位，诬陷陆扆，说他是李茂贞的党羽，所以才将他贬官的。

己亥日(二十一日)，昭宗李晔任命朱朴兼管户部，凡是军旅中钱财赋税等方面的事情，昭宗全部交给他处理。任命孙偓为凤翔四面行营都统，又任命前定难节度使李思谏为静难节度使，兼任凤翔四面行营副都统。

昭宗李晔任命保大留后李思敬为节度使。

河东将领李存信征讨临清，在宗城的北面打败了汴州将领葛从周，乘胜进兵到魏州北门。

【乾隆御批】朱朴本庸鄙小人，进由方士，大言不惭，岂足深信。昭宗悦其巧佞，遽晋平章，且似诸贞观之得魏徵，思复睹太平之治，不亦悖乎！

【译文】朱朴原本是个庸碌卑鄙的小人，由方士推荐，却大言不惭，怎么能对他深信不疑呢？唐昭宗只是喜欢他的奸巧和阿谀奉承，很快便晋升他为宰相，还把他比作贞观年间得到的宰相魏徵，想依靠他的能力带来太平之治，不是太荒谬了吗！

冬，十月，壬子，加孙偓行营节度、招讨、处置等使。丁巳，以韩建权知京兆尹，兼把截使。戊午，李茂贞上表请罪，愿得自新，仍献助修宫室钱；韩建复佐佑之，竟不出师。

钱镠令两浙吏民上表，请以镠兼领浙东；朝廷不得已，复以王抟为吏部尚书、同平章事，以镠为镇海、威胜两军度使。丙子，更名威胜曰镇东军。

李克用自将攻魏州，败魏兵于白龙潭，追至观音门。朱全忠复遣葛从周救之，屯于洹水，全忠以大军继之。克用乃还。

加河中节度使王珂同平章事。

【译文】冬季，十月，壬子日（初五），昭宗李晔加封孙偓为行营节度、招讨、处置等使。丁巳日（初十），昭宗任命韩建代理京兆尹，兼任把截使。戊午日（十一日），李茂贞向朝廷上表请罪，愿意改正过失，并进献修缮长安宫殿的钱财。韩建又从中替李茂贞求情，朝廷竟然没有派出军队讨伐李茂贞。

钱镠命令两浙的官吏百姓向朝廷呈递奏表，请求任命钱镠兼管浙东；朝廷没有办法，再次任命王抟为吏部尚书、同平章事，任命钱镠为镇海、威胜两军的节度使。丙子日（二十九日），朝廷把威胜军改名为镇东军。

李克用亲自率领军队讨伐魏州的罗弘信，在白龙潭将魏州军队打败，一直追击到魏州外城的观音门。朱全忠又派遣葛从周援助魏州，率领军队抵达洹水屯驻，朱全忠率领大军也紧跟着赶到；李克用便返回晋阳。

昭宗李晔加封河中节度使王珂为同平章事。

十一月，朱全忠还大梁，复遣葛从周东会庞师古，攻郓州。

湖州刺史李师悦求旌节，诏置忠国军于湖州，以师悦为节度使。赐告身旌节者未入境，戊子，师悦卒。杨行密表师悦子前绵州刺史彦徽知州事。

淮南将安仁义攻婺州。

【译文】十一月，朱全忠返回大梁，又派遣葛从周向东联合庞师古，攻打郓州。

湖州刺史李师悦向朝廷请求节度使的旌旗节钺,昭宗李晔下诏在湖州设置忠国军,任命李师悦为节度使。朝廷派出的向李师悦颁赐授职文书和旌旗节钺的使臣还没抵达湖州,戊子日(十二日),李师悦去世。杨行密呈递奏表,任命李师悦的儿子前绵州刺史李彦徽管理湖州事务。

淮南将领安仁义攻打婺州。

十二月,东川兵焚掠汉、眉、资、简之境。

清海节度使薛王知柔行至湖南,广州牙将卢琚、谭弘玘据境拒之,使弘玘守端州。弘玘结封州刺史刘隐,许妻以女。隐伪许之,托言亲迎,伏甲舟中,夜入端州,斩弘玘;遂袭广州,斩琚;具军容迎知柔入视事,知柔表隐为行军司马。

【译文】 十二月,东川的军队焚烧劫掠汉、眉、资、简四州。

清海节度使薛王李知柔前往赴任走到湖南,广州牙将卢琚、谭弘据守广州抗拒他入境,派谭弘玘防守端州。于是,谭弘玘与封州刺史刘隐互相勾结,答应把自己的女儿嫁给刘隐为妻。刘隐假装应允了婚事,以婆亲为理由,把士兵兵器等埋伏在船上,然后在夜里冲入端州,杀死了谭弘玘;接着,进兵袭击广州,杀死了卢琚;刘隐整顿军容迎接李知柔进入广州治事。李知柔于是上表请求朝廷任命刘隐为行军司马。

资治通鉴卷第二百六十一　唐纪七十七

起强圉大荒落，尽屠维协洽，凡三年。

【译文】 起丁巳（公元897年），止己未（公元899年），共三年。

【题解】 本卷记录了公元897年至899年的史事，共三年，正当唐昭宗李晔乾宁四年至光化二年。这三年间，全国军阀大混战，李克用与朱全忠争夺河北仍是主战场。魏博依附朱全忠，幽州刘仁恭、潞州李罕之反叛李克用，一时间朱全忠势力大增，在争夺邢、洺、磁三个州的争斗中，李克用被汴州军队打得大败。随后刘仁恭与朱全忠关系恶化，李克用摆脱了困境。西川王建吞并东川，威服南诏，是唐末西部最大的军阀。马殷据守湖南。朱全忠助钱镠夺回苏州，杨行密站稳淮南。王审知继任哥哥王潮的职位，掌管福州的事务。东南杨行密、钱镠、王审知已经形成不可动摇的鼎立局面。此时期，唐王室被李茂贞、韩建掌控，昭宗被困华州达两年之久。之后韩建、李茂贞害怕朱全忠夺走唐昭宗，转而与李克用联手对抗朱全忠，唐昭宗才得以返回京师长安苟延残喘。

昭宗圣穆景文孝皇帝中之上

乾宁四年（丁巳，公元八九七年）春，正月，甲申，韩建奏："防城将张行思等告睦、济、韶、通、彭、韩、仪、陈八王谋杀臣，劫车驾幸河中。"建恶诸王典兵，故使行思等告之。上大惊，召建谕之，建称疾不入。令诸王诣建自陈，建表称："诸王忽诣臣理所，不测事端。臣详酌事体，不应与诸王相见。"又称："诸王当自避嫌疑，不可轻为举措。陛下若以友爱含容，请依旧制，令归十六宅，妙选师傅，教以诗书，不令典兵预政。"且曰："乞散彼乌合之兵，用光麟趾之化。"建虑上不从，仍引麾下精兵围行宫，表疏连上。上不得已，是夕，诏诸王所领军士并纵归田里，诸王勒归十六宅，其甲兵并委韩建收掌。建又奏："陛下选贤任能，足清祸乱，何必别置殿后四军。纵有厚薄之恩，乖无偏无党之道。且所聚皆坊市无赖奸猾之徒，平居犹思祸变，临难必不为用，而使之张弓挟刃，密迩皇舆，臣窃寒心，乞皆罢。"遣诏亦从之。于是，殿后四军二万馀人悉散，天子之亲军尽矣。捧日都头李筠，石门扈从功第一，建复奏斩于大云桥。建又奏："玄宗之末，永王璘暂出江南，遽谋不轨。代宗时吐蕃入寇，光启中朱玫乱常，皆援立宗支以系人望。今诸王衔命四方者，乞皆召还。"又奏："诸方士出入禁庭，眩惑圣听，宜皆禁止，无得入宫。"诏悉从之。建既幽诸王于别第，知上意不悦，乃奏请立德王为太子，欲以解之。丁亥，诏立德王祐为皇太子，仍更名裕。

【译文】乾宁四年（丁巳，公元897年）春季，正月，甲申日（初八），韩建向昭宗李晔上表奏称："防城将张行思等人禀告臣，睦、济、韶、通、彭、韩、仪、陈八王暗中谋划杀害臣，要劫持陛下到河中去。"韩建怨恨各王统领军队，因此暗中指使张行思等控告他们。昭宗接到韩建的表章后非常恐惧惊慌，召见韩建，想向他阐明此事，韩建以有病为借口拒绝奉诏前往。昭宗又命令各王到韩建那里自己去解释，韩建向昭宗上表说："各王如果突然来我的住所，叛乱之事难以估计。我仔细考虑这件事，觉得还是不应该和各王见面。"他又说："诸王应该自己躲避嫌疑，不能轻举妄动。陛下如果因为兄弟手足之情想要宽容他们，请按照之前的惯例，命令诸王返回十六宅，精心挑选师父，教他们学习诗文书画，而不让他们管理军队，干预朝政。"并且说："请陛下解散那些毫无战斗力的士兵，用来发扬光大像《诗经》中所称述的《关雎》《麟趾》那样的教化。"韩建担心昭宗不听从他的建议，于是率领手下精兵包围了昭宗的住处，然后接二连三地上奏表陈述此事。昭宗李晔被迫在晚上颁诏命诸王把所率领的军士都解散，把他们放回田间乡里，勒令诸王回到十六宅，那些铠甲、兵器全部交给韩建收管。韩建又上奏说："陛下挑选贤德重用能人，这样足可以除掉祸患平定战乱，何必再另外设置安圣、捧宸、保宁、宣化这四支亲军呢！显然皇恩有厚薄亲疏的区别，与没有偏向不结私党这样的原则是相违背的。况且这四支亲军里，聚集的都是市镇里巷中游手好闲奸诈狡猾的无赖，他们在太平盛世时还企图惹祸作乱，当朝廷处境艰难时，他们一定不肯为陛下竭尽心力的，可是现在陛下却让这群人拉弓拔刀，紧紧地跟随陛下的车驾，我私下里为陛下担忧，请求陛下马上把亲军全部解散吧！"昭宗李晔下诏命也听从他的建议。因此，护卫昭宗的四支军队两万余人全部解散了，天子的亲军完全撤除了。捧日都头李筠，当初在石门跟随护卫昭宗，功劳可居于第一位，韩建又向朝廷奏请，在华州大云桥杀死李筠。韩建接着又向昭宗李晔奏请："玄宗李隆基末年，永王李璘暂时被调出长安到江南赴任，立即就叛离朝廷图谋不轨。代宗李豫时，吐蕃进犯，拥立广武王李承宏。僖宗李儇光启年间，朱玫叛逆作乱，都是靠拥立宗室支属来笼络民心。今天诸王奉命到四处去，请将他们都召回来。"韩建又上奏说："那些方士出入禁宫，迷惑扰乱陛下的听闻，应该对他们禁止，不准许他们进入宫中。"昭宗诏命全部依照他的建议去实行。韩建已经把诸王幽禁在别宅后，知道昭宗内心不高兴，于是向昭宗上奏，请求册立德王做皇太子，想以此缓解昭宗的不愉快。丁亥日（十一日），昭宗李晔诏命册立德王李祐为皇太子，更改名字叫李裕。

庞师古、葛从周并兵攻郓州，朱瑄兵少食尽，不复出战，但引水为深堑以自固。辛卯，师古等营于水西南，命为俘梁。登已，潜决濠水。丙申，浮梁成，师古夜以中军先济。瑄闻之，弃城奔中都，葛从周逐之，野人执瑄及妻子以献。

己亥，罢孙偓凤翔四面行营节度等使，以副都统李思谏为宁塞节度使。

钱镠使行军司马杜稜救婺州。安仁义移兵攻睦州，不克而还。

【译文】 庞师古、葛从周联合军队攻打郓州，朱瑄的士兵很少，食物也吃光了，不再出去应战，只命人挖掘深深的壕沟，将河水引进来，用水来巩固自己的城防。辛卯日（十五日），庞师古等人在壕沟的西南方扎营，命令士兵在水面上建造桥梁。癸巳日（十七日），庞师古的士兵偷偷挖开堑壕放水。丙申日（二十日），浮桥建成，庞师古在夜里派遣中军首先越过堑壕。朱瑄得知后放弃郓州城奔往中都县，葛从周追赶朱瑄，乡下农夫抓获朱瑄和他的妻子儿子献给葛从周。

己亥日（二十三日），昭宗李晔免除孙偓凤翔四面行营节度等使的官职，任命副都统李思谏为宁塞节度使。

钱镠命令行军司马杜稜救援婺州。安仁义调派士兵进攻睦州，没有攻克便率众返回。

朱全忠入郓州，以庞师古为天平留后。

朱瑾留大将康怀贞守兖州。与河东将史俨、李承嗣掠徐州之境给军食。全忠闻之，遣葛从周将兵袭兖州。怀贞闻郓州已失守，汴兵奄至，遂降。二月，戊申，从周入兖州，获瑾妻子。朱瑾还，无所归，帅其众趋沂州，刺史尹处宾不纳，走保海州，为汴兵所逼，与史俨、李承嗣拥州民度淮，奔杨行密。行密逆之于高邮，表瑾领武宁节度使。

全忠纳瑾之妻，引兵还，张夫人逆于封丘，全忠以得瑾妻告之。夫人请见之，瑾妻拜，夫人答拜，且泣曰："兖、郓与司空同姓，约为兄弟，以小故恨望，起兵相攻，使吾姒辱于此。他日汴州失守，吾亦如吾姒之今日乎！"全忠乃送瑾妻于佛寺为尼，斩朱瑄于汴桥。于是，郓、齐、曹、棣、兖、沂、密、徐、宿、陈、许、郑、滑、濮皆入于全忠。惟王师范保淄青一道，亦服于全忠。李存信在魏州，闻兖、郓皆陷，引兵还。

淮南旧善水战，不知骑射，及得河东、兖、郓兵，军声大振。史俨、李承嗣皆河东骁将，李克用深惜之，遣使间道诣杨行密请之。行密许之，亦遣使诣克用修好。

【译文】朱全忠进入郓州，任命庞师古担任天平军留后。

朱瑾留下大将康怀贞驻守兖州，他和河东的将领史俨、李承嗣到徐州境内劫掠，以供给军士们粮食。朱全忠听说了这件事，派遣葛从周率领士兵偷袭兖州。康怀贞听到郓州已经失守，汴州的士兵又忽然抵达就投降了！二月，戊申日（初三），葛从周进入兖州城，把朱瑾的妻子、儿子抓住。朱瑾返回兖州时，不知

资治通鉴

260

回到何处，便率领手下军队奔赴沂州，沂州刺史尹处宾不收纳他们，朱瑾无计可施，又奔往海州尽力防守，遭到汴州军队的攻打威逼，最后与史俨、李承嗣率领海州的百姓渡过淮水，投奔杨行密。杨行密在高邮迎接朱瑾，并向朝廷上表请求任命朱瑾遥领武宁节度使。

朱全忠收纳了朱瑾的妻子、儿子，率领士兵返回，张夫人在封丘迎接他们，朱全忠把抓获朱瑾的妻子、儿子这件事告诉张夫人。张夫人请求与她见面，朱瑾的妻子与张夫人见面后俯身跪拜，张夫人也还礼，并且哭着说："兖州、郓州和司空是同姓，约好结为兄弟，因为琐碎小事产生误会、怨恨，就率领士兵彼此攻打，让大嫂您在这里蒙受羞耻。将来有一天汴州失守了，我也将会像大嫂您如今这样啊！"朱全忠于是把朱瑾的妻子送到佛寺里去当尼姑，然后在汴桥斩杀了朱瑄。这时，郓、齐、曹、棣、兖、沂、密、徐、宿、陈、许、郑、滑、濮等州都被朱全忠占领。只有王师范保有淄青的一个道，但他也归顺了朱全忠。这时，李存信在魏州，他听说兖州、郓州都被朱全忠占据，便带领军队返回晋阳。

淮南的士兵之前擅长水战，不会骑马射箭，等到杨行密接收了河东李克用、兖州朱瑾、郓州朱瑄的士兵，军队声威大振。史俨、李承嗣都是河东节度使李克用手下的骁勇大将，李克用对他们归顺杨行密很是惋惜，派遣使者从小道去向杨行密请求将史俨、李承嗣放还；杨行密答应了他的请求，也派遣使者到李克用那里建立友好关系。

戊午，王建遣邛州刺史华洪、彭州刺史王宗祐将兵五万攻东川，以戎州刺史王宗谨为凤翔西面行营先锋使，败凤翔李继徽等于玄武。继徽本姓杨，名崇本，茂贞之假子也。

己未，赦天下。

上飨行庙。

庚申，王建以决云都知兵马使王宗侃为应援开峡都指挥使，将兵八千趋渝州；决胜都知兵马使王宗阮为开江防送进奉使，将兵七千趋泸州。辛未，宗侃取渝州，降刺史牟崇厚；癸酉，宗阮拔泸州，斩刺史马敬儒，峡路始通。

凤翔将李继昭救梓州，留偏将守剑门，西川将王宗播击擒之。

【译文】 戊午日（十三日），王建派遣邛州刺史华洪、彭州刺史王宗祐率领五万士兵进攻东川，任命戎州刺史王宗谨为凤翔西面行营先锋使，在玄武打败凤翔的将领李继徽等人。李继徽本来姓杨，名字为崇本，是李茂贞的义子。

己未日（十四日），昭宗李晔下诏大赦天下。

昭宗李晔在行庙中举行飨告的祭祀典礼。

庚申日（十五日），王建任命决云都知兵马使王宗侃为应援开峡都指挥使，率领八千士兵前往渝州；任命决胜都知兵马使王宗阮为开江防送进奉使，率领七千士兵前往泸州。辛酉日（十六日），王宗侃攻取了渝州，刺史牟崇厚向他投降。癸酉日（二十八日），王宗阮攻取了泸州，斩杀刺史马敬儒，三峡水路这时才畅行无阻。

凤翔节度使李茂贞的将领李继昭救援梓州，留下属将防守剑门，西川将领王宗播击败并抓住了李继昭。

乙亥，门下侍郎、同平章事孙偓罢守本官，中书侍郎、同平章事朱朴罢为秘书监。朴既秉政，所言皆不效，外议沸腾。太子詹事马道殷以天文，将作监许岩士以医得幸于上，韩建诬二人以罪而杀之，且言偓、朴与二人交通，故罢相。

诏以杨行密为江南诸道行营都统，以讨武昌节度使杜洪。

张佶克邵州，擒蒋勋。

【译文】 乙亥日（三十日），门下侍郎、同平章事孙偓被朝廷免去职务，仍担任本来官职，中书侍郎、同平章事朱朴被免去职务，改为秘书监。朱朴充任宰相掌管朝政后，之前许诺的事情都没有取得效果，朝外对此议论纷纷。太子詹事马道殷因为通晓天文，将作监许岩士因为懂医术而得到昭宗李晔的宠信，韩建诬陷这二人，说他们有罪，把他们都杀死了；韩建还说孙偓、朱朴与他们两人有来往，因此昭宗李晔也罢免了他们宰相的职位。

昭宗李晔下诏任命杨行密为江南诸道行营都统，前去征讨武昌节度使杜洪。

张佶攻取了邵州，擒住了蒋勋。

三月，丙子，朱全忠表曹州刺史葛从周为泰宁留后，朱友裕为天平留后，庞师古为武宁留后。

保义节度使王珙攻护国节度使王珂，珂求援于李克用，珙求援于朱全忠。宣武将张存敬、杨师厚败河中兵于猗氏南。河东将李嗣昭败陕兵于猗氏，又败之于张店，遂解河中之围。师厚，斤沟人；嗣昭，克用弟克柔之假子也。

更名感义军曰昭武，治利州，以前静难节度使苏文建为节度使。

【译文】 三月，丙子日（初一），朱全忠向朝廷上表，任命曹州刺史葛从周为泰宁留后，任命朱友裕为天平留后，任命庞师古为武宁留后。

保义节度使王珙攻打护国节度使王珂，王珂向李克用请求援救，王珙则向朱全忠请求援助。宣武的将领张存敬、杨师厚在猗氏以南打败河中军队；河东的将领李嗣昭在猗氏打败了陕州的军队，又在张店再次打败他们，于是解除了对河东的围困。杨师厚是斥沟人；李嗣昭是李克用的弟弟李克柔的义子。

昭宗李晔诏令，将感义军改名为昭武军，节度使府设在利州，任命以前的静难节度使苏文建为昭武节度使。

夏，四月，以同州防御使李继瑭为匡国节度使。继瑭，茂贞之养子也。

以右谏议大夫李洵为两川宣谕使，和解王建及顾彦晖。

辛亥，钱镠遣顾全武等将兵三千自海道救嘉兴，己未，至城下，击淮南兵，大破之。

【译文】夏季，四月，昭宗李晔任命同州防御使李继瑭为匡国节度使。李继瑭是李茂贞的义子。

昭宗李晔任命右谏议大夫李洵为两川宣谕使，前往劝导西川节度使王建与东川节度使顾彦晖和解。

辛亥日（初六），钱镠派遣顾全武等人率领三千士兵从海路救援嘉兴，己未日（十四日），顾全武抵达嘉兴城下，攻打淮南的军队，把淮南的军队打得大败。

杜洪为杨行密所攻，求救于朱全忠。全忠遣其将聂金掠泗州，朱友恭攻黄州。行密遣右黑云都指挥使马珣等救黄州。黄州刺史瞿章闻友恭至，弃城，拥众南保武昌寨。

癸亥，两浙将顾全武等破淮南十八营，虏淮南将士魏约等

264

三千人。淮南将田頵屯驿亭埭，两浙兵乘胜逐之。甲戌，頵自湖州奔还，两浙兵追败之，頵众死者千馀人。

韩建恶刑部尚书张祎等数人，皆诬奏，贬之。

【译文】 杜洪受到杨行密的攻打，请求朱全忠援助。于是，朱全忠派遣手下将领聂金抢掠泗州，命令朱友恭进攻黄州。杨行密则派遣右黑云都指挥使马珣等援救黄州。黄州刺史瞿章听到朱友恭来了，便放弃黄州城，率领部众向南逃奔武昌寨固守。

癸亥日（十八日），两浙的将领顾全武等人打败并占据淮南十八个军营，俘获淮南将士魏约等三千人。淮南的将领田頵在驿亭埭屯驻，两浙的士兵乘胜赶走田頵。甲戌日（二十九日），田頵从湖州逃回，两浙军队在后面紧追不舍，田頵军队惨败，死亡达一千余人。

韩建怨恨刑部尚书张祎等人，于是向朝廷上奏诬陷他们，张祎等人被贬职。

五月，加奉国节度使崔洪同平章事。

辛巳，朱友恭为浮梁于樊港，进攻武昌寨，壬午，拔之，执瞿章，遂取黄州。马珣等皆败走。

丙戌，王建以节度副使张琳守成都，自将兵五万攻东川。更华洪姓名曰王宗涤。

【译文】 五月，昭宗李晔加封奉国节度使崔洪为同平章事。

辛巳日（初七），朱友恭在樊港建造浮桥，进攻武昌寨，壬午日（初八），朱友恭攻克了那里，活捉了瞿章，于是进取黄州；马珣等人都战败逃走。

丙戌日（十二日），西川节度使王建命令节度副使张琳留守成都，自己率领五万军队进攻东川节度使顾彦晖。王建把华洪的姓名改为王宗涤。

六月，己酉，钱镠如越州，受镇东节钺。

李茂贞表："王建攻东川，连兵累岁，不听诏命。"甲寅，贬建南州刺史。乙卯，加茂贞为西川节度使，以覃王嗣周为凤翔节度使。

癸亥，王建克梓州南寨，执其将李继宁。丙寅，宣谕使李洵至梓州，己巳，见建于张杷砦，建指执旗者曰："战士之情，不可夺也。"

覃王赴镇，李茂贞不受代，围覃王于奉天。

置宁远军于容州，以李克用大将盖寓领节度使。

【译文】六月，己酉日（初五），钱镠前往越州，接受镇东节度使的符节和斧钺。

李茂贞向朝廷上表说："王建进攻东川，连年交战，都不听从陛下的诏命。"甲寅日（初十），昭宗李晔贬王建为南州刺史。乙卯日（十一日），任命李茂贞为西川节度使。任命覃王李嗣周为凤翔节度使。

癸亥日（十九日），王建攻取了梓州的南寨，抓获他们的将领李继宁。丙寅日（二十二日），宣谕使李洵抵达梓州，己巳日（二十五日），李洵在张杷砦会见王建，王建指着手拿战旗的人说："进攻东川是军中士兵的想法，我不能强行改变啊！"

覃王李嗣周前赴凤翔镇所，凤翔节度使李茂贞不接受李嗣周的代替，并在奉天将李嗣周包围起来。

朝廷在容州设置宁远军，任命李克用的大将盖寓兼任节度使。

秋，七月，加荆南节度使成汭兼侍中。

韩建移书李茂贞，茂贞解奉天之围，覃王归华州。

以天雄节度使李继徽为静难节度使。

庚戌，钱镠还杭州，遣顾全武取苏州。乙未，拔松江。戊戌，拔无锡。辛丑，拔常熟、华亭。

【译文】秋季，七月，昭宗李晔加封荆南节度使成汭兼任侍中。

韩建写了一封书信给李茂贞，于是李茂贞解除对奉天的围困，覃王李嗣周返回华州。

昭宗李晔任命天雄节度使李继徽为静难节度使。

庚戌日（七月无此日），钱镠返回杭州，派遣顾全武攻打苏州；乙未日（二十二日），顾全武攻占松江；戊戌日（二十五日），攻克了无锡；辛丑日（二十八日），攻取了常熟、华亭。

初，李克用取幽州，表刘仁恭为节度使，留戍兵及腹心将十人典其机要，租赋供军之外，悉输晋阳。及上幸华州，克用征兵于仁恭，又遣成德节度使王镕、义武节度使王郜书，欲与之共定关中，奉天子还长安。仁恭辞以契丹入寇，须兵扞御，请俟虏退，然后承命。克用屡趣之，使者相继，数月，兵不出。克用移书责之，仁恭抵书于地，慢骂，囚其使者，欲杀河东戍将，戍将遁逃获免。克用大怒，八月，自将击仁恭。

上欲幸奉天亲讨李茂贞，令宰相议之。宰相切谏，乃止。

【译文】起初，李克用进攻幽州时，向朝廷上表任命刘仁恭为节度使，留下戍守的士兵以及心腹部将十个人掌管军机要务，租金赋税除了供给军队的需要外，都运送到晋阳。等到昭宗李晔避难驾临华州后，李克用向刘仁恭调集军队，又给成德节度使王镕、义武节度使王郜送去书信，打算与他们一起剿平关中的叛乱，奉送天子返回京师。刘仁恭以契丹人正在进犯劫掠，需要有军队防备为理由，请求等契丹人撤退后，再接受李克用的命令。李克用再三催促他，派出的使者接二连三地抵达幽州，可是几个月过去了，刘仁恭的军队还是没有发动。于是，李克用写信去斥责他，刘仁恭把书信扔到地上，大怒狂骂一番，并把使者囚禁起来，还想杀害在幽州驻守的河东将领，那些河东将领立即逃走才免遭杀身之祸。李克用大发脾气，八月，亲自率领军队讨伐刘仁恭。

昭宗李晔想要亲自到奉天征讨李茂贞，命令宰相们商讨此事，宰相们极力劝说，昭宗这才作罢。

延王戒丕还自晋阳，韩建奏："自陛下即位以来，与近辅交恶，皆因诸王典兵，凶徒乐祸，致銮舆不安。比者臣奏罢兵权，实虑不测之变。今闻延王、覃王尚苞阴计，愿陛下圣断不疑，制于未乱，则社稷之福。"上曰："何至于是！"数日不报。建乃与知枢密刘季述矫制发兵围十六宅。诸王被发，或缘垣，或登屋，或升木，呼曰："宅家救儿！"建拥通、沂、睦、济、韶、彭、韩、陈、覃、延、丹十一王至石堤谷，尽杀之，以谋反闻。

贬礼部尚书孙偓为南州司马。秘书监朱朴先贬夔州司马，再贬郴州司户。朴之为相，何迎骤迁至右谏议大夫，至是亦贬湖州司马。

【译文】延王李戒丕从晋阳返回华州，韩建呈递奏疏说："自从陛下登基以来，朝廷与靠近京师的藩镇关系日益恶化，这都是因为皇室各王把持兵权，逞凶作恶之徒喜好招惹祸端，

268

让陛下不能安稳。近来，臣向朝廷奏请罢免各王的兵权，确实是忧虑会有无法估计的叛乱！现在，听说延王、覃王还在策划阴谋诡计，希望陛下圣明果断不要犹疑，在还没有叛乱的时候加以制止，那才是国家的福气啊！"昭宗李晔说："怎么会到这个地步呢！"好几天没有回答他。韩建于是与知枢密刘季述假借朝廷的诏令派遣士兵围攻各王的住所十六宅。诸王披散着头发，有的爬上墙头，有的登上屋顶，都狂呼道："皇上快来救我啊！"韩建抓住了通、沂、睦、济、韶、彭、韩、陈、覃、延、丹十一王到石堤谷，把他们全部杀死，用造反的名义向昭宗报告。

昭宗李晔把礼部尚书孙偓贬为南州司马。秘书监朱朴先被贬为夔州司马，后又被贬为郴州司户。朱朴担任宰相时，何迎突然被升任至右谏议大夫，到此时，何迎也被贬为湖州司马。

钟传欲讨吉州刺史襄阳周琲，琲帅其众奔广陵。

王建与顾彦晖五十馀战，九月，癸酉朔，围梓州。蜀州刺史周德权言于建曰："公与彦晖争东川三年，士卒疲于矢石，百姓困于输挽。东川群盗多据州县，彦晖懦而无谋，欲为偷安之计，皆啖以厚利，恃其救援，故坚守不下。今若遣人谕贼帅以祸福，来者赏之以官，不服者威之以兵，则彼之所恃，反为我用矣。"建从之，彦晖势益孤。德权，许州人也。

【译文】钟传想要征讨吉州刺史襄阳人周琲，周琲率领军队逃奔广陵。

王建跟顾彦晖交战五十多次，九月，癸酉朔日（初一），王建围攻梓州。蜀州刺史周德权对王建说："您与顾彦晖在东川作战已经三年了，士兵对打仗早已精疲力竭，运输接送军需的事情也使百姓穷困不堪。东川的州县大多被强盗贼寇占据，顾彦晖懦弱而无谋，想要苟且偷安，对州县属官都用丰厚的财物来引诱拉拢，凭借他们的援救，而坚守梓州不让我们攻克。现在如果您派人向贼寇的头目陈述战争的利害，对于归顺之人赏赐官职，对于抗拒之人出动军队逼迫，这样顾彦晖凭借的势力，反会被我们利用了。"王建听从了他的建议，顾彦晖的势力就日益孤立。周德权是许州人。

资治通鉴

丁丑，李克用至安塞军，辛巳，攻之。幽州将单可及引骑兵至，克用方饮酒，前锋曰："贼至矣。"克用醉，曰："仁恭何在?"对曰："但见可及辈。"克用瞋目曰："可及辈何足为敌!"亟命击之。是日大雾，不辨人物，幽州将杨师侃伏兵于木瓜涧，河东兵大败，失亡太半。会大风雨震电，幽州兵解去。克用醒而后知败，责大将李存信等曰："吾以醉废事，汝曹何不力争!"

【译文】 丁丑日(初三)，李克用抵达安塞军，辛巳日(初九)，发动进攻。幽州将领单可及率领骑兵赶到，李克用正在饮酒，前锋来禀告说："寇贼已经来了! "李克用喝得很醉，说："刘仁恭在哪里呢? "前锋回答道："只看到单可及那些人前来。"李克用瞪大了眼睛，说："单可及等人根本不是我的对手! "赶紧命令攻打他们。这一天，浓雾弥漫，没办法分辨人和物，幽州的将领杨师侃在木瓜涧埋伏士兵，河东的军队惨败，失踪、死亡的士兵有一大半。适逢此时刮起狂风，下起暴雨，电闪雷鸣，幽州军队于是解围离去。李克用酒醒后才知道军队打了败仗，便责怪大将李存信等人说："我因为喝醉酒才误了大事，你们为什么不竭力争辩呢? "

湖州刺史李彦徽欲以州附于杨行密，其众不从。彦徽奔广陵，都指挥使沈攸以州归钱镠。

以彰义节度使张璲为凤翔西北行营招讨使，以讨李茂贞。

复以王建为西川节度使、同平章事。加义武节度使王郜同平章事。削夺新西川节度使李茂贞官爵，复姓名宋文通。

【译文】 湖州刺史李彦徽想要以州来归附杨行密，他的部众都不肯答应；李彦徽便逃奔广陵，都指挥使沈攸以州归附钱镠。

昭宗李晔任命彰义节度使张璲为凤翔西北行营招讨使，前去征讨李茂贞。

昭宗李晔又任命王建为西川节度使、同平章事。昭宗加封义武节度使王郜为同平章事。昭宗削免新任西川节度使李茂贞的官爵，恢复他本来的姓名宋文通。

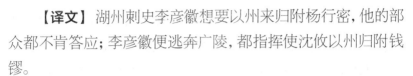

朱全忠既得兖、郓，甲兵益盛，乃大举击杨行密，遣庞师古以徐、宿、宋、滑之兵七万壁清口，将趣扬州，葛从周以兖、郓、曹、濮之兵壁安丰，将趋寿州，全忠自将顿宿州。淮南震恐。

匡国节度使李继瑭闻朝廷讨李茂贞而惧，韩建复从而摇之，继瑭奔凤翔。冬，十月，以建为镇国、匡国两军节度使。

【译文】 朱全忠攻占兖州、郓州之后，军队的势力更加强盛，于是大规模派遣军队攻打杨行密，他派遣庞师古率领徐州、宿州、宋州、滑州的七万军队在清口安置营垒，准备进攻扬州；葛从周率领兖、郓、曹、濮州的士兵在安丰修筑营垒，准备奔赴寿州；朱全忠亲自率领军队在宿州屯驻。淮南境内惊恐。

匡国节度使李继瑭听到朝廷要征讨李茂贞的消息，非常害怕，韩建又在旁边蛊惑他，于是，李继瑭逃往凤翔。冬季，十月，昭宗李晔任命韩建为镇国、匡国两军的节度使。

壬子，知遂州侯绍帅众二万，乙卯，知合州王仁威帅众千人，戊午，凤翔将李继溥以援兵二千，皆降于王建。建攻梓州益急。庚申，顾彦晖聚其宗族及假子共饮，遣王宗弼自归于建。酒酣，命其假子瑶杀己及同饮者，然后自杀。建入梓州，城中兵尚七万人，建命王宗绾分兵徇昌、普等州，以王宗涤为东川留后。

【译文】壬子日（初十），掌管遂州事务的侯绍率领两万部众，乙卯日（十三日），管理合州事务的王仁威率领一千士兵，戊午日（十六日），凤翔将领李继溥带领两千增援东川的军队，都先后向王建投降。王建进攻梓州更加急迫。庚申日（十八日），顾彦晖召集他的宗族以及义子们一同畅饮，派遣王宗弼独自返回王建那里；顾彦晖开怀畅饮之后，命令养子顾瑶把自己和他一同喝酒的人都杀死，然后顾瑶本人自尽。王建进入梓州时，城中还有七万士兵，王建命令王宗绾分派军队巡视安抚昌州、普州等地，任命王宗涤为东川留后。

刘仁恭奏称："李克用无故称兵见讨，本道大破其党于木瓜涧，请自为统帅以讨克用。"诏不许。又遗朱全忠书。全忠奏加仁恭同平章事，朝廷从之。仁恭又遣使谢克用，陈去就不自安之意。克用复书略曰："今公仗钺控兵，理民立法，擢士则欲其报德，选将则望彼酬恩。己尚不然，人何足信！仆料猜防出于骨肉，嫌忌生于屏帏，持干将而不敢授人，捧盟盘而何词著誓！"

甲子，立皇子祕为景王，祚为辉王，祺为祁王。

加彰义节度使张琏同平章事。

【译文】刘仁恭向昭宗李晔上奏说："李克用毫无缘由地举兵征讨臣，本道在木瓜涧大破他的部众，请让臣自己担任统帅征讨李克用。"昭宗没有准许他的请求。刘仁恭又给朱全忠送去一封书信。朱全忠于是向朝廷奏请加封刘仁恭为同平章事，朝廷下诏准许。刘仁恭又派遣使者前往李克用那里谢罪，述说离开李克用后而自己内心不安的意思。李克用的回信里大意是说："现在你凭借朝廷符节掌控军队，管理百姓，制定法规，提拔人才要让他们回报你的恩德，挑选将领希望他们酬报你的恩惠；而你自己却不这样，那么对别人又怎么能够充分信任呢？我估计你会猜忌你的亲人，怀疑身边的文武官员，手持利剑却不敢授予他人，那么当你手捧盟誓之盘时在誓词里又能说什么呢！"

甲子日（二十二日），昭宗李晔册立皇子李祕为景王，李祚为辉王，李祺为祁王。

昭宗李晔加封彰义节度使张琏为同平章事。

杨行密与朱瑾将兵三万拒汴军于楚州，别将张训自涟水引兵会之，行密以为前锋。庞师古营于清口，或曰："营地污下，不可久处。"不听。师古恃众轻敌，居常弈棋。朱瑾壅淮上流，欲灌之。或以告师古，师古以为惑众，斩之。十一月，癸酉，瑾与淮南将侯瓒将五千骑潜渡淮，用汴人旗帜，自北来趣其中军，张训逾栅而入。士卒苍黄拒战，淮水大至，汴军骇乱。行密引大军济淮，与瑾等夹攻之，汴军大败。斩师古及将士首万馀级，馀众皆溃。葛从周屯于寿州西北，寿州团练使朱延寿击破之，退屯濠州，闻师古败，奔还。行密、瑾、延寿乘胜追之，及于渒水。从周半济，淮南兵击之，杀溺殆尽，从周走免。遏后都指挥使牛存节弃马步斗，诸军稍得济淮，凡四日不食，会大雪，汴卒缘道冻馁死，还者不满千人。全忠闻败，亦奔还。行密遗全忠书曰："庞师古、葛从周，非敌也，公宜来淮上决战。"

【译文】 杨行密和朱瑾率领三万士兵在楚州抵御汴州军队，别将张训从涟水率领士兵来会和，杨行密任命他为前锋。庞师古在清口安下营寨，有人说："这个营地低洼就像池塘一样，不能长久留驻这里。"庞师古没有听从。他倚仗兵马众多，轻视敌手，在驻地常常以下棋为乐。朱瑾将淮水上游的水流堵住，打算淹没庞师古的营地；有人把这一消息禀告庞师古，庞师古却认为此人是在扰乱军心，竟然把他斩杀了。十一月，癸酉日（初二），朱瑾和淮南的将领侯瓒率领五千骑兵暗中渡过淮水，使用汴州军队的旗帜，从北面直接冲入庞师古的中军，张训越过栅栏冲入营帐。庞师古的士兵仓皇抵抗，淮水奔泻而下，汴州士兵顿时惊慌失措、一片大乱。杨行密率领大军渡过淮水，与朱瑾等对庞师古两面夹击，结果汴州军队惨败，庞师古和一万余名将士被斩杀，残余的军队都溃散逃走。葛从周在寿州的西北扎营，寿州团练使朱延寿打败了他的军队，葛从周退兵在濠州屯驻，听说庞师古战败，便逃了回去。杨行密、朱瑾、朱延寿乘胜追击葛从周，在淠水追上。葛从周渡了一半河，淮南的士兵进攻他们，有的被杀，有的淹死，几乎都被消灭光了，葛从周逃走免于一死。遏后都指挥使牛存节放弃战马，步行战斗，各军才陆续渡过淮水，军中士兵连续四天没有吃东西，恰逢天降大雪，汴州士兵连冻带饿纷纷死在路上，返回的人还不到一千。朱全忠听说他的军队打了大败仗，也逃回去了。杨行密送信给朱全忠说："庞师古、葛从周，根本不是我的对手，您应该亲自到淮河边与我决战啊！"

行密大会诸将，谓行军副使李承嗣曰："始吾欲先趣寿州，副使云不如先向清口。师古败，从周自走，今果如所料。"赏之钱万缗，表承嗣领镇海节度使。行密待承嗣及史俨甚厚，第舍、姬妾，咸选其尤者赐之，故二人为行密尽力，屡立功，竟卒于淮南。行密由是遂保据江、淮之间，全忠不能与之争。

戊寅，立淑妃何氏为皇后。后，东川人，生德王、辉王。

威武节度使王潮弟审知，为观察副使，有过，潮犹加捶挞，审知无怨色。潮寝疾，舍其子延兴、延虹、延丰、延休，命审知知军府事。十二月，丁未，潮薨。审知以让其兄泉州刺史审邽，审邽以审知有功，辞不受。审知自称福建留后，表于朝廷。

【译文】 杨行密与各位将领举行盛会，他对行军副使李承嗣说："刚开始时，我想要先攻打寿州，副使说不如先抵达清口，庞师古战败，葛从周自然会逃走。如今果然如你所料啊。"于是，赏赐李承嗣一万缗钱，上表朝廷请求任命李承嗣兼任镇海节度使。杨行密对待李承嗣和史俨特别好，房舍屋第、爱姬美妾，都挑选最好的赏赐给他们，因此两人替杨行密竭尽忠心，屡次立下大功，最后在淮南去世。杨行密因此能够据有长江、淮水之间，朱全忠不能够与他争夺。

戊寅日（初七），昭宗李晔立淑妃何氏为皇后。何皇后是东川人，生有德王和辉王。

威武节度使王潮的弟弟王审知，担任观察副使，犯了错误，王潮还对他加以鞭打棒击，王审知没有一点怨恨的神色。王潮卧病在床的时候，弃用他的儿子王延兴、王延虹、王延丰、王延休，而命令王审知掌理军府的事务。十二月，丁未日（初六），王潮去世。王审知让他的哥哥泉州刺史王审邽接替职位，王审邽认为王审知立有战功，坚决推辞而不接受职位。王审知于是自称福建留后，呈递表章上报朝廷。

壬戌，王建自梓州还。戊辰，至成都。

是岁，南诏骠信舜化有上皇帝书函及督爽牒中书木夹，年号中兴。朝廷欲以诏书报之。王建上言："南诏小夷，不足辱诏书。臣在西南，彼必不敢犯塞。"从之。

【译文】 壬戌日（二十一日），王建从梓州返回；戊辰日（二十七日），王建抵达成都。

这一年，南诏王舜化有上奏给昭宗李晔的书信及督爽官送给唐中书省用木板夹着的公文，上面写的年号为中兴。朝廷打算颁发诏书来答复南诏王。王建对昭宗说："南诏只不过是一个小小的蛮夷罢了，用不着赏赐他们诏书。臣在西南镇守，他们一定不敢来侵扰边塞的。"朝廷依从了他的建议。

黎、雅间有浅蛮曰刘王、郝王、杨王，各有部落，西川岁赐缯帛三千匹，使觇南诏，亦受南诏赂诇成都虚实。每节度使到官，三王帅酋长诣府，节度使自谓威德所致，表于朝廷。而三王阴与大将相表里，节度使或失大将心，则教诸蛮纷扰。先是节度使多文臣，不欲生事，故大将常籍此以邀姑息，而南诏亦凭之屡为边患。及王建镇西川，绝其旧赐，斩都押牙山行章以惩之。邛崃之南，不置鄣候，不戍一卒，蛮亦不敢侵盗。其后遣王宗播击南诏，三王漏泄军事，召而斩之。

【译文】 在黎、雅之间的大山深谷处，居住的都是蛮人，比较靠近汉人领地的三王名为刘王、郝王、杨王，各有自己的部落，西川每年送给他们丝绸布帛达三千匹，派他们去监视南诏的活动，他们也接受南诏的贿赂来查探成都的虚实。每当有西川节度使赴任，这三个王就率领地方酋长到节度使府祝贺，节度使自以为是朝廷的威德使他们顺从敬畏，上表奏报朝廷。可是刘王、郝王、杨王这三个王却在暗中与节度使手下的大将勾结，串通一气，有的节度使失去大将的拥戴，大将就唆使各地蛮人搅乱生事。以前的节度使大多数是文臣，不想惹事，因此属下大将常常揣度节度使的心理而放纵怂恿蛮人作乱，而南诏也借助这点在边地多次侵扰为患。等到王建镇守西川的时候，断绝了对这三个王的赏赐，斩杀都押牙山行章来惩戒他们。在邛崃关以南，不设置要塞与内线，不驻扎任何兵卒，蛮人也不敢入侵劫掠。后来朝廷派遣王宗播攻打南诏，三王泄露了军事机密，王建就把他们召来斩杀了。

右拾遗张道古上疏，称："国家有五危、二乱。昔汉文帝即位未几，明习国家事。今陛下登极已十年，而曾不知为君驭臣之道。太宗内安中原，外开四夷，海表之国，莫不入臣。今先朝封域，日蹙几尽。臣虽微贱，窃伤陛下朝廷社稷始为奸臣弄，终为贼臣所有也。"上怒，贬道古施州司户。仍下诏罪状道古，宣示谏官。道古，青州人也。

【译文】右拾遗张道古向昭宗李晔上疏，说："国家有五种危难、两种祸乱。以前，汉文帝刘恒即位不久，就已清楚熟悉国家的政事。现在陛下已经即位十年了，却还不知道作为帝王驾驭群臣的办法。唐太宗李世民对内平定中原，对外向四方开拓大唐的边界，海外的国家，没有不前往大唐来俯首称臣的。可是现在，先朝开拓留下的疆界日渐缩减，几乎丧失殆尽。臣虽然地位卑微，私下里却伤感朝廷、国家，开始的时候被奸诈的臣子们把持权力，最终也会被那些乱臣贼子篡夺了江山！"昭宗大怒，把张道古贬为施州司户。还颁下诏令列举张道古的罪状，向谏官们宣示。张道古是青州人。

光化元年（戊午，公元八九八年）春，正月，两浙、江西、武昌、淄青各遣使诣阙，请以朱全忠为都统，讨杨行密。诏不许。

加平卢节度使王师范同平章事。

以兵部尚书刘崇望同平章事，充东川节度使。以昭信防御使冯行袭为昭信节度使。

上下诏罪己息兵，复李茂贞姓名官爵，应诸道讨凤翔兵皆罢之。

【译文】 光化元年（戊午，公元898年）是年八月方改年号为光化。春季，正月，两浙、江西、武昌、淄青各派遣使者抵达朝廷，请求任命朱全忠为都统，征讨杨行密；昭宗李晔下诏不准许。

昭宗李晔加封平卢节度使王师范为同平章事。

昭宗李晔任命兵部尚书刘崇望为同平章事，充任东川节度使；任命昭信防御使冯行袭为昭信节度使。

昭宗李晔颁下诏书检讨自己的过失，下令停止战争，恢复李茂贞的姓名和官职爵位，把各道征讨凤翔李茂贞的军队全都撤回。

壬辰，河中节度使王珂亲迎于晋阳，李克用遣其将李嗣昭守河中。

李茂贞、韩建皆致书于李克用，言大驾出幸累年，乞修和好，同奖王室，兼乞丁匠助修宫室，克用许之。

初，王建攻东川，顾彦晖求救于李茂贞，茂贞命将出兵救之，不暇东逼乘舆，诈称改过，与韩建共翼戴天子。及闻朱全忠营洛阳宫，累表迎车驾，茂贞、韩建惧，请修复宫阙，奉上归长安。诏以韩建为修宫阙使。诸道皆助钱及工材。建使都将蔡敬思督其役。既成，二月，建自往视之。

钱镠请徙镇海军于杭州，从之。

复以李茂贞为凤翔节度使。

【译文】壬辰日（二十二日），河中节度使王珂前往晋阳迎娶李克用的女儿，李克用派遣他的部将李嗣昭在河中驻防。

李茂贞、韩建都送书信给李克用，说昭宗李晔离开长安外出巡游已经很多年了，请求能和睦相处不再对抗，共同辅佐大唐皇室，同时请求李克用派出民夫工匠帮助营建长安的宫殿，李克用都答应了。

起初，王建攻打东川的时候，顾彦晖向李茂贞请求救援，李茂贞命令部将率领士兵前去援救，而没有空闲向东迫近昭宗李晔，因此假意宣称改过自新，与韩建一起辅佐拥戴天子。等到听说朱全忠营建东都洛阳宫殿，并再三上呈表章要迎接昭宗去洛阳，李茂贞、韩建都很惊恐，请求立即修造长安的宫殿，侍奉昭宗返回长安。昭宗诏命任韩建为修宫阙使。各道都援助他钱财、工匠、木材等；韩建派遣都将蔡敬思督促营建的事务。修建完工后，二月，韩建亲自前往视察。

钱镠请求迁徙镇海军到杭州，朝廷依从了他的请求。

昭宗李晔又任命李茂贞为凤翔节度使。

三月，己丑，以王审知充威武留后。

朱全忠遣副使万年韦震入奏事，求兼镇天平，朝廷未之许，震力争之。朝廷不得已，以全忠为宣武、宣义、天平三镇节度使。全忠以震为天平留后，以前台州刺史李振为天平节度副使。

振，抱真之曾孙也。

淮南将周本救苏州，两浙将顾全武击破之。淮南将秦裴以兵三千人拔昆山而戍之。

【译文】 三月，己丑日（二十日），昭宗李晔派遣王审知充任威武军留后。

朱全忠派遣副使万年人韦震入朝奏事，请求兼任天平节度使，朝廷没有答应他的要求，韦震却尽力争取这件事。朝廷被逼无奈，任命朱全忠为宣武、宣义、天平三镇节度使。朱全忠任命韦震为天平留后，任命前台州刺史李振为天平节度副使。李振是李抱真的曾孙。

淮南将领周本救援苏州，两浙将领顾全武打败了他。淮南将领秦裴派遣三千士兵攻克了昆山后，就在此地戍守。

【乾隆御批】 改军号以避逆臣家讳，可谓冠履倒置。庸懦若此，安得不为天下所轻。唐室陵夷至是，盖亦无足论矣。

【译文】 改军号以回避叛逆之臣的家讳，这可称得上是本末倒置了。朝廷如此庸懦无能，怎能不被天下人所轻视。唐朝的皇室衰败至此，也不足以评说了。

以潭州刺史、判湖南军府事马殷知武安留后。时湖南管内七州，贼帅杨师远据衡州，唐世旻据永州，蔡结据道州，陈彦谦据郴州，鲁景仁据连州，殷所得惟潭、邵而已。

义昌节度使卢彦威，性残虐，又不礼于邻道。与卢龙节度使刘仁恭争盐利，仁恭遣其子守文将兵袭沧州，彦威弃城，挈家奔魏州。罗弘信不纳，乃奔汴州。仁恭遂取沧、景、德三州，以守文为义昌留后。仁恭兵势益盛，自谓得天助，有并吞河朔之志，

280

为守文请旌节，朝廷未许。会中使至范阳，仁恭语之曰："旌节吾自有之，但欲得长安本色耳，何为累章见拒，为吾言之！"其悖慢如此。

【译文】昭宗李晔任命潭州刺史、判湖南军府事马殷主持武安军留后的事务。当时湖南管辖的范围有七个州，贼帅杨师远占据衡州，唐世旻占据永州，蔡结占据道州，陈彦谦占据郴州，鲁景仁占据连州，马殷所拥有的只有潭州、邵州罢了。

义昌节度使卢彦威，性情残忍暴虐，对邻近各道又都不友好。卢彦威与卢龙节度使刘仁恭争夺盐利，刘仁恭派遣他的儿子刘守文率领军队偷袭沧州，于是，卢彦威丢弃沧州城，带着家眷逃往魏州；魏州的罗弘信拒不收容他们，卢彦威便投奔汴州。刘仁恭于是攻克沧州、景州、德州，任命刘守文为义昌留后。刘仁恭兵势更加强盛，自以为得到了上天的帮助，产生了吞并河朔的想法，向朝廷为刘守文请求节度使的仪仗符节，朝廷没有答应。适逢宦官抵达范阳，刘仁恭对宦官说："节度使的仪仗符节我自己就有，只是想得到京师长安颁发的真品而已，为什么我再三上呈表章请求却始终遭拒绝呢？您替我去求求情吧。"刘仁恭的违逆、狂妄竟然到了如此地步。

朱全忠与刘仁恭修好，会魏博兵击李克用。夏，四月，丁未，全忠至巨鹿城下，败河东兵万馀人，遂北至青山口。

以护国节度使王珂兼侍中。

丁卯，朱全忠遣葛从周分兵攻洺州，戊辰，拔之，斩刺史邢善益。

【译文】朱全忠和刘仁恭友好亲善，正逢魏博的军队去进攻李克用。夏季，四月，丁未日（初八），朱全忠抵达巨鹿城下，打败河东军队的一万多人，追赶逃跑的士兵，一直到青山口。

昭宗李晔任命护国节度使王珂兼任侍中。

丁卯日（二十八日），朱全忠派遣葛从周分别派发士兵进攻洺州，戊辰日（二十九日），把洺州攻克了，杀死了刺史邢善益。

五月，己巳朔，赦天下。

葛从周攻邢州，刺史马师素弃城走。辛未，磁州刺史袁奉滔自到。全忠以从周为昭义留后，守邢、洺、磁三州而还。

以武定节度使李继密为山南西道节度使。

朝廷闻王建已用王宗涤为东川留后，乃召刘崇望还，为兵部尚书，仍以宗涤为留后。

湖南将姚彦章言于马殷，请取衡、永、道、连、郴五州，仍荐李琼为将。殷以琼及秦彦晖为岭北七州游奕使，张图英、李唐副之，将兵攻衡州，斩杨师远，引兵趣永州，围之月馀，唐世旻走死。殷以李唐为永州刺史。

【译文】五月，己巳朔日（初一），昭宗李晔下诏大赦天下。

葛从周进攻邢州，刺史马师素弃城逃走。辛未日（初三），磁州刺史袁奉滔自尽。朱全忠任命葛从周为昭义留后，驻守邢、洺、磁三个州，然后自己返回汴州。

朝廷任命武定节度使李继密为山南西道节度使。

朝廷听说王建已经任命王宗涤为东川留后，于是召回刘崇望，任命他为兵部尚书，仍任命王宗涤为东川留后。

湖南将领姚彦章向马殷进言，请求攻打衡、永、道、连、郴五个州，仍然举荐李琼为将领。马殷任命李琼和秦彦晖为岭北七州游奕使，张图英、李唐为副使，率领士兵进攻衡州，杀死了杨师远，又率领士兵直接奔赴永州，围攻了一个多月，唐世旻逃走后死去。马殷任命李唐为永州刺史。

六月，以濠州刺史赵珝为忠武节度使。珝，犨之弟也。

秋，七月，加武贞节度使雷满同平章事，加镇南节度使钟传兼侍中。

忠义节度使赵匡凝闻朱全忠有清口之败，阴附于杨行密。全忠遣宿州刺史尉氏氏叔琮将兵伐之，丙申，拔唐州，擒随州刺史赵匡璘，败襄州兵于邓城。

【译文】 六月，昭宗李晔任命濠州刺史赵珝为忠武节度使。赵珝是赵犨的弟弟。

秋季，七月，昭宗李晔加封武贞节度使雷满为同平章事，加封镇南节度使钟传兼任侍中。

山南东道的忠义节度使赵匡凝听说朱全忠的军队在清口打了败仗，暗中亲附淮南的杨行密。朱全忠派遣宿州刺史尉氏人氏叔琮率领军队征讨赵匡凝，丙申日（二十八日），攻克了唐州，活捉了随州刺史赵匡璘，在邓城打败了襄州的军队。

八月，庚戌，改华州为兴德府。

戊午，汴将康怀贞袭邓州，克之，擒刺史国湘。赵匡凝惧，遣使请服于朱全忠，全忠许之。

己未，车驾发华州。壬戌，至长安。甲子，赦天下，改元。

上欲藩镇相与辑睦，以太子宾客张有孚为河东、汴州宣慰使，赐李克用、朱全忠诏，又令宰相与之书，使之和解。克用欲奉诏，而耻于先自屈，乃致书王镕，使通于全忠。全忠不从。

【译文】 八月，庚戌日（十三日），朝廷改华州为兴德府。

戊午日（二十一日），汴州军队将领康怀贞袭击邓州，最终攻占了邓州，抓获邓州刺史国湘。赵匡凝十分恐惧，派出使者请求向朱全忠投降，朱全忠答应他的请求。

己未日（二十二日），昭宗李晔从华州出发；壬戌日（二十五日），到达京城长安；甲子日（二十七日），昭宗下诏大赦天下，改年号为光化。

昭宗李晔打算使藩镇们友好和睦相处，任命太子宾客张有孚为河东、汴州的宣慰使，赐予李克用、朱全忠诏书，又命令宰相送信给李克用、朱全忠，让他们和解。李克用打算奉诏令与朱全忠和解，可是又为自己先屈服而觉得耻辱，于是他给王镕写去一封书信，让王镕先和朱全忠沟通；朱全忠不肯听从。

九月，乙亥，加韩建守太傅、兴德尹，加王镕兼中书令，罗弘信守侍中。

己丑，东川留后王宗涤言于王建，以东川封疆五千里，文移往还，动逾数月，请分遂、合、泸、渝、昌五州别为一镇，建表言之。

【译文】九月，乙亥日（初八），昭宗李晔加封韩建暂时代理太傅、兴德尹；加封王镕兼任中书令，罗弘信暂时代理侍中。

己丑日（二十二日），东川留后王宗涤对王建说，东川的疆域达五千里，公文往返送投，常常超过几个月，请分出遂、合、泸、渝、昌五个州另外设置一个镇；王建上表向昭宗李晔报告此事。

顾全武攻苏州，城中及援兵食皆尽。甲申，淮南所署苏州刺史台濛弃城走，援兵亦遁。全武克苏州，追败周本等于望亭。独秦裴守昆山不下，全武帅万馀人攻之。裴屡出战，使病者被甲执矛，壮者彀弓弩，全武每为之却。全武檄裴令降。全武尝为僧，裴封函纳款，全武喜，召诸将发函，乃佛经一卷，全武大惭，曰："裴不忧死，何暇戏予!"益兵攻城，引水灌之，城坏，食尽，裴乃降。钱镠设千人馔以待之，及出，羸兵不满百人。镠怒曰："单弱如此，何敢久为旅拒!"对曰："裴义不负杨公，今力屈而降耳，非心降也。"镠善其言。顾全武亦劝镠宥之，镠从之。时人称全武长者。

魏博节度使罗弘信薨，军中推其子节度副使绍威知留后。

汴将朱友恭将兵还自江、淮，过安州，或告刺史武瑜潜与淮南通，谋取汴军，冬，十月，己亥，友恭攻而杀之。

【译文】顾全武进攻苏州；城里以及援军的粮食都吃光了，甲申日（十七日），淮南杨行密所任命的苏州刺史台濛抛弃苏州城逃走，援军也逃走了。顾全武攻克苏州城后，又追击攻打周本，在望亭镇将他打败。只有由秦裴据守的昆山城没有被攻克，顾全武率领一万余人展开进攻；秦裴多次出战，派遣病弱的士兵穿着铠甲，手拿长矛，强壮的士兵拉开弓弩射箭，如此一来，顾全武的军队常常因此而退却。于是，顾全武送檄文给秦裴，想让他投降。因为顾全武曾经做过和尚，秦裴便封上给顾全武的信函命人送去表示投降，顾全武很高兴，召来各位将领当众打开信函，里面竟然是一卷佛经，顾全武恼羞成怒，说："秦裴死到临头都不惧怕，还有空闲戏弄我吗!"于是，增派军队攻打昆山城，导河水灌城，城墙被毁坏了，食物也吃光了，秦裴才投降。钱镠准备了一千人的食物来等待他率众出城，秦裴走出来，只有不足一百名瘦弱不堪的士兵。钱镠愤怒地对秦裴说："你势单力薄到了如此地步，怎么还敢顽固抵抗呢!"秦裴回答说："我秦裴有义气，决不辜负杨行密，现在不过是因为兵力衰竭而投降罢了，并不是心里就归顺你。"钱镠对秦裴说的话特别赞赏。顾全武也劝说钱镠宽恕秦裴,钱镠听从了他的建议。当时的人称赞顾全武是忠厚长者。

魏博节度使罗弘信去世,军中推举他的儿子节度副使罗绍威担任留后。

汴州大将朱友恭率领军队从江、淮返回,经过安州,有人向朱友恭告发说安州刺史武瑜暗中与淮南的杨行密勾结,打算攻打汴州的军队。冬季,十月,己亥日(初三),朱友恭率领军队进攻安州,将武瑜斩杀。

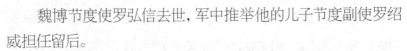

李克用遣其将李嗣昭、周德威将步骑二万出青山,将复山东三州。壬寅,进攻邢州,葛从周出战,大破之。嗣昭等引兵退入青山,从周追之,将扼其归路。步兵自溃,嗣昭不能制。会横冲都将李嗣源以所部兵至,谓嗣昭曰:"吾辈亦去,则势不可支矣,我试为公击之。"嗣昭曰:"善,我请从公后。"嗣源乃解鞍厉镞,乘高布阵,左右指画,邢队莫之测。嗣源直前奋击,嗣昭继之,从周乃退。德威,马邑人也。

癸卯,以威武留后王审知为节度使。

以罗绍威知魏博留后。

【译文】李克用派遣他的部将李嗣昭、周德威率领两万步兵、骑兵从青山出发,准备收复山东的邢、洺、磁三个州。壬寅日(初六),周德威攻打邢州;葛从周出城迎战,打败了他们的军队。李嗣昭等人率领军队退入青山,葛从周追赶他们,打算将河东军队的退路截断;河东军队的步兵自行溃败,李嗣昭没办法控制。适逢此时,横冲都将李嗣源率领部下军队赶到,他对李嗣昭说:"我们这些人如果也退走,那么形势就支撑不住了,让我试着为你进攻葛从周的邢州军队吧。"李嗣昭说:"好极了!

我紧随其后。"李嗣源于是将马鞍解下，把箭头磨锋利，登上高处去部署战阵，左右来回比画，邢州军队猜测不出李嗣源的想法。李嗣源径直向前奋力进攻，李嗣昭也紧跟其后冲杀，于是葛从周的军队撤退。周德威是马邑人。

癸卯日（初七），昭宗李晔任命威武留后王审知为节度使。

昭宗李晔任命罗绍威担任魏博留后。

丁巳，以东川留后王宗涤为节度使。

加佑国节度使张全义兼侍中。

王珙引汴兵寇河中，王珂告急于李克用。克用遣李嗣昭救之，败汴兵于胡壁，汴人走。

前常州刺史王柷，性刚介，有时望。诏征之，时人以为且入相。过陕，王珙延奉甚至，请叙子侄之礼拜之，柷固辞不受。珙怒，使送者杀之，并其家人悉投诸河，掠其资装，以覆舟闻。朝廷不敢诘。

闰月，钱镠以其将曹圭为苏州制置使，遣王球攻婺州。

【译文】丁巳日（二十一日），昭宗李晔任命东川留后王宗涤为节度使。

昭宗李晔加封佑国节度使张全义兼任侍中。

王珙率领汴州的士兵前往河中劫掠，王珂向李克用告急；于是，李克用派遣李嗣昭去救援，在胡壁镇打败了汴州的军队，汴州军队都逃走了。

前常州刺史王柷，性格刚强正直，当时的威望很高；昭宗李晔下诏征调他，当时人都以为他要担任宰相了。经过陕州的时候，王珙侍奉招待王柷非常周到，请求用子侄的礼节行礼跪拜，王柷坚决推辞而没有接受。王珙转而大怒，指使送行的人将王枑杀死，连同王枑的家人全被扔进黄河，又将王枑的资财行装全都抢掠，然后向朝廷禀告说王枑船翻而死。朝廷不敢追查此事。

闰月，钱镠任命他的部将曹圭为苏州制置使，派遣王球进攻婺州。

十一月，甲寅，立皇子祯为雅王，祥为琼王。

以魏博留后罗绍威为节度使。

衢州刺史陈岌请降于杨行密，钱镠使顾全武讨之。

朱全忠以奉国节度使崔洪与杨行密交通，遣其将张存敬攻之。洪惧，请以弟都指挥使贤为质，且言："将士顽悍，不受节制，请遣二千人诣麾下从征伐。"全忠许之，召存敬还。存敬，曹州人也。

【译文】十一月，甲寅日（十九日），昭宗李晔册立皇子李祯为雅王，李祥为琼王。

昭宗李晔任命魏博留后罗绍威为节度使。

衢州刺史陈岌打算向杨行密投降，钱镠派遣顾全武去征讨陈岌。

朱全忠因为奉国节度使崔洪与杨行密互相勾结，便派遣他的部将张存敬攻打崔洪；崔洪很恐惧，请求让弟弟都指挥使崔贤作为人质，并且说："我手下将士顽固凶悍，不接受我的指挥调遣，请准许派遣两千人到你的部下跟随讨伐。"朱全忠准许了他的请求，召张存敬返回。张存敬是曹州人。

十二月，昭义节度使薛志勤薨。

李克用之平王行瑜也，李罕之求邠宁于克用。克用曰："行瑜恃功邀君，故吾与公讨而诛之。昨破贼之日，吾首奏趣苏文建赴镇。今才达天听，遽复二三，朝野之论，必喧然谓吾辈复如行瑜所为也。吾与公情如同体，固无所爱，俟还镇，当更为公论功赏耳。"罕之不悦而退，私于盖寓曰："罕之自河阳失守，依托大庇，岁月已深。比来衰老，倦于军旅，若蒙吾王与太傅哀愍，赐一小镇，使数年之间休兵养疾，然后归老闾阎，幸免。"寓为之言，克用不应。每藩镇缺，议不及罕之，罕之甚郁郁。寓恐其有它志，亟为之言，克用曰："吾于罕之岂爱一镇，但罕之，鹰也，饥则为用，饱则背飞。"

【译文】十二月，昭义节度使薛志勤去世。

李克用平定王行瑜时，李罕之向李克用请求出任邠宁节度使。李克用说："王行瑜依仗功劳胁迫皇上，因此我和您征讨诛杀他。前几天，王行瑜这一贼寇被打败时，我首先上奏朝廷催促苏文建担任邠宁节度使。现在这一奏请刚刚送到朝廷，我们又反悔，朝廷内外一定哗然，斥责我们的所作所为与王行瑜无异。我和你情谊深厚如同手足，本来就没有什么吝惜的，等到返回镇所，我会再为你论功行赏的。"李罕之很不高兴地退出去，私下对盖寓说："我李罕之自从河阳沦陷以后，依靠您的庇护，已经有很长的时间了。近来，我逐渐衰老，厌倦行军打仗的生活，如果承蒙大王和太傅的同情，赏赐我一个小镇，使我能在几年之间让士兵休息，保养身体，然后辞官，回乡终老，那是最幸运的了。"盖寓为李罕之求情，李克用仍然没有答应他。每当有藩镇官缺时，商议人选时总是不去考虑李罕之，李罕之心里很愤愤不平。盖寓恐怕李罕之有其他的想法，再三地为李罕之说话，李克用对盖寓说："我对于李罕之怎么是舍不得一个镇呢？只是因为李罕之是一只雄鹰啊！饥饿的时候，为你效力，被你所用，等到吃饱了，就抛弃你，远走高飞啦。"

及志勤薨，旬日无帅，罕之擅引泽州兵夜入潞州，据之，以状白克用，曰："薛铁山死，州民无主，虑不逞者为变，故罕之专命镇抚，取王裁旨。"克用怒，遣人让之。罕之遂遣其子颢请降于朱全忠，执河东将马溉等及沁州刺史傅瑶送汴州。克用遣李嗣昭将兵讨之，嗣昭先取泽州，收罕之家属送晋阳。

杨行密遣成及等归两浙以易魏约等，钱镠许之。

韶州刺史曾衮举兵攻广州，州将王瓘帅战舰应之。清海行军司马刘隐一战破之。韶州将刘潼复据浈、洺，隐讨斩之。

【译文】 等到薛志勤去世，潞州十天没有将帅，李罕之擅自率领泽州的士兵夜间攻入潞州，占据了潞州城，用牒文告诉李克用，说："薛铁山去世，州民没有将帅，我担心不得志的人会作乱，因此没有向您请示就擅自攻入潞州城镇守抚慰，请大王裁夺。"李克用十分恼怒，派人前去斥责李罕之。李罕之派遣他的儿子向朱全忠请求投降，擒住了河东将领马溉等人以及沁州刺史傅瑶押送到汴州。李克用派遣李嗣昭率领军队征讨李罕之，李嗣昭先攻克泽州，拘押李罕之的家属送到晋阳李克用那里。

杨行密把以前擒获的两浙将领成及遣回两浙，以换回被两浙钱镠抓获的淮南将领魏约等人，钱镠答应了。

韶州刺史曾衮派遣士兵进攻广州，广州将领王瓘率领战舰接应他们；清海行军司马刘隐一战就打败了曾衮的军队。韶州将领刘潼又占据浈阳、洺涯两县，刘隐征讨刘潼，并将刘潼杀死了。

光化二年(己未，公元八九九年)春，正月，丁未，中书侍郎兼吏部尚书、同平章事崔胤罢守本官。以兵部尚书陆扆同平章事。

朱全忠表李罕之为昭义节度使，又表权知河阳留后丁会、武宁留后王敬荛、彰义留后张珂并为节度使。

杨行密与朱瑾将兵数万攻徐州，军于吕梁，朱全忠遣骑将张归厚救之。

刘仁恭发幽、沧等十二州兵十万，欲兼河朔。攻贝州，拔之，城中万馀户，尽屠之，投尸清水。由是诸城各坚守不下。仁恭进攻魏州，营于城北。魏博节度使罗绍威求救于朱全忠。

【译文】光化二年（己未，公元899年）春季，正月，丁未日（十三日），中书侍郎兼吏部尚书（同平章事）崔胤被免除相职，只担任本来职位；任命兵部尚书陆扆为同平章事。

朱全忠上表请求任命李罕之为昭义节度使，又上表派代理河阳留后的丁会、武宁留后的王敬荛、彰义留后的张珂都担任节度使。

杨行密和朱瑾率领几万士兵攻打徐州，在吕梁驻扎军队，朱全忠派遣骑兵将领张归厚救援徐州。

刘仁恭派遣幽、沧等十二州的十万士兵，打算兼并河朔；进攻贝州，攻了下来，城中有一万多户居民，全部被屠杀，尸体被丢弃到清河水中。从此各城都顽强坚守没有投降。刘仁恭进军征讨魏州，在城北扎营，魏博节度使罗绍威向朱全忠请求救援。

朱全忠遣崔贤还蔡州，发其兵二千诣大梁。二月，蔡将崔景思等杀贤，劫崔洪，悉驱兵民度淮奔杨行密。兵民稍稍遁归，至广陵者不满二千人。全忠命许州刺史朱友裕守蔡州。

朱全忠自将救徐州，杨行密闻之，引兵去。汴人追及之于下邳,杀千馀人。全忠行至辉州,闻淮南兵已退,乃还。

【译文】朱全忠遣送崔贤返回蔡州,征发蔡州军队两千人到大梁。二月,蔡州将领崔景思等杀死崔贤,劫持了崔洪,驱赶蔡州的全部士兵和百姓渡过淮水投奔杨行密。士兵和百姓渐渐地逃回蔡州,到达广陵的士兵和百姓不到两千名。朱全忠命令许州刺史朱友裕守卫蔡州。

朱全忠亲自率领军队救援徐州,杨行密听说了这件事,率领士兵离去;汴州军队在下邳县追上他们,杀死了一千多人。朱全忠行进到辉州时,听说淮南的军队已经撤退,这才返回汴州。

三月,朱全忠遣其将李思安、张存敬将兵救魏博,屯于内黄。癸卯,全忠以中军军于滑州。刘仁恭谓其子守文曰:"汝勇十倍于思安,当先虏鼠辈,后擒绍威耳!"乃遣守文及其妹婿单可及将精兵五万击思安于内黄。丁未,思安使其将袁象先伏兵于清水之右,思安逆战于繁阳,阳不胜而却,守文逐之。及内黄之北,思安勒兵还战,伏兵发,夹击之。幽州兵大败,斩可及,杀获三万人,守文仅以身免。可及,幽州骁将,号"单无敌",燕军失之丧气。思安,陈留人也。

【译文】三月,朱全忠派遣他的部将李思安、张存敬率领军队援救魏博,在内黄屯驻;癸卯日(初十),朱全忠率中军驻扎在滑州。刘仁恭对他的儿子刘守文说:"你的勇猛是李思安的十倍,你应当首先抓获这些鼠辈,然后再生擒罗绍威!"刘仁恭于是派遣刘守文和他的妹夫单可及率领五万精兵在内黄攻打李思安。丁未日(十四日),李思安派遣他的部将袁象先在清河水的右边设下埋伏,他自己在繁阳迎战,假装打不赢撤退的样子;刘守文追赶他，一直追到内黄的北边，李思安率领军队反攻，埋伏的士兵发动进攻，两面夹击刘守文。结果刘仁恭的幽州军队打了大败仗，单可及被斩杀，杀死、俘虏了三万士兵，刘守文本人只是免于一死罢了。单可及是幽州的一员猛将，号称"单无敌"，刘仁恭的军队失去单可及后元气大伤。李思安是陈留人。

时葛从周自邢州将精骑八百已入魏州。戊申，仁恭攻上水关、馆陶门。从周与宣义牙将贺德伦出战，顾门者曰："前有大敌，不可返顾。"命阖其扉。从周等殊死战，仁恭复大败，擒其将薛突厥、王郃郎。明日，汴、魏乘胜合兵击仁恭，破其八寨，仁恭父子烧营而遁。汴、魏之人长驱追之，至临清，拥其众入永济渠，杀溺不可胜纪。镇人亦出兵邀击于东境，自魏至沧五百里间，僵尸相枕。仁恭自是不振，而全忠益横矣。德伦，河西胡人也。

【译文】 这时，葛从周从邢州率领精锐的骑兵八百人进入魏州。戊申日（十五日），刘仁恭攻打上水关、馆陶门，葛从周和宣义牙将贺德伦出去迎战，回头对守护城门的士兵说："前方有强劲的敌军，不能让作战的将士有返回的想法。"下令把城门关死。葛从周等率军拼死激战，刘仁恭的军队又一次惨败，他的部下将领薛突厥、王郃郎被擒获。第二天，汴州、魏州乘胜联合士兵攻打刘仁恭，攻破他八个守寨，刘仁恭父子烧毁营寨逃走。汴州、魏州的士兵长驱直入，一直向前追杀，到了临清，把刘仁恭的军队逼到永济渠里，被斩杀和溺死的士兵不计其数。镇州的王镕也派遣军队在东边的深州、冀州一带截击刘仁恭。从魏州到沧州五百里内，死尸一个压着一个。刘仁恭从此以后便没有再振作起来，而朱全忠却更加强盛！贺德伦是河西的胡人。

刘仁恭之攻魏州也，罗绍威遣使修好于河东，且求救。壬午，李克用遣李嗣昭将兵救之。会仁恭已为汴兵所败，绍威复与河东绝，嗣昭引还。

葛从周乘破幽州之势，自土门攻河东，拔承天军。别将氏叔琮自马岭入，拔辽州乐平，进军榆次。李克用遣内牙军副周德威击之。

【译文】刘仁恭攻打魏州的时候，罗绍威派遣使者到河东重新建立友好关系，并且向李克用请求援助。壬午日（三月无此日），李克用派遣李嗣昭率领军队援救罗绍威，刘仁恭已经被汴州的士兵打败了，罗绍威于是又与河东李克用断绝交往，李嗣昭率领军队返回。

葛从周趁着打败幽州刘仁恭的声势，从土门进攻河东军队，攻克承天军。汴州军队的另一将领氏叔琮从马岭进攻，攻克了辽州乐平县，进军到榆次县。李克用派遣内牙军副周德威去迎击他们。

叔琮有骁将陈章，号"陈夜叉"，为前锋，请于叔琮曰："河东所恃者周杨五，请擒之，求一州为赏。"克用闻之，以戒德威，德威曰："彼大言耳。战于洞涡，德威微服往挑战，谓其属曰：'汝见陈夜叉即走。'章果逐之，德威奋铁槌击之坠马，生擒以献。因系叔琮，大破之，斩首三千级。叔琮弃营走，德威追之，出石会关，又斩千余级。后周亦引还。

【译文】氏叔琮有一位猛将叫陈章，外号称"陈夜叉"，担任前锋，他向氏叔琮请求说："河东所依仗的是周杨五，就让我去抓住他，然后赏赐给我一个州吧！"李克用得知这一消息，

资治通鉴

告诉周德威让他做好防备,周德威说:"陈章只不过是吹牛罢了。"双方在洞涡展开激战,周德威身穿便服前去挑战,并对属下将领说:"你们看见陈夜叉就跑。"陈章果然追赶周德威,周德威奋力挥舞铁槌将陈章打落马下,将他活捉进献给李克用。周德威又趁势进攻氏叔琮,将氏叔琮打得惨败,斩杀三千人。氏叔琮放弃军营逃走,周德威继续追赶,出了石会关,又斩杀敌人一千多个首级。葛从周只得率领军队退了回去!

丁巳,朱全忠遣河阳节度使丁会攻泽州,下之。

婺州刺史王檀为两浙所围,求救于宣歙观察使田頵。夏,四月,頵遣行营都指挥使康儒救之。

五月,甲午,置武信军于遂州,以遂、合等五州隶之。

李克用遣蕃、汉马步都指挥使李君庆将兵攻李罕之,己亥,围潞州。朱全忠出屯河阳,辛丑,遣其将张存敬救之,壬寅,又遣丁会将兵继之。大破河东兵,君庆解围去。克用诛君庆及其裨将伊审、李弘袭,以李嗣昭为蕃、汉马步都指挥使,代之攻潞州。

庚戌,康儒等败两浙兵于龙丘,擒其将王球,遂取婺州。

【译文】丁巳日(二十四日),朱全忠派遣河阳节度使丁会攻打泽州,把它攻占了。

婺州刺史王檀被两浙军队围攻,向宣歙观察使田頵请求援救,夏季,四月,田頵派遣行营都指挥使康儒等人前去援救他。

五月,甲午日(初二),朝廷在遂州设置武信军,划分出遂、合等五个州隶属它。

李克用派遣蕃、汉马步都指挥使李君庆率领士兵攻打李罕之,己亥日(初七),李君庆围攻潞州。朱全忠派出军队在河阳屯驻。辛丑日(初九),朱全忠派遣属下将领张存敬援救潞州的李罕之，壬寅日（初十），朱全忠又派遣丁会率领军队相继增援，把河东军队打得惨败，李君庆被迫解除潞州的包围撤退。李克用把败将李君庆及其副将伊审、李弘袭都斩杀了；任命李嗣昭为蕃、汉马步都指挥使，代替李君庆进攻潞州。

庚戌日（十八日），康儒等人在龙丘打败了两浙的军队，活捉了他们的将领王球，于是占领了婺州。

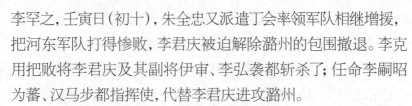

六月，乙丑，李罕之疾亟。丁卯，全忠表罕之为河阳节度使，以丁会为昭义节度使。未几，又以其将张归霸守邢州，遣葛从周代会守潞州。

以西川大将王宗佶为武信节度使。宗佶，本姓甘，洪州人也。

丁丑，李罕之薨于怀州。

保义节度使王珙，性猜忍，虽妻子亲近，常不自保。至是军乱，为麾下所杀，推都将李璠为留后。

【译文】六月，乙丑日（初三），李罕之病重。丁卯日（初五），朱全忠向朝廷上表，任命李罕之为河阳节度使，任命丁会为昭义节度使；没过多久，朱全忠又委派他的部将张归霸守卫邢州，派遣葛从周代替丁会在潞州守卫。

昭宗李晔任命西川大将王宗佶为武信节度使。王宗佶，原本姓甘，是洪州人。

丁丑日（十五日），李罕之在怀州去世。

保义节度使王珙，生性猜忌残忍，即使是妻子儿子这样的骨肉至亲，也常常为他们的安危忧虑。这时军中士兵叛乱，王珙被手下士兵杀死，大家推举都将李璠为保义留后。

资治通鉴

秋，七月，朱全忠海州戍将陈海宾请降于杨行密。淮海游奕使张训以汉宾心未可知，与涟水防遏使庐江王绾将兵二千直趣海州，遂据其城。

加荆南节度使成汭兼中书令。

马殷遣其将李唐攻道州，蔡结聚群蛮，伏兵于隘以击之，大破唐兵。唐曰："蛮所恃者山林耳，若战平地，安能败我！"乃命因风燔林，火烛天地，群蛮惊遁，遂拔道州，擒结，斩之。

【译文】秋季，七月，朱全忠在海州戍守的部将陈汉宾向杨行密请求投降。淮海游奕使张训认为陈汉宾真正的意图没有了解，于是跟涟水防遏使庐江人王绾率领士兵两千人直接前往海州，就这样占据了海州城。

昭宗李晔加封荆南节度使成汭兼任中书令。

马殷派遣他的部将李唐攻打道州，蔡结聚集众多蛮人，埋伏军队在险要地带来攻打李唐，大破李唐的军队。李唐说："蛮人所凭借的不过是山林罢了，如果在平地作战，他们怎么会将我打败呢！"于是下令借助风势放火烧毁山林，顿时天地间火海一片，蛮人立即慌乱逃走了，李唐就趁势攻占了道州，生擒了蔡结，将他杀死了。

朱全忠召葛从周于潞州，使贺德伦守之。八月，丙寅，李嗣昭引兵至潞州城下，分兵攻泽州。己巳，汴将刘玘泽州走，河东兵进拔天井关。以李孝璋为泽州刺史。贺德伦闭城不出，李嗣昭日以铁骑环其城，捕刍牧者，附城三十里禾黍皆刈之。乙酉，德伦等弃城宵遁，趣壶关，河东将李存审伏兵邀击之，杀获甚众。葛从周以援兵至，闻德伦等已败，乃还。

【译文】朱全忠召回在潞州的葛从周，命令贺德伦前去守卫潞州。八月，丙寅日（初五），李嗣昭率领军队抵达潞州城下，分别派遣士兵进攻泽州。己巳日（初八），汴州将领刘玘放弃泽州逃走，河东军队进兵攻取了天井关，任命李孝璋（孝字当作存字）为泽州刺史。贺德伦紧闭城门不出战，李嗣昭每天派出骑兵围绕潞州城巡行，抓捕割草放牧的人，把靠近潞州城方圆三十里的田禾稻谷都割光了。乙酉日（二十四日），贺德伦等人弃城在夜里逃走，一直逃到了壶关，河东将领李存审埋伏士兵截击他们，杀死、俘获的人很多。葛从周率领援兵到达后，听到贺德伦等人战败，于是率众返回。

九月，癸卯，以凤翔节度使李茂贞为凤翔、彰义节度使。

李克用表汾州刺史孟迁为昭义留后。

淄青节度使王师范以沂、密内叛，乞师于杨行密。冬，十月，行密遣海州刺史台濛、副使王绾将兵助之，拔密州，归于师范。将攻沂州，先使觇之，曰："城中皆偃旗息鼓。"绾曰："此必有备，而救兵近，不可击也。"诸将曰："密已下矣，沂何能为！"绾不能止，乃伏兵林中以待之。诸将攻沂州不克，救兵至，引退。州兵乘之，绾发伏击败之。

【译文】九月，癸卯日（十二日），昭宗李晔任命凤翔节度使李茂贞为凤翔、彰义节度使。

李克用向朝廷上表，任命汾州刺史孟迁为昭义留后。

淄青节度使王师范因为沂州、密州发生了内部士兵作乱，向杨行密请求军队的援助。冬季，十月，杨行密派遣海州刺史台濛、副使王绾率领军队去援助他，攻取密州，归还王师范；接着要进攻沂州，先派人去刺探情况，这些人回来说："城内偃旗息鼓，一点动静也没有。"王绾说："沂州城内一定是有了防备，而援军距离又很近了，因此我们不能前去攻打。"各位将领却说：
"密州都已攻克了，沂州还能如何呢！"王缟没有办法阻止属下
的将领，于是在树林里埋伏军队等待他们。各位将领进攻沂州
没有攻克，沂州的援兵又赶到了，只得率军后退。沂州的军队趁
势攻击，王缟发动埋伏的士兵打败了他们。

十一月，陕州都将朱简杀李璠，自称留后，附朱全忠，仍请
更名友谦，预于子侄。

加忠义节度使赵匡凝兼中书令。

马殷遣其将李琼攻郴州，执陈彦谦，斩之；进攻连州，鲁景
仁自杀，湖南皆平。

十二月，加魏博节度使罗绍威同平章事。

【译文】十一月，陕州都将朱简杀死李璠，自称为留后，归
附朱全忠，请求更改名字为朱友谦，列入朱全忠子侄的行列。

昭宗李晔加封忠义节度使赵匡凝兼任中书令。

马殷派遣属下将领李琼进攻郴州，擒获了陈彦谦，并将他
斩杀；又进军攻打连州，鲁景仁自杀身亡，湖南各州全部被剿
平。

十二月，昭宗李晔加封魏博节度使罗绍威为同平章事。

资治通鉴卷第二百六十二　唐纪七十八

起上章涒滩，尽重光作噩，凡二年。

【译文】起庚申（公元900年），止辛酉（公元901年），共两年。

【题解】本卷记录了公元900年至901年的史事，共二年，正当唐昭宗李晔光化三年至天复元年。两年间京师长安再次发生政治地震，唐昭宗先是被宦官废为太上皇，复位后又被宦官挟持到凤翔，皇帝成为权臣、藩镇诸侯手中的玩物，纲纪荡然无存。此时期朱全忠出兵收服河北诸镇，身兼宣武、宣义、天平、护国四镇节度使，无人能敌。朱全忠与李茂贞都想挟天子以令诸侯，朝中南司崔胤、北衙韩全诲分别是他们在朝中的代言人，水火不容。昭宗既没有识人的智慧，又没有独断朝纲的才能，优柔寡断，不接受宰相韩偓的建议，苟且度日，等到朱全忠发兵西行，韩全诲劫持昭宗临幸凤翔。朱全忠进入长安，挟持百官送到华州。朝廷分裂不全，标志唐王朝实际已经灭亡，只缺一个禅位的仪式而已。

昭宗圣穆景文孝皇帝中之中

光化三年（庚申，公元九〇〇年）春，正月，宣州将康儒攻睦州，钱镠使其从弟镈拒之。

二月，庚申，以西川李度使王建兼中书令。

壬申，加威武节度使王审知同平章事。

壬午，以吏部尚书崔胤同平章事，充清海节度使。

李克用大发军民治晋阳城堑，押牙刘延业谏曰："大王声振华、夷，宜扬兵以严四境，不宜近治城堑，损威望而启寇心。"克用谢之，赏以金帛。

【译文】光化三年（庚申，公元900年）春季，正月，宣州将领康儒进攻睦州；钱镠派他的堂弟钱铢去抵御他。

二月，庚申日（初二），昭宗李晔任命西川节度使王建兼任中书令。

壬申日（十四日），昭宗李晔加封威武节度使王审知为同平章事。

壬午日（二十四日），昭宗李晔任命吏部尚书崔胤为同平章事，充任清海节度使。

李克用大举征调军士百姓修筑晋阳城的城墙壕沟，押牙刘延业劝谏说："大王的声威震动华夏和四夷，应该分派军队整肃四方边境，不应修筑这些城墙壕沟，既有损您自己的威望，又将挑起敌人的侵扰之心啊！"李克用很感激他，拿金子、布帛赏赐他。

夏，四月，加定难军节度使李承庆同平章事。

朱全忠遣葛从周帅兖、郓、滑、魏四镇兵十万击刘仁恭，五月，庚寅，拔德州，斩刺史傅公和。己亥，围刘守文于沧州。仁恭复遣使卑辞厚礼求救于河东，李克用遣周德威将五千骑出黄泽，攻邢、洺以救之。

邕州军乱，逐节度使李铖。铖借兵邻道讨平之。

【译文】夏季，四月，昭宗李晔加封定难军节度使李承庆为同平章事。

朱全忠派遣葛从周率领兖、郓、滑、魏四个镇守的士兵十万人攻打刘仁恭，五月，庚寅日（初四），攻占了德州，将刺史傅公和杀死；己亥日（十三日），在沧州围攻刘守文。刘仁恭派遣使者用谦恭的言辞、丰厚的礼物到河东请求援救。于是，李克用派遣周德威率领五千骑兵出黄泽关，攻打邢州、洺州来救援刘仁恭。

邕州的军队作乱，驱逐了节度使李鐬；于是，李鐬向邻道借兵来征讨平定他们。

六月，癸亥，加东川节度使王宗涤同平章事。

司空、门下侍郎、同平章事王抟，明达有度量，时称良相。上素疾宦官枢密使朱道弼、景务修专横，崔胤日与上谋去宦官，宦官知之。由是南、北司益相憎嫉，各结藩镇为援以相倾夺。抟恐其致乱，从容言于上曰："人君当务明大体，无所偏私。宦官擅权之弊，谁不知之！顾其势未可猝除，宜俟多难渐平，以道消息。愿陛下言勿轻泄以速奸变。"胤闻之，谮抟于上曰："王抟奸邪，已为道弼辈外应。"上疑之。及胤罢相，意抟排己，愈恨之。及出镇广州，遗朱全忠书，具道抟语，令全忠表论之。全忠上言："胤不可离辅弼之地，抟与敕使相表里，同危社稷。"表连上不已。上虽察其情，迫于全忠，不得已，胤至湖南复召还。丁卯，以胤为司空、门下侍郎、同平章事，抟罢为工部侍郎。以道弼监荆南军，务修监青州军。戊辰，贬抟溪州刺史；己巳，又贬崖州司户。道弼长流驩州，务修长流爱州。是日，皆赐自尽。抟死于蓝田驿，道弼、务修死于霸桥驿。于是，胤专制朝政，势震中外，宦官皆侧目，不胜其愤。

【译文】六月，癸亥日（初七），昭宗李晔加封东川节度使王宗涤为同平章事。

司空、门下侍郎、同平章事王抟，为人通达，宽宏大量，当时被称为良相。昭宗李晔一向痛恨宦官枢密使朱道弼、景务修专断强横，崔胤每天与昭宗商议摒除宦官，宦官也清楚他们的举动。因此，南司和北司更加相互憎恶嫉恨，各自交结藩镇来作为自己的支援，互相倾轧，争权夺利。王抟担心这样会导致叛乱，闲暇时向昭宗李晔进言说："作为百姓的君王，应当竭尽全力认清大局，不可以偏袒一方。宦官们专擅朝廷大权的弊端，谁不知道呢？只不过他们的势力还不能够立刻被摒除干净，应该等待时机，从多次的作乱灾难中逐渐来剿灭他们，伸张正道，以消除平息他们的势力。希望陛下说过的话不要轻易泄露出来，以免加速奸邪之人的叛乱。"崔胤听到了这些话，就向昭宗李晔进谗言诋毁王抟，说："王抟奸诈邪恶，已经成为朱道弼等的外应了。"昭宗怀疑他的话是否真实。等到崔胤被罢免相位，他就认为这是王抟在排挤自己，所以更加痛恨王抟。等到崔胤奉命离京师去镇守广州，他就送了一封书信给朱全忠，原原本本地把王抟说过的话禀告给他，让朱全忠呈递表章来辩论是非曲直。朱全忠于是向朝廷呈递奏表说："崔胤不能离开辅佐陛下的宰相之位，王抟和宦官互为表里，互相勾结，危害国家。"表文接连不断地送给昭宗。昭宗虽然察觉其中实情，可是迫于朱全忠的势力，把已到湖南的崔胤又召回京师。丁卯日（十一日），昭宗任命崔胤为司空、门下侍郎、同平章事，王抟被罢免宰相的职位，担任工部侍郎。昭宗任命朱道弼为荆南监军，任命景务修为青州监军。戊辰日（十二日），昭宗把王抟贬为溪州刺史；己巳日（十三日），又把王抟贬为崖州司户；朱道弼被长途流放到欢州，景务修被长途流放到爱州；当天，三人都被赐自尽。王抟死在蓝田驿，朱道弼、景务修死在霸桥驿。于是崔胤掌控了朝政大权，势力威震朝野，宦官们都侧目而视，对他怨恨不已。

【乾隆御批】 昭宗时，庸佞塞朝，惟王抟尚达时务，且知以方正自持，乃为群邪所嫉，立见排挤。大厦将倾，非一木所能支，矧并一木而去之耶。

【译文】 唐昭宗时，奸邪庸臣充斥朝廷，只有王抟通达时势，又能刚正不阿、严于律己，于是被奸臣们所嫉妒，没多久就被排挤掉了。大厦将倾，不是一根木头就能将它支撑住的，何况连这一根木头也去掉了呢！

刘仁恭将幽州兵五万救沧州，营于乾宁军。葛从周留张存敬、氏叔琮守沧州寨，自将精兵逆战于老鸦堤，大破仁恭，斩首三万级，仁恭走保瓦桥。秋，七月，李克用复遣都指挥使李嗣昭将兵五万攻邢、洺以救仁恭，败汴军于内丘。王镕遣使和解幽、汴，会久雨，朱全忠召从周还。

庚戌，以昭义留后孟迁为节度使。

甲寅，以西川节度使王建兼东川、信武军两道都指挥制置等使。

【译文】 刘仁恭率领幽州的五万士兵援救沧州，在乾宁军安营扎寨。葛从周留下张存敬、氏叔琮驻守沧州寨，然后亲自率领精兵在老鸦堤迎战，大破刘仁恭的军队，斩杀敌人三万多个首级，刘仁恭逃走退守瓦桥。秋季，七月，李克用又派遣都指挥使李嗣昭率领士兵五万人进攻邢州、洺州，以便营救刘仁恭，在内丘打败了汴州的军队。王镕派遣使者在幽州刘仁恭、汴州朱全忠之间进行调解，正赶上长时间下雨，朱全忠召回葛从周。

庚戌日（二十五日），昭宗李晔任命昭义留后孟迁为节度使。

甲寅日（二十九日），昭宗李晔任命西川节度使王建兼任东川、信武军（信武当作"武信"）两道的都指挥、制置等使。

八月，李嗣昭又败汴军于沙门河，进攻洺州。乙丑，朱全忠引兵救之，未至，嗣昭拔洺州，擒刺史朱绍宗。全忠命葛从周将兵击嗣昭。

宣州将康儒食尽，自清溪遁归。

九月，葛从周自邺县渡漳水，营于黄龙镇。朱全忠自将中军三万涉洺水置营。李嗣昭弃城走，从周设伏于青山口，邀击，大破之。

【译文】八月，李嗣昭又在沙门河将汴州的军队打败，进兵攻打洺州。乙丑日（初十），朱全忠率兵援救洺州，还没有抵达那里，李嗣昭已攻克了洺州，抓获洺州刺史朱绍宗。朱全忠命令葛从周率领军队进攻李嗣昭。

宣州将领康儒因为军粮已经吃光了，于是从清溪逃回宣州。

九月，葛从周从邺县渡过漳水，在黄龙镇扎营；朱全忠亲自率领中军三万人渡过洺水设置军营。李嗣昭放弃洺州城退走，葛从周在青山口设下埋伏，阻击他，大破他的军队。

崔胤以太保、门下侍郎、同平章事徐彦若位在己上，恶之。彦若亦自求引去。时藩镇皆为强臣所据，惟嗣薛王知柔在广州，乃求代之。乙巳，以彦若同平章事，充清海节度使。初，荆南节度成汭以澧、朗本其巡属，为雷满所据，屡求割隶荆南。朝廷不许，汭颇怨望。及彦若过荆南，汭置酒，从容以为言。彦若曰："令公位尊方面，自比桓、文，雷满小盗不能取，乃怨朝廷乎?"汭甚惭。

【译文】崔胤因为太保、门下侍郎、同平章事徐彦若的职位在自己之上，所以嫉恨他；徐彦若也自己请求引退辞官。当时各藩镇都被强臣据守，只有嗣薛王李知柔在广州担任清海节度使，于是徐彦若请求去替代李知柔。乙巳日（二十日），昭宗李晔任命徐彦若为同平章事，充任清海节度使。起初，荆南节度使成汭由于澧州、朗州本来是他的属地，被雷满占据，成汭多次要求把它分割出来归属荆南，朝廷都没有准许，成汭心中非常怨恨。等到徐彦若经过荆南的时候，成汭摆设酒席，渐渐地与徐彦若谈到这件事。徐彦若说："令公是一方长官，地位高贵，可以与齐桓公、晋文公相比，雷满只是一个小小的强盗罢了，您都不能攻克他，还要埋怨朝廷什么呢?"成汭听后，感到非常惭愧。

丙午，中书侍郎兼吏部尚书、同平章事崔远罢守本官，以刑部尚书裴贽为中书侍郎、同平章事。贽，坦之弟子也。

升桂管为静江军，以经略使刘士政为节度使。

朱全忠以王镕与李克用交通，移兵伐之，下临城，逾滹沱，攻镇州南门，焚其关城。全忠自至元氏，镕惧，遣判官周式诣全忠请和。全忠盛怒，谓式曰："仆屡以书谕王公，竟不之听! 今兵已至此。期于无舍!"式曰："镇州密迩太原，困于侵暴，四邻各自保，莫相救恤，王公与之连和，乃为百姓故也。今明公果能为人除害，则天下谁不听命，岂惟镇州! 明公为唐桓、文，当崇礼义以成霸业。若但穷威武，则镇州虽小，城坚食足，明公虽有十万之众，未易攻也！况王氏秉旄五代，时推忠孝，人人欲为之死，庸可冀乎！"全忠笑揽式袂，延之帐中，曰："与公戏耳！"乃遣客将开封刘捍入见镕，镕以其子节度副使昭祚及大将子弟为质，以文缯二十万犒军。全忠引还，以女妻昭祚。

【译文】丙午日（二十一日），中书侍郎兼吏部尚书、同平章事崔远被朝廷免去职务，保留本来的官职，任命刑部尚书裴贽为中书侍郎、同平章事。裴贽是裴坦弟弟的儿子。

朝廷把桂管升为静江军，任命经略使刘士政为节度使。

朱全忠因为王镕和李克用互相往来，于是率领军队去征讨王镕，攻克临城，越过滹沱河，进攻镇州南门，烧毁它的关卡、城墙。朱全忠亲自抵达元氏县，王镕惧怕了，派遣判官周式到朱全忠那里请求讲和。朱全忠非常气愤，告诉周式说："我多次送书信去劝导王公，他竟然全都不听！现在我率领军队已经到此，决不能放过镇州的一切！"周式说："镇州紧挨着太原，处在被侵犯损害的困境，四邻各求自保，都不相互救援谅解，而王公与李克用和好往来，是为了让百姓免受灾难。现在您如果能够为百姓除去祸害，那么天下人谁不听从您的命令，哪里只是一个镇州呢！您将成为唐代的齐桓公、晋文公，自然应该崇尚礼义，来完成称霸天下的大业；如果只是喜好武力用事，镇州虽然不大，但是城墙坚固，粮食充足，您虽然拥有十万军队，也不是很容易就可以攻取的啊！更何况王氏已经五代在这里执掌兵权，时人推崇他们为人忠孝，人人都愿为他们竭力效死，怎么可以图谋取得镇州呢？"朱全忠笑着拉着周式的衣袖，将他请进营帐之中，说："我和您开玩笑哩！"于是，朱全忠派遣客将开封人刘捍进入镇州城内拜见王镕，王镕把他的儿子节度副使王昭祚和大将子弟作为人质，用花绢二十万来犒劳朱全忠的军队。朱全忠率领军队返回，并将女儿嫁给王昭祚为妻。

成德判官张泽言于王镕曰："河东，劲敌也，今虽有朱氏之援，譬如火发于家，安能俟远水乎！彼幽、沧、易定。犹附河东，不若说朱公乘胜兼服之，使河北诸镇合而为一，则可以制河东矣。"镕复遣周式往说全忠。全忠喜，遣张存敬会魏博兵击刘仁恭，甲寅，拔瀛州；冬，十月，丙辰，拔景州，执刺史刘仁霸；辛酉，拔莫州。

【译文】成德判官张泽对王镕说："河东是强劲有力的对手，今天虽然有朱氏的援助，但是就好像家里着了火一样，怎么能够等待远方的水呢？幽州、沧州、易定还都依附河东，不如劝说朱公乘胜去吞并他们，让他们也归属朱公，这样河北各镇联合起来，就可以抗拒牵制河东了。"于是，王镕又派遣周式前去劝说朱全忠。朱全忠听后非常高兴，派遣张存敬联合魏博军队进攻刘仁恭。甲寅日（二十九日），张存敬等攻占了瀛州；冬季，十月，丙辰日（初二），攻克景州，活捉了景州刺史刘仁霸；辛酉日（初七），又攻取了莫州。

静江节度使刘士政闻马殷悉平岭北，大惧，遣副使陈可璠屯全义岭以备之。殷遣使修好于士政，可璠拒之。殷遣其将秦彦晖、李琼等将兵七千击士政。湖南军至全义，士政又遣指挥使王建武屯秦城。可璠掠县民耕牛以犒军，县民怨之，请为湖南乡导，曰："此西南有小径，距秦城才五十里，仅通单骑。"彦晖遣李琼将骑六十、步兵三百袭秦城，中宵，逾垣而入，擒王建武，比明，复还，绛之以练，造可璠壁下示之，可璠犹未之信。斩其首，投壁中，桂人震恐。琼因勒兵击之，擒可璠，降其将士二千，皆杀之。引兵趣桂州，自秦城以南二十馀壁皆望风奔溃，遂围桂州。数日，士政出降，桂、宜、岩、柳、象五州皆降于湖南。马殷以李琼为桂州刺史，未几，表为静江节度使。

【译文】静江节度使刘士政听说马殷将岭北都平定了，非常恐惧，派遣副使陈可璠率领军队驻扎在全义岭防备马殷进犯。马殷派遣使者向刘士政请求和解，陈可璠拒绝了他。于是，马殷派遣他的部将秦彦晖、李琼等率领七千士兵，前去征讨刘士政。马殷的湖南军队抵达全义岭，刘士政又派遣指挥使王建武在秦城驻守。陈可璠劫掠县中农民的耕牛来慰劳军中将士，县民很恨他，向秦彦晖请求担任湖南军队的向导，说："这里的西南方有一条小路，距离秦城才五十里罢了，仅仅能容一名骑兵经过，不能两名并排走。"秦彦晖便派遣李琼率领六十名骑兵、三百步兵前去偷袭秦城，半夜里越过城墙而入，捉住了王建武，等到天明又返回来，用布带将王建武绑起来，带到陈可璠的军营下给他看。陈可璠看见后还不相信那是王建武，李琼又下令砍下王建武的人头，扔到陈可璠的营垒之中，桂州军队一片震惊恐慌。李琼趁此机会率领士兵攻打桂州军队，抓住了陈可璠，他的部将、士兵两千人投降，都被杀了。接着，李琼率领士兵直奔桂州，从秦城以南的二十几个营垒，都望风逃散，于是进兵围攻桂州；过了几天，刘士政出来投降，桂、宜、岩、柳、象五个州都投降了湖南。马殷任命李琼为桂州刺史；没过多久，马殷又上表任命他为静江节度使。

张存敬攻刘仁恭，下二十城，将自瓦桥趣幽州，道泞不能进，乃引兵西攻易定，辛巳，拔祁州，杀刺史杨约。

癸未，以保义留后朱友谦为节度使。

【译文】张存敬攻打刘仁恭，攻占了二十座城，准备从瓦桥驿奔赴幽州，因为道路泥泞不能行进，于是率领军队向西攻打易州；辛巳日（二十七日），张存敬攻克了祁州，杀死刺史杨约。

癸未日（二十九日），朝廷任命保义留后朱友谦为保义节度使。

张存敬攻定州，义武节度使王郜遣后院都知兵马使王处直将兵数万拒之。处直请依城为栅，俟其师老而击之。孔目官梁汶曰："昔幽、镇兵三十万攻我，于时我军不满五千，一战败之。今存敬兵不过三万，我军十倍于昔，奈何示怯，欲依城自固乎！"郜乃遣处直逆战于沙河，易定兵大败，死者过半，馀众拥处直奔还。甲申，王郜弃城奔晋阳，军中推处直为留后。存敬进围定州，丙申，朱全忠至城下，处直登城呼曰："本道事朝廷尽忠，于公未尝相犯，何为见攻？"全忠曰："何故附河东？"对曰："吾兄与晋王同时立勋，封疆密迩，且婚姻也，修好往来，乃常理耳，请从兹改图。"全忠许之。乃归罪于梁汶而族之，以谢全忠，以缯帛十万犒师。全忠乃还，仍为处直表求节钺。处直，处存之母弟也。

刘仁恭遣其子守光将兵救定州，军于易水之上。全忠遣张存敬袭之，杀六万馀人。由是河北诸镇皆服于全忠。

【译文】张存敬进攻定州，义武节度使王郜派遣后院都知兵马使王处直率兵数万进行抵抗。王处直请求背依城墙修建栅栏，等到张存敬的军队疲惫倦怠时，再发起进攻。孔目官梁汶说："从前幽州、镇州的三十万军队进攻我军，当时我军不满五千人，可是一交战就打败了他们。现在，张存敬的士兵只不过三万人罢了，我们的军队比之前却超过十倍，为何要表现怯弱，想要凭借城墙来求得固守呢？"王郜于是派遣王处直在沙河迎战敌军,结果易定的士兵大败,死掉的士兵超过了一大半,剩下的部众簇拥着王处直逃回来。甲申日(三十日),王郜放弃守城逃往晋阳,军中推举王处直为留后。张存敬进兵围攻定州。丙申日(十月无此日),朱全忠抵达城下;王处直登上城墙,大声喊道:"本道侍奉朝廷最是忠诚顺从,对于您也未曾背叛、进犯,为何要进攻我们呢?"朱全忠说:"依附河东是因为什么?"王处直回答说:"我哥哥与晋王一起讨平黄巢建立功业,辖地疆界临近,并且是儿女亲家,谋求交好,相互来往,是人之常情;请从此以后改变这种关系。"于是,朱全忠答应与他和好。接着,王处直把罪责推在梁汶身上并斩杀他的全族,用来向朱全忠谢罪,又拿出绢帛十万犒劳朱全忠的军队;朱全忠这才率军返回,仍然替王处直呈递奏表,向朝廷请求旌节和斧钺。王处直是王处存同母的弟弟。

刘仁恭派遣他的儿子刘守光率领士兵援救定州,在易水之上驻扎军队;朱全忠派遣张存敬袭击他们,杀死六万多人。因此河北各镇都归顺了朱全忠。

先是王郜告急于河东,李克用遣李嗣昭将步骑三万下太行,攻怀州,拔之,进攻河阳。河阳留后侯言不意其至,狼狈失据,嗣昭坏其羊马城。会佑国军将阎宝引兵救之,力战于壕外,河东兵乃退。宝,郓州人也。

初,崔胤与上密谋尽诛宦官,及朱道弼、景务修死,宦官益惧。上自华州还,忽忽不乐,多纵酒,喜怒不常,左右尤自危。于是,左军中尉刘季述、右宫中尉王仲先、枢密使王彦范、薛齐偓等阴相与谋曰:"主上轻佻多变诈,难奉事;专听任南司,吾辈终罹其祸。不若奉太子立之,尊主上为太上皇,引岐、华兵为援,控制诸藩，谁能害我哉！"

【译文】之前，王郜向河东告急，李克用派遣李嗣昭率领步兵、骑兵三万军队，直接奔赴太行，攻打并占领怀州，进而攻打河阳。河阳留后侯言没想到河东军队突然抵达，狼狈不堪，进退失据，李嗣昭毁坏了河阳城外的羊马城。正赶上佑国军将领阎宝率领军队赶来援救，在壕堑外竭尽全力作战，河东军队才撤退了。阎宝是郓州人。

起初，崔胤和昭宗李晔偷偷谋划把宦官全部杀掉，等到朱道弼、景务修死后，宦官们更加惧怕了。昭宗从华州回来，一直精神恍惚，抑郁不乐，常常纵情饮酒，喜怒无常，左右的人更加害怕。于是，左军中尉刘季述、右军中尉王仲先、枢密使王彦范、薛齐偓等暗中商议说："陛下轻浮浅薄，多变奸诈，很难侍奉；并且凡事专听任宰相去处理，我等最终要遭受他的残害。不如服侍太子，立其为皇帝，尊称皇上为太上皇，招引岐州、华州的军队作为外援，控制各藩镇，这样还有谁能残害我们呢？"

十一月，上猎苑中，因置酒，夜，醉归，手杀黄门、侍女数人。明旦，日加辰巳，宫门不开。季述诣中书白崔胤曰："宫中必有变，我内臣也，得以便宜从事，请入视之。"乃帅禁兵千人破门而入，访问，具得其状。出，谓胤曰："主上所为如是，岂可理天下！废昏立明，自古有之，为社稷大计，非不顺也。"胤畏死，不敢违。庚寅，季述召百官，陈兵殿庭，作胤等连名状，请太子监国，以示之，使署名。胤及百官不得已皆署之。上在乞巧楼，季述、仲先伏将士千人于门外，与宣武进奏官程岩等十馀人入请对。季述、仲先甫登殿，将士大呼，突入宣化门，至思政殿前，逢宫人，辄杀之。上见兵入，惊堕床下，起，将走，季述、仲先掖之令坐。宫人走白皇后，后趋至，拜请曰："军容勿惊宅家，有事取军容商量。"季述等乃出百官状白上，曰："陛下厌倦大宝，中外群情，愿太子监国，请陛下保颐东宫。"上曰："昨与卿曹乐饮，不觉太过，何至于是！"对曰："此非臣等所为，皆南司众情，不可遏也。愿陛下且之东宫，待事小定，复迎归大内耳。"后曰："宅家趣依军容语！"即取传国宝以授季述，宦官扶上与后同辇，嫔御侍从者才十馀人，适少阳院。季述以银槌画地数上曰："某时某事，汝不从我言，其罪一也。"如此数十不止。乃手锁其门，熔铁锢之，遣左军副使李师虔将兵围之，上动静辄白季述，穴墙以通饮食，凡兵器针刀皆不得入，上求钱帛俱不得，求纸笔亦不与。时大寒，嫔御公主无衣衾，号哭闻于外。季述等矫诏令太子监国，迎太子入宫。辛卯，矫诏令太子嗣位，更名缜。以上为太上皇，皇后为太上皇后。甲午，太子即皇帝位，更名少阳院曰问安宫。

【译文】 十一月，昭宗李晔到禁苑中打猎，顺便设置酒宴，到了晚上，醉醺醺地返回，亲手杀死好几个宦官、侍女。第二天早晨，已经到辰时、巳时了，宫门仍然没有打开。刘季述到中书省禀告崔胤说："宫里一定有什么变故，我们是朝廷的臣子，必须权宜从事，请进入宫内看个究竟吧！"于是率领朝廷的禁兵千人破门而入，查访探问后，了解了详细的情况。走出宫后，刘季述对崔胤说："陛下像这样做事，怎么可以治理国家！废黜昏君，册立明主，自古如此，为了国家大计，这样做不是叛乱。"崔胤惧怕被杀死，不敢违抗他们的决定。庚寅日（初六），刘季述召集文武百官，在宫殿庭院部署军队，起草崔胤等请太子代管国事的联名状，展示给文武官员观看，让他们签上名字。崔胤及文武百官逼不得已，都签了自己的名字。昭宗李晔在乞巧楼，刘季述、王仲先在宣化门外埋伏武装士兵千人，跟宣武进奏官程岩等十几个人进入宫殿中请求奏对。刘季述、王仲先刚刚登上宫殿，将领、士卒们大声喊叫，突然冲入宣化门，到了思政殿的前面，见到宫里的人，就杀死他们。昭宗看到军队进来，在震惊中掉到床下，爬起来，想逃走躲藏；刘季述、王仲先架住昭宗，要他坐好。宫里的人跑去禀告皇后，皇后赶过来，对刘季述等人拜请说："军容使不要惊吓了天子，有事情听你们商量就是了。"刘季述等人于是拿出文武百官的联名状，向昭宗禀告说："陛下对帝位厌倦了，朝廷内外希望太子监理国事，请陛下在东宫颐养天年。"昭宗说："昨天与卿等玩乐宴饮，不觉喝得太多了。怎么竟然弄到这种地步！"刘季述等回答说："这联名状不是我等拟定的，都是南司百官的意见，无法阻止啊！请陛下暂且前往东宫，等到事情稍微安定下来，再迎陛下回到皇宫。"皇后说："陛下快听军容使的话吧！"昭宗立即拿出传国玉玺交给刘季述；宦官扶着昭宗和皇后同乘一部辇车，宫中侍女跟从昭宗去的才十几个人，前往少阳院。刘季述拿着银挝在地上指画，指责昭宗说："某月某日某一件事，你没有听我的话，这是你的第一件罪状。"如此责备、数落昭宗，一直算到几十件仍然没有停止。接着，他亲手锁上少阳院的大门，熔化铁锁来监禁他们，派遣左军副使李师虔率领士兵包围少阳院，昭宗一有什么动静，就赶紧去禀告刘季述，在围墙上凿了个洞，饭菜就从这里送进去。凡是兵器针刀都不能带入，昭宗要些钱帛都不行，要些纸笔也不会给他。当时天气十分寒冷，嫔御公主都没有衣被，哭号之声传到墙外。刘季述等假传昭宗的诏书，令太子监管国事，迎太子进宫。辛卯日（初七），刘季述等又假传昭宗的诏书，诏令太子继承皇位，更改名字为李缜。于是，以昭宗李晔为太上皇，何皇后为太上皇后。甲午日（初十），太子即皇帝位，把少阳院改名为问安宫。

季述加百官爵秩，与将士皆受优赏，欲以求媚于众。杀睦王倚，凡宫人、左右、方士、僧、道为上所宠信者，皆榜杀之。每夜杀人，昼以十车载尸出，一车或止一两尸，欲以立威。将杀司天监胡秀林，秀林曰："军容幽囚君父，更欲多杀无辜乎！"季述惮其言正而止。季述等欲杀崔胤，而惮朱全忠，但解其度支监督铁转运使而已。崔胤密致书全忠，使兴兵图返正。

左仆射致仕张濬在长水，见张全义于洛阳，劝之匡复，又与诸藩镇书劝之。

【译文】 刘季述加封百官们的爵位和俸禄，所有的将士都受到优厚的封赏，想要以此来取悦众人的欢心。杀死睦王李倚，凡被昭宗李晔宠信的宫人、侍臣、方士、僧侣、道人等，都用木棍打死。每夜杀死的人，白天用十辆车装着尸体运送出去，一车有时只有一两具尸体，想要以此来树立威势。刘季述等想要杀死司天监胡秀林，胡秀林说："军容使囚禁皇上，还想要滥杀无辜吗！"刘季述忌惮他的话刚正不阿，没有杀他。刘季述想要杀崔胤，但惧怕朱全忠，于是只解除了崔胤的度支盐铁转运使罢了。崔胤秘密写信给朱全忠，要他起兵谋求昭宗复位。

以左仆射辞官归隐的张濬，住在长水，在洛阳拜见张全义，劝他匡复昭宗皇位；另外又写信给各藩镇劝说他们。

进士无棣李愚客游华州，上韩建书，略曰："仆每读书，见君臣父子之际，有伤教害义者，恨不得肆之市朝。明公居近关重镇，君父幽辱月馀，坐视凶逆而忘勤王之举，仆所未谕也。仆窃计中朝辅弼，虽有志而无权；外镇诸侯，虽有权而无志。惟明公忠义，社稷是依。往年车辂播迁，号泣奉迎，累岁供馈，再复庙、朝，义感人心，至今歌咏。此时事势，尤异前日，明公地处要冲，位兼将相。自宫闱变故，已涉旬时，若不号令率先以图反正，迟疑未决，一朝山东侯伯唱义连衡，彭行而西，明公求欲自安，其可得乎！此必然之势也。不如驰檄四方，谕以逆顺，军声一振，则元凶破胆，旬浃之间，二竖之首传于天下，计无便于此者。"建虽不能用，厚待之，愚坚辞而去。

【译文】 进士无棣人李愚寄居华州，给韩建呈上书表，大意说："我每次读书时，看见父子君臣之间，有损伤教化礼义的，恨不得将他杀死并在集市上陈尸。韩公守卫临近潼关的重镇，皇上被幽禁遭受屈辱一月有余，坐视恶人叛乱而不出兵援救王室，我实在无法理解这件事。我私下考虑，朝中的辅佐之臣，虽然有远大志向，却没有实际的大权；京外的藩镇强臣，虽然有实际的大权，却没有远大志向。只有韩公是忠贞仁义之士，是国家的支柱。以前，天子流离失所，您悲号哭泣，迎接皇上，好几年供应吃穿用度，再度恢复宗庙、朝廷，您的大义感动人心，到现在大家仍在颂扬此事。现在的形势，尤其与往日情形大不同：您处在要位重镇，兼有节度使、宰相的职位。自从宫中发生变故以来，已经过了十天，如果再不发号施令，率领士兵，首先谋划，让天子复位，仍然犹疑不决，一旦山东的藩镇诸侯倡议联合，发兵西进，韩公想要求得自己平安，难道能够做到吗！这是必然的形势。不如迅速传檄四方，让他们明白逆顺之别，这样，军队声威大振，首恶吓得丧胆，十天左右，刘季述、王仲先两个内宫小臣的脑袋将传送于天下，没有比这更为便利的计谋了。"韩建虽然没有采用他的建议，却很优厚地招待他。李愚坚决推辞离去。

朱全忠在定州行营,闻乱,丁未,南还。十二月,戊辰,至大梁。季述遣养子希度诣全忠,许以唐社稷输之;又遣供奉官李奉本以太上皇诰示全忠。全忠犹豫未决,会僚佐议之,或曰:"朝廷大事,非藩镇所宜预知。"天平节度副使李振独曰:"王室有难,此霸者之资也。今公为唐桓、文,安危所属。季述一宦竖耳,乃敢囚废天子,公不能讨,何以复令诸侯!且幼主位定,则天下之权尽归宦官矣,是以太阿之柄授人也。"全忠大悟,即囚希度、奉本,遣振如京师诇事。即还,又遣亲吏蒋玄晖如京师,与崔胤谋之;又召程岩赴大梁。李振返回大梁以后,朱全忠又派遣亲吏蒋玄晖到达京师,与崔胤密谋筹划,又召宣武进奏官程岩奔赴大梁。

【译文】朱全忠在定州巡视军营,得知宫中叛乱,丁未日(二十三日),南下返回;十二月,戊辰日(十四日),抵达大梁。刘季述派遣义子刘希度到朱全忠那里,答应把大唐社稷献给他;又派供奉官李奉本拿着太上皇昭宗李晔的诰命给朱全忠看。朱全忠犹豫不决,召集僚佐商议,有的说:"朝廷大事,不是藩镇应该干预的事。"只有天平节度副使李振说:"王室有难,这正是成就霸业的资本!今天您是唐代的齐桓公、晋文公,国家安危所托付的人。刘季述只不过是一个宦官小子而已,竟然胆敢拘禁、废除天子,您不能去征讨他,如何再号令诸侯呢?并且幼主的帝位如果确定的话,那么天下的大权全部落到宦官之手了,这是把太阿宝剑的剑柄交给他们啊!"朱全忠猛然醒悟,立即把刘希度、李奉本囚禁,派李振到京师去查探情况。

清海节度使薛王知柔薨。

是岁,加杨行密兼侍中。

睦州刺史陈晟卒,弟询自称刺史。

太子即位累旬，藩镇笺表多不至。王仲先性苛察，素知左、右军多积弊，及为中尉，钩校军中钱谷，得隐没为奸者，痛捶之，急征所负，将士颇不安。有盐州雄毅军使孙德昭为左神策指挥使，自刘季述等废立，常愤惋不平。崔胤闻之，遣判官石戬与之游。德昭每酒酣必泣，戬知其诚，乃密以胤意说之曰："自上皇幽闭，中外大臣至于行间士卒，孰不切齿！今反者独季述、仲先耳，公诚能诛此二人，迎上皇复位，则富贵穷一时，忠义流千古；苟狐疑不决，则功落他人之手矣！"德昭谢曰："德昭小校，国家大事，安敢专之！苟相公有命，不敢爱死！"戬以白胤。胤割衣带，手书以授之。德昭复结右军清远都将董彦弼、周承诲，谋以除夜伏兵安福门外以俟之。

资治通鉴

【译文】清海节度使薛王李知柔去世。

这一年，昭宗李晔加封杨行密兼任侍中。

睦州刺史陈晟去世，他的弟弟陈询自称为刺史。

太子即位已有几十天了，各藩镇按惯例应该报送的笺表大多没有送到。右军中尉王仲先性情苛刻，一向知道左右军积聚的弊端很多，等到担任中尉后，查考核实军中的钱谷，查找到隐匿吞没作奸的人，痛加鞭打，紧急征讨他们所贪占的钱谷；将士心里很不安。有盐州雄毅军使孙德昭，担任左神策指挥使，自刘季述废黜昭宗李晔、强立太子之后，经常愤恨不平。崔胤听到这些之后，派遣判官石戬与他交往。孙德昭每次在酒酣耳热的时候，一定会感伤落泪，石戬知道他忠诚，于是偷偷把崔胤的心思告诉他，说："自从陛下被幽禁以来，上自朝廷内外的大臣，下至军队的士卒，哪一个不咬牙切齿呢！现在，造反的人只有刘季述和王仲先而已，您如果真能杀掉这两人，迎接太上皇复位，那么荣华富贵可以在这时尽情享用，而忠肝义胆的行为又足以传颂千古；如果迟疑不决的话，那么功劳就会落在别人的手中了。"孙德昭叩谢说："德昭只不过是个小军官，国家大事，怎么敢擅自做主呢！假如相公有令，德昭万死不辞。"石戬把孙德昭的情况禀报了崔胤。崔胤割下衣带，然后亲笔书写命令，交给孙德昭。孙德昭又结交右军清远都将董彦弼、周承诲，商量如何在除夕夜里埋伏军队在安福门外，以等待时机行事。

天复元年（辛酉，公元九〇一年）春，正月，乙酉朔，王仲先入朝，至安福门，孙德昭擒斩之，驰诣少阳院，叩门呼曰："逆贼已诛，请陛下出劳将士。"何后不信，曰："果尔，以其首来！"德昭献其首，上乃与后毁扉而出。崔胤迎上御长乐门楼，帅百官称贺。周承诲擒刘季述、王彦范继至，方诘责，已为乱梃所毙。薛齐偓赴井死，出而斩之。灭四人之族，并诛其党二十馀人。宦官奉太子匿于左军，献传国宝。上曰："裕幼弱，为凶竖所立，非其罪也。"命还东宫，黜为德王，复名裕。丙戌，以孙德昭同平章事，充静海节度使，赐姓名李继昭。

【译文】天复元年（辛酉，公元901年，是年四月方改年号为天复）春季，正月，乙酉朔日（初二，朔日为甲申日），王仲先入宫朝见，抵达安福门，孙德昭把他抓住，杀死了他，随即快马前往少阳院，敲门大喊道："叛逆的贼寇已经被杀死了，请陛下出来犒劳将士们吧！"何后不相信这些话，说："如果真的像你说的这样，拿他的首级来！"孙德昭献上王仲先的首级，昭宗和皇后才破门出来。崔胤迎接昭宗前往长乐门楼，率领百官来庆贺。周承诲抓住刘季述、王彦范随后到达，昭宗李晔刚要斥责他们的谋逆罪行，他们已经被乱棍打死。薛齐偓投井而死，被捞出来斩了首级。诛杀王仲先、刘季述、王彦范、薛齐四人的宗族，并把他们的党羽二十余人处死。宦官侍奉太子藏在左军中，把传国宝玺进献出来。昭宗说："李裕年幼怯懦，被凶恶小人拥立为皇帝，这不是他的过错。"昭宗诏令李裕返回东宫，贬黜他为德王，恢复名字为裕。丙戌日（初三），昭宗任命孙德昭为同平章事，充任静海节度使，赐给他姓名为李继昭。

【申涵煜评】天子幽囚，神人共怒。诸镇各拥重兵，不闻有勤王之旅，乃使大功出于一军校。岂当时遂无智者哉，李愚尝言之于同华，如不听何，而汴人已勃勃欲动矣。

【译文】天子被囚禁，神人都共同愤怒。诸镇各拥重兵，没听说有勤王的军队，使得大功出自一个军校。难道当时就没有智慧的人吗？李愚曾经向同华节度使进言，不听有什么用呢？而此时汴州的人已经蠢蠢欲动了。

丁亥，崔胤进位司徒，胤固辞。上宠待胤益厚。

己丑，朱全忠闻刘季述等诛，折程岩足，械送京师，并刘希度、李奉本等皆斩于都市，由是益重李振。

庚寅，以周承诲为岭南西道节度使，赐姓名李继诲，董彦弼为宁远节度，赐姓李，并同平章事；与李继昭俱留宿卫，十日乃出还家，赏赐倾府库，时人谓之"三使相"。

癸巳，进朱全忠爵东平王。

【译文】丁亥日（初四），崔胤进位为司徒，崔胤坚决推辞；昭宗李晔对他更加宠信。

己丑日（初六），朱全忠听说刘季述等人已经被杀死了，便折断程岩的双脚，给他戴上刑具，押送到京师；连同刘希度、李奉本等人，都在闹市上被处死，朱全忠因此越发看重李振。

庚寅日(初七)，昭宗李晔任命周承诲为岭南西道节度使，赐给他姓名为李继诲，任命董彦弼为宁远节度使，赐姓李，都为同平章事；这两人和李继昭都留在宫中守卫，十天后才出宫回家一次，昭宗倾尽府库中的财物赏赐给他们，时人称他们为"三使相"。

癸巳日(初十)，昭宗李晔进封朱全忠的爵位为东平王。

丙午，敕："近年宰臣延英奏事，枢密使侍侧，争论纷然；既出，又称上旨未允，复有改易，桡权乱政。自今并依大中旧制，俟宰臣奏事毕，方得升殿承受公事。"赐两军副使李师虔、徐彦孙自尽，皆刘季述之党也。

凤翔、彰义节度使李茂贞来朝；加茂贞守尚书令，兼侍中，进爵歧王。

【译文】丙午日(二十三日)，昭宗李晔敕令说："近年以来，宰相在延英殿里奏事，枢密使在旁侍立，争论不停；出来后，又说皇上的旨意还没有准许，又有更改变动，篡权乱政。自此以后，按照大中年间的惯例，等到宰相奏事结束，枢密使才能进殿接受公事。"赐左右两军的副使李师虔、徐彦孙自尽，他们都是刘季述的党羽。

凤翔、彰义节度使李茂贞来朝见昭宗李晔；昭宗加封李茂贞守尚书令，兼任侍中，进爵位为歧王。

刘季述、王仲先既死，崔胤、陆扆上言："祸乱之兴，皆由中官典兵。乞令胤主左军，扆主右军，则诸侯不敢侵陵，王室尊矣。"上犹豫两日未决。李茂贞闻之，怒曰："崔胤夺军权未得，已欲翦灭诸侯！"上召李继昭、李继诲、李彦弼谋之，皆曰："臣等累世在军中，未闻书生为军主；若属南司，必多所变更，不若归之北司为便。"上乃谓胤、扆曰："将士意不欲属文臣，卿曹勿坚求。"于是，以枢密使韩全诲、凤翔监军使张彦弘为左、右中尉。全诲亦前凤翔监军也。又征前枢密使致仕严遵美为两军中尉、观军容处置使。遵美曰："一军犹不可为，况两军乎！"固辞不起。以袁易简、周敬容为枢密使。

【译文】刘季述、王仲先死后，崔胤、陆扆对昭宗李晔说："叛乱的兴起，都是由于宦官掌管兵权的缘故。请命令崔胤掌管左军，陆扆掌管右军，那么藩镇诸侯就不敢侵犯欺辱，王室自然就受到尊崇啦！"昭宗犹豫了两天，没有做出决定。李茂贞听说这件事后，非常生气地说："崔胤还没有没有得到军权，已经想要剿灭藩镇了！"昭宗召集李继昭、李继诲、李彦弼商议，都说："我等数代在军队中任职，没有听说过书生担任军队将帅的事情，如果把军队归属南司，一定会有很多改变，不如把军队归北司掌管，这样较为便利。"昭宗于是告诉崔胤、陆扆说："将士们的意思是不希望归属文臣，你们就不要竭力强求了吧！"于是昭宗李晔任命枢密使韩全诲、凤翔监军使张彦弘为左右军的中尉。韩全诲也是之前的凤翔监军。此外，又征调以前以枢密使辞官归隐的严遵美为两军中尉、观军容处置使。严遵美说："一军尚且不能管理，更何况是两军呢！"坚决辞谢不肯出任。朝廷任命袁易简、周敬容为枢密使。

李茂贞辞还镇。崔胤以宦官典兵，终为肘腋之患，欲以外兵制之，讽茂贞留兵三千于京师，充宿卫，以茂贞假子继筠将之。左谏议大夫万年韩偓以为不可，胤曰："兵自不肯去，非留之也。"偓曰："始者何为召之邪？"胤无以应。偓曰："留此兵则家国两危，不留则家国两安。"胤不从。

【译文】李茂贞辞别昭宗李晔，返回镇所。崔胤认为宦官掌握兵权，终究会成为祸患，想要用藩镇的军队来牵制他们，于是暗中示意李茂贞在京师留下三千名士兵，充任宿卫，派李茂贞的义子李继筠来率领他们。左谏议大夫万年人韩偓认为不合适，崔胤说："士兵自己不肯回去，不是我强留他们。"韩偓说："开始为什么召李茂贞前来京师呢？"崔胤无法回答。韩偓说："把这些士兵留下来，对于家、国两方面都是很危险的；不留下他们对家、国都很安全。"崔胤还是不听从他的建议。

朱全忠既服河北，欲先取河中以制河东。己亥，召诸将谓曰："王珂驽材，恃太原自骄汰。吾今断长蛇之腰，诸君为我以一绳缚之。"庚子，遣张存敬将兵三万自泝水度河出舍山路以袭之，全忠以中军继其后。戊申，存敬至绛州。晋、绛不意其至，皆无守备，庚戌，绛州刺史陶建钊降之；壬子，晋州刺史张汉瑜降之。全忠遣其将侯言守晋州，何絪守绛州，屯兵二万以扼河东援兵之路。朝廷恐全忠西入关，急赐诏和解之；全忠不从。

【译文】朱全忠让河北臣服以后，打算先攻取河中来掌控河东，己亥日（十五日），召集属下诸将说："王珂是个才能平庸之辈，仰赖太原李克用是他岳丈，骄纵豪奢。我现在准备攻打河中，砍断长蛇的腰，诸位替我用一根绳索把它绑起来吧！"庚子日（十六日），朱全忠派遣张存敬率领三万大军，从泝水渡过黄河，从含山路进发攻打河中，朱全忠统率中军紧随其后。戊申日（二十五日），张存敬到达绛州。晋州、绛州没料到他们会突然到来，都没有防守戒备。庚戌日（二十七日），绛州刺史陶建钊投降；壬子日（二十九日），晋州刺史张汉瑜也投降了朱全忠。朱全忠派遣他的部将侯言防守晋州，何绹防守绛州，屯驻两万士兵用来控制河东援军的通道。朝廷惧怕朱全忠向西攻入关中，紧急颁下诏书要他们和解；但是朱全忠不听诏命。

珂遣间使告急于李克用，道路相继，克用以汴人先据晋、绛，兵不得进。珂妻遗克用书曰："儿旦暮为俘虏，大人何忍不救！"克用报曰："今贼兵塞晋、绛，众寡不敌，进则与汝两亡，不若与王郎举族归朝。"珂又遗李茂贞书，言："天子新返正，诏藩镇无得相攻，同奖王室。今诸公不顾诏命，首兴兵相加，其心可见。河中若亡，则同华、邠、岐俱不自保。天子神器拱手授人，其势必然矣。公宜亟帅关中诸镇兵，固守潼关，赴救河中。仆自知不武，愿于公西偏授一小镇，此地请公有之。关中安危，国祚修短，系公此举，愿审思之！"茂贞素无远图，不报。

【译文】王珂派遣使者由小路去向李克用告急，先后派出的使者在道路上接连不断，李克用因为汴州的士兵先攻占了晋州、绛州，因此军队没有办法行进。王珂的妻子李氏送信给李克用说："女儿很快就要成为俘虏了，父亲大人哪能不来援救呢！"李克用回信说："如今贼兵已经堵塞晋州、绛州，我军寡不敌众，行进的话就要与你一同被抓，不如你与王郎率领全族回归朝廷！"王珂又写信给李茂贞，说："天子刚刚复位，诏命各藩镇不要相互进攻，共同来辅佐王室。现在朱公不顾诏命，率先起兵来征讨我，他的意图是可以明白的了。河中如果被消灭，那么同州、华州、邠州、岐州都无法自求保全了。这样，天子的权力拱手送给朱全忠，就是肯定的了。您应当快速率领关中各藩镇的军队，坚决防守潼关，前来救援河中。在下自知不够英勇，情愿在您的西边得到一个小镇居住，此地希望归你管辖。关中的安危、国运的长短，全依赖您此举了，希望仔细考虑！"李茂贞素来没有长远的谋划，没有答应他的请求。

二月，甲寅朔，河东将李嗣昭攻泽州，拔之。

乙卯，张存敬引兵发晋州；己未，至河中，遂围之。王珂势穷，将奔京师，而人心离贰，会浮梁坏，流渐塞河，舟行甚难，珂挈其族数百人欲夜登舟，亲谕守城者，皆不应。牙将刘训曰："今人情扰扰，若夜出涉河，必争舟纷乱，一夫作难，事不可知。不若且送款存敬，徐图向背。"珂从之。壬戌，珂植白幡于城隅，遣使以牌印请降于存敬。存敬请开城，珂曰："吾于朱公有家世事分，请公退舍，俟朱公至，吾自以城授之。"存敬从之，且使走白全忠。

乙丑，全忠至洛阳，闻之喜，驰往赴之。戊辰，至虞乡，先哭于重荣之墓，尽哀；河中人皆悦。珂欲面缚牵羊出迎，全忠遽使止之曰："太师舅之恩何可忘！若郎君如此，使仆异日何以见舅于九泉！"乃以常礼出迎，握手歔欷，联辔入城。全忠表张存敬为护国军留后，王珂举族迁于大梁。其后全忠遣珂入朝，遣人杀之于华州。全忠闻张夫人疾亟，遽自河中东归。

李克用遣使以重币请修好于全忠；全忠虽遣使报之，而忿其书辞蹇傲，决欲攻之。

【译文】二月，甲寅朔日（初一），河东的部将李嗣昭进攻泽州，把它占领了。

乙卯日（初二），张存敬率领军队从晋州出发；己未日（初六），到达河中，于是包围了河中。王珂处境很危险，打算逃往京师，但是军心离散，正巧浮桥又毁坏了，流水堵塞了黄河，行船特别困难。王珂携带亲族几百人，想要连夜上船渡河逃跑，亲自告诉守城的将士，他们都没有答应此事。牙将刘训说："现在军心骚动，如果我们在夜里出城渡河的话，将士一定争抢着上船，必然会出现一片混乱的局面，如果其中有作乱之人的话，事情就难以估计了。不如暂且向张存敬投降，再慢慢考虑顺从还是抵抗。"王珂听从了他的建议。壬戌日（初九），王珂在城角竖起白旗，派遣使者拿着牌印向张存敬请求投降。张存敬要求打开城门，王珂说："我与朱公有亲谊情分，请您暂且退到一旁，等到朱公前来，我自然会把守城交给他的。"张存敬听从了他的要求并且派遣使者跑去向朱全忠禀告。

资治通鉴

乙丑日（十二日），朱全忠抵达洛阳，听到了这一消息以后非常高兴，骑着马飞驰奔赴河中；戊辰日（十五日），到了虞乡，朱全忠先到王珂父亲王重荣的墓前哭祭，特别哀伤，河中人见此情景都很高兴。王珂想要反绑双手牵羊出城迎接，朱全忠连忙派人阻止他，说："太师舅父的恩情如何能忘！公子您这样做，让我日后在九泉之下怎么拜见舅父呢？"于是，王珂用一般的礼节出来迎接朱全忠。两人双手紧握，悲伤叹气，然后马挨着马进入城中。朱全忠向朝廷上表，任命张存敬为护国军留后，让王珂全族人迁往大梁；后来朱全忠派遣王珂进京朝见，又派人在华州把他杀死了。朱全忠听到张夫人病得很严重，急忙从河中东归汴州。

李克用派遣使者，拿了很丰厚的财货向朱全忠请求重新和好；朱全忠虽然派遣使者答复了他，但是因为他的书信里词语很傲慢无礼，所以决定去进攻他。

以翰林学士、户部侍郎王溥为中书侍郎、同平章事。以吏部侍郎裴枢为户部侍郎、同平章事。溥，正雅之从孙也，常在崔胤幕府，故胤引之。

赠谥故睦王倚曰恭哀太子。

加幽州节度使刘仁恭、魏博节度使罗绍威并兼侍中。

【译文】 昭宗李晔任命翰林学士、户部侍郎王溥为中书侍郎、同平章事。任命吏部侍郎裴枢为户部侍郎、同半章事。王溥是王正雅的从孙，经常出入崔胤的幕府，因此崔胤推荐他。

朝廷给被宦官杀害的睦王李倚追赠谥号，称为恭哀太子。

朝廷加封幽州节度使刘仁恭、魏博节度使罗绍威都兼任侍中。

三月，癸未朔，朱全忠至大梁。癸卯，遣氏叔琮等将兵五万攻李克用，入自太行，魏博都将张文恭入自磁州新口，葛从周以兖、郓兵会成德兵入自土门，洺州刺史张归厚入自马岭，义武节度使王处直入自飞狐，权知晋州侯言以慈、隰、晋、绛兵入自阴地。叔琮入天井关，进军昂车。辛亥，沁州刺史蔡训以城降。河东都将盖璋诣侯言降，即令权知沁州。壬子，叔琮拔泽州，刺史李存璋弃城走。叔琮进攻潞州，昭义节度使孟迁降之。河东屯将李审建、王周将步军一万、骑二千诣督琮降。叔琮进趣晋阳。夏，四月，乙卯，叔琮出石会关，营于洞涡驿。张归厚引兵至辽州，丁巳，辽州刺史张鄂降。别将白奉国会成德兵自井陉入，己未，拔承天军，与叔琮烽火相应。

【译文】 三月，癸未朔日（初一），朱全忠抵达大梁。癸卯日（二十一日），派遣氏叔琮等人率领士兵五万进攻李克用，从太行进军，魏博都将张文恭从磁州的新口进发，葛从周率领兖州、郓州的士兵联合成德的军队从土门进军，洺州刺史张归厚从马岭进军，义武节度使王处直从飞狐进军，代理晋州刺史的侯言率领慈州、隰州、晋州、绛州的士兵从阴地进军。氏叔琮进入天井关后，进军昂车关。辛亥日（二十九日），沁州刺史蔡训以守城投降。河东都将盖璋到侯言那里投降，侯言立即任命他暂时代理沁州刺史。壬子日（三十日），氏叔琮攻取了泽州，刺史李存璋放弃守城逃走。氏叔琮又进攻潞州，昭义节度使孟迁投降。河东驻军将领李审建、王周率领一万步军、二千骑兵向氏叔琮投降，氏叔琮率领大军进发晋阳。夏季，四月，乙卯日（初三），氏叔琮率军出石会关，在洞涡驿安营扎寨。刺史张归厚率领军队抵达辽州，丁巳日（初五），辽州刺史张鄂投降。别将白奉国联合成德军队自井陉进入，己未日（初七），攻克承天军，与氏叔琮的军队点燃烽火遥相呼应。

甲戌，上谒太庙。丁丑，赦天下，改元。雪王涯等十七家。

初，杨复恭为中尉，借度支卖曲之利一年以赡两军，自是不肯复归。至是，崔胤草赦，欲抑宦官，听酤者自造曲，但月输榷酤钱。两军先所造曲，趣令减价卖之，过七月无得复卖。

东川节度使王宗涤以疾求代，王建表马步使王宗裕为留后。

【译文】甲戌日（二十二日），昭宗李晔到太庙拜谒；丁丑日（二十五日），昭宗下诏大赦天下，改年号为天复。朝廷为文宗李昂时被杀的王涯等十七家平反昭雪。

起初，杨复恭担任中尉的时候，凭借度支的官职，把卖酒曲一年所获的利润拿来供养左右两神策军，从此以后，就不愿意把度支专卖的权利归还。到这时，崔胤起草赦免文书，想要裁减抑制宦官，任凭卖酒人自己酿造酒曲，只是每月缴纳卖酒税；

左右两军之前所酿造的酒曲,催促他们减价卖掉,过了七月就不能再卖了。

东川节度使王宗涤因为身体有疾病,请求派人替代他;王建向朝廷上表,请求任命马步使王宗裕为东川留后。

氏叔琮等引兵抵晋阳城下, 数挑战, 城中大恐。李克用登城备御, 不遑饮食。时大雨积旬, 城多颓坏, 随加完补。河东将李嗣昭、李嗣源凿暗门, 夜出攻汴垒, 屡有杀获。李存进败汴军于洞涡。时汴军既众, 刍粮不给, 久雨, 士卒疟利, 全忠乃召兵还。五月, 叔琮等自石会关归, 诸道军亦退。河东将周德威、李嗣昭以精骑五千蹑之, 杀获甚众。先是, 汾州刺史李瑭举州附于汴军, 克用遣其将李存审攻之, 三日而拔, 执瑭, 斩之。氏叔琮过上党, 孟迁挈族随之南徙。朱全忠遣丁会代守潞州。

【译文】 氏叔琮等人率领军队抵达晋阳城下,多次挑战,城里的人非常恐惧。李克用登上城墙准备防御,连吃饭、喝水的时间都没有。这时,大雨一连下了几十天,城墙有许多地方倒塌毁坏了,李克用命令随时加以垒砌修补。河东将领李嗣昭、李嗣源从城内开凿暗门密道,连夜进攻袭击氏叔琮军队的营垒,多次偷袭都有杀伤和俘获。同时,李存进也在洞涡驿打败汴州军队。当时,进攻晋阳的汴军众多,粮草供给不充足,又长时间大雨不止,兵士患上疟疾和痢疾,朱全忠于是召回军队。五月,氏叔琮等人从石会关返回,各路军队也相继撤退。河东将领周德威、李嗣昭率领五千精锐的骑兵跟踪追击,斩杀俘获很多。之前,汾州刺史李瑭以州依附汴州的军队,李克用派遣他的部将李存审去进攻李瑭,打了三天,攻克了汾州,捉住了李瑭,将他杀死。氏叔琮经过上党,孟迁带领族人跟随他向南迁徙。朱全忠任命丁会代孟迁守潞州。

朱全忠奏乞除河中节度使，而讽吏民请己为帅。癸卯，以全忠为宣武、宣义，天平、护国四镇节度使。

己酉，加镇海、镇东节度使钱镠守侍中。

崔胤之罢两军卖麹也，并近镇亦禁之。李茂贞惜其利，表乞入朝论奏，韩全诲请许之。茂贞至京师，全诲深与相结。崔胤始惧，阴厚朱全忠益甚，与茂贞为仇敌矣。

以佑国节度使张全义兼中书令。

【译文】朱全忠向朝廷上奏，请求任命河中节度使，同时暗示官吏百姓请他们让自己担任主帅。癸卯日（二十二日），朝廷任命朱全忠为宣武、宣义、天平、护国四镇节度使。

己酉日（二十八日），昭宗李晔加封镇海、镇东节度使钱镠代理侍中。

崔胤禁止左右两神策军卖酒曲，连同附近各藩镇的专卖权利也被禁止。凤翔、彰义节度使李茂贞舍不得放弃卖酒曲的利益，上表请求入朝奏请此事。左军中尉韩全诲请求昭宗李晔允许他入京朝见。李茂贞抵达京师，韩全诲与他深深结交。这时，崔胤才感到害怕，暗中对朱全忠更加厚待，这就与李茂贞结成仇敌。

昭宗李晔任命佑国节度使张全义兼任中书令。

六月，癸亥，朱全忠如河中。

上之返正也，中书舍人令狐涣、给事中韩偓皆预其谋，故擢为翰林学士，数召对，访以机密。涣，绹之子也。时上悉以军国事委崔胤，每奏事，上与之从容，或至然烛。宦官畏之侧目，事无大小，皆咨胤而后行。胤志欲尽除之，韩偓屡谏曰："事禁太甚。此辈亦不可全无，恐其党迫切，更生他变。"胤不从。丁卯，上独召偓，问曰："敕使中为恶者如林，何以处之？"对曰："东内之难，敕使谁非同恶，处之当在正旦，今已失其时矣。"上曰："当是时，卿何不为崔胤言之？"对曰："臣见陛下诏书云，'自刘季述等四家之外，其馀一无所问。'夫人主所重，莫大于信，既下此诏，则守之宜坚。若复戮一人，则人人惧死矣。然后来所去者已为不少，此其所以怊怊不安也。陛下不若择其尤无良者数人，明示其罪，置之于法，然后抚谕其馀曰：'吾恐尔曹谓吾心有所贮，自今可无疑矣。'乃择其忠厚者使为之长。其徒有善则奖之，有罪则惩之，咸自安矣。今此曹在公私者以万数，岂可尽诛邪！夫帝王之道，当以重厚镇之，公正御之，至于琐细机巧，此机生则彼机应矣，终不能成大功，所谓理丝而棼之者也。况今朝廷之权，散在四方。苟能先收此权，则事无不可为者矣。上深以为然，曰："此事终以属卿。"

【译文】 六月，癸亥日（十三日），朱全忠前往河中。

昭宗李晔恢复皇位，中书舍人令狐涣、给事中韩偓都曾参与谋划，因此被提拔为翰林学士，屡次召他们入宫对答，询问他们关于国家的机密大事。令狐涣是令狐绹的儿子。这时，昭宗把军事、国政委托崔胤去处理，每次崔胤陈奏政事时，昭宗与他从容商议，有时一直谈到天黑点燃蜡烛时。宦官都惧怕崔胤，不敢正视他，凡事都先询问过崔胤以后，再去处理。崔胤立志要将宦官全部诛除，韩偓屡次直言劝谏，说："事情忌讳做得太过分。宦官也不可能完全没有，恐怕他们一党被逼迫太紧的话，会导致其他的变故啊！"崔胤不听从他的建议。丁卯日（十七日），昭宗只召来韩偓，询问他说："宦官之中做坏事的人特别多，怎么来惩治他们呢？"韩偓回答说："东宫里的叛乱，宦官中谁不是一起为恶呢！惩治他们应当在元旦诛杀刘季述等人的时候，现在已经错过惩治他们的时机了。"昭宗说："当时，爱卿为什么不向崔胤说这些呢？"韩偓答道："臣见陛下的诏书说：'除了刘季述等四家之外，其余人一个也不予治罪。'对陛下来说，最重要的莫大于信誉，既然陛下已经颁布这样的诏令，就应该坚决执行；如果再杀的话，就人人自危了。不过，后来又杀死的人已经不少了，这就是他们会感到恐惧不安的缘故啊！陛下您不如挑选几个作恶多端、特别奸猾的人，清楚明白地宣布他们的罪行，依法将他们处决，然后再安抚劝导其他人，告诉他们说：'朕恐怕你们说朕怀恨在心，从现在起不要再有疑虑了。'然后挑选那些忠诚实在的人担任他们的首领。其余人有善行的就奖赏，有罪过的就处治，这样就全都相安无事了。如今宦官在官府和私家的数以万计，怎么能将他们全部处死呢！按照帝王之道，就该用优厚的待遇安定他们，用公正的态度驾驭他们，至于那些琐碎细小的权术，这一个机巧产生，另一个机巧立即与它应和，最终不能成就大的功业，这就是所说的整理丝反而让丝更加纷乱的道理。况且现在朝廷的大权，分布在各地藩镇之手；如果能够先将这些大权收回，那么就没有不能做的事情了。"昭宗认为他说的话很有道理，说："这件事到头来还是要交付你啊！"

李克用遣其将李嗣昭、周德威将兵出阴地关，攻隰州，刺史唐礼降之。进攻慈州，刺史张瑰降之。

闰月，以河阳节度使丁会为昭义节度使，孟迁为河阳节度使，从朱全忠之请也。

道士杜从法以妖诱昌、普、合三州民作乱，王建遣行营兵马使王宗黯将兵三万会东川、武信兵讨之。宗黯，即吉谏也。

【译文】 李克用派遣他的部将李嗣昭、周德威率领士兵从阴地关出发，进攻隰州，刺史唐礼投降；进攻慈州，刺史张瑰也投降了。

闰月，昭宗李晔任命河阳节度使丁会为昭义节度使，任命孟迁为河阳节度使，这是按照朱全忠的请求授予的。

道士杜从法通过妖法胡言引诱昌州、普州、合州的百姓叛乱，西川节度使王建派遣行营兵马使王宗黯率领三万军队联合东川、武信的兵马前去讨伐。王宗黯就是王吉谏。

崔胤请上尽诛宦官，但以宫人掌内诸司事。宦官属耳，颇闻之，韩全诲等涕泣求哀于上，上乃令胤："有事封疏以闻，勿口奏。"宦官求美女知书者数人，内之宫中，阴令调察其事，尽得胤密谋，上不之觉也。全诲等大惧，每宴聚，流涕相诀别，日夜谋所以去胤之术。胤时领三司使，全诲等教禁军对上喧噪，诉胤减损冬衣。上不得已，解胤盐铁使。

【译文】 崔胤请求昭宗李晔把宦官全部杀死，只用宫人管理各司的事务，宦官窃听，得知了很多消息。于是韩全诲等人流泪悲泣，哀求昭宗，昭宗于是诏令崔胤说："有事你写成奏疏，密封起来送给朕看，不要再用口头禀告的形式了。"接着，宦官又搜罗了一些识字的美女把她们送进内宫，暗中叫她们侦察探听此事，把崔胤的秘密计划全部掌握了，昭宗却一点儿也没有察觉。韩全诲等人听到崔胤等人的计划后，大感震恐，每次宴会相聚时，就流泪哭泣着互相道别，夜以继日地积极策划除掉崔胤的办法。崔胤当时统领三司使，韩全诲等教唆禁军向昭宗喧哗吵嚷，控诉崔胤裁减了将士的冬衣。昭宗不得已，只得解除崔胤的盐铁使职务。

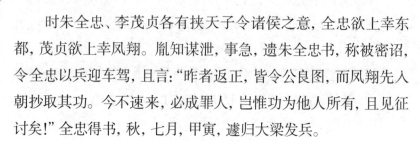

时朱全忠、李茂贞各有挟天子令诸侯之意，全忠欲上幸东都，茂贞欲上幸凤翔。胤知谋泄，事急，遗朱全忠书，称被密诏，令全忠以兵迎车驾，且言："昨者返正，皆令公良图，而凤翔先入朝抄取其功。今不速来，必成罪人，岂惟功为他人所有，且见征讨矣！"全忠得书，秋，七月，甲寅，遽归大梁发兵。

西川龙台镇使王宗侃等讨杜从法，平之。

【译文】 这时，朱全忠、李茂贞都有挟天子以令诸侯的想法，朱全忠想要昭宗李晔到东都洛阳去，李茂贞想要昭宗到凤翔去。崔胤知道自己谋划之事已经泄露，情况非常紧急，赶紧送了一封书信给朱全忠，谎称奉有密诏，令朱全忠派遣军队迎接昭宗，并且说："之前皇上能复位都是您朱公的巧妙计策，可是李茂贞率先进京夺取大功劳。这次您如果不即刻来京，必定成为罪人，哪里只是功劳被他人占去，而且还要被讨伐呢！"朱全忠接到书信，秋季，七月，甲寅日（初五），急忙返回大梁去调遣军队。

西川的龙台镇使王宗侃等人征讨杜从法，平定了他的叛乱。

【乾隆御批】 欲诛宦竖而已宫人典掌内司，为此策者，未尝不自矜周审。庸知奸徒即乘隙以隐售其术，谋既不臧，机复不密，其克有济也鲜矣。

【译文】 想要诛除宦官，却让宫人掌管内司，制订这个策略的，未尝不自夸自己考虑周全。怎知那些奸诈阴险之人却乘机来暗中实现他们的阴谋诡计，谋划变得公开，机要已不再保密，这要能达成目的真是太少见了。

八月，甲申，上问韩偓曰："闻陆扆不乐吾返正，正旦易服，乘小马出启夏门，有诸？"对曰："返正之谋，独臣与崔胤辈数人知之，扆不知也。一旦忽闻宫中有变，人情能不惊骇！易服逃避，何妨有之！陛下责其为宰相无死难之志则可也，至于不乐返正，恐出于谗人之口，愿陛下察之。"上乃止。

【译文】八月，甲申日（初五），昭宗李晔询问韩偓说："听说陆扆很不高兴我复位，元旦那一天他改换衣服，骑着小马从启夏门出去了，有这事吗？"韩偓回答说："让陛下复位的谋划，只有臣和崔胤几人知道，陆扆根本不知这件事。仓促之间听说宫中发生了变故，从人情上来说哪里能够不感到震惊呢？陆扆改换服装逃避变故，这是人之常情，有什么妨害呢？陛下斥责他担任宰相没有以死赴难的心志是可以的，至于说他不愿意陛下恢复君位，恐怕此言是从奸邪之人口中传出的，希望陛下明察此事！"昭宗这才停止查究此事。

韩全诲等惧诛，谋以兵制上，乃与李继昭、李继诲、李彦弼、李继筠深相结，继昭独不肯从。它日，上问韩偓："外间何所闻？"对曰："惟闻敕使忧惧，与功臣及继筠交结，将致不安，亦未知其果然不耳。"上曰："是不虚矣。比日继诲、彦弼辈语渐倔强，令人难耐。令狐涣欲令朕召崔胤及全诲等于内殿，置酒和解之，何如？"对曰："如此则彼凶悖益甚。"上曰："为之奈何？"对曰："独有显罪数人，速加窜逐，馀者许其自新，庶几可息。若一无所问，彼必知陛下心有所贮，益不自安，事终未了耳。"上曰："善！"

既而宦官自恃党援已成，稍不遵敕旨；上或出之使监军，或黜守诸陵，皆不行，上无如之何。

或告杨行密云，钱镠为盗所杀。行密遣步军都指挥使李神福等将兵取杭州，两浙将顾全武等列八寨以拒之。

【译文】韩全诲等人惧怕被杀，暗中谋划用武力来胁迫昭宗李晔，于是与李继昭、李继诲、李彦弼、李继筠等人互相勾结在一起；只有李继昭不肯依从他们的谋划。有一天，昭宗问韩偓说："外边有什么传闻呢？"韩偓回答道："只听到宦官们忧虑害怕，和有功的臣子以及李继筠他们互相勾结，将会出现不安定的局面，也不知道他们是否真的如此呢。"昭宗说："如此看来，这件事是不会假了。近日，李继诲、李彦弼等进谏之言逐渐固执强横，令朕无法忍耐。令狐涣打算让朕在内殿召见崔胤及韩全诲等人，摆设酒宴让他们和解，卿说如何呢？"韩偓答道："如果这样做，韩全诲等人就更加凶残狂横了。"昭宗说："那应该如何对付他们呢？"韩偓答道："陛下只有公开惩治几个人，迅速把他们放逐出去，其他人准许他们改正错误，也许还可以平息此事吧。如果陛下一个也不处治，韩全诲他们一定了解陛下心怀怨恨，更加不能心里安定，事情终究无法了结啊！"昭宗说："好！"没过多久，宦官们借助党羽的援助形势已经形成了，逐渐出现有不遵循诏命的情形。昭宗或者把他派出去担任监军，或者把他贬斥去守皇家陵寝，宦官都不听从，昭宗也毫无办法。

有人禀告杨行密说："钱镠被盗贼杀死了。"杨行密派遣步军都指挥使李神福等人率领士兵攻打杭州，两浙将领顾全武等人排列部署了八个守寨来抵抗他们。

九月，癸丑，上急召韩偓，谓曰："闻全忠欲来除君侧之恶，大是尽忠，然须令与茂贞共其功。若两帅交争，则事危矣。卿为我语崔胤，速飞书两镇，使相与合谋，则善矣。壬戌，上又谓偓曰："继海、彦弼辈骄横益甚，累日前与继筠同入，辄于殿东令小儿歌以侑酒，令人惊骇。"对曰："臣必知其然，兹事失之于初。当正旦立功之时，但应以官爵、田宅、金帛酬之，不应听其恣出入禁中。此辈素无知识，数求入对，或妄论朝政，或僭易荐人，稍有不从，则生怨望。况惟知嗜利，为敕使以厚利雇之，令其如此耳。崔胤本留卫兵，欲以制敕使也，今敕使、卫兵相与为一，将若之何！汴兵若来，必与岐兵斗于阙下，臣窃寒心。"上但愀然忧沮而已。

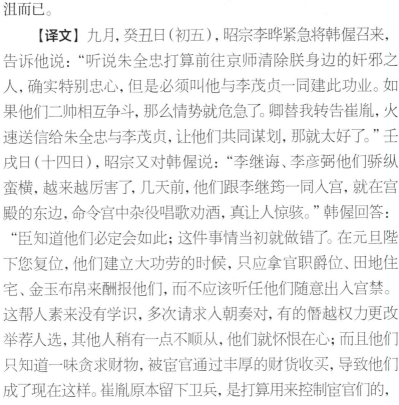

【译文】九月，癸丑日（初五），昭宗李晔紧急将韩偓召来，告诉他说："听说朱全忠打算前往京师清除朕身边的奸邪之人，确实特别忠心，但是必须叫他与李茂贞一同建此功业。如果他们二帅相互争斗，那么情势就危急了。卿替我转告崔胤，火速送信给朱全忠与李茂贞，让他们共同谋划，那就太好了。"壬戌日（十四日），昭宗又对韩偓说："李继海、李彦弼他们骄纵蛮横，越来越厉害了，几天前，他们跟李继筠一同入宫，就在宫殿的东边，命令宫中杂役唱歌劝酒，真让人惊骇。"韩偓回答："臣知道他们必定会如此；这件事情当初就做错了。在元旦陛下您复位，他们建立大功劳的时候，只应拿官职爵位、田地住宅、金玉布帛来酬报他们，而不应该听任他们随意出入宫禁。这帮人素来没有学识，多次请求入朝奏对，有的僭越权力更改举荐人选，其他人稍有一点不顺从，他们就怀恨在心；而且他们只知道一味贪求财物，被宦官通过丰厚的财货收买，导致他们成了现在这样。崔胤原本留下卫兵，是打算用来控制宦官们的，如今，宦官跟卫兵反而相互勾结在一起，那该如何对付才好呢？朱全忠的汴州军队如果抵达长安，一定会与李茂贞的岐州军队在宫前争斗，我私下失望痛心啊。"昭宗无可奈何，也只能忧愁沮丧而已。

冬，十月，戊戌，朱全忠大举兵发大梁。

李神福与顾全武相拒久之，神福获杭俘，使出入卧内。神福谓诸将曰："杭兵尚强，我师且当夜还。"杭俘走告全武，神福命勿追，暮遣羸兵先行，神福为殿，使行营都尉吕师造伏兵青山下。全武素轻神福，出兵追之。神福、师造夹击，大破之，斩首五千级，生擒全武。钱镠闻之，惊泣曰："丧我良将！"神福进攻临安，两浙将秦昶帅众三千降之。

【译文】冬季，十月，戊戌日（二十日），朱全忠从大梁大举发动军队。

李神福和顾全武两军相持很久，有一天，李神福抓获杭州的俘虏，让他能随意进出自己的卧室。李神福告诉各位将领说："杭州的军队还很强盛，我军暂且在今晚退去。"杭州俘虏逃跑后，前去禀告顾全武此事，李神福命令不要追击。傍晚，李神福派遣老弱残兵首先撤退，自己最后撤退，并命令行营都尉吕师造率领精锐部队在青山下埋伏。顾全武一向轻视李神福，率军追击他；李神福、吕师造两军前后夹攻，将顾全武的军队打得惨败，斩杀五千人，生擒了顾全武。钱镠听到这个消息时，大为震惊，流着眼泪说："我损失了一员优秀的大将啊！"李神福进攻临安；两浙将领秦昶率领士兵三千人向他投降。

韩全诲闻朱全忠将至，丁酉，令李继诲、李彦弼等勒兵劫上，请幸凤翔，宫禁诸门皆增兵防守，人及文书出入搜阅甚严。上遣人密赐崔胤御札，言皆凄怆，末云："我为宗社大计，势须西行，卿等但东行也。惆怅！惆怅！"

戊戌，上遣赵国夫人出语韩偓："朝来彦弼辈无礼极甚，欲召卿对，其势未可。"且言："上与皇后但涕泣相同。"自是，学士不复得对矣。

【译文】 韩全诲听说朱全忠即将抵达京师，丁酉日（十九日），命令李继筠、李彦弼等人率领军队劫持昭宗李晔，前往凤翔，皇宫各门都增派士兵守卫，人和文书出入都严格地搜查检阅。昭宗派人偷偷地给崔胤送去亲笔书信，言语都很凄惨悲伤，信的末尾说："朕为了宗庙、为了国家大计，照这个形势看来，必须去一趟凤翔，众卿只管向东走好了。说来真是惆怅啊！真是惆怅啊！"

戊戌日（二十日），昭宗李晔派遣赵国夫人出宫告诉韩偓，说："清晨，李彦弼这些人无礼到了极点，陛下想要叫卿等入宫答对，可情势上却不可能了。"并且说："皇上和皇后只是哀伤流泪，面对面地相互哭泣而已。"从此以后，翰林学士就不能再进宫答对了。

癸卯，全诲等令上入阁召百官，迫寝正月丙午敕书，悉如咸通以来近例。是日，开延英，全诲等即侍侧，同议政事。

丁未，神策都指挥使李继筠遣部兵掠内库宝货、帷帐、法物，韩全诲遣人密送诸王、宫人先之凤翔。

戊申，朱全忠至河中，表请车驾幸东都，京城大骇，士民亡窜山谷。是日，百官皆不入朝，阙前寂无人。

【译文】 癸卯日（二十五日），韩全诲等命令昭宗李晔到内殿召见百官,追废正月丙午日(二十三日)那天所下的诏书,全面恢复咸通以来"宰臣奏事,枢密使侍侧"的惯例。当天,在延英殿召开会议,韩全诲等在旁侍立,商议朝政。

丁未日(二十九日),神策都指挥使李继筠派遣部下士兵抢掠内库中的宝物、帷帐,以及天子外出时所使用的仪仗、旌旗等;韩全诲派人偷偷地送各王及宫里的人前往凤翔。

戊申日(三十日),朱全忠抵达河中,上表请昭宗李晔到东都洛阳去,京城里的人大为震惊恐惧,士民们纷纷逃走躲藏到山谷里。这一天,百官都没有入朝谒见天子,宫门前静寂无声。

十一月,己酉朔,李继筠等勒兵阙下,禁人出入,诸军大掠。士民衣纸及布襦者,满街极目。韩建以幕僚司马邺知匡国留后。朱全忠引四镇兵七万趣同州,邺迎降。

韩全诲等以李继昭不与之同,遏绝不令见上。时崔胤居第在开化坊,继昭帅所部六十馀人及关东诸道兵在京师者共守卫之。百官及士民避乱者,皆往依之。庚戌,上遣供奉官张绍孙召百官,崔胤等皆表辞不至。

【译文】十一月,己酉朔日(初一),李继筠等人在宫门前率领军队守卫,禁止任何人出入,各路军队大肆抢夺劫掠。士民们单薄的衣服和布制的短衣,扔得满大街都是。韩建派遣幕僚司马邺担任匡国留后。朱全忠率领四镇的七万军队,赶往同州,司马邺开城投降。

韩全诲等人因为李继昭不与他们合作,就阻止其至断绝他与昭宗李晔的来往。当时崔胤的府宅在开化坊,李继昭率领他的士兵六十(当作"六千")多人以及留在京师的关东各道士兵,共同守卫这里;百官及避乱的士民都前往依附。庚戌日(初二)，昭宗遣供奉官张绍孙将文武百官召集起来，崔胤等都上表推辞不肯入朝。

壬子，韩全海等陈兵殿前，言于上曰："全忠以大兵逼京师，欲劫天子幸洛阳，求传禅。臣等请奉陛下幸凤翔，收兵拒之。"上不许，杖剑登乞巧楼。全海等逼上下楼，上行才及寿春殿，李彦弼已于御院纵火。是日冬至，上独坐思政殿，翘一足，一足蹋栏干，庭无群臣，旁无侍者。顷之，不得已，与皇后、妃嫔、诸王百馀人皆上马，恸哭声不绝，出门，回顾禁中，火已赫然。是夕，宿鄠县。

【译文】壬子日（初四），韩全海等人在宫殿前排列士兵，向昭宗李晔禀告说："朱全忠率领大军进逼京师，想要胁迫陛下到洛阳去，要求把帝位让给他；我们恭请陛下到凤翔去，调遣士兵来对抗他。"昭宗没有答应他们的请求，拿着剑登上乞巧楼。韩全海等人逼迫昭宗下楼，昭宗刚走到寿春殿，李彦弼已经在后院点起大火。这天正好是冬至，昭宗独自端坐于思政殿，跷着一只脚，另一只脚踩着栏杆，殿庭上没有文武官员，旁边没有服侍的人。过了一会儿，迫不得已，昭宗只得和皇后、嫔妃、各王共计一百多人都上了马，哀号恸哭之声不绝于耳，昭宗走出宫门，回过头来望望宫殿，火势已经非常大了。这天晚上，昭宗留宿在鄠县。

朱全忠遣司马邺入华州，谓韩建曰："公不早知过自归，又烦此军少留城下矣。"是日，全忠自故市引兵南渡渭，韩建遣节度副使李巨川请降，献银三万两助军，全忠乃西南趣赤水。

癸丑，李茂贞迎车驾于田家硙，上下马慰接之。甲寅，车驾至螯屋；乙卯，留一日。

朱全忠至零口西，闻车驾西幸，与僚佐议，复引兵还赤水。左仆射至仕张濬说全忠曰："韩建，茂贞之党，不先取之，必为后患。全忠闻建有表劝天子幸凤翔，乃引兵逼其城。建单骑迎谒，全忠责之，对曰："建目不知书，凡表章书檄，皆李巨川所为。"全忠以巨川常为建画策，斩之军门。谓建曰："公许人，可即往衣锦。"丁巳，以建为忠武节度使，理陈州，以兵援送之；以前商州刺史李存权知华州，徙忠武节度使赵珝为匡国节度使。车驾之在华州也，商贾辐凑，韩建重征之，二年，得钱九百万缗。至是，全忠尽取之。

【译文】朱全忠派遣司马邺进入华州，告诉韩建说："您不能早些明白过错，自己率军投降，又要烦劳军队稍许停留城下了。"这天，朱全忠自故市率领军队南渡渭水，韩建派遣节度副使李巨川请求归降，献上三万两白银资助军队，朱全忠于是率领军队向西南前往赤水。

癸丑日（初五），李茂贞在田家碢迎接昭宗李晔，昭宗亲自下马来慰问他。甲寅日（初六），昭宗的车驾到了螯屋；乙卯日（初七），昭宗在螯屋停留一天。

朱全忠抵达零口镇西边，听说昭宗李晔已经离开长安西行，于是和幕僚佐吏们商议，又率领军队返回赤水。退休居家的左仆射张濬劝说朱全忠："韩建是李茂贞的同党，如果不先进攻他，一定会成为大患的。"朱全忠听说韩建献上奏疏劝谏昭宗驾临凤翔，于是率军进逼华州。韩建单骑迎接拜见，朱全忠叱问他。韩建回答道："我韩建目不识丁，凡是表文、奏疏、书信、檄文等都是李巨川所写。"朱全忠因为李巨川经常替韩建谋划，便在军门前将李巨川斩杀了。朱全忠对韩建说："您是许州人，可以立即衣锦还乡了。"丁巳日(初九),朱全忠任命韩建为忠武节度使,管理陈州,调派士兵护送韩建赴任。任命前商州刺史李存权管理华州事务,更改忠武节度使赵珝为匡国节度使。乾宁三年、四年昭宗李晔在华州的时候商贾云集,韩建征收很重的赋税,两年获得九百万缗钱。到现在,朱全忠全部据为己有。

是时京师无天子,行在无宰相,崔胤使太子太师卢渥等二百馀人列状请朱全忠西迎车驾,又使王溥至赤水见全忠计事。全忠复书曰:"进则惧胁君之谤,退则怀负国之惭,然不敢不勉。"戊午,全忠发赤水。

辛酉,以兵部侍郎卢光启权句当中书事。车驾留岐山三日,壬戌,至凤翔。

朱全忠至长安,宰相帅百官班迎于长乐坡。明日行,复班辞于临皋驿。全忠赏李继昭之功,初令权知匡国留后,复留为两街制置使,赐与甚厚,继昭尽献其兵八千人。

【译文】 这时,京师没有了天子,昭宗李晔所在的地方也没有宰相,崔胤命令太子太师卢渥等两百多人依次在公文上写上名字,请求朱全忠到西边去迎接天子,又派遣王溥到赤水去见朱全忠商议迎驾的事情。朱全忠回信说:"向前怕有威逼君王的谤毁,后退又怀辜负朝廷的羞愧。但是,我不敢不努力去做啊!"戊午日(初十),朱全忠从赤水出发。

辛酉日(十三日),昭宗李晔任命兵部侍郎卢光启管理中书省的事务。昭宗在岐山停留了三天,壬戌日(十四日),昭宗抵达凤翔。

朱全忠抵达长安,宰相率领百官在长乐坡按照班次排列来迎接他;第二天朱全忠西去,宰相率领百官又按照班次排列在临皋驿送行。朱全忠赏识李继昭保卫崔胤及文武百官的大功，开始让他暂时担任匡国留后，然后又留为两街制置使，赏赐给他的财物很丰厚；李继昭献出他部下的所有八千士兵。

全忠使判官李择、裴铸入奏事，称："奉密诏及得崔胤书，令臣将兵入朝。"韩全诲等矫诏答以："朕避灾至此，非宦官所劫，密诏皆崔胤诈为之，卿宜敛兵归保土宇。"茂贞遣其将符道昭屯武功以拒全忠，癸亥，全忠将康怀贞击破之。

丁卯，以卢光启为右谏议大夫，参知机务。

戊辰，朱全忠至凤翔，军于城东。李茂贞登城谓曰："天子避灾，非臣下无礼，谗人误公至此。"全忠报曰："韩全诲劫迁天子，今来问罪，迎扈还宫。岐王苟不预谋，何烦陈谕！"上屡诏全忠还镇，全忠乃拜表奉辞。辛未，移兵北趣邠州。

【译文】朱全忠派判官李择、裴铸到凤翔向昭宗李晔奏事，说："臣奉陛下的密诏以及得到崔胤的书信，命令我率领军队前来拜见。"韩全诲等假传诏令回答说："朕到这里避祸，不是被宦官胁迫。密诏都是崔胤假托朕之名义而为，卿应该撤军返回，保卫属地的田宅疆土。"李茂贞派遣他的部将符道昭驻守武功，抗拒朱全忠，癸亥日（十五日），朱全忠的部将康怀贞击败符道昭的军队。

丁卯日（十九日），昭宗李晔任命卢光启为右谏议大夫，参与管理机要事务。

戊辰日（二十日），朱全忠抵达凤翔，在城东驻军。李茂贞登上城墙对他说："天子来此避祸，并不是臣下无礼胁迫而来，而是假托旨意的人召你前来。"朱全忠回复说："韩全诲挟持并迁移天子，我现在前来问罪，迎接护送天子返回皇宫。岐王如果没有参预谋划此事，何必申诉表白呢？"昭宗李晔屡次诏命朱全忠返回镇所，朱全忠于是恭敬上表告辞。辛未日（二十三日），朱全忠转移士兵，向北直奔邠州。

甲戌，制：守司空兼门下侍郎、同平章事崔胤责授工部尚书，户部侍郎、同平章事裴枢罢守本官。

乙亥，朱全忠攻邠州。丁丑，静难节度使李继徽请降，复姓名杨崇本。全忠质其妻于河中，令崇本仍镇邠州。

全忠之西入关也，韩全诲、李茂贞以诏命征兵河东，茂贞仍以书求援于李克用。克用遣李嗣昭将五千骑自沁州趣晋州，与汴兵战于平阳北，破之。

【译文】甲戌日（二十六日），昭宗李晔敕令：守司空兼门下侍郎、同平章事崔胤受责，改任工部尚书；户部侍郎、同平章事裴枢被罢免官职，仍守本来官位。

乙亥日（二十七日），朱全忠攻打邠州；丁丑日（二十九日），静难节度使李继徽向朱全忠请求投降，恢复他的姓名为杨崇本。朱全忠把他的妻子当作人质迁居河中，命令杨崇本依然镇守邠州。

朱全忠西入潼关时，韩全诲、李茂贞用天子的诏命向河东调集军队，李茂贞还写书信向李克用请求援助。李克用派遣李嗣昭率领五千骑兵从沁州奔赴晋州，与汴州军队在平阳北边交战，打败汴州军队。

乙亥，全忠发邠州。戊寅，次三原。十二月，癸未，崔胤至三原见全忠，趣之迎驾。乙丑，全忠遣朱友宁攻蓥屋，不下。戊戌，全忠自往督战，蓥屋降，屠之。全忠令崔胤帅百官及京城居民悉迁于华州。

诏以裴贽充大明宫留守。

清海节度使徐彦若薨，遗表荐行军司马刘隐权留后。

李神福知钱镠定不死，而临安城坚，久攻不拔，欲归，恐为镠所邀，乃遣人守卫镠祖考丘垄，禁樵采，又使顾全武通家信。镠遣使谢之。神福于要路多张旗帜为虚寨，镠以为淮南兵大至，遂请和。神福受其犒赂而还。

【译文】乙亥日（二十七日），朱全忠从邠州出发；戊寅日（三十日），朱全忠在三原驻扎。十二月，癸未日（初五），崔胤抵达三原会见朱全忠，督促他去迎接天子。己丑日（十一日），朱全忠派遣朱友宁攻打盩厔，没能攻下。戊戌日（二十日），朱全忠亲自前往督战，盩厔也投降了，朱全忠命人把城中的人全部屠杀。随后，朱全忠命令崔胤率领文武百官以及京城中的百姓全部迁移到华州居住。

昭宗李晔下诏任命裴贽充任大明宫留守。

清海节度使徐彦若去世，临终前所作表章推举行军司马刘隐代理留后。

李神福知道钱镠一定没有死，而临安的守城非常坚固，攻打了很久仍然没有攻克，李神福想要率军返回，担心被钱镠截击，于是派人守卫钱镠祖先的坟墓，禁止在那里砍伐柴草，又命令顾全武通报家信。钱镠派遣使者向他表示感谢。李神福在要道上悬挂许多旗帜，把那里假装作为营寨，钱镠以为淮南士兵大批前来，就请求和好相处。李神福接受了他犒赏慰劳的财物后才返回。

朱全忠之入关也，戎昭节度使冯行袭遣副使鲁崇矩听命于全忠。韩全诲遣中使二十馀人分道征江、淮兵屯金州，以胁全忠，行袭尽杀中使，收其诏敕送全忠。又遣中使征兵于王建，朱全忠亦遣使乞师于建。建外修好于全忠，罪状李茂贞，而阴劝茂贞坚守，许之救援。以武信节度使王宗佶、前东川节度使王宗涤等为扈驾指挥使，将兵五万，声言迎军驾，其实袭茂贞山南诸州。

【译文】 朱全忠进入潼关时，戎昭节度使冯行袭派遣副使鲁崇矩听从朱全忠的指挥。韩全诲派遣二十多名宦官，分道征召江、淮的军队在金州驻扎，以便威逼朱全忠；冯行袭把宦官都杀死了，并收缴他们携带的诏令和敕书，将这些送给朱全忠。韩全诲又派遣使者向王建征调兵马，朱全忠也派遣使者向王建请求调派军队援助。王建表面上与朱全忠修好，斥责李茂贞的罪行，可是暗中又劝说李茂贞坚守，并答应援助他；王建又任命武信节度使王宗佶、前东川节度使王宗涤等人为扈驾指挥使，率领五万士兵，扬言说要去迎接天子，实际上却是去偷袭李茂贞在山南的各个州。

江西节度使钟传将兵围抚州刺史危全讽，天火烧其城，士民欢惊。诸将请急攻之，传曰："乘人之危，非仁也。"乃祝曰："全讽之罪，无为害民。"火寻止。全讽闻之，谢罪听命，以女妻传子匡时。

传少时尝猎，醉遇虎，与斗，虎搏其肩，而传亦持虎腰不置。旁人共杀虎，乃得免。既贵，悔之，常戒诸子曰："士处世贵智谋，勿效吾暴虎也。"

武贞节度使雷满薨，子彦威自称留后。

【译文】 江西节度使钟传率领士兵围困抚州刺史危全讽，恰巧此时，天降大火将抚州城烧毁，士民喧嚷震惊。各将领请求紧急攻城，钟传说："乘人之危是不仁德的。"于是祈祷说："这都是危全讽的罪过，不要祸及无辜的百姓。"大火很快就熄灭了。危全讽听说此事后，向钟传谢罪，表示听从他的指挥，并把女儿嫁给钟传的儿子钟匡时为妻。

钟传年少的时候，曾经出去打猎，喝醉后遇到一只老虎，与它搏斗，老虎抓住了他的肩膀，钟传也抱住虎腰不撒手，旁人一起把老虎杀死，钟传才免于大难。钟传地位显贵之后，对这件事很后悔，经常告诫几个孩子说："士人在社会上立身处世，贵在运用才智计谋，不要效法我空手与老虎搏斗啊！"

武贞节度使雷满去世，他的儿子雷彦威自称为留后。

资治通鉴卷第二百六十三　唐纪七十九

起玄黓阉茂，尽昭阳大渊献正月，凡一年有奇。

【译文】 起壬戌（公元902年），止癸亥（公元903年）正月，共一年一个月。

【题解】 本卷记录了公元902年至903年正月的史事，共一年又一个月。正当唐昭宗李晔天复二年至天复三年正月。这一年的大事主要有两个：一是汴州的朱全忠、凤翔的李茂贞两藩镇争夺天子控制权；二是唐王室宦官被全部诛杀。汴、晋两军晋阳大战，李克用大败，好几年都不敢与朱全忠争战。朱全忠势力强盛，想要挟持天子迁往东都洛阳。杨行密进爵为吴王，钱镠进爵为越王，唐昭宗下诏各道讨伐朱全忠。岐王李茂贞与吴王杨行密夹击朱全忠，没有成功，王师范举义旗讨逆失败，困守凤翔孤城的李茂贞请求向朱全忠投降，诛杀了韩全诲等七十二个宦官，朱全忠解除对凤翔的包围，昭宗返回京师长安，崔胤大诛宦官，昭宗下诏各藩镇杀尽监军。

昭宗圣穆景文孝皇帝中之下

天复二年（壬戌，公元九〇二年）春，正月，癸丑，朱全忠复屯三原，又移军武功。河东将李嗣昭、周德威攻慈、隰，以分全忠兵势。

丁卯，以给事中韦贻范为工部侍郎、同平章事。

丙子，以给事中严龟充岐、汴和协使，赐朱全忠姓李，与李茂贞为兄弟，全忠不从。

时茂贞不出战。全忠闻有河东兵，二月，戊寅朔，旋军河中。

【译文】 天复二年（壬戌，公元902年）春季，正月，癸丑日（初六），朱全忠率领军队再次在三原驻扎，不久又转移在武功驻扎。河东将领李嗣昭、周德威进攻慈州、隰州，以此来分散朱全忠的兵力。

丁卯日（二十日），昭宗李晔任命给事中韦贻范为工部侍郎、同平章事。

丙子日（二十九日），昭宗李晔任命给事中严龟充任岐州、汴州和协使，赐朱全忠姓李，与李茂贞结拜为兄弟；朱全忠不肯听从诏命。

当时，李茂贞没有出城迎战。朱全忠听说河东军队进攻慈州等地，二月，戊寅朔日（初一），率军返回河中。

李嗣昭等攻慈、隰，下之，进逼晋、绛。己丑，全忠遣兄子友宁将兵会晋州刺史氏叔琮击之。李嗣昭袭取绛州，汴将康怀英复取之。嗣昭等屯蒲县。乙未，汴军十万营于蒲南，叔琮夜帅众断其归路而攻其垒，破之，杀获万馀人。己亥，全忠自河中赴之，乙巳，至晋州。

盗发简陵。

西川兵至利州，昭武节度使李继忠弃镇奔凤翔。王建以剑州刺史王宗伟为利州制置使。

【译文】 李嗣昭等人进攻慈州、隰州，把它们攻克了，进兵逼近晋州、绛州。己丑日（十二日），朱全忠派遣他的侄儿朱友宁率领军队联合晋州刺史氏叔琮攻打河北军。李嗣昭偷袭、攻取了绛州，汴州将领康怀英又夺回了绛州。李嗣昭等人在蒲县屯驻军队；乙未日（十八日），汴州军队十万人在蒲南扎营，氏叔琮趁夜率军截断李嗣昭等人的退路，并攻打他们的营垒，将河东军队打得惨败，杀死、抓获的士兵有一万多人。己亥日（二十二日），朱全忠从河中赶赴这里，乙巳日（二十八日），抵达晋州。

盗贼挖掘唐懿宗李漼的简陵。

西川军队抵达利州，昭武节度使李继忠弃城，逃往凤翔；王建任命剑州刺史王宗伟为利州制置使。

三月，庚戌，上与李茂贞及宰相、学士、中尉、枢密宴，酒酣，茂贞及韩全诲亡去。上问韦贻范："朕何以巡幸至此？"对曰："臣在外不知。"固问之，不对。上曰："卿何得于朕前妄语云不知？"又曰："卿既以非道取宰相，当于公事如法，若有不可，必准故事。"怒目视之，微言曰："此贼兼须杖之二十。"顾谓韩偓曰："此辈亦称宰相！"贻范屡以大杯献上，上不即持，贻范举杯直及上颐。

【译文】三月，庚戌日（初四），昭宗李晔和李茂贞以及宰相、学士、中尉、枢密等人宴饮集会，喝酒喝到酣畅之时，李茂贞和韩全诲离开宴席。昭宗问韦贻范："朕为什么巡幸到此地呢？"韦贻范回答说："臣在外地不清楚此事。"昭宗一再追问他，韦贻范不敢回答。昭宗李晔说："你怎么能够在朕面前撒谎说不清楚呢？"又说："你已经用不正当的手段获得宰相的职位，凡是公事都要按照国法处理；如果有处理不得当的，朕一定会按照惯例废黜。"说完，怒气冲冲地瞪着他，然后又小声说："这个贼子再另外打他二十大板。"回头看着韩偓说："这种人也担任了宰相。哼！"韦贻范多次拿大酒杯献酒给昭宗喝，昭宗没有立即来拿，韦贻范就把酒杯直接送到昭宗的嘴边。

【乾隆御批】 昭宗时当播迁，国势危如垒卵，尚尔荒嬉自恣，酣宴无仪，以致贻范举杯及颐，荡然闲检之外。所谓君不君，臣不臣，益促其覆亡而已。

【译文】 昭宗当时正在四处迁移、奔波不定，国势危如垒卵，尚且荒嬉放纵，恣意饮宴毫无威仪，以致韦贻范竟敢把酒杯举到昭宗的脸上，君臣的节制荡然无存。这种所谓的君不君、臣不臣的局面，只会更快地促使其灭亡罢了。

戊午，氏叔琮、朱友宁进攻李嗣昭、周德威营。时汴军横陈十里，而河东军不过数万，深入敌境，众心恟惧。德威出战而败，密令嗣昭以后军先去，德威寻引骑兵亦退。叔琮、友宁长驱乘之，河东军惊溃，禽克用子廷鸾，兵仗辎重委弃略尽。朱全忠令叔琮、友宁乘胜遂攻河东。

【译文】 戊午日（十二日），氏叔琮、朱友宁进兵征讨李嗣昭、周德威。这时，汴州的军阵横向排列，绵延了十里路之远，而河东的军队不过几万人罢了，深入敌人境内，众人心中害怕。周德威出战失败，暗中命令李嗣昭率领后军先行撤退，周德威马上率领骑兵也后退。氏叔琮、朱友宁率领军队长驱追击，生擒了李克用的儿子李廷鸾，河东军队惊慌溃逃，兵器粮草等物几乎全部丢弃。朱全忠命令氏叔琮、朱友宁乘胜进兵攻打河东。

李克用闻嗣昭等败，遣李存信以亲兵逆之，至清源，遇汴军，存信走还晋阳。汴军取慈、隰、汾三州。辛酉，汴军围晋阳，营于晋祠，攻其西门。周德威、李嗣昭收馀众依西山得还。城中兵未集，叔琮攻城甚急，每行围，褒衣博带，以示闲暇。

克用昼夜乘城，不得寝食。召诸将议走保云州，李嗣昭、李嗣源、周德威曰："儿辈在此，必能固守。王勿为此谋摇人心！"李存信曰："关东、河北皆受制于朱温，我兵寡地蹙，守此孤城，彼筑垒穿堑环之，以积久制我，我飞走无路，坐待困毙耳。今事势已急，不若且入北虏，徐图进取。"嗣昭力争之，克用不能决。刘夫人言于克用曰："存信，北川牧羊儿耳，安知远虑！王常笑王行瑜轻去其城，死于人手，今日反效之邪！且王昔居达靼，几不自免。赖朝廷多事，乃得复归。今一足出城，则祸变不测，塞外可得至邪！"克用乃止。居数日，溃兵复集，军府浸安。克用弟克宁为忻州刺史，闻汴寇至，中涂复还晋阳，曰："此城吾死所也，去将何之！"众心乃定。

【译文】 李克用听说李嗣昭等人战败，派遣李存信率领亲兵去与汴军交战，到了清源，与汴军相遇，李存信逃回晋阳；汴军占据了慈州、隰州、汾州三地。辛酉日（十五日），汴军包围晋阳，在晋祠安营扎寨，攻打晋阳的西门。周德威、李嗣昭聚集余众，沿着西山才得以返回晋阳。晋阳城中的军队还没有集合在一起，氏叔琮攻城特别急迫，每次巡视围城的军队，总是宽袍大带，借以展示悠闲的姿态。

李克用从早到晚登城守卫，没有工夫吃饭、睡觉。召集各将领商议退保云州，李嗣昭、李嗣源、周德威说："儿子在此，一定能坚决防守。您不要做退守云州的打算让军心动摇！"李存信说："关东、河北都受到朱温控制，我们兵力匮乏，地方狭小，据守此孤城，他们绕着城修筑营垒，挖掘壕沟，用长期围攻的办法控制我们，我们上天没有路，坐等被困死罢了！今天形势已经非常紧急了，我们不如暂且前往北方，慢慢地来谋划收复的方法。"李嗣昭极力辩论此事，李克用不能决断。刘夫人对李克用说："李存信不过是北川的一个放羊娃罢了，哪里知道什么长远之计呢！您常嘲笑王行瑜草率弃城而逃，最终死在了敌人之手，现在反而要效法他吗？况且大王以前在鞑靼居住，几乎不能幸免于难，依仗朝廷里正值多事之秋，才能够再回来。现在，只要我们一离开守城，就会有难以估计到的灾祸变乱，哪里能够到达塞外呢！"李克用这才打消了退守的念头。过了几天，溃散的士兵又聚集起来，军府才逐渐安定下来。李克用的弟弟李克宁担任忻州刺史，听说汴州军队来到，途中又返回晋阳，说："此城是我战死之地，离开了此城，我要到哪里去呢！"军心这才安定下来。

壬戌，朱全忠还河中，遣朱友宁将兵西击李茂贞，军于兴平、武功之间。李嗣昭、李嗣源数将敢死士夜入氏叔琮营，斩首捕虏，汴军惊扰，备御不暇。会大疫，丁卯，叔琮引兵还。嗣昭与周德威将兵追之，及石会关，叔琮留数马及旌旗于高冈之巅。嗣昭等以为有伏兵，乃引去，复取慈、隰、汾三州。自是克用不敢与全忠争者累年。

【译文】壬戌日（十六日），朱全忠返回河中，派遣朱友宁率领军队向西攻打李茂贞，在兴平、武功驻扎军队。李嗣昭、李嗣源多次率领视死如归的壮士，在夜里进入氏叔琮的军营，杀死士兵，擒住俘虏，汴州士兵惊慌吵嚷，防备抵御没有多余的时间。又遇上当地发生严重的瘟疫，丁卯日（二十一日），氏叔琮率领军队撤走。李嗣昭与周德威率兵追击，追到石会关时，氏叔琮在高坡顶上留下了几匹马以及旌旗。李嗣昭等以为有埋伏的士兵，于是领兵撤退。再次攻取慈、隰、汾三个州。从此，李克用好几年不敢再与朱全忠相争。

克用以使引咨幕府曰："不贮军食，何以聚众？不置兵甲，何以克敌？不修城池，何以扞御？利害之间，请垂议度。"掌书记李袭吉献议，略曰："国富不在仓储，兵强不由众寡，人归有德，神固害盈。聚敛宁有盗臣，苛政有如猛虎，所以鹿台将散，周武以兴；齐库既焚，晏婴入贺。"又曰："伏以变法不若养人，改作何如旧贯！韩建蓄财无数，首事朱温；王珂变法如麻，一朝降贼；中山城非不峻，蔡上兵非不多；前事甚明，可以为戒。且霸国无贫主，强将无弱兵。伏愿大王崇德爱人，去奢省役，设险固境，训兵务农。定乱者选武臣，制理者选文吏，钱谷有句，刑法有律。诛赏由我，则下无威福之弊；近密多正，则人无谮谤之忧。顺天时而绝欺诬，敬鬼神而禁淫祀；则不求富而国富，不求安而自安。外破元凶，内康疲俗，名高五霸，道冠八元。至于率闾阎，定间架，增曲蘖，检田畴，开国建邦，恐未为切。"

【译文】李克用以节度使文书向幕府僚佐咨询，说："不储备军粮，如何召集士兵呢？不购置兵器、铠甲，如何攻克敌人呢？不修筑城池，如何防御抵抗呢？在利和害之间，请商讨权衡此事！"掌书记李袭吉进献计策，大意是说："国家富裕不在仓库储备有多少，兵力强大不在士兵数目有多少，百姓归附有德行的君主，鬼神本来会降灾给骄傲自满的人。与其有聚财搜刮的官吏，不如有盗窃国家钱财的臣子，残酷的政治就好像吃人的猛虎一般，所以散发鹿台的钱财，周武王从此兴盛起来；齐国的仓库被大火焚烧，晏婴入朝祝贺！"又说："说到要改变治国的策略，不如培养人才，要改变作风，哪里能遵照原先的旧例？韩建蓄积的钱财，无法计数，但却都拿去侍奉朱温；王珂改变旧法也很繁多，却突然就投降了贼寇；中山的城墙不是不险峻难攻，蔡上的士兵不是不够充足；以前发生的事情是清楚明了的，可以作为警戒啊！况且，称霸诸侯的国家没有穷困的国君，强将的手下没有胆小的士兵。希望大王您崇尚德政，爱护万民；摒弃骄奢，减省徭役；设置要冲，稳固边防；训练军队，致力农业生产。平定动乱可选任武官，治理政事可选任文吏，钱谷出纳都要有登记在簿册上，判刑执法要有律法依据。生杀赏罚大权由自己控制，那么下边的将领就没有作威作福的弊端了；身边亲近的人多是正人君子，那么人们就没有遭受诬陷诋毁的担忧。依顺天道的运行而断绝欺诈、污蔑，敬事鬼神却禁止不正当的祭祀，那么，虽然不祈求富足，国家也自然会很富庶，不祈求安定，国家也自然会安定下来啊！对外可以打败元凶祸首，对内可以振兴颓废习俗，名声超过春秋五霸，道义冠于上古八元，至于计算里巷人口数目，规定房产税收，增加酒税，检查田地，这些对于开创国家，恐怕不是急迫的事情吧！"

克用亲军皆沙陀杂虏，喜侵暴良民，河东甚苦之。其子存勖以为言，克用曰："此辈从吾攻战数十年，比者帑藏空虚，诸军卖马以自给。今四方诸侯皆重赏以募士，我若急之，则彼皆散去矣，吾安与同保此乎！俟天下稍平，当更清治之耳。"存勖幼警敏，有勇略，克用为朱全忠所困，封疆日蹙，忧形于色。存勖进言曰："物不极则不返，恶不极则不亡。朱氏恃其诈力，穷凶极暴，吞灭四邻，人怨神怒。今又攻逼乘舆，窥觊神器，此其极也，殆将毙矣！吾家代袭忠贞，势穷力屈，无所愧心。大人当遵养时晦以待其衰，奈何轻为沮丧，使群下失望乎！"克用悦，即命酒奏乐而罢。

【译文】 李克用的亲兵都是沙陀部族里的胡人，喜欢侵犯残害平民百姓，河东的百姓感到特别痛苦。他的儿子李存勖把此事禀告了李克用，李克用说："这些人跟随我攻打、征讨数十年，最近库房里的财货都用尽了，各路军队都靠卖马匹来维持供给；今天四方的诸侯都用丰厚的奖赏来招募士兵，我如果逼急了他们，那么他们都要逃散，我怎么和他们共同保卫这一个基业呢！等到天下逐渐安定了，应该再肃清治理罢了。"李存勖幼年的时候非常机灵聪敏，很勇猛，有谋略，李克用被朱全忠围困，受封的疆域日益缩小，忧虑浮现在脸上。李存勖进言说："事物没有发展到极点就不会走向它的反面，坏人没有到极点就不会灭亡。朱全忠依仗奸诈和武力，穷凶极恶，吞并灭掉四邻，百姓怨恨无比，天神共愤。今又进攻逼迫皇上，窥视帝位，这就说明他走到极点了，将要灭亡了！我们家世代忠贞相继，今天虽然形势艰难，力量也比不上他，但是我们无愧于心。父王应该率领百姓，暂时隐居，来等待他衰弱疲惫之时；为何要轻易地失望灰心，让部众们也失望呢？"李克用听了很高兴，立即命令人摆设酒宴，演奏音乐，然后才休息。

刘夫人无子，克用宠姬曹氏生存勖，刘夫人待曹氏加厚。克用以是益贤之，诸姬有子，辄命夫人母之。夫人教养，悉如所生。

上以左金吾将军李俨为江、淮宣谕使，书御衣赐杨行密，拜行密东面行营都统、中书令、吴王，以讨朱全忠。以朱瑾为平卢节度使，冯弘铎为武宁节度使，朱延寿为奉国节度使。加武安节度使马殷同平章事。淮南、宣翕湖南手道立功将士，听用都统牒承制迁补，然后表闻。俨，张濬之子也，赐姓李。

【译文】 刘夫人没有生下儿子；李克用的宠姬曹氏生下李

存勖，刘夫人对待曹氏更加优厚。李克用因此越发敬重刘夫人，各个姬妾有了孩子，就吩咐刘夫人做他们的母亲；刘夫人教养他们，都像对待亲生儿子一般。

昭宗李晔任命左金吾将军李俨为江、淮宣谕使，亲笔写字在衣服上赐给杨行密，任命杨行密为东面行营都统、中书令、吴王，以便征讨朱全忠。任命朱瑾为平卢节度使，任命冯弘铎为武宁节度使，任命朱延寿为奉国节度使。加封武安节度使马殷为同平章事。淮南、宣歙、湖南等道立功的将士们，听任杨行密用行营都统牒文，以秉承皇帝旨意的名义来迁升补官，然后再上表奏请此事。李俨是张濬的儿子，赐姓李。

夏，四月，丁酉，崔胤自华州诣河中，泣诉于朱全忠，恐李茂贞劫天子幸蜀，宜以时迎奉，势不可缓。全忠与之宴，胤亲执板，为全忠歌以侑酒。

辛丑，回鹘遣使入贡，请发兵赴难，上命翰林学士承旨韩偓答书许之。乙巳，偓上言："戎狄兽心，不可倚信。彼见国家人物华靡，而城邑荒残，甲兵雕弊，必有轻中国之心，启其贪婪。且自会昌以来，回鹘为中国所破，恐其乘危复怨。所赐可汗书，宜谕以小小寇窃，不须赴难，虚愧其意，实沮其谋。"从之。

【译文】夏季，四月，丁酉日（二十一日），崔胤从华州到河中去，向朱全忠悲泣哭诉，担心李茂贞胁迫昭宗李晔到西蜀去，应该及时迎驾东归，情势已经不许再延缓了。朱全忠与崔胤畅饮，崔胤亲自拿着拍板，为朱全忠唱歌劝酒。

辛丑日（二十五日），回鹘派遣使者入朝进贡，请求派遣军队来救援国难；昭宗李晔命令翰林学士承旨韩偓回信准许他们的请求。乙巳日（二十九日），韩偓向昭宗报告说："戎狄有野兽一般的心思，是不可以依靠信赖的。当他看到我们国家的百姓过着骄奢华丽的生活，但是城邑荒废残破，铠甲士兵如残花般地凋零破败，必定有轻视国家之心，从而引起他们贪得无厌的念头。况且自会昌年间以来，回鹘被朝廷打败，恐怕他们会趁此危难报复旧仇。赐给回鹘可汗的书信，应该劝导他们，小小的贼寇闹事，不需要他们前来救援，表面上感谢他们的好意，实际上是阻止他们的图谋啊！"昭宗听从了他的建议。

兵部侍郎参知机务卢光启罢为太子太保。

杨行密遣顾全武归杭州以易秦裴，钱镠大喜，遣裴还。

汴将康怀贞击凤翔将李继昭于莫谷，大破之。继昭，蔡州人也，本姓符，名道昭。

【译文】 兵部侍郎参知机务卢光启被罢免职务，改任太子太保。

杨行密遣送顾全武返回杭州，以便交换秦裴；钱镠大为喜悦，把秦裴送了回去。

汴州将领康怀贞在莫谷进攻凤翔将领李继昭，大破凤翔军队。李继昭是蔡州人，本来姓符，名为道昭。

五月，庚戌，温州刺史朱褒卒，兄敖自称刺史。

凤翔人闻朱全忠且来，皆惧，癸丑，城外居民皆迁入城。己未，全忠将精兵五万发河中，至东渭桥，遇霖雨，留旬日。

庚午，工部侍郎、同平章事韦贻范遭母丧，宦官荐翰林学士姚洎为相。洎谋于韩偓，偓曰："若图永久之利，则莫若未就为善；倘出上意，固无不可。且汴军旦夕合围，孤城难保，家族在东，可不虑乎！"洎乃移疾，上亦自不许。

镇海、镇东节度使彭城王钱镠进爵越王。

【译文】五月，庚戌日（初五），温州刺史朱褒去世，他的哥哥朱敖自称为刺史。

凤翔人听说朱全忠要来进攻，都很恐惧；癸丑日（初八），城外居民都迁往城中。己未日（十四日），朱全忠率领五万精锐士兵从河中进发，到达东渭桥，正赶上连绵大雨，留驻了十天。

庚午日（二十五日），工部侍郎、（同）平章事韦贻范的母亲去世，宦官推荐翰林学士姚洎担任宰相。姚洎跟韩偓商议谋划此事，韩偓说："如果考虑长远的利益，那么不如推辞不要去赴任；如果是出自陛下的主意，本来没有什么不行的。况且汴州军队早晚就要围攻，孤城难以守卫，你的家族都居住在东边，怎么可以不考虑呢！"姚洎于是移交职位称病归家，结果昭宗李晔也没有同意姚洎担任宰相。

镇海、镇东节度使彭城王钱镠，被进封爵位为越王。

【乾隆御批】执板侑酒，纲常扫地。岂有位居宰辅，而甘于贼前献媚乞怜若此乎。羞恶之心既亡，尚复何以自立？无怪其误国而兼以殒身也。

【译文】崔胤亲自执板劝酒，致使纲常扫地。怎么有位居宰辅而甘心在反贼面前献媚乞怜到这种地步的呢？既然已没了羞耻之心，还如何谈自立？无怪他既误国又丧命了。

六月，丙子，以中书舍人苏检为工部侍郎、同平章事。时韦贻范在草土，荐检及姚洎于李茂贞。上既不用洎，茂贞及宦官恐上自用人，协力荐检，遂用之。

丁丑，朱全忠军于虢县。

【译文】六月，丙子日（初二），昭宗李晔任命中书舍人苏检为工部侍郎、同平章事。这时，韦贻范仍然在居丧期间，向李茂贞举荐苏检和姚洎。昭宗没有任用姚洎，李茂贞及宦官担心昭宗自己任用人才，齐心协力推举苏检，于是朝廷任用了苏检。

丁丑日（初三），朱全忠在虢县驻扎军队。

武宁节度使冯弘铎介居宣、杨之间，常不自安，然自恃楼船之强，不事两道。宁国节度使田頵欲图之，募弘铎工人造战舰，工人曰：“冯公远求坚木，故其船堪久用，今此无之。”頵曰：“第为之，吾止须一用耳。”弘铎将冯晖、颜建说弘铎先击頵，弘铎从之，帅众南上，声言攻洪州，实袭宣州也。杨行密使人止之，不从。辛巳，頵帅舟师逆击于葛山，大破之。

【译文】武宁节度使冯弘铎在宣州和扬州之间居住，经常有不安全的感觉；然而依仗自己有强大的楼船战舰，因此不服侍宣州、扬州两道。宁国节度使田頵想要图谋冯弘铎，招募冯弘铎的工人来制造战舰，工人说：“冯公在远处找来坚实的木料，所以他的战船能够保持长久，现在这里也没有那些木料啊！”田頵说：“你只管去修造好了，我只需要用一次就够啦！”冯弘铎的部将冯晖、颜建劝说冯弘铎先去进攻田頵，冯弘铎听从了他们的建议，率领部众南进，扬言说进攻洪州，实际上却去偷袭宣州。杨行密派人阻止他，冯弘铎没有听从。辛巳日（初七），田頵率领水军在葛山迎击，把冯弘铎的军队打得惨败。

甲申，李茂贞大出兵，自将之，与朱全忠战于虢县之北，大败而还，死者万馀人。丙戌，全忠遣其将孔勍出散关攻凤州，拔之。丁亥，全忠进军凤翔城下。全忠朝服向城而泣，曰：“臣但欲迎车驾还宫耳，不与岐王角胜也。"遂为五寨环之。

冯弘铎收馀众沿江将入海，杨行密恐其为后患，遣使犒军，且说之曰："公徒众犹盛，胡为自弃沧海之外！吾府虽小，足以容公之众，使将吏各得其所，如何？"弘铎左右皆恸哭听命。弘铎至东塘，行密自乘轻舟迎之，从者十馀人，常服，不持兵，升弘铎舟，慰谕之，举军感悦。署弘铎淮南节度副使，馆给甚厚。

【译文】甲申日（初十），李茂贞大举发动军队，亲自统率，与朱全忠在虢县的北边交战，结果惨败而归，死了一万多人。丙戌日（十二日），朱全忠派遣他的部将孔勍从散关出发，进攻凤州，把它攻克了。丁亥日（十三日），朱全忠进兵到凤翔城下。朱全忠穿着朝服对着凤翔城落泪，说："我只想迎接皇上车驾回宫，没想与岐王较量胜负啊！"于是，围绕凤翔城安设五座营寨。

冯弘铎聚集残余的兵马，沿江顺流而下，打算入海，杨行密担心他会成为自己的后患，派遣使者慰劳军队，并且告诉他说："您的军队还很强大，为什么要把自己弃置在海中呢！我的府舍虽然不算大，但足够容纳您的军队，让将士们各得其所，怎么样呢？"冯弘铎身边的将士全都大哭，听从命令。冯弘铎到达东塘，杨行密亲自乘轻便小船迎接他，有十几个人跟随他，穿着便服，没有带兵器，登上冯弘铎的船，安慰劝导他，全军激动欢喜。杨行密任命冯弘铎为淮南节度副使，供给他的食宿等条件都非常优厚。

初，弘铎遣牙将丹徒尚公迺诣行密求润州，行密不许。公乃大言曰："公不见听，但恐不敌楼船耳。"至是，行密谓公乃曰："颇记求润州时否？"公迺谢曰："将吏各为其主，但恨无成耳。"行密笑曰:"尔事杨叟如冯公,无忧矣!"

行密以李神福为升州刺史。

杨行密发兵讨朱全忠,以副使李承嗣权知淮南军府事。军吏欲以巨舰运粮,都知兵马使徐温曰:"运路久不行,葭苇埋塞,请用小艇,庶几易通。"军至宿州,会久雨,重载不能进,士有饥色,而小艇先至,行密由是奇温,始与议军事。行密攻宿州,久不克,竟以粮运不继引还。

【译文】起初,冯弘铎派遣牙将丹徒人尚公乃到杨行密那里求取润州时,杨行密没有答应他的请求。尚公乃大声叫嚷道:"您如果不肯听从的话,恐怕会抵挡不住我们的楼船战舰!"到了这时,杨行密对尚公乃说:"你还记得当初请求润州时的情形吗?"尚公乃谢罪说:"将吏各为其主,只是遗憾事情没有成功罢了。"杨行密大笑说:"你对待我如果能像侍奉冯公一样,就没有什么忧虑的了。"

杨行密任命李神福为升州刺史。

杨行密派遣士兵征讨朱全忠,任命副使李承嗣代理淮南节度使府中的事务。军中的官吏想要用大船运送粮食,都知兵马使徐温说:"水路已经很长时间不通行了,蒹葭、芦苇将航道堵住了,请使用小船运输,或许比较容易通过!"军队抵达宿州,正遇上下雨不停,装载的大船不能行进,兵士都面黄肌瘦,然而小艇先到达了。杨行密因此很欣赏徐温,开始与他商议军事。杨行密攻打宿州,没有攻克,最终因为粮食运送跟不上而撤军。

秋,七月,孔勍取成、陇二州,士卒无斗者。至秦州,州人城守,乃自故关归。

韦贻范之为相也,多受人赂,许以官。既而以母丧罢去,日为债家所噪。亲吏刘延美，所负尤多，故汲汲于起复，日遣人诣两中尉、枢密及李茂贞求之。甲戌，命韩偓草贻范起复制，偓曰："吾腕可断，此制不可草！"即上疏论贻范遭忧未数月，遽令起复，实骇物听，伤国体。学士院二中使怒曰："学士勿以死为戏！"偓以疏授之，解衣而寝，二使不得已奏之。上即命罢草，仍赐敕褒赏之。八月，乙亥朔，班定，无白麻可宣。宦官喧言韩侍郎不肯草麻，闻者大骇。茂贞入见上曰："陛下命相而学士不肯草麻，与反何异！"上曰："卿辈荐贻范，朕不之违，学士不草麻，朕亦不之违。况彼所陈，事理明白，若之何不从！"茂贞不悦而出，至中书，见苏检曰："奸邪朋党，宛然如旧。"扼腕者久之。贻范犹经营不已，茂贞语人曰："我实不知书生礼数，为贻范所误，会当于邠州安置。"贻范乃止。刘延美赴井死。

【译文】秋季，七月，孔勍占据了成、陇两个州，士兵没有经过作战就占领了。到了秦州，州人据守城池，于是孔勍从故关返回。

韦贻范担任宰相的时候，收受了很多人的贿赂，许诺人家担任官职；没有多久，因为母亲去世，辞去官职回家，每天讨债的人都来喧嚷骚扰。亲吏刘延美，负债特别多，所以对韦贻范的起任再用特别急切，每天命人拜见两中尉、枢密及李茂贞，向他们请求。甲戌日（疑误），昭宗李晔命令韩偓草拟起用韦贻范的诏书，韩偓说："我的手腕可以断，这诏书不能草拟！"然后，韩偓马上上疏辩论，说韦贻范为母守丧没有几个月，突然起用他，确实让人震惊，有损国体啊。左军中尉韩全诲等派往监视学士院的两个中使气愤地说："韩学士不能拿死来开玩笑啊。"韩偓把论疏交给他们，脱下衣服，睡觉去了；两个中使不得已才把奏疏进呈昭宗。昭宗立即命令停止起草诏令，并赐给韩偓敕令，褒扬赏赐他。八月,乙亥朔日(初二,八月朔日为甲戌日),百官排列在朝,没有诏书可以宣布,宦官喧嚷说是韩侍郎不肯草拟诏书,听到的人都特别震惊。李茂贞入内面见昭宗,说:"陛下任命宰相而学士不肯草拟诏书,这与叛乱有什么区别呢!"昭宗说:"你们举荐韦贻范,朕没有违背你们的意思;学士不草拟诏书,朕也不能违背他的意思。况且他所陈述的情况,事理清楚,怎么能不依从他呢?"李茂贞很不高兴地退下了,到了中书省,看到苏检,说:"奸恶邪佞的人结成朋党,依然像以前一样。"之后扼腕叹息。韦贻范仍然筹划图谋不止,李茂贞对人说:"我实在不知道读书人的礼仪制度,才会被韦贻范所误,应该在邠州另外安置他。"韦贻范这才停止了活动。刘延美投井自杀。

【申涵煜评】 上在凤翔重围中,此时宰相如鬼朴耳。贻范居母忧,以纳贿债逼,营求起复不已。小人之于富贵利达如蝇之逐臭,蛾之投火,虽性命有所不顾,殆将死矣。

【译文】 唐肃宗在凤翔的重重包围中,当时的宰相就如同鬼朴一样,形同虚设。韦贻范在母亲去世后,还收受贿赂向人逼债,不断地反复营求。小人们对于升官发财像苍蝇逐臭,飞蛾扑火,连生命也不顾,也就离死不远了。

保大节度使李茂勋将兵屯三原,救李茂贞。朱全忠遣其将康怀英、孔勍击之,茂勋遁去。茂勋,茂贞之从弟也。

初,孙儒死,其士卒多奔浙西,钱镠爱其骁悍,以为中军,号武勇都。行军司马杜稜谏曰:"狼子野心,他日必为深患,请以土人代之。"不从。

【译文】 保大节度使李茂勋率领士兵在三原屯驻,以便援助李茂贞；朱全忠派遣他的将领康怀贞、孔勍攻打他，李茂勋逃走。李茂勋是李茂贞的堂弟。

起初，孙儒死的时候，他的士兵大多数逃到浙西，钱镠欣赏他们的英勇剽悍，让他们担任中军，号称武勇都。行军司马杜棱劝谏钱镠说："他们就如同野狼一般，极具野心，以后一定会成为大患的，请用浙西的本地士兵代替他们吧！"钱镠没有听从他的建议。

镠如衣锦军，命武勇右都指挥使徐绾帅众治沟洫；镇海节度副使成及闻士卒怨言，白镠请罢役，不从。丙戌，镠临飨诸将，绾谋杀镠于座，不果，称疾先出。镠怪之，丁亥，命绾将所部先还杭州。及外城，纵兵焚掠。武勇左都指挥使许再思以迎候兵与之合，进逼牙城。镠子传瑛与三城都指挥使马绰等闭门拒之，牙将潘长击绾，绾退屯龙兴寺。镠还，及龙泉，闻变，疾驱至城北，使成及建镠旗鼓与绾战，镠微服乘小舟夜抵牙城东北隅，逾城而入。直更卒凭鼓而寐，镠亲斩之，城中始知镠至。武安都指挥使杜建徽自新城入援，徐绾聚木将焚北门，建徽悉焚之。建徽，棱之子也。湖州刺史高彦闻难，遣其子渭将兵入援，至灵隐山，绾伏兵击杀之。

【译文】钱镠前往衣锦军，命令武勇右都指挥使徐绾率领士兵治理护城河道，镇海节度副使成及听到士兵的怨言，禀告钱镠，请求停止徭役，钱镠没有听从他的建议。甲戌日（初一），钱镠亲自宴请各位将领，徐绾暗中谋划在座位上击杀钱镠，没有成功，他声称有病先从宴席上退了下来。钱镠感到很奇怪，丁亥日（十四日），命令徐绾率领他的军队先返回杭州。徐绾抵达杭州外城，纵容士兵烧杀抢掠。武勇左都指挥使许再思率领迎候的军队，与徐绾会和，进逼节度使所居的牙城。钱镠的儿子钱传瑛与三城都指挥使马绰等闭门抗拒，牙将潘长攻击徐绾，徐绾撤退在龙兴寺驻扎军队。钱镠返回杭州，抵达龙泉，听说军队作乱，上马奔驰到杭州城北，派成及竖起钱镠的旗鼓与徐绾交战；钱镠改穿平民的衣服，乘小舟在夜里潜入牙城的东北角，翻越城墙进入城内。打更的士兵靠着鼓休息，钱镠亲自把他杀死，城中的人才知道钱镠已经来了。武安都指挥使杜建徽从新城前来救援，徐绾聚集了很多木头准备烧毁北门，杜建徽把这些木头都焚烧一空。杜建徽是杜棱的儿子。湖州刺史高彦听说徐绾等叛乱，派遣他的儿子高渭率兵来杭州援助，到了灵隐山，徐绾埋伏的军队把他杀死。

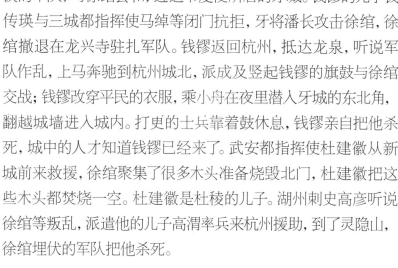

　　初，镠筑杭州罗城，谓僚佐曰："十步一楼，可以为固矣。"掌书记馀杭罗隐曰："楼不若皆内向。"至是人以隐言为验。

　　庚戌，李茂贞出兵夜袭奉天，虏汴将倪章、邵棠以归。乙未，茂贞大出兵，与朱全忠战，不胜，暮归，汴兵追之，几入西门。

　　己亥，再起复前户部侍郎、同平章事韦贻范，使姚洎草制。贻范不让，即表谢，明日，视事。

　　【译文】起初，钱镠修建杭州的罗城时，告诉幕僚佐吏，说："城墙上每十步就设有一个可以瞭望的敌楼，这样来看，可以算得上坚固了吧！"掌书记余杭人罗隐说："罗城的敌楼不全都向内修筑。"到这时，人们都认为罗隐说的话应验了。

　　庚戌日（八月无此日），李茂贞在夜晚率领军队偷袭奉天，俘获汴州将领倪章、邵棠。乙未日（二十二日），李茂贞大举出动军队，跟朱全忠交战，没有战胜；到了晚上，士兵才退回，汴州军队追击他们，差点儿攻取凤翔城的西门。

己亥日（二十六日），朝廷再次起用前户部侍郎、同平章事韦贻范，任命姚洎草拟诏书。韦贻范也没有推辞，立即上表谢恩，第二天就到职处理公务。

西川兵请假道于兴元，山南西道节度使李继密遣兵戍三泉以拒之。辛丑，西川前锋将王宗播攻之，不克，退保山寨。亲吏柳修业谓宗播曰："公举族归人，不为之死战，何以自保？"宗播令其众曰："吾与汝曹决战取功名；不尔，死于此！"遂破金牛、黑水、西县、褒城四寨。军校秦承厚攻西县，矢贯左目，达于右目，镞不出。王建自舐其创，脓溃镞出。王宗播攻马盘寨，继密战败，奔还汉中。西川军乘胜至城下，王宗涤帅众先登，遂克之，继密请降，迁于成都。得兵三万，骑五千，宗涤入屯汉中。王建曰："继密残贼三辅，以其降，不忍杀。"复其姓名曰王万弘，不时召见诸将陵易之。万弘终日纵酒，俳优辈亦加戏诮。万弘不胜忧愤，醉投池水而卒。

【译文】 西川的军队向兴元请求借路，以便努力去做朝廷命令的事情，山南西道节度使李继密派遣士兵戍守三泉进行抵御；辛丑日（二十八日），西川的前锋将领王宗播攻打三泉，没有攻克，退守山上的营寨。亲吏柳修业对王宗播说："您全族都归降了王建，不为他死命效力，用什么保全自己呢？"王宗播命令他的军队说："我与你们一起与敌人决一死战，取得功名；否则，就会死在这里！"于是，王宗播很快攻取了金牛、黑水、西县、褒城西寨。军校秦承厚进攻西县，敌人的箭穿过他的左眼，直到右耳，箭头拔不出来。王建亲自用舌头为他舔伤口，脓血四流，箭头随即掉出。王宗播又率军进攻马盘寨，李继密战败，逃返汉中。西川的军队乘胜到达汉中城下，王宗涤率领军队首先登城，于是攻克了汉中，李继密请求投降，王宗播将他迁往成都；西川获得三万士兵，五千骑兵，王宗涤率军入驻汉中城。王建说："李继密残害京畿三辅地区，但因为他已经投降，不忍心将他处死。"于是恢复李继密原来的姓名为王万弘，随时召见他，西川诸将都欺辱、看不起他。王万弘整天放纵喝酒，连戏子艺人都嘲笑、戏弄他；王万弘心里十分忧愁郁闷，不久，酒醉后掉进水池淹死了。

诏以王宗涤为山南西道节度使。宗涤有勇略，得众心，王建忌之。建作府门，绘以朱丹，蜀人谓之"画红楼"，建以宗涤姓名应之，王宗佶等疾其功，复构以飞语。建召宗涤至成都，诘责之，宗涤曰："三蜀略平，大王听谗，杀功臣可矣。"建命亲随马军都指挥使唐道袭夜饮之酒，缢杀之，成都为之罢市，连营涕泣，如丧亲戚。建以指挥使王宗贺权兴元留后。道袭，阆州人也，始以舞童事建，后浸预谋画。

【译文】昭宗李晔下诏任命王宗涤为山南西道节度使。王宗涤非常勇猛、有谋略，深受部众拥护，王建嫉妒他。王建建造节度使府的大门时，用朱丹染绘大门，蜀人管它叫"画红楼"，王建认为这与王宗涤的原名"华洪"相应和；王宗佶等妒忌王宗涤的战功，又制造一些流言蜚语来诋毁他。于是，王建召王宗涤来成都，斥责他。王宗涤说："三蜀大致被剿平了，大王听信奸诈小人的谗言，可以杀功臣了。"王建命令亲随马军都指挥使唐道袭在晚上与王宗涤喝酒，然后用绳子勒死了他，成都商民为此罢市，全军士兵伤心落泪，就像自己的亲戚死了一样。王建派指挥使王宗贺代理兴元留后。唐道袭是阆州人，最初，是以舞童的身份服侍王建，后来逐渐参与军事谋划。

　　九月，乙巳，朱全忠以久雨，士卒病，召诸将议引兵归河中，亲从指挥使高季昌、左开道指挥使刘知俊曰："天下英雄，窥此举一岁矣。今茂贞已困，奈何舍之去！"全忠患李茂贞坚壁不出，季昌请以谲计诱致之。募有能入城为谍者，骑士马景请行，曰："此行必死，愿大王录其妻子。"全忠恻然止之，景不可。时全忠遣朱友伦发兵于大梁，明日将至，当出兵迓之。景请因此时给骏马杂众骑而出，全忠从之，命诸军皆秣马饱士。丁未旦，偃旗帜潜伏，无得妄出，营中寂如无人。景与众骑皆出，忽跃马西去，诈为逃亡，入城告茂贞曰："全忠举军遁矣，独留伤病者近万人守营，今夕亦去矣，请速击之！"于是，茂贞开门，悉众攻全忠营，全忠鼓于中军，百营俱出，纵兵击之，又遣数百骑据其城门，凤翔军进退失据，自蹈藉，杀伤殆尽。茂贞自是丧气，始议与全忠连和，奉车驾还京，不复以诏书勒全忠还镇矣。全忠表季昌为宋州团练使。季昌，硖石人，本朱友恭之仆夫也。

　　【译文】九月，乙巳日（初二），朱全忠因为长时间下雨，士兵又生病，召集各位将领商议准备率领军队返回河中。河中的亲近随从指挥使高季昌、左开道指挥使刘知俊说："天下的英雄，眼睁睁地盼望我们征讨李茂贞已经一年了；现在李茂贞已经困窘不堪，为什么要放弃这里返回河中！"朱全忠担心李茂贞坚决守城不出来应战，高季昌请求用欺骗的方法引诱他出兵。于是招募能够潜入城中担任间谍的人，骑士马景请求前去，说："此去我毫无疑问会死，希望大王能收养照顾我的妻子儿女。"朱全忠感到伤心哀痛，阻止他去，马景没有同意。当时，朱全忠派遣朱友伦从大梁调发军队，第二天将会抵达，应当派遣士兵去迎接他们。马景请求借此时机给他一匹骏马，在众骑兵里头混杂着跑出去，朱全忠听从了他的请求，命令各路军队把马匹喂饱，士兵们吃饱了饭，等待命令。丁未日（初四）的早晨，朱全忠命令将士将大旗放倒，秘密设下埋伏，营中寂静得好像没人一样。马景和众骑兵都从营中出来，突然他跃马向西奔驰，假装逃走的样子，进入凤翔城内向李茂贞禀告说："朱全忠全军都逃跑了，只留下将近一万名受伤生病的士兵在防守军营，今晚也要逃走，请您迅速攻打他们！"于是，李茂贞打开城门，率领所有的部众去进攻朱全忠的军营；朱全忠在中军敲打战鼓，所有的士兵都出动，纵兵攻打他们，又派遣几百名骑兵攻占凤翔的城门，凤翔的军队进退不得，自相踩踏，有的被杀，有的受伤，几乎全军覆没。李茂贞从此灰心丧气，开始商议与朱全忠讲和，送天子返回京师，不再用诏书命令朱全忠返回藩镇了。朱全忠上表奏请任命高季昌为宋州团练使。高季昌是硖石人，他原本是服侍朱友恭的仆人。

戊申，武定节度使李思敬以洋州降王建。

辛亥，李茂贞尽出骑兵于邻州就刍粮。壬子，朱全忠穿蚰蜒壕围凤翔，设犬铺、铃架以绝内外。

癸亥，以茂贞为凤翔、静难、武定、昭武四镇节度使。

【译文】戊申日（初五），武定节度使李思敬以洋州向王建投降。

辛亥日（初八），李茂贞派出全部的骑兵前往相邻的各州去寻觅草料和粮食。壬子日（初九），朱全忠挖掘像蚯蚓爬地形状的堑壕来包围凤翔，设置由猎狗守卫的犬铺、挂着铃铛的铃架，以断绝城内外的联络。

癸亥日（二十日），昭宗李晔任命李茂贞为凤翔、静难、武定、昭武四镇的节度使。

或劝钱镠渡江东保越州，以避徐、许之难。杜建微按剑叱之曰："事或不济，同死于此，岂可复东度乎！"

镠恐徐绾等据越州，遣大将顾全武将兵戍之。全武曰："越州不足往，不若之广陵。"镠曰："何故？"对曰："闻绾等谋诏田頵，田頵至，淮南助之，不可敌也。"建徽曰："孙儒之难，王尝有德于杨公，今往告之，宜有以相报。"镠命全武告急于杨行密，全武曰："徒往无益，请得王子为质。"镠命其子传璙微服为全武仆，与偕之广陵，且求婚于行密。过润州，团练使安仁义爱传璙清丽，将以十仆易之。全武夜半赂阍者逃去。

【译文】有人劝说钱镠渡过钱塘江，东去守护越州，以躲避徐绾、许再思大军的进攻。杜建徽用手按住剑柄，大声斥责那人道："事情如果不能成功，大家就一起死在这里，怎么能东渡呢？"

钱镠惧怕徐绾等人攻取越州，派遣大将顾全武率领士兵去那里防守。顾全武说："越州不值得驻守，不如前去广陵。"钱镠问道："这是什么缘故呢？"顾全武回答说："听说徐绾等人谋划召唤田頵；田頵一到，淮南军队再援助他，就不可抵挡了。"杜建徽说："孙儒发难的时候，您曾经对杨公施予恩德，现在前去求他应当会报答您。"钱镠派遣顾全武前往广陵向杨行密告急，顾全武说："两手空空前去没有用，请求把大王的儿子当作人质。"钱镠让他的儿子钱传璙扮作顾全武的奴仆，一起前往广陵，并且向杨行密请求结为婚姻。经过润州时，团练使安仁义见钱传璙的面貌清秀很是喜欢，打算用十个仆人来交换他；顾全武在半夜贿赂守门人逃走了。

绾等果召田頵，頵引兵赴之，先遣亲吏何饶谓镠曰："请大王东如越州，空府廨以相待，无为杀士卒！"镠报曰："军中叛乱，何方无之！公为节帅，乃助贼为逆。战则亟战，又何大言！"頵筑垒绝往来之道。镠患之，募能夺其地者赏以州。衢州制置使陈璋将卒三百出城奋击，遂夺其地，镠即以为衢州刺史。

顾全武至广陵，说杨行密曰："使田頵得志，必为王患。王召頵还，钱王请以子传璙为质，且求婚。"行密许之，以女妻传璙。

【译文】徐绾等人果然召来田頵，田頵率领士兵前往，首先派遣亲近的小吏何饶告诉钱镠说："请大王东去越州，让出节度使府来等待我们，我不会屠杀士兵！"钱镠答复他说："军队作乱，哪里没有这种事呢！您作为节度使，却助贼叛乱。要打就赶快打一仗，又何必说这些大话呢！"于是，田頵修筑堡垒，阻断来往的道路，钱镠为此很担忧，招募能够夺取田頵营垒的人，奖赏给他一个州。衢州制置使陈璋率领士兵三百人出城奋力攻打，就这样夺取了田頵修筑的营垒，钱镠立即任命他为衢州刺史。

顾全武抵达广陵，劝告杨行密说："如果田頵能实现心愿的话，必定会成为您的祸患。大王应该召回田頵，钱镠请求用他的儿子钱传璙作为人质，并且向您请求结为婚姻。"杨行密应允了，把女儿嫁给钱传璙。

冬，十月，李俨至扬州，杨行密始建制敕院，每有封拜，辄以告俨，于紫极宫玄宗像前陈制书，再拜然后下。

王建攻拔兴州，以军使王宗浩为兴州刺史。

戊寅夜，李茂贞假子彦询帅三团步兵奔于汴军。己卯，李彦韬继之。

【译文】冬季，十月，李俨抵达扬州，杨行密开始修建昭宗李晔诏命的制敕院，每当进行封爵授官时，就通知李俨，在紫极宫玄宗皇帝李隆基像前陈列制书，跪拜两次，然后才下达正式封授文告。

王建攻取兴州，任命军使王宗浩为兴州刺史。

戊寅日（初六）的晚上，李茂贞的义子李彦询率领三团步兵投奔汴州军队。己卯日（初七），李彦韬也随其后投奔汴州军队。

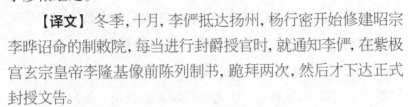

庚辰，朱全忠遣幕僚司马邺奉表入城。甲申，又遣使献熊白，自是献食物、缯帛相继。上皆先以示李茂贞，使启视之，茂贞亦不敢启。丙戌，复遣使请与茂贞议连和，民出城樵采者皆不抄掠。丁亥，全忠表请修宫阙及迎车驾。己丑，遣国子司业薛昌祚、内使王延绩赍诏赐全忠。

癸巳，茂贞复出兵击汴军城西寨，败还。全忠以绛袍衣降者，使招呼城中人，凤翔军夜缒去，及因樵采去不返者甚众。是后茂贞或遣兵出击汴军，多不为用，散还。茂贞疑上与全忠有密约，壬寅，更于御院北垣外增兵防卫。

【译文】庚辰日（初八），朱全忠派遣他的幕僚司马邺奉表进入城中；甲申日（十二日），又派遣使者进献熊白；从此之后，进献食物、丝绸绢帛等连续不断。昭宗李晔都先交给李茂贞，要他打开看看，李茂贞也不敢打开看。丙戌日（十四日），朱全忠又派遣使者请求和李茂贞商议讲和，出城去砍伐柴草的百姓，他们的东西都不会被没收或掠夺。丁亥日（十五日），朱全忠向朝廷上表,请求修建宫殿以及恭迎昭宗回京。己丑日(十七日),昭宗李晔派遣国子司业薛昌祚、内使王延续奉持诏书赐予朱全忠。

癸巳日(二十一日),李茂贞又率军攻打汴州军队在城西的营寨,结果战败而回。朱全忠命投降的人穿上绛红色长袍,让他们召唤城中的人,凤翔城内士兵在夜里用绳子坠下城逃走和趁着出城打柴去而不返的人特别多。此后,李茂贞有时派兵出城进攻汴州军队,但是大多士兵不按他的命令行事,纷纷逃散回城。李茂贞怀疑昭宗与朱全忠有密约,壬寅日(三十日),另外又在昭宗住处的北边墙外增派士兵防卫。

十一月,癸卯朔,保大节度使李茂勋帅其众万馀人救凤翔,屯于城北阪上,与城中举烽相应。

甲辰,上使赵国夫人诇学士院二使皆不在,亟召韩偓、姚洎,窃见之于土门外,执手相泣。洎请上速还,恐为它人所见,上遽去。

【译文】十一月,癸卯朔日(初一),保大节度使李茂勋率领他的一万士兵援助凤翔,在城北的山坡屯驻,跟城中举烽火互相呼应。

甲辰日(初二),昭宗李晔派赵国夫人探明学士院中的二位中使都不在,便紧急召见翰林学士韩偓、姚洎,在土门外暗中见面,拉着他们的手相对落泪。姚洎请昭宗赶快回去,恐怕被人发现;昭宗匆忙离去。

朱全忠遣其将孔勍、李晖将兵乘虚袭鄜、坊。壬子,拔坊州。甲寅,大雪,汴军冒之夕进,五鼓,抵鄜州城下。鄜人不为

备，汴军入城，城中兵尚八千人，格斗至午，鄜人始败，擒留守李
继璘。就抚存李茂勋及将士之家，案堵无扰，命李晖权知军府
事。茂勋闻之，引兵遁去。

汴军每夜鸣鼓角，城中地如动。攻城者诟城上人云"劫天
子贼"，乘城者诟城下人云"夺天子贼"。是冬，大雪，城中食尽，
冻馁死者不可胜计，或卧未死，肉已为人所凡。市中卖人肉，斤
直钱百，犬肉值五百。茂贞储偫亦竭，以犬彘供御膳。上鬻御
衣及小皇子衣于市以充用，削渍松梯以饲御马。

资治通鉴

【译文】朱全忠派遣他的将领孔勍、李晖率领士兵乘虚袭
击鄜州、坊州；壬子日（初十），攻占了坊州。甲寅日（十二日），
天降大雪，汴州的军队冒着大雪在夜间行军，五更天时，抵达鄜
州城下。鄜州士兵没有防备，汴州的士兵冲入城中，城中士兵还
有八千人，一直激战到午时，鄜州人才被打败，生擒了留守（守
字或作后字）李继璘。孔勍安抚慰问李茂勋以及将领士兵们的
家属，安定无扰，命令李晖暂且代理军府中的事务。李茂勋听到
这个消息，率领军队逃走了。

汴州的士兵每天晚上都敲打战鼓，鸣奏号角，城中土地就
像地震一般在颤动。攻城的人骂城上的人是"劫天子贼"，城上
的人骂城下的人是"夺天子贼"。这年的冬天下起大雪，城中食
物吃光了，冻饿而死的人不计其数；有的躺下还没死就被人把
肉割下来。市场上卖人肉，一斤价值一百钱，狗肉一斤价值五百
钱。李茂贞积蓄的财物也用完了，拿狗肉、猪肉来供给昭宗李晔
食用。昭宗在市场里变卖他和小皇子的衣服来供给日常所需，
削松木片用水浸泡后来饲养乘坐的马匹。

丙子，户部侍郎、同平章事韦贻范薨。

癸亥，朱全忠遣人薙城外草以困城中。甲子，李茂贞增兵守宫门，诸宦官自度不免，互相尤怨。

苏检数为韩偓经营入相，言于茂贞及中尉、枢密，且遣亲吏告偓，偓怒曰："公与韦公自贬所召归，旬月致位宰相，迄不能有所为。今朝夕不济，乃欲以此相污邪！"

田頵急攻杭州，仍具舟将自西陵渡江。钱镠遣其将盛造、朱郁拒破之。

【译文】 丙子日（十一月无此日），户部侍郎、同平章事韦贻范去世。

癸亥日（二十一日），朱全忠命人把城外的杂草割除干净，以此使城里的人更加窘迫。甲子日（二十二日），李茂贞增派士兵防守行宫的大门，宦官们自己考虑不能免除灾祸，因而埋怨指责。

苏检多次为韩偓谋划担任宰相，对李茂贞及中尉、枢密谈论此事，并且派亲吏禀告韩偓，韩偓听后很是生气，说："您和韦公从被贬的地方召回后，一个月就当上宰相，到现在也没能有什么作为；现在朝廷朝夕不保，还想要用这个宰相职位来玷辱我吗？"

田頵急速攻打杭州，并且准备船只将要自西陵渡江；钱镠派遣他的将领盛造、朱郁来抵抗他，并且大破他的军队。

【乾隆御批】 命相失当，即上疏论列，亦臣职所宜。然若但断断以草制不草制争之，则茂贞所云"书生礼数"与"反何异"二语，词虽俚俗，诚已深悉其矫情博直。盖唐世停草裂麻痼疾相沿，甚为蠹政之尤。此虽起于下多伪臣，实亦因于上无明主。然尔时朝政固无一足加责备者矣。

【译文】 任命宰相不当，就上疏论证，这也是做臣子的职责所在。然而如果单以起草不起草制书一事来争论，那么李茂贞所说的"书生礼数"和"反何异"二语虽然粗俗，却已深刻显示出韩偓矫惰博直的本意。唐代停草裂麻这种陋习的延续，是败坏国政的最大弊病之一。这种弊病虽然由于在下的大臣多虚伪不实，但究其根本原因，还是上无明主。但是，当时的朝政本就没有一处可以让人求全责备的了。

十二月，李茂勋遣使请降于朱全忠，更名周彝。于是，茂贞山南州镇皆入王建，关中州镇皆入全忠，坐守孤城。乃密谋诛宦官以自赎，遗全忠书曰："祸乱之兴，皆由全诲。仆迎驾至此，以备他盗。公既志匡社稷，请公迎扈还宫，仆以弊甲雕兵，从公陈力。"全忠复书曰："仆举兵至此，正以乘舆播迁；公能协力，固所愿也。"

【译文】 十二月，李茂勋派遣使者向朱全忠请求投降，改名字为李周彝。于是李茂贞在山南的各州、镇都归入王建手中，关中的各州、镇都归入朱全忠的掌控，李茂贞空守孤城；于是偷偷地谋划诛杀宦官以求赎自己的罪，送信给朱全忠说："祸乱的发生，都是因韩全诲而起啊；我迎驾到凤翔，是为了防备其他贼寇。您既然有志匡复社稷，请您迎接护送陛下返回宫中，我率领残败的军队，追随您效命。"朱全忠回复一封信说："我率领军队前来，正是因为陛下流离迁转；您能够努力配合，原本就是我期望的啊！"

杨行密使人召田頵曰："不还，吾且使人代镇宣州。"庚辰，頵将还，征犒军钱二十万缗于钱镠，且求镠子为质，将妻以女。镠谓诸子："孰能为田氏婿者？"莫对。镠欲遣幼子传球，传球不可。镠怒，将杀之。次子传瓘请行，吴夫人泣曰："奈何置儿虎口！"传镠曰："纾国家之难，安敢爱身！"再拜而出，镠泣送之。传瓘从数人缒北门而下。頵与徐绾、许再思同归宣州。镠夺传球内牙兵印。

【译文】杨行密派人召回田頵，说："如果你不返回，我将派人代理镇守宣州。"庚辰日（初八），田頵准备回去时，向钱镠讨要犒劳军士的二十万缗钱，并且要求让钱镠的儿子当作人质，把自己的女儿嫁给他。钱镠对几个儿子说："谁愿意做田氏的女婿呢？"没有人回答。钱镠想要派他的小儿子钱传球去，钱传球也不愿意。钱镠立即大怒，想要杀了他。次子钱传瓘请求前往，吴夫人哭着说："为何要把儿子放入虎口呢？"钱传瓘说："要消除国家的大难，怎么敢爱惜自己的性命呢！"拜了两拜之后，走出门去；钱镠老泪纵横，送他离开。钱传瓘随从几个人从守城的北门用绳子从城墙上缒下。田頵和徐绾、许再思一同返回宣州。钱镠收回钱传球掌管内牙兵权的印信。

越州客军指挥使张洪以徐绾之党自疑，帅步兵三百奔衢州，刺史陈璋纳之。温州将丁章逐刺史朱敖，敖奔福州。章据温州，田頵遣使招之，道出衢州。陈璋听其往还，钱镠由是恨璋。

丁酉，上召李茂贞、苏检、李继诲、李彦弼、李继岌、李继远、李继忠食，议与朱全忠和，上曰："十六宅诸王以下，冻馁死者日有数人。在内诸王及公主、妃嫔，一日食粥，一日食汤饼，今亦竭矣。卿等意如何？"皆不对。上曰："速当和解耳！"

【译文】越州客军指挥使张洪因是徐绾的党羽而心里不安宁，率领三百步兵投奔衢州，衢州刺史陈璋收留了他。温州将领丁章驱逐刺史朱敖，于是，朱敖投奔福州。丁章据守温州，田頵派遣使者去拉拢丁章，取道衢州，陈璋任凭他们往来，钱镠因此怨恨陈璋。

丁酉日（二十五日），昭宗李晔召集李茂贞、苏检、李继诲、李彦弼、李继岌、李继远、李继忠等人入朝，商议与朱全忠和解，昭宗说："十六宅诸王以下，每天冻死饿死的有好几个人；这里的诸王及公主、妃嫔，一天吃粥，一天吃汤饼，现在也就要吃光了。卿等心里怎么打算？"李茂贞等都没有回答。昭宗说："应该立即和解了！"

凤翔兵十馀人遮韩全诲于左银台门，喧骂曰："阖境涂炭，阖城馁死，正为军容辈数人耳！"全诲叩头诉于茂贞，茂贞曰："卒辈何知！"命酌酒两杯，对饮而罢。又诉于上，上亦谕解之。李继昭谓全诲曰："昔杨军容破杨守亮一族，今军容亦破继昭一族邪！"慢骂之，遂出降于全忠，复姓符，名道昭。

【译文】凤翔的十多个士兵在左银台门拦住韩全诲，喧嚷大骂说："全境生灵涂炭，全城的人受饿而死，就只因为少数几个宦官罢了！"韩全诲向李茂贞磕头，申诉自己的冤屈，李茂贞说："士兵们哪里知道这些呢！"命令侍者倒了两杯酒，与韩全诲对饮后离开。韩全诲又向昭宗李晔申诉此事，昭宗也进行劝解。李继昭对韩全诲说："以前杨军容杀死杨守亮一族，现在你韩军容也想杀掉继昭一族吗？"说完尽情谩骂，然后就出城向朱全忠投降了，朱全忠恢复他的姓为符，名字为道昭。

是岁，虔州刺史卢光稠攻岭南，陷韶州，使其子延昌守之，进围潮州。清海留后刘隐发兵击走之，乘胜进攻韶州。隐弟陟以为延昌右虔州之援，未可遽取。隐下从，遂围韶州。会江涨，馈运不继，光稠自虔州引兵救之。其将谭全播伏精兵万人于山谷，以羸弱挑战，大破隐于城南，隐奔还。全播悉以功让诸将，光稠益贤之。

岳州刺史邓进思卒，弟进忠自称刺史。

【译文】这一年，虔州刺史卢光稠进攻岭南，攻占了韶州，然后派遣他的儿子卢延昌守城，进兵围攻潮州。清海留后刘隐派遣军队把卢光稠赶走，乘胜攻打韶州。刘隐的弟弟刘陟认为卢延昌有虔州军队的援助，不能草率攻打；刘隐不听劝阻，包围了韶州。正赶上江水上涨，粮草运输接续不上，卢光稠从虔州率军援救韶州；卢光稠的部将谭全播在山谷中埋伏一万精锐士兵，让瘦弱的士兵挑战，在韶州城南大败刘隐的军队，刘隐逃回广州。谭全播把全部的功劳让给各位将领，卢光稠更认为谭全播贤能。

岳州刺史邓进思去世，他的弟弟邓进忠自称为刺史。

天复三年（癸亥，公元九〇三年）春，正月，甲辰，遣殿中侍御史崔构、供奉官郭遵诲诣朱全忠营。丙午，李茂贞亦遣牙将郭启期往议和解。

平卢节度使王师范，颇好学，以忠义自许，为治有声迹。朱全忠围凤翔，韩全诲以诏书征藩镇兵入援乘舆，师范见之，泣下沾衿，曰："吾属为帝室藩屏，岂得坐视天子困辱如此。各拥强兵，但自卫乎！"会张濬自长水亦遗之书，劝举义兵。师范曰："张公言正会吾意，夫复何疑！虽力不足，当死生以之。"

【译文】天复三年（癸亥，公元903年）春季，正月，甲辰日（初二），昭宗李晔派遣殿中侍御史崔构、供奉官郭遵诲前往朱全忠的军营；丙午日（初四），李茂贞也派遣牙将郭启期前去商议和解。

平卢节度使王师范，非常好学，用忠诚正义勉励自己，治理政事既有声誉又有业绩。朱全忠攻打凤翔，韩全诲用昭宗李晔的诏书征召各藩镇军队前来援救，王师范看见诏书，不禁潸然泪下，泪湿衣衫，说："我们作为朝廷的屏障，怎么可以坐看天子受如此的困窘和羞辱呢？各自拥有精锐军队，就只为自我保全吗？"恰好此时，张濬从长水送信给他，劝他出动正义之师。王师范说："张先生所说的话正符合我的心意，这还有什么可疑虑的呢，虽然我的力量不够强大，也应当不顾惜生命地前往啊！"

时关东兵多从全忠在凤翔，师范分遣诸将诈为贡献及商贩，包束兵仗，载以小车，入汴、徐、兖、郓、齐、沂、河南、孟、滑、河中、陕、虢、华等州，期以同日俱发，讨全忠。适诸州者多事泄被擒，独行军司马刘鄩取兖州。时泰宁节度使葛从周悉将其屯邢州，鄩先遣人为贩油者入城，诇其虚实及兵所从入。丙午，鄩将精兵五百夜自水窦入，比明，军城悉定，市人皆不知。鄩据府舍，拜从周母，每旦省竭；待其妻子，甚有恩礼；子弟职掌、供亿如故。

【译文】这时，关东的士兵大多数在凤翔追随朱全忠，王师范分别派遣各个将领假装是进献贡品的使者及商贩，包捆好兵器，用小车运载，潜入汴、徐、兖、郓、齐、沂、河南、孟、滑、河中、陕、虢、华等州，约定在同日一齐派遣军队，征讨朱全忠。恰巧前往各州的人，大多数都因事情泄露被抓住了，只有行军司马刘鄩取得兖州。这时泰宁节度使葛从周率领他全部的士兵在邢州屯驻，刘鄩先派人伪装成卖油的潜入城中，探察他们的虚实以及士兵进入的路线；丙午日（初四），刘鄩率领五百精兵在夜里从水洞进入城中，等到天亮，这个有防守的兖州城就全被平定了，城里的百姓都还不知道怎么回事。刘鄩占据了葛从周的府第官署，拜见葛从周的母亲，每天早晨都去探望；对待葛从周的妻子儿女很仁慈，有礼貌；以至于葛从周子弟掌理的职务、供给的物资也都和过去一样。

【乾隆御批】 唐室阽危，诸藩皆坐视不救。惟师范慷慨誓师，差强人意。惜诸将才皆庸懦，事迄无成。乃青州之围，不能始终全节，辄开门降贼，前后判若两人，实负初心矣。

【译文】 唐室面临危险，各藩镇都坐视不救。只有王师范慷慨誓师，大致令人满意。只可惜部下将领平庸怯懦，事情终未成功。而王师范本人在青州被围时，也没能始终保全节操，开门向贼人投降，前后判若两人，实在辜负了最初的心意。

是日，青州牙将张居厚帅壮士二百将小车至华州东城，知州事娄敬思疑其有异，剖视之。其徒大呼，杀敬思，攻西城。崔胤在华州，帅众拒之，不克，走至商州，追获之。

全忠留节度判官裴迪守大梁，师范遣走卒赍书至大梁，迪问以东方事，走卒色动。迪察其有变，屏人问之，走卒具以实告。迪不暇白全忠，亟请马步都指挥使朱友宁将兵万馀人东巡兖、郓。友宁召葛从周于邢州，共攻师范。全忠闻变，亦分兵先归，使友宁并将之。

【译文】 这一天，青州牙将张居厚率领两百名壮士推着小车抵达华州的东城，管理州务的娄敬思觉得很奇怪，对他们产生怀疑，就让他们打开小车查看。接着，张居厚的军队大声呼喊，杀死娄敬思，攻打西城。崔胤在华州，率领军队进行抵抗，张居厚没有攻克西城，逃到商州，被追上抓获。

朱全忠将节度判官裴迪留下来守卫大梁，王师范派遣差役拿着一封书信送到大梁，裴迪询问差役东方的情况，差役有些惊慌失措。裴迪察觉差役脸色有变化，就让身边的人退下后询问，差役把实情禀告给他。裴迪没来得及禀告朱全忠，就火速请马步都指挥使朱友宁率领一万多士兵向东巡视兖州、郓州。朱友宁召葛从周从邢州返回，一起进攻王师范。朱全忠得知了变乱，也分派士兵先行返回，命令朱友宁一起统率他们。

戊申，李茂贞独见上，中尉韩全诲、张彦弘、枢密使袁易简、周敬容皆不得对。茂贞请诛全诲等，与朱全忠和解，奉车驾还京。上喜，即遣内养帅凤翔卒四十人收全诲等，斩之。以御食使弟五可范为左军中尉，宣徽南院使仇承坦为右军中尉，王知古为上院枢密使，杨虔朗为下院枢密使。是夕，又斩李继筠、李继诲、李彦弼及内诸司使韦处廷等十六人。己酉，遣韩偓及赵国夫人诣全忠营，又遣使囊全诲等二十馀人首以示全忠，曰："曩来胁留车驾，惧罪离间，不欲协和，皆此曹也。今朕与茂贞决意诛之，卿可晓谕诸军以豁众愤。"辛亥，全忠遣观察判官李振奉表入谢。

【译文】戊申日（初六），李茂贞独自觐见昭宗李晔，中尉韩全诲、张彦弘、枢密使袁易简、周敬容都不能到昭宗面前答对。李茂贞请求将韩全诲等人诛杀，然后与朱全忠和解，侍奉天子返回京师长安。昭宗感到很高兴，立即派遣内侍率领凤翔的四十名士兵抓捕韩全诲等人，随后把他们都斩首了。昭宗李晔任命御食使第五可范为左军中尉，任命宣徽南院使仇承坦为右军中尉，任命王知古为上院枢密使，任命杨虔朗为下院枢密使。这天晚上，又斩杀了李继筠、李继诲、李彦弼以及内诸司使韦处廷等十六人。己酉日（初七），昭宗派遣韩偓以及赵国夫人前往朱全忠的军营；另外又派遣使者把韩全诲等二十几人的首级装在口袋里，拿给朱全忠看，说："以前胁迫扣留天子，害怕获罪而挑拨离间，不愿和睦相处的都是这些人。现在朕与李茂贞决心把他们诛杀，卿可清楚明白地告诉各军来平息众怒！"辛亥日（初九），朱全忠派遣观察判官李振敬持表文前往行宫中表达谢意。

全诲等已诛，而全忠围犹未解。茂贞疑崔胤教全忠欲必取凤翔，白上急召胤，令帅百官赴行在。凡四降诏，三赐朱书御札，言甚切至，悉复故官爵，胤竟称疾不至。茂贞惧，自致书于胤，辞甚卑逊。全忠亦以书召胤，且戏之曰："吾未识天子，须公来辨其是非。"胤始来。

甲寅，凤翔始启城门。丙辰，全忠巡诸寨，至城北，有凤翔兵自北山下，全忠疑其逼己，遣兵击之，擒其将李继钦。上遣赵国夫人、冯翊夫人诣全忠营诘其故，全忠遣亲吏蒋玄晖奉表入奏。

【译文】韩全诲等人已经都被斩杀了，可是朱全忠的包围仍然没有解除。李茂贞怀疑是崔胤叫朱全忠一定要夺取凤翔，于是禀告昭宗李晔紧急召见崔胤，命令他率领百官赶赴凤翔。共颁发了四次诏令，三次赐给朱笔御札，言语非常诚恳，全部恢复之前的官爵，崔胤竟然还是称病没有前来。李茂贞很害怕，也亲自写信给崔胤，措辞特别恭敬谦逊。朱全忠也写信召崔胤前来，并且开玩笑地对他说："我不认识天子，必须您来辨别真假啊！"崔胤这才来到凤翔。

甲寅日（十二日），凤翔才打开城门。丙辰日（十四日），朱全忠巡视各守寨，抵达城北时，有凤翔的士兵从北山上面冲下来，朱全忠怀疑他们是来威逼自己的，派遣军队攻击他们，捉住了他们的将领李继钦。昭宗李晔派遣赵国夫人、冯翊夫人前往朱全忠的营中查问事情的原因。朱全忠派遣亲吏蒋玄晖奉上表章进城奏明此事。

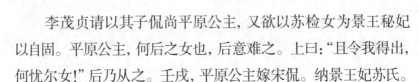

李茂贞请以其子侃尚平原公主，又欲以苏检女为景王秘妃以自固。平原公主，何后之女也，后意难之。上曰："且令我得出，何忧尔女！"后乃从之。壬戌，平原公主嫁宋侃。纳景王妃苏氏。

时凤翔所诛宦官已七十二人，朱全忠又密令京兆搜捕致仕不从行者，诛九十人。

甲子，车驾出凤翔，幸全忠营，全忠素服待罪。命客省使宣旨释罪，去三仗，止报平安，以公服入谢。全忠见上，顿首流涕。上命韩偓扶起之。上亦泣，曰："宗庙社稷，赖卿再安；朕与宗族，赖卿再生。"亲解玉带以赐之。少休，即行。全忠单骑前导十许里，上辞之。全忠乃令朱友伦将兵扈从，自留部分后队，焚撤诸寨。友伦，存之子也。

是夕，车驾宿岐山。丁卯，至兴平，崔胤始帅百官迎谒，复以胤为司空、门下侍郎、同平章事，领三司如故。己巳，入长安。

【译文】李茂贞请求让他的儿子李侃娶平原公主为妻，又请求让苏检的女儿做景王李秘的妃子，以此来巩固自己的地位。平原公主是何后的女儿，何后感到很难过，昭宗李晔说："只要能让朕出去，那么你的女儿又有什么可担忧的呢！"何后这才依从了这个建议。壬戌日（二十日），平原公主嫁给宋侃为妻；景王娶苏氏为妃。宋侃就是李侃，因避讳同姓嫁娶之嫌疑，所以恢复了本姓。

这时，在凤翔被诛杀的宦官已经有七十二人了，朱全忠又偷偷命令在京兆地区搜寻抓捕辞官归隐、没有跟随昭宗到凤翔来的宦官,杀死了九十人。

甲子日(二十二日),昭宗李晔离开凤翔,前往朱全忠的军营。朱全忠穿着白色的衣服,等待处罚;昭宗诏令客省使宣布免除朱全忠的罪责,撤去亲、勋、翊三卫立仗,只留下左右金吾将军呈报平安,让朱全忠穿公服入内叩谢。朱全忠面见昭宗,磕头流泪,昭宗命韩偓将他扶起。昭宗也流下泪,说:"宗庙社稷,多仰仗卿再次安定;朕与宗族,倚赖你再次逢生啊。"说完,亲自解下玉带赐给朱全忠。稍微休息了一会儿,就启程前往京城长安。朱全忠独自骑马在前面引导了十几里路,昭宗向他辞行;朱全忠于是派朱友伦率领军队护送,自己留下部署后面的士兵,焚烧并撤毁各个营寨。朱友伦是朱存的儿子。

这天晚上,昭宗在岐山住宿;丁卯日(二十五日),昭宗抵达兴平,崔胤这才率领百官来迎接谒见,昭宗李晔又任命崔胤为司空、门下侍郎、同平章事,兼管三司,如同之前一样;己巳日(二十七日),昭宗抵达长安。

庚午,全忠、崔胤同对。胤奏:"国初承平之时,宦官不典兵预政。天宝以来,宦官浸盛。贞元之末,分羽林卫为左、右神策军以便卫从,始令宦官主之,以二千人为定制。自是参掌机密,夺百司权,上下弥缝,共为不法,大则构扇藩镇,倾危国家;小则卖官鬻狱,蠹害朝政。王室衰乱,职此之由,不翦其根,祸终不已。请悉罢内诸司使,其事务尽归之省寺,诸道监军俱召还阙下。"上从之。是日,全忠以兵驱宦官第五可范已数百人于内侍省,尽杀之,冤号之声,彻于内外。出使外方者,诏所在收捕诛之,止留黄衣幼弱者三十人以备洒扫。又诏成德节度使王镕选进五十人充敕使,取其土风深厚、人性谨朴也。上愍可范等或无罪，为文祭之。自是宣传诏命，皆令宫人出入。其两军内外八镇兵悉属六军，以崔胤兼判六军十二卫事。

【译文】庚午日（二十八日），朱全忠、崔胤一同进宫奏对。崔胤上奏说："建国初年天下太平的时候，宦官没有掌管军权、参与朝政。天宝以来，宦官势力逐渐强盛。贞元末年，分羽林卫为左、右神策军是为了随从护卫，开始任命宦官掌管，以两千人作为定制。从此之后，宦官参与管理机密事务，削夺百司的权力，上下勾结，一起干些不法之事，大到勾结蛊惑藩镇，倾覆危害国家；小到以官爵诉讼来做交易，败坏朝政。朝廷衰微受到侵扰，正是因为这个，如果不铲除它的根源，祸患最终不能停止。请求陛下罢免所有的诸司使，把他们管理的事务全部归属省寺管理，各道监军全都召还京城。"昭宗李晔依从了他的建议。这天，朱全忠率领军队把宦官第五可范等几百人驱赶到内侍省，然后把他们全杀死了，喊冤号叫的声音，震彻宫廷内外。那些出使到外地去的宦官，昭宗下诏就在他们的所在地收押抓捕，然后将他们斩杀，只留下地位低贱、年幼体弱的宦官三十人以备洒水扫地之用。另外，昭宗又诏命成德节度使王镕挑选五十个人进宫充当宦官，因为那里的民风淳厚，人性厚道朴实。昭宗哀怜第五可范等人有的无罪也被诛杀了，于是写文章吊唁他们。自此以后，昭宗宣布传达诏命，全让宫人进出办理；左、右神策两军所统辖的内外八镇军队，也都归属于左右龙武、羽林、神策等六军，任命崔胤兼领六军十二卫的事务。

◆臣光曰：宦官用权，为国家患，其来久矣。盖以出入宫禁，人主自幼及长，与之亲狎，非如三公六卿，进见有时，可严惮也。其间复有性识儇利，语言辩给，善伺候颜色，承迎志趣，受命则

资治通鉴

无违迁之忠，使令则有称惬之效。自非上智之主，烛知物情，虑患深远，侍奉之外，不任以事，则近者日亲，远者日疏，甘言悲辞之请有时而从，浸润肤受之诉有时而听。于是，黜陟刑赏之政，潜移于近习而不自知，如饮醇酒，嗜其味而忘其醉也。黜陟刑赏之柄移而国家不危乱者，未之有也。

东汉之衰，宦官最名骄横，然皆假人主之权，依凭城社，以浊乱天下，未有能劫胁天子如制婴儿，废置在手。东西出其意，使天子畏之若乘虎狼而挟蛇虺如唐世者也。所以然者非它，汉不握兵，唐握兵故也。◆

【译文】 ◆臣司马光说：宦官专权，成为国家的祸患，它的由来已经很久远了。大体说来，因为他们在宫廷中进出，君主从小到大，与他们亲近、熟悉了，不同于三公、六卿，进入宫殿中见面都要有规定的时间，有敬畏的感觉。宦官之中，又有天生就能明识利害，言语谈吐善辩机敏的，擅长察言观色，奉承迎合他人的心意兴趣，这样，接受命令就没有违背抵触的担忧，使唤差遣就有称心满意的功效。如果不是圣明的君主，洞察事物的情理，考虑祸患的深远，除了服侍以外，不任命宦官管理国家事务，那么，近在内宫的宦官就会日益得到君主的亲近信任，远在外朝的百官就会日益被君主疏远，君主就会时常准许甜言卑辞的请求，听从逐渐渗透的申诉。于是政治上的罢黜、升迁、惩罚、奖励，便暗中转移到亲近信任的人的手中，而君主却觉察不了，就好比人在喝陈年的美酒，喜欢它的味道却忘了那会使人沉醉啊！像这样的话，对官吏们的罢黜、升迁、惩罚、奖励的大权转移到宦官的手中，而国家不陷入危险混乱的局面的，还不曾有过啊！

东汉衰微时，宦官的骄纵强横最为有名了，然而他们都是假托君主的权力，凭借君主的势力，来扰乱天下，从来没有能够劫持、威逼天子，如同控制婴儿一般，废弃、拥立，掌控在他们的手中，往东还是往西，全凭宦官的意愿，这使得君主惧怕他们如同骑着猛虎恶狼而腋下夹着毒蛇一样。所以，如此情况没有其他的原因，是东汉宦官没有掌握兵权，唐代宦官掌握兵权的缘故啊。◆

◆太宗鉴前世之弊，深抑宦官无得过四品。明皇始隳旧章，是崇是长，晚节令高力士省决章奏，乃至进退将相，时与之议，自太子王公皆畏事之，宦官自此炽矣。及中原板荡，肃宗收兵灵武，李辅国以东宫旧隶参豫军谋，宠过而骄，不复能制，遂至爱子慈父皆不能庇，以忧悸终。代宗践阼，仍遵覆辙，程元振、鱼朝恩相继用事，窃弄刑赏，壅蔽聪明，视天子如委裘，陵宰相如奴虏，是以来瑱入朝，遇谗赐死。吐蕃深侵郊甸，匿不以闻，致狼狈幸陕。李光弼危疑愤郁，以损其生。郭子仪摈废家居，不保丘垄。仆固怀恩冤抑无诉，遂弃勋庸，更为叛乱。德宗初立，颇振纲纪，宦官稍绌。而返自兴元，猜忌诸将，以李晟、浑瑊为不可信，悉夺其兵，而以窦文场、霍仙鸣为中尉，使典宿卫，自是太阿之柄，落其掌握矣。宪宗末年，吐突承璀欲废嫡立庶，以成陈洪志之变。宝历狎昵群小，刘克明与苏佐明为逆，其后绛王及文、武、宣、懿、僖、昭六帝，皆为宦官所立，势益骄横。王守澄、仇士良、田令孜、杨复恭、刘季述、韩全诲为之魁杰。至自称"定策国老"，目天子为门生，根深蒂固，疾成膏肓，不可救药矣！文宗深愤其然，志欲除之，以宋申锡之贤，犹不能有所为，反受其殃。况李训、郑注反覆小人，欲以一朝谲诈之谋，翦累世胶固之党，遂至涉血禁涂，积尸省户，公卿大臣，连颈就诛，阖门屠灭，天子阳瘖纵酒，饮泣吞气，自比赧、献，不亦悲乎！以宣宗之严毅明察，犹闭目摇首，自谓畏之。况懿、僖之骄侈，苟声色球猎足充其欲，则政事一以付之，呼之以父，固无怪矣。贼污宫阙，两幸梁、益，皆令孜所为也。昭宗不胜其耻，力欲清涤，而所任不得其人，所行不由其道。始则张濬覆军于平阳，增李克用跋扈之势；复恭亡命于山南，启宋文通不臣之心；终则兵交阙庭，矢及御衣，漂泊莎城，流寓华阴，幽辱东内，劫迁岐阳。崔昌遐无如之何，更召朱全忠以讨之。连兵围城，再罹寒暑，御膳不足于糗糒，王侯毙踣于饥寒，然后全海就诛，乘舆东出，翦灭其党，靡有孑遗，而唐之庙社因以兵墟矣！然则宦者之祸，始于明皇，盛于肃、代，成于德宗，极于昭宗。《易》曰："履霜坚冰至。"为国家者，防微杜渐，可不慎其始哉！此其为患，章章尤著者也。自馀伤贤害能，召乱致祸，卖官鬻狱，沮败师徒，蠹害烝民，不可遍举。◆

【译文】唐太宗李世民察看到前朝的弊端，强烈地压制宦官，命令不让他们超过四品的官职。到了唐玄宗李隆基时才毁坏废弃了原有的规定，一方面尊崇他们，另一方面助长他们，晚年让高力士审阅批复奏折，甚至让他任免将军、宰相的职位，也常常和他商议军国政事，连太子王公都提心吊胆地侍奉他，宦官的势力自此旺盛起来。等到中原动荡不安，肃宗李亨在灵武即皇帝位，撤回军队，李辅国以东宫太子的旧属身份参预军事谋划。过分的宠信使他骄纵狂横，天子不能对他控制，最终连爱子慈父都不能保护，终因担忧恐惧而死。代宗李豫即位以后，仍然遵照其父肃宗李亨的制度行事，程元振、鱼朝恩前后相继，管理国家大事，私下擅自刑罚或奖赏，堵塞蒙蔽皇帝的耳目，看待天子就如同对待被抛弃的袆衣一般，欺凌辱骂宰相就像对待自己的奴仆俘虏一样。因此来瑱对唐室尽忠，入朝为宰相，竟然因为程元振的毁谤，而被赐死；吐蕃进犯中原，深入京畿近郊，宦官隐瞒事实，不向天子奏报，以至于天子在仓促之间狼狈逃奔陕州；一代名将李光弼身处在程、鱼两宦官的妒忌谋害之中，心中忧虑郁积，甚至病死；与李光弼齐名的将领郭子仪，因为被排斥而免官，赋闲家居，却连坟墓都不能保住；仆固怀恩被冤枉压制，无处申诉，于是舍弃大功，转而作乱。唐德宗李适初即位时，就大力整顿法纪，宦官的势力逐渐被抑制。但从兴元返京之后，猜忌诸将，认为李晟、浑瑊不值得信任，削夺了他们的全部兵权，而任命窦文场、霍仙鸣为中尉，让他们掌管宫禁的值宿警卫，从此军权落入宦官之手。到了宪宗李纯末年，惠昭太子去世的时候（元和七年，812），吐突承璀想要废掉遂王李恒（本名宥），拥立沣王李恽为太子，因此导致了晚年（元和十五年，820）陈洪志（洪字当作弘字）杀害宪宗的叛乱。敬宗李湛宝历年间（825—826），由于过分亲近、宠溺那些宦官，才会造成刘克明和苏佐明的宦官叛乱。从此以后，绛王李悟以及文宗李昂、武宗李炎、宣宗李忱、懿宗李漼、僖宗李儇、昭宗李晔六位皇帝，都是被宦官拥立的，宦官更加骄横霸道。王守澄、仇士良、田令孜、杨复恭、刘季述、韩全诲都是宦官中的首领，以至于自称"定策国老"，把天子看作自己的门生，这种局面已是不可扭转了！唐文宗李昂非常怨恨宦官如此，立志要诛除他们，凭借宋申锡那样贤德的人，尚且没有能够有什么作为，反而遭受灾祸，更何况李训、郑注这些翻云覆雨的小人，妄想要用一个早晨的奸诈谋划，来铲除数代胶黏固结的朋党，最终导致鲜血流满宫廷的道路，尸体堆积在台省门前，公卿大臣接连不断被杀害，满门全族被处斩，天子表面上不闻不问，纵情饮酒，私下里含泪吞声，把自己比作周赧王姬延、汉献帝刘协，这不是很悲哀的事情吗！以宣宗的严厉、果断，明察秋毫，尚且要睁一只眼、闭一只眼，无可奈何地叹气，自以为惧怕他们，更何况懿宗、僖宗这两位骄奢淫逸的天子呢？如果音乐、美色、击球、狩猎足以满足他们欲望的话，那么即使政事全部交给宦官们，甚至称他们为"阿父"，也本来就没什么感到奇怪的。贼寇玷污宫殿，天子两次驾临梁州、益州，都是田令孜导致的。昭宗无法忍受这样的耻辱，想要极力清洗，但是所任用的官员不适宜，使用的方法也不明智。起初是张濬在平阳全军覆没，助长了李克用专横残暴的气势；杨复恭向山南逃跑，激起了宋文通不守臣节的念头；最终则是军队在宫殿里激战，弓箭射中了昭宗的衣服，使得昭宗到莎城流亡迁徙，在华阴漂泊寄居，在东宫幽囚被辱，被劫持胁迫到岐阳。崔昌遐（崔胤字昌遐）也无计可施，只好改召朱全忠发兵征讨。战事相连，包围了凤翔城，昭宗再次蒙受严寒、酷暑的侵袭，昭宗的膳食连干粮都不能接续供给，王侯在饥寒交迫中倒地而死，然后韩全诲才受到惩治被诛杀，昭宗圣驾东行，铲除韩全诲的党羽，一个没有剩下，然而唐朝的宗庙社稷因此也成了一片废墟啊！如此看来，宦官的祸乱，开始于玄宗，兴盛于肃宗、代宗，大成于德宗，到昭宗时达到极点。《易经》说："行于霜上而知道严寒冰冻将要到来。"（比喻人一遇到小的祸难，就知大灾难即将到来，须早日谨慎防患。）侍奉国君的人，必须在祸患细微的时候就预先加以控制，以免它再逐渐增长，怎能不小心谨慎它的起始呢？以上这些是宦官所造成的灾祸中，特别清楚明显的事例。其余残害贤能、招致祸乱、出卖官爵、收贿减刑、颓丧士气、折损将士、危害百姓等事情，不可能一一列举出来。

◆去寺人之官，自三王之世，载于诗、礼，所以谨闺闼之禁，通内外之言，安可无也。如巷伯之疾恶，寺人披之事君，郑众之辞赏，吕强之直谏，曹日升之救患，马存亮之弭乱，杨复光之讨贼，严遵美之避权，张承业之竭忠，其中岂无贤才乎！顾人主不当与之谋议政事，进退士大夫，使有威福足以动人耳。果或有罪，小则刑之，大则诛之，无所宽赦。如此，虽使之专横，孰敢焉！岂可不察臧否，不择是非，欲草薙而禽狝之，能无乱乎！是以袁绍行之于前而董卓弱汉，崔昌遐袭之于后而朱氏篡唐，虽快一时之忿而国随以亡。是犹恶衣之垢而焚之，患木之蠹而伐之，其为害岂不益多哉！孔子曰："人而不仁，疾之已甚，乱也。"斯之谓矣！◆

【译文】说到宦官的设置，从三王的时候，就详细地记载在《诗经》《礼记》之中，是用来谨慎遵守宫廷门户的禁令，宣达宫廷内外的意见，怎么能够没有这些人呢？比如，巷伯的憎恶邪恶之人，寺人披的忠诚侍奉君主的事情，郑众的谢绝赏赐的故事，吕强的直言劝谏的美德，曹日升的解救危难的英勇，马存亮的消除祸患的大功，杨复光的怒讨逆贼的胆魄，严遵美的避让权位的美德，张承业的竭尽忠诚的德行，他们中间难道就没有贤才吗？只是国君不应该与他们商议谋划政事，以及提拔、贬黜官吏，从而让他们可以作威作福，足以驱使控制其他的人而已。倘若宦官之中有人犯罪，小罪就惩治他，大罪就处死他，不予宽恕赦免；这样，即使让他专权、骄横，又有谁敢胡作非为呢？怎么可以不明察好坏，不选择是非，就像割草、杀禽鸟一般地全部摒弃掉，这怎能不造成叛乱呢？袁绍实行屠杀在前而董卓削弱汉室，崔胤重复杀戮在后而朱全忠篡夺大唐，虽然畅快宣泄了一时的怨恨，但国家也随着灭亡了。这就好像是讨厌衣服上面的污垢就把整件衣服给烧毁，也如同担心树木里头长了蠹虫就把整棵树给砍掉一样，这样所造成的灾害难道不是更多了吗？孔子说："一个人如果不仁爱，憎恶得过分，也是造成祸乱的根源啊！"说的就是这个意思啊！

【乾隆御批】 司马光、苏轼皆以汉唐之亡，后先同辙，亦就其大诛宦官一节而言耳。然袁、崔二人心迹则有不可同日语者。绍很愎好胜，其才尚足有为，其召卓也，未尝不思用其力而后除之。迨鸣鼓洛阳尾大不掉，则非其所逆料。止快一朝之忿而不计他日之患，诚所谓恶垢焚衣、因愤决瘿者。若朱温，逆迹久著，即不招之使来，且有炰炰之势。昌遐复从而促之，彼既素党。逆温知其为贼而曲意相徇，第欲藉其声援，以夺北寺重权。遂置朝廷颠覆于不问，非唯引寇之罪，实有卖国之心。是春秋大义所必诛者，岂得与本初卤莽仅止失算相提并论哉？

【译文】 司马光、苏轼都是在汉唐两代灭亡后，先后如出一辙地就大肆诛杀宦官事件发表议论的。然而袁、崔二人的心里却有不可同日而语之处。袁绍刚愎自用又争强好胜，论才华足以使他成为当时的卓越人物。袁绍召来董卓，未尝不是想利用他的力量而后再将他除掉。等到在洛阳聚集共同讨伐董卓时，众心不一且无法指挥，这就不是袁绍自己所能预料的了。袁绍只图解一时之愤却没考虑到他日的危机，这就是所谓的恶垢焚衣、因愤决瘿的行为！像朱温这样的人，恶行早已为世人所知，即使不招他来，也有炰炰可危之势。崔昌遐又在旁边给他提供帮助，他们本来就是朋党。崔昌遐明知朱温是国贼却假意顺从，是想利用他的声援来夺取宦官的大权。于是置朝廷的倾覆于不顾，不仅是引敌之罪，这实在是有着卖国之心。这种按春秋大义所必须诛杀的人，怎么能和只是因粗莽冒失而失算的袁绍相提并论呢？

王师范遣使以起兵告李克用，克用贻书褒赞之。河东监军张承业亦劝克用发兵救凤翔，克用攻晋州，闻车驾东归，乃罢。

杨行密承制加朱瑾东面诸道行营副都统、同平章事，以升州刺史李神福为淮南行军司马、鄂岳行营招讨使，舒州团练使刘有副之，将兵击杜洪。洪将骆殷戍永兴，弃城走，县民方诏据城降。神福曰："永兴大县，馈运所仰，已得鄂之半矣！"

【译文】 王师范派遣使者告诉李克用说他已经发兵了，李克用写信褒奖他，赞赏他的义行。河东监军张承业也劝说李克用派遣军队救援凤翔，于是，李克用率领军队攻击晋州，听说昭宗李晔已经东归京城长安，这才作罢。

杨行密秉承诏命，加封朱瑾为东面诸道行营副都统、同平章事，任命升州刺史李神福为淮南行军司马、鄂岳行营招讨使，任命舒州团练使刘存为他的副使，率领军队攻打杜洪。杜洪的部将骆殷驻守永兴，弃城逃走，县民方诏占据永兴城投降。李神福说："永兴是大县，是运输军用物资和粮食都要依仗的地方，这样看来，我们已经得到鄂州的一半了！"

资治通鉴卷第二百六十四　唐纪八十

起昭阳大渊献二月，尽阏逢困敦闰月，凡一年有奇。

　　【译文】起癸亥（公元903年）二月，止甲子（公元904年）闰四月，共一年四个月。

　　【题解】本卷记录了公元903年二月至904年闰四月的史事，共一年又四个月。正当唐昭宗李晔天复三年二月至天祐元年闰四月，此时期最重大的政治事件是朱全忠向东打败王师范，向西收服李茂贞，完全控制住了唐王室。山东王师范奉诏命讨伐朱全忠，杨行密派遣将领王茂章援助王师范。王茂章、王师范二人联合兵力大败汴州军队，杀死了朱全忠的大将朱友宁。朱全忠返回洛阳率领二十万大军征讨王师范，大破王师范的军队。至此，长江、淮河以北，黄河以南，西起关陇，东至大海，广阔的中原地区都落入朱全忠之手，天下没有人可以与之抗衡。朱全忠向昭宗秘密上表崔胤专权乱国，离间君臣，杀死崔胤，随后又称李茂贞进逼京畿地区，逼迫昭宗迁往洛阳。昭宗左右亲信随从，甚至击球供奉、内园小儿二百多人，全被朱全忠杀害。从此以后，昭宗左右掌理事务、供给使唤的，全都是朱全忠的人，昭宗孤立无援。

昭宗圣穆景文孝皇帝下之上

天复三年（癸亥，公元九〇三年）二月，壬申朔，诏："比在凤翔府所除官，一切停。"

时宦官尽死，淮河东监军张承业、幽州监军张居翰、清海监军程匡柔、西川监军鱼全裡及致仕严遵美，为李克用、刘仁恭、杨行密、王建所匿得全，斩他囚以应诏。

甲戌，门下侍郎、同平章事陆扆责授沂王傅、分司。车驾还京师，赐诸道诏书，独凤翔无之。扆曰："茂贞罪虽大，然朝廷未与之绝，今独无诏书，示人不广。"崔胤怒，奏贬之。宫人宋柔等十一人皆韩全诲所献，及僧、道士与宦官亲厚者二十馀人，并送京兆杖杀。

【译文】天复三年（癸亥，公元903年）二月，壬申朔日（初一），昭宗李晔下诏说："最近在凤翔府所任命的官员，全部都停官免职。"

这时，宦官都被杀死，只有河东监军张承业、幽州监军张居翰、清海监军程匡柔、西川监军鱼全裡以及辞官归隐的严遵美，分别被李克用、刘仁恭、杨行密、王建等人藏匿，斩杀了其他囚犯来应付诏令，才各自保全了性命。

甲戌日（初三），门下侍郎、同平章事陆扆受责被贬为沂王李礼傅、分司。昭宗李晔返回京师，赐给各道诏书，只有凤翔没有赐予。陆扆说："李茂贞的罪行虽然重，但朝廷并没有与他决裂；现在唯独不颁赐给他诏书，这会向人显示朝廷行事没有宽大的胸怀。"崔胤立即大怒，奏请昭宗，将陆扆贬斥。韩全诲进献入宫的宫人宋柔等十一人，还有僧人、道士和被昭宗喜爱厚待的宦官二十多人，全部被押送到京兆，都用木杖打杀。

上谓韩偓曰："崔胤虽尽忠，然比卿颇用机数。"对曰："凡为天下者，万国皆属之耳目，安可以机数欺之！莫若推诚直致，虽曰计之不足，而岁计之有馀也。"

丙子，工部侍郎、同平章事苏检，吏部侍郎卢光启，并赐自尽。丁丑，以中书侍郎、同平章事王溥为太子宾客、分司，皆崔胤所恶也。

【译文】昭宗李晔对韩偓说："崔胤虽然竭尽忠诚，但比你擅用心机权术。"韩偓回答道："凡是为天下、朝廷服务的人，全国的耳目都注视着朝廷，哪里能够运用心机谋略来欺瞒百姓呢？不如用诚意来对待他人，用正直诚心来处理事务，虽然，现在我们按日计算，会感到时间不充足，但是如果以年来计算的话，却有很多剩余啊！"

丙子日（初五），工部侍郎、同平章事苏检，吏部侍郎卢光启，都被昭宗李晔赐令自尽；丁丑日（初六），中书侍郎、同平章事王溥被降为太子宾客、分司，这些人都是崔胤所厌恶的。

戊寅，赐朱全忠号回天再造竭忠守正功臣，赐其僚佐敬翔等号迎銮协赞功臣，诸将朱友宁等号迎銮果毅功臣，都头以下号四镇静难功臣。

上议褒崇全忠，欲以皇子为诸道兵马元帅，以全忠副之。崔胤请以辉王祚为之，上曰："濮王长。"胤承全忠密旨，利祚冲幼，固请之。己卯，以祚为诸道兵马元帅。庚辰，加全忠守太尉，充副元帅，进爵梁王。以胤为司徒兼侍中。

胤恃全忠之势，专权自恣，天子动静皆禀之。朝臣从上幸凤翔者，凡贬逐三十馀人。刑赏系其爱憎，中外畏之，重足一迹。

以敬翔守太府卿，朱友宁领宁远节度使。全忠表符道昭同平章事，充天雄节度使，遣兵援送之秦州，不得至而还。

【译文】戊寅日（初七），昭宗李晔赐朱全忠名号为回天再造竭忠守正功臣，赐给他的幕僚佐吏敬翔等人名号为迎銮协赞功臣，各将领朱友宁等人名号为迎銮果毅功臣，都头以下名号为四镇静难功臣。

昭宗李晔与群臣商议褒奖尊崇朱全忠，打算任命皇子担任诸道兵马元帅，让朱全忠担任副职。崔胤请求让辉王李祚担任诸道兵马元帅，昭宗说："濮王年纪长些。"崔胤遵照朱全忠的秘密授意，认为李祚年幼对自己执掌大权有利，坚决请求任命李祚为元帅。己卯日（初八），昭宗任命李祚为诸道兵马元帅。庚辰日（初九），昭宗加封朱全忠摄理太尉，充任副元帅，进爵位为梁王。任命崔胤为司徒兼侍中。

崔胤仰仗朱全忠的权势，专擅朝政大权，任意而为，昭宗的行止举动都要向他禀告。跟从昭宗前往凤翔的大臣，被贬职和放逐外地的共计三十余人。对朝臣的惩罚、奖赏完全看他的喜好与憎恶，这让朝廷内外的人士都惧怕他到了极点，裹足不敢向前。

昭宗任命敬翔摄理太府卿，任命朱友宁兼任宁远节度使。朱全忠向昭宗上表，任命符道昭为同平章事，充任天雄节度使，派遣军队护送他去秦州上任，由于岐州的军队堵塞了道路，没有到达就返回了。

初，翰林学士承旨韩偓之登进士第也，御史大夫赵崇知贡举。上返自凤翔，欲用偓为相，偓荐崇及兵部侍郎王赞自代。上欲从之，崔胤恶其分己权，使朱全忠入争之。全忠见上曰："赵崇轻薄之魁，王赞无才用，韩偓何得妄荐为相！"上见全忠怒甚，不得已，癸未，贬偓濮州司马。上密与偓泣别，偓曰："吻人非复前来之比，臣得远贬及死乃幸耳，不忍见篡弑之辱！"

【译文】起初，翰林学士承旨韩偓考中进士时，御史大夫赵崇担任主考官。昭宗李晔从凤翔返回后，想要任用韩偓为宰相，韩偓推荐赵崇以及兵部侍郎王赞来替代自己。昭宗想听从他的建议，崔胤怨恨他们分夺自己的权力，于是让朱全忠入宫争辩此事。朱全忠觐见昭宗，说："赵崇是轻薄之人中的魁首，王赞根本没有什么可用的才干，韩偓怎们可以胡乱地举荐他们为宰相呢？"昭宗看到朱全忠非常生气，迫不得已，癸未日（十二日），将韩偓贬为濮州司马。昭宗偷偷地跟韩偓垂泪告别，韩偓说："朱全忠这个人与从前那些不能相比了，我能够被贬往远离京师的地方任职到死就是幸运了，只是不忍心看见他篡位杀君的耻辱啊！"

己丑，上令朱全忠与李茂贞书，取平原公主。茂贞不敢违，遽归之。

壬辰，以朱友裕为镇国节度使。

乙未，全忠奏留步骑万人于故两军，以朱友伦为左军宿卫都指挥使，又以汴将张廷范为宫苑使，王殷为皇城使，蒋玄晖充街使。于是，全忠之党布列遍于禁卫及京辅。

戊戌，全忠辞归镇，留宴寿春殿，又饯之于延喜楼。上临轩泣别，令于楼前上马。上又赐全忠诗，全忠亦和进；又赐《杨柳枝辞》五首。百官班辞于长乐驿。崔胤独送至霸桥，自置饯席，夜二鼓，胤始还入城。上复召对，问以全忠安否，置酒奏乐，至四鼓乃罢。

【译文】己丑日（十八日），昭宗李晔诏令朱全忠写信给李茂贞，要求接回平原公主。李茂贞不敢抗旨，立即将平原公主送回。

壬辰日（二十一日），昭宗李晔任命朱友裕为镇国节度使。

乙未日（二十四日），朱全忠向朝廷上奏，在之前左右神策军的营署里留下步兵、骑兵万人，任命朱友伦为左军宿卫都指挥使；又任命汴州将领张廷范为宫苑使，王殷为皇城使，蒋玄晖充任左右两街使。就这样，朱全忠的党羽遍布宫禁宿防及京辅各处了。

戊戌日（二十七日），朱全忠辞别昭宗李晔，返回镇所，昭宗在寿春殿里宴请他，又在延喜楼为他饯别送行。昭宗走到殿堂前的台阶与朱全忠挥泪告别，诏令他在楼前上马。昭宗又赐诗给朱全忠，朱全忠也和诗进献给昭宗，又献上五首《杨柳枝词》。文武官员在长乐驿按班次列队送别朱全忠。崔胤独自将他送到霸桥，从摆酒席饯行，一直到晚上二更时，崔胤才返回城中；昭宗又召他来奏对，询问朱全忠平安与否，并且安排酒席，演奏音乐，一直到四鼓时才休息。

以清海节度使裴枢为门下侍郎、同平章事，朱全忠荐之矣。

李克用使者还晋阳，言崔胤之横，克用曰："胤为人臣，外倚贼势，内胁其君，既执朝政，又握兵权。权重则怨多，势侔则衅生，破家亡国，在眼中矣！"

朱全忠将行，奏："克用于臣，本无大嫌，乞厚加宠泽，遣大臣抚慰；俾知臣意。"进奏吏以白克用，克用笑曰："贼欲有事淄青，畏吾掎其后耳！"

【译文】昭宗李晔任命清海节度使裴枢为门下侍郎，同平章事（这是朱全忠举荐的）。

李克用的使者自京师返回晋阳，陈述崔胤专横的情况，李克用说："崔胤身为臣子，在外倚赖朱全忠的势力，在内又胁迫皇帝，一方面掌控朝中的政事，另一方面又专擅军权。权重就会结怨多，势均力敌就要衍生事端，破家亡国，就在眼前了！"

朱全忠要动身时，向昭宗上奏道："李克用与臣，本来就没有什么大的矛盾，恳请陛下对他多施予恩宠，派遣大臣去抚慰他，劝导他，让他知晓我的心意。"河东的进奏吏把此事禀告给李克用，李克用笑着说："这强贼想要攻打淄青，担心我在后面牵制他罢了！"

三月，戊午，朱全忠至大梁。王师范弟师鲁围齐州，朱友宁引兵击走之。师范遣兵益刘鄩军，友宁击取之。由是兖州援绝，葛从周引兵围之。友宁进攻青州；戊辰，全忠引四镇及魏博兵十万继之。

淮南将李神福围鄂州，望城中积获，谓监军尹建峰曰："今夕为公焚之。"建峰未之信。时杜洪求救于朱全忠，神福遣部将秦皋乘轻舟至溇口，举火炬于树杪。洪以为救兵至，果焚获以应之。

【译文】三月，戊午日（十七日），朱全忠抵达大梁。王师范的弟弟王师鲁围攻齐州，朱友宁率领士兵把他赶走了。王师范派遣军队援助刘鄩的军队，朱友宁击败了这些援军。因此，兖州的外援被断绝，葛从周率军包围了兖州。朱友宁攻打青州；戊辰日（二十七日），朱全忠率领四镇以及魏博的十万士兵随后开赴青州。

淮南将领李神福围攻鄂州，望见城中堆积了很多获草，对监军尹建峰说："今天晚上我为您把那些获草烧掉。"尹建峰不相信他说的话。当时，杜洪向朱全忠请求救援，李神福派遣部将秦皋乘轻舟抵达溇口，在树林上竖起火把，杜洪以为救兵到了，果然焚烧获草来响应。

夏，四月，己卯，以朱全忠判元帅府事。

知温州事丁章为木工李彦所杀，其将张惠据温州。

王师范求救于淮南，乙未，杨行密遣其将王茂章以步骑七千救之，又遣别将将兵数万攻宿州。全忠遣其将康怀英救宿州，淮南兵遁去。

杨行密遣使诣马殷，言朱全忠跋扈，请殷绝之，约为兄弟。湖南大将许德勋曰："全忠虽无道，然挟天子以令诸侯，明公素奉王室，不可轻绝也。"殷从之。

【译文】夏季，四月，己卯日（初九），昭宗李晔任命朱全忠主持元帅府的事务。

主持温州事务的丁章被木工李彦杀死，丁章的部下将领张惠占据了温州。

王师范向淮南请求援助，乙未日（二十五日），杨行密派遣他的部将王茂章率领步兵、骑兵七千人前去援救他，另外又派遣其他将领率领几万名士兵进攻宿州。朱全忠派遣他的部将康怀英（英字当作贞字）救援宿州，淮南军队逃走了。

杨行密派遣使者去见马殷，说朱全忠骄横跋扈，请马殷与他断绝往来，然后他们两人结盟，约为兄弟。湖南大将许德勋说："朱全忠虽然蛮横跋扈，但是他挟天子以令诸侯，您明达事理，向来尊奉王室，不可以轻易与他断绝啊！"马殷听从了他的进言。

杜洪求救于朱全忠，全忠遣其将韩勍将万人屯滠口，遣使语荆南节度使成汭、武安节度使马殷、武贞节度使雷彦威，令出兵救洪。汭畏全忠之强，且欲侵江、淮之地以自广，发舟师十万，沿江东下。汭作巨舰，三年而成，制度如府署，谓之"和州载"，其余谓之"齐山"、"截海"、"劈浪"之类甚众。掌书记李珽谏曰："今每舰载甲士千人，稻米倍之，缓急不可动也。吴兵剽轻，难与角逐；武陵、长沙，皆吾仇也；岂得不为反顾之虑乎！不若遣骁将屯巴陵，大军与之对岸，坚壁勿战，不过一月，吴兵食尽自遁，鄂围解矣。"汭不听。珽，憕之五世孙也。

【译文】 杜洪向朱全忠请求援助，于是，朱全忠派遣他的部将韩勍率领一万名士兵在滠口驻扎，另外又派遣使者告诉荆南节度使成汭、武安节度使马殷、武贞节度使雷彦威，命令他们率领军队援救杜洪。成汭畏惧朱全忠的势力强大，并且他也打算侵占江、淮的土地用来扩充自己的地盘，因此，他派遣十万水师，沿着江水东下进攻。成汭建造巨大的战舰，花了三年的时间建成，舰身的尺寸、舰上建筑的规模，就好比官府房舍一样，称为"和州载"，其余称为"齐山""截海""劈浪"等，种类名目非常多。掌书记李珽劝谏说："现在每舰载甲士一千人，稻米又多了一倍，如果情况危急的话，战舰难以移动。吴兵剽悍轻捷，很难和他们较量；武陵雷彦威、长沙马殷都是我们的敌人，怎么能不考虑后顾之忧呢？不如派遣勇将在巴陵驻扎，大军与他们隔岸相对，我们坚守军营，不要交战，不超过一个月，吴王的士兵就会把粮食吃完了，那时，他们自然会逃走，鄂州的包围自然就解除了。"成汭不听从他的建议。李珽是李憕的第五代孙子。

王建出兵攻秦、陇，乘李茂贞之弱也，遣判官韦庄入贡，亦修好于朱全忠。全忠遣押牙王殷报聘，建与之宴。殷言："蜀甲兵诚多，但乏马耳。"建作色曰："当道江山险阻，骑兵无所施。然马亦不乏，押牙少留，当共阅之。"乃集诸州马，大阅于星宿山，官马八千，私马四千，部队甚整。殷叹服。建本骑将，故得蜀

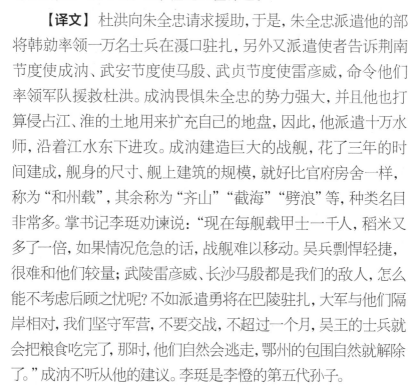

之后，于文、黎、维、茂州市胡马，十年之间，遂及兹数。

【译文】 王建发动军队进攻秦州、陇州，是趁着李茂贞势力削弱的时候去的；他派遣判官韦庄入朝进献财物，同时也是向朱全忠表示友好。朱全忠派遣押牙王殷到成都回访，王建宴请他。王殷说："蜀地的武装士兵确实很多，就只是马匹匮乏而已。"王建脸色大变说："蜀地路途艰险，山河相阻，骑兵没有施展的地方。但是马匹并不缺乏，押牙稍微停留几日，当一起检阅一番。"于是将各州的马匹聚集起来，在星宿山大阅兵马，共计有八千匹官家的马、四千匹私人的马，军队非常严肃整齐。王殷看了赞叹钦佩不已。王建本来是骑兵将领，因此在攻占蜀地之后，在文州、黎州、维州、茂州一带购买胡地出产的马匹，十年之间，就达到了这个规模。

五月，丁未，李克用云州都将王敬晖杀刺史刘再立，叛降刘仁恭。克用遣李嗣昭、李存审将兵讨之。仁恭遣将以兵五万救敬晖，嗣昭退保乐安，敬晖举众弃城而去。先是，振武将契苾让逐戍将石善友，据城叛。嗣昭等进攻之，让自燔死。复取振武城，杀吐谷浑叛者二千馀人。克用怒嗣昭、存审失王敬晖，皆杖之，削其官。

成汭行未至鄂州，马殷遣大将许德勋将舟师万馀人，雷彦威遣其将欧阳思将舟师三千馀人会于荆江口，乘虚袭江陵，庚戌，陷之，尽掠其人及货财而去。将士亡其家，皆无斗志。

【译文】 五月，丁未日（初七），李克用属下云州都将王敬晖杀死刺史刘再立，叛变投降刘仁恭；李克用派遣李嗣昭、李存审率领士兵征讨他。刘仁恭派遣部将率领五万士兵援助王敬晖，李嗣昭退守乐安，王敬晖率众弃城逃走。在此以前，振武将领契苾让赶走驻守的将领石善友，据城叛变，李嗣昭等率领军队征讨，契苾让自焚而死；李嗣昭等又夺回振武城，杀死吐谷浑叛乱的两千名士兵。李克用气恼李嗣昭、李存审让王敬晖逃走了，都处以杖刑，并削去他们的官职。

成汭还没抵达鄂州，马殷派遣大将许德勋率领水师一万多人，雷彦威派遣他的部将欧阳思率领水师三千多人在荆江口会合，乘虚偷袭江陵，庚戌日（初十），把江陵攻克了，将江陵的百姓和财物全都抢掠一空。成汭的将士家亡财空，都失去了斗志。

李神福闻其将至，自乘轻舟前觇之，谓诸将曰："彼战舰虽多而不相属，易制也，当急击之！"壬子，神福遣其将秦裴、杨戎将众数千逆击汭于君山，大破之，因风纵火，焚其舰，士卒皆溃，汭赴水死，获其战舰二百艘。韩勍闻之，亦引兵去。

许德勋还过岳州，刺史邓进忠开门具牛酒犒军，德勋谕以祸福，进忠遂举族迁于长沙。马殷以德勋为岳州刺史，以进忠为衡州刺史。

【译文】李神福听到成汭即将抵达，亲自搭乘轻快的小舟前去探察，对各位将领说："他们的战舰虽然很多，但是都不相互连接，很容易对付的，应当急速攻打他们！"壬子日（十二日），李神福派遣他的将领秦裴、杨戎率领几千士兵在君山进击成汭，大破他的军队，然后顺着风向点火，将他的战舰烧毁，士兵们都溃散奔逃，成汭投水自尽，李神福缴获他的两百多艘战舰。韩勍听到这个消息后，也率领士兵退走了。

许德勋返回途中经过岳州，刺史邓进忠打开城门，准备牛酒慰劳将士，许德勋对他陈述祸福利害，邓进忠于是带着全族人迁往长沙。马殷任命许德勋为岳州刺史，邓进忠为衡州刺史。

雷彦威狡狯残忍，有父风，常泛舟焚掠邻境，荆、鄂之间，殆至无人。

李茂贞畏朱全忠，自以官为尚书令，在全忠上，累表乞解去。诏复以茂贞为中书令。

崔胤奏：“左右龙武、羽林、神策等军名存实亡，侍卫单寡；请每军募步兵四将，每将二百五十人，骑兵一将百人，合六千六百人，选其壮健者，分番侍卫，”从之。令六军诸卫副使、京兆尹郑元规立格召募于市。

【译文】雷彦威天生狡猾残忍，有他父亲雷满的遗风，他常常划船去烧杀劫掠邻近的地方，因此在荆州、鄂州之间几乎到了没有人烟的地步。

李茂贞惧怕朱全忠，自认为担任尚书令，官位在朱全忠之上，所以多次上表请求辞去尚书令的职位。昭宗李晔下诏又任命李茂贞为中书令。

崔胤向昭宗李晔上奏道：“左右龙武、羽林、神策等军，名字虽然还存在，但实际上已经没有了，宫禁中的侍卫力量确实单薄；请求陛下每一个军再招募步兵四将，每将有二百五十人，骑兵一将，领一百人，六军共计有士兵六千六百人，挑选那些身体健壮的人，分批轮换侍奉护卫。”昭宗听从了他的建议。诏令六军各侍卫的副使、京兆尹郑元规拟写公告，在街市中招募侍卫。

朱全忠表颍州刺史朱友恭为武宁李度使。

朱友宁攻博昌，月馀不拔。朱全忠怒，遣客将李捍往督之。

捍至，友宁驱民丁十馀万，负木石，牵牛驴，诣城南筑土山，既成，并人畜木石排而筑之，冤号声闻数十里。俄而城陷，尽屠之。进拔临淄，抵青州城下，遣别将攻登、莱。

淮南将王茂章会王师范弟莱州刺史师诲攻密州，拔之，斩其刺史刘康义，以淮海都游奕使张训为刺史。

【译文】朱全忠向昭宗李晔上表，任命颍州刺史朱友恭为武宁节度使。

朱友宁攻打博昌，攻打了一个多月还没有攻克；朱全忠大怒，派遣客将刘捍前往督战。刘捍抵达那里以后，朱友宁驱赶十几万民夫，背着木头，扛着石头，牵着牛、驴，到博昌城南修筑土山；土山建好了以后，把人畜木石排列在一起填土捣实，喊冤号哭之声传出几十里远。不久都昌城陷落，把城内男女老少全部斩杀。之后进兵攻取了临淄，到达青州城下，派遣别将率兵进攻登州、莱州。

淮南将领王茂章联合王师范的弟弟莱州刺史王师诲攻打密州，把它攻克了，杀死了刺史刘康义，任命淮海都游弈使张训为刺史。

六月，乙亥，汴兵拔登州。师范帅登、莱兵拒朱友宁于石楼，为两栅。丙子，夜，友宁击登州栅，栅中告急，师范趣茂章出战，茂章案兵不动。友宁破登州栅，进攻莱州栅。比明，茂章度其兵力已疲，乃与师范合兵出战，大破之。友宁旁自峻阜驰骑赴敌，马仆，青州将张士枭斩之，传首淮南。两镇兵逐北至米河，俘斩万计，魏博之兵殆尽。

【译文】六月，乙亥日（初六），汴州的士兵攻占了登州。王师范率领登州、莱州的士兵在石楼抵御朱友宁，修筑了两道木栅。丙子日（初七）的晚上，朱友宁进攻登州城外的木栅，木栅中告急，王师范催促王茂章出战，王茂章却按兵不动。朱友宁攻破了登州城外的木栅，进军攻击莱州的木栅。等到天亮时，王茂章估计着他们的士兵已经疲惫不堪，于是与王师范联合力量发动士兵交战，大破他们的军队。朱友宁凭借高峻的土山，骑着马奔驰向前杀敌，结果战马摔倒在地，青州将领张士英勇作战，将朱友宁斩杀，将首级传送到淮南示众。平卢、淮南两镇军队追杀败退的敌军，一直追到米河，俘获斩杀的敌人数以万计，魏博军队几乎覆没。

全忠闻友宁死，自将兵二十万昼夜兼行赴之。秋，七月，壬子，至临朐，命诸将攻青州。王师范出战，汴兵大破之。王茂章闭垒示怯，伺汴兵稍懈，毁栅而出，驱驰疾战，战酣退坐，召诸将饮酒，已而复战。全忠登高望见之，问降者，知为茂章，叹曰："使吾得此人为将，天下不足平也！"至晡，汴兵乃退。茂章度众寡不敌，是夕，引军还。全忠遣曹州刺史杨师厚追之，及于辅唐。茂章命先锋指挥使李虔裕将五百骑为殿，虔裕殊死战，师厚擒而杀之。师厚，颍州人也。

张训闻茂章去，谓诸将曰："汴人将至，何以御之？"诸将请焚城大掠而归。训曰："不可。"封府库，植旗帜于城上，遣羸弱居前，自以精兵殿其后而去。全忠遣左踏白指挥使王檀攻密州，既至，望旗帜，数日乃敢入城。见府库城邑皆完，遂不复追。训全军而还。全忠以檀为密州刺史。

【译文】朱全忠听到朱友宁战死的消息，亲自率领二十万士兵不分白天黑夜，连续赶往救援，秋季，七月，壬子日（十四日），抵达临朐，命令各将领攻打青州。王师范率兵迎战，被汴州军打得惨败。王茂章紧闭城垒，表现出害怕的样子，观察到汴州的士兵稍微松懈时，率兵毁坏栅栏猛然冲出，飞驰向前，急速作战，打到尽兴之时，又退了回去，召集诸将畅饮；不久又冲出来奋战。朱全忠登高眺望，看到这种情况，就询问投降的人，知晓此人就是王茂章，赞叹说："如果我得到这个人当将领的话，那么天下就不值得再劳烦我去平定了！"等到下午，汴州的士兵才撤退。王茂章私下考虑敌我力量悬殊，寡不敌众，当天晚上，他就率领军队返回淮南。朱全忠派遣曹州刺史杨师厚率兵追击，一直追到辅唐。王茂章命令先锋指挥使李虔裕率领五百骑兵殿后，与追兵拼死激战，杨师厚将李虔裕抓住并杀死了。杨师厚是颍州人。

张训听说王茂章已经返回，对各位将领说："汴州军队将要抵达这里，怎么来防御呢？"诸将请求将城池烧毁，劫掠财物回到淮南。张训说："我们不能这样做。"接着，张训命令封闭府库，在城上竖起大旗，然后让老弱士兵先走，自己率领精兵殿后离去。朱全忠派遣左踏白指挥使王檀攻打密州，军队到达后，远远望见旗帜，过了好几天才敢进入城中；看见府库、城邑都完好无损，这才不再追赶。张训全军回到淮南。朱全忠任命王檀为密州刺史。

丁卯，以山南西道留后王宗贺为节度使。

睦州刺史陈询叛钱镠，举兵攻兰溪，镠遣指挥使方永珍击之。武安都指挥使杜建徽与询连姻，镠疑之，建徽不言。会询亲吏来奔，得建徽与询书，皆劝戒之辞，镠乃悦。建徽从兄建思谮建徽私蓄兵仗，谋作乱。镠使人索之，建徽方食，使者直入卧内，建徽不顾，镠以是益亲重之。

【译文】 丁卯日（二十九日），昭宗李晔任命山南西道留后王宗贺为节度使。

睦州刺史陈询背叛钱镠，率领军队进攻兰溪，钱镠派遣指挥使方永珍攻打他。武安都指挥使杜建徽和陈询是姻亲，钱镠怀疑杜建徽，杜建徽也不辩解。恰巧此时，陈询的亲信属吏来投奔钱镠，钱镠得到杜建微给陈询的书信，内容都是劝说陈询改过自新的话，钱镠这才高兴。杜建徽的堂兄杜建思向钱镠进谗言诋毁杜建徽，说他私藏兵器，暗中谋划作乱；于是，钱镠派人去搜查，当时，杜建徽正在吃饭，使者直接冲入他的卧室，杜建徽看都没看他，钱镠因此更加亲近、重用杜建徽。

八月，戊辰朔，朱全忠留齐州刺史杨师厚攻青州，身归大梁。

庚辰，加西川节度使西平王王建守司徒，进爵蜀王。

前渝州刺史王宗本言于王建，请出兵取荆南。建从之，以宗本为开道都指挥使，将兵下峡。

【译文】 八月，戊辰朔日（初一），朱全忠留下齐州刺史杨师厚进攻青州，自己返回大梁。

庚辰日（十三日），昭宗李晔加封西川节度使西平王王建摄理司徒，进爵位为蜀王。

前渝州刺史王宗本向王建进言，请求出兵攻打荆南。王建听从了他的建议，任命王宗本为开道都指挥使，率兵进发三峡。

初，宁国节度使田頵破冯弘铎，诣广陵谢杨行密，因求池、歙为巡属，行密不许。行密左右下及狱吏，皆救赂于頵，頵怒曰：

"吏知吾将下狱邪!"及还,指广陵南门曰:"吾不可复入此矣!"頵兵强财富,好攻取。行密既定淮南,欲保境息民,每抑止之,頵不从。及解释钱镠,頵尤恨之,阴有叛志。李神福言于行密曰:"頵必反,宜早图之。"行密曰:"頵有大功,反状未露,今杀之,诸将人人自危矣!"頵有良将曰康儒,与頵谋议多不合,行密知之,擢儒为庐州刺史。頵以儒为贰于己,族之。儒曰:"吾死,田公亡无日矣!"頵遂与润州团练使安仁义同举兵,仁义悉焚东塘战舰。

頵遣二使诈为商人,诣寿州约奉国节度使朱延寿,行密将尚公乃遇之,曰:"非商人也。"杀一人,得其书,以告行密。行密召李神福于鄂州,神福恐杜洪邀之,宣言奉命攻荆南,勒兵具舟楫。及暮,遂沿江东下,始告将士以讨田頵。

【译文】起初,宁国节度使田頵打败冯弘铎的军队时,田頵亲自到广陵向杨行密表示感谢,顺便向杨行密请求把池州、歙州划为他统属的地盘,杨行密没有答应。杨行密左右的亲信,下到狱吏,都向田頵索取财物,田頵勃然大怒说:"你狱吏清楚我将要被关入大狱吗!"等到回去时,田頵指着广陵的南门说:"我不能再进入此城了。"田頵兵力强盛,钱财又充足,喜好抢夺劫掠;杨行密平定淮南之后,打算固守疆土,让百姓休养生息,因此常常打压阻止他,田頵不听从他的调遣。等到杨行密解除对钱镠的包围,田頵特别痛恨杨行密,私下已有叛变的意思。李神福对杨行密说:"田頵一定会作乱,应该早一点谋划对策才是。"杨行密说:"田頵立有大功,作乱的迹象还没显露出来,现在如果杀死他的话,各位将领个个都会感到恐惧难安的!"田頵手下有一位良将,叫康儒,他和田頵在谋划商议事情时经常意见不一致,杨行密得知这个情况后,提升康儒为庐州刺史。田

顗认为康儒对自己有二心，将他全族杀死。康儒说："我如果死了，田公你灭亡的日子也就没有几天了！"于是田顗与润州团练使安仁义一起起兵，安仁义将杨行密停在扬州东塘的全部战舰都烧毁了。

田顗派遣两名使者假扮成商人，到寿州与奉国节度使朱延寿联络，杨行密的部将尚公乃遇到他们，说："他们不是商人。"于是杀死一人，搜到田顗给朱延寿的书信，马上将这一情况禀告给杨行密。杨行密从鄂州将李神福召回，李神福恐怕杜洪拦截他，宣言是奉命讨伐荆南，准备武器船只；等到日落时，就沿长江顺流东下，这才告诉将士们是去征讨田顗。

己丑，安仁义袭常州，常州刺史李遇逆战，极口骂仁义，仁义曰："彼敢辱我，必有备。"乃引去。壬辰，行密以王茂章为润州行营招讨使，击仁义，不克，使徐温将兵会之。温易其衣服旗帜，皆如茂章兵，仁义不知益兵，复出战，温奋击，破之。

行密夫人，朱延寿之姊也。行密狎侮延寿，延寿怨怒，阴与田顗通谋。顗遣前进士杜荀鹤至寿州，与延寿相结，又遣至大梁告朱全忠，全忠大喜，遣兵屯宿州以应之。荀鹤，池州人也。

【译文】己丑日（二十二日），安仁义袭击常州，常州刺史李遇迎战，破口大骂安仁义，安仁义说："他敢如此辱骂我，一定是有所防备的。"于是就率领军队离开了。壬辰日（二十五日），杨行密任命王茂章为润州行营招讨使，前去攻打安仁义，没有攻克，又命令徐温率领士兵与王茂章会合。徐温改换军队的衣服、旗帜，都像王茂章的士兵一样，安仁义不知道增派了士兵，又去交战，徐温竭尽全力攻击，大破安仁义。

杨行密的夫人是朱延寿的姐姐。杨行密轻慢侮辱朱延寿，

414

朱延寿怨恨气恼，私下与田頵勾结策划叛乱。田頵派遣前进士杜荀鹤前往寿州，与朱延寿相交结；又派遣杜荀鹤到大梁禀告朱全忠，朱全忠很是欣喜，于是立即派遣军队在宿州屯驻，来接应他们。杜荀鹤是池州人。

杨师厚屯临朐，声言将之密州，留辎重于临朐。九月，癸卯，王师范出兵攻临朐，师厚伏兵奋击，大破之，杀万馀人，获师范弟师克。明日，莱州兵五千救青州。师厚邀击之，杀获殆尽，遂徙寨抵其城下。

【译文】杨师厚在临朐驻扎军队，扬言即将前往密州，把器械、财物留在临朐。九月，癸卯日（初六），王师范派遣军队攻打临朐，杨师厚埋伏军队奋力攻打，大破王师范的军队，杀死一万多人，生擒了王师范的弟弟王师克。次日，莱州的五千士兵来救援青州，杨师厚迎击他们，几乎把他们都杀死、俘获了，杨师厚于是把守寨迁移到青州城下。

朱延寿谋颇泄，杨行密诈为目疾，对延寿使者多错乱所见，或触柱仆地。谓夫人曰：“吾不幸失明，诸子皆幼，军府事当悉以授三舅。”夫人屡以书报延寿，行密又自遣召之，阴令徐温为之备。延寿至广陵，行密迎及寝门，执而杀之。部兵惊扰，徐温谕之，皆听命，遂斩延寿兄弟，黜朱夫人。

初，延寿赴召，其妻王氏谓曰：“君此行吉凶未可知，愿日发一使以安我！”一日，使不至，王氏曰：“事可知矣！”部分僮仆，授兵阖门，捕骑至，乃集家人，聚宝货，发百燎焚府舍，曰：“妾誓不以皎然之躯为仇人所辱。”赴火而死。

延寿用法严，好以寡击众，尝遣二百人与汴兵战，有一人应留者，请行，延寿以违命，立斩之。

【译文】朱延寿串通田頵的叛乱计划泄露了不少，杨行密知道后假装患了眼病，面对朱延寿的使者，他或者认错人，或者撞上柱子倒在地上。杨行密对夫人朱氏说："我不幸双眼失明，诸子还很小，军府的事情应当都交予三舅掌管了。"朱夫人多次给朱延寿写信告诉他这些情况。杨行密又亲自派人召朱延寿到广陵来，暗中却命令徐温做好准备工作。朱延寿抵达广陵后，杨行密迎接他，等到了内室门口，把他抓住杀死了；朱延寿属下的士兵惊慌大乱，然后，徐温劝导他们，他们都听从了命令，于是杨行密杀死了朱延寿的兄弟，废黜了朱夫人。

起初，朱延寿受杨行密的召请前往广陵，他的妻子王氏对他说："您此行的吉凶难以预料，希望每天派一个使者来给我报平安！"有一天，使者没有回来禀告，王氏说："事情的结果已经很清楚了！"便分派安置仆从，发给他们武器，紧闭大门，当抓捕他们的骑兵到达时，王氏就召集家人，把财宝、货物堆积在一起，点燃上百支的火把烧毁府舍，她说："我发誓不让清白的身体被仇敌玷辱。"说完就投火自焚而死。

朱延寿执法特别严厉，喜欢以少击多，曾经派二百人与朱全忠的汴州军队交战，有一个应该留下的士兵，请求前去作战，朱延寿认为他有意违抗军令，将他马上斩杀了。

田頵袭升州，得李神福妻子，善遇之。神福自鄂州东下，頵遣使谓之曰："公见机，与公分地而王；不然，妻子无遗！"神福曰："吾以卒伍事吴王，今为上将，义不以妻子易其志。頵有老母，不顾而反，三纲且不知，乌足与言乎！"斩使者而进，士卒皆感励。頵遣其将王檀、汪建将水军逆战。丁未，神福至吉阳矶，与坛、建遇。坛、建执其子承鼎示之，神福命左右射之。神福谓诸将曰："彼众我寡，当以奇取胜。"及暮，合战，神福阳败，引舟溯流而上。坛、建追之，神福复还，顺流击之。坛、建楼船大列火炬，神福令军中曰："望火炬则击之。"坛、建军皆灭火，旗帜交杂，神福因风纵火，焚其舰，坛、建大败，士卒焚溺死者甚众。戊申，又战于皖口，坛、建仅以身免。获徐绾，行密以槛车载之，遗钱镠。镠剖其心以祭高渭。

【译文】田頵袭击升州，抓获李神福的妻子儿女，对待他们很好。李神福从鄂州东下，田頵派遣使者去对他说："如果您能见机行事，我与您分地称王，否则，您的妻儿将难以活命啊！"李神福说："我以小小士兵的身份服侍吴王，如今担任上将，在道义上不能因为妻儿而改变我的志向。田頵上有老母，却丝毫不顾念而作乱，连君为臣纲、父为子纲、夫为妻纲尚且都不了解，哪里值得与他说什么呢？"说罢，便将使者斩杀，继续进兵攻打，士兵全都很感动，精神振作。田頵派遣他的部将王坛、汪建率领水军迎战。丁未日（初十），李神福抵达吉阳矶，和王坛、汪建相遇，王坛、汪建抓住他的孩子李承鼎给他看，李神福命令左右发箭射杀他们。李神福告诉各位将领说："他们士兵多，我们士兵少，我们应该使用出其不意的战术来取得胜利啊！"等到黄昏时，两军会合激战，李神福假装战败，率领战船逆流而逃，王坛、汪建追击，李神福又调转船头，顺流而下进行攻击。王坛、汪建的楼船排列着大量火炬，李神福命令军中士兵说："一望见火炬就开始进攻。"王坛、汪建的军队全都将火炬熄灭，旗帜都交杂错乱了，李神福趁着风势放了一把大火，将敌舰烧毁，王坛、汪建惨败，烧死淹死的士兵非常多。戊申日（十一日），两军又在皖口激战，王坛、汪建仅能幸免于死罢了。李神福俘获徐绾，杨行密用囚车押着徐绾，把他送到钱镠那里；钱镠挖出他的心来祭奠高渭。

颢闻坛、建败，自将水军逆战，神福曰："贼弃城而来，此天亡也！"临江坚壁不战，遣行告行密，请发步兵断其归路。行密遣涟水制置使台濛将兵应之。王茂章攻润州，久未下，行密命茂章引兵会濛击颢。

辛亥，汴将刘重霸拔棣州，执刺史邵播，杀之。

甲寅，朱全忠如洛阳，遇疾，复还大梁。

【译文】田颢听说王坛、汪建战败，亲自率领水军迎战。李神福说："寇贼放弃守城来攻打我们，这是上天要将他们灭亡了！"李神福临江坚守营垒，不出来迎战，派遣使者报告杨行密，请他发动步兵阻拦田颢军队的退路；杨行密派遣涟水制置使台濛率领军队接应李神福。王茂章进攻润州，攻打了很久还没有攻克，于是，杨行密命令王茂章率领军队与台濛会合，一同攻打田颢。

辛亥日（十四日），汴州将领刘重霸攻占了棣州，擒住刺史邵播，把他杀死了。

甲寅日（十七日），朱全忠前往洛阳，恰在此时患病，又返回大梁。

戊午，王师范遣副使李嗣业及弟师悦请降于杨师厚，曰："师范非敢背德，韩全诲、李茂贞以朱书御札使之举兵，师范不敢违。"仍请以其弟师鲁为质。时朱全忠闻李茂贞、杨崇本将起兵逼京畿，恐其复劫天子西去，欲迎车驾都洛阳，乃受师范降，选诸将使守登、莱、淄、棣等州，即以师范权淄青留后。师范仍言先遣行军司马刘鄩将兵五千据兖州，非其自专，愿释其罪。亦遣使语鄩。

【译文】戊午日（二十一日），王师范派遣副使李嗣业与弟弟王师悦向杨师厚请求投降，说："师范不敢违背恩德，韩全诲、李茂贞用皇上朱笔写的御札命令我发动军队，师范不敢违反军令。"并请求把他的弟弟王师鲁当作人质。当时，朱全忠听说李茂贞、杨崇本打算起兵逼近京畿，恐怕他们再次胁迫昭宗李晔西去凤翔，想要迎接昭宗在洛阳建都，于是接受了王师范的投降，挑选各位将领，派遣他们驻守登、莱、淄、棣等州，并且即刻任命王师范代理淄青留后。王师范趁此机会说明先前派遣行军司马刘鄩率领五千士兵据守兖州，不是他自作主张，希望宽容赦免他的罪过；此外也派遣使者去告知刘鄩。

田頵闻台濛将至，自将步骑逆战，留其将郭行璟以精兵二万及王坛、汪建水军屯芜湖，以拒李神福。觇者言："濛营寨褊小，才容二千人。"頵易之，不召外兵。濛入頵境，番陈而进，军中笑其怯，濛曰："頵宿将多谋，不可不备。"冬，十月，戊辰，与頵遇于广德。濛先以杨行密书遍赐頵将，皆下马拜受。濛因其挫伏，纵兵击之，頵兵遂败。又战于黄池，兵交，濛伪走，頵追之，遇伏，大败，奔还宣州城守，濛引兵围之。頵亟召芜湖兵还，不得入。郭行璟、王坛、汪建及当涂、广德诸戍皆帅其众降。行密以台濛已破田頵，命王茂章复引兵攻润州。

【译文】田頵听说台濛即将抵达，亲自率领步兵、骑兵迎战，留下他的部将郭行璟率领两万精兵和王坛、汪建的水军在芜湖驻扎，用来抵御李神福。侦察敌情的士兵回来禀告说："台濛的营寨狭小，仅能容纳两千人。"田頵开始轻视台濛，没有召集外地的军队。接着台濛进入田頵的地盘，把军队分为几部轮番排列行进，军中有人讥笑他胆小懦弱，台濛说："田頵是沙场老将，阴谋诡计非常多，对他不能不防备啊！"冬季，十月，戊辰日（初二），台濛和田頵在广德相遇，台濛先拿杨行密的书信遍赐田頵的各位部将，他们都从马上下来，恭敬地领受；台濛趁着他们的士气受到挫折，放纵军队攻打他们，田頵的军队于是战败！他们又在黄池交战，军队刚一交战，台濛假装逃走，田頵率兵追击，结果遭遇埋伏，被打得惨败，逃回宣州，关闭城门防守，台濛率领军队围攻宣州。田頵紧急召回驻守芜湖的军队，但无法入城。郭行悰、王坛、汪建以及当涂、广德等地的驻防将领都率军队投降了。杨行密因为台濛已经打败田頵，命令王茂章再次率领军队攻打润州。

初，夔州刺史侯矩从成汭救鄂州，汭死，矩奔还。会王宗本兵至，甲戌，矩以州降之，宗本遂定夔、忠、万、施四州。王建复以矩为夔州刺史，更其姓名曰王宗矩。宗矩，易州人也。蜀之议者，以瞿唐，蜀之险要，乃弃归、峡，屯军夔州。

建以宗本为武泰留后。武泰军旧治黔州，宗本以其地多瘴疠，请徙治涪州，建许之。

【译文】起初，夔州刺史侯矩跟随成汭救援鄂州，结果成汭阵亡，侯矩逃回。正赶上王宗本的军队到达，甲戌日（初八），侯矩以夔州向王宗本投降，王宗本因此将夔、忠、万、施四个州都平定了。王建仍然任命侯矩为夔州刺史，改换他的姓名为王宗矩。王宗矩是易州人。议事的蜀人，都认为瞿塘峡是蜀地险峻的要冲，于是放弃归州、峡州，把军队驻扎在夔州。

王建任命王宗本为武泰留后。武泰军原来的治所在黔州，王宗本因为当地潮湿，多瘴气瘟疫，请求将治所迁移到涪州，王建答应了他的请求。

葛从周急攻兖州，刘鄩使从周母乘板舆登城，谓从周曰："刘将军事我不异于汝，新妇辈皆安居，人各为其主，汝可察之。"从周歔欷而退，攻城为之缓。鄩悉简妇人及民之老疾不足当敌者出之，独与少壮者同辛苦，分衣食，坚守以扞敌。号令整肃，兵不为暴，民皆安堵，久之，外援既绝，节度副使王彦温逾城出降，城上卒多从之，不可遏。鄩遣人从容语彦温曰："军士非素遣者，勿多与之俱。"又遣人徇于城上曰："军士非素遣从副使而敢擅往者，族之！"士卒皆惶惑不敢出。敌人果疑彦温，斩之城下，由是众心益固。及王师范力屈，从周以祸福谕之，鄩曰："受王公命守此城，一旦见王公失势，不俟其命而降，非所以事上也。"及师范使者至，丁丑，始出降。

【译文】葛从周紧急进攻兖州，刘鄩让葛从周的母亲乘坐板车登上城楼，对葛从周说："刘将军服侍我不比你差，你的妻子儿女等也都安好，人都为自己的主帅奋战，你要明白这个道理！"葛从周悲伤哽咽，撤退了，攻城也就因此缓和下来。刘鄩挑选妇人和年老生病不能抗敌的百姓，让他们全都出去，只与年轻力壮的士兵同甘共苦，分享衣食，坚守城池，以此来抗拒敌军。他们的号令整齐、严肃，士兵不做残暴的事，百姓都能安居乐业。过了很久，外面的救援也断绝了，节度副使王彦温翻越城墙，出去投降，城上的很多士兵也跟着他去投降，没有办法阻止。刘鄩派人从容地对王彦温说："不是你之前差遣的士兵，就不要让他们与你一起去。"又派人在城上巡视说："不是之前跟随节度副使而胆敢擅自前往的士兵，把他的全族都处死。"士兵们都惶惑恐惧，不敢再逃出城了。敌人果然对王彦温起了疑心，在城下把他斩首了，因此士兵防守的心志也就更加坚定了。等到王师范兵力衰竭，葛从周拿祸、福得失来劝导他，刘鄩说："我受王公的命令防守此城，如果看见他失势，不等他的命令就主动投降，这不是用来侍奉王公的态度。"等到王师范的使者赶到后，丁丑日（十一日），刘鄩才出城投降。

从周为具赍装，送鄩诣大梁。鄩曰："降将未受梁王宽释之命，安敢乘马衣裘乎！"乃素服乘驴至大梁。全忠赐之冠带，辞；请囚服入见，不许。全忠慰劳，饮之酒，辞以量小。全忠曰："取兖州，量何大邪！"以为元从都押牙。是时四镇将吏皆功臣、旧人，鄩一旦以降将居其上，诸将具军礼拜于廷，鄩坐受自如，全忠益奇之。未几，表为保大留后。

葛从周久病，全忠以康怀英为泰宁节度使代之。

【译文】葛从周替刘鄩置办行李，送他到大梁。刘鄩说："降将没有得到梁王宽容释放的命令，哪里敢骑着战马穿着裘衣呢？"于是穿着素衣，骑着驴子抵达大梁。朱全忠又赐给他衣冠腰带，刘鄩都拒绝了；请求穿着囚犯的衣服入府拜见，朱全忠没有答应他。朱全忠慰劳刘鄩时，拿酒给他喝，刘鄩推辞说自己的酒量很小。朱全忠说："你攻打兖州，胃口怎么就那么大呢？"于是，朱全忠任命刘鄩为元从都押牙。这时，四镇的将领官吏都是朱全忠的功臣、旧部，刘鄩以降将身份一下子地位在他们之上，各位将领都要在公堂上行军礼拜见他，刘鄩坐着接受他们的拜见，神态自若，朱全忠越发赏识他；没有多久，朱全忠向朝廷上表任命他为保大留后。

因为葛从周病了很长时间，朱全忠任命康怀英（英字当作贞字）为泰宁节度使来代替他。

辛巳，宿卫都指挥使朱友伦与客击球于左军，坠马而卒。全
忠悲怒，疑崔胤故为之，凡与同戏者十馀人尽杀之，遣其兄子友
谅代典宿卫。

山南东道节度使赵匡凝遣兵袭荆南，朗人弃城走，匡凝表
其弟匡明为荆南留后。时天子微弱，诸道财赋多不上供，惟匡凝
兄弟委输不绝。

【译文】　辛巳日（十五日），宿卫都指挥使朱友伦与客人在
左军玩打球的游戏，掉下马来摔死了。朱全忠又悲痛又愤怒，怀
疑是崔胤故意安排的，所有与朱友伦一同游戏的这十几人全被
杀死，派遣他哥哥的儿子朱友谅代替朱友伦管理宿卫的职务。

山南东道节度使赵匡凝派遣军队袭击荆南，朗州军队（雷
彦威的士兵）弃城逃走，赵匡凝向朝廷上表，任命他的弟弟赵
匡明为荆南留后。这时昭宗李晔的势力微弱，各道的贡品、赋
税大多不向朝廷上供，只有赵匡凝兄弟向京师运输财货，没有
间断。

杨行密求兵于钱镠，镠遣方永珍屯润州，从弟镒屯宣州。
又遣指挥使杨习攻睦州。

凤翔、邠州屡出兵近京畿，朱全忠疑其复有劫迁之谋，十一
月，发骑兵屯河中。

【译文】　淮南节度使杨行密向镇海节度使钱镠请求派遣军
队支援，钱镠派遣方永珍率军在润州驻扎，堂弟钱镒率军在宣
州驻扎，又派遣指挥使杨习率军进攻睦州。

凤翔、邠州多次派出军队进逼京畿，朱全忠怀疑他们又

有胁迫昭宗李晔迁往凤翔的阴谋，十一月，发动骑兵在河中屯驻。

十二月，乙亥，田頵帅死士数百出战，台濛阳退以示弱。頵兵逾濠而斗，濛急击之。頵不胜，还走城，桥陷坠马，斩之，其众犹战，以頵首示之，乃溃，濛遂克宣州。

初，行密与頵间里，少相善，约为兄弟，及頵首至广陵，行密视之泣下，赦其母殷氏，行密与诸子皆以子孙礼事之。

行密以李神福为宁国节度使，神福以杜洪未平，固让不拜。宣州长史合肥骆知祥善治金谷，观察牙推沈文昌为文精敏，尝为頵草檄骂行密，行密以知祥为淮南支计官，文昌为节度分推。文昌湖州人也。

【译文】十二月，乙亥日（十二月无此日），田頵率领几百名敢死队士兵出战，台濛假装战败而逃，表现出兵力衰弱的样子。田頵的军队越过护城河作战，台濛迅速反击。田頵没有办法取得胜利，转身逃进城去，结果桥梁坍塌，田頵掉下马，被台濛斩首。田頵的军队仍然在激战，台濛拿田頵的首级展示给他们看，敌兵这才溃散逃走，台濛于是攻克宣州。

起初，杨行密和田頵同乡里，少年时两人关系非常好，结拜为兄弟，等到田頵的首级送到广陵，杨行密看了不禁潸然泪下。于是，杨行密赦免了田頵的母亲殷氏，并与自己的儿子们一起以儿孙的礼节侍奉她。

杨行密任命李神福为宁国节度使；李神福因为还没有剿灭杜洪，坚决推辞，不肯接受这一职位。宣州长史（合肥人）骆知祥擅长管理钱财及布帛、谷粮的事务。观察牙推沈文昌写文章精妙快捷，曾经为田頵起草檄文痛骂杨行密，杨行密任命骆知祥为淮南支计官，沈文昌为节度分推。沈文昌是湖州人。

初，頵每战不胜，辄欲杀钱传瓘，其母及宣州都虞候郭师从常保护之。师从，合肥人，頵之妇弟也。頵败，传瓘归杭州，钱镠以师从为镇东都虞候。

辛巳，以礼部尚书独孤损为兵部侍郎、同平章事。损，及之从曾孙也。中书侍郎兼户部尚书、同平章事裴贽罢为左仆射。

左仆射致仕张濬居长水，王师范之举兵，濬豫其谋。朱全忠将谋篡夺，恐濬扇动藩镇，讽张全义使图之。丙申，全义遣牙将杨麟将兵诈为劫盗，围其墅而杀之。永宁县吏叶彦素为濬所厚，知麟将至，密告濬子格曰："相公祸不可免，郎君宜自为谋。"谓格曰："汝留则俱死，去则遗种。"格哭拜而去，叶彦帅义士三十人送之渡汉而还，格遂自荆南入蜀。

【译文】起初，田頵多次进攻都没办法取胜，就想把钱传瓘杀死，他的母亲和宣州都虞候郭师从经常保护钱传瓘。郭师从是合肥人，他是田頵的妻弟。田頵战败以后，钱传瓘返回杭州，钱镠任命郭师从为镇东都虞候。

辛巳日（十一月无此日），昭宗李晔任命礼部尚书独孤损为兵部侍郎、同平章事。独孤损是独孤及的从曾孙。中书侍郎兼户部尚书、同平章事裴贽被免去官职，改为左仆射。

以左仆射辞官归隐的张濬在长水居住，王师范起兵时，张濬参与策划。朱全忠打算暗中谋划篡位，担心张濬煽动藩镇反对，就暗示佑国节度使张全义设法将他除掉。丙申日（三十日），张全义派遣牙将杨麟率领军队假扮盗贼，围攻张濬的住宅，将他杀死。永宁县吏叶彦一向受张濬优待，他知道杨麟即将到来，偷偷地告诉张濬的儿子张格，说："张相公的灾祸是无法免除的,你应该自己谋求一条活路。"张濬对张格说:"你留下来就要一起受死,逃走的话还可以留下子嗣后代啊。"张格放声痛哭,跪拜以后才离开,叶彦率领三十个义士送他渡过汉水才返回,张格于是从荆南进入蜀地。

卢龙节度使刘仁恭习知契丹情伪,常选将练兵,乘秋深入,逾摘星岭击之,契丹畏之。每霜降,仁恭辄遣人焚塞下野草,契丹马多饥死,常以良马赂仁恭买牧地。契丹王邪律阿保机遣其妻兄述律阿钵将万骑寇渝关,仁恭遣其子守光戍平州,守光伪与之和,设幄犒飨于城外,酒酣,伏兵执之以入。虏众大哭,契丹以重赂请于仁恭,然后归之。

【译文】卢龙节度使刘仁恭熟知契丹的情况虚实,经常挑选将领、训练士兵,趁着秋季深入敌境,越过摘星岭去攻打他们,契丹十分惧怕他。霜降时,刘仁恭往往派人焚烧边塞的野草,契丹的马大多数都被饿死了,因此契丹人经常用优良的战马贿赂刘仁恭,以此来购买牧地放马。契丹王耶律阿保机派遣他的妻兄述律阿钵率领一万骑兵进犯渝关,刘仁恭派遣他的儿子刘守光在平州驻守。刘守光假装与述律阿钵交好,在城外安设帐篷,犒劳款待他;酒喝到酣畅时,埋伏的士兵把述律阿钵抓入城中,契丹部众都大哭不止。后来,契丹带着很贵重的财物来贿赂,请刘仁恭放了述律阿钵,刘仁恭这才将述律阿钵放回去。

初,崔胤假朱全忠兵力以诛宦官,全忠既破李茂贞,并吞关中,威震天下,遂有篡夺之志。胤惧,与全忠外虽亲厚,私心渐异,乃谓全忠曰:"长安密迩茂贞,不可不为守御之备。六军十二卫，但有空名，请召募以实之，使公无西顾之忧。"全忠知其意，曲从之，阴使麾下壮士应募以察其变。胤不之知，与郑元规等缮治兵仗，日夜不息。及朱友伦死，全忠益疑胤，且欲迁天子都洛，恐胤立异。

【译文】起初，崔胤依靠朱全忠的势力来诛杀宦官，朱全忠打败李茂贞的军队后，吞并关中，声威震动天下，于是有篡位称帝的志向。崔胤非常恐惧，表面上虽然跟朱全忠关系很亲密，内心里却逐渐有了背离，于是对朱全忠说："长安靠近李茂贞，不可不做好防守的准备。六军十二卫，只有空名却没有兵力，请招募士兵补足，让您没有西顾的担忧。"朱全忠明白他的意图，表面上答应他的请求，暗中却派遣手下士兵去应征，打入内部来窥探他的变化。崔胤没有觉察出来，与郑元规等人修缮、增置兵甲、器械，日夜工作，没有休息。等到朱友伦摔死，朱全忠对崔胤更加怀疑，并且想胁迫昭宗李晔迁都洛阳，担心崔胤提出不同的意见。

天祐元年（甲子，公元九〇四年）春，正月，全忠密表司徒兼侍中、判六军十二卫事、充盐铁转运使、判度支崔胤专权乱国，离间君臣，并其党刑部尚书兼京兆尹、六军诸卫副使郑元规、威远军使陈班等，皆请诛之。乙巳，诏责授胤太子少傅、分司，贬元规循州司户，班凑州司户。丙午，下诏罪状胤等。以裴枢判左三军事、充盐铁运使，独孤损判右三军事、兼判度支。胤所募兵并纵遣之。以兵部尚书崔远为中书侍郎，翰林学士、左拾遗柳璨为右谏议大夫，并同平章事。璨，公绰之从孙也。戊申，朱全忠密令宿卫都指挥使朱友谅以兵围崔胤第，杀胤及郑元规、陈班并胤所亲厚者数人。

【译文】天祐元年(甲子,公元904年,这年闰四月才改年号为天祐)春季,正月,朱全忠暗中向昭宗李晔上表,陈述司徒兼侍中、判六军十二卫事、充盐铁转运使、判度支崔胤专擅朝政大权,扰乱朝纲,挑拨君臣关系,连同他的党羽刑部尚书兼京兆尹、六军诸卫副使郑元规、威远军使陈班等人,请求将他们全部诛杀。乙巳日(初九),昭宗诏命贬崔胤为太子少傅、分司,贬郑元规为循州司户,陈班为凑州司户。丙午日(初十),昭宗下诏公布崔胤等人的罪状;任命裴枢判左三军事、充盐铁转运使,任命独孤损判右三军事、兼判度支事;崔胤招募来的士兵都释放他们回家。任命兵部尚书崔远为中书侍郎,翰林学士、左拾遗柳璨为右谏议大夫,都为同平章事。柳璨是柳公绰的从孙。戊申日(十二日),朱全忠偷偷命令宿卫都指挥使朱友谅率兵包围崔胤的府宅,杀死了崔胤、郑元规、陈班以及崔胤的几个亲信。

初,上在华州,朱全忠屡表请上迁都洛阳,上虽不许,全忠常令东都留守佑国军节度使张全义缮修宫室。

全忠之克邠州也,质静难军节度使杨崇本妻子于河中。崇本妻美,全忠私焉,既而归之。崇本怒,使谓李茂贞曰:"唐室将灭,父何忍坐视之乎!"遂相与连兵侵逼京畿,复姓名为李继徽。

己酉,全忠引兵屯河中。丁巳,上御延喜楼,朱全忠遣牙将寇彦卿奉表,称邠、歧兵逼畿甸,请上迁都洛阳。及下楼,裴枢已得全忠移书,促百官东行。戊午,驱徙士民,号哭满路,骂曰:"贼臣崔胤召朱温来倾覆社稷,使我曹流离至此!"老幼襁属,月馀不绝。

壬戌,车驾发长安,全忠以其将张廷范为御营使,毁长安宫室百司及民间庐舍,取其材,浮渭河而下,长安自此遂丘墟矣。

【译文】 起初，昭宗李晔在华州时，朱全忠多次向昭宗上表，请求昭宗迁都洛阳，昭宗虽然没有准许，朱全忠却经常命令东都留守、佑国军节度使张全义修整宫室。

朱全忠攻克邠州时，把静难军节度使杨崇本的妻子作为人质扣留在河中。杨崇本的妻子长得美丽，朱全忠与她私通，没过多久，又把她归还给杨崇本。杨崇木特别愤怒，派人告诉李茂贞说：“唐室天下就要完了，义父怎么忍心坐看唐室灭亡呢？”于是与李茂贞联合军队，进兵逼近京畿，恢复姓名为李继徽。

己酉日（十三日），朱全忠率领军队在河中屯驻。丁巳日（二十一日），昭宗李晔亲临延喜楼，朱全忠派遣牙将寇彦卿呈递表文，称道：邠州、岐州的士兵逼近京畿的郊外，请陛下迁都洛阳；等到昭宗下楼的时候，裴枢已经拿到朱全忠移交过来的公文书信，催促群臣东去洛阳。戊午日（二十二日），被驱赶迁移的士人百姓，痛哭满路，大声痛骂：“贼臣崔胤召朱温来倾覆社稷，让我们颠沛流离到如此地步啊！”扶老携幼一个个向前走，一个多月还没有走完。

壬戌日（二十六日），昭宗从长安出发，朱全忠任命他的部将张廷范为御营使，将长安的宫室、官署及民间房舍毁坏，取出木材，把它们抛入渭河，沿着黄河漂浮而下，京师从此成为一片废墟。

【申涵煜评】 胤欲尽诛宦官，阴召朱温迎驾，与何进、董卓事如出一辙。去狼得虎，唐祚由之而亡，身亦随戮，不如韩偓之谋为老成也。

【译文】 崔胤想杀尽宦官，暗中召见朱温迎驾，与何进、董卓事如出一辙。去了狼而来了虎，唐朝因此而灭亡，崔允也随之被杀戮，他的谋划实在不如韩偓老成啊。

全忠发河南、北诸镇丁匠数万，令张全义治东都宫室，江、浙、湖、岭诸镇附全忠者，皆输货财以助之。

甲子，车驾至华州，民夹道呼万岁，上泣谓曰："勿呼万岁，朕不复为汝主矣！"馆于兴德宫，谓侍臣曰："鄙语云：'纥干山头冻杀雀，何不飞去生处乐。'朕今漂泊，不知竟落何所！"因泣下沾襟，左右莫能仰视。

二月，乙亥，车驾至陕，以东都宫室未成，驻留于陕。丙子，全忠自河中来朝，上延全忠入寝室见何后，后泣曰："自今大家夫妇委身全忠矣！"

甲申，立皇子祯为端王，祁为丰王，福为和王，禧为登王，祐为嘉王。

【译文】朱全忠征发河南、河北各镇的工匠几万人，命令张全义修建东都的宫室，江、浙、湖、岭依附朱全忠的各镇，都运送货物、钱财来协助他。

甲子日（二十八日），昭宗李晔抵达华州，百姓夹道迎接，欢呼万岁，昭宗悲伤流泪，说："不要欢呼万岁了，朕不再是你们的君主了！"昭宗在兴德宫居住，对侍奉的臣子说："俗语道：'终年积雪的纥干山头冻得要死的山雀，为什么不飞到能活的地方去快乐呢？'朕今日颠沛流离，不知道最终要流落到哪里呀？"说完，就开始哭泣，泪水打湿了衣襟，左右侍奉的人哭泣不能仰视。

二月，乙亥日（初十），昭宗抵达陕州，因为东都的宫室还没修建好，于是停留在陕州。丙子日（十一日），朱全忠从河中来朝见昭宗，昭宗请朱全忠进入寝室觐见何后，何后悲伤地落泪说："从此以后，我们夫妇要把性命托付给全忠了！"

甲申日（十九日），昭宗李晔立皇子李祯为端王，李祈为丰王，李福为和王，李禧为登王，李祐为嘉王。

上遣间使以御札告难于王建，建以邛州刺史王宗祐为北路行营指挥使，将兵会凤翔兵迎车驾，至兴平，遇汴兵，不得进而还。建始自用墨制除官，云"俟车驾还长安表闻。"

三月，丁未，以朱全忠兼判左、右神策及六军诸卫事。癸丑，全忠置酒私第，邀上临幸。乙卯，全忠辞上，先赴洛阳督修宫室。上与之宴群臣，既罢，上独留全忠及忠武节度使韩建饮，皇后出，自捧玉卮以饮全忠，晋国夫人可证附上耳语。建蹑全忠足，全忠以为图己，不饮，阳醉而出。全忠奏以长安为佑国军，以韩建为佑国节度使，以郑州刺史刘知俊为匡国节度使。

【译文】昭宗李晔派遣密使携带亲笔书信向西川节度使王建告知危难。王建任命邛州刺史王宗祐为北路行营指挥使，率领军队联合凤翔的军队迎接昭宗，到达兴平后，遭遇汴州军队，不能前进就返回去了。王建开始自己使用墨制任命官吏，说："等陛下返回长安，再另外上表向陛下奏告。"

三月，丁未日（十二日），昭宗李晔任命朱全忠兼领左、右神策及六军诸卫的事务。癸丑日（十八日），朱全忠在私人府第里设置酒宴，邀请昭宗驾临。乙卯日（二十日），朱全忠辞别昭宗，先赶赴洛阳督促宫室营建之事。随后，昭宗与他一起宴请群臣，宴会散后，昭宗只留下朱全忠和忠武节度使韩建饮酒，之后，何皇后出来，亲自捧着玉杯给朱全忠敬酒，晋国夫人可证附在昭宗的耳边小声讲话。韩建踩了踩朱全忠的脚，朱全忠以为昭宗想要暗害自己，不肯喝酒，假装已经喝醉而离开。朱全忠向昭宗上奏，将长安改为佑国军，任命韩建为佑国节度使，任命郑州刺史刘知俊为匡国节度使。

丁巳，上复遣间使以绢诏告急于王建、杨行密、李克用等，令纠帅藩镇以图匡复，曰："朕至洛阳，则为所幽闭，诏敕皆出其手，朕意不复得通矣！"

杨行密遣钱传璙及其妇并顾全武归钱塘。

以淮南行军司马李神福为鄂岳招讨使，复将兵击杜洪。朱全忠遣使诣行密，请舍鄂岳，复修旧好。行密报曰："俟天子还长安，然后罢兵修好。"

【译文】丁巳日（二十二日），昭宗李晔又派遣密使用绢写下诏令向王建、杨行密、李克用等告急，命令他们汇集并率领藩镇军队想方设法匡复朝廷，说："朕一抵达洛阳，就会被幽禁的，诏命敕书都出自朱全忠之手，朕的意愿就不能再传达给你们了！"

杨行密遣送钱传璙和他的妻子，连同顾全武等人返回钱塘。

任命淮南行军司马李神福为鄂岳招讨使，再次率领军队征讨杜洪。朱全忠派遣使者拜见杨行密，请求他放弃鄂岳，恢复之前的友好关系。杨行密回复说："等天子返回长安，我才会停止征讨，重修旧好！"

夏，四月，辛巳，朱全忠奏洛阳宫室已成，请车驾早发，表章相继。上屡遣宫人谕以皇后新产，未任就路，请俟十月东行。全忠疑上徘徊俟变，怒甚，谓牙将寇彦卿曰："汝速至陕，即日促官家发来。"闰月，丁酉，车驾发陕。壬寅，全忠逆于新安。上之在陕也,司天监奏:"星气有变,期在今秋,不利东行。"故上欲以十月幸洛。至是,全忠令医官许昭远告医官使阎祐之、司天监王墀、内都知韦周、晋国夫人可证等谋害元帅,悉收杀之。

【译文】夏季,四月,辛巳日(十六日),朱全忠向昭宗李晔上奏:洛阳的宫室已经竣工,请陛下早日出发。奏章连续不断,一再催促前往。昭宗多次派遣宫人告诉朱全忠说,皇后刚刚生产,不能赶路,请等到十月再东去洛阳。朱全忠怀疑昭宗故意逗留在此不前行是等待世态变化,极为生气,对牙将寇彦卿说:"你立即赶往陕州,当天就催促天子出发前来!"闰月,丁酉日(初三),昭宗从陕州出发;壬寅日(初八),朱全忠在新安迎接昭宗。昭宗在陕州时,司天监曾经向昭宗上奏说:"星气有了变化,日期应该在今年秋季,向东行是不吉利的。"因此昭宗打算十月才前往洛阳。这时,朱全忠命令医官许昭远告发医官使阎祐之、司天监王墀、内都知韦周、晋国夫人可证等人暗中谋划杀害元帅朱全忠,将他们全部逮捕处死。

癸卯,上憩于谷水。自崔胤之死,六军散亡俱尽,所馀击球供奉、内园小儿共二百馀人,从上而东。全忠犹忌之,为设食于幄,尽缢杀之。豫选二百馀人大小相类者,衣其衣服,代之侍卫。上初不觉,累日乃寤。自是上之左右职掌使令皆全忠之人矣。

甲辰,车驾发谷水,入宫,御正殿,受朝贺。乙巳,御光政门,赦天下,改元。更命陕州曰兴唐府。诏讨李茂贞、杨崇本。

【译文】癸卯日(初九),昭宗李晔在谷水休息。自从崔胤被杀以后,六军全都逃散了,余下的击球供奉、内园小儿共计二百余人,跟随昭宗东行。朱全忠还是憎恶他们,在帷幕中为他们安排食物,然后将他们都勒死了。他又事先挑选了两百多人,体型与他们相似，让这些人穿上他们的衣服，代替他们侍奉、护卫昭宗。昭宗开始没有觉察，过了好几天才明白过来。从此以后，昭宗左右掌理事务、供给驱遣使唤的，全都是朱全忠的人了。

甲辰日（初十），昭宗从谷水出发，进入宫中，驾临正殿，接受群臣朝贺，乙巳日（十一日），昭宗亲临光政门，下诏大赦天下，改年号为天祐；把陕州改称为兴唐府。昭宗诏命征讨李茂贞、杨崇本。

戊申，敕内诸司惟留宣徽等九使外，馀皆停废，仍不以内夫人充使。以蒋玄晖为宣徽南院使兼枢密使，王殷为宣徽北院使兼皇城使，张廷范为金吾将军、充街使，以韦震为河南尹兼六军诸卫副使，又征武宁留后朱友恭为左龙武统军，保大节度使氏叔琮为右龙武统军，典宿卫，皆全忠之腹心也。

癸丑，以张全义为天平节度使。

乙卯，以全忠为护国、宣武，宣义、忠武四镇节度使

镇海、镇东节度使越王钱镠求封吴越王，朝廷不许。朱全忠为之言于执政，乃更封吴王。

更命魏博曰天雄军。癸亥，进天雄节度使长沙郡王罗绍威爵邺王。

【译文】戊申日（十四日），昭宗李晔诏令宫内各司除了留下宣徽等九使外，其余的都停用废止，依然不用内夫人充任各司使。任命蒋玄晖为宣徽南院使兼枢密使，任命王殷为宣徽北院使兼皇城使，任命张廷范为金吾将军、充街使，任命韦震为河南尹兼六军诸卫副使，又征调武宁留后朱友恭为左龙武统军，保大节度使氏叔琮为右龙武统军，掌管宫中值宿警卫。这些人都

是朱全忠的亲信。

癸丑日(十九日),朝廷任命张全义为天平节度使。

乙卯日(二十一日),昭宗李晔任命朱全忠为护国、宣武、宣义、忠武四镇节度使。

镇海、镇东节度使越王钱镠向朝廷请求加封为吴越王;朝廷没有答应。朱全忠在执政大臣面前为钱镠说情,于是改封钱镠为吴王。

朝廷把魏博军改名为天雄军。癸亥日(二十九日),昭宗李晔加封天雄节度使长沙郡王罗绍威为邺王。

【乾隆御批】 衣冠可得而易,言貌可得而易乎?以左右使令之人,一旦尽举而代之,而昭宗懵然罔觉,虽不盲于目,而盲于心矣。

【译文】 衣帽可以改变,但人的声音和容貌是可以轻易改变的吗?昭宗左右供使唤的人,一旦都取而代之,昭宗竟茫然不觉,虽然眼睛没有瞎掉,而心却瞎了。

资治通鉴卷第二百六十五　唐纪八十一

起阏逢困敦五月，尽柔兆摄提格，凡二年有奇。

【译文】起甲子（公元904年）五月，止丙寅（公元906年），共两年八个月。

【题解】本卷记录了公元904年五月至906年的史事，共二年又八个月。正当唐昭宗李晔天祐元年五月至昭宣帝李柷天祐三年。此时期朱全忠加紧逼宫，为接受禅位称帝扫清道路。朱全忠的扫清道路工作，在政治上分为三个步骤：第一步，弑杀昭宗，扶立幼帝，以便利于控制。天祐元年八月，朱全忠弑杀昭宗，立昭宗第九子辉王李祚为帝，改名为李柷，当年才十三岁。第二步，大杀朝中官员。第三步，加封为兵马元帅。名义上拥护唐王室的各个藩镇，李茂贞与王建结为姻亲，联络杨崇本、李克用、刘仁恭、杨行密、赵匡凝以复兴唐王室为托词，共同出兵讨伐朱全忠，但各镇力量弱小，又没有统一领导，没有形成实质性地武力讨伐，反而朱全忠攻克山南东道，扩张了势力。其他各藩镇，都因为各种原因无法牵制朱全忠。朱全忠篡夺帝位的条件，完全成熟。

昭宗圣穆景文孝皇帝下之下

天祐元年（甲子，公元九〇四年）五月，丙寅，加河阳节度使张汉瑜同平章事。

帝宴朱全忠及百官于崇勋殿,既罢,复召全忠宴于内殿。全忠疑,不入。帝曰:"全忠不欲来,可令敬翔来。"全忠擿翔使去,曰:"翔亦醉矣。"辛未,全忠东还,乙亥,至大梁。

忠义节度使赵匡凝遣水军上峡攻王建夔州,知渝州王宗阮等击败之。万州刺史张武作铁絚绝江中流,立栅于两端,谓之"锁峡"。

【译文】 天祐元年(甲子,公元904年)五月,丙寅日(初二),昭宗李晔加封河阳节度使张汉瑜为同平章事。

昭宗李晔在崇勋殿宴请朱全忠与群臣,宴会结束后,又在内殿宴请朱全忠;朱全忠怀疑昭宗要谋害自己,不肯进去。昭宗说:"朱全忠不想来,可以让敬翔来。"朱全忠指使敬翔离去,说:"敬翔也喝醉了。"辛未日(初七),朱全忠向东返回大梁;乙亥日(十一日),抵达大梁。

忠义节度使赵匡凝派遣水军逆流而上,经三峡,到夔州去攻打王建,知渝州事王宗阮等人把他打败了。万州刺史张武制作粗铁绳来截断长江中央的航道,在两端设立栅栏,称为"锁峡"。

六月,李茂贞、王建、李继徽传檄合兵以讨朱全忠。全忠以镇国节度使朱友裕为行营都统,将步骑数万击之;命保大节度使刘鄩弃鄜州,引兵屯同州。癸丑,全忠引兵自大梁西讨茂贞等。秋,七月,甲子,过东都入见。壬申,至河中。

西川诸将劝王建乘李茂贞之衰,攻取凤翔。建以问节度判官冯涓,涓曰:"兵者凶器,残民耗财,不可穷也。今梁、晋虎争,势不两立,若并而为一,举兵向蜀,虽诸葛亮复生,不能敌矣。凤翔,蜀之藩蔽,不若与之和亲,结为婚姻,无事则务农训兵,保固疆场,有事则觇其机事,观衅而动,可以万全。"建曰:"善!

茂贞虽庸才，然有强悍之名，远近畏之，与全忠力争则不足，自守则有馀，使为吾藩蔽，所利多矣。"乃与茂贞修好。丙子，茂贞遣判官赵锽如西川，为其侄天雄节度使继崇求婚，建以女妻之。茂贞数求货及甲兵于建，建皆与之。

王建赋敛重，人莫敢言。冯涓因建生日献颂，先美功德，后言生民之苦。建愧谢曰："如君忠谏，功业何忧！"赐之金帛。自是赋敛稍损。

【译文】六月，李茂贞、王建、李继徽传递檄文，联合士兵来征讨朱全忠；朱全忠任命镇国节度使朱友裕为行营都统，率领步兵、骑兵数万人攻打他们；命令保大节度使刘鄩放弃鄜州，率领士兵在同州屯驻。癸丑日（二十日），朱全忠率领军队从大梁向西讨伐李茂贞等人；秋季，七月，甲子日（初二），朱全忠路过东都洛阳，入城朝见昭宗李晔；壬申日（初十），抵达河中。

西川各将领劝谏王建趁着李茂贞衰弱的机会，攻取凤翔。王建为此询问节度判官冯涓，冯涓说："军队是凶器，最能残害百姓，耗损钱财，所以，不应该穷兵黩武。现在大梁朱全忠、晋阳李克用两虎互相争斗，势不两立，如果朱全忠、李克用的两支军队合而为一，发兵攻打蜀地，即使诸葛亮活过来，也是不能抵御的。凤翔是蜀地的屏障，不如与李茂贞交好亲近，结为儿女亲家，无事时就专门致力于农事，训练士兵，固守边界，有事时就探察机密事务，发现破绽，然后才伺机行动，这样就可万无一失了。"王建说："好！李茂贞虽然是个平庸之辈，然而有强悍的名声，远近都害怕他，他与朱全忠竭力对抗虽然力量不够，但自我防卫却还是足够的，如果让他作为我的屏障的话，会有很大好处啊！"于是，王建与李茂贞修好。丙子日（十四日），李茂贞派遣判官赵锽前往西川，为他的侄子天雄节度使李继勋求婚；王建把女儿嫁给李继勋为妻。李茂贞多次向王建索要财物以及铠甲武器，王建都送给他。

王建征收很重的赋税，但是没人敢谈论此事。冯涓借着王建生日的机会，呈献颂词，首先赞颂他的战功和德行，然后谈到百姓的疾苦。王建看了之后非常惭愧，对他表示感谢说："向您这样忠诚，直言进谏，那我成就功业又有什么担忧呢！"于是，把金帛赏赐给冯涓。从此征收的赋税稍微减少了些。

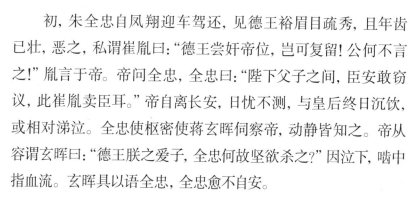

初，朱全忠自凤翔迎车驾还，见德王裕眉目疏秀，且年齿已壮，恶之，私谓崔胤曰："德王尝奸帝位，岂可复留！公何不言之！"胤言于帝。帝问全忠，全忠曰："陛下父子之间，臣安敢窃议，此崔胤卖臣耳。"帝自离长安，日忧不测，与皇后终日沉饮，或相对涕泣。全忠使枢密使蒋玄晖伺察帝，动静皆知之。帝从容谓玄晖曰："德王朕之爱子，全忠何故坚欲杀之？"因泣下，啮中指血流。玄晖具以语全忠，全忠愈不自安。

【译文】起初，朱全忠从凤翔迎接昭宗李晔返回时，见德王李裕生得眉目俊秀，并且已经长大成人，很厌恶他，私下对崔胤说："德王曾经篡夺帝位，怎么能够把他留下呢？您为什么不与陛下谈论此事呢！"于是，崔胤向昭宗禀告这件事。昭宗询问朱全忠，朱全忠说："陛下父子间的事，臣怎么敢私下谈论，这是崔胤在诋毁臣啊！"昭宗自从离开长安后，每天都在担忧，担心有难以预料的事情发生，与皇后整日饮酒，有时相对流泪。朱全忠派枢密使蒋玄晖暗中观察昭宗，因此昭宗的言行举动他都知晓。昭宗闲谈间对蒋玄晖说："德王是朕的爱子，朱全忠是因为什么坚决要杀他？"说完悲伤流泪，咬破中指，血流不止。蒋玄晖把这些情况全部禀告朱全忠，朱全忠心里更加不安。

时李茂贞、杨崇本、李克用、刘仁恭、王建、杨行密、赵匡凝移檄往来，皆以兴复为辞。全忠方引兵讨，以帝有英气，恐变生于中，欲立幼君，易谋禅代。乃遣判官李振至洛阳，与玄晖及左龙武统军朱友恭、右龙武统军氏叔琮等图之。

【译文】 这时，李茂贞、杨崇本、李克用、刘仁恭、王建、杨行密、赵匡凝等人往来传递檄文，都把振兴皇室当作托词。朱全忠正率领军队向西讨伐，因为昭宗李晔有英武之气，担心宫中有变乱发生，打算另外拥立幼君，以便图谋禅让取代的事情。于是朱全忠派遣判官李振前往洛阳，与蒋玄晖以及左龙武统军朱友恭、右龙武统军氏叔琮等人谋划此事。

八月，壬寅，帝在椒殿，玄晖选龙武牙官史太等百人夜叩宫门，言军前有急奏，欲面见帝。夫人裴贞一开门见兵，曰："急奏何以兵为？"史太杀之。玄晖问："至尊安在？"昭仪李渐荣临轩呼曰："宁杀我曹，勿伤大家！"帝方醉，遽起，单衣绕柱走，史太追而弑之。渐荣以身蔽帝，太亦杀之。又欲杀何后，后求哀于玄晖，乃释之。

癸卯，蒋玄晖矫诏称李渐荣、裴贞一弑逆，宜立辉王祚为皇太子，更名柷，监军国事。又矫皇后令，太子于枢前即位。宫中恐惧，不敢出声哭。丙午，昭宣帝即位，时年十三。

【译文】 八月，壬寅日（十一日），昭宗李晔在何皇后居住的椒殿，蒋玄晖选出龙武牙官史太等一百人在夜晚敲打宫门，说前线有紧急事情奏报皇上，要觐见昭宗。夫人裴贞一打开门，看见有士兵，说："有急事奏报，让士兵来做什么呢？"史太立即上前杀死了她。蒋玄晖问："陛下在什么地方？"昭仪李渐荣对着窗户大喊道:"宁愿把我们杀死,也不能伤害陛下啊!"昭宗正巧喝醉,急忙起身,穿着单衣绕着柱子逃跑躲避,史太追上来就把他杀死了。李渐荣用身体遮挡昭宗,史太上前把她也杀死了。史太又要杀死何后,何后向蒋玄晖哀求,史太这才饶了她的性命。

癸卯日(十二日),蒋玄晖假托诏书,宣称李渐荣、裴贞一图谋杀死昭宗,应该拥立辉王李祚为皇太子,把李祚改名为李柷,监理军国政事。又假借皇后的命令,让太子在灵柩前即皇帝位。宫里头的人惊慌恐惧,都不敢哭出声来。丙午日(十五日),昭宣帝李柷即皇帝位,这时他只有十三岁。

李克用复以张承业为监军。

淮南将李神福攻鄂州未下,会疾病,还广陵,杨行密以舒州团练使泌阳刘存代为招讨使。神福寻卒。宣州观察使台濛卒,杨行密以其子牙内诸军使渥为宣州观察使,右牙都指挥使徐温谓渥曰:"王寝疾而嫡嗣出藩,此必奸臣之谋。他日相召,非温使者及王令书,慎无遽来!"渥泣谢而行。

【译文】李克用又任命张承业为监军。

淮南将领李神福攻打鄂州,但是还没攻取就生病了,于是返回广陵,杨行密派舒州团练使泌阳人刘存代替他担任招讨使;李神福不久去世。宣州观察使台濛也去世,杨行密任命自己的儿子牙内诸军使杨渥为宣州观察使,右牙都指挥使徐温对杨渥说:"我们大王卧病在床,而嫡长子却被派到外地镇守,这一定是奸诈之人的诡计。他日如果召请您返回,不是我派遣的使者以及大王的令书,您要谨慎小心,千万不要马上返回!"杨渥哭着道谢,然后就上路了。

九月，己巳，尊皇后为皇太后。

朱全忠引兵北屯永寿，南至骆谷，凤翔、邠宁兵竟不出。辛未，东还。

冬，十月，辛卯朔，日有食之。

朱全忠闻朱友恭等弑昭宗，阳惊，号哭自投于地，曰："奴辈负我，令我受恶名于万代！"癸巳，至东都，伏梓宫恸哭流悌，又见帝自陈非己志，请讨贼。先是，护驾军士有掠米于市者，甲午，全忠奏朱友恭、氏叔琮不戢士卒，侵扰市肆，友恭贬崖州司户，复姓名李彦威，叔琮贬白州司户，寻皆赐自尽。彦威临刑大呼曰："卖我以塞天下之谤，如鬼神何！行事如此，望有后乎！"

【译文】九月，己巳日（初八），昭宣帝李柷尊何皇后为皇太后。

朱全忠率领士兵在北方的永寿县屯驻，南边抵达骆谷，凤翔、邠宁的军队竟然不出战。辛未日（初十），朱全忠向东返回。

冬季，十月，辛卯朔日（初一），出现日食。

朱全忠听说朱友恭等人杀死昭宗李晔，假装很震惊，哀号痛哭，扑倒在地，喊道："这些奴才背弃了我，让我千秋万代背负恶名啊。"癸巳日（初三），朱全忠返回东都，趴在昭宗李晔的棺材上痛哭流泪，又觐见昭宣帝李柷，他申诉说这不是自己的意思，请求诛讨叛贼。之前，护驾的士兵有的在市场上掠夺他人的米粮，甲午日（初四），朱全忠向朝廷上奏：朱友恭、氏叔琮不能管制手下的士兵，侵犯扰乱了街市店铺。于是昭宣帝李柷将朱友恭贬为崖州司户，恢复其姓名为李彦威，将氏叔琮贬为白州司户，不久又都赐他们自尽。李彦威临刑时大声呼喊道："出卖我来堵住天下人的指责，但是你能蒙蔽得了鬼神吗？如此行事,你还指望有子孙后代吗?"

丙申,天平节度使张全义来朝。丁酉,复以全忠为宣武、护国、宣义、天平节度使,以全义为河南尹兼忠武节度使、判六军诸卫事。乙巳,全忠辞赴镇,良戌,至大梁。

镇国节度使朱友裕薨于梨园。

光州叛杨行密,降朱全忠,行密遣兵围之,与鄂州皆告急于全忠。十一月,戊辰,全忠自将兵五万自颖州济淮,军于霍丘,分兵救鄂州。淮南释光州之围还广陵,按兵不出战,全忠分命诸将大掠淮南以困之。

【译文】丙申日(初六),天平节度使张全义觐见昭宣帝李柷。丁酉日(初七),昭宣帝又任命朱全忠为宣武、护国、宣义、天平四镇节度使;任命张全义为河南尹,兼忠武节度使、判六军诸卫事。乙巳日(十五日),朱全忠向昭宣帝告辞,返回镇所,庚戌日(二十日),朱全忠抵达大梁。

镇国节度使朱友裕在梨园行营去世。

光州背叛杨行密,投降了朱全忠,杨行密派遣军队围攻光州,光州和鄂州都向朱全忠告急。十一月,戊辰日(初八),朱全忠亲自率领五万军队从颖州渡过淮水,在霍丘驻军,分派军队救援鄂州。淮南的士兵放弃对光州的围攻,返回广陵,按兵不动,不再出来应战,朱全忠分别命令各将领大肆劫掠淮南,让广陵处于困境之中。

钱镠潜遣衢州罗城使叶让杀刺史陈璋,事泄。十二月,璋斩让而叛,降于杨行密。

初,马殷弟賨,性沉重,事孙儒,为百胜指挥使。儒死,事杨行密，屡有功，迁黑云指挥使。行密尝从容问其兄弟，乃知为殷之弟，大惊曰：“吾常怪汝器度瑰伟，果非常人，当遣汝归。”賨泣辞曰：“賨西残兵，大王不杀而宠任之，湖南地近，尝得兄声问，賨事大王久，不愿归也。”行密固遣之。是岁，賨归长沙，行密亲饯之郊。

【译文】钱镠暗中派遣衢州罗城使叶让杀害刺史陈璋，事情泄露；十二月，陈璋杀死叶让后叛变，向杨行密投降。

起初，马殷的弟弟马賨，个性沉稳勇敢，侍奉孙儒，担任百胜指挥使；孙儒死后，侍奉杨行密，屡次立下战功，升迁为黑云指挥使。杨行密曾经无意中询问他的兄弟，这才知道他是马殷的弟弟，杨行密非常震惊，说：“我常常感觉你的器度奇异，果然不是平庸之辈。应当准许你返回。”马賨流着泪推辞说：“我是淮西的败将，大王没有杀了我却对我如此宠信任用。湖南距离此地不远，曾经得到过哥哥的问讯，并且我服侍大王已经很久了，不愿意再回去了！”杨行密坚决地遣送他返回。这一年，马賨返回长沙，杨行密亲自在郊外为他饯行。

賨至长沙，殷表賨为节度副使。它日，殷议入贡天子賨曰：“杨王地广兵强，与吾邻接，不若与之结好，大可以为缓急之援，小可通商旅之利。”殷作色曰：“杨王不事天子，一旦朝廷致讨，罪将及吾。汝置此论，勿为吾祸！”

初，清海节度使徐彦若遗表荐副使刘隐权留后，朝廷以兵部尚书崔远为清海节度使。远至江陵，闻岭南多盗，且畏隐不受代，不敢前，朝廷召远还。隐遣使以重赂结朱全忠，乃奏以隐为清海节度使。

【译文】马賨抵达长沙，马殷向朝廷上表任命马賨为节度副使。有一天，马殷与他商议向皇上进贡的事，马賨说："杨王疆域辽阔，军队强大，又与我们疆界相连接，不如与他结盟和好，从大局讲可以让他作为我们紧急时的援助，从小处讲可以有商旅往来的利益。"马殷脸色大变说："杨王不侍奉天子，如果朝廷要征讨他的话，罪过将会牵连到我的。你快打消这个念头，不要给我招致灾祸啊！"

起初，清海节度使徐彦若临终上表推荐副使刘隐代理清海留后，朝廷任命兵部尚书崔远为清海节度使。崔远抵达江陵，听说岭南的盗贼横行，并且担心刘隐不接受替代的诏令，不敢前往，于是朝廷召崔远返回京师。刘隐派遣使者用贵重的财物结交朱全忠，朱全忠于是向朝廷上奏，任命刘隐为清海节度使。

昭宣光烈孝皇帝

天祐二年（乙丑，公元九〇五年）春，正月，朱全忠遣诸将进兵逼寿州。

润州团练安仁义勇决得士心，故淮南将王茂章攻之，逾年不克。杨行密使谓之曰："汝之功吾不忘也，能束身自归，当以汝为行军副使，但不掌兵耳。"仁义不从。茂章为地道入城，遂克之。仁义举族登楼，众不敢逼。先是攻城诸将见仁义辄骂之，惟李德诚不然，至是仁义召德诚登楼，谓曰："汝有礼，吾今以为汝功。"且以爱妾赠之。乃掷弓于地，德诚掖之而下，并其子斩于广陵市。

【译文】天祐二年（乙丑，公元905年）春季，正月，朱全忠派遣各位将领进逼寿州。

润州团练使安仁义勇猛果敢，深受士兵的拥戴，因此，淮南将领王茂章攻打润州，过了一年还没有攻下来。杨行密派人告诉安仁义说："你的战功我不会忘记，只要你能把自己捆上，前来归顺，一定让你担任行军副使，只是不能掌握兵权罢了。"安仁义没有听从。王茂章挖地道攻入城中，于是攻克润州。安仁义带全族登上城楼，众人不敢逼近。此前，攻城各将领望见安仁义就大声痛骂他，只有李德诚没有这样做，到此时，安仁义叫李德诚上楼来，告诉他说："你很有礼貌，我今天就把这个功劳授给你吧。"然后将自己的爱妾赠送给他。之后，把弓箭扔在地上，李德诚扶着他下楼，安仁义和他的儿子都在广陵街市被斩首。

两浙兵围陈询于睦州，杨行密遣西南招讨使陶雅将兵救之。军中夜惊，士卒多逾垒亡去，左右及裨将韩球奔告之，雅安卧不应，须臾自定，亡者皆还。钱镠遣其从弟镒及指挥使顾全武、王球御之，为雅所败，虏镒及球以归。

庚午，朱全忠命李振知青州事，代王师范。

全忠围寿州，州人闭壁不出。全忠乃自霍丘引归，二月，辛卯，至大梁。

李振至青州，王师范举族西迁，至濮阳，素服乘驴而进。至大梁，全忠客之。表李振为青州留后。

【译文】两浙的士兵在睦州围攻陈询，杨行密派遣西南招讨使陶雅率领士兵救援陈询。陶雅的军营中在夜里受到侵扰，许多士兵翻越营垒逃走，左右及副将韩球跑来报告陶雅，陶雅依然很安稳地睡觉，没有理会此事，没有多久，军营就自行安定了，逃走的士兵都回来了。钱镠派遣他的堂弟钱镒以及指挥使顾全武、王球进行抵御，却被陶雅打败，陶雅抓获钱镠和王球返回广陵。

庚午日（十一日），朱全忠命令李振管理青州的事务，代替王师范。

朱全忠围攻寿州，寿州人关闭营垒不出来应战。于是，朱全忠率军从霍丘返回，二月，辛卯口（初二），朱全忠抵达大梁。

李振抵达青州，王师范全族向西迁移，到达濮阳后，换上素服继续骑着驴向前行进；等到了大梁后，朱全忠用招待宾客的礼节款待他。朱全忠向昭宣帝李柷上表任命李振为青州留后。

戊戌，以安南节度使、同平章事朱全昱为太师，致仕。全昱，全忠之兄也，戆朴无能，先领安南，全忠自请罢之。

是日社，全忠使蒋玄晖邀昭宗诸子：德王裕、棣王祤、虔王禊、沂王禋、遂王祎、景王祕、祁王祺、雅王禛、琼王祥，置酒九曲池，酒酣，悉缢杀之，投尸池中。

朱全忠遣其将曹延祚将兵与杜洪共守鄂州，庚子，淮南将刘存攻拔之，执洪、延祚及汴兵千余人送广陵，悉诛之。行密以存为鄂岳观察使。

己酉，葬圣穆景文孝皇帝于和陵，庙号昭宗。

【译文】戊戌日（初九），昭宣帝李柷任命安南节度使、同平章事朱全昱为太师，让他辞官退休。朱全昱是朱全忠的哥哥，他愚憨直率，没有才华，之前兼管安南，朱全忠自己请求罢免他。

这一天是社日，朱全忠派遣蒋玄晖邀请昭宗李晔的几个儿子：德王李裕、棣王李祤、虔王李禊、沂王李禋、遂王李祎、景王李祕、祁王李琪（琪一作祺）、雅王李禛、琼王李祥，在九曲池备办酒席，酒喝到酣畅时，朱全忠命人用绳子将他们全部勒死，把他们的尸体扔到九曲池里。

朱全忠派遣他的将领曹延祚率领士兵和杜洪一起防守鄂州，庚子日（十一日），淮南将领刘存攻取鄂州，生擒了杜洪、曹延祚以及汴州士兵一千余人，将他们押送广陵，然后把他们全部杀死。杨行密任命刘存为鄂岳观察使。

己酉日（二十日），将圣穆景文孝皇帝李晔葬在和陵，庙号为昭宗。

三月，庚午，以王师范为河阳节度使。

戊寅，以门下侍郎、同平章事独孤损同平章事，充静海节度使；以礼部侍郎河间张文蔚同平章事。甲申，以门下侍郎、同平章事裴枢为左仆射，崔远为右仆射，并罢政事。

初，柳璨及第，不四年为宰相，性倾巧轻佻。时天子左右皆朱全忠腹心，璨曲意事之。同列裴枢、崔远、独孤损皆朝廷宿望，意轻之，璨以为憾。和王傅张廷范，本优人，有宠于全忠，奏以为太常卿。枢曰："廷范勋臣，幸有方镇，何籍乐卿！恐非元帅之旨。"持之不下。全忠闻之，谓宾佐曰："吾常以裴十四器识真纯，不入浮薄之党，观此议论，本态露矣。"璨因此并远、损谮于全忠，故三人皆罢。

【译文】三月，庚午日（十一日），昭宣帝李柷任命王师范为河阳节度使。

戊寅日（十九日），昭宣帝李柷任命门下侍郎、同平章事独孤损为同平章事，充任静海节度使；任命礼部侍郎河间人张文蔚为同平章事。甲申日（二十五日），任命门下侍郎、同平章事裴枢为左仆射，任命崔远为右仆射，都罢免同平章事的职务。

起初，柳璨考中进士，不到四年就当上宰相，他性情狡诈灵巧。当时昭宣帝李柷身边都是朱全忠的心腹，柳璨对他们阿谀奉承去。在同列官员中，裴枢、崔远、独孤损都是朝廷中老成稳重、德高望重的官员，都有些瞧不起他，柳璨因此对他们很怨恨。和王李福的师傅张廷范，原本是一个优伶，受到朱全忠的宠爱，于是朱全忠向朝廷上奏，任命张廷范为太常卿。裴枢说："张廷范如果是有功劳的大臣，应该交由方镇来安置他，为什么授予他掌管礼乐的太常卿之职来增加荣耀呢？这该不会是朱元帅的意思吧！"拿着诏书不愿意颁布诏命。朱全忠听到这些话，对宾客僚佐们说："我常认为裴十四的气度见识真诚纯朴，不在轻浮浅薄之流内，听到他这番议论，他的本来面目就显露出来了。"柳璨借此在朱全忠面前诋毁裴枢以及崔远、独孤损，所以，他们都被罢免官职。

　　以吏部侍郎杨涉同平章事。涉，收之孙也，为人和厚恭谨，闻当为相，与家人相泣，谓其子凝式曰："此吾家之不幸也，必为汝累。"

　　为清海节度使刘隐同平章事。

　　壬辰，河东都押牙盖寓卒，遗书劝李克用省营缮，薄赋敛，求贤俊。

　　夏，四月，庚子，有彗星出西北。

　　淮南将陶雅会衢、睦兵攻婺州，钱镠遣其弟镖将兵救之。

　　【译文】昭宣帝李柷任命吏部侍郎杨涉为同平章事。杨涉是杨收的孙子。他为人平和中厚、谦恭谨慎，听说要他担任宰相，杨涉与家人相对哭泣，对他的儿子杨凝式说："这是我们家门最不幸的事，一定会连累你。"

昭宣帝李柷加封清海节度使刘隐为同平章事。

壬辰日（三月无此日），河东都押牙盖寓去世，遗书中劝说李克用要减少修建工程，减免赋税，广纳贤才。

夏季，四月，庚子日（十二日），有彗星在西北方出现。

淮南将领陶雅联合衢州、睦州的士兵攻打婺州，钱镠派遣他的弟弟钱镖率领士兵救援婺州。

【乾隆御批】 欧阳修作《唐六臣传》谓："裴枢能惜一卿，岂肯以国与人。"此语大谬。盖枢之得相，本出全忠之意。全忠逆迹久著，而己甘心受其荐剡。且于迁都，则首促百官东行，于椒殿之变，则仍面然安居朝右，枢之心迹固可概见，至为优人靳一乐卿，其所关于名节者，较前数端，真不啻九牛一毛。况其立言犹云"恐非元帅之指"。果尔则指出元帅，将遂置之不问乎？其即以是见杀于全忠也，复何足惜哉？

【译文】 欧阳修作《唐六臣传》说："裴枢对一个官职尚能吝惜，怎么肯把国家送人。"这话真是大错特错。裴枢之所以得到宰相之位，原本就是出于朱全忠之意。朱全忠的恶行早是世人皆知，而自己还心甘情愿接受他的推荐。尤其在迁都洛阳时，他带头督促百官东迁，在椒殿之变后，仍然可以面色泰然地安居在自己的官位上，裴枢的心迹是可以看出来的，至于一个优人当上太常卿，虽然关乎名节，但和前面所说的几件事相比，真不啻于九牛一毛。况且裴枢的言论仍然是"恐怕不是元帅的意思"。结果这一意思正是出自元帅朱全忠，元帅对此能置之不问吗？裴枢因而被朱全忠杀掉，又有什么值得可惜的呢？

五月，礼院奏，皇帝登位应祀南郊，敕用十月甲午行之。

乙丑，彗星长竟天。

柳璨恃朱全忠之势,姿为威福。会有星变,占者曰:"君臣俱灾,宜诛杀以应之。"璨因疏其素所不快者于全忠曰:"此曹皆聚徒横议,怨望腹非,宜以之塞灾异。"李振亦言于朱全忠曰:"朝廷所以不理,良由衣冠浮薄之徒紊乱纲纪;且王欲图大事,此曹皆朝廷之难制者也,不若尽去之。"全忠以为然。癸酉,贬独孤损为棣州刺史,裴枢为登州刺史,崔远为莱州刺史。乙亥,贬吏部尚书陆扆为濮州司户,工部尚书王溥为淄州司户。庚辰,贬太子太保致仕赵崇为曹州司户,兵部侍郎王赞为潍州司户。自馀或门胄高华,或科第自进,居三省台阁,以名检自处,声迹稍著者,皆指以为浮薄,贬逐无虚日,搢绅为之一空。辛巳,再贬裴枢为泷州司户,独孤损为琼州司户,崔远为白州司户。

【译文】 五月,礼院奏请,昭宣帝李柷即位应该到南郊祭祀;敕令在十月甲午日(初九)举行祭祀典礼。

乙丑日(初七),彗星的尾长横贯天空。

柳璨仰仗朱全忠的势力,肆无忌惮地作威作福。正赶上此时天空出现彗星,占卜的人说:"君臣都有祸患,应该诛杀一些人来顺应天意。"柳璨因此向朱全忠进言列举他平日所不满意的人说:"这些人都聚集同伙对朝政妄加非议,怨恨不满,心怀诽谤,应该拿他们来免除灾祸。"李振也向朱全忠进言说:"朝廷之所以治理不好,确实是因为官吏中浮躁轻薄的人扰乱国家的法度;况且大王想要筹谋大事,这些人都是朝廷中很难控制的,不如把他们全都诛除。"朱全忠认为他们说的很对。癸酉日(十五日),昭宣帝李柷诏令贬独孤损为棣州刺史,贬裴枢为登州刺史,贬崔远为莱州刺史。乙亥日(十七日),贬吏部尚书陆扆为濮州司户,贬工部尚书王溥为淄州司户。庚辰日(二十二日),贬太子太保辞官归隐的赵崇为曹州司户,贬兵部侍郎王赞为潍

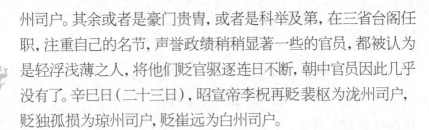

州司户。其余或者是豪门贵胄，或者是科举及第，在三省台阁任职，注重自己的名节，声誉政绩稍稍显著一些的官员，都被认为是轻浮浅薄之人，将他们贬官驱逐连日不断，朝中官员因此几乎没有了。辛巳日（二十三日），昭宣帝李柷再贬裴枢为泷州司户，贬独孤损为琼州司户，贬崔远为白州司户。

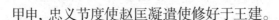

甲申，忠义节度使赵匡凝遣使修好于王建。

六月，戊子朔，敕裴枢、独孤损、崔远、陆扆、王溥、赵崇、王赞等并所在赐自尽。

时全忠聚枢等及朝士贬官者三十余人于白马驿，一夕尽杀之，投尸于河。初，李振屡举进士，竟不中第，故深疾搢绅之士，言于全忠曰：“此辈常自谓清流，宜投之黄河，使为浊流！”全忠笑而从之。

【译文】 甲申日（二十六日），忠义节度使赵匡凝派遣使者与王建建立友好关系。

六月，戊子朔日（初一），昭宣帝李柷诏令裴枢、独孤损、崔远、陆扆、王溥、赵崇、王赞等人，都在所在地自尽。

这时，朱全忠在白马驿召集裴枢等人以及被贬官的朝中士人三十多位，一晚上把他们全部杀死，将尸体都扔到河里。起初，李振多次参加进士考试，结果都没有考中，所以很嫉妒科举出身的官员，对朱全忠说：“这些人常常自认为是德行高尚的清流人士，应该把他们都扔到黄河里，让他们成为浊流士人！”朱全忠笑着采纳了他的意见。

【申涵煜评】 河阴之难，发于费穆。白马之祸，成于柳璨。不知人类中安得有此豺虎。河东数世衣冠之族，至璨而一朝扫地，身名俱丧,枉作小人。

【译文】 河阴之难,起源于费穆;白马之祸,形成于柳璨。不知道人类中怎么会有如此豺虎。河东柳家几代都是衣冠之家,到了柳璨却一下子扫地,身名都没有了,真是枉做了小人。

振每自汴至洛,朝廷必有窜逐者,时人谓之鸱枭。见朝士皆颐指气使,旁若无人。

全忠尝与僚佐及游客坐于大柳之下,全忠独言曰:"此木宜为车毂。"众莫应。有游客数人起应曰:"宜为车毂。"全忠勃然厉声曰:"书生辈好顺口玩人,皆此类也!"车毂须用夹榆,柳木岂可为之!"顾左右曰:"尚何待!"左右数十人捽言"宜为车毂"者悉扑杀之。

己丑,司空致仕裴贽贬青州司户,寻赐死。

【译文】 李振每次从汴州前往洛阳,朝中官员一定会有被贬逐到外地的,当时的人将他称为"鸱枭"。看见朝中官员,他都是颐指气使,旁若无人。

朱全忠曾经跟幕僚佐吏以及宾客坐在大柳树下闲聊,朱全忠自言自语说:"这棵大柳树适合做成车毂。"众人都没有说话。有几位宾客站起来附和说:"它适合做成车毂。"朱全忠突然厉声说:"书生之辈喜好随声附和来戏弄别人,都如同你们一样!车毂必须使用榆木来制作,柳木怎么能制作呢!"回头看看身边的人说:"你们还等什么呢?"身边的几十个人,抓住那几位说"适合做成车毂"的人全部打死。

己丑日(初二),昭宣帝李柷将以司空辞官归隐的裴贽贬为青州司户,不久又赐他自尽。

柳璨馀怒所注，犹不啻十数，张文蔚力解之，乃止。

时士大夫避乱，多不入朝。壬辰，敕所在州县督遣，无得稽留。前司勋员外郎李延古，德裕之孙也，去官居平泉庄，诏下未至。戊申，责授卫尉寺主簿。

【译文】柳璨余怒之下所关注的人，还不止这十多人，张文蔚极力劝解，他这才作罢。

这时，士大夫为了逃避灾祸，大多数都不愿意到朝廷里来。壬辰日（初五），昭宣帝李柷诏令各州县督促遣送他们抵达洛阳，不得滞留。前司勋员外郎李延古是李德裕的孙子，辞去官职在河南府的平泉庄居住，诏令下达后没有前往洛阳。戊申日（二十一日），昭宣帝责罚他担任卫尉寺主簿。

秋，七月，癸亥，太子宾客致仕柳逊贬曹州司马。

庚午夜，天雄牙将李公佺与牙军谋乱，罗绍威觉之；公佺焚府舍，剽掠，奔沧州。

八月，王建遣前山南西道节度使王宗贺等将兵击昭信节度使冯行袭于金州。

朱全忠以赵匡凝东与杨行密交通，西与王建结婚，乙未，遣武宁节度使杨师厚将兵击之，己亥，全忠以大军继之。

处州刺史卢约使其弟佶攻陷温州，张惠奔福州。

钱镠遣方永珍救婺州。

【译文】秋季，七月，癸亥日（初六），昭宣帝李柷将以太子宾客辞官归隐的柳逊贬为曹州司马。

庚午日（十三日）的晚上，天雄牙将李公佺和牙军谋划作乱，罗绍威察觉了此事；于是，李公佺烧毁官府房舍，抢劫掳掠一番后，逃往沧州。

八月，王建派遣前山南西道节度使王宗贺等人率领军队到金州去攻打昭信节度使冯行袭。

朱全忠因为赵匡凝东边与杨行密往来，西边与王建有姻亲关系，乙未日（初九），派遣武宁节度使杨师厚率领军队攻打他；己亥日（十三日），朱全忠率领大军随后前往。

处州刺史卢约派遣他的弟弟卢佶夺取了温州，张惠逃奔福州。

钱镠派遣方永珍救援婺州。

初，礼部员外郎知制诰司空图弃官居虞乡王官谷，昭宗屡征之，不起。柳璨以诏书征之，图惧，诣洛阳入见，阳为衰野，坠笏失仪。璨乃复下诏，略曰："既养高以傲代，类移山以钓名。"又曰："匪夷匪惠，难居公正之朝。可放还山。"图，临淮人也。

【译文】 起初，礼部员外郎知制诰司空图放弃官职，在虞乡县王官谷居住，昭宗李晔多次征召他，他都不肯出来任职。柳璨拿诏书征召他，司空图很恐惧，到达洛阳后，入朝觐见，假装衰老又粗野的样子，朝笏掉落在地，仪态尽失。柳璨于是又颁下诏书，大意是说："司空图虽自命清高瞧不起世人，却好像夸口移山的人一样沽名钓誉。"又说："司空图既不是伯夷，也不是柳下惠，很难在公平公正的朝廷里担任职位，可以将他放逐回山。"司空图是临淮人。

杨师厚攻下唐、邓、复、郢、随、均、房七州，朱全忠军于汉北。九月，辛酉，命师厚作浮梁于阴谷口，癸亥，引兵渡汉。甲子，赵匡凝将兵二万陈于汉滨，师厚与战，大破之，遂傅其城下。是夕，匡凝焚府城，帅其族及麾下士沿汉奔广陵。乙丑，师厚入襄阳；丙寓，全忠继至。

匡凝至广陵，杨行密戏之曰："君在镇，岁以金帛输朱全忠，今败，乃归我乎？"匡凝曰："诸侯事天子，岁输贡赋乃其职也，岂输贼乎！今日归公，正以不从贼故耳。行密厚遇之。

【译文】杨师厚攻克唐、邓、复、郢、随、均、房等七个州，朱全忠在汉北驻扎军队。九月，辛酉日（初五），朱全忠命令杨师厚在阴谷口修建浮桥，癸亥日（初七），朱全忠率领士兵渡过汉水。甲子日（初八），赵匡凝率领两万士兵在汉水边部署战阵，杨师厚与他交战，把赵匡凝打得惨败，于是进逼襄阳城下。当天晚上，赵匡凝烧毁府城襄阳，率领他的族人以及部下将士沿着汉水逃往广陵。乙丑日（初九），杨师厚进驻襄阳；丙寅日（初十），朱全忠相继到达。

赵匡凝到达广陵后，杨行密跟他开玩笑说："您在藩镇，每年拿金帛献给朱全忠，现在被他打败，这才来归附我吗？"赵匡凝说："诸侯服侍天子，每年运送贡品、赋税，这是他应该尽到的职责啊，怎么说是给贼寇朱全忠送去的呢？如今我归附您，正是因为不想依附贼寇。"杨行密用厚礼接待他。

丙寅，封皇弟禔为颍王，祐为蔡王。

丁卯，荆南节度使赵匡明帅众二万，弃城奔成都。戊辰，朱全忠以杨师厚为山南东道留后，引兵击江陵。至乐乡，荆南牙将王建武遣使迎降。全忠以都将贺瑰为荆南留后。全忠寻表师厚为山南东道节度使。

王宗贺等攻冯行袭，所向皆捷。丙子，行袭弃金州，奔均州。其将全师朗以城降。王建更师朗姓名曰王宗朗，补金州观察使，割渠、巴、开三州以隶之。

【译文】 丙寅日（初十），昭宣帝李柷敕封皇弟李禔为颖王，李祐为蔡王。

丁卯日（十一日），荆南节度使赵匡明率领士兵两万人，放弃守城，逃往成都。戊辰日（十二日），朱全忠任命杨师厚为山南东道留后，率领军队攻打江陵；到达乐乡镇，荆南牙将王建武派遣使者迎接，向杨师厚投降。朱全忠任命都将贺瑰为荆南留后。没过多久，朱全忠又向朝廷上表任命杨师厚为山南东道节度使。

王宗贺等人攻打冯行袭，每战都打胜仗，所向披靡。丙子日（二十日），冯行袭放弃金州，逃往均州。他的部将全师朗献城投降。王建将全师朗姓名改为王宗朗，补授金州观察使，分割渠、巴、开三州交由他统管。

乙酉，诏更用十一月癸酉亲郊。

淮南将陶雅、陈璋拔婺州，执刺史沈夏以归。杨行密以雅为江南都招讨使，歙、婺、衢、睦观察使，以璋为衢、婺副招讨使。璋攻暨阳，两浙将方习败之。习进攻婺州。

濠州团练使刘金卒，杨行密以金子仁规知濠州。

【译文】 乙酉日（二十九日），昭宣帝李柷诏命改在十一月癸酉日（十九日）亲自举行郊祀典礼。

淮南将领陶雅、陈璋攻下婺州，活捉刺史沈夏返回。杨行密任命陶雅为江南都招讨使，歙、婺、衢、睦观察使；任命陈璋为衢、婺副招讨使。陈璋攻打暨阳，两浙将领方习打败了他。方习进兵攻打婺州。

濠州团练使刘金去世，杨行密任命刘金的儿子刘仁规管理濠州的事务。

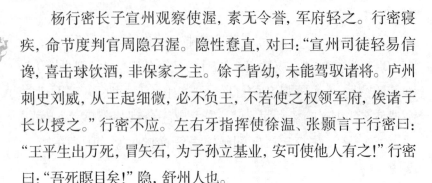

杨行密长子宣州观察使渥，素无令誉，军府轻之。行密寝疾，命节度判官周隐召渥。隐性憃直，对曰："宣州司徒轻易信谗，喜击球饮酒，非保家之主。馀子皆幼，未能驾驭诸将。庐州刺史刘威，从王起细微，必不负王，不若使之权领军府，俟诸子长以授之。"行密不应。左右牙指挥使徐温、张颢言于行密曰："王平生出万死，冒矢石，为子孙立基业，安可使他人有之！"行密曰："吾死瞑目矣！"隐，舒州人也。

他日，将佐问疾，行密目留幕僚严可求。众出，可求曰："王若不讳，如军府何？"行密曰："吾命周隐召渥，今忍死待之。"可求与徐温诣隐，隐未出见，牒犹在案上，可求即与温取牒，遣使者如宣州召之。可求，同州人也。行密以润州团练使王茂章为宣州观察使。

【译文】杨行密的长子宣州观察使杨渥，一向没有好名声，军府中的将吏都轻视他。杨行密卧病在床时，命令节度判官周隐将杨渥召回。周隐性格朴实、憨厚，他回答说："宣州司徒杨渥轻易听信他人的谗言，喜好击球喝酒，不是能保全家业的人主，其他的儿子都年纪幼小，不能掌控各位将领。庐州刺史刘威，从地位低贱时就追随您，他一定不会辜负您，不如让他暂时管理军府事务，等到诸子长大再将权力交还他们。"杨行密没有回答他说的话。左右牙指挥使徐温、张颢对杨行密说："大王一生出生入死，冒着遭受矢石的危险，为子孙后代建立基业，这基业怎么能让他人占有呢？"杨行密说："我即使死也可以瞑目了。"周隐是舒州人。

有一天，部将佐吏来询问病情，杨行密用眼睛示意留下幕僚严可求。众人退出以后，严可求说："您如果有什么不测，那军府怎么办呢？"杨行密说："我命周隐召回杨渥，现在我苟延残喘，就是要等待杨渥到来啊。"严可求与徐温到周隐住的地方，周隐没有出来见面，文书还摆放在桌上，严可求立即和徐温拿过公文，派遣使者到宣州去召杨渥。严可求是同州人。杨行密任命润州团练使王茂章为宣州观察使。

冬，十月，丙戌朔，以朱全忠为诸道兵马元帅，别开幕府。

是日，全忠部署将士，将归大梁，忽变计，欲乘胜击淮南。敬翔谏曰："今出师未逾月，平两大镇，辟地数千里，远近闻之，莫不震慑。此威望可惜，不若且归息兵，俟衅而动。"不听。

改昭信军为戎昭军。仍割均州隶之。

【译文】冬季，十月，丙戌朔日（初一），昭宣帝李柷任命朱全忠为诸道兵马元帅，另外开设元帅府。

这一天，朱全忠部署将士，打算返回大梁，突然他又变更了计划，打算乘胜攻打淮南。敬翔直言劝谏说："现在出兵还不够一个月，就把荆州、襄阳两大藩镇平定了，开辟了几千里的领地，远近藩镇听到此事，没有不震惊恐慌的。这个威望要珍惜，不如暂且返回大梁，让士兵休整，等待时机，然后再出动军队攻击！"朱全忠没有听从他的建议。

朝廷将昭信军改为戎昭军。（仍然分割出均州隶属于它。）

辛卯，朱全忠发襄州。壬辰，至枣阳，遇大雨。自申州抵光州，道险狭涂潦，人马疲乏，士卒尚未冬服，多逃亡。全忠使人谓光州刺史柴再用曰："下，我以汝为蔡州刺史；不下，且屠城！"再用严设守备，戎服登城，见全忠，拜伏甚恭，曰："光州城小兵弱，不足以辱王之威怒。王苟先下寿州，敢不从命。"全忠留其城东旬日而去。

【译文】辛卯日（初六），朱全忠从襄州出发；壬辰日（初七），抵达枣阳，正赶上天降大雨。从申州到达光州，道路艰险狭窄，到处积水，兵马疲惫不堪，士兵还没有穿上冬衣，许多人逃走了。朱全忠派人对光州刺史柴再用说："如果你投降我的话，我任命你为蔡州刺史；如果不投降的话，我将屠杀整个城的人！"柴再用严加防守戒备，身穿铠甲登上城楼，看见朱全忠，跪拜在地，特别谦恭，说："光州城地方狭小士兵孤弱，不足惹大王动怒发威。大王如果先攻打寿州的话，怎能不听从您的命令呢？"朱全忠在城东驻扎军队，留驻十天才离去。

起居郎苏楷，礼部尚书循之子也，素无才行，乾宁中登进士第，昭宗覆试黜之，仍永不听入科场。甲午，楷帅同列上言："谥号美恶，臣子不得而私，先帝谥号多溢美，乞更详议。"事下太常，丁酉，张廷范奏改谥恭灵庄愍孝皇帝，庙号襄宗，诏从之。

杨渥至广陵。辛丑，杨行密承制以渥为淮南留后。

戊申，朱全忠发光州，迷失道百馀里，又遇雨，比及寿州，寿人坚壁清野以待之。全忠欲围之，无林木可为栅，乃退屯正阳。

癸丑，更名成德军曰武顺。

【译文】起居郎苏楷是礼部尚书苏循的儿子，向来无才无德，昭宗李晔乾宁年间考中进士，昭宗复试后将他废黜，永远不准他再入科场考试。甲午日（初九），苏楷率领同僚进言："谥号好还是不好，臣子不能私下裁定。先帝的谥号大多数是溢美的言辞，请求再仔细商议。"这件事交给太常办理，丁酉日（十二日），张廷范向昭宣帝李柷上奏，更改昭宗的谥号为恭灵庄愍孝皇帝,庙号为襄宗,昭宣帝诏命依从他的意见。

杨渥抵达广陵。辛丑日(十六日),杨行密借皇帝名义任命杨渥为淮南留后。

戊申日(二十三日),朱全忠从光州出发,迷失道路一百多里,又赶上大雨,等到了寿州后,寿州的军民已经坚壁清野来等待他。朱全忠打算包围寿州,却没有树木可以修建栅栏,被迫退兵在正阳驻扎。

癸丑日(二十八日),朝廷把成德军改名为武顺军。

【乾隆御批】 昭宗于"灵愍"之号,诚不得辞。独怪有唐科场恶习,如前此坐主门生,党援不息,呈身请托,关节公行,固已不堪指数,甚至以无行小人挟廷试被斥之嫌,大言请改庙谥以泄私愤。则天理人心并绝,国欲不亡其可得乎?

【译文】 昭宗用"灵愍"之号,实在是不切合。只怪唐代有科场的恶习,就如之前在贡院的贡生们到处找人结党支援,托人找关系,暗中说情、向官吏行贿的事情已公然进行,这样的事无以计数,致使一些品行败坏的小人都能带着廷试被斥的怨恨,大言不惭地请求改庙号谥号以泄私愤。可见天理人心都到了灭绝的地步,国家想要不灭亡,怎么可能呢?

十一月,丙辰,朱全忠渡淮而北,柴再用抄其后军,斩首三千级,获辎重万计。全忠悔之,躁忿尤甚。丁卯,至大梁。

先是,全忠急于传禅,密使蒋玄晖等谋之。玄晖与柳璨等议:以魏、晋以来皆先封大国,加九锡,殊礼,然后受禅,当次第行之。乃先除全忠诸道元帅,以示有渐,仍以刑部尚书裴迪为送宫告使,全忠大怒。宣徽副使王殷、赵殷衡疾玄晖权宠,欲得其处,因潛之于全忠曰:"玄晖、璨等欲延唐祚,故逗遛其事以须变。"玄晖闻之惧，自至寿春，具言其状。全忠曰："汝曹巧述闲事以沮我，借使我不受九锡，岂不能作天子邪！"玄晖曰："唐祚已尽，天命归王，愚智皆知之。玄晖与柳璨等非敢有背德，但以今兹晋、燕、岐、蜀皆吾勍敌，王遽受禅，彼心未服，不可不曲尽义理，然后取之，欲为王创万代之业耳。"全忠叱之曰："奴果反矣！"玄晖惶遽辞归，与璨议行九锡。时天子将郊祀，百官既习仪，裴迪自大梁还，言全忠怒曰："柳璨、蒋玄晖等欲延唐祚，乃郊天也。"璨等惧，庚午，敕改用来年正月上辛。殷衡本姓孔名循，为全忠家乳母养子，故冒姓赵，后渐贵，复其姓名。

【译文】 十一月，丙辰日（初二），朱全忠渡过淮水向北进发，光州刺史柴再用绕道去偷袭他的后军，斩杀了三千个首级，获得的器械、粮食数以万计。朱全忠特别后悔不听敬翔的话，变得更加暴躁、易怒。丁卯日（十三日），朱全忠抵达大梁。

之前，朱全忠着急想取代帝位，偷偷命令蒋玄晖等人筹划此事。蒋玄晖和柳璨等人商议：因为魏、晋以来，都是先封大国，然后加赐九锡，给予特殊的礼遇，然后再接受禅让，这些都应当按照次序进行。于是，先授予朱全忠为诸道元帅，以表示循序渐进，并任命刑部尚书裴迪担任送官告使，朱全忠勃然大怒。宣徽副使王殷、赵殷衡妒忌蒋玄晖等专擅大权，深受宠幸，想要让他们被贬逐，因此向朱全忠进谗言诋毁他们，说："蒋玄晖、柳璨等想要延续大唐政权，所以拖延此事，来等待叛乱的发生。"蒋玄晖听说之后很恐惧，亲自到寿春，向朱全忠详细陈述这件事的情况。朱全忠说："你们花言巧语申诉无关紧要的事情来阻挠我，假如我没有接受九锡之礼，难道就不能称皇帝吗？"蒋玄晖说："大唐的气数已尽，大王是天命所定的天子，这是众人都清楚的。我蒋玄晖与柳璨等人不敢违背大王的恩

德,只是因为今天晋(李克用)、燕(刘仁恭)、岐(李茂贞)、蜀
(王建)诸王都是我们强而有力的敌人,大王突然接受禅让帝
位,他们心里不服气,必须想方设法尽理尽义,然后才能登上帝
位,这样做只是想替大王创建万代基业而已。"朱全忠厉声斥责
他说:"你这个奴才果真造反了!"蒋玄晖惊惧惶恐,马上辞别
返回洛阳,与柳璨商议行九锡之礼。此时,昭宣帝李柷将举行郊
祀大典,百官已经在学习礼仪,裴迪从大梁返回洛阳,传达朱全
忠生气时说的话:"柳璨、蒋玄晖等想要延长大唐的福运,才郊
祀祭天。"柳璨等很恐惧,庚午日(十六日),诏令改用明年正月
上旬的辛日举行郊祀大典。赵殷衡原本姓孔名循,是朱全忠家
奶妈的养子,因此冒充赵姓,后来逐渐地位显贵,才恢复原来的
姓名。

　　壬申,赵匡明至成都,王建以客礼遇之。

　　昭宗之丧,朝廷遣告哀使司马卿宣谕王建,至是始入蜀境。
西川掌书记韦庄为建谋,使武定节度使王宗绾谕卿曰:"蜀之将
士,世受唐恩,去岁闻乘舆东迁,凡上二十表,皆不报。寻有亡卒
自汴来,闻先帝已罹朱全忠弑逆。蜀之将士方日夕枕戈,思为先
帝报仇。不知今兹使来以何事宣谕? 舍人宜自图进退。"卿乃还。

　　庚辰,吴武忠王杨行密薨,将佐共请宣谕使李俨承制授杨
渥淮南节度使、东南诸道行营都统,兼侍中、弘农郡王。

　　【译文】壬申日(十八日),赵匡明抵达成都,王建用对待
宾客的礼节来招待他。

　　昭宗李晔发丧,朝廷派遣哀使司马卿到成都宣谕王建,到
此时才进入蜀境。西川掌书记韦庄为王建谋划,派遣武定节度
使王宗绾告诉司马卿说:"蜀地的将士,世代蒙受唐朝的恩遇,

去年，听说昭宗东迁洛阳，一共呈递了二十个表文，可是都没有答复。没过多久，就有逃亡的士兵从汴州回来，听说先帝已经被朱全忠杀害。蜀地的将士此时日夜枕戈待旦，想为先帝复仇。不知现在使者到此地，宣告些什么事情呢？您作为中书舍人应该为自己筹划一下该怎么办啊！"听完这些话，司马卿返回洛阳。

庚辰日（二十六日），吴武忠王杨行密去世。淮南将佐共同向宣谕使李俨请求以皇帝名义任命杨渥为淮南节度使、东南诸道行营都统，兼侍中、弘农郡王。

柳璨、蒋玄晖等议加朱全忠九锡，朝士多窃怀愤邑，礼部尚书苏循独扬言曰："梁王功业显大，历数有归，朝廷速宜揖让。"朝士无敢违者。辛巳，以全忠为相国，总百揆。以宣武、宣义、天平、护国、天雄、武顺、佑国、河阳、义武、昭义、保义、戎昭、武定、泰宁、平庐、忠武、匡国、镇国、武宁、忠义、荆南等二十一道为魏国，进封魏王，仍加九锡。全忠怒其稽缓，让不受。十二月，戊子，命枢密使蒋玄晖赍手诏诣全忠谕指。癸巳，玄晖自大梁还，言全忠怒不解。甲午，柳璨奏称："人望归梁王，陛下释重负，今其时也。"即日遣璨诣大梁达传禅之意，全忠拒之。

【译文】柳璨、蒋玄晖等人商讨加封朱全忠九锡之礼，朝中官吏大多心怀怨恨，抑郁不平，唯独礼部尚书苏循扬言说："梁王的功绩显著盛大，这是天命所归，朝廷应该快速把帝位禅让给梁王。"朝廷官吏没有斗胆违抗的。辛巳日（二十七日），昭宣帝李柷任命朱全忠为相国，统揽朝廷政务。以宣武、宣义、天平、护国、天雄、武顺、佑国、河阳、义武、昭义、保义、戎昭、武定、泰宁、平庐、忠武、匡国、镇国、武宁、忠义、荆南等二十一道为魏国，进封朱全忠爵位为魏王，并且给他加封九锡。朱全

资治通鉴

忠怨恨他们拖延迟缓，所以推辞不肯接受诏令。十二月，戊子日（初四），昭宣帝李柷命令枢密使蒋玄晖奉持天子的手诏到朱全忠那里宣旨。癸巳日（初九），蒋玄晖从大梁返回洛阳，说朱全忠的愤怒未消。甲午日（初十），柳璨向昭宣帝奏报："梁王是众望所归，陛下应该放弃沉重的负担，如今正是时候。"当天，派遣柳璨到大梁传达昭宣帝禅让帝位的意思，朱全忠却拒绝接受。

初，璨陷害朝士过多，全忠亦恶之。璨与蒋玄晖、张廷范朝夕宴聚，深相结，为全忠谋禅代事。何太后泣遣宫人阿秋、阿虔达意玄晖，语以他日传禅之后，求子母生全。王殷、赵殷衡潛玄晖，云"与柳璨、张廷范于积善宫夜宴，对太后焚香为誓，期兴复唐祚。"全忠信之，乙未，收玄晖及丰德库使应顼、御厨使朱建武系河南狱；以王殷权知枢密，赵殷衡权判宣徽院事。全忠三表辞魏王、九锡之命。丁酉，诏许之，更以为天下兵马元帅，然全忠已修大梁府舍为宫阙矣。是日，斩蒋玄晖，杖杀应顼、朱建武。庚子，省枢密使及宣徽南院使，独置宣徽使一员，以王殷为之，赵殷衡为副使。辛丑，敕罢宫人宣传诏命及参随视朝。追削蒋玄晖为凶逆百姓，令河南揭尸于都门外，聚众焚之。

【译文】起初，柳璨陷害了很多朝廷官员，朱全忠也怨恨他。柳璨和蒋玄晖、张廷范日夜宴饮聚会，深相结交，为朱全忠筹划禅让帝位之事。何太后痛哭着命宫人阿秋、阿虔向蒋玄晖转达想法，告诉他将来禅让帝位之后，请求保全他们母子性命。王殷、赵殷衡诋毁蒋玄晖说："他与柳璨、张廷范在积善堂夜宴，与何太后焚香发誓，相约要恢复并振兴唐朝的福运。"朱全忠相信了他们的话，乙未日（十一日），抓捕蒋玄晖及丰德库使应顼、御厨使朱建武，把他们关押在河南府的监狱中；任命王殷暂时掌管枢密院，赵殷衡暂时代理宣徽院的事务。朱全忠三次呈递奏表辞让有关魏王、九锡的诏命；丁酉日（十三日），昭宣帝李柷诏命准许他的辞请，改任他为天下兵马元帅，然而朱全忠已经将大梁府舍改为宫殿了。这天，蒋玄晖被杀死，又用木杖打杀了应顼、朱建武。庚子日（十六日），裁减枢密使和宣徽南院使，只设置宣徽使一人，任命王殷出任，赵殷衡为副使。辛丑日（十七日），诏令停止由宫人传达诏命以及陪同晋见天子临朝视政。追削蒋玄晖的官职，让他成为作恶叛乱的百姓，命令河南府在都门外将他的尸体架起，聚集民众，把他的尸体当众焚烧。

玄晖既死，王殷、赵殷衡又诬玄晖私侍何太后，令阿秋、阿虔通导往来。己酉，全忠密令殷、殷衡害太后于积善宫，敕追废太后为庶人，阿秋、阿虔皆于殿前扑杀。庚戌，以皇太后丧，废朝三日。

辛亥，敕以宫禁内乱，罢来年正月上辛谒郊庙礼。

癸丑，守司空兼门下侍郎、同平章事柳璨贬登州刺史，太常卿张廷范贬莱州司户。甲寅，斩璨于上东门外，车裂廷范于都市。璨临刑呼曰："负国贼柳璨，死其宜矣！"

【译文】蒋玄晖死后，王殷、赵殷衡又诋毁蒋玄晖与何太后私通，让宫人阿秋、阿虔沟通消息往来。己酉日（二十五日），朱全忠偷偷地命令王殷、赵殷衡在积善宫将何太后杀死，诏令追废太后为庶人，阿秋、阿虔都在殿前打杀。庚戌日（二十六日），因为皇太后去世，停止上朝三天。

辛亥日（二十七日），昭宣帝李柷颁布诏令，因为宫廷内乱，来年正月上旬辛日祭祀天地和祖宗的典礼暂时停止。

癸丑日（二十九日），守司空兼门下侍郎、同平章事柳璨被贬为登州刺史，太常卿张廷范被贬为莱州司户。甲寅日（三十日），在上东门外将柳璨斩首，在京城市场将张廷范处以车裂的酷刑。柳璨在行刑时大叫着："负国贼柳璨，被处死是应该的啊！"

【乾隆御批】 全忠剧贼凶贱，元晖等固所熟悉，徒以依阿腼忍，竟不恤卖国弑君为之尽力，及至一不当意，诛殛即随其后。足为自古小人依草附木假息须史者炯戒。

【译文】 朱全忠这个势力强大的反叛者，凶狠残暴，蒋元晖等人本来是熟悉的，白白地依附于他，竟然不惜卖国弑君为他竭尽全力，等到一不小心，诛杀就紧随其后。这足以让自古以来借着依附乱臣贼子达到目的的小人稍做休息，来看看这个十分明显的警戒。

西川将王宗朗不能守金州，焚其城邑，奔成都。戎昭节度使冯行袭复取金州，奏称"金州荒残，乞徙理均州，"从之。更以行袭领武安军。

陈询不能守睦州，奔于广陵，淮南招讨使陶雅入据其城。

杨渥之去宣州也，欲取其幄幕及亲兵以行，观察使王茂章不与，渥怒。既袭位，遣马步都指挥使李简等将兵袭之。

湖南兵寇淮南，淮南牙内指挥使杨彪击却之。

【译文】 西州将领王宗朗没办法防守金州，于是焚毁城邑，逃往成都。戎昭节度使冯行袭又攻占了金州，奏称："金州荒凉残破，请求将军府迁往均州。"朝廷听从了他的请求。改任冯行袭兼管武安军（安字当作定字）。

陈询不能守卫睦州，逃往广陵。淮南招讨使陶雅进城占据了睦州。

杨渥离开宣州时，想要带着他的帐幕和亲兵跟随，观察使王茂章没有准许，杨渥很是怨恨愤怒。等到他承袭父位以后，派遣马步都指挥使李简等率军袭击王茂章。

湖南的士兵抢夺劫掠淮南，淮南牙内指挥使杨彪将他们击退。

天祐三年（丙寅，公元九〇六年）春，正月，壬戌，灵武节度使韩逊奏吐番七千馀骑营于宗高谷，将击嗢末及取凉州。

李简兵奄至宣州，王茂章度不能守，帅众奔两浙。亲兵上蔡刁彦能辞以母老，不从行，登城谕众曰："王府命我招谕汝曹，大兵行至矣。"众由是定。陶雅畏茂章断其归路，引兵还歙州，钱镠复取睦州。镠以茂章为镇东节度副使，更名景仁。

乙丑，加静海节度使曲承裕同平章事。

【译文】天祐三年（丙寅，公元906年）春季，正月，壬戌日（初八），灵武节度使韩逊向朝廷奏报吐蕃七千余骑兵在宗高谷安营扎寨，将要进攻嗢末，攻取凉州。

李简的军队很快就来到宣州，王茂章估计不能据守，因此率领军队逃到两浙。他的亲兵上蔡人刁彦能因为母亲年老，不跟随王茂章同行，他登上城墙对士兵说："王府命我召集晓谕你们，大批兵马随后赶到。"众人于是安定下来。陶雅惧怕王茂章阻断他的退路，率领军队返回歙州，钱镠又攻克了睦州。钱镠任命王茂章为镇东节度副使，改名为王景仁。

乙丑日（十一日），昭宣帝李柷加封静海节度使曲承裕为同平章事。

初，田承嗣镇魏博，选募六州骁勇之士五千人为牙军，厚其给赐以自卫，为腹心。自是父子相继，亲党胶固，岁久益骄横，小不如意，辄族旧帅而易之。自史宪诚以来皆立于其手。天雄节度使罗绍威心恶之，力不能制。朱全忠之围凤翔也，绍威遣军将杨利言密以情告全忠，欲借其兵以诛之。全忠以事方急，未暇如其请，阴许之。及李公佺作乱，绍威益惧，复遣牙将臧延范趣全忠。全忠乃发河南诸镇兵七万，遣其将李思安将之，会魏、镇兵屯深州乐城，声言击沧州，讨其纳李公佺也。会全忠女适绍威子廷规者卒，全忠遣客将马嗣勋实甲兵于橐中，选长直兵千人为担夫，帅之入魏，诈云会葬，全忠自以大军继其后，云赴行营，牙军皆不之疑。庚午，绍威潜遣人入库断弓弦、甲襻。是夕，绍威帅其奴客数百，与嗣勋合击牙军。牙军欲战而弓甲皆不可用，遂阖营歼之，凡八千家，婴孺无遗。诘旦，全忠引兵入城。

【译文】 起初，田承嗣镇守魏博的时候，挑选、招募六州英勇无比的壮士五千人组成牙军，供给赏赐丰厚，用他们来自我防卫，作为亲信。从此以后，牙军父子相继承袭，亲戚党羽如胶似漆般地牢固，时间一长，他们更加骄纵专横，稍微不顺心意，就杀死原来的主帅然后更换他人，自史宪诚以来的节度使都是被他们拥立的。天雄节度使罗绍威憎恶他们，但力量微薄不能制服他们。朱全忠围攻凤翔时，罗绍威派遣军将杨利言偷偷地把情况禀告朱全忠，想凭借他的军队将牙军诛除。朱全忠因为情况处于紧急状态，没有闲暇满足他的请求，但暗中许诺了他的要求。等到李公佺作乱时，罗绍威越发恐惧了，又派遣牙将臧延范督促朱全忠。于是，朱全忠派遣河南各镇的十万士兵，派遣他的大将李思安率领，联合魏博、镇冀两镇的士兵在深州的乐城屯驻，扬言要攻打沧州，征讨刘守文接纳叛将李公佺的罪过。

正赶上朱全忠嫁给罗绍威儿子罗廷规的女儿去世，朱全忠派遣客将马嗣勋把铠甲兵器装满袋子，选择长年警卫的一千名士兵假扮成挑夫，率领他们进入魏州，欺骗说是来会葬的；朱全忠亲自率领大军紧随其后，宣言说要赶赴行营；牙军都对他们没有怀疑。庚午日（十六日），罗绍威暗中派遣士兵进入库房，将弓箭的弦线、铠甲上纽扣的圈套剪断。这一晚，罗绍威率领他的仆役宾客几百人，和马嗣勋联合攻击牙军，牙军想要应战，可是弓箭、铠甲都不能使用，所以全营都被杀死，共计有八千家，连婴儿小孩都没有留下。第二天早晨，朱全忠率领军队进入魏州城。

辛未，以权知宁远留后庞巨昭、岭南西道留后叶广略并为节度使。

庚辰，钱镠如睦州。

西川将王宗阮攻归州，获其将韩从实。

陈璋闻陶雅归歙，自婺州退保衢州。两浙将方永珍等取婺州，进攻衢州。

杨渥遣先锋指挥使陈知新攻湖南。三月，乙丑，知新拔岳州，逐刺史许德勋，渥以知新为岳州刺史。

戊寅，以朱全忠为盐铁、度支、户部三司都制置使。三司之名始于此。全忠辞不受。

【译文】辛未日（十七日），朝廷任命代理宁远留后的庞巨昭、岭南西道留后叶广略都为节度使。

庚辰日（二十六日），钱镠来到睦州。

西川将领王宗阮攻打归州，俘获归州将领韩从实。

陈璋听说陶雅返回歙州，便从婺州撤退守卫衢州。两浙将领方永珍等人攻取婺州，进兵攻打衢州。

杨渥派遣先锋指挥使陈知新进攻湖南。三月，乙丑日（十二日），陈知新攻取岳州，赶走刺史许德勋，杨渥任命陈知新为岳州刺史。

戊寅日（二十五日），昭宣帝李柷任命朱全忠为盐铁、度支、户部三司都制置使。三司的名称便是从这时开始出现的。朱全忠推辞，不肯接受诏命。

夏，四月，癸未朔，日有食之。

罗绍威既诛牙军，魏之诸军皆惧，绍威虽数抚谕之，而猜怨益甚。朱全忠营于魏州城东数旬，将北巡行营，会天雄牙将史仁遇作乱，聚众数万据高唐，自称留后，天雄巡内州县多应之。全忠移军入城，遣使召行营兵还攻高唐，至历亭，魏兵在行营者作乱，与仁遇相应。元帅府左司马李周彝、右司马苻道昭击之，所杀殆半，进攻高唐，克之，城中兵民无少长皆死。擒史仁遇，锯杀之。

【译文】夏季，四月，癸未朔日（初一），出现日食。

罗绍威诛杀了牙军之后，魏博各路军队都很恐惧，罗绍威虽然多次安抚晓谕他们，但是猜忌怨恨越加严重。朱全忠在魏州城东安营扎寨了几十天，将要北上巡视行营，适逢天雄牙将史仁遇叛乱，聚集几万兵众据守高唐，自称天雄军留后，天雄镇属下各州大多响应他。朱全忠把军队调入魏州城内，派遣使者召行营士兵返回攻打高唐；行营士兵到达历亭，其中的魏州士兵叛乱，与史仁遇相互呼应。元帅府左司马李周彝、右司马苻道昭进攻叛乱的魏兵，杀死几乎一半的士兵，然后派兵攻打高唐，把它攻取了，城中的士兵、百姓，无论年少、年长都被杀死；活捉了史仁遇，把他锯死了。

先是，仁遇求救于河东及沧州，李克用遣其将李嗣昭将三千骑攻邢州以救之。时邢州兵才二百，团练使牛存节守之，嗣昭攻七日不克。全忠遣右长直都将张筠将数千骑助存节守城，筠伏兵于马岭，击嗣昭，败之，嗣昭遁去。

义昌节度使刘守文遣兵万人攻贝州，又攻冀州，拔蓨县，进攻阜城。时镇州大将王钊攻魏州叛将李重霸于宗城。全忠遣归救冀州，沧州兵去。丙午，重霸弃城走，汴将胡规追斩之。

镇南节度使钟传以养子延规为江州刺史。传薨，军中立其子匡时为留后。延规恨不得立，遣使降淮南。

【译文】起先，史仁遇向河东和沧州求救，李克用派遣他的将领李嗣昭率领三千名骑兵进攻邢州，用来救援史仁遇。当时，邢州军队只有两百人，团练使牛存节在此防守，李嗣昭率军攻打了七天，没有攻取下来。朱全忠派遣右长直都将张筠率领几千名骑兵援助牛存节守城，张筠在马岭埋伏军队，攻打李嗣昭，打败了他，李嗣昭逃走。

义昌节度使刘守文派遣万名士兵前去攻打贝州，又进攻冀州，攻取了蓨县，派遣军队攻打冀州的阜城。当时，镇州大将王钊在宗城进攻魏州叛将李重霸。朱全忠召他返回去救援冀州，沧州军队撤离。丙午日（二十四日），李重霸放弃守城逃走，汴州将领胡规追击，然后把他杀死了。

镇南节度使钟传任命养子钟延规为江州刺史。钟传去世，军中拥立他的儿子钟匡时为留后，钟延规怨恨没有拥立自己为留后，派遣使者投降淮南。

五月，丁巳，朱全忠如洺州，遂巡北边，视戎备，还，入于魏。

丙子，废戎昭军，并均、房隶忠义军。以武定节度使冯行袭为匡国节度使。

杨渥以升州刺史秦裴为西南行营都招讨使，将兵击钟匡时于江西。

【译文】五月，丁巳日（初五），朱全忠抵达洺州，于是，巡视北边地区，察看兵器装备，然后返回，进入魏州。

丙子日（二十四日），朝廷废除戎昭军，连同均州、房州都隶属忠义军；任命武定节度使冯行袭为匡国节度使。

杨渥任命升州刺史秦裴为西南行营都招讨使，率领军队在江西攻打钟匡时。

六月，甲申，复以忠义军为山南东道。

朱全忠以长安邻于邠、岐，数有战争，奏徙佑国节度使韩建于淄青，以淄青节度使长社王重师为佑国节度使。

秋，七月，朱全忠克相州。时魏之乱兵散据贝、博、澶、相、卫州及魏之诸县，全忠分命诸将攻讨，至是悉平之，引兵南还。

全忠留魏半岁，罗绍威供亿，所杀牛羊豕近七十万，资粮称是，所赂遗又近百万，比去，蓄积为之一空。绍威虽去其逼，而魏兵自是衰弱。绍威悔之，谓人曰："合六州四十三县铁，不能为此错也！"

壬申，全忠至大梁。

秦裴至洪州，军于蓼州。诸将请阻水立寨，裴不从。钟匡时果遣其将刘楚据之。诸将以咎裴，裴曰："匡时骁将独楚一人耳，若帅众守城，不可猝拔，吾故以要害诱致之耳。"未几，裴破寨，执楚，遂围洪州，饶州刺史唐宝请降。

【译文】六月，甲申日（初二），再次改忠义军为山南东道。

朱全忠因为长安邻近邠州、岐州，多次发生战事，上奏将佑国节度使韩建调往淄青，任命淄青节度使长社人王师重为佑国节度使。

秋季，七月，朱全忠攻克相州。这时魏博叛乱的士兵分别占据贝、博、澶、相、卫等州（以及魏州的各县邑），朱全忠分别命令各将领进兵征讨，到此时，把他们全部平定，朱全忠才率领军队南返。

朱全忠在魏州留驻了半年，罗绍威按需供应，杀死的牛、羊、猪将近七十万头，物资粮草也与此差不多，用来贿赂赠送的财货又将近百万钱，等到朱全忠离开时，积蓄储备的物资全用完了。虽然罗绍威消灭了威胁自己的牙军，但是魏博军队从此实力也衰弱下来。罗绍威非常后悔，对人说："聚集六个州四十三县的铁，也没有办法铸造出这样的大错（错即"镈"，锉刀，磋治骨角铜铁的工具）啊！"

壬申日（二十一日），朱全忠抵达大梁。

秦裴抵达洪州，在蓼州驻扎军队。众将领请求依水安设营寨，秦裴没有听从他们的意见；钟匡时果然派遣部将刘楚攻占这个地方。各将领埋怨秦裴，秦裴说："钟匡时的勇将只有刘楚一个人而已，如果他率领军队坚决守城，是没有办法马上攻取成功的，所以，我故意以要害的地方引诱他出来。"不久，秦裴攻破营寨，抓获刘楚，接着围攻洪州，饶州刺史唐宝请求投降。

八月，乙酉，李茂贞遣其子侃为质于西川，王建以侃知彭州。

朱全忠以幽、沧相首尾为魏患，欲先取沧州，甲辰，引兵发大梁。

两浙兵围衢州，衢州刺史陈璋告急于淮南。杨渥遣左厢马步都虞候周本将兵迎璋。本至衢州，浙人解围，陈于城下。璋帅众归于本，两浙兵取衢州。吕师造曰："浙人近我而不动，轻我也，请击之！"本曰："吾受命迎陈使君，今至矣，何为复战！彼必有以待我也。"遂引兵还。本为之殿，浙人蹑之，本中道设伏，大破之。

【译文】八月，乙酉日（初四），李茂贞派遣他的儿子李侃前往西川做人质；王建任命李侃管理彭州的事务。

朱全忠因为幽州的刘仁恭、沧州的刘守文父子首尾相连，是魏州罗绍威的最大威胁，想要首先夺取沧州，甲辰日（二十三日），朱全忠率领军队从大梁出发。

两浙包围衢州时，衢州刺史陈璋向淮南告急，杨渥派遣左厢马步都虞候周本率领军队迎接陈璋。周本抵达衢州，浙人解除包围，在城下部署战阵，陈璋率领军队归顺周本，两浙的士兵占据衢州。吕师造说："浙人离我们很近却不派遣军队攻打，这显然是蔑视我们，请攻打他们吧！"周本说："我奉命来迎接陈使君，现在他已经到了，为什么还要交战呢？他们肯定有对付我们的办法。"于是率领军队返回。周本为军队殿后，两浙的士兵尾随在他们后面，周本中途设下伏兵，结果大破两浙军。

九月，辛亥朔，朱全忠自白马渡河，丁卯，至沧州，军于长芦，沧人不出。罗绍威馈运，自魏至长芦五百里，不绝于路。又建元帅府舍于魏，所过驿亭供酒馔、幄幕、什器，上下数十万人，无一不备。

秦裴拔洪州，虏钟匡时等五千人以归。杨渥自兼镇南节度使，以裴为洪州制置使。

静难节度使杨崇本以凤翔、保塞、彰义、保义之兵攻夏州，匡国节度使刘知俊邀击坊州之兵，斩首三千馀级，擒坊州刺史刘彦晖。

【译文】 九月，辛亥朔日（初一），朱全忠从白马渡河，丁卯日（十七日），抵达沧州，在长芦县驻扎军队；沧州人没有出来迎战。罗绍威运送供给，从魏州到长芦五百里，前后连绵不断；又在魏州建造元帅府舍，经过的驿站、凉亭都供给他们酒食、帐幕以及各种器具，由上到下，几十万人，没有一样不准备周全。

秦裴攻克洪州，俘获钟匡时等五千人返回。杨渥自己兼任镇南节度使，任命秦裴为洪州制置使。

静难节度使杨崇本派遣凤翔、保塞、彰义、保义（义字当作大字）的军队攻打夏州，匡国节度使刘知俊截击保大的巡属坊州的军队，斩下三千多个首级，抓获了坊州刺史刘彦晖。

刘仁恭救沧州，战屡败。乃下令境内："男子十五以上，七十以下，悉自备兵粮诣行营，军发之后，有一人在闾里，刑无赦！"或谏曰："今老弱悉行，妇人不能转饷，此令必行，滥刑者众矣！"乃命胜执兵者尽行，文其面曰"定霸都"，士人则文其腕或臂曰"一心事主"，于是境内士民，稚孺之外无不文者。得兵十万，军于瓦桥。

时汴军筑垒围沧州，鸟鼠不能通。仁恭畏其强，不敢战。城中食尽，丸土而食，或互相掠啖。朱全忠使人说刘守文曰："援兵势不相及，何不早降！"守文登城应之曰："仆于幽州，父子也。梁王方以大义服天下，若子叛父而来，将安用之！"全忠愧其辞直，为之缓攻。

【译文】刘仁恭前往救援沧州，但是多次交战都战败了。于是他对境内军队下达命令说："男子十五岁以上，七十岁以下，全部自备兵器、粮食前往行营，军队出动之后，如果还有人在乡里出现，立即诛杀决不宽赦！"有人劝他说："如今老弱全部出发，妇女不能运输粮饷，这命令如果要执行的话，被滥杀的人太多了。"于是刘仁恭命令可以拿动兵器的人全部出发，在他们的脸上刺上三个字："定霸都"（意思是裁定霸业的军旅），读书人就在他们的手腕或者胳膊上刺上四个字："全心事主"，于是境内的士人和百姓，除婴儿小孩以外，身上没有不被刺字的。刘仁恭共计获得士兵十万人，在瓦桥驻扎军队。

这时，汴州军队修建营垒围攻沧州，即使是飞鸟、老鼠都无法通过。刘仁恭惧怕他们的强大，不敢与他们交战。城中的食物都吃完了，便揉搓泥土做成丸子来吃，有的甚至互相掠夺人来吃。朱全忠派人到城下劝刘守文说："你们的援兵势必没办法等来了，为什么你不早些出来投降呢！"刘守文登上城楼回答说："我与幽州是父子关系，梁王正在用大义让天下归服，假如此时儿子背叛父亲前来，将如何任用他呢？"朱全忠因为他讲的话义正词严，感到非常惭愧，因此，进攻速度也就缓慢了下来。

冬，十月，丙戌，王建始立行台于蜀，建东向舞蹈，号恸，称"自大驾东迁，制命不通，请权立行台，用李晟、郑畋故事，承制封拜。"仍以牓帖告谕所部藩镇州县。

刘仁恭求救于河东，前后百馀辈。李克用恨仁恭返覆，竟未之许，其子存勖谏曰："今天下之势，归朱温者什七八，虽强大如魏博、镇、定，莫不附之。自河以北，能为温患者独我与幽、沧耳，今幽、沧为温所困，我不与之并力拒之，非我之利也。夫为天下者不顾小怨，且彼尝困我而我救其急，以德怀之，乃一举而名实附也。此乃吾复振之时，不可失也。"克用以为然，与将佐谋召幽州兵与攻潞州，曰："于彼可以解围，于我可以拓境。"乃许仁恭和，召其兵。仁恭遣都指挥使李溥将兵三万诣晋阳，克用遣其将周德威、李嗣昭将兵与之共攻潞州。

【译文】冬季，十月，丙戌日（初六），王建开始在蜀地建造行台，王建面向东方，舞蹈拜谒，悲号恸哭，说："自从先帝迁往东都洛阳，诏命不能传达，臣请求暂且建造行台，用李晟、郑畋的旧例，以皇帝的名义授予官职封予爵位。"然后，用榜帖告知所部属的各藩镇州县。

刘仁恭向河东请求援助，前后派遣出去的使者有一百多人；李克用怨恨刘仁恭的反复无常，最终没有答应他的请求，李克用的儿子李存勖劝谏说："现在天下的形势，归顺依附朱温的有十分之七八，像魏博、镇州、定州那样强大的藩镇都没有不归顺依附朱全忠的。从黄河以北，能让朱全忠忧患的军队，只有我们河东与幽州、沧州了；现在，幽州、沧州被朱全忠包围，我们不与他们同心协力抵抗朱全忠，这是对我们没有好处的做法啊！治理天下的人是不应该顾虑小的私怨的，况且他们曾经让我们陷入困境而我们却化解了他们的危难，用恩德安抚他们，这样的举动才可以招致名声和实利啊。这是我们振兴崛起的最好机会啊！千万不要丧失掉啊。"李克用认为他说的很对，就和部将、佐吏们商议，召请幽州的军队与他们一起进攻潞州，说："如此一来，对他们来说，可以解除被围困的窘迫处境，对我们来说，可以拓展我们的疆域。"于是，李克用答应了与刘仁恭和好，召请他的军队前来。刘仁恭派遣都指挥使李溥率领三万士兵奔赴晋阳，李克用派遣他的将领周德威、李嗣昭率领士兵与李溥一起进兵征讨潞州。

【乾隆御批】 幽、沧与太原为难，此朱温之所以披猖，唐祚之所以速坠也。存勗此论，深识大势尔。时贼温席卷河北，仁恭力已不支，若使其乘势并有幽、沧，克用岂能复与相敌？释怨助兵，诚名实两收之举。沧州一败，贼遂不振。惜克用父子惟以拓境，为务不知仗义勤王，则亦惟图自利而已。

【译文】 幽州、沧州与太原相互为敌，这是朱温之所以猖獗的原因，也是唐王朝之所以迅速衰败的原因。李存勗深知全国的局势。当时逆贼朱温已席卷黄河以北，刘仁恭力不能支，如果让朱温乘势占领幽、沧二州，李克用怎么能再与朱温相对抗呢？放下怨恨，出兵相助，实在是名利双收之举。朱温沧州败后，就不会再振兴了。可惜李克用父子只知道拓宽自己的疆界，根本不懂得仗义援救昭宣帝，所以也不过是唯利是图罢了。

夏州告急于朱全忠。戊戌，全忠遣刘知俊及其将康怀英救之。杨崇本将六镇之兵五万，军于美原。知俊等击之，崇本大败，归于邠州。

武贞节度使雷彦恭屡寇荆南，留后贺瑰闭城自守。朱全忠以为怯，以颍州防御使高季昌代之，又遣驾前指挥使倪可福将兵五千戍荆南以备吴、蜀。朗兵引去。

【译文】 夏州向朱全忠告急；戊戌日（十八日），朱全忠派遣刘知俊与他的将领康怀英前去夏州援救。杨崇本率领六镇的五万士兵，在美原驻扎军队。刘知俊等人进兵攻打他们，杨崇本惨败，返回邠州。

武贞节度使雷彦威多次进攻荆南，荆南留后贺瑰关闭城门防守；朱全忠认为他胆怯，于是任命颍州防御使高季昌取代他的职位，另外又派遣驾前指挥使倪可福率领五千士兵戍守荆南，来防备吴、蜀的侵犯。雷彦威的士兵这才撤退了。

十一月，刘知俊、康怀贞乘胜攻鄜、延等五州，下之。加知俊同平章事，以怀贞为保义节度使。西军自是不振。

湖州刺史高彦卒，子澧代之。

十二月，乙酉，钱镠表荐行军司马王景仁，诏以景仁领宁国节度使。

朱全忠分步骑数万，遣行军司马李周彝将之，自河阳救潞州。

【译文】 十一月，刘知俊、康怀贞乘胜继续攻打鄜、延等五个州，把它们全部攻克了；加封刘知俊为同平章事，康怀贞被任命为保义节度使。邠州、岐州的军队从此一蹶不振。

湖州刺史高彦去世，他的儿子高澧接替他的职位。

十二月，乙酉日（初七），钱镠向朝廷上表举荐行军司马王景仁；昭宣帝李柷诏命王景仁为宁国节度使。

朱全忠分出步、骑兵几万人，派遣行军司马李周彝率领这些士兵，从河阳进发援救潞州。

闰月，乙丑，废镇国军兴德府复为华州，隶匡国节度，割金、商州隶佑国军。

初，昭宗凶讣至潞州，昭义节度使丁会帅将士缟素流涕久之。及李嗣昭攻潞州，会举军降于河东。李克用以嗣昭为昭义留后。会见克用，泣曰："会非力不能守也。梁王陵虐唐室，会虽受其举拔之恩，诚不忍其所为，故来归命耳。"克用厚待之，位于诸将之上。

【译文】闰月,乙丑日(十七日),废除镇国军兴德府,恢复为华州,归属匡国节度使,将金州、商州分割出去隶属佑国军。

起初,昭宗李晔被害的噩耗传到潞州后,昭义节度使丁会率领将士身穿白色丧服痛哭了很长时间。等到李嗣昭攻打潞州时,丁会率领全军向河东投降。李克用任命李嗣昭为昭义留后。丁会拜见李克用,悲伤落泪,说:"我丁会不是没有能力防守潞州。梁王朱全忠欺侮残害唐王室,丁会我虽然蒙受他举荐提拔的恩遇,可是,我也的确无法容忍他的所作所为,所以才前来归附听命于您的!"李克用对待他特别优厚,地位在各位将领之上。

己巳,朱全忠命诸军治攻具,将攻沧州。壬申,闻潞州不守,甲戌,引兵还。

先是,调河南北刍粮,水陆输军前,诸营山积,全忠将还,命悉焚之,烟炎数里,在舟中者凿而沉之。刘守文使遗全忠书曰:"王以百姓之故,赦仆之罪,解围而去,王之惠也。城中数万口,不食数月矣。与其焚之为烟,沉之为泥,愿乞其馀以救之。"全忠为之留数囷以遗之,沧人赖以济。

河东兵进攻泽州,不克而退。

吉州刺史彭玕遣使请降于湖南,玕本赤石洞蛮酋,钟传用为吉州刺史。

【译文】己巳日(二十一日),朱全忠命令各路军队修整作战的器具,准备攻打沧州。壬申日(二十四日),朱全忠听说潞州失守,于甲戌日(二十六日),率领军队返回。

起先,朱全忠征调黄河南北的粮草,由水陆两路运输到军中，各营的粮草堆积得像山一样。朱全忠将要撤回时，命令把它们全部烧毁，烟雾弥漫，照亮了几里远的道路，储存在船中的粮草，就命人把船凿出大洞，让船连带粮草一起沉入水中。刘守文派人送信给朱全忠说："大王因为百姓赦免我所犯的罪行，解除包围，离开此地，这是大王对我的恩惠。城中的几万口人，已经好几个月没东西吃了，与其把那些粮食烧成灰烬，沉入水底化为淤泥，乞求您不如将剩余的粮草运来救济百姓。"于是，朱全忠留下几个仓库的粮食送给刘守文，沧州百姓依靠他的粮食才得以活命。

河东的士兵攻打泽州，没有攻克，就撤退了。

吉州刺史彭玕派遣使者向湖南请求投降。彭玕本来是赤石洞蛮人的酋长，钟传任命他为吉州刺史。

资治通鉴卷第二百六十六　后梁纪一

起强圉单阏，尽著雍执徐七月，凡一年有奇。

【译文】 起丁卯（公元907年），止戊辰（公元908年）七月，共一年七个月。

【题解】 本卷记录了公元907年至908年七月的史事，共一年又七个月，正当后梁太祖朱晃开平元年至开平二年二月。此时期，历史发生了剧变，中原改朝换代，朱全忠受禅篡唐，建立后梁。朱全忠改名朱晃，史称梁太祖。太原晋王李克用辞世，其子李存勖继位，发生李克宁篡权未遂政变。淮南兵变，张颢杀害弘农王杨渥，徐温尊奉杨隆演为弘农王。蜀王王建称帝，杀死跋扈大臣太师王宗佶，巩固根基。凤翔岐王李茂贞统辖的地方狭小且兵力衰弱，自顾不暇。其余各藩镇都臣服于后梁。后梁太祖朱晃杀害唐哀帝李柷，灭了王师范一门二百多口。晋王李存勖整顿纲纪，罢黜贪婪残暴的官吏，减轻百姓的赋税，亲自率兵援救潞州，大破梁兵，初露头角。

太祖神武元圣孝皇帝上

开平元年（丁卯，公元九〇七年）春，正月，辛巳，梁王休兵于贝州。

淮南节度使兼侍中、东面诸道行营都统弘农郡王杨渥既得江西，骄侈益甚，谓节度判官周隐曰："君卖人国家，何面复相见!"遂杀之。由是将佐皆不自安。

黑云都指挥使吕师周与副指挥使綦章将兵屯上高，师周与湖南战，屡有功，渥忌之。师周惧，谋于綦章曰："马公宽厚，吾欲逃死焉，可乎?"章曰："兹事君自图之，吾舌可断，不敢泄!"师周遂奔湖南，章纵其孥使逸去。师周，扬州人也。

【译文】开平元年（丁卯，公元907年）是年四月即位始改年号为开平。春季，正月，辛巳日（初四），梁王朱全忠在贝州休整军队。

淮南节度使兼侍中、东面诸道行营都统弘农郡王杨渥夺取江西以后，更加骄横奢侈，对节度判官周隐说："您出卖我们的国家，有什么脸面和我再相见！"于是杀了周隐。因此属下将佐都自感不安。

黑云都指挥使吕师周与副指挥使綦章率领军队驻扎上高。吕师周和湖南马殷作战，屡立战功，杨渥嫉恨他；吕师周觉得害怕，和綦章商量说："马公待人宽厚，我想逃命去归附他，你认为怎样?"綦章说："这件事您自己考虑，我的舌头可以割掉，但绝不敢泄露！"吕师周于是投奔湖南马殷，綦章放走吕师周的妻子儿女让他们逃走。吕师周是扬州人。

渥居丧，昼夜酣饮作乐，然十围之烛以击球，一烛费钱数万。或单骑出游，从者奔走道路，不知所之。左、右牙指挥使张颢、徐温泣谏，渥怒曰："汝谓我不才，何不杀我自为之!"二人惧。渥选壮士，号"东院马军"，广署亲信为将吏；所署者恃势骄横，陵蔑勋旧。颢、温潜谋作乱。渥父行密之世，有亲军数千营于牙城之内，渥迁出于外，以其地为射场，颢、温由是无所惮。

渥之镇宣州也，命指挥使朱思勍、范思从、陈璠将亲兵三千；及嗣位，召归广陵。颢、温使三将从秦裴击江西，因戍洪州，诬以谋叛，命别将陈祐往诛之。祐间道兼行，六日至洪州，微服怀短兵径入秦裴帐中，裴大惊，祐告之故，乃召思勍等饮酒，祐数思勍等罪，执而斩之。渥闻三将死，益忌颢、温，欲诛之。丙戌，渥晨视事，颢、温帅牙兵二百，露刃直入庭中，渥曰："尔思欲杀我邪?"对曰，"非敢然也，欲诛王左右乱政者耳!"因数渥所亲信十馀人之罪，曳下，以铁楇击杀之，谓之"兵谏"。诸将不与之同者，颢、温稍以法诛之，于是军政悉归二人，渥不能制。

【译文】 杨渥服丧期间日夜饮酒，点燃粗达十围的蜡烛来击球，一支蜡烛花费数万钱。有时单独骑马外出游玩，随从的人在路上奔跑寻找，不知他到哪里去了。左、右牙指挥使张颢、徐温哭着向他进谏，他反而发怒，说："你们如果认为我不成才，何不干脆把我杀了自己当节度使?"张、徐二人听了心里都害怕。杨渥又挑选了一批壮士，号称"东院马军"，又任命了很多亲信心腹为将领官吏，这些人靠着他的信任，都非常骄横，常常欺凌轻视旧有的功臣。张颢、徐温二人密谋造反。杨渥的父亲杨行密在世的时候，有亲军数千人驻扎在牙城之内，杨渥都把他们迁到城外，用他们的营地作为射场，因此，张颢、徐温二人更觉得无所忌惮。

杨渥镇守宣州的时候，命令指挥使朱思勍、范思从、陈璠率领亲兵三千人；等到继位以后，把他们召回广陵。张颢、徐温让、朱思勍三位将领跟随秦裴攻打江西，趁机让他们戍守洪州，又诬陷三将图谋叛变，派别将陈祐前去杀死他们。陈祐从偏僻小路日夜兼程，六日就到了洪州，穿着平民衣服、怀揣短兵器直接进入秦裴帐中。秦裴大吃一惊；陈祐把前来的任务告诉他，便召来朱思勍等人饮酒，酒席中，陈祐列数他们三人的罪行，就下令押下去处斩了。杨渥听说三将被杀，更加忌恨张颢和徐温两人，想要除掉他们。丙戌日（初九）这一天，杨渥早晨处理政事，张颢和徐温两人带领两百名牙兵，拔出刀来直入内庭，杨渥问他们："你们真的要杀我吗？" 张颢、徐温回答说："不敢，我们只是想清除大王您左右那些扰乱政事的奸臣而已。"于是数说杨渥身边亲信十多人的罪状，拖下去，用铁鞭打死了他们，对外宣称这件事是"兵谏"。其他将领有不愿意和他们合作的，二人逐渐假借军法把他们处死，从此军权都归二人掌握，杨渥不能控制。

初，梁王以河北诸镇皆服，唯幽、沧未下，故大举伐之，欲以坚诸镇之心，既而潞州内叛，王烧营而还，威望大沮。恐中外因此离心，欲速受禅以镇之。丁亥，王入馆于魏，有疾，卧府中，魏博节度使罗绍威恐王袭之，入见王曰："今四方称兵为王患者，皆以翼戴唐室为名，王不如早灭唐以绝人望。"王虽不许而心德之，乃亟归。壬寅，至大梁。

【译文】起初，梁王朱全忠因河北各藩镇全都归服，只有幽州、沧州不肯降服，所以大举讨伐，想以此来坚定各藩镇归顺之心。潞州内部叛变，梁王把军营中囤积的物资全部烧光，班师返回，他的威望因此大受影响。朱全忠害怕内外因此离心离德，所以想赶快接受唐昭宣帝李柷的禅位，以此来震慑各藩镇。丁亥日（初十），朱全忠进入魏州，生了病，在魏博节度使府中休养，魏博节度使罗绍威怕梁王久住魏博，说不定就发兵把他击灭了，因此想劝他回大梁。觐见朱全忠说："现在四方举兵造反让大王头痛的，都是假借扶持唐室的名义，您不如先灭唐室来断绝人们的希望。"梁王虽没答应他，心里却很感激他的建议，于是急忙起程返回。壬寅日（二十五日），回到大梁。

甲辰，唐昭宣帝遣御史大夫薛贻矩至大梁劳王，贻矩请以臣礼见，王揖之升阶，贻矩曰：“殿下功德在人，三灵改卜，皇帝方行舜、禹之事，臣安敢违！”乃北面拜舞于庭。王侧身避之。贻矩还，言于帝曰：“元帅有受禅之意矣！”帝乃下诏，以二月禅位于梁，又遣宰相以书谕王；王辞。

【译文】 甲辰日（二十七日），唐昭宣帝李柷派遣御史大夫薛贻矩到大梁慰劳朱全忠，薛贻矩请求以臣子的礼节来觐见梁王，朱全忠拱手作揖让他登上台阶，薛贻矩说：“殿下的功德都在人们心理，天、地、人三灵都选择了您，皇上正想要像舜、禹一样行禅让之事，我怎么敢违抗！”于是在庭中朝北面行叩拜舞蹈之礼。这是人臣朝见天子之礼，朱全忠侧身避开。薛贻矩回去复命，对唐昭宣帝李柷说：“元帅有接受禅让帝位的意思了！”唐昭宣帝于是下诏书声明要在二月份把帝位禅让给梁王，又派遣宰相拿着书信告诉朱全忠；梁王推辞不受。

河东兵犹屯长子，欲窥泽州。王命保平节度使康怀贞悉发京兆，同华之兵屯晋州以备之。

二月，唐大臣共奏请昭宣帝逊位。壬子，诏宰相帅百官诣元帅府劝进，王遣使却之。于是，朝臣、藩镇，乃至湖南、岭南上笺劝进者相继。

三月，癸未，王以亳州刺史李思安为北路行军都统，将兵击幽州。

【译文】 河东的军队还驻扎在长子，想要进犯泽州。梁王朱全忠命令保平节度使康怀贞征调所有京兆、同州、华州的军队屯驻晋州以防备河东军队。

二月，唐大臣共同奏请昭宣帝李柷退位。壬子日（初五），唐昭宣帝李柷下诏书命令宰相张文蔚率领百官到梁王的元帅府去劝请梁王即帝位；朱全忠派遣使者到洛阳推辞不受。此后，朝廷百官、各地藩镇节度使，乃至于湖南的马殷、岭南呈进奏笺劝朱全忠即帝位的接连不断。

三月，癸未日（初六），梁王朱全忠任命亳州刺使李思安为北路行军都统，率领军队攻打幽州。

庚寅，唐昭宣帝诏薛贻矩再诣大梁谕禅位之意，又诏礼部尚书苏循赍百官诣大梁。

镇海、镇东节度使吴王钱镠遣其子传镠、传瓘讨卢佶于温州。

甲辰，唐昭宣帝降御札禅位于梁。以摄中书令张文蔚为册礼使，礼部尚书苏循副之；摄侍中杨涉为押传国宝使，翰林学士张策副之；御史大夫薛贻矩为押金宝使，尚书左丞赵光逢副之；帅百官备法驾诣大梁。

杨涉子直史馆凝式言于涉曰："大人为唐宰相，而国家至此，不可谓之无过。况手持天子玺绶与人，虽保富贵，奈千载何！盍辞之！"涉大骇曰："汝灭吾族！"神色为之不宁者数日。

策，燉煌人。光逢，隐之子也。

【译文】庚寅日（十三日），唐昭宣帝李柷诏命薛贻矩再往大梁向梁王朱全忠说明禅让帝位的意愿，又命令礼部尚书苏循带着百官劝请梁王受禅的章表前往大梁。

镇海、镇东节度使吴王钱镠派遣他的儿子钱传镠、钱传瓘到温州讨伐卢佶。

甲辰日（二十七日），唐昭宣帝李柷颁下诏书让位给梁王朱全忠。任命摄中书令张文蔚为册礼使，礼部尚书苏循为副使，摄侍中杨涉为押传国宝使，翰林学士张策为他的副使；御史大夫薛贻矩为押金宝使、尚书左丞赵光逢为他的副使；率领文武百官准备皇帝车驾仪仗前往大梁。

杨涉的儿子直史馆杨凝式对杨涉说："大人身为唐朝的宰相，国家到了这步田地，不能说没有过错。更何况要手拿着天子的玉玺送给别人；就算一时能保住荣华富贵，千年以后人们会怎么说？何不推辞掉这个差事？"杨涉听了大惊说："你这个想法足以让我们全家都被杀头。"因此心神不宁了好几天。

张策是燉煌人。赵光逢是赵隐的儿子。

【康熙御批】　六朝五代于开国之初，贻谋率多未善。一切举动，苟且目前，殊无久长之计。以视汉唐之规模宏远相去，奚啻径庭！

【译文】　六朝五代在开国之初，为子孙的计谋大多不好。一切行动，只看眼前，根本没有长久的打算。他们和汉、唐的规模宏大相比，相差太多了！

【乾隆御批】　杨涉初闻作相，犹对其子自叹："不幸，恐累子孙。"及是遂艳心富贵，不顾骂名，与张文蔚辈齐捧册宝委贽贼廷，天良渐灭殆尽，不但重负初心，亦有愧于其子矣。

【译文】　杨涉刚听闻让他做宰相时，还对他的儿子自我感叹道："这是大不幸，恐怕会连累子孙。"等到他得到名利富贵后，就不顾骂名，与张文蔚等人捧着玉册国宝把朝廷奉献给了他人，真是丧尽天良，不但辜负了自己的初心，也有愧于子孙。

卢龙节度使刘仁恭，骄侈贪暴，常虑幽州城不固，筑馆于大安山，曰："此山四面悬绝，可以少制众。"其栋宇壮丽，拟于帝者。选美女实其中。与方士炼丹药，求不死。悉敛境内钱，瘗于山巅；令民间用堇泥为钱。又禁江南茶商无得入境，自采山中草木为茶，鬻之。

【译文】卢龙节度使刘仁恭，骄横奢侈，贪婪凶残，常觉得幽州城不够坚固，于是在城西的大安山另筑别馆，说："这山四面悬崖绝壁，防守的时候能以寡击众。"他所建的别馆极为壮丽，可与皇帝的宫殿相媲美。里面又安置了许多从民间选来的美女，并且和方士在里头炼丹药，寻求长生不死。又把四境之内的钱统统搜刮来，埋在大安山的山顶，让民间用黏土做钱使用，又禁止江南的茶商入境买卖，自采山中草木做茶，卖给百姓。

仁恭有爱姬罗氏，其子守光通焉。仁恭杖守光而斥之，不以为子数。李思安引兵入其境，所过焚荡无馀。夏，四月，己酉，直抵幽州城下。仁恭犹在大安山。城中无备，几至不守。守光自外引兵入，登城拒守；又出兵与思安战，思安败退。守光遂自称节度使，命部将李小喜、元行钦将兵攻大安山。仁恭遣兵拒战，为小喜所败。虏仁恭以归，因于别室。仁恭将佐及左右，凡守光素所恶者皆杀之。

银胡䩜都指挥使王思同帅部兵三千，山后八安巡检使李承约帅部兵二千奔河东，守光弟守奇奔契丹，未几，亦奔河东，河东节度使晋王克用以承约为匡霸指挥使，思同为飞腾指挥使。思同母，仁恭之女也。

【译文】刘仁恭有个爱姬叫罗氏，他的儿子刘守光与她私通。被刘仁恭发现后，一顿棒打赶走了他，刘仁恭不再承认他这个儿子。李思安率兵进入刘仁恭的幽州境内，所经之处，烧杀焚掠一空。夏季，四月，己酉日（初三），直抵幽州城下。这时，刘仁恭还在大安山的别馆，城中没有守备，几乎失守。刘守光从外面率兵进入城中防守，又出兵与李思安作战，李思安兵败撤退，刘守光便自立为节度使，命令部将李小喜、元行钦率兵攻打大安山。刘仁恭派兵抵抗，被李小喜打败，李小喜俘虏了刘仁恭把他带回幽州，囚禁在侧房中。刘仁恭过去的部将及左右亲信，凡是刘守光厌恶的全都杀死。

银胡䘵都指挥使王思同率领所部士兵三千，山后八安巡检使李承约率领部属二千人，都投奔河东；刘守光的弟弟刘守奇投奔契丹，不久也投奔了河东。河东节度使晋王李克用任命李承约为匡霸指挥使，王思同任飞腾指挥使。王思同的母亲是刘仁恭的女儿。

庚戌，梁王始御金祥殿，受百官称臣，下书称教令，自称曰寡人。辛亥，令诸笺、表、簿、籍皆去唐年号，但称月、日。丙辰，张文蔚等至大梁。

卢佶闻钱传镣等将至，将水军拒之于青澳。钱传瓘曰："佶之精兵尽在于此，不可与战。"乃自安固舍舟，间道袭温州。戊午，温州溃，擒佶斩之。吴王镠以都监使吴璋为温州制置使，命传瓘等移兵讨卢约于处州。

【译文】庚戌日（初四），梁王朱全忠初次登上金祥殿，所颁下的文书称为"教令"，自称"寡人"。辛亥日（初五），命令各种笺、表、簿、籍都去掉唐朝年号，只书写月、日。丙辰日（初十），张文蔚等到了大梁。

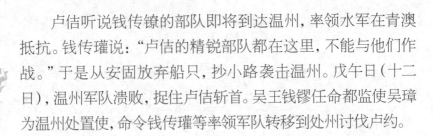

卢佶听说钱传镣的部队即将到达温州，率领水军在青澳抵抗。钱传瓘说："卢佶的精锐部队都在这里，不能与他们作战。"于是从安固放弃船只，抄小路袭击温州。戊午日（十二日），温州军队溃败，捉住卢佶斩首。吴王钱镠任命都监使吴璋为温州处置使，命令钱传瓘等率领军队转移到处州讨伐卢约。

壬戌，梁王更名晃。王兄全昱闻王将即帝位，谓王曰："朱三，尔可作天子乎！"

甲子，张文蔚、杨涉乘辂自上源驿从册宝，诸司各备仪卫卤簿前导，百官从其后，至金祥殿前陈之。王被衮冕，即皇帝位。张文蔚、苏循奉册升殿进读，杨涉、张策、薛贻矩、赵光逢以次奉宝升殿，读已，降，帅百官舞蹈称贺。帝遂与文蔚等宴于玄德殿。帝举酒曰："朕辅政未久，此皆诸公推戴之力。"文蔚等皆惭惧，俯伏不能对，独苏循、薛贻矩及刑部尚书张祎盛称帝功德宜应天顺人。

【译文】壬戌日（十六日），梁王朱全忠更名为晃。朱全忠的哥哥朱全昱听说朱全忠即将即位为皇帝，对他说："朱三，你可以做天子吗？"

甲子日（十八日），张文蔚、杨涉从上源驿乘辂车带着禅位册书和传国玉玺，各司已备好仪仗卫队在前面开道，唐朝的百官等随从在后，到金祥殿前排列成队。朱晃身穿衮服，头戴皇冠，即皇帝位。张文蔚、苏循等捧着禅位的册书上殿宣读，杨涉、张策、薛贻矩、赵光逢依次捧着传国玉玺登殿，读完册书，一起下殿，率领百官在殿前朝拜祝贺。后梁太祖朱晃于是同张文蔚等在玄德殿宴饮。后梁太祖举杯说："朕辅佐国政并不久，今天能受禅，这都是诸公推举拥戴之力。"张文蔚等听了心里又惭愧又害怕，低着头不能回答；只有苏循、薛贻矩及刑部尚书张祎盛赞后梁太祖的功德，理当应该回应上天顺从人意。

帝复与宗戚饮博于宫中，酒酣，朱全昱忽以投琼击盆中迸散，睨帝曰："朱三，汝本砀山一民也，从黄巢为盗，天子用汝为四镇节度使，富贵极矣！奈何一旦灭唐家三百年社稷，自称帝王！行当族灭，奚以博为！"帝不怿而罢。

【译文】后梁太祖朱晃又与同宗亲戚在宫中宴饮博戏，喝到酒酣耳热时，朱全昱忽然拿起骰子，摔到盆中，摔得骰子满地滚，斜眼瞪着后梁太祖说："朱三！你本来只是砀山的一个小老百姓，跟随黄巢做强盗，天子后来任命你为四镇的节度使，富贵极了，为什么一个早晨灭了唐朝三百年江山，自称帝王呢！恐怕不久全族都要因此被杀头，你还玩什么博戏呢？"后梁太祖朱晃不高兴而散场。

【申涵煜评】全昱击盆慢骂，数朱三篡唐罪恶，词严义正，甚于斧钺之诛。史称其戆仆无能。予以为，只此数语，贤于司马孚之哓哓自文多矣。

【译文】朱全昱敲击瓦盆谩骂，数朱三篡唐的罪恶，义正词严，甚至超过了斧钺对他的诛杀。史书上说他愚笨没有能力。我认为就这几句话，比司马孚不断争辩而装饰自己贤明多了。

乙丑，命有司告天地、宗庙、社稷。丁卯，遣使宣谕州、镇。戊辰，大赦，改元，国号大梁。奉唐昭宣帝为济阴王，皆如前代故事，唐中外旧臣官爵并如故。以汴州为开封府，命曰东都；以故东都为西都；废故西京，以京兆府为大安府，置佑国军于大安府，更名魏博曰天雄军。迁济阴王于曹州，栫之以棘，使甲士守之。

【译文】乙丑日（十九日），后梁太祖朱晃命有关官吏祭告天地、宗庙、社稷。丁卯日（二十一日），派遣使臣到各州、各藩镇宣告已接受唐朝的禅位登基。戊辰日（二十二日），大赦天下，改年号为开平，国号为大梁。尊奉唐昭宣帝李柷为济阴王，都和前代受禅的往事一样。唐朝廷内外原有的旧臣，官职、爵位都照旧。以汴州为开封府，命名为东都；废去以前的西京长安，以京兆府为大安府，在大安府设置佑国军，把魏博改名为天雄军，迁济阴王李柷到曹州，住的地方用棘木围绕起来，并且选派穿戴甲胄的士兵守卫。

辛未，以武安节度使马殷为楚王。

以宣武掌书记、太府卿敬翔知崇政院事，以备顾问，参谋议，于禁中承上旨，宣于宰相而行之。宰相非进对时有所奏请及已受旨应复请者，皆具记事因崇政院以闻，得旨则复宣于宰相。翔为人沉深，有智略，在幕府三十馀年，军谋、民政，帝一以委之。翔尽心勤劳，昼夜不寐，自言惟马上乃得休息，帝性暴戾难近，人莫能测，惟翔能识其意趣。或有所不可，翔未尝显言，但微示持疑；帝意已悟，多为之改易。禅代之际，翔谋居多。

【译文】辛未日（二十五日），后梁太祖朱晃封武安节度使马殷为楚王。

后梁太祖朱晃以宣武掌书记、太府卿敬翔主管崇政院事务，作为后梁太祖的参谋顾问，在宫中接受后梁太祖的旨意，传达给宰相执行。宰相除非后梁太祖召见或有事须当面启奏，其他事情都以奏章送请崇政院转呈，崇政院请示后梁太祖的旨意后再传达给宰相。敬翔为人深沉，有才智谋略，在后梁太祖的手下前后有三十年，军事谋划、民政事务，后梁太祖一切都委任他办理。敬翔也能尽忠职守，很少睡觉，自称只有骑在马上才能稍微休息。后梁太祖朱晃性情残暴乖戾，难以接近，也无法揣摩他的心意，只有敬翔知道他心里想什么。有时有不能办的事情，敬翔也不明白指出，只略微表示有疑问，后梁太祖已经理解，大多做了改变。后梁太祖接受唐禅位时，多是敬翔替他拿的主意。

　　追尊皇高祖考、妣以来皆为帝、后，皇考诚为烈祖文穆皇帝。妣王氏为文惠皇后。

　　初，帝为四镇节度使，凡仓库之籍，置建昌院以领之；至是，以养子宣武节度副使友文为开封尹、判院事，掌凡国之金谷。友文本康氏之子也。

　　【译文】后梁太祖朱晃追尊高祖父、祖母以后各代祖先都为帝、后；父亲朱诚为烈祖文穆皇帝，母亲王氏为文惠皇后。

　　起初，后梁太祖朱晃任四镇节度使，凡是仓库里的账目，都由建昌院掌理，到这时候，以养子宣武节度副使朱友文担任开封尹，兼管建昌院的事务，掌管全国的钱财粮食。朱友文本是康姓人家的子弟。

　　乙亥，下制削夺李克用官爵。是时，惟河东、凤翔、淮南称"天祐"，西川称"天复"年号。馀皆禀梁正朔，称臣奉贡。

　　蜀王与弘农王移檄诸道，云欲与岐王、晋王会兵兴复唐室，卒无应者。蜀王乃谋称帝，下教谕统内吏民；又遗晋王书云："请各帝一方，俟朱温既平，乃访唐宗室立之，退归藩服。"晋王复书不许，曰："誓于此生靡敢失节。"

唐末之诛宦官也，诏书至河东，晋王匿监军张承业于斛律寺，斩罪人以应诏。至是，复以为监军，待之加厚，承业亦为之竭力。

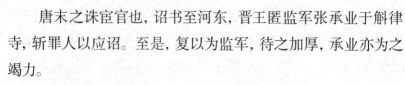

【译文】乙亥日（二十九日），下令削夺李克用的官职爵位。当时，只有河东、凤翔、淮南三镇用唐"天祐"年号，西川称"天复"年号，其余各镇都奉梁朝新颁的历法"开平"年号，向后梁称臣纳贡。

蜀王王建与弘农王杨渥传送檄文给各道，说要与岐王李茂贞、晋王李克用共同出兵兴复唐朝，但终究没人响应。王建于是计划称帝，颁布文书告诉辖区内的官吏百姓，又写了封信告诉晋王李克用说："我建议我们各据一方称帝和朱温对抗，等到朱温平定以后，我们再寻访唐朝的宗室立为皇帝，然后我们再退归为藩镇。"晋王李克用回信不赞成，说："我发誓有生之年绝不敢丧失臣子的节操。"

唐末诛杀宦官的时候，诏书到了河东，晋王李克用把在河东监军的宦官张承业藏在斛律寺，斩了一个罪犯来应付诏命。到这时候，又以张承业为监军，待他更加优厚，张承业也为李克用竭尽全力。

岐王治军甚宽，待士卒简易。有告部将符昭反者，岐王直诣其家，悉去左右，熟寝经宿而还；由是众心悦服。然御军无纪律。及闻唐亡，以兵赢地蹙，不敢称帝，但开岐王府，置百官，名其所居为宫殿，妻称皇后，将吏上书称笺表，鞭、扇、号令多拟帝者。

镇海节度判官罗隐说吴王缪兴兵讨梁，曰："纵无成功，犹可退保杭、越，自为东帝；奈何交臂事贼，为终古之羞乎！"缪始以隐为不遇于唐，必有怨心，及闻其言，虽不能用，心甚义之。

【译文】岐王李茂贞治军很宽松，对待士卒也平易近人。有人告诉他部将符昭要造反，岐王李茂贞直接到符昭家里，让左右侍卫全部离开，然后自己一个人在符昭家熟睡了一晚才离去。所以众人心悦诚服。但是管理军队却毫无纪律。听说唐室灭亡，由于兵士衰弱，辖地又贫瘠，不敢自立为皇帝，只开设了岐王府，设置文武百官，把居住的房屋全称为宫殿，他的妻子称皇后，属下向他上书称笺表，鸣鞭、持扇、号令多数模仿皇帝的规格。

镇海节度使判官罗隐劝说吴王钱镠讨伐梁朝，说："就算不成功，也可退保杭州、越州，自己在东边称帝，怎么能拱手侍奉盗贼，成为千古的耻辱呢？"钱镠起先以为罗隐在唐朝廷不得志，一定心有怨恨，等到听了他的话，虽然没有采用，心里倒是很赞许他的为人。

五月，丁丑朔，以御史大夫薛贻矩为中书侍郎、同平章事。

加武顺军节度使赵王王镕守太师，天雄节度使邺王罗绍威守太傅，义武节度使王处直兼侍中。

【译文】五月，丁丑朔日（初一），后梁太祖朱晃任御史大夫薛贻矩为中书侍郎、同平章事。

后梁太祖朱晃加授武顺节度使赵王王镕守太师，天雄节度使邺王罗绍威守太傅，义武节度使王处直兼任侍中。

契丹遣其臣袍笏梅老来通好，帝遣太府少卿高顼报之。

初，契丹有八部，部各有大人，相与约，推一人为王，建旗鼓以号令诸部，每三年则以次相代。咸通末，有习尔者为王，土宇始大。其后钦德为王，乘中原多故，时入盗边。及阿保机为王，尤雄勇，五姓奚及七姓室韦、达靼咸役属之。阿保机姓耶律氏，恃其强，不肯受代。久之，阿保机击黄头室韦还，七部劫之于境上，求如约。阿保机不得已，传旗鼓，且曰："我为王九年，得汉人多，请帅种落居古汉城，与汉人守之，别自为一部。"七部许之。汉城者，故后魏滑盐县也。地宜五谷，有盐池之利。其后阿保机稍以兵击灭七部，复并为一国。又北侵室韦、女真，西取突阙故地，击奚，灭之，复立奚王而使契丹监其兵，东北诸夷皆畏服之。

【译文】契丹派遣使臣梅老穿戴朝服手持笏板前来互通友好，后梁太祖朱晃派遣太府少卿高颀到契丹回访。

起初，契丹有八部，每个部落各有一个大人（族长）。他们之间互相约定：推举一人为王，设置旗鼓用来号令各部落，每三年轮流担任。唐懿宗李漼咸通末年，有个叫习尔的，轮到他当王，在他的任期内，疆土开始扩大。其后钦德为王，趁着中原一带时有战乱，常常入侵，在边境一带掠夺。等到阿保机为王，他尤其威武勇敢，五姓奚、七姓室韦以及鞑靼都归他役使。阿保机姓耶律氏，依仗自己强大势力，不肯在三年任满的时候接受替代。过了很长一段时间，阿保机去讨伐黄头室韦，回来的时候，其他七部在边境上胁迫他，要求他遵守三年一换王的约定。阿保机不得已，把旗鼓传送给别人，并且说："我为王九年，得到汉人很多，我请求允许我率领部属住到古汉城去，和汉人共同防守，另外自立一部。"其他七个部落答应了他的请求。汉城，是以前后魏的滑盐县，那里土地适宜种植五谷，而且有盐池可以煮盐获利。后来阿保机逐渐发兵灭掉了其他七部，把契丹又合并成一国；又向北攻击室韦、女真；西取突厥旧地，攻打、消灭了奚部落，再选立新的奚王，而由契丹监督它的军队。东北各夷族都敬畏服从他。

是岁，阿保机帅众三十万寇云州，晋王与之连和，面会东城，约为兄弟，延之帐中，纵酒，握手尽欢，约以今冬共击梁。或劝晋王："因其来，可擒也，"王曰："仇敌未灭而失信夷狄，自亡之道也。"阿保机留旬日乃去，晋王赠以金缯数万。阿保机留马三千匹，杂畜万计以酬之。阿保机既归而背盟，更附于梁，晋王由是而恨之。

己卯，以河南尹兼河阳节度使张全义为魏王；镇海、镇东节度使吴王钱镠为吴越王；加清海节度使刘隐、威武节度使王审知兼侍中，乃以隐为大彭王。

【译文】这一年，阿保机率领部众三十万侵犯云州，晋王李克用和他订立友好同盟，在云州的东城会面，互相约为兄弟，李克用把阿保机请到帐中，纵情饮酒，握手尽欢，并约定在这一年的冬天共同出兵讨伐梁朝。有人劝晋王说："趁着阿保机前来，可以擒住他。"晋王说："我们最重要的敌人还在，应该联合夷狄的力量；如果失信于人，是自取灭亡之道啊。"阿保机在云州停留十天才回去，晋王赠送给他金银绸缎有好几万。阿保机也留下三千匹马和万余头的各种牲畜来作为答礼。阿保机回去以后就背叛了盟约，归附于梁朝。晋王因此非常恨他。

己卯日（初三），封河南尹兼河阳节度使张全义为魏王，封镇海、镇东节度使吴王钱镠为吴越王；加授清海节度使刘隐、威武节度使王审知兼侍中；仍封刘隐为大彭王。

癸未，以权知荆南留后高季昌为节度使。荆南旧统八州，乾符以来，寇乱相继，诸州皆为邻道所据，独馀江陵。季昌到官，城邑残毁，户口雕耗。季昌安集流散，民皆复业。

乙酉，立皇兄全昱为广王，子友文为博王，友珪为郢王，友璋为福王，友贞为均王，友雍为贺王，友徽为建王。

辛卯，以东都旧第为建昌宫，改判建昌院事为建昌宫使。

壬辰，命保平节度使康怀贞将兵八万会魏博兵攻潞州。

【译文】癸未日（初七），后梁太祖朱晃任命暂时代理荆南留后的高季昌为荆南节度使。荆南过去统辖荆、归、硖、夔、忠、万、澧、朗八个州，唐僖宗李儇李儇乾符年间以来，外寇内乱相继，原统辖的各州都被邻近各道占据，只剩下江陵。高季昌到任时，城邑残破，人口凋零。高季昌尽力地召集安置流亡的百姓，百姓全都恢复了生业。

乙酉日（初九），后梁太祖朱晃封立他的哥哥朱全昱为广王，他的儿子朱友文为博王，朱友珪为郢王，朱友璋为福王，朱友贞为均王，朱友雍为贺王，朱友徽为建王。

辛卯日（十五日），把东都的旧宅改称为建昌宫，将判建昌院事改为建昌宫使。

壬辰日（十六日），后梁太祖朱晃命令保平节度使康怀贞率领八万大军，会同魏博军队攻打潞州。

甲午，诏废枢密院，其职事皆入于崇政院，以知院事敬翔为院使。

礼部尚书苏循及其子起居郎楷自谓有功于梁，当不次擢用；循朝夕望为相，帝薄其为人，敬翔及殿中监李振亦鄙之。翔言于帝曰："苏循，唐之鸱枭，卖国求利，不可以立于惟新之朝。"戊戌，诏循及刑部尚书张祎等十五人并勒致仕，楷斥归田里。循父子乃之河中依朱友谦。

卢约以处州降吴越。

【译文】甲午日（十八日），后梁太祖朱晃诏令撤销枢密院，原来掌管的事务统统归崇政院掌理，任命知院事敬翔为院使。

礼部尚书苏循及他的儿子起居郎苏楷自认为有功于后梁，应当获得破格提升任用。苏循日夜盼着做宰相，后梁太祖朱晃很看不起他的为人；敬翔及殿中监李振也瞧不起他。敬翔向后梁太祖建议说："苏循，简直可以说是残害唐朝的害鸟鸱枭，出卖国家，贪求私利，这种人实在不应该让他立足于新的朝廷。"戊戌日（二十二日），诏令苏循及刑部尚书张祎等十五人一起退休，苏循被驱逐回乡；苏循父子便到河中依附朱友谦。

卢约以处州投降吴越王钱镠。

弘农王以鄂岳观察使刘存为西南面都招讨使，岳州刺史陈知新为岳州团练使，庐州观察使刘威为应援使，别将许玄应为监军，将水军三万以击楚。楚王马殷甚惧，静江军使杨定真贺曰："我军胜矣！"殷问其故，定真曰："夫战惧则胜，骄则败。今淮南兵直趋吾城，是骄而轻敌也；而王有惧色，吾是以知其必胜也。"

殷命在城都指挥使秦彦晖将水军三万浮江而下，水军副指挥使黄璠帅战舰三百屯浏阳口。六月，存等遇大雨，引兵还至越堤北，彦晖追之。存数战不利，乃遗殷书诈降。彦晖使谓殷曰："此必诈也，勿受！"存与彦晖夹水而阵，存遥呼曰："杀降不祥，公独不为子孙计耶！"彦晖曰："贼入吾境而不击，奚顾子孙！"鼓噪而进。存等走，黄璠自浏阳引兵绝江，与彦晖合击，大破之，执存及知新，裨将死者百余人，士卒死者以万数，获战舰八百艘。威以余众遁归，彦晖遂拔岳州。殷释存、知新之缚，慰谕之。二人皆骂曰："丈夫以死报主，肯事贼乎！"遂斩之。许玄应，弘农王之腹心也，常预政事，张颢、徐温因其败，收斩之。

【译文】弘农王杨渥任用鄂岳观察使刘存为西南面都招讨使，岳州刺史陈知新为岳州团练使，庐州观察使刘威为应援使，别将许玄应为监军，率领三万水军攻打楚王马殷。楚王马殷很害怕，静江军使杨定真向楚王祝贺说："我军胜利了！"马殷问是什么缘故，杨定真说："两方作战，知道恐惧的一方一定能胜，反之，骄傲的就会失败。现在淮南军队直奔我们城下，这是骄傲轻敌；而您有恐惧的脸色，我因此知道您一定会胜利。"

马殷命令城都指挥使秦彦晖率领水军三万人顺江而下，水军副指挥使黄璠率战舰三百条驻守浏阳口。六月，刘存等碰上大雨，带兵回到越堤北边，秦彦晖追击他们。刘存打了几仗都打败了，于是写了一封信给马殷，假装要投降。秦彦晖派人报告马殷说："这一定是诈降，不要接受！"刘存和秦彦晖隔着水布阵，刘存在河那边远远地呼叫说："杀投降的人是一件不祥的事，您难道不为子孙考虑吗！"秦彦晖回答他说："贼寇侵入我境却不还击，还顾及什么子孙？"擂鼓呐喊着前进，刘存等人逃走，黄璠从浏阳带兵横渡湘江，和秦彦晖合力攻击，大败刘存的军队，生擒刘存及陈知新，杀死裨将一百余人，士兵也死伤数万人，缴获战舰八百艘。刘威带着剩下的兵众逃回，秦彦晖于是攻下了岳州。马殷解开捆绑刘存、陈知新二人的绳索，安慰劝说他们。二人都大骂说："大丈夫应当一死以报答主公，怎么能侍奉贼寇！"马殷于是下令把他们斩首。许玄应是弘农王杨渥的心腹亲信，常参与政事；张颢、徐温趁他战败，把他拘捕后杀了。

楚王殷遣兵会吉州刺史彭玕攻洪州，不克。

康怀贞至潞州，晋昭义节度使李嗣昭、副使李嗣弼闭城拒守。怀贞昼夜攻之，半月不克，乃筑垒穿蚰蜒堑而守之，内外断绝。晋王以蕃、汉都指挥使周德威为行营都指挥使，帅马军都指挥使李嗣本、马步都虞候李存璋、先锋指挥使史建瑭、铁林都指挥使安元信、横冲指挥使李嗣源、骑将安金全救潞州。嗣弼，克修之子；嗣本，本姓张；建瑭，敬思之子；金全，代北人也。

【译文】楚王马殷派遣军队会同吉州刺史彭玕攻打洪州，没有攻下。

保平节度使康怀贞率兵到达潞州，晋昭义节度使李嗣昭及副使李嗣弼关起城门来抵抗；康怀贞日夜攻打，半月没有攻下，于是四面筑起堡垒，并挖了蜿蜒相通的壕沟，准备长期围城，潞州城内外隔绝。晋王李克用任命蕃、汉都指挥使周德威为行营都指挥使，率领马军都指挥使李嗣本、马步都虞候李存璋、先锋指挥使史建瑭、铁林都指挥使安元信、横冲指挥使李嗣源、骑将安金全等将领前往潞州救援。李嗣弼是李克修的儿子；李嗣本，本姓张；史建瑭是史敬思的儿子；安金全是代北人。

晋兵攻泽州，帝遣左神勇军使范居实将兵救之。

甲寅，以平卢节度使韩建守司徒、同平章事。

武贞节度使雷彦恭会楚兵攻江陵，荆南节度使高季昌引兵屯公安，绝其粮道；彦恭败，楚兵亦走。

刘守光既囚其父，自称卢龙留后，遣使请命。秋，七月，甲午，以守光为卢龙节度使、同平章事。

静海节度使曲裕卒，丙申，以其子权知留后颢为节度使。

雷彦恭攻岳州，不克。

【译文】晋王李克用的军队进攻泽州，后梁太祖朱晃派遣左神勇军使范居实率兵救援。

甲寅日（初九），后梁太祖朱晃任命平卢节度使韩建守为司徒、同平章事。

武贞节度使雷彦恭会同楚国的军队进攻江陵，荆南节度使高季昌率军驻扎公安，断绝敌军运粮通道。雷彦恭大败，楚兵也撤走了。

刘守光囚禁他的父亲后，自称卢龙留后，派遣使者请求后梁太祖朱晃任命。秋季，七月，甲午日（十九日），后梁太祖朱晃任命刘守光为卢龙节度使、同平章事。

静海节度使曲裕去世。丙申日（二十一日），任命他的儿子权知留后曲颢为静海节度使。

雷彦恭进攻楚国的岳州，没有攻克。

八月，丙午，赐河南尹张全义名宗奭。

辛亥，以吴越王镠兼淮南节度使，楚王殷兼武昌节度使，各充本道招讨制置使。

晋周德威壁于高河，康怀贞遣亲骑都头秦武将兵击之，武败。

【译文】八月，丙午日（初一），后梁太祖朱晃赐河南尹张全义名字叫宗奭。

辛亥日（初六），任命吴越王钱镠兼任淮南节度使，楚王马殷兼任武昌节度使，各担任本道的招讨制置使。

晋周德威在高河扎营，康怀贞派遣亲骑都头秦武率领军队攻打他，秦武兵败。

丁巳，帝以亳州刺史李思安代怀贞为潞州行营都统，黜怀贞为行营都虞候。思安将河北兵西上，至潞州城下，更筑重城，内以防奔突，外以拒援兵，谓之夹寨。调山东民馈军粮，德威日以轻骑抄之，思安乃自东南山口筑甬道，属于夹寨。德威与诸将互往攻之，排墙填堑，一昼夜间数十发，梁兵疲于奔命。夹寨中出刍牧者，德威辄抄之，于是梁兵闭壁不出。

九月，雷彦恭攻涔阳、公安，高季昌击败之。彦恭贪残类其父，专以焚掠为事，荆、湖间常被其患；又附于淮南。丙申，诏削彦恭官爵，命季昌与楚王殷讨之。

【译文】丁巳日（十二日），后梁太祖朱晃任命亳州刺史李思安代替康怀贞担任潞州行营都统，把康怀贞贬为行营都虞候。李思安率领河北军队西上，到达潞州城下，又修筑了双重城墙：内层是为了防止城内的军队突围出去，外层则是为了防止援兵进入，这种城墙被称为"夹寨"。李思安又调遣山东的老百姓运送军粮，周德威天天派遣轻骑兵截击。李思安于是从东南山口修筑了一条甬道，一直通到夹寨；周德威与各位将领交替前去攻击，推倒城墙，把壕沟填平，破坏他们的守备，一日夜之间往往骚扰数十次。梁国的军队为了做好防备，实在是疲于奔命。夹寨中有出来割草放牧的，周德威就抄掠他们，于是梁朝的军队紧闭寨门，不敢出来。

九月，武贞节度使雷彦恭进攻涔阳、公安，被高季昌打败。雷彦恭贪婪残暴，像他的父亲，专门干烧杀抢夺的勾当，荆、湖之间经常受他祸害；他又依附于淮南。丙申日（二十二日），后梁太祖朱晃下诏削夺雷彦恭的官职爵位，并且命令高季昌和楚王马殷讨伐他。

蜀王会将佐议称帝，皆曰："大王虽忠于唐，唐已亡矣，此所谓'天与不取'者也。"冯涓独献议请以蜀王称制，曰："朝兴则未爽称臣，贼在则不同为恶。"王不从，涓杜门不出。王用安抚副使、掌书记韦庄之谋，帅吏民哭三日；己亥，即皇帝位，国号大蜀。辛丑，以前东川节度使兼侍中王宗佶为中书令，韦庄为左散骑常侍、判中书门下事，阆州防御使唐道袭为内枢密使。庄，见素之孙也。

【译文】 蜀王王建召集部将僚佐商议称帝，大家都说："大王虽然一心效忠唐朝，但是唐朝已经灭亡了，这正是古人所说的'天与不取'（老天要赐给你的，你如果不接受，不但可惜，恐怕还会触怒了上天），正是自立为皇帝的好时机。"唯独冯涓建议王建以蜀王的名义发布诏令，他说："这样做，如果唐朝能复兴，则我们并没有违背做臣子的礼节；而今天逆贼存在，我们也不会与他们同流合污。"王建没有听从，冯涓便闭门不出。蜀王采用了安抚副使、掌书记韦庄的谋划，率领官吏百姓为唐朝哭了三天，己亥日（二十五日），正式登皇帝位，国号大蜀。辛丑日（二十七日），任命前东川节度使兼侍中王宗佶为中书令，韦庄为左散骑常侍、判中书门下事，阆州防御使唐道袭为枢密副使。韦庄是天宝末年宰相韦见素的孙子。

蜀主虽目不知书，好与书生谈论，粗晓其理。是时唐衣冠之族多避乱在蜀，蜀主礼而用之，使修举故事，故其典章文物有唐之遗风。

蜀主长子校书郎宗仁幼以疾废，立其次子秘书少监宗懿为遂王。

冬，十月，高季昌遣其将倪可福会楚将秦彦晖攻朗州，雷彦恭遣使乞降于淮南，且告急。弘农王遣将泠业将水军屯平江，李饶将步骑屯浏阳以救之，楚王殷遣岳州刺史许德勋将兵拒之。

冷业进屯朗口，德勋使善游者五十人，以木枝叶覆其首，持长刀浮江而下，夜犯其营，且举火，业军中惊扰。德以大军进击，大破之，追至鹿角镇，擒业；又破浏阳寨，擒李饶；掠上高、唐年而归。斩业、饶于长沙市。

十一月，甲申，夹马指挥使尹皓攻晋江猪岭寨，拔之。

义昌节度使刘守文闻其弟守光幽其父，集将吏大哭曰："不意吾家生此枭獍！吾生不如死，誓与诸君讨之！"乃发兵击守光，互有胜负。

【译文】 前蜀国主王建虽然目不识字，但喜欢与读书人谈论，也略微能通晓其中的道理。当时唐朝的官宦大族大多跑到蜀地躲避战乱，王建对他们以礼相待，让他们整理恢复唐朝旧例，所以蜀国的典章制度很有唐朝的遗风。

蜀主的长子校书郎王宗仁年幼的时候因病残废，蜀主立他的次子秘书少监王宗懿为遂王。

冬季，十月，高季昌派遣他的将领倪可福会同楚将秦彦晖进攻朗州。雷彦恭派遣使臣到淮南弘农王杨渥那儿请求投降，并且向他告急，请求救援。弘农王杨渥派遣将领冷业率领水军驻扎平江，李饶率领步骑进驻浏阳来救援他，楚王马殷派遣岳州刺史许德勋率兵抵抗。冷业进驻朗口，许德勋命令善于游泳的军士五十人，用木枝树叶盖着头部，携带长刀在长江漂流而下，夜里袭击冷业军营，并且放火，冷业军中惊恐混乱。许德勋又率领大军进攻，于是大破冷业的军队，一直追到鹿角镇，并且生擒了冷业。又攻破浏阳寨，生擒了李饶，并且攻击了上高、唐年等地才收兵回去。在长沙街市上，把冷业、李饶斩首。

十一月，甲申日（十一日），后梁夹马指挥使尹皓攻打晋王李克用的江猪岭寨，攻取了寨子。

义昌节度使刘守文听说他的弟弟刘守光囚禁了他的父亲刘仁恭，于是召集诸将领，大哭说："没想到我家竟生了这种不孝的禽兽，我生不如死，发誓与你们一起讨伐他！"于是发动军队进攻刘守光，两方互有胜负。

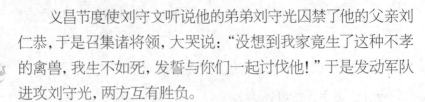

天雄节度使邺王绍威谓其下曰："守光以窘急归国，守文孤立无援，沧州可不战服也。"乃遗守文书，谕以祸福。守文亦恐梁乘虚袭其后，戊子，遣使请降，以子延祐为质。帝拊手曰："绍威折简，胜十万兵！"加守文中书令，抚纳之。

初，帝在藩镇，用法严，将校有战没者，所部兵悉斩之，谓之跋队斩。士卒失主将者，多亡逸不敢归。帝乃命凡军士皆文其面以记军号。军士或思乡里逃去，关津辄执之送所属，无不死者，其乡里亦不敢容。由是亡者皆聚山泽为盗，大为州县之患。壬寅，诏赦其罪，自今虽文面亦听还乡里。盗减什七八。

【译文】天雄节度使邺王罗绍威对他的属下说："刘守光因为困窘危急归附我们梁朝，刘守文孤立无援，我想沧州可不费一兵一卒就使他们降服。"于是写了封信给刘守文，向他分析祸福的关系。刘守文也怕梁朝乘机偷袭他的后方，戊子日（十五日），派遣使者请求归降，以儿子刘延祐作为人质。后梁太祖朱晃拍着手说："罗绍威一封招降书，胜过十万军队。"加授刘守文中书令，加以抚慰，接纳了他。

起初，后梁太祖朱晃在藩镇的时候，执法非常严厉：假定一个部队的将领阵亡了，他底下的士兵通通要被斩首，这叫作"跋队斩"。士卒损失主将的，大多逃跑不敢回来。后梁太祖于是命令所有的士兵都要在脸上刺上部队的番号，如果有人想家而逃亡，往往在路上关卡就被捉住，送回所属部队后，没有不被

资治通鉴

处死的，他们的乡里也不敢收容。因此逃亡的人都集结到深山沼泽等地去当强盗，成为各地州县的大害。壬寅日（二十九日），后梁太祖下诏赦免这些人的罪，从今日起即使脸部刺字也允许返回乡里。强盗因此减少了十之七八。

淮南右都押牙米志诚等将兵渡淮袭颍州，克其外郭。刺史张实据子城拒守。

晋王命李存璋攻晋州，以分上党兵势。十二月，壬戌，诏河中、陕州发兵救之。

甲子，诏发步骑五千救颍州，米志诚等引去。

丁卯，晋兵寇洺州。

淮南兵攻信州，刺史危仔倡求救于吴越。

【译文】淮南右都押牙米志诚等率兵渡过淮河袭击颍州，攻克颍州外城。颍州刺史张实死守内城进行抵抗。

晋王李克用命令李存璋进攻晋州，以此牵制梁朝进攻上党的兵力。十二月壬戌日（十九日），后梁太祖朱晃诏令河中、陕州发兵救援晋州。

甲子日（二十一日），后梁太祖朱晃诏令派遣五千步兵骑兵救援颍州，米志诚等人率领部队撤离。

丁卯日（二十四日），晋兵侵犯洺州。

淮南的军队进攻信州，信州刺史危仔倡向吴越王钱镠请求救援。

开平二年（戊辰，公元九〇八年）春，正月，癸酉朔，蜀主登兴义楼。有僧抉一目以献，蜀主命饭僧万人以报之。翰林学士张格曰："小人无故自残，赦其罪已幸矣，不宜复崇奖以败风俗。"蜀主乃止。

丁丑，蜀以韦庄为门下侍郎、同平章事。

辛巳，蜀主祀南郊；壬午，大赦，改元武成。

【译文】开平二年（戊辰，公元908年）春季，正月，癸酉朔日（初一），前蜀主王建登上兴义楼。有一个和尚挖了自己一只眼睛进献给他，蜀主下令要以招待一万名和尚吃饭来回报他。翰林学士张格进谏说："小人无缘无故地自己残害身体，想求取主上的恩宠，这种人主上如赦免他的罪已算是他的运气了，不应该再加以推崇奖赏而败坏风俗。"王建这才作罢。

丁丑日（初五），前蜀主王建任命韦庄为门下侍郎、同平章事。

辛巳日（初九），蜀主王建到南郊祭天。壬午日（初十），下令大赦境内，改年号为武成。

晋王疽发于首，病笃。周德威等退屯乱柳。晋王命其弟内外蕃汉都知兵马使、振武节度使克宁、监军张承业、大将李存璋、吴珙、掌书记卢质立其子晋州刺史存勖为嗣，曰："此子志气远大，必能成吾事，尔曹善教导之！"辛卯，晋王谓存勖曰："嗣昭厄于重围，吾不及见矣。俟葬毕，汝与德威辈速竭力救之！"又谓克宁等曰："以亚子累汝！"亚子，存勖小名也。言终而卒。克宁纲纪军府，中外无敢喧哗。

【译文】晋王李克用头上长了毒疮，病得很厉害。周德威等退到乱柳驻守。晋王李克用命他的弟弟内外蕃汉都知兵马使、振武节度使李克宁，监军张承来，大将李存璋、吴珙、掌书记卢质等人拥立他的儿子晋州刺史李存勖为嗣王，并且说："我这个儿子志向非常远大，将来一定能完成我的事业，你们要好好教

导他。"辛卯日（十九日），晋王对李存勖说："李嗣昭被围困在
潞州，我来不及和他见面了，等我的丧事办完，你要和周德威
等赶快尽力去救他。"又对李克宁等人说："我把亚子托付给你
们。"亚子是李存勖的小名。说完就去世了，享年五十三岁。李克
宁治理军府，内外没有人敢于喧哗。

　　克宁久总兵柄，有次立之势，时上党围未解，军中以存勖年
少，多窃议者，人情恼恼。存勖惧，以位让克宁。克宁曰："汝家
嗣也，且有先王之命，谁敢违之！"将吏欲谒见存勖，存勖方哀哭
未出。张承业入谓存勖曰："大孝在不坠基业，多哭何为！"因扶
存勖出，袭位为河东节度使、晋王。李克宁首帅诸将拜贺，王悉
以军府事委之。

　　以李存璋为河东军城使、马步都虞候。先王之时，多宠借
胡人及军士，侵扰市肆，存璋既领职，执其尤暴横者戮之，旬月
间城中肃然。

　　【译文】李克宁长期总揽兵权，有兄死弟立之势，当时上党
的包围还没有解除，情势急迫，军中的将领大都认为李存勖年
纪太轻，私下都在议论，人心浮动。李存勖看到这种情形，心里
害怕，就要把王位让给叔叔李克宁，李克宁说："你是嫡长子，
况且有先王的遗命，谁敢违抗！"将领们要来参见李存勖，李存
勖正因父丧在里头哭，过了很久没有出来。张承业进去对他说：
"最大的孝顺是能够继承父亲的基业，不使它毁坏，多哭又有什
么用呢？"于是扶他出来，继位为河东节度使、晋王，李克宁首先
率领诸将拜贺，晋王李存勖于是把军府中的事都委托给李克宁。

　　晋王李存勖任命李存璋为河东军城使、马步都虞候。先王
李克用的时候，对于胡人和军士都比较宠信，因此他们常常侵

犯骚扰市集商铺。李存璋任职后，逮捕其中尤其残暴蛮横的杀死，十多天后，城中立刻秩序井然，没人敢再闹事。

吴越王镠遣兵攻淮南甘露镇，以救信州。

蜀中书令王宗佶，于诸假子为最长，且恃其功，专权骄恣。唐道袭已为枢密使，宗佶犹以名呼之；道袭心衔之而事之逾谨。宗佶多树党友，蜀主亦恶之。二月，甲辰，以宗佶为太师，罢政事。

蜀以户部侍郎张格为中书侍郎、同平章事。格为相，多迎合主意；有胜己者，必以计排去之。

【译文】吴越王钱镠派遣军队进攻淮南的甘露镇，以此来救援信州。

前蜀中书令王宗佶在蜀主王建的养子中居长，而且仗恃着功劳大，非常专权，又骄奢狂妄。唐道袭已经做到枢密使，王宗佶仍然直呼其名，唐道袭心怀不满但表面上对他却更加恭敬。王宗佶又广结党羽，连蜀主也觉得厌恶。二月，甲辰日（二月无此日），蜀主任命王宗佶为太师，但是从此不让他过问国家的政事。

前蜀任命户部侍郎张格为中书侍郎、同平章事。张格当宰相，大多迎合主上的意思，朝臣中如有能力比他行的，他一定千方百计排挤走。

初，晋王克用多养军中壮士为子，宠遇如真子。及晋王存勖立，诸假子皆年长握兵，心怏怏不服，或托疾不出，或见新王不拜。李克宁权位既重，人情多向之。假子李存颢阴说克宁曰："兄终弟及，自古有之。以叔拜侄，于理安乎！天与不取，后悔无及!"克宁曰:"吾家世以慈孝闻天下,先王之业苟有所归,吾复何求!汝勿妄言,我且斩汝!"克宁妻孟氏,素刚悍,诸假子各遣其妻入说孟氏,孟氏以为然,且虑语泄及祸,数以迫克宁。克宁性怯,朝夕惑于众言,心不能无动;又与张承业、李存璋相失,数诮让之;又因事擅杀都虞候李存质;又求领大同节度使,以蔚、朔、应州为巡属。晋王皆听之。

【译文】起初,晋王李克用收养了很多军中的壮士当儿子,并且宠信他们,就跟亲生的儿子一样。等到晋王李存勖继位,各养子都年长并掌握军权,心里郁闷不服,或者托病不出,或者觐见新王不叩拜。李克宁位高权重,人心多归向他。李克用的养子李存颢私下劝李克宁说:"哥哥死了,弟弟继位,自古以来就有这种情况。叔叔叩拜侄子,在道理上稳妥吗!老天给你机会,你却不好好把握,将来一定会后悔莫及。"李克宁说:"我们李家世世代代以慈孝闻名于天下,先王的事业如果有人继承,我还有什么好乞求的?你别再胡言乱语,小心我砍了你的脑袋。"李克宁的妻子孟氏,向来刚强蛮横,养子们各派遣自己的妻子去劝说孟氏,孟氏觉得可行,又怕话传出去会惹来灾祸,屡次逼迫李克宁。李克宁性格怯懦,早晚被众人的话蛊惑,不能不动心;他又与张承业、李存璋等人不和,一再责骂他们。又借故擅自杀了都虞候李存质,又要求兼任大同节度使,以蔚、朔、应三州为辖地,晋王李存勖都听从了他。

李存颢等为克宁谋,因晋王过其第,杀承业、存璋,奉克宁为节度使,举河东九州附于梁,执晋王及太夫人曹氏送大梁。太原人史敬镕,少事晋王克用,居帐下,见亲信,克宁欲知府中阴事,召敬镕,密以谋告之。敬镕阴许之,入告太夫人,太夫人大骇，召张承业，指晋王谓之曰："先王把此儿臂授公等，如闻外间谋欲负之，但置吾母子有地，勿送大梁，自它不以累公。"承业惶恐曰："老奴以死奉先王之命，此何言也！"晋王以克宁之谋告，且曰："至亲不可自相鱼肉，吾苟避位，则乱不作矣。"承业曰："克宁欲投大王母子于虎口，不除之岂有全理！"乃召李存璋、吴珙及假子李存敬、长直军使朱守殷，使阴为之备。壬戌，置酒会诸将于府舍，伏甲执克宁、存颢于座。晋王流涕数之曰："儿郎勖以军府让叔父，叔父不取。今事已定，奈何复为此谋，忍以吾母子遗仇雠乎！"克宁曰："此皆谗人交构，夫复何言！"是日，杀克宁及存颢。

【译文】 李存颢等为李克宁出谋划策，乘晋王李存勖到他家探望时杀了张承业及李存璋，大家尊奉李克宁为河东节度使，以河东九个州归顺梁朝，并且捉拿晋王李存勖及太夫人曹氏送往大梁。太原人史敬镕，年轻时侍奉晋王李克用，任职于李克用帐下，受到信任，李克宁想知道晋王府中的秘密事情，就把史敬镕叫来，偷偷地把计划告诉他。史敬镕表面上假装要和他合作，回头却跑到晋王府一五一十地禀告了太夫人。太夫人大惊，把张承业找来，指着晋王李存勖对他说："先王抓着这个孩子的胳膊把他托付给您等，如果听到外边图谋想要背叛他，我只请求您让我们母子有块立足之地，不要被押送到大梁，此外不敢劳烦您。"张承业很惊恐地说："老奴就算死了也要遵奉先王的遗命，太夫人您怎么这样说？"晋王李存勖把李克宁的阴谋告诉他，并且说："至亲不可以自相残杀，我如果让位，祸乱就不会发生了。"张承业说："李克宁要把大王母子投入虎口，这种人不除去，难道还有天理吗？"于是把李存璋、吴珙和先王的养子李存敬、长直军使朱守殷等找来，让他们私下部署准备。壬戌日（二十一日），在王府中设置酒宴招待诸将领，埋伏了甲士，在酒席中捉拿了李克宁及李存颢。晋王李存勖流着泪数落李克宁说："侄儿以前要把王位让给叔父，叔父不肯，现在事情已成定局，你为什么又设下这个阴谋，忍心要把我们母子交给仇人呢？"李克宁说："这都是说坏话的奸邪小人挑拨离间，我还有什么话好说！"当天，杀了李克宁及李存颢。

癸亥，鸩杀济阴王于曹州，追谥曰唐哀皇帝。

甲子，蜀兵入归州，执刺史张瑭。辛未，以韩建为侍中，兼建昌宫使。

李思安等攻潞州，久不下，士卒疲弊，多逃亡。晋兵犹屯余吾寨，帝疑晋王克用诈死，欲召兵还，恐晋人蹑之，乃议自至泽州应接归师，且召匡国节度使刘知俊将兵趣泽州。三月，壬申朔，帝发大梁；丁丑，次泽州。辛巳，刘知俊至。壬午，以知俊为潞州行营招讨使。

【译文】 癸亥日（二十二日），后梁太祖朱晃在曹州用毒酒害死了济阴王李柷，追谥他为唐哀皇帝。

甲子日（二十三日），蜀兵攻入归州，抓住归州刺史张瑭。辛未日（三十日），后梁太祖朱晃任命韩建为侍中，并兼任建昌宫使。

后梁行营都统李思安等攻打潞州，久攻不下，士兵们疲惫不堪，很多人逃亡了。晋兵还驻守在潞州西北的余吾寨，后梁太祖怀疑李克用是假死，想把军队召回来，又怕晋兵从后头追击，于是商议亲自到泽州接应召回的军队，并且叫匡国节度使刘知俊率兵赶往泽州。三月，壬申朔日（初一），后梁太祖从大梁出发；丁丑日（初六），到了泽州；辛巳日（初十），刘知俊的兵马也到了；壬午日(十一日),后梁太祖任命刘知俊为潞州行营招讨使。

癸巳,门下侍郎、同平章事张文蔚卒。

帝以李思安久无功,亡将校四十馀人,士卒以万计,更闭壁自守,遣使召诣行在。甲午,削思安官爵,勒归本贯充役。斩监押杨敏贞。

晋李嗣昭固守逾年,城中资用将竭,嗣昭登城宴诸将作乐。流矢中嗣昭足,嗣昭密拔之,座中皆不觉。帝数遣使赐嗣昭诏,谕降之。嗣昭焚诏书,斩使者。

【译文】癸巳日(二十二日),门下侍郎、同平章事张文蔚去世。

后梁太祖朱晃因李思安长期没有功绩,逃跑将校四十余人,士卒以万计,又关起堡垒门采取守势,于是派遣使者把李思安召到行营来。甲午日(二十三日),免去李思安的官职爵位,下令他回本籍充当民役;杀了监押杨敏贞。

晋李嗣昭固守潞州一年多,城中物资用品将要用完,李嗣昭故意到城楼上和各将领饮酒作乐。有支流矢射中了他的脚,李嗣昭偷偷地拔掉,这事酒席上的其他人都没发现。后梁太祖朱晃几次派遣使者下诏书给李嗣昭,劝说他投降;李嗣昭烧毁诏书,斩杀了使者。

帝留泽州旬馀,欲召上党兵还,遣使就与诸将议之。诸将以为李克用死,余吾兵且退,上党孤城无援,请更留旬月以俟之。帝从之,命增运刍粮以馈其军。刘知俊将精兵万馀人击晋军,斩获甚众,表请自留攻上党,车驾宜还京师。帝以关中空虚,虑岐人侵同华,命知俊休兵长子旬日,退屯晋州,俟五月归镇。

【译文】 后梁太祖朱晃在泽州停留了十几天，想要召回上党的军队，派遣使者与各将领商量。各将领都认为李克用已经死了，余吾寨的晋兵即将撤退，上党就会成为孤立无援的一个城，请求再留个十天半个月以等待机会；后梁太祖朱晃准许了，下令加运粮草来支援前线的军队。刘知俊率领精锐部队万余人攻打晋军，斩杀俘获了不少上兵。于是上表给后梁太祖，请求让他留下攻打上党，请后梁太祖返回京师大梁。后梁太祖朱晃因关中空虚，担心岐州李茂贞侵犯同州、华州，于是下令刘知俊让军队在长子休息十天，然后撤退到晋州驻扎，等五月以后返回镇所。

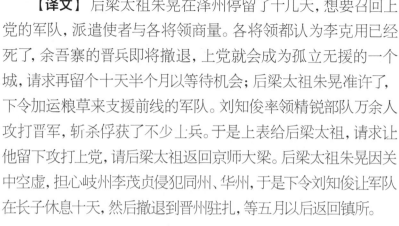

蜀太师王宗佶既罢相，怨望，阴畜养死士，谋作乱。上表以为：“臣官预大臣，亲则长子，国家之事，休戚是同。今储贰未定，必启厉阶。陛下若以宗懿才堪继承，宜早行册礼，以臣为元帅，兼总六军。傥以时方艰难，宗懿冲幼，臣安敢持谦不当重事！陛下既正位南面，军旅之事宜委之臣下。臣请开元帅府，铸六军印，征戍征发，臣悉专行。太子视膳于晨昏，微臣握兵于环卫，万世基业，惟陛下裁之。”蜀主怒，隐忍未发，以问唐道袭，对曰：“宗佶威望，内外慑服，足以统御诸将。”蜀主益疑之。己亥，宗佶入见，辞色悖慢。蜀主谕之，宗佶不退，蜀主不堪其忿，命卫士扑杀之。贬其党御史中丞郑骞为维州司户，卫尉少卿李钢为汶川尉，皆赐死于路。

【译文】 蜀太师王宗佶被免除宰相职务后，心里非常怨恨，暗中豢养勇猛敢死之徒，图谋作乱。他向蜀主王建上了封奏章，说：“我官列大臣，论骨肉之亲又是长子，所以国事的祸福就是我的祸福。现在继位的储君还没有决定，这将会成为动乱的原因。陛下如果认为王宗懿的才能足以继承大业，那么就应早日举行册封典礼，然后任命臣为元帅，并掌管全国的军队；倘若以为时势正处在艰难时期，王宗懿年幼，那么臣又怎么敢自持谦逊而不肯肩负国家的大任呢？陛下已经南面称帝，军队事务可以委任予臣。臣请求开设元帅府，并且铸造指挥六军的印信，征讨戍守，征集调发，统统由臣来施行。太子早晚侍奉饮食，我掌握军队护卫宫禁，此是万世的基业，以上所陈述的，请陛下考虑决定。"蜀主王建看了奏章后大怒，不过暂时忍了下来，没有发作；又拿这事问唐道袭，唐道袭回答说："王宗佶的威望，内外畏惧顺从，足以驾驭诸将。"蜀主听了这话，心里对王宗佶更加猜疑。己亥日（二十八日），王宗佶入宫朝见，对蜀主态度非常傲慢，蜀主向他说明，王宗佶仍不听，蜀主不能按捺自己的愤怒，命令左右卫士当场就把王宗佶打死。又把他的党羽御史中丞郑骞贬为维州司户，卫尉少卿李钢贬为汶川尉，在就任的路上又赐他们自杀。

初，晋王克用卒，周德威握重兵在外，国人皆疑之。晋王存勖召德威使引兵还。夏，四月，辛丑朔，德威至晋阳，留兵城外，独徒步而入，伏先王柩，哭极哀。退，谒嗣王，礼甚恭。众心由是释然。

癸卯，门下侍郎、同平章事杨涉罢为右仆射；以吏部侍郎于兢为中书侍郎，翰林学士承旨张策为刑部侍郎，并同平章事。兢，琮之兄子也。

【译文】起初，晋王李克用去世，周德威在外面掌握重兵，朝臣对他都有点猜疑。晋王李存勖下令召周德威率领军队回来。夏季，四月，辛丑朔日（初一），周德威到了晋阳，把军队留在城外，独自步行入城，伏在先王李克用的灵柩上哭得极为悲伤；致祭完毕后，又拜见嗣位的晋王李存勖，态度非常恭敬，大家这才放下心来。

癸卯日（初三），后梁门下侍郎、同平章事杨涉被免职降为右仆射；另外又任命吏部侍郎于兢为中书侍郎，翰林学士承旨张策为刑部侍郎，两人都任同平章事。于兢是于琮哥哥的儿子。

夹寨奏余吾晋兵已引去，帝以为援兵不能复来，潞州必可取，丙午，自泽州南还；壬子，至大梁。梁兵在夹寨者亦不复设备。晋王与诸将谋曰："上党，河东之藩蔽，无上党，是无河东也。且朱温所惮者独先王耳，闻吾新立，以为童子未闲军旅，必有骄怠之心。若简精兵倍道趣之，出其不意，破之必矣。取威定霸，在此一举，不可失也！"张承业亦劝之行。乃遣承业及判官王缄乞师于凤翔，又遣使赂契丹王阿保机求骑兵。岐王衰老，兵弱财竭，竟不能应。晋王大阅士卒，以前昭义节度使丁会为都招讨使。甲子，帅周德威等发晋阳。

【译文】潞州夹寨的后梁将领奏报余吾寨的晋兵已经退走，后梁太祖朱晃认为晋国的援军无法再来，潞州一定可以攻下，于是在丙午日（四月无此日）从泽州南返，壬子日（十二日），回到大梁。梁朝留在夹寨的军队也不再设防。晋王李存勖与诸将商议说："上党是河东的屏障，没有上党，也就没有河东。而朱温所怕的只有先王，现在听说我刚继位，一定认为小毛孩子不懂得带兵打仗，一定会骄傲懈怠。如果选派精锐部队兼程追赶他们，出其不意，打败梁兵是一定的了。如果要成就霸业，就全看这一次了；这机会真是不可失去。"张承业也劝他亲征。于是派遣张承业及判官王缄到凤翔去请求派兵援助；又派遣使者以金银财宝赠送给契丹王阿保机，请求借用他的骑兵。岐王李茂贞已经衰老，军队衰弱，财政也很困难，最终没有答应。晋王李存勖检阅了所有部队，任命前昭义节度使丁会为都招讨使；甲子日（二十四日），率领周德威等由晋阳出发。

　　淮南遣兵寇石首，襄州兵败之于瀺港。又遣其将李厚将水军万五千趣荆南，高季昌逆战，败之于马头。

　　己巳，晋王军于黄碾，距上党四十五里。五月，辛未朔，晋王伏兵三垂冈下，诘旦大雾，进兵直抵夹寨。梁军无斥候，不意晋兵之至，将士尚未起，军中惊扰。晋王命周德威、李嗣源分兵为二道，德威攻西北隅，嗣源攻东北隅，填堑烧寨，鼓噪而入。梁兵大溃，南走，招讨使符道昭马倒，为晋人所杀。失亡将校士卒以万计，委弃资粮、器械山积。

　　【译文】淮南弘农王杨渥派遣军队侵犯石首，襄州军队在瀺港打败了淮南军；淮南又派遣将领李厚率领水军一万五千人进逼荆南，高季昌立刻反击，在马头打败了他们。

　　己巳日（二十九日），晋王李存勖驻扎在黄碾，距离上党四十五里。五月，辛未朔日（初一），晋王把军队埋伏在三垂冈下，第二天一早，起了大雾，于是率军进击，一直攻到夹寨。梁朝的军队没有侦察兵，没料到晋兵一下子就来了，将士们都还没起床，营中惊慌骚动。晋王李存勖命令周德威、李嗣源分兵两路，周德威攻西北角，李嗣源攻东北角。晋兵填平壕沟，并放火烧寨，擂鼓呐喊着冲了进来。梁兵崩溃，向南逃去；招讨使符道昭所骑的马跌倒了，被晋军杀死。逃失死亡的将领士卒有数万人；丢弃的物资、粮草、器械堆积如山。

周德威等至城下，呼李嗣昭曰："先王已薨，今王自来，破贼夹寨。贼已去矣，可开门！"嗣昭不信，曰："此必为贼所得，使来诳我耳。"欲射之。左右止之，嗣昭曰："王果来，可见乎？"王自往呼之。嗣昭见王白服，大恸几绝，城中皆哭，遂开门。初，德威与嗣昭有隙，晋王克用临终谓晋王存勖曰："进通忠孝，吾爱之深。今不出重围，岂德威不忘旧怨邪！汝为吾以此意谕之。若潞围不解，吾死不瞑目。"进通，嗣昭小名也。晋王存勖以告德威，德威感泣，由是战夹寨甚力；既与嗣昭相见，遂欢好如初。

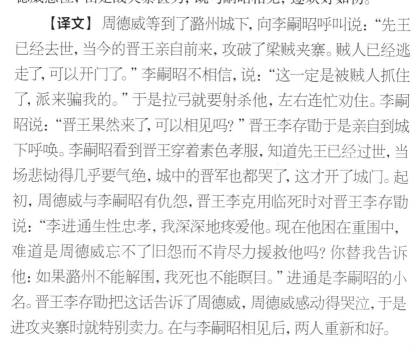

【译文】 周德威等到了潞州城下，向李嗣昭呼叫说："先王已经去世，当今的晋王亲自前来，攻破了梁贼夹寨。贼人已经逃走了，可以开门了。"李嗣昭不相信，说："这一定是被贼人抓住了，派来骗我的。"于是拉弓就要射杀他，左右连忙劝住。李嗣昭说："晋王果然来了，可以相见吗？"晋王李存勖于是亲自到城下呼唤。李嗣昭看到晋王穿着素色孝服，知道先王已经过世，当场悲恸得几乎要气绝，城中的晋军也都哭了，这才开了城门。起初，周德威与李嗣昭有仇怨，晋王李克用临死时对晋王李存勖说："李进通生性忠孝，我深深地疼爱他。现在他困在重围中，难道是周德威忘不了旧怨而不肯尽力援救他吗？你替我告诉他：如果潞州不能解围，我死也不能瞑目。"进通是李嗣昭的小名。晋王李存勖把这话告诉了周德威，周德威感动得哭泣，于是进攻夹寨时就特别卖力。在与李嗣昭相见后，两人重新和好。

康怀贞以百馀骑自天井关遁归。帝闻夹寨不守，大惊，既而叹曰："生子当如李亚子，克用为不亡矣！至如吾儿，豚犬耳！"诏所在安集散兵。

周德威、李存璋乘胜进趣泽州，刺史王班素失人心，众不为用。龙虎统军牛存节自西都将兵应接夹寨溃兵，至天井关，谓其众曰："泽州要害地，不可失也；虽无诏旨，当救之。"众皆不欲，曰："晋人胜气方锐，且众寡不敌。"存节曰："见危不救，非义也；畏敌强而避之，非勇也。"遂举策引众而前。至泽州，城中人已纵火喧噪，欲应晋王，班闭牙城自守，存节至，乃定。晋兵寻至，缘城穿地道攻之，存节昼夜拒战，凡旬有三日。刘知俊自晋州引兵救之，德威焚攻具，退保高平。

【译文】后梁潞州行营都虞候康怀贞率领骑兵一百余人从天井关逃回大梁。后梁太祖朱晃听说夹寨失守，大吃一惊，过了一会又叹气说："生儿子要生像李亚子这样的，李克用不会消亡了；至于我的儿子，简直就像猪狗一样没用。"诏令当地安抚召集逃散的士卒。

周德威、李存璋乘胜进兵奔赴泽州，泽州刺史王班一向失去人心，众人不肯听他差遣。龙虎统军牛存节从西都率领军队来接应夹寨溃败的士卒，到了天井关，对他的部属说："泽州是要害之地，不能丧失，就算没有后梁太祖朱晃的诏旨，我们也应该前往救援。"他的部属都不愿意，说："晋军胜利的气势正旺盛，况且敌众我寡，不能对抗。"牛存节说："见人有危难而不救，这不是义的做法；害怕强敌而躲避他们，这也算不得是勇敢的行为。"于是挥起马鞭率领部众向前。到了泽州，城中的人已经纵火骚动，想要响应晋王李存勖。王班关闭牙城坚守，牛存节到了以后，这才安定下来。晋兵随即到达，立刻沿着城墙挖地道攻城。牛存节日夜抵抗，一共十三日。刘知俊从晋州率领军队救援，周德威烧毁攻城器具，退守高平。

晋王归晋阳，休兵行赏。以周德威为振武节度使、同平章事。命州县举贤才，黜贪残，宽租赋，抚孤穷，伸冤滥，禁奸盗，境内大治。以河东地狭兵少，乃训练士卒，令骑兵不见敌无得乘马。部分已定，无得相逾越，及留绝以避险；分道并进，期会无得差晷刻。犯者必斩。故能兼山东，取河南，由士卒精整故也。

【译文】晋王李存勖回到晋阳，休整军队，进行赏赐。任命周德威为振武节度使、同平章事。命令各州县推荐有才德的人，罢黜贪婪残暴的官吏，减轻百姓的赋税，抚恤孤苦穷困的人，为冤屈不平的人主持公道，并且严禁作奸犯科，于是境内百姓安居太平。因为河东地狭兵少，于是训练士卒，命骑兵看不见敌人不准骑马。各路军队部署已定，不可以互相超越以及停留躲避险隘；如果分兵数路前进的话，必须依照原定的时间到达会师地点，时间相差不得超过一刻（一天的百分之一），有违反者，一定斩首不赦。所以晋王李存勖能兼并山东、攻取河南，都是士卒训练非常精锐严整的缘故。

初，晋王克用平王行瑜，唐昭宗许其承制封拜。时方镇多行墨制，王耻与之同，每除吏必表闻。至是，晋王存勖始承制除吏。

晋王德张承业，以兄事之，每至其第，升堂拜母，赐遗甚厚。

潞州围守历年，士民冻馁死者太半，市里萧条。李嗣昭劝课农桑，宽租缓刑，数年之间，军城完复。

静江节度使、同平章事李琼卒，楚王殷以其弟永州刺史存知桂州事。

【译文】起初，晋王李克用平定了难军节度使王行瑜，唐昭宗李敏李晔准许他承皇帝旨意任命官职、封授爵位。当时各地的藩镇多用墨制自行任命官吏，晋王李克用耻于和他们相同，每次任官一定上表请求皇帝的核准。到这时候，唐朝已经亡了，晋王李存勖才开始承制任命官吏。

　　晋王李存勖感激张承业的恩德，把他当作兄长来侍奉，每次到张承业的家中，一定进入内堂拜见他的母亲，赐给的物品非常丰厚。

　　潞州困守超过了一年，士兵百姓连冻带饿死了一大半，街市里巷萧条冷落。李嗣昭鼓励督促老百姓耕地纺织，并且减轻赋税，放宽刑罚，数年间，城池恢复了原来的面貌。

　　静江节度使、同平章事李琼去世，楚王马殷任命他的弟弟永州刺史马存治理桂州的事务。

　　壬申，更以许州忠武军为匡国军，同州匡国军为忠武军，陕州保义军为镇国军。

　　乙亥，楚兵寇鄂州，淮南所署知州秦裴击破之。

　　淮南左牙指挥使张颢、右牙指挥使徐温专制军政，弘农威王心不能平，欲去之而未能。二人不自安，共谋弑王，分其地以臣于梁。戊寅，颢遣其党纪祥等弑王于寝室，诈云暴薨。

　　【译文】壬申日（初二），梁朝把许州忠武军改称匡国军，同州匡国军改称忠武军，陕州保义军改称镇国军。

　　乙亥日（初五），楚王马殷的军队进攻鄂州，淮南所署知州秦裴把楚兵打败。

　　淮南左牙指挥使张颢、右牙指挥使徐温独揽军政大权，弘农威王杨渥心中非常气愤，常想除去他们二人，但是一直没有机会。两人心里也有数，觉得很不安，于是共同谋划杀了杨渥，然后瓜分淮南的土地，称臣于梁朝。戊寅日（初八），张颢派遣他的党羽纪祥等人在寝室里杀死了杨渥，欺骗人们说杨渥是得急病突然去世。

己卯，颢集将吏于府廷，夹道及庭中堂上皆列白刃，令诸将悉去卫从然后入。颢厉声问曰："嗣王已薨，军府谁当主之？"三问，莫应，颢气色益怒。幕僚严可求前密启曰："军府至大，四境多虞，非公主之不可。然今日则恐太速。"颢曰："何谓速也？"可求曰："刘威、陶雅、李遇、李简皆先王之等夷，公今自立，此曹肯为公下乎？不若立幼主辅之，诸将孰敢不从！"颢默然久之。可求因屏左右，急书一纸置袖中，麾同列诣使宅贺，众莫测其所为，既至，可求跪读之，乃太夫人史氏教也。大要言："先王创业艰难，嗣王不幸早世，隆演次当立，诸将宜无负杨氏，善辅导之。"辞旨明切。颢气色皆沮，以其义正，不敢夺，遂奉威王弟隆演称淮南留后、东面诸道行营都统。既罢，副都统朱瑾诣可求所居，曰："瑾年十六七即横戈跃马，冲犯大敌，未尝畏慑，今日对颢，不觉流汗，公面折之如无人。乃知瑾匹夫之勇，不及公远矣。"因以兄事之。

【译文】己卯日（初九），张颢召集将领、官吏到节度使府庭院，夹道及庭院、大堂上都排列着持刀卫士，并且下令各将领都要把随从的侍卫留在外头，然后才能进入庭院。张颢很凶狠地大声问："嗣王已经去世，军府应该由谁来当家？"问了三次，都没人回答，张颢更生气。幕僚严可求向前小声地开导他说："节度使府至关重要，四方边境问题很多，非您主持不可。可是要在今日做决定，恐怕太急了些。"张颢说："怎么说叫太急？"严可求说："刘威、陶雅、李遇、李简这些将领镇守在各地，他们过去和先王都是平起平坐的，主公你今天如果自立为王，这些人肯当您的属下吗？不如立先王的幼子，然后由主公来辅佐他，这样将领们有谁敢不听从？"张颢听了，沉默了好一会儿。严可求于是屏退左右，很快写了一张纸放在袖子里，然后指挥同僚们一起到节度使官邸去祝贺，大家都猜不透他到底想干什么。到了官邸，严可求把那张纸拿出来，跪着宣读，原来是杨渥的母亲史太夫人的教谕。大意是说："先王杨行密创业艰难，嗣王杨渥不幸早逝，杨隆演是他的弟弟，依照顺序应当他继位，希望各位将领不要背叛杨氏，要好好教导他。"文辞和意思都非常明白恳切，张颢一听就泄了气，由于教谕理直义正，张颢不敢违背，只好尊奉弘农威王杨渥的弟弟杨隆演继位，称淮南留后、东面诸道行营都统。这事情完了以后，副都统朱瑾前往严可求的住所，对他说："我十六七岁就横戈跃马，面对大敌冲锋陷阵，也没怕过什么，但是今天面对张颢，却私下里吓得汗流浃背。我看您当面挫败他，就像没有他这个人一样。我到今天才知道我不过是一个武夫，仅能逞匹夫之勇，跟您比起来差得太远了。"于是，把严可求作为哥哥侍奉。

【申涵煜评】 可求出片纸于袖中，折张颢之横。草辞书于刀下，回刺客之心，仓猝应变，胆周于身，是以隋陆之才而兼荆聂之勇者。大是奇人。

【译文】 严可求拿出袖中的一张纸，就能够折杀张颢的横气。他在刀下拟写辞书，回刺客之心，能在仓促间应对变化，一身是胆，可以说是有隋河、陆贾的文才又有荆轲、聂政的勇敢，真是奇人。

颢以徐温为浙西观察使，镇润州。严可求说温曰："公舍牙兵而出外籓，颢必以弑君之罪归公。"温惊曰："然则奈何？"可求曰："颢刚愎而暗于事，公能见听，请为公图之。"时副使李承嗣参预军府之政，可求又说承嗣曰："颢凶威如此，今出徐于外，意

不徒然, 恐亦非公之利。"承嗣深然之。可求往见颢曰:"公出徐
公于外, 人皆言公欲夺其兵权而杀之, 多言亦可畏也。"颢曰:"右
牙欲之, 非吾意也。业已行矣, 奈何?"可求曰:"止之易耳。"明
日, 可求邀颢及承嗣俱诣温, 可求瞋目责温曰:"古人不忘一饭
之恩, 况公杨氏宿将! 今幼嗣初立, 多事之时, 乃求自安于外, 可
乎?"温谢曰:"苟诸公见容, 温何敢自专!"由是不行。颢知可求
阴附温, 夜, 遣盗刺之, 可求知不免, 请为书辞府主。盗执刀临
之, 可求操笔无惧色。盗能辨字, 见其辞旨忠壮, 曰:"公长者,
吾不忍杀。"掠其财以复命, 曰:"捕之不获。"颢怒曰:"吾欲得可
求首, 何用财为!"

【译文】张颢委任徐温为浙西观察使, 镇守润州。严可求
对徐温说:"您放弃统率牙兵而到外面去镇守州县, 我看张颢
一定会把弑杀君王的罪名赖到你一个人头上。"徐温大吃一惊,
说:"既然这样, 该怎么办?"严可求说:"张颢这个人刚愎自用
又不明事理, 您如果肯听我的话, 我愿意为您谋划。"当时副
使李承嗣也参与军府中的政务, 严可求又对李承嗣说:"张颢
凶狠威风到这种地步, 现在将徐温调到外地, 意图不仅如此而
已, 恐怕对您也不利。"李承嗣觉得他说得很有道理。严可求又
去见张颢说:"您让徐公到外头去镇守州县, 大家都传说您是
要夺取他的兵权, 然后再把他杀掉。很多人这样说那是很可怕
的。"张颢说:"这是徐温他自己想出去, 本来就不是我的意思。
而且这事已经决定了, 现在能怎么办呢?"严可求说:"要阻止
它很容易。"第二天, 严可求邀请张颢和李承嗣一起去看徐温。
严可求发怒瞪着徐温, 责备他说:"古人不忘记一顿饭的恩德,
何况您是杨氏的老将! 现在幼主刚刚继位, 正是多事的时候,
你倒想到外头去逍遥, 这样做可以吗?"徐温赔罪说:"如果你

资治通鉴卷第二百六十六　后梁纪一

们能宽容我，我徐温哪里敢擅自做主！"因此这件事就作罢了。张颢后来知道了严可求暗地依附徐温，于是晚上派遣刺客刺杀他。严可求知道逃不掉，就请求让他写一封信和主公杨隆演诀别。刺客拿着刀就站在旁边看着，严可求振笔直书，丝毫没有恐惧的样子。刺客能认得字，看到他所写的，文辞非常忠诚壮烈，对他说："您是年高有德的人，我不忍心杀您。"于是抢了一些财物回去交差，报告张颢说："到处搜遍了，都找不到人。"张颢大发脾气，说："我要的是严可求的脑袋，要财物做什么！"

温与可求谋诛颢，可求曰："非钟泰章不可。"泰章者，合肥人，时为左监门卫将军。温使亲将彭城翟虔告之。泰章闻之喜，密结壮士三十人，夜，刺血相饮为誓。丁亥旦，直入斩颢于牙堂，并其亲近。温始暴颢弑君之罪，轘纪祥等于市。诣西宫白太夫人。太夫人恐惧，大泣曰："吾儿冲幼，祸难如此，愿保百口归庐州，公之惠也。"温曰："张颢弑逆，不可不诛，夫人宜自安。"初，颢与温谋弑威王，温曰："参用左、右牙兵，心必不一，不若独用吾兵。"颢不可，温曰："然则独用公兵。"颢从之。至是，穷治逆党，皆左牙兵也，由是人以温为实不知谋也。隆演以温为左、右牙都指挥使，军府事咸取决焉。以严可求为扬州司马。

【译文】徐温和严可求计划杀死张颢，严可求说："这事非钟泰章不可。"钟泰章是合肥人，当时担任左监门卫将军。徐温派他的心腹部将彭城人翟虔去告诉钟泰章，钟泰章听了非常高兴，秘密联络了三十个壮士，在晚上，刺血互饮，作为盟誓。丁亥日（十七日）早晨，钟泰章等直接进入左右牙指挥使厅把张颢及其亲近的人斩首。徐温于是公布了张颢弑杀君主的罪名，并且把凶手纪祥等人在街市上车裂。然后徐温到西宫去禀告太夫人。太夫人听了心里害怕，大哭说："我的儿子年纪还小，遭遇这样的祸难，我只希望能保全一家百口的性命，如果让我们回故乡庐州去，就算是您对我们的大恩大德了。"徐温说："张颢叛逆杀主，不能不杀，夫人应该放心！"起初，徐温与张颢共同谋划杀害弘农威王杨渥，徐温说："如果混合使用左、右牙兵，一定不会同心，不如单用我手下的士兵。"张颢不答应。徐温说："那么就单用你手下的兵士。"张颢答应了。到这时候，追查起叛党来，竟然都是张颢左牙的兵士，因此，大家都以为徐温实在是不知情。杨隆演任命徐温为左右牙都指挥使，军府事务都由他决定。任命严可求为扬州司马。

温性沉毅，自奉简俭，虽不知书，使人读狱讼之辞而决之，皆中情理。先是，张颢用事，刑戮酷滥，给亲兵剽夺市里。温谓严可求曰："大事已定，吾与公辈当力行善政，使人解衣而寝耳。"乃立法度，禁强暴，举大纲，军民安之。温以军旅委可求，以财赋委支计官骆知祥，皆称其职，淮南谓之"严、骆"。

己丑，契丹王阿保机遣使随高颀入贡，且求册命。帝复遣司农卿浑特赐以手诏，约共灭沙陀，乃行封册。

壬辰，夹寨诸将诣阙待罪，皆赦之。帝赏牛存节全泽州之功，以为六军马步都指挥使。

【译文】徐温性格沉稳坚毅，生活简朴，虽然不识字，但是让人读诉讼文书而亲自判决，却都合情合理。起初，张颢掌权的时候，实施严刑酷罚，又放纵亲信士兵随意掠夺街市。徐温对严可求说："现在大事已定，我和您应该努力实行善政，使老百姓晚上都能安心地脱掉衣服睡觉。"于是，制定法律，禁止强暴，提出为政要领，士兵和民众安定下来。徐温把军队事务委任严可求掌理，把财政赋税事务委任骆知祥掌理，两人都非常称职，淮南人把他们并称作"严、骆"。

己丑日（十九日），契丹王阿保机派遣使臣随梁使高颀到京城进贡，并且请求册封为王。后梁太祖朱晃又派遣司农卿浑特赐给阿保机亲笔诏书，并且约定共同消灭沙陀（晋国），再给契丹王阿保机举行册封典礼。

壬辰日（二十二日），潞州夹寨的将领们到皇宫外请罪，后梁太祖朱晃都赦免了他们。后梁太祖赏赐牛存节保全泽州的功劳，任命他为六军马步都指挥使。

雷彦恭引沅江环朗州以自守，秦彦晖顿兵月馀不战，彦恭守备稍懈。彦晖使裨将曹德昌帅壮士夜入自水窦，内外举火相应，城中惊乱，彦晖鼓譟坏门而入，彦恭轻舟奔广陵。彦晖虏其弟彦雄，送于大梁。淮南以彦恭为节度副使。先是，澧州刺史向瑰与彦恭相表里，至是亦降于楚，楚始得澧、朗二州。

蜀主遣将将兵会岐兵五万攻雍州，晋张承业亦将兵应之。六月，壬寅，以刘知俊为西路行营都招讨使以拒之。

【译文】雷彦恭引沅江的水环绕朗州来加强防卫，楚将秦彦晖停了一个多月不进攻，雷彦恭的守备渐渐松懈下来。秦彦晖于是派遣副将曹德昌率领壮士在晚上从水洞潜入城内，内外点火相应，城中惊乱，秦彦晖擂鼓呐喊毁坏城门，进入城中，雷彦恭坐了一只小船投奔广陵。秦彦晖俘虏了雷彦恭的弟弟雷彦雄，送到大梁。淮南任命雷彦恭为节度副使。先前，澧州刺史向瑰和雷彦恭互相倚靠呼应，到这时也投降了楚王，楚王马殷这才得到了澧、朗二州。

前蜀主王建派遣将领率兵会同岐王李茂贞的五万军队攻

打雍州，晋监军张承业也率领军队响应他们。六月，壬寅日（初三），梁朝任命刘知俊为西路行营都招讨使进行抵抗。

金吾上将军王师范家于洛阳，朱友宁之妻泣诉于帝曰："陛下化家为国，宗族皆蒙荣宠。妾夫独不幸，因王师范叛逆，死于战场。今仇雠犹在，妾诚痛之！"帝曰："朕几忘此贼！"己酉，遣使就洛阳族之。使者先凿坑于第侧，乃宣敕告之。师范盛陈宴具，与宗族列坐，谓使者曰："死者人所不免，况有罪乎！予不欲使积尸长幼无序。"酒既行，命自幼及长，引于坑中戮之，死者凡二百人。

丙辰，刘知俊及佑国节度使王重师大破岐兵于幕谷，晋、蜀兵皆引归。

蜀立遂王宗懿为太子。

帝欲自将击潞州，丁卯，诏会诸道兵。

资治通鉴卷第二百六十六　后梁纪一

【译文】金吾上将军王师范家在洛阳，朱友宁的妻子在后梁太祖朱晃面前哭诉说："陛下您化家为国，我们宗族里的人都蒙受荣耀恩宠，唯独我的丈夫不幸，因为王师范的叛逆而死于战场。现在仇人还在，我实在痛心。"后梁太祖说："朕几乎忘了这个逆贼。"己酉日（初十），派遣使者到洛阳处死了王氏全族。使者先在王师范家旁挖了坑，然后宣读后梁太祖的诏书。王师范大摆酒席，和宗族的人依次就座，然后对使者说："死是每个人所不能免的，何况还是有罪的呢？我不愿意让死尸胡乱堆积，长幼无序。"于是，依次饮酒之后，命宗族的人自年幼到年长，依次带到坑中杀死，被杀死的总共二百人。

丙辰日（十七日），刘知俊和佑国节度使王重师在幕谷大破岐王李茂贞的军队，晋和蜀的军队都撤退回去。

前蜀立遂王王宗懿为太子。

后梁太祖朱晃要亲自率领军队进攻潞州,丁卯日(二十八日),诏令会合各道的军队。

湖南判官高郁请听民自采茶卖于北客,收其征以赡军,楚王殷从之。秋,七月,殷奏于汴、荆、襄、唐、郢、复州置回图务,运茶于河南、北,卖之以易缯纩、战马而归,仍岁贡茶二十五万斤,诏许之。湖南由是富赡。

壬申,淮南将吏请于李俨,承制授杨隆演淮南节度使、东面诸道行营都统、同平章事、弘农王。

钟泰章赏薄,泰章未尝自言;后逾年,因醉与诸将争言而及之。或告徐温,以泰章怨望,请诛之,温曰:"是吾过也。"擢为滁州刺史。

【译文】湖南判官高郁请求允许百姓自己采茶卖给北方的客商,征收他们的赋税来供给军队,楚王马殷听从了他的建议。秋季,七月,马殷向后梁太祖朱晃奏请在汴州、荆州、襄州、唐州、郢州、复州等地设置回图务,运送茶叶到黄河南、北各地出售,并交易丝绵、战马回来,仍然每年进贡茶叶二十五万斤,后梁太祖下诏准许。湖南从此富足起来。

壬申日(初三),淮南的将领、官吏向江淮宣谕使李俨请求,承制授予杨隆演为淮南节度使、东面诸道行营都统、同平章事、弘农王。

钟泰章得到的奖赏很少,钟泰章也不说。过了一年多,有一回醉酒,和各将领们争论谈到这件事。有人向徐温密告,认为钟泰章怨恨长官,应该杀头治罪。徐温说:"这是我的过错。"于是提拔钟泰章为滁州刺史。

资治通鉴卷第二百六十七　后梁纪二

起著雍执徐八月，尽重光协洽二月，凡二年有奇。

【译文】 起戊辰（公元908年）八月，止辛未（公元911年）二月，共二年七个月。

【题解】 本卷记录了公元908年八月至911年二月的史事，共两年又七个月，正当后梁太祖朱晃开平二年八月至开平五年二月。此时期后梁太祖已步入晚年，猜忌心日益增加，先是枉杀佑国节度使王师重，逼反忠武节度使刘知俊，举同洲反叛归降岐王李茂贞，向北联络晋王李存勖共同讨伐梁朝。再有诛杀赵王王镕所属深州守城的所有士兵，逼反王镕与梁朝断交，依附晋王李存勖，导致梁、晋两军在赵州大战，晋王大胜梁军，乘胜向北攻取河北所属梁朝的各州县。之后晋王决心先北后南，铲除燕王刘守光之后再专心南下讨伐梁朝，舒缓了梁朝受攻的压力。此时期，地区混战，刘守光统一卢龙旧境，吴王杨隆演占领江西地区，吴越王钱镠攻破湖州，楚王马殷的势力远到岭南。

太祖神武元圣孝皇帝中

开平二年（戊辰，公元九〇八年）八月，吴越王镠遣宁国节度使王景仁奉表诣大梁，陈取淮南之策。景仁即茂章也，避梁讳改焉。

淮南遣步军都指挥使周本、南面统军使吕师造击吴越，九

月，围苏州。吴越将张仁保攻常州之东洲，拔之。淮南兵死者万
馀人。淮南以池州团练使陈璋为水陆行营都招讨使，帅柴再用
等诸将救东洲，大破仁保于鱼荡，复取东洲。柴再用方战舟坏，
长矟浮之，仅而得济。家人为之饭僧千人，再用悉取其食以犒部
兵，曰："士卒济我，僧何力焉！"

丙子，蜀立皇后周氏。后，许州人也。

【译文】开平二年（戊辰，公元908年）八月，吴越王钱镠派
遣宁国节度使王景仁带着奏表前往大梁，向后梁太祖朱晃进献
平定淮南的策略。王景仁就是王茂章，因为避梁朝的讳而改名
（梁太祖的曾祖父名叫朱茂琳）。

淮南派遣步军都指挥使周本、南面统军使吕师造进攻吴
越，九月，包围苏州。吴越将领张仁保攻打常州的东洲，并把东
洲攻克。淮南的军队死了万余人。淮南任命池州团练使陈璋为
水陆行营都招讨使，率领柴再用等将领救援东洲，在鱼荡大破
张仁保的军队，又收复了东洲。柴再用正在交战，所乘的战舰
坏了，他靠长矛浮托才上了岸。家人因此要为他招待一千个和尚
吃饭，柴再用把这些食物通通拿来犒赏他的部属，并说："士兵
救我上岸，僧人出了什么力呢！"

丙子日（初八），蜀主王建册立皇后周氏。周皇后是许州
人。

晋周德威、李嗣昭将兵三万出阴地关，攻晋州，刺史徐怀玉
拒守。帝自将救之，丁丑，发大梁，乙酉，至陕州。戊子，岐王所
署延州节度使胡敬璋寇上平关，刘知俊击破之。周德威等闻帝
将至，乙未，退保隰州。

荆南节度使高季昌遣兵屯汉口，绝楚朝贡之路。楚王殷遣

其将许德勋将水军击之，至沙头，季昌惧而请和。殷又遣步军都指挥使吕师周将兵击岭南，与清海节度使刘隐十馀战，取昭、贺、梧、蒙、龚、富六州。殷土宇既广，乃养士息民，湖南遂安。

【译文】晋周德威、李嗣昭率兵三万出阴地关，进攻晋州，晋州刺史徐怀玉抵御防守；后梁太祖朱晃亲自率兵前往救援。丁丑日（初九），由大梁出发，乙酉日（十七日），到了陕州。戊子日（二十日），岐王李茂贞所任命的延州节度使胡敬璋侵犯上平关，刘知俊把岐军打败。周德威等听说后梁太祖率兵快要到了，乙未日（二十七日），撤退到隰州驻防。

荆南节度使高季昌派遣军队在汉口驻扎，断绝楚向梁入朝进贡的道路；楚王马殷派遣部将许德勋率领水军前去攻打；部队到了沙头，高季昌害怕了，请求讲和。马殷又派遣步军都指挥使吕师周率领军队攻打岭南，和清海节度使刘隐打了十几仗，取得了昭州、贺州、梧州、蒙州、龚州、富州共六个州。马殷在疆域扩大之后，就让兵民休养生息，湖南终于安定。

冬，十月，蜀主立后宫张氏为贵妃，徐氏为贤妃，其妹为德妃。张氏，邲人，宗懿之母也。二徐，耕之女也。

华原贼帅温韬聚众嵯峨山，暴掠雍州诸县，唐帝诸陵发之殆遍。

庚戌，蜀主讲武于星宿山，步骑三十万。

丁巳，帝还大梁。

辛酉，以刘隐为清海、静海节度使，以膳部郎中赵光裔、右补阙李殷衡充官告使，隐皆留之。光裔，光逢之弟；殷衡，德裕之孙也。

【译文】冬季，十月，蜀主王建册立后宫张氏为贵妃；又册立徐氏为贤妃，徐氏的妹妹为德妃。张氏是郪县人，太子王宗懿的母亲。两位徐妃是徐耕的女儿。

华原的盗贼首领温韬在嵯峨山聚众为盗，并且在雍州各县四处抢夺，唐朝皇帝的陵墓几乎都被他挖遍了。

庚戌日（十二日），蜀主王建在星宿山讲习武事，参加的步兵、骑兵有三十万人。

丁巳日（十九日），后梁太祖朱晃回到大梁。

辛酉日（二十三日），后梁太祖朱晃任命刘隐为清海、静海节度使，派膳部郎中赵光裔、右补阙李殷衡两人为官告使。两人到了岭南，刘隐把他们都留下来。赵光裔是赵光逢的弟弟；李殷衡是李德裕的孙子。

依政进士梁震，唐末登第，至是归蜀。过江陵，高季昌爱其才识，留之，欲奏为判官。震耻之，欲去，恐及祸，乃曰："震素不慕荣宦，明公不以震为愚，必欲使之参谋议，但以白衣侍樽俎可也，何必在幕府！"季昌许之。震终身止称前进士，不受高氏辟署。季昌甚重之，以为谋主，呼曰先辈。

帝从吴越王镠之请，以亳州团练使寇彦卿为东南面行营都指挥使，击淮南。十一月，彦卿帅众二千袭霍丘，为土豪朱景所败；又攻庐、寿二州，皆不胜。淮南遣滁州刺史史俨拒之，彦卿引归。

【译文】依政县的进士梁震在唐朝末年考上功名，到这时想回蜀地，经过江陵，高季昌欣赏他的才识，把他留下来，想奏请后梁太祖朱晃任命他为判官。梁震认为高季昌出身奴仆，当他的属下是一种耻辱，想离开，又怕遭到祸害，于是说："梁震向来不羡慕荣耀的官职，如果您不认为我愚昧无知，一定要让我帮您参谋出主意，只要让我以平民的身份在您身边侍奉就行了，何必一定要征召我到幕府任职呢？"高季昌答应了他。梁震于是终身只自称前进士，不肯接受高氏所委派的官职。高季昌很器重他，把他当作出谋划策的主要人物，称他为"先辈"。

后梁太祖朱晃依从吴越王钱镠的请求，任命亳州团练使寇彦卿为东南面行营都指挥使，进击淮南。十一月，寇彦卿率领部队二千人进攻霍丘，被当地的土豪朱景打败；又另外攻打庐州、寿州，也都不胜。淮南派遣滁州刺史史俨抵御寇彦卿，寇彦卿带兵退回。

定难节度使李思谏卒；甲戌，其子彝昌自为留后。

刘守文举沧德兵攻幽州，刘守光求救于晋，晋王遣兵五千助之。丁亥，守文兵至卢台军，为守光所败；又战玉田，亦败。守文乃还。

癸巳，中书侍郎、同平章事张策以刑部尚书致仕；以左仆射杨涉同平章事。

保塞节度使胡敬璋卒，静难节度使李继徽以其将刘万子代镇延州。

是岁，弘农王遣军将万全感赍书间道诣晋及岐，告以嗣位。

帝将迁都洛阳。

【译文】定难节度使李思谏去世，甲戌日（初六），他的儿子李彝昌自立为留后。

刘守文发动沧州、德州军队进攻幽州，刘守光向晋王李存勖请求救援，晋王派遣五千军队去救援。丁亥日（十九日），刘守文的军队到了卢台军，被刘守光打败；又大战于玉田，刘守文还是战败，他这才退了回去。

癸巳日（二十五日），中书侍郎、同平章事张策以刑部尚书的职位告老退休，后梁太祖朱晃任命左仆射杨涉为同平章事。

保塞节度使胡敬璋去世，静难节度使李继徽委任他的部将刘万子代为镇守延州。

这一年，弘农王杨隆演派遣军将万全感带着书信，从小路前往晋王和岐王那儿，把自己继承王位的事告诉了他们。

后梁太祖朱晃将要把国都迁到洛阳。

开平三年（己巳，公元九〇九年）春，正月，己巳，迁太庙神主于洛阳。甲戌，帝发大梁。壬申，以博王友文为东都留守。己卯，帝至洛阳。庚寅，飨太庙。辛巳，祀圆丘，大赦。

丙申，以用度稍充，初给百官全俸。

二月，丁酉朔，日有食之。

保塞节度使刘万子暴虐，失众心，且谋贰于梁，李继徽使延州牙将李延实图之。延实因万子葬胡敬璋，攻而杀之，遂据延州。马军都指挥使河西高万兴与其弟万金闻变，以其众数千人诣刘知俊降。岐王置翟州于鄜城，其守将亦降。

【译文】 开平三年（己巳，公元909年）春季，正月，己巳日（初三），后梁太祖朱晃把太庙的祖宗牌位迁到洛阳。甲戌日（初七），后梁太祖由大梁出发。壬申日（初五），任命博王朱友文为东都留守。己卯日（十二日），后梁太祖到了洛阳。庚寅日（二十三日），在太庙祭祀祖先。辛巳日（十四日），在圜丘祭天，大赦天下。

丙申日（二十九日），后梁由于费用开支逐渐充裕，开始发给百官足额俸禄。

二月，丁酉朔日（初一），发生日食。

保塞节度使刘万子暴虐，失去众心，并且图谋投降大梁，李继徽派遣延州牙将李延实除去他。李延实利用刘万子安葬胡敬璋的机会把他杀了，于是占据了延州。马军都指挥使高万兴和他的弟弟高万金听说发生变乱，率领他们的部属几千人投降梁朝的刘知俊。岐王李茂贞在鄜城设置翟州，守城的将领也投降了梁朝。

三月，甲戌，帝发洛阳。以山南东道节度使杨师厚兼潞州四面行营招讨使。

庚辰，帝至河中，发步骑会高万兴兵取丹、延。

丙戌，以朔方节度使兼中书令韩逊为颍川王。逊本灵州牙校，唐末据本镇，前廷因而授以节钺。

辛卯，丹州刺史崔公实请降。

徐温以金陵形胜，战舰所聚，乃自以淮南行军副使领升州刺史，留广陵，以其假子元从指挥使知诰为升州队遏兼楼船副使，往治之。

【译文】三月，甲戌日（初九），后梁太祖朱晃自洛阳出发。任命山南东道节度使杨师厚兼潞州四面行营招讨使。

庚辰日（十五日），后梁太祖朱晃到了河中，派出步兵、骑兵会同高万兴的军队攻取丹州、延州。

丙戌日（二十一日），封朔方节度使兼中书令韩逊为颍川王。韩逊本是灵州牙校，唐末占据灵州，后梁因此授给他符节斧钺。

辛卯日（二十六日），丹州刺史崔公实请求归降。

徐温认为金陵地势优越，战船聚集，于是自己以淮南行军副使兼领升州刺史，留驻广陵，而任命他的义子元从指挥使徐知诰为升州防遏兼楼船副使，前往治理升州。

夏，四月，丙申朔，刘知俊移军攻延州，李延实婴城自守。知俊遣白水镇使刘儒分兵围坊州。

庚子，以王审知为闽王，刘隐为南平王。

刘知俊克延州，李延实降。

淮南兵围苏州，推洞屋攻城，吴越将临海孙琰置轮于竿首，垂絙投锥以揭之，攻者尽露，炮至则张网以拒之，淮南人不能克。吴越王镠遣牙内指挥使钱镖、行军副使杜建徽等将兵救之。

苏州有水通城中，淮南张网缀铃悬水中，鱼鳖过皆知之。吴越游弈都虞候司马福欲潜行入城，故以竿触网，敌闻铃声举网，福因得过，凡居水中三日，乃得入城。由是城中号令与援兵相应，敌以为神。

【译文】夏季，四月，丙申朔日（初一），刘知俊调遣军队进攻延州，李延实利用四周城墙进行防守。刘知俊派遣白水镇使刘儒分兵包围坊州。

庚子日（初五），后梁太祖朱晃封王审知为闽王，封刘隐为南平王。

刘知俊攻陷延州，李延实投降。

淮南军队包围苏州，推着用木架支撑、覆罩牛皮、形状如洞的洞屋攻城，吴越将领临海人孙琰在竹竿头绑个滑轮，垂下绳子，然后在绳子头绑上利锥，这样一下子就把洞屋上覆盖的牛皮掀开了，底下攻城的人全部暴露在弓箭的威胁之下。炮石打来就张网拦阻，淮南军队不能攻下苏州。吴越王钱镠派遣牙内指挥使钱镖和行军副使杜建徽率领军队前往救援。

苏州有水道通到城中，淮南军队张网挂铃悬在水中，鱼鳖通过都能知道。吴越游弈都虞候司马福想潜入城中，故意用竹竿去触网子，淮南军队听到铃声响了，立刻把网子拉上来看，司马福就趁机通过。他在水里一共躲藏了三天，才进到苏州城内，从此城中的号令和援兵就能互相配合，淮南军队以为他们似有神助。

吴越王镠尝游府园，见园卒陆仁章树艺有智而志之，及苏州被围，使仁章通信入城，果得报而返。镠以诸孙畜之，累迁两府军粮都监使，卒获其用。仁章，睦州人也。

辛亥，吴越兵内外合击淮南兵，大破之，擒其将何朗等三十馀人，夺战舰二百艘。周本夜遁，又追败之于皇天荡。钟泰章将精兵二百为殿，多树旗帜于菰蒋中，追兵不敢进而还。

岐王所署保大节度使李彦博、坊州刺史李彦昱皆弃城奔凤翔，鄜州都将严弘倚举城降。己未，以高万兴为保塞节度使，以绛州刺史牛存节为保大节度使。

淮南初置选举，以骆知祥掌之。

【译文】吴越王钱镠曾经到府园游玩，看见园丁陆仁章种植花草树木有智谋，就记在心里。到了苏州城被围的时候，钱镠派遣陆仁章到城里去通消息，果然能成功地回来复命。钱镠把他当作孙子辈看待，几次升迁后做到两府军粮都监使，终于让他发挥了作用。陆仁章是睦州人。

辛亥日（十六日），吴越的军队内外联合攻击淮南兵，把淮南兵彻底打垮，并且生擒了淮南将领何朗等三十多人，夺得战船两百艘。周本靠着夜色的掩护逃走了，吴越军从后追击，在皇天荡又把周本打败了。淮南将领钟泰章率领两百名精兵断后，在菰草中竖立很多旗帜迷惑对方，吴越的追兵不敢前进而返回。

岐王李茂贞任命的保大节度使李彦博、坊州刺史李彦昱都弃城逃往凤翔，鄜州都将严弘倚把整个城池献出投降梁朝。己未日（二十四日），后梁太祖朱晃任命高万兴为保塞节度使，任命绛州刺史牛存节为保大节度使。

淮南开始实施选举人才的制度，任命骆知祥掌理这件事。

五月，丁卯，帝命刘知俊乘胜取邠州，知俊难之，辞以阙食，乃召还。

佑国节度使王重师镇长安数年，帝在河中，怒其贡奉不时，己巳，召重师入朝，以左龙虎统军刘捍为佑国留后。

癸酉，帝发河中；己卯，至洛阳。

刘捍至长安，王重师不为礼，捍谮之于帝，云重师潜与邠、岐通。甲申，贬重师溪州刺史，寻赐自尽，夷其族。

【译文】五月，丁卯日（初三），后梁太祖朱晃命令刘知俊乘胜攻取邠州。刘知俊觉得很难成功，就推说粮食不足，后梁太祖于是把他召回去。

佑国节度使王重师镇守长安好多年，后梁太祖朱晃在河中时，气愤他不按时进贡，己巳日（初五），召王重师入朝，委任左龙虎统军刘捍为佑国留后。

癸酉日（初九），后梁太祖朱晃从河中出发；己卯日（十五日），回到洛阳。

刘捍到了长安，王重师不肯礼遇他，刘捍就向后梁太祖朱晃进谗言，说王重师和邠州、岐国暗中有来往。甲申日（二十日），后梁太祖把王重师贬为溪州刺史，不久赐令自尽，诛杀他的全族。

刘守文频年攻刘守光不克，力大发兵，以重赂招契丹、吐谷浑之众，合四万屯蓟州。守光逆战于鸡苏，为守文所败。守文单马立于陈前，泣谓其众曰："勿杀吾弟！"守光将元行钦识之，直前擒之，沧德兵皆溃。守光因之别室，楀之藜棘，乘胜进攻沧州。沧州节度判官吕兖、孙鹤推守文子延祚为帅，乘城拒守。兖，安次人也。

【译文】 刘守文连年攻打刘守光不能攻下，于是大力发兵，并且用重金招请契丹和吐谷浑的部众，一共集合了四万人屯聚在蓟州。刘守光在鸡苏迎战，被刘守文打败。刘守文单枪匹马立在阵前，哭着对他的部众说："不要杀死我的弟弟。"刘守光的部将元行钦认识刘守文，于是冲上前去，把他活捉了，沧德的军队全部溃散了。刘守光把刘守文囚禁在别室，并用一丛丛的荆棘环绕屋子。刘守光的部队乘胜进攻沧州，沧州节度判官吕兖和孙鹤共同推举刘守文的儿子刘延祚为统帅，登城抵御。吕兖是安次人。

【乾隆御批】 兄讨幽父之弟，即诛之亦不为过，乃对众泣谓"勿杀"，此与宋襄不擒二毛同一迂腐，卒以自取败亡。所谓可笑可鄙者耳。

【译文】 哥哥讨伐幽禁父亲的弟弟，即使杀了弟弟也不为过，但他却在阵前哭着对众人说"不要杀"。这一举动与宋襄不擒二毛同样的迂腐愚昧，最后终于自取灭亡。真可说是一个可笑又可悲的人啊！

忠武节度使兼侍中刘知俊，功名浸盛，以帝猜忍日甚，内不自安。及王重师诛，知俊益惧。帝将伐河东，急征知俊入朝，欲以为河东西面行营都统；且以知俊有丹、延之功，厚赐之。知俊弟右保胜指挥使知浣从帝在洛阳，密使人语知俊云："入必死。"
又白帝，请帅弟侄往迎知俊，帝许之。六月，乙未朔，知俊奏称
"为军民所留"，遂以同州附于岐，执监军及将佐之不从者，皆械
送于岐。遣兵袭华州，逐刺史蔡敬思，以兵守潼关。潜遣人以
重利啗长安诸将，执刘捍，送于岐，杀之。知俊遣使请兵于岐，
亦遣使请晋人出兵攻晋、绛，遗晋王书曰："不过旬日，可取两京，
复唐社稷。"

【译文】忠武节度使兼侍中刘知俊，功劳名声越来越大，
由于后梁太祖朱晃对他日渐猜疑，内心觉得很不安。到了王重
师被杀后，刘知俊心里更是害怕。后梁太祖将要讨伐河东晋王，
急征刘知俊入朝，想任命他为河东西面行营都统；并且由于他
有取得丹州、延州的功劳，想要厚厚地赏赐他。刘知俊的弟弟右
保胜指挥使刘知浣跟随后梁太祖在洛阳，秘密派人告诉刘知俊
说："入朝一定死。"又向后梁太祖奏请率领弟侄们前往迎接刘
知俊，后梁太祖允许了。六月，乙未朔日（初一），刘知俊上奏说：
"被军队百姓挽留。"于是献出同州归降岐王，并且把监军及不
听话的将领们都收押起来，让他们戴上手铐脚镣，全部送到凤
翔。又派遣军队袭击华州，赶走了刺史蔡敬思，然后派兵把守
潼关。又派人秘密地以重利收买长安的将领，把刘捍捉起来，
送到凤翔杀掉。刘知俊派遣使者向岐王李茂贞请求增援部队，
又派遣使者请求晋王李存勖出兵进攻晋州、绛州。刘知俊写给
晋王李存勖的信中说："不过十天，可以攻取两京，恢复唐朝社
稷。"

丁未，朔方节度使韩逊奏克盐城，斩岐所署刺史李继直。
帝遣近臣谕刘知俊曰："朕待卿甚厚，何忽相负？"对曰："臣

不背德，但畏族灭如王重师耳。"帝复使谓之曰："刘捍言重师阴结邠、岐，朕今悔之无及，捍死不足塞责。"知俊不报。庚戌，诏削知俊官爵，以山南东道节度使杨师厚为西路行营招讨使，帅侍卫马步军都指挥使刘鄩等讨之。

辛亥，帝发洛阳。

【译文】丁未日（十三日），朔方节度使韩逊奏报攻克盐州，并且斩杀了岐王李茂贞所任命的盐州刺史李继直。

后梁太祖朱晃派遣近臣去对刘知俊说："我对你一向很好，为什么你却忽然背叛我？"刘知俊回答说："我并不是要背弃恩德，只是怕像王重师一样无缘无故地被灭族。"后梁太祖又派使者对他说："这是因为刘捍造谣说王重师偷偷地勾结邠州、岐国，我现在后悔也来不及了；刘捍虽死也不足以抵偿他的罪责。"刘知俊没有回复。庚戌日（十六日），后梁太祖下诏削去刘知俊的官职爵位，任命山南东道节度使杨师厚为西路行营招讨使，率领侍卫马步军都指挥使刘鄩等讨伐刘知俊。

辛亥日（十七日），后梁太祖从洛阳出发。

刘鄩至潼关东，获刘知俊伏路兵蔺如海等三十人，释之使为前导。刘知浣迷失道，盘桓数日，乃至关下，关吏纳之。如海等继至，关吏不知其已被擒，亦纳之。鄩兵乘门开直进，遂克潼关，追及知浣，擒之。癸丑，帝至陕。

丹州马军都头王行思等作乱，刺史宋知海逃归。

【译文】刘鄩到达潼关东边，俘获刘知俊埋伏在路上侦察的士兵蔺如海等三十人，于是释放了他们，让他们做向导。刘知浣迷了路，瞎绕了好几天才到潼关，关内的军吏开门迎接他们。这时恰好蔺如海等人也到了，军吏们不知道他们已被刘鄩俘虏了，也开门放他们进去。刘鄩的部队趁着开门的时候就径直冲了进去，于是攻下了潼关，又追上刘知浣，把他活捉了。癸丑日（十九日），后梁太祖朱晃到达陕州。

丹州马军都头王行思等人作乱，刺史宋知海逃了回来。

帝遣刘知俊侄嗣业持诏指同州招谕知俊，知俊欲轻骑诣行在谢罪，弟知偃止之。杨师厚等至华州，知俊将聂赏开门降。知俊闻潼关不守，官军继至，苍黄失图，乙卯夜，举族奔岐。杨师厚至长安，岐兵已据城，师厚以奇兵并南山急趋，自西门入，遂克之。庚申，以刘鄩权佑国留后。岐王厚礼刘知俊，以为中书令。地狭，无藩镇处之，但厚给俸禄而已。

刘守光遣使上表告捷，且言"俟沧德事毕，为陛下扫平并寇。"亦致书晋王，云欲与之同破伪梁。

【译文】后梁太祖朱晃派遣刘知俊的侄子刘嗣业拿着诏书前往同州招抚晓谕刘知俊；刘知俊本来想轻骑前往后梁太祖的驻地请罪，被他的弟弟刘知偃阻止了。杨师厚等到了华州，刘知俊的部将聂赏打开城门投降。刘知俊听说潼关失守，梁朝的军队随时就要到了，慌张得不知所措。乙卯日（二十一日），干脆率领全族的人投奔岐州。杨师厚到了长安，岐王李茂贞的军队已先占据了长安城。杨师厚出其不意地派出军队，沿着南山快速前进，从长安西门攻入，于是攻下了长安。庚申日（二十六日），后梁太祖任命刘鄩暂时代理佑国留后。岐王李茂贞非常厚待刘知俊，任命他为中书令。岐州地域狭窄，没有藩镇安置他，只是给予优厚的俸禄罢了。

刘守光派遣使者向后梁太祖朱晃上表报捷，并且说："等沧州、德州这边的事了结后，再替皇上扫平并州的贼人。"又写信给晋王李存勖，却说要和他一同消灭不合正统的梁朝。

抚州刺史危全讽自称镇南节度使，帅抚、信、袁、吉之兵号十万攻洪州。淮南守兵才千人，将吏皆惧，节度使刘威密遣使告急于广陵，日召僚佐宴饮。全讽闻之，屯象牙潭，不敢进，请兵于楚，楚王殷遣指挥使苑玫会袁州刺史彭彦章围高安以助全讽。玫，蔡州人；彦章，玕之兄子也。

徐温问将于严可求，可求荐周本。乃以本为西南面行营招讨应援使，将兵七千救高安。本以前攻苏州无功，称疾不出，可求即其卧内强起之。本曰："苏州之役，敌不能胜我，但主将权轻耳。今必见用，愿毋置副贰乃可。"可求许之。本曰："楚人为全讽声援耳，非欲取高安也。吾败全讽，援兵必还。"乃疾趣象牙潭。过洪州。刘威欲犒军，本不肯留。或曰："全讽兵强，君宜观形势然后进。"本曰："贼众十倍于我，我军闻之必惧，不若乘其锐而用之。"

【译文】抚州刺史危全讽自称镇南节度使，率领抚、信、袁、吉四州的军队号称十万进攻洪州。洪州的淮南守军才一千人，将吏们都非常害怕。洪州节度使刘威一方面秘密地派遣使者向广陵告急请求援兵，一方面天天召集属下若无其事地饮酒作乐。危全讽听到这一情况后，把军队驻扎在象牙潭，不敢进攻，于是向楚王请求增援；楚王马殷派遣指挥使苑玫会同袁州刺史彭彦章围攻高安以援助危全讽。苑玫是蔡州人。彭彦章是彭玕哥哥的儿子。

徐温向严可求询问将领人选，严可求举荐周本。于是徐温任命周本为西南面行营招讨应援使，让他率领七千名军士前往高安救援。周本因为前次进攻苏州无功而回，就推说生病，不肯出来。严可求跑到他的卧室硬把他拉出来，周本说："上回攻打苏州，本来敌人是打不过我们的，不过因为我方主帅权力太小，无法全盘指挥，所以失败；今天一定要用我，希望不要设置副职才可以。"严可求答应了他。周本又说："楚国人完全是声援危全讽，并不是真的要攻取高安；我如果打败危全讽，楚国的军队也一定会撤回去。"于是快速奔赴象牙潭。经过洪州的时候，刘威想留住他好犒赏军队，周本不肯停留。有人劝他说："危全讽的军队很强大，您最好先观察一下形势，观察妥当后再进攻。"周本说："贼众比我们多十倍，我军听说这情况一定畏惧，不如乘大家锐气旺盛使用他们。"

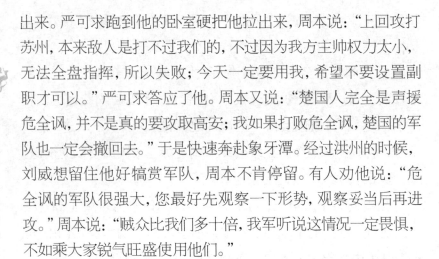

秋，七月，甲子，以刘守光为燕王。

梁兵克丹州，擒王行思。

商州刺史李稠驱士民西走，将吏追斩之，推都押牙李玫主州事。

庚午，改佑国军曰永平。

河东兵寇晋州，抄掠至尧祠而去。

癸酉，帝发陕州，乙亥，至洛阳，寝疾。

【译文】秋季，七月，甲子日（初一），后梁太祖朱晃封授刘守光为燕王。

梁朝的军队攻下丹州，活捉了王行思。

商州刺史李稠驱赶士人和百姓要往西投靠蜀国，被他的部将追赶上去杀了，推举商州都押牙李玫主持商州事务。

庚午日（初七），把佑国军改称为永平。

河东的军队进犯晋州，一直骚扰劫掠到尧祠才退回去。

癸酉日（初十），后梁太祖朱晃从陕州出发；乙亥日（十二日），到达洛阳，得病卧床。

初，帝召山南东道节度使杨师厚，欲使督诸将攻潞州，以前兖海留后王班为留后，镇襄州。师厚屡为班言牙兵王求等凶悍，宜备之，班自恃左右有壮士，不以为意，每众辱之。戊寅，谪求戍西境，是夕，作乱，杀班，推都指挥使雍丘刘玘为留后。玘伪从之，明日，与指挥使王延顺逃诣帝所。乱兵奉平淮指挥使李洪为留后，附于蜀。未几，房州刺史杨虔亦叛附于蜀。

【译文】 起初，后梁太祖朱晃召来山南东道节度使杨师厚，想要让他督率诸将攻打潞州，于是任命前兖海节度使王班为留后，镇守襄州。杨师厚曾提醒王班说牙兵王求等个性凶悍，应该对他们加强防备。王班自恃左右有壮士保护，并不在意，并且常常当众辱骂王求。戊寅日（十五日），王班下令把王求贬谪到西方边境去戍守，不料当晚王求等干脆造反，杀了王班，并尊奉都指挥使雍丘人刘玘为留后。刘玘假装听从他的安排，第二天，与指挥使王延顺逃到后梁太祖那里。乱兵拥奉平淮指挥使李洪为留后，归附前蜀主王建。不久，房州刺史杨虔也叛变，投降蜀国。

危全讽在象牙潭，营栅临溪，亘数千里。庚辰，周本隔溪布陈，先使羸兵尝敌。全讽兵涉溪追之，本乘其半济，纵兵击之，全讽兵大溃，自相蹂藉，溺水死者甚众，本分兵断其归路，擒全讽及将士五千人。乘胜克袁州，执刺史彭彦章，进攻吉州，歙州刺史陶雅使其子敬昭及都指挥使徐章将兵袭饶、信，信州刺史危仔倡请降，饶州刺史唐宝弃城走。行营都指挥使米志诚、都尉吕师造等败苑玫于上高。吉州刺史彭玕帅众数千人奔楚，楚王殷表玕为郴州刺史，为子希范娶其女。淮南以左先锋指挥使张景思知信州，遣行营都虞候骨言将兵五千送之。危仔倡闻兵至，奔吴越，吴越王镠以仔倡为淮南节度副使，更其姓曰元氏。危全讽至广陵，弘农王以其尝有德于武忠王，释之，资给甚厚。八月，虔州刺史卢光稠以州附于淮南。于是，江西之地尽入于杨氏。光稠亦遣使附于梁。

【译文】危全讽在象牙潭，临溪营建栅栏，连绵数十里。庚辰日（十七日），周本隔着溪边布阵，并且先派些老弱残兵来试探；危全讽的部队渡河要追击，周本乘着他们渡河渡到一半时发动总攻击，危全讽的部队大败，自相践踏，很多都溺水而死。周本又分出一部分军队阻断他们的退路，于是活捉了危全讽和他的部将军士们共有五千人之多。周本率兵乘胜攻克袁州，抓住袁州刺史彭彦章，进攻吉州。歙州刺史陶雅派他的儿子陶敬昭和都指挥使徐章率领军队进攻饶州和信州，信州刺史危仔倡请求投降，饶州刺史唐宝则弃城逃走。行营都指挥使米志诚、都尉吕师造等人在上高把苑玫打败了。吉州刺史彭玕率领几千人投奔楚王，楚王马殷上表后梁太祖朱晃，任命彭玕为郴州刺史，并且为他的儿子马希范娶了彭玕的女儿为妻。淮南任命左先锋指挥使张景思掌理信州，并派了行营都虞候骨言率领五千军队护送张景思。危仔倡听说淮南军队到了，逃奔吴越，吴越王钱镠任命危仔倡为淮南节度副使，将他的姓改为元氏。危全讽被押到广陵，弘农王杨隆演因为他过去帮助过先王杨行密，于是把他释放了，并且送给他丰厚的财物。八月，虔州刺史卢光稠献出虔州归附淮南，于是江西之地通通归入淮南杨氏手中。卢光稠也派遣使者向后梁称臣归附。

甲寅，上疾小瘳，始复视朝。

以镇国节度使康怀贞为西路行营副招讨使。

蜀主命太子宗懿判六军，开永和府，妙选朝士为僚属。

辛酉，均州刺史张敬方奏克房州。

岐王欲遣刘知俊将兵攻灵、夏，且约晋王使攻晋、绛。晋王引兵南下，先遣周德威等将兵出阴地关攻晋州，刺史边继威悉力固守。晋兵穿地道，陷城二十馀步，城中血战拒之，一夕城复成。诏杨师厚将兵救晋州，周德威以骑扼蒙坑之险，师厚击破之，进抵晋州，晋兵解围遁去。

【译文】 甲寅日（二十一日），后梁太祖朱晃的病稍微好了点，于是又开始上朝。

任命镇国节度使康怀贞为西路行营副招讨使。

蜀主王建命令太子王宗懿掌理六军，并且设立永和府（太子府），精选朝中官吏担任属官。

辛酉日（二十八日），均州刺史张敬方上奏说攻克房州。

岐王李茂贞想要派遣刘知俊率领军队进攻灵州、夏州，并且约请晋王李存勖进攻晋州、绛州。晋王李存勖率军南下，先派周德威等率兵出阴地关进攻晋州。晋州刺史边继威全力防守，晋兵挖掘地道，城墙攻陷二十多步，城中守军浴血奋战抵抗，一夜之间又把城池修补好。后梁太祖朱晃下诏书要杨师厚率军救援晋州，周德威派骑兵扼守蒙坑天险，杨师厚把他们打败，进军抵达晋州，晋兵解除包围逃走。

李洪寇荆南，高季昌遣其将倪可福击败之。诏马步都指挥使陈晖将兵会荆南兵讨洪。

蜀主以御史中丞王锴为中书侍郎、同平章事。

陈晖军至襄州，李洪逆战，大败，王求死。九月，丁酉，拔其城，斩叛兵千人，执李洪、杨虔等送洛阳，斩之。

丁未，以保义节度使王檀为潞州东面行营招讨使。

刘守光奏遣其子中军兵马使继威安抚沧州吏民。戊申，以继威为义昌留后。

【译文】李洪进攻荆南，高季昌派遣部将倪可福把他打败。后梁太祖朱晃诏令马步都指挥使陈晖率领军队会同荆南兵讨伐李洪。

蜀主王建任命御史中丞王锴为中书侍郎、同平章事。

陈晖的军队到了襄州，李洪出来迎战，被打得大败，王求等战死。九月，丁酉日（初五），陈晖攻克襄州，斩叛兵一千人，生擒李洪、杨虔等押送洛阳，把他们斩首。

丁未日（十五日），梁朝任命保义节度使王檀为潞州东面行营招讨使。

刘守光启奏要派遣他的儿子中军兵马使刘继威安抚沧州的军民，戊申日（十六日），梁朝任命刘继威为义昌留后。

辛亥，侍中韩建罢守太保，左仆射、同平章事杨涉罢守本官。以太常卿赵光逢为中书侍郎，翰林奉旨工部侍郎杜晓为户部侍郎，并同平章事。晓，让能之子也。

淮南遣使者张知远修好于福建，知远倨慢，闽王审知斩之，表上其书，始与淮南绝。审知性俭约，常蹑麻屦，府舍卑陋，未尝营葺。宽刑薄赋，公私富实，境内以安。岁自海道登、莱入贡，没溺者什四五。

【译文】辛亥日（十九日），侍中韩建被罢免宰相职务而拜太保，左仆射、同平章事杨涉被罢免宰相职务而任本官。任命太常卿赵光逢为中书侍郎，任命翰林奉旨工部侍郎杜晓为户部侍郎；两人都加同平章事职衔。杜晓是杜让能的儿子。

淮南派遣使者张知远到福建建立友好关系。张知远骄横傲慢，闽王王审知把他杀了，并且把淮南的书信呈送给后梁太祖朱晃，于是福建和淮南从此绝交。王审知生性俭约，常常只穿着麻鞋，房舍低矮简陋，也从不下令营建。他统治人民，刑罚宽松，赋税又轻，所以官府和人民都很富裕充实，境内因此非常安定。每年从海路经登州、莱州到梁朝进贡，因为海上风浪很大，有十之四五的人在海上淹没溺死。

冬，十月，甲子，蜀司天监胡秀林献《永昌历》，行之。

湖州刺史高澧性凶忍，尝召州吏议曰："吾欲尽杀百姓，可乎？"吏曰："如此，则租赋何从出？当择可杀者杀之耳。"时澧纠民为兵，有言其咨怨者，澧悉集民兵于开元寺，绐云犒享，入则杀之，死者逾半；在外者觉之，纵火作乱。澧闭城大索，凡杀三千人。吴越王镠欲诛之，戊辰，澧以州叛附于淮南，举兵焚义和临平镇，镠命指挥使钱镖讨之。

【译文】 冬季，十月，甲子日（初二），蜀国的司天监胡秀林呈献《永昌历》，在前蜀通行。

湖州刺史高澧性情凶狠残忍，曾经召集州吏商议说："我想把老百姓通通都杀了，可行吗？"州吏们建议说："要真这样，那要到哪里去收取租税呢？应当挑选一些可杀的才杀。"当时高澧纠集百姓当兵，有人说这些人叹息抱怨，于是高澧把民兵通通集合在开元寺，骗他们说里面在犒赏军队；民兵一进去，立刻就被杀掉，死了一大半。还在外头的人发觉异常，于是放火作乱。高澧下令关起城门来大肆搜捕，共杀了三千人。吴越王钱镠听说这件事，就想把他除掉。戊辰日（初六），高澧率州叛变归附淮南，发兵焚烧义和县临平镇，钱镠命令指挥使钱镖前去讨伐他。

十一月，甲午，帝告谢于圜丘；戊戌，大赦。

邺王罗绍威得风痹病，上表称："魏故大镇，多外兵，愿得有功重臣镇之，臣乞骸骨归第。"帝闻之，抚案动容。己亥，以其子周翰为天雄节度副使，知府事。谓使者曰："亟归语而主：为我强饭！如有不可讳，当世世贵尔子孙以相报也。今使周翰领军府，尚冀尔复愈耳。"

【译文】十一月，甲午日（初二），后梁太祖朱晃在圜丘告谢上天；戊戌日（初六），大赦天下。

邺王罗绍威得了风痹病，上表称："魏博是大镇，四面又有强敌环伺，希望能派个有功劳的重臣来镇守；臣乞求能让我这把老骨头回家去养病。"后梁太祖朱晃听了这些话，手按着桌案，大为感动。己亥日（初七），后梁太祖任命罗绍威的儿子罗周翰为天雄节度副使，掌理府事。又对使者说："赶快回去告诉你的主公说：'替我多吃两口饭，好好保重身体，就算真有不测，我也会世世代代重用你的子孙来报答你。现在先让罗周翰掌理军府，是希望你的身体能好起来。'"

岐王欲取灵州以处刘知俊，且以为牧马之地，使知俊自将兵攻之。朔方节度使韩逊遣使告急；诏镇国节度使康怀贞、感化节度使寇彦卿将兵攻邠宁以救之。怀贞等所向皆捷，克宁、衍二州，拔庆州南城，刺史李彦广出降。游兵侵掠及泾州之境，刘知俊闻之，十二月，己丑，解灵州围，引兵还。帝急召怀贞等还，遣兵迎援于三原青谷。怀贞等还，至三水，知俊遣兵据险邀之，左龙骧军使寿张王彦章力战，怀贞等乃得过。怀贞与裨将李德遇、许从实、王审权分道而行，皆与援兵不相值，至升平，刘知俊伏兵山口，怀贞大败，仅以身免，德遇等军皆没。岐王以知俊为彰义节度使，镇泾州。

【译文】岐王李茂贞想要攻取灵州来安置刘知俊，并且把灵州作为放牧马匹的地方，让刘知俊亲自带兵去攻打灵州。朔方节度使韩逊向梁朝告急；后梁太祖朱晃命令镇国节度使康怀贞、感化节度使寇彦卿率兵进攻邠宁，以牵制刘知俊的军队来解救灵州。康怀贞等所到之处连打胜仗，克复了宁州、衍州，并且攻下庆州的南城，刺史李彦广出城投降，梁朝的游击部队一直骚扰到泾州境内。刘知俊听到后，十二月，己丑日（二十八日），解除对灵州的包围，带兵回去了。后梁太祖急忙召康怀贞等回去，并派军队在三原县的青谷镇去接应他们；康怀贞等回到三水县，刘知俊派兵扼守险要的地方伏击他们；最后靠梁朝的左龙骧军使寿张人王彦章奋勇冲锋，康怀贞等才得以通过。康怀贞和副将李德遇、许从实、王审权等分路前进，都没有和援兵相遇，到了升平，刘知俊的军队埋伏在山口，康怀贞的部队大败，只他自己一个人逃了回去，李德遇等的部队则全军覆没。岐王李茂贞委任刘知俊为彰义节度使，镇守泾州。

【乾隆御批】彦章以善用铁枪得名，所争本不系斤两之轻重。纪事者乃云：一置鞍，一在手。战用二枪，枪皆百斤。试问："以骁将伟躯，携二百斤之械，加以甲胄橐靴之属，重何啻四五百斤。战马曷由胜？此可知操觚家形容付会，其为浮文贻累者不少。

【译文】王彦章以善使铁枪而闻名，所争夺的本来不在乎那些小事。但是记录史事的人却说：一条枪置于马鞍上，一条枪握在手中。战斗时用两条枪，每条都有百斤重。试问："凭着骁将伟岸的身躯，携带二百斤重的枪械，加上身上的甲胄、橐、靴之类，不会少于四五百斤。战马怎么能承受得了？可见那些专门执笔的人形容附会，被浮夸的文章贻累者实在是不少。

　　王彦章骁勇绝伦，每战用二铁枪，皆重百斤，一置鞍中，一在手，所向无前，时人谓之"王铁枪"。

　　蜀蜀州刺史王宗弁称疾，罢归成都，杜门不出。蜀主疑其矜功怨望，加检校太保，固辞不受，谓人曰："廉者足而不忧，贪者忧而不足。吾小人，致位至此，足矣，岂可求进不已乎！"蜀主嘉其志而许之，赐与有加。

　　刘守光围沧州久不下，执刘守文至城下示之，犹固守。城中食尽，民食堇泥，军士食人，驴马相啖骏尾。吕兖选男女羸弱者，饲以麹面而烹之，以给军食，谓之宰杀务。

　　【译文】王彦章打起仗来，非常骁勇，每次上阵，都带着两支铁枪，每支重一百斤，一支放在马鞍上，一支拿在手上；所向无敌，当时人们称他为"王铁枪"。

　　蜀国的蜀州刺史王宗弁推说生病，辞官回到成都，闭门隐居。蜀主王建怀疑他居功自负而心怀怨恨，于是下令加封他为检校太保。王宗弁很坚决地推辞，对人说："廉洁的人知道知足而没有忧虑，只有贪得无厌的人才会天天忧心忡忡而不知道满足。我本是一个小人，做到这么高的官位，也该满足了，怎能一味地贪求高位而不知道停止呢？"蜀主赞赏他的志向并应允了他，给了他很多赏赐。

　　刘守光围攻沧州很久没有攻下，把刘守文绑到城下威胁他们，还是不肯投降。城内粮食吃完了，老百姓只好吃黏土，军士则吃人，驴马互相吃鬃毛尾巴。吕兖挑选一批瘦弱的男女，喂他们吃麹面，然后杀了煮熟，来供给部队食用，把这称作"宰杀务"。

开平四年（庚午，公元九一〇年）春，正月，乙未，刘延祚力尽出降。时刘继威尚幼，守光使大将张万进、周知裕辅之镇沧州，以延祚及其将佐归幽州，族吕兖而释孙鹤。

兖子琦，年十五，门下客赵玉绐监刑者曰："此吾弟也，勿妄杀。"监刑者信之，遂挈以逃。琦足痛不能行，玉负之，变姓名，乞食于路，仅而得免。琦感家门殄灭，力学自立，晋王闻其名，署代州判官。

【译文】开平四年（庚午，公元910年）春季，正月，乙未日（初四），刘延祚力量用尽，出城投降。当时刘守光的儿子刘继威还小，于是刘守光任命大将张万进、周知裕两人辅佐他镇守沧州，把刘延祚和他的部将们带回幽州，杀了吕兖全族的人而释放了孙鹤。

吕兖的儿子吕琦，年龄十五岁，门下客赵玉欺骗监督行刑的人说："这是我的弟弟，你可别乱杀。"监督行刑的人居然相信了，于是赵玉带着吕琦逃走。吕琦脚痛不能走路，赵玉背着他，改名换姓，沿路乞讨，终于逃过了大难。吕琦深感家破人亡之痛，努力学习自立，晋王李存勖听说他的名字，任命他为代州判官。

辛丑，以卢光稠为镇南留后。

刘守光为其父仁恭请致仕，丙午，以仁恭为太师，致仕。守光寻使人潜杀其兄守文，归罪于杀者而诛之。

二月，万全感自岐归广陵，岐王承制加弘农王兼中书令，嗣吴王,于是吴王赦其境内。

高澧求救于吴,吴常州刺史李简等将兵应之,湖州将盛师友、沈行思闭城不内;澧帅麾下五千人奔吴。三月,癸巳,吴越王镠巡湖州,以钱镖为刺史。

【译文】辛丑日(初十),梁朝任命卢光稠为镇南留后。

卢龙节度使刘守光为他的父亲刘仁恭请求退休,丙午日(十五日),后梁太祖朱晃任命刘仁恭为太师,准他退休。刘守光不久又派人偷偷地杀了他的哥哥刘守文,又嫁罪给暗杀的人,并把他也杀了。

二月,万全感从岐国回到广陵,岐王李茂贞秉承皇帝的旨意,加封弘农王杨隆演兼任中书令,并且嗣位为吴王,于是吴王杨隆演在境内实行大赦。

湖州刺史高澧向吴王杨隆演求救,吴常州刺史李简等率兵前去接应,湖州将领盛师友、沈行思关闭城门不肯接纳援军;高澧只好率领部下五千人投奔吴王。三月,癸巳日(初三),吴越王钱镠巡视湖州,任命钱镖为刺史。

蜀太子宗懿骄暴,好陵傲旧臣。内枢密使唐道袭,蜀主之嬖臣也,太子屡谵之于朝,由是有隙,互相诉于蜀主。蜀主恐其交恶,以道袭为山南西道节度使、同平章事。道袭荐宣徽北院使郑顼为内枢密使,顼受命之日,即欲按道袭昆弟盗用内库金帛。道袭惧,奏顼褊急,不可大任,丙午,出顼为果州刺史,以宣徽南院使潘炕为内枢密使。

夏州都指挥使高宗益作乱,杀节度使李彝昌。将吏共诛宗益,推彝昌族父蕃汉都指挥使李仁福为帅,癸丑,仁福以闻。夏,四月,甲子,以仁福为定难节度使。

【译文】前蜀太子王宗懿骄横凶狠，喜好凌辱轻慢旧臣。内枢密使唐道袭是蜀主王建的宠臣，太子却老是在朝廷上当众戏谑他，因此二人有了过节，互相向蜀主告状。蜀主怕他们起争执，就任命唐道袭为山南西道节度使、同平章事。唐道袭原本推荐宣徽北院使郑顼接任内枢密使，可是郑顼接受任命的第一天，就要调查唐道袭兄弟们盗用内库的金帛。唐道袭害怕，赶快又向蜀主报告说郑顼气量狭小，性情急躁，不能让他担当大任。丙午日（十六日），蜀主调郑顼出任果州刺史，任命宣徽南院使潘炕为内枢密使。

夏州的都指挥使高宗益作乱，杀死了节度使李彝昌。李彝昌的部属们一起杀了高宗益，另外推举李彝昌同族父辈的蕃汉都指挥使李仁福作为他们的统帅。癸丑日（二十三日），李仁福向梁朝上表奏报。夏季，四月，甲子日（初五），后梁太祖朱晃任命李仁福为定难节度使。

丁卯，宋州节度使衡王友谅献瑞麦，一茎三穗，帝曰："丰年为上瑞。今宋州大水，安用此为！"诏除本县令名，遣使诘责友谅，以兖海留后惠王友能代为宋州留后。友谅、友能，皆全昱子也。

帝以晋州刺史下邑华温琪拒晋兵有功，欲赏之，会护国节度使冀王友谦上言晋、绛边河东，乞别建节镇，壬申，以晋、绛、沁三州为定昌军，以温琪为节度使。

【译文】丁卯日（初八），宋州节度使衡王朱友谅呈献瑞麦，每一根麦茎上长了三枝麦穗，后梁太祖朱晃说："如果在丰年，这是上等吉兆。现在宋州发大水，这有什么用呢？"于是下令除去这个县出产瑞麦的好名声，又派遣使者去责问朱友谅，另外让兖海留后惠王朱友能代理宋州留后。朱友谅、朱友能，都是后梁太祖哥哥广王朱全昱的儿子。

后梁太祖朱晃因为晋州刺史下邑人华温琪抵抗晋兵有功，想要赏赐他，刚好护国节度使冀王朱友谦启奏说晋州、绛州与河东交界，请求另外设立节镇，壬申日（十三日），后梁太祖下令以晋州、绛州、沁州三个州划分为定昌军，并且任命温琪为节度使。

左金吾大将军寇彦卿入朝，至天津桥，有民不避道，投诸栏外而死。彦卿自首于帝。帝以彦卿才干有功，久在左右。命以私财遗死者家以赎罪。御史司宪崔沂劾奏"彦卿杀人阙下，请论如法。"帝命彦卿分析。彦卿对："令从者举置栏外，不意误死。"帝欲以过失论，沂奏："在法，以势力使令为首，下手为从，不得归罪从者；不斗而故殴伤人，加伤罪一等，不得为过失。"辛巳，责授彦卿游击将军、左卫中郎将。彦卿扬言："有得崔沂首者，赏钱万缗。"沂以白帝，帝使人谓彦卿："崔沂有毫发伤，我当族汝！"时功臣骄横，由是稍肃，沂，沆之弟也。

【译文】后梁左金吾大将军寇彦卿进京朝见，走到天津桥，有百姓没有躲避让路，便被扔到桥栏外摔死了。寇彦卿向后梁太祖朱晃报告此事认罪，后梁太祖念在寇彦卿既有才干，又为国家立过功劳，而且常在自己左右，可以说是亲信大臣，命令他自行向死者家属理赔作为赎罪。御史司宪崔沂弹劾他说："寇彦卿在皇宫前杀人，应该照法律论罪。"后梁太祖命寇彦卿进行分辩。寇彦卿回答说："我让随从把他举起放到桥栏外，没想到误伤死去。"后梁太祖想以过失论他的罪，崔沂启奏说："以法律而言，仗着权势下命令的人是首犯，遵命动手去做的人只是从犯，不可以把罪过都归到从犯的身上；不是因为互相打斗而伤害人，这还应该罪加一等，怎么可以算过失呢？"辛巳日（二十二日），后梁太祖下令寇彦卿因罪贬为游击将军、左卫中郎将。寇彦卿扬言说："有谁能砍下崔沂脑袋的，我赏一万缗钱。"崔沂向后梁太祖报告，后梁太祖于是派人警告寇彦卿说："崔沂如果有毫发的伤害，当心我灭你全族。"当时功臣们骄横，从此稍微收敛。崔沂是崔沆的弟弟。

五月，吴徐温母周氏卒，将吏致祭，为偶人，高数尺，衣以罗锦，温曰："此皆出民力，奈何施于此而焚之，宜解以衣贫者。"未几，起复为内外马步军都军使，领润州观察使。

岐王屡求货于蜀，蜀主皆与之。又求巴、剑二州，蜀主曰："吾奉茂贞，勤亦至矣；若与之地，是弃民也，宁多与之货。"乃复以丝、茶、布、帛七万遗之。

己亥，以刘继威为义昌节度使。

癸丑，天雄节度使兼中书令邺贞庄王罗绍威卒。诏以其子周翰为天雄留后。

【译文】五月，吴徐温的母亲周氏过世，部将、属吏们都前往吊祭，做了一个木偶人，高有好几尺，并且替它穿上罗锦的衣服。徐温说："这些衣服都出于百姓之力，怎么能将它穿在这里烧掉呢，应当解下来给贫苦的人穿。"不久，虽然还在守丧期间，徐温又被起用为内外马步军都军使，并且兼任润州观察使的职务。

岐王李茂贞老是向蜀国要财物，蜀主王建有求必应。有一次岐王要求把蜀国的巴州、剑州割让给他，蜀主说："我对待李茂贞，可说仁至义尽了，如果再割地给他，这不是遗弃我自己的百姓吗？我宁可多给他点财物。"又送给李茂贞丝、茶、布、帛七万。

己亥日(十一日)，任命刘继威为义昌节度使。

癸丑日(二十五日)，天雄节度使兼中书令邺贞庄王罗绍威去世，梁朝任命他的儿子罗周翰为天雄留后。

匡国节度使长乐忠敬王冯行袭疾笃，表请代者。许州牙兵二千，皆秦宗权馀党，帝深以为忧。六月，庚戌，命崇政院直学士李珽驰往视行袭病，曰："善谕朕意，勿使乱我近镇。"珽至许州，谓将吏曰："天子握百万兵，去此数舍耳；冯公忠纯，勿使上有所疑。汝曹赤心奉国，何忧不富贵！"由是众莫敢异议。行袭欲使人代受诏，珽曰："东首加朝服，礼也。"乃即卧内宣诏，谓行袭曰："公善自辅养，勿视事，此子孙之福也。"行袭泣谢，遂解两使印授珽，使代掌军府。帝闻之曰："予固知珽能办事，冯族亦不亡矣。"庚辰，行袭卒。甲申，以李珽权知匡国留后，悉以行袭兵分隶诸校，冒冯姓者皆还宗。

【译文】匡国节度使长乐忠敬王冯行袭病重，上表请求任命代替自己的人。他的驻地许州有两千牙兵，都是秦宗权的余党，后梁太祖朱晃对此非常担心。六月，庚戌日(六月无此日)，命令崇政院直学士李珽赶去探望冯行袭的病情，后梁太祖朱晃说："好好地晓谕朕的心意，不要乱了我的邻近藩镇。"李珽到了许州，对将吏们说："天子拥有百万的雄兵，离这儿才几百里；冯公一向对朝廷忠诚，你们可不要让皇上对此地的驻军有所怀疑。只要大家赤心报效国家，还怕没荣华富贵可享吗？"因此大家再也不敢提出其他的意见。冯行袭想让人代替他接受后梁太祖的诏书，李珽说："按照礼制，只要躺在床上，头向东边，另外在身上披上朝服就可以了。"于是就在冯行袭的卧室内宣读诏书，对冯行袭说："您好好保养身体，不要忙着处理公事，这样也算是替子孙们积点福吧！"冯行袭感动得一边流泪一边致谢，于是马上就把节度使和观察使的印绶交给李珽，让他代为掌理军府。后梁太祖朱晃听到这个消息，说："我本来就知道李珽能办事，冯行袭的宗族也能够不灭亡了。"庚辰日（二十二日），冯行袭过世。甲申日（二十六日），后梁太祖委任李珽暂时主持匡国留后事务，把冯行袭的军队全部归属各部队，冒冯姓的养子全部恢复原姓回归本宗。

楚王殷求为天策上将，诏加天策上将军。殷始开天策府，以弟宾为左相，存为右相。殷遣将侵荆南，军于油口。高季昌击破之，斩首五千级，逐北至白田而还。

吴水军指挥使敖骈围吉州刺史彭玕弟珹于赤石，楚兵救珹，虏骈以归。

【译文】楚王马殷请求任天策上将，后梁太祖朱晃下诏加封他为天策上将军。于是马殷开始设立天策府，任命他的弟弟马宾为左相，马存为右相。马殷又派遣将领率兵进攻荆南，驻军在油口；高季昌把楚兵打败，斩下首级五千个，追赶逃兵到白田才返回。

吴水军指挥使敖骈在赤石洞围攻吉州刺史彭玕的弟弟彭珹，楚军前往救援，俘获了敖骈才撤军回去。

秋，七月，戊子朔，蜀门下侍郎兼吏部尚书、同平章事韦庄卒。

吴越王镠表"宦者周延诰等二十五人，唐末避祸至此，非刘、韩之党，乞原之。"上曰："此属吾知其无罪，但今革弊之初，不欲置之禁掖，可且留于彼，谕以此意。"

岐王与邠、泾二帅各遣使告晋，请合兵攻定难节度使李仁福。晋王遣振武节度使周德威将兵会之，合五万众围夏州，仁福婴城拒守。

【译文】秋季，七月，戊子朔日（初一），蜀国的门下侍郎兼吏部尚书、同平章事韦庄去世。

吴越王钱镠上表称："宦官周延诰等二十五人，唐末避祸来到这里，并不是刘季述、韩令诲等人的党羽，请求赦免他们。"后梁太祖朱晃说："这些人我知道并没犯什么罪过，不过现今我正开始革除唐朝宦官专权的弊病，不愿再把他们安置在宫里，可暂且让他们留在那里，把这个意思告诉他们。"

岐王李茂贞和邠州、泾州的守帅都派遣使者通告晋王李存勖，请求共同派兵进攻定难节度使李仁福；晋王李存勖于是派遣振武节度使周德威率兵和他们会师，合兵五万包围夏州，李仁福据城抵御防守。

八月，以刘守光兼义昌节度使。

镇、定自帝践祚以来虽不输常赋，而贡献甚勤。会赵王镠母何氏卒，庚申，遣使吊之，且授起复官。时邻道吊客皆在馆，使者见晋使，归，言于帝曰："镠潜与晋通，镇、定势强，终恐难制。"帝深然之。

【译文】八月，任命刘守光兼任义昌节度使。

镇州、定州自后梁太祖朱晃即位以来，虽然没有输送日常的租税，但是却进贡得很勤。有一回刚好赵王王镠的母亲何氏去世，庚申日（初三），后梁太祖派遣使者前往吊唁，并且在王镠守丧期间恢复他原来的官职。当时邻近各道前往吊唁的使者都住在馆舍，朝廷的使者见到了晋王李存勖派去的使者，回朝后，向后梁太祖报告说："王镕偷偷地和晋王往来,镇州和定州的力量又强大,将来恐怕没有办法控制。"后梁太祖深以为是。

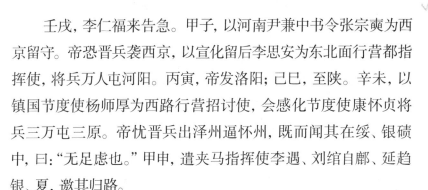

　　壬戌,李仁福来告急。甲子,以河南尹兼中书令张宗奭为西京留守。帝恐晋兵袭西京,以宣化留后李思安为东北面行营都指挥使,将兵万人屯河阳。丙寅,帝发洛阳;己巳,至陕。辛未,以镇国节度使杨师厚为西路行营招讨使,会感化节度使康怀贞将兵三万屯三原。帝忧晋兵出泽州逼怀州,既而闻其在绥、银碛中,曰:"无足虑也。"甲申,遣夹马指挥使李遇、刘绾自鄜、延趋银、夏,邀其归路。

　　吴越王镠筑捍海石唐,广杭州城,大修台馆。由是钱唐富庶盛于东南。

　　【译文】　壬戌日(初五),定难节度使李仁福前来告急。甲子日(初七),任命河南尹兼中书令张宗奭为西京留守。后梁太祖朱晃怕晋王李存勖的军队进攻西京洛阳,于是任命宣化留后李思安为东北面行营都指挥使,率领一万军队驻守在河阳。丙寅日(初九),后梁太祖从洛阳出发;己巳日(十二日),到了陕州。辛未日(十四日),任命镇国节度使杨师厚为西路行营招讨使,会同感化节度使康怀贞率领军队三万人驻守三原。后梁太祖本来担心晋王李存勖的军队会出泽州进逼怀州,后来听说他们还在绥州、银州的沙漠中,于是说:"这样没什么可以担心了。"甲申日(二十七日),后梁太祖派遣夹马指挥使李遇、刘绾自鄜州、延州奔赴银州、夏州,拦截晋兵的归路。

　　吴越王钱镠下令建筑防止海潮的石头塘堤,扩大杭州的范围,并且大规模修建楼台馆舍。从此钱塘在东南一带最为富庶。

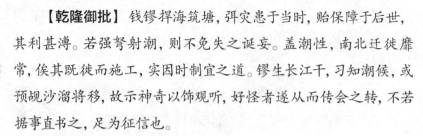

【乾隆御批】 钱镠捍海筑塘，弭灾患于当时，贻保障于后世，其利甚溥。若强弩射潮，则不免失之诞妄。盖潮性，南北迁徙靡常，俟其既徙而施工，实因时制宜之道。镠生长江干，习知潮候，或预觇沙溜将移，故示神奇以饰观听，好怪者遂从而传会之转，不若据事直书之，足为征信也。

【译文】 钱镠捍海筑塘，减除当时的灾害，确保百姓的安全，对后世也有很大功劳，这件事情的影响是深远的。如果说他用强弓来射海潮，那么就不免荒诞不实了。根据海潮的特性，南北迁移是经常有的事情，等迁徙以后再施工，实在是因时制宜的方法。钱镠生长在江边，了解海潮的规律，有时事先察看海滩上沙溜的印迹预知海潮的迁移情况，所以故意采用神奇的方式，粉饰人们的视听，有专门喜好神怪的人会根据这些附会成故事，其实不如依据实际情况书写，更让人信服。

九月，己丑，上发陕；甲午，至洛阳，疾复作。

李遇等至夏州，岐、晋兵皆解去。

冬，十月，遣镇国节度使杨师厚、相州刺史李思安将兵屯泽州以图上党。

吴越王镠之巡湖州也，留沈行思为巡检使，与盛师友俱归。行思谓同列陈瑰曰："王若以师友为刺史，何以处我？" 时瑰已得镠密旨遣行思诣府，乃绐之曰："何不自诣王所论之！" 行思从之。既至数日，瑰送其家亦至，行思恨镠卖己。镠自衣锦军归，将吏迎谒，行思取锻槌击瑰，杀之，因诣镠，与师友论功，夺左右槊，欲刺师友，众执之。镠斩行思，以师友为婺州刺史。

【译文】九月，己丑日（初三），后梁太祖朱晃从陕州出发；甲午日（初八），到达洛阳，疾病复发。

566

李遇等人率军到了夏州，岐王和晋王的军队都解围而去。

冬季，十月，后梁派遣镇国节度使杨师厚、相州刺史李思安率兵驻扎泽州来谋取上党。

吴越王钱镠巡视湖州的时候，留下沈行思为巡检使，自己带着盛师友回去。沈行思对他的同僚陈瑰说："大王如果以盛师友为刺史，用什么来安置我？"当时陈瑰已经得到钱镠的密令，要派沈行思到镇海军府去，就故意骗沈行思说："你何不自己到吴越王那里去说明呢？"沈行思听从了他的话。可是到达军府后几日，陈瑰把他的家人也送了回来，沈行思因此极为怨恨，认为陈瑰出卖了他。钱镠自家乡衣锦军回来，将吏前去迎接谒见，这时，沈行思取出打铁的槌击打陈瑰，当场就把陈瑰打死了，又跑到钱镠面前，和盛师友争论谁的功劳大，并且夺下左右侍从手中的长矛，要刺杀盛师友，大家赶快抓住他。钱镠杀了沈行思，任命盛师友为婺州刺史。

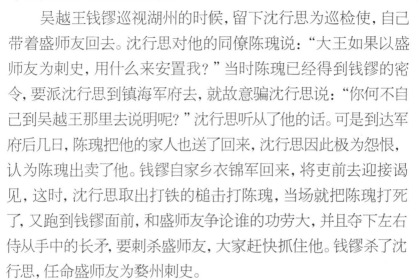

十一月，己丑，以宁国节度使、同平章事王景仁充北面行营都指挥招讨使，潞州副招讨使韩勍副之，以李思安为先锋将，趣上党。寻遣景仁等屯魏州，杨师厚还陕。

蜀主更太子宗懿名曰元坦。庚戌，立假子宗裕为通王，宗范为夔王，宗鐬为昌王，宗寿为嘉王，宗翰为集王；立其子宗仁为普王，宗辂为雅王，宗纪为褒王，宗智为荣王，宗泽为兴王，宗鼎为彭王，宗杰为信王，宗衍为郑王。

初，唐末宦官典兵者多养军中壮士为子以自强，由是诸将亦效之。而蜀主尤多，惟宗懿等九人及宗特、宗平真其子；宗裕、宗鐬、宗寿皆其族人；宗翰姓孟，蜀主之姊子；宗范姓张，其母周氏为蜀主姜；自馀假子百二十人皆功臣，虽冒姓连名而不禁婚姻。

【译文】 十一月，己丑日（初三），后梁太祖朱晃任命宁国节度使、同平章事王景仁为北面行营都指挥招讨使，以潞州副招讨使韩勍为他的副帅，以李思安担任先锋将，奔赴上党。随即派遣王景仁等驻扎魏州，杨师厚返回陕州。

前蜀主王建把太子王宗懿的名字改为王元坦。庚戌日（二十四日），封义子王宗裕为通王，王宗范为夔王，王宗鐬为昌王，王宗寿为嘉王，王宗翰为集王；并封他的儿子王宗仁为普王，王宗辂为雅王，王宗纪为褒王，王宗智为荣王，王宗泽为兴王，王宗鼎为彭王，王宗杰为信王，王宗衍为郑王。

起初，唐朝末年，凡是宦官掌领军队的大多收养军中的壮士当作儿子来壮大力量，因此各地的将领也争相仿效。而前蜀主王建的养子尤其多，只有王宗懿等九人及王宗特、王宗平是他的亲儿子；其他像王宗裕、王宗鐬、王宗寿都是族人；王宗翰原姓孟，是蜀主姐姐的儿子；王宗范姓张，他的母亲周氏是蜀主的妾；其余的养子有一百二十个人都是功臣，虽然也冒称王姓，但不禁止相互结为婚姻。

上疾小愈，辛亥，校猎于伊、洛之间。

上疑赵王镕贰于晋，且欲因邺王绍威卒除移镇、定。会燕王守光发兵屯涞水，欲侵定州，上遣供奉官杜廷隐、丁延徽临魏博兵三千分屯深、冀，声言恐燕兵南寇，助赵守御。又云分兵就食。赵将石公立戍深州，白赵王镕，请拒之。镕遽命开门，移公立于外以避之。公立出门指城而泣曰："朱氏灭唐社稷，三尺童子知其为人。而我王犹恃姻好，以长者期之，此所谓开门揖盗者也。惜乎，此城之人今为虏矣！"

【译文】 后梁太祖朱晃的病稍微好了一些，辛亥日（二十五日），到伊水、洛水之间设围打猎。

后梁太祖朱晃怀疑赵王王镕有二心，私自结交晋王李存勖，并且想趁邺王罗绍威去世的机会而调动镇、定两个藩镇节度使。刚好燕王刘守光调兵驻扎在涞水，正准备入侵定州，于是后梁太祖派遣供奉官杜廷隐、丁延徽两人监督魏博的三千军队分别驻守在深州、冀州，声称担心燕兵南侵，特别派来帮助赵王防守的；又说是要分派部分军队来接受当地的粮食后勤补给。赵王的将领石公立戍守深州城，向赵王报告，请求拒绝他们屯驻。王镕却立即下令打开城门接纳朝廷的军队，并且把石公立调到城外，避免与梁军碰头。石公立出深州的城门时，指着城哭着说："姓朱的把唐朝的社稷都灭了，连三尺高的小孩子都知道他的为人。我们大王却还仗着和他有姻亲关系，把他当长者看待，这真是俗话所说的开门请强盗进来。可惜啊，这城内的人现在要成为俘虏了！"

梁人有亡奔真定，以其谋告镕者，镕大惧，又不敢先自绝；但遣使诣洛阳，诉称"燕兵已还，与定州讲和如故，深、冀民见魏博兵入，奔走惊骇，乞召兵还。"上遣使诣真定慰谕之。未几，廷隐等闭门尽杀赵戍兵，乘城拒守。镕始命石公立攻之，不克，乃遣使求援于燕、晋。

【译文】 梁人有逃奔到真定的，把后梁太祖朱晃想要移调镇、定节度使的图谋告诉了王镕，王镕非常害怕，又不敢先主动和梁朝断绝关系；只是派遣使者到洛阳，向后梁太祖启奏说："燕兵已经退回去了，现在已和定州讲和，双方和好如初，而深州、冀州的老百姓看到忽然间来了那么多魏博的军队，都四处惊慌奔逃，所以请求皇上把魏博的军队召回去。"后梁太祖派遣使者到真定慰抚宣谕。不久，杜廷隐关起城门把深州城内戍守的赵兵通通杀光，并登城防守。赵王王镕这才命令石公立攻打，可是攻不下，于是派遣使者向燕王、晋王求援。

镕使者至晋阳，义武节度使王处直使者亦至，欲共推晋王为盟主，合兵攻梁。晋王会将佐谋之，皆曰："镕久臣朱温，岁输重赂，结以婚姻，其交深矣，此必诈也，宜徐观之。"王曰："彼亦择利害而为之耳。王氏在唐世犹或臣或叛，况肯终为朱氏之臣乎？彼朱温之女何如寿安公主！今救死不赡，何顾婚姻！我若疑而不救，正堕朱氏计中。宜趣发兵赴之，晋、赵叶力，破梁必矣。"乃发兵，遣周德威将之，出井陉，屯赵州。

镕使者至幽州，燕王守光方猎，幕僚孙鹤驰诣野谓守光曰："赵人来乞师，此天欲成王之功业也。"守光曰："何故？"对曰："比常患其与朱温胶固。温之志非尽吞河朔不已，今彼自为仇敌，王若与之并力破梁，则镇、定皆敛衽而朝燕矣。王不早出师，但恐晋人先我矣。"守光曰："王镕数负约，今使之与梁自相弊，吾可以坐承其利，又何救焉！"赵使者交错于路，守光竟不为出兵。自是镇、定复称唐天祐年号，复以武顺为成德军。

【译文】赵王王镕的使者到了晋阳，恰好义武节度使王处直的使者也到了，想要共同推举晋王李存勖为盟主，会兵进攻梁朝。晋王会同将佐商议对策，都说："王镕长久以来臣服于朱温，年年进贡大批财货，又缔结婚姻，他们之间的交情相当深厚；这件事恐怕有诈，还是暂时不要轻举妄动，慢慢再观察看看。"晋王李存勖说："他也是衡量利害后才这么做的。王氏在唐朝时都有时归顺，有时叛变，更何况现在是朱温僭称皇帝，他难道肯永远臣服吗？王镕的曾祖曾娶唐朝的寿安公主，朱温的女儿难道比得上公主吗? 现在他救死都怕来不及了, 哪里会顾到什么婚姻关系! 我们如果猜疑而不肯去救他, 那正中了朱温的诡计, 现在应该赶紧派兵去, 如果晋、赵同心协力, 一定可以打败梁军。"于是发兵, 派遣周德威率领, 出井陉, 驻扎于赵州。

王镕的使者到达幽州, 燕王刘守光正在打猎, 幕僚孙鹤跑到野外去找他, 向他报告说: "赵王派人来讨救兵, 这正是老天有意要成就大王您的功业啊! "刘守光说: "怎么说? "孙鹤回答说: "近来我们不是老担心王镕和朱温的交情深厚吗? 朱温这个人野心太大, 他不吞并完整个河朔是绝不会罢休的, 现在他们自己成为仇敌, 大王您如果和他协力打败梁军, 还怕镇州、定州敢不恭恭敬敬地归顺我们吗? 大王如果不赶快出兵, 我怕晋王会抢先争取这个机会。"刘守光说: "王镕屡次背弃盟约, 现在让他与梁相斗消耗受损, 我可以坐收其利, 救他做什么呢! "赵王王镕的使者往来交错于道路, 刘守光最终还是没有为他出兵。自此以后, 镇州、定州又恢复使用唐朝天祐的年号, 并且把武顺军又改称成德军, 也不再避梁的庙讳了。

司天言: "来月太阴亏, 不利宿兵于外。"上召王景仁等还洛阳。十二月, 己未, 上闻赵与晋合, 晋兵已屯赵州, 乃命王景仁等将兵击之。庚申, 景仁等自河阳渡河, 会罗周翰兵, 合四万, 军于邢、洺。

虔州刺史卢光稠疾病, 欲以位授谭全播, 全播不受。光稠卒, 其子韶州刺史延昌来奔丧, 全播立而事之。吴遣使拜延昌虔州刺史, 延昌受之, 亦因楚王殷通密表于梁, 曰: "我受淮南官, 以缓其谋耳, 必为朝廷经略江西。"丙寅, 以延昌为镇南留后。延昌表其将廖爽为韶州刺史, 爽, 赣人也。吴淮南节度判官严可求请置制置使于新淦县，遣兵戍之，以图虔州。每更代，辄潜益其兵，虔人不之觉也。

【译文】后梁司天监说："下个月有月蚀，不利于派兵到外头去。"后梁太祖朱晃于是把王景仁等召回洛阳。十二月，己未日（初三），后梁太祖听说赵王和晋王联合，晋王李存勖的军队已屯驻在赵州，于是下令王景仁等率兵进击。庚申日（初四），王景仁等自河阳渡过黄河，会同天雄留后罗周翰的军队，合兵四万，在邢州、洺州扎营。

虔州刺史卢光稠病重，想把职位交给谭全播，谭全播不肯接受。卢光稠去世以后，他的儿子韶州刺史卢延昌回来奔丧，谭全播就立他为刺史并侍奉他。吴王杨隆演派遣使者任命卢延昌为虔州刺史，卢延昌接受了，但又通过楚王马殷的关系秘密地向梁朝上表启奏说："我接受淮南的官职，是为了破坏他们的图谋罢了，我一定会为朝廷治理好江西。"丙寅日（初十），任命卢延昌为镇南留后。卢延昌又上表奏请任命他的部将廖爽为韶州刺史，廖爽是赣州人。吴淮南节度判官严可求请求在新淦县设置制置使，并派遣军队驻守，准备进击虔州。每次部队换防时，常偷偷地增调兵马进驻，虔州的人都没有察觉。

庚午，蜀主以御史中丞周庠、户部侍郎判度支庾传素并为中书侍郎、同平章事。

太常卿李燕等刊定《梁律令格式》，癸酉，行之。

丁丑，王景仁等进军柏乡。

辛巳，蜀大赦，改明年元曰永平。

赵王镕复告急于晋，晋王以蕃汉副总管李存审守晋阳，自将兵自赞皇东下，王处直遣将将兵五千以从。辛巳，晋王至赵州，与周德威合，获梁刍荛者二百人，问之曰："初发洛阳，梁主有何号令？"对曰："梁主戒上将云：'镇州反覆，终为子孙之患。今悉以精兵付汝，镇州虽以铁为城，必为我取之。'"晋王命送于赵。

【译文】 庚午日（十四日），蜀主王建任命御史中丞周庠和户部侍郎判度支庚传素同为中书侍郎、同平章事。

太常卿李燕等人研讨制定了《梁律令格式》，癸酉日（十七日）颁行。

丁丑日（二十一日），王景仁等进军柏乡。

辛巳日（二十五日），蜀国大赦境内，改明年年号为永平。

赵王王镕再次向晋王告急，晋王李存勖任命蕃汉副总管李存审守卫晋阳，亲自率领部队自赞皇东下，定州的王处直命令部将率军五千跟从。辛巳日（二十五日），晋王李存勖到了赵州，和周德威的部队会合，并捕获了梁军出来割草砍柴的军士二百人，审问他们说："你们刚从洛阳出发的时候，梁主对你们有什么命令？"俘虏们回答说："后梁太祖朱晃告诫大将们说：'镇州反复无常，将来终究要成为后世子孙的祸患。现在我挑选精锐部队全部交给你们，镇州就算是铁打的城池，也要替我拿下来。'"晋王李存勖命令把俘获的后梁兵送到赵王王镕那里去。

壬午，晋王进军，距柏乡三十里，遣周德威等以胡骑迫梁营挑战，梁兵不出。癸未，复进，距柏乡五里，营于野河之北，又遣胡骑迫梁营驰射，且诟之。梁将韩勍等将步骑三万，分三道追之，铠胄皆被缯绮，镂金银，光彩炫耀，晋人望之夺气。周德威谓李存璋曰："梁人志不在战，徒欲曜兵耳。不挫其锐，则吾军不振。"乃徇于军曰："彼皆汴州天武军，屠酤佣贩之徒耳，衣铠虽鲜，十不能当汝一。擒获一夫，足以自富，此乃奇货，不可失也。"德威自帅精骑千馀击其两端，左驰右突，出入数四，俘获百馀人，且战且却，距野河而止。梁兵亦退。

【译文】壬午日（二十六日），晋王李存勖率军前进，距离柏乡三十里，派遣周德威等率领胡人的骑兵部队逼近梁军军营挑战，梁兵不出来应战。癸未日（二十七日），晋王又向前推进，距离柏乡只有五里了，在野河的北面扎营，又派遣胡人骑兵逼近梁营纵马射箭，又大声辱骂梁军。梁将韩勍等率领步兵、骑兵共有三万人，分三路出来追击晋军，梁兵的铠甲头盔上都披着丝绸，并且用雕镂的金银装饰，非常光彩耀目，晋军远远地望见，未交战就先丧了气。周德威对李存璋说："梁人的目的不在交战，只是显示兵威罢了。不挫伤他们的锐气，我军就不能振作。"于是通告全军说："敌方来的都是汴州的天武军，原来都是杀猪卖酒做买卖的，衣甲看起来漂亮，实际打起仗来十个也不能抵挡你们一个。逮到一个以后，就足够让你们发财了，这些都是奇货呀！大家可别轻易丧失机会！"周德威自己带领千余个精锐骑兵攻击梁军的两端，左右冲刺，进出敌阵好几次，虏获了一百多人，又一边战一边退，一直退到野河才停止。后梁兵也撤退了。

德威言于晋王曰："贼势甚盛，宜按兵以待其衰。"王曰："吾孤军远来，救人之急，三镇乌合，利于速战，公乃欲按兵持重，何也？"德威曰："镇、定之兵，长于守城，短于野战。且吾所恃者骑兵，利于平原广野，可以驰突。今压贼垒门，骑无所展其足。且众寡不敌，使彼知吾虚实，则事危矣。"王不悦，退卧帐中，诸将莫敢言。德威往见张承业曰："大王骤胜而轻敌，不量力而务速战。今去贼咫尺，所限者一水耳。彼若造桥以薄我，我众立尽矣。不若退军高邑，诱贼离营，彼出则归，彼归则出，别以轻骑掠其馈饷，不过逾月，破之必矣。"承业入寨帐抚王曰："此岂王安寝时耶！周德威老将知兵，其言不可忽也。"王蹶然兴曰："予方思之。"时梁兵闭垒不出，有降者，诘之，曰："景仁方多造浮桥。"王谓德威曰："果如公言。"是日，拔营，退保高邑。

【译文】 周德威向晋王李存勖说："贼人的声势很盛，我们应该按兵不动，等待敌人的士气衰退了再说。"晋王说："我们孤军老远地跑来救人之急，镇州、定州和我们又是三方面临时的组合，利于速战速决，你现在却要按兵不动，是何道理？"周德威说："镇州、定州的军队，擅长于据城防守，却不擅长在郊野作战。而且我们所依仗的主力部队是骑兵，骑兵适于在广大的原野纵横冲刺。现在就算冲到敌人营寨门口，骑兵也没有办法伸展手脚发挥威力；而且敌我的兵力相差悬殊，假使让敌人知道了我们的虚实，我看这事情就危险了。"晋王李存勖听了很不高兴，进入帐中卧床休息，将领们也没有人敢再说什么。周德威前去见监军张承业，说："大王因突然胜利而轻敌，不量力就追求速战。现在我们和贼人只有咫尺之远，中间所隔的只是一水而已，假定他们造桥过来，我们马上就完了，还不如退守高邑，引诱敌人离开营寨，他们出兵我们就退回去，他们退兵我们就出来，另外再派游击部队掠夺他们的粮饷，不出一个月，一定能击破贼人。"张承业进入晋王的帐中，拉起帐子推推晋王说："现在哪是大王安稳睡觉的时候，周德威是老将领，又通晓军事，他的话不能忽视。"晋王吃了一惊就坐起来说："我也正在考虑这件事。"当时梁兵紧闭营寨不肯出来，有投降到晋军这边来的，一问，回答说："王景仁正在赶工造浮桥。"晋王对周德威说："果然如你所说。"当天，撤营退守高邑。

辰州蛮酋宋邺，溆州蛮酋潘金盛，恃其所居深险，数扰楚边。至是，邺寇湘乡，金盛寇武冈，楚王殷遣昭州刺史吕师周将衡山兵五千讨之。

宁远节度使庞巨昭、高州防御使刘昌鲁，皆唐官也。黄巢之寇岭南也，巨昭为容管观察使，昌鲁为高州刺史，帅群蛮据险以拒之，巢众不敢入境。唐嘉其功，置宁远军于容州，以巨昭为节度使，以昌鲁为高州防御使。及刘隐据岭南，二州不从；隐遣弟岩攻高州，昌鲁大破之，又攻容州，亦不克。昌鲁自度终非隐敌，是岁，致书请自归于楚。楚王殷大喜，遣横州刺史姚彦章将兵迎之。彦章至容州，裨将莫彦昭说巨昭曰：“湖南兵远来疲乏，宜撤储偫，弃城，潜于山谷以待之。彼必入城，我以全军掩之，彼外无继援，可擒也。”巨昭曰：“马氏方兴，今虽胜之，后将何如！不若具牛酒迎之。”彦昭不从，巨昭杀之，举州迎降。彦章进至高州，以兵援送巨昭、昌鲁之族及士卒千馀人归长沙。楚王殷以彦章知容州事，以昌鲁为永顺节度副使。昌鲁，邺人也。

【译文】辰州蛮的首领宋邺，溆州蛮的首领潘金盛，依仗他们的住处在深山险要之处，屡次骚扰楚的边境。这时，宋邺入侵湘乡，金盛入侵武冈。楚王马殷派遣昭州刺史吕师周率领衡山的军队五千人去讨伐他们。

宁远节度使庞巨昭、高州防御使刘昌鲁，都是唐朝的官员。黄巢侵扰岭南时，庞巨昭正担任容管观察使，刘昌鲁则是高州刺史，率领各蛮族占据险要地形抵抗，黄巢的部众始终不敢进入他们的辖境。唐朝嘉奖他们的功劳，在容州设置宁远军，任命庞巨昭为节度使，又任命刘昌鲁为高州防御使。到了刘隐占据岭南自立时，独独这两州不肯服从他；刘隐于是派遣他的弟弟刘岩进攻高州，被刘昌鲁打得大败，刘岩又进攻容州，也攻不下来。刘昌鲁自己估计终究不是刘隐的对手，于是在这年，写信给楚王马殷请求归附。楚王大喜，立刻派遣横州刺史姚彦章率兵去迎接他。姚彦章到了容州，庞巨昭的副将莫彦昭劝庞巨昭说："湖南的军队老远赶来，一定疲惫不堪，我们最好撤走储积的物资，放弃城池，埋伏在山中等待他们。他们来了一定会入城，然后我们再全部出来把城团团围住，他们外面又没有后援，一定可以将他们生擒活捉。"庞巨昭说："马氏的势力正在兴起，现在就算打败了他，将来又怎么办？还不如准备牛、酒迎接他们。"莫彦昭不肯听从庞巨昭，庞巨昭就把他杀了，然后率领全州军民迎接姚彦章的军队，向他们归降。姚彦章率兵到达高州，派军队护送庞巨昭和刘昌鲁的族人和士兵共一千多人回长沙。楚王马殷任命姚彦章主持容州事务，任命刘昌鲁为永顺节度副使。刘昌鲁，是邺县人。

乾化元年（辛未，公元九一一年）春，正月，丙戌朔，日有食之。

柏乡比不储刍，梁兵刈刍自给，晋人日以游军抄之，梁兵不出。周德威使胡骑环营驰射而诟之，梁兵疑有伏，愈不敢出，刬屋茅坐席以饲马，马多死。丁亥，周德威与别将史建瑭、李嗣源将精骑三千压梁垒门而诟之，王景仁、韩勍怒，悉众而出。德威等转战而北至高邑南；李存璋以步兵陈于野河之上，梁军横亘数里，竞前夺桥，镇、定步兵御之，势不能支。晋王谓匡卫都指挥使李建及曰："贼过桥则不可复制矣。"建及选卒二百，援枪大噪，力战却之。建及，许州人，姓王，李罕之假子也。晋王登高丘以望曰："梁兵争进而嚣，我兵整而静，我必胜。"战自巳至午，胜负未决。晋王谓周德威曰："两军已合，势不可离，我之兴亡，在此一举。我为公先登，公可继之。"德威叩马而谏曰："观梁兵之势，可以劳逸制之，未易以力胜也。彼去营三十余里，虽挟糇粮，亦不暇食，日昳之后，饥渴内迫，矢刃外交，士卒劳倦，必有退志。当是时，我以精骑乘之，必大捷。于今未可也。"王乃止。

【译文】乾化元年（辛未，公元911年，是年五月，甲申朔日，大赦改年号为乾化）春季，正月，丙戌朔日（初一），发生日食。

柏乡近来没有储备草料，后梁兵只能割草自给，晋军每天用游击部队抢劫他们，梁兵只好坚守营垒，不敢出来。周德威派出胡人骑兵部队围着梁营驰马射箭并辱骂他们，梁军怀疑有埋伏，更不敢出来，只好割房屋上的茅草和坐的席垫来喂马，马有很多饿死了。丁亥日（初二），周德威和别将史建瑭、李嗣源等率领精锐骑兵三千人到梁军的营垒门口叫骂，王景仁和韩勍气不过，就发动所有的部队出战。周德威等一边战一边退，一直退到高邑的南边；李存璋率领步兵在野河岸边布阵防御，梁朝的军队前后展开有数里长，都奋勇向前想夺取桥梁，镇州、定州的步兵抵御他们，从势头上看快支撑不住了。晋王李存勖对匡卫都指挥使李建及说："梁贼过了桥就不能再遏制他们了。"李建及于是挑选了二百名精壮将士，手持长枪大吼着冲锋，奋勇地把梁军打退。李建及是许州人，本来姓王，后来成为李罕之的义子。晋王登上高丘观察战况后说："梁国的部队争先恐后又吵吵闹闹，我们的部队纪律严整又沉静，我们一定能获胜。"战斗从巳时（上午九至十一时）一直进行到午时（十一时至下午一时），还没有办法分出胜负。晋王对周德威说："两方军队会战，其势不可再分开，我们的兴亡，就全看这一战了，我替你打前锋，你可随后来支援。"周德威抓住晋王的马缰，劝告说："我看梁兵的态势，可以以逸待劳去制服他们，恐怕不容易拼死力去打败他。他们现在离开自己的军营有三十里，就算随身带着干粮，也没有时间吃，过午以后，一方面饥渴交迫，一方面刀林箭雨，士兵们一定倦怠，他们就会有退兵的打算。这时，我用精锐骑兵乘机袭杀过去，一定大胜，现在不可攻击啊！"李存勖这才止住。

时魏、滑之兵陈于东、宋、汴之兵陈于西。至晡，梁军未食，士无斗志，景仁等引兵稍却，周德威疾呼曰："梁兵走矣！"晋兵大噪争进，魏、滑兵先退，李嗣源帅众噪于西陈之前曰："东陈已走，尔何久留！"梁兵互相惊怖，遂大溃。李存璋引步兵乘之，呼曰："梁人亦吾人也，父兄子弟饷军者勿杀。"于是，战士悉解甲投兵而弃之，嚣声动天地。赵人以深、冀之憾，不顾剽掠，但奋白刃追之，梁之龙骧、神捷精兵殆尽，自野河至柏乡，僵尸蔽地。王景仁、韩勍、李思安以数十骑走。晋兵夜至柏乡，梁军已去，弃粮食、资财、器械不可胜计。凡斩首二万级。李嗣源等追奔至邢州，河朔大震。保义节度使王檀严备，然后开城纳败卒，给以资粮，散遣归本道。晋王收兵屯赵州。

【译文】当时梁国的军队是以魏州、滑州的部队部署在东边，宋州、汴州的部队部署在西边。到了午后申时（三至五时），梁军还没有办法吃午饭，士兵们没有斗志，王景仁就把部队稍微往后撤退。周德威一看，立刻大叫说："梁兵跑了！"晋兵大声呼喊，争相前进，魏州、滑州军队先退，李嗣源率众在西边阵前大声呼叫："东边的部队都战败撤走了，你们还留着干什么？"梁兵一听，都惊慌失措，于是整个部队就溃散了。李存璋率领步兵从后追击，大声呼叫："梁国人说起来也算我们的人，父兄子弟给军队运送粮饷的不杀他。"于是梁国的士兵都把盔甲、兵器一起扔掉，吵乱得简直闹翻了天。赵人因深州、冀州两城的守军被梁朝所杀而怀恨在心，所以也顾不得收捡战利品，只一味地提着刀一路追杀梁军，因此梁朝的龙骧、神捷等精锐部队几乎全部被灭，从野河一直到柏乡，横尸遍野。王景仁、韩勍、李思安等将领仅仅率领数十名骑兵逃走。晋兵在当夜追到梁营所在的柏乡，梁国的部队已经全部逃走，丢下的粮食、资财、器械等数都数不清，总共斩杀梁军二万人。李嗣源等一直追击到一百五十余里外的邢州，河朔一带大为震动。保义节度使王檀立刻下令严加戒备，然后打开城门收容败退下来的梁兵，给他们路费粮食，命令他们各回原来的驻地。晋王李存勖收兵驻扎于赵州。

杜廷隐等闻梁兵败，弃深、冀而去，悉驱二州丁壮为奴婢，老弱者坑之，城中存者坏垣而已。

癸巳，复以杨师厚为北面都招讨使，将兵屯河阳，收集散兵，旬馀，得万人。己亥，晋王遣周德威、史建瑭将三千骑趣澶、魏，张承业、李存璋以步兵攻邢州，自以大军继之，移檄河北州县，谕以利害。帝遣别将徐仁溥将兵千人，自西山夜入邢州，助王檀城守。己酉，罢王景仁招讨使，落平章事。

【译文】杜廷隐听说梁军的部队吃了败仗，立刻抛下深州、冀州两城撤了回去，驱赶二州的全部丁壮作为奴仆，老弱的全部活埋，两城所余留下来的只有一些断垣残壁而已。

癸巳日（初八），后梁太祖朱晃再任命杨师厚为北面都招讨使，率兵驻扎河阳，收集失散的士卒，十多天，总共收得一万人左右。己亥日（十四日），晋王李存勖派遣周德威、史建瑭率领

580

三千名骑兵进攻澶州、魏州，命令张承业、李存璋率领步兵进攻邢州，并亲自率领大军殿后，发布公告晓示河北各州县，向他们分析利害关系。后梁太祖派遣别将徐仁溥率领军队一千人，自西山在夜里进入邢州，协助保义节度使王檀守卫邢州城。己酉日（二十四日），免去王景仁招讨使的职务，并且连原来平章事的职位也一并削去。

蜀主之女普慈公主嫁岐王从子秦州节度使继崇，公主遣宦者宋光嗣以绢书遗蜀主，言继崇骄矜嗜酒，求归成都，蜀主召公主归宁。辛亥，公主至成都，蜀主留之，以宋光嗣为阁门南院使。岐王怒，始与蜀绝。光嗣，福州人也。

吕师周引兵攀藤缘崖入飞山洞袭潘金盛，擒送武冈，斩之。移兵击宋邺。

二月，己未，晋王至魏州，攻之，不克。上以罗周翰年少，且忌其旧将佐，庚申，以户部尚书李振为天雄节度副使，命杜廷隐将兵千人卫之，自杨刘济河，间道夜入魏州，助周翰城守。癸亥，晋王观河于黎阳，梁兵万馀将渡河，闻晋王至，皆弃舟而去。

【译文】蜀主王建的女儿普慈公主嫁给岐王李茂贞的侄子秦州节度使李继崇，公主派遣宦官宋光嗣带着绢书送到蜀主那里，说李继崇骄傲自大，又喜欢酗酒，请求接她回成都；蜀主于是召公主回娘家省亲。辛亥日（二十六日），普慈公主到达成都，王建让她留下居住，任命宋光嗣为阁门南院使。岐王知道了大怒，从此就和蜀国绝交，不相往来。宋光嗣是福州人。

吕师周率领部队攀着藤条，从山崖进入飞山洞袭击潘金盛，把他擒住押送到武冈斩首。调动军队攻打宋邺。

二月，己未日（初四），晋王李存勖到达魏州，开始攻城，没有攻下。后梁太祖朱晃认为天雄留后罗周翰年纪轻，并且不信任他父亲时的将领僚佐，庚申日（初五），任命户部尚书李振为天雄节度副使，又命令杜廷隐率领一千名士兵护送他，从杨刘渡过黄河，赶小路乘夜间进入魏州城，帮助罗周翰守城。癸亥日（初八），晋王在黎阳观看黄河，梁国的部队有一万多人本来预备要渡河，听说晋王李存勖到来，都抛下船只逃走了。

帝召蔡州刺史张慎思至洛阳，久未除代。蔡州右厢指挥使刘行琮作乱，纵兵焚掠，将奔淮南；顺化指挥使王存俨诛行琮，抚遏其众，自领州事，以众情驰奏。时东京留守博王友文不先请，遽发兵讨之，兵至郾陵，帝曰："存俨方惧，若临之以兵，则飞去矣。"驰使召还。甲子，授存俨权知蔡州事。

乙丑，周德威自临清攻贝州，拔夏津、高唐；攻博州，拔东武、朝城。攻澶州，刺史张可臻弃城走，帝斩之。德威进攻黎阳，拔临河、淇门；逼卫州，掠新乡、共城。庚午，帝帅亲军屯白司马阪以备之。

【译文】后梁太祖朱晃召蔡州刺史张慎思到洛阳，长期没有派人接替他的职位。蔡州右厢指挥使刘行琮乘机作乱，放纵他的部队烧杀抢夺，准备归降淮南；顺化指挥使王存俨杀了刘行琮，安抚他的部众，并自行掌管蔡州的事务，又以受众人拥护为借口向朝廷飞速奏报。当时东京留守博王朱友文没有先请示朝廷，就立刻发兵讨伐王存俨，进兵到郾陵。后梁太祖朱晃说："王存俨心里正害怕，假使用武力威胁他，恐怕马上就叛离而去了。"于是派遣使者飞驰前去把朱友文召回。甲子日（初九日），任命王存俨暂时掌管蔡州事务。

乙丑日（初十），周德威从临清攻打贝州，夺取夏津、高唐；

又进攻博州，攻下东武、朝城等地。进攻澶州的时候，刺史张可臻丢下城池逃走了，后梁太祖朱晃下令把张可臻斩首。周德威进攻黎阳，攻下了临河、淇门等地；进逼卫州，抢掠新乡、共城。庚午日（十五日），后梁太祖亲自率领军队驻扎白司马阪来防备晋军。

卢龙、义昌节度使兼中书令燕王守光既克沧州，自谓得天助，淫虐滋甚。每刑人，必置诸铁笼，以火逼之；又为铁刷刷人面。闻梁兵败于柏乡，使人谓赵王镕及王处直曰："闻二镇与晋王破梁兵，举军南下，仆亦有精骑三万，欲自将之为诸公启行。然四镇连兵，必有盟主，仆若至彼，何以处之？"镕患之，遣使告于晋王，晋王笑曰："赵人告急，守光不能出一卒以救之；及吾成功，乃复欲以兵威离间二镇，愚莫甚焉！"诸将曰："云、代与燕接境，彼若扰我城戍，动摇人情，吾千里出征，缓急难应，此亦腹心之患也。不若先取守光，然后可以专意南讨。"王曰："善！"会杨师厚自磁、相引兵救邢、魏，壬申，晋解围去；师厚追之，逾漳水而还，邢州围亦解。师厚留屯魏州。

赵王镕自来谒晋王于赵州，大犒将士，自是遣其养子德明将三十七都常从晋王征讨。德明本姓张，名文礼，燕人也。

壬午，晋王发赵州，归晋阳，留周德威等将三千人戍赵州。

【译文】 卢龙、义昌节度使兼中书令燕王刘守光攻克沧州之后，自认为得到上天佑助，荒淫暴虐更加厉害。每次对人行刑，一定把人犯关在铁笼子里，然后用火来烧；又做铁刷子拿来刷人的脸。他听到梁朝的军队在柏乡战败，派人去对赵王王镕和王处直说："我听说你们两镇和晋王联合打败了梁国的军队，现在准备率军南下继续乘胜追击，我这里也有精锐骑兵三万人，我正想亲自率领他们替各位打先锋，但是四镇的部队联合，一定要有一个盟主来统一指挥，假定我也前去参加的话，你们怎么安排我呢？"赵王王镕很担忧，派使者前去告诉晋王李存勖，晋王笑道："赵人告急求援，刘守光不能出一兵一卒救助。等到我们成功了，却又想要用军队的威势来离间二镇和我们，真是愚蠢到极点了！"将领们说："云州、代州和燕交界，他如果侵扰我们的边境，也足以动摇人心，我们千里出征，缓急之间还真没有办法应付他，这真可说是腹心之患了。不如我们先灭了刘守光，然后才能专心地南征。"晋王说："计划很好！"刚好杨师厚从磁州、相州率军前来救援邢州、魏州，壬申日（十七日），晋军解除包围，撤兵离去；杨师厚从后头追击，一直越过了漳水才返回，邢州的包围也解除了，杨师厚留在魏州驻扎。

赵王王镕亲自到赵州谒见晋王李存勖，对将士大加犒劳，从此以后，派遣他的养子王德明率领三十七都（藩镇的亲军称都）时时跟随晋王出征讨伐。王德明本来姓张，名叫文礼，是燕人。

壬午日（二十七日），晋王李存勖从赵州出发，返回晋阳，留周德威等率领三千人戍守赵州。

资治通鉴卷第二百六十八　后梁纪三

起重光协洽三月，尽昭阳作噩十一月，凡二年有奇。

【译文】起辛未（公元911年）三月，止癸酉（公元913年）十一月，共二年九个月。

【题解】本卷记录了公元911年三月至913年十一月的史事，共两年又九个月，正当后梁太祖朱晃开平四年三月至梁末帝朱友贞乾化三年十一月。此时期后梁国势急剧衰落。后梁太祖朱晃晚年凶暴荒淫，声威下跌，人心离散。朱晃两次北讨，梁军大败，朱晃愧恨交加，疾病加重。其子朱友珪害怕朱晃传位给朱友文而弑父自立。护国军节度使朱友谦不服朱友珪，反叛归附晋王李存勖。均王朱友贞联合禁军杀死朱友珪，在大梁称帝，史称梁末帝，大权落入武臣杨师厚之手。后梁一年之间发生两次宫廷政变，朝政大乱。晋王趁机灭了燕王刘守光，势力大振，已有问鼎中原、取梁而代之的志向。南方割据格局没有大的变故。荆南高季昌兴起，后梁加爵为渤海王。

太祖神武元圣孝皇帝下

乾化元年(辛未，公元九一一年)三月，乙酉朔，以天雄留后罗周翰为节度使。

清海、静海节度使兼中书令南平襄王刘隐病亟，表其弟节度副使岩权知留后。丁亥卒，岩袭位。

585

岐王聚兵临蜀东鄙，蜀主谓群臣曰：“自茂贞为朱温所困，吾常振其乏绝，今乃负恩为寇，谁为吾击之？”兼中书令王宗侃请行，蜀主以宗侃为北路行营都统。司天少监赵温珪谏曰：“茂贞未犯边，诸将贪功深入，粮道阻远，恐非国家之利。”蜀主不听，以兼侍中王宗祐、太子少师王宗贺、山南节度使唐道袭为三招讨使，左金吾大将军王宗绍为宗祐之副，帅步骑十二万伐岐。壬辰，宗侃等发成都，旌旗数百里。

【译文】乾化元年（辛未，公元911年）三月，乙酉朔日（初一），后梁任命天雄留后罗周翰为天雄节度使。

清海、静海节度使兼中书令南平襄王刘隐病重，上表奏请以他的弟弟节度副使刘岩代理留后；丁亥日（初三），刘隐病故，刘岩继位。

岐王李茂贞在蜀国的东部边界聚集军队，蜀主王建对群臣说：“自从李茂贞受困于朱温之后，我每回都帮他的忙，现在他却忘恩负义，反而要来攻打我，你们谁替我去教训教训他？”兼中书令王宗侃请求出征。蜀主王建任命王宗侃为北路行营都统。司天少监赵温珪劝谏说：“李茂贞现在并没有攻击我们的边境，将领们却贪求立功的机会，想要率军深入敌境，我们的粮草补给路途艰险又遥远，这样下去，恐怕不是对国家有利的事。”蜀主王建不听他的劝告，任命兼侍中王宗祐、太子少师王宗贺、山南节度使唐道袭等五人为三路兵马的招讨使，又任命左金吾大将军王宗绍为王宗祐的副帅，率领步兵、骑兵总共十二万人进兵讨伐岐王李茂贞。壬辰日（初八），王宗侃等从成都出发，旌旗前后连绵数百里。

岐王募华原贼帅温韬以为假子，以华原为耀州，美原为鼎州。置义胜军，以韬为节度使，使帅邠、岐兵寇长安。诏感化节度使康怀贞、忠武节度使牛存节以同华、河中兵讨之。己酉，怀贞等奏击韬于车度，走之。

夏，四月，乙卯朔，岐兵寇蜀兴元，唐道袭击却之。

上以久疾，五月，甲申朔，大赦。

甲辰，以清海留后刘岩为节度使。岩多延中国士人置于幕府，出为刺史，刺史无武人。

蜀主如利州，命太子监国；六月，癸丑朔，至利州。

【译文】岐王李茂贞招募华原的贼头温韬作为义子，在华原设置耀州，在美原设置鼎州。又设立义胜军，任命温韬为义胜节度使，派他率领邠州、岐州的军队侵犯长安。后梁太祖朱晃下诏命令感化节度使康怀贞和忠武节度使牛存节率领同华、河中等地的军队讨伐他们。己酉日（二十五日），康怀贞等启奏说在车度把温韬等击退了。

夏季，四月，乙卯朔日（初一），岐王李茂贞的军队进攻蜀国的兴元，唐道袭把岐兵击退了。

后梁太祖朱晃因为长期生病不能康复，五月，甲申朔日（初一），大赦天下。

甲辰日（二十一日），任命清海留后刘岩为节度使。刘岩聘请了中原地区不少读书人安置在幕府里，也有派出去担任刺史的，岭南的刺史中没有武人。

蜀主王建前往利州，命令太子监国；六月，癸丑朔日（初一），到达利州。

燕王守光尝衣赭袍，顾谓将吏曰："今天下大乱，英雄角逐，吾兵强地险，亦欲自帝，何如？"孙鹤曰："今内难新平，公私困竭，太原窥吾西，契丹伺吾北，遽谋自帝，未见其可。大王但养士爱民，训兵积谷，德政既修，四方自服矣。"守光不悦。

又使人讽镇、定，求尊己为尚父，赵王镕以告晋王。晋王怒，欲伐之，诸将皆曰："是为恶极矣，行当族灭，不若阳为推尊以稔之。"乃与镕及义武王处直、昭义李嗣昭、振武周德威、天德宋瑶六节度使共奉册推守光为尚书令、尚父。

资治通鉴

【译文】 燕王刘守光曾经穿着唐代皇帝所穿的赤褐色袍服，看着将吏们说："现天下大乱，四方英雄争霸，我的军队强大，所占的地势又险要，我也想当皇帝，你们看怎么样？"孙鹤说："我们现在内部的危难才刚平定，官府和百姓的财力物力都很困乏，太原的晋王李存勖窥伺我们的西部，契丹王阿保机窥伺我们的北部，如果急于当皇帝，恐怕不行。大王只要培养士人，爱恤老百姓，训练军队，积贮粮食，修行德政，四方自然归服了。"刘守光不高兴。

刘守光又派人去暗示镇州王镕、定州王处直，要求他们尊奉自己为"尚父"。赵王王镕派人把这事告诉晋王李存勖，晋王大怒，准备讨伐刘守光，将领们都说："这种做法真是可恶到极点了，马上就要遭到灭族之祸了，假装推尊他来加深他的恶行。"晋王于是和赵王王镕，以及义武的王处直、昭义的李嗣昭、振武的周德威、天德的宋瑶六个节度使，共同奉上册文推尊刘守光为尚书令、尚父。

守光不寤，以为六镇实畏己，益骄，乃具表其状曰："晋王等推臣，臣荷陛下厚恩，未之敢受。窃思其宜，不若陛下授臣河北都统，则并、镇不足平矣。"上亦知其狂愚，乃以守光为河北道采访使，遣阁门使王瞳、受旨史彦群册命之。

守光命僚属草尚父、采访使受册仪。乙卯，僚属取唐册太尉仪献之，守光视之，问何得无郊天、改元之事，对曰：“尚父虽贵，人臣也，安有郊天、改元者乎？”守光怒，投之于地，曰：“我地方二千里，带甲三十万，直作河北天子，谁能禁我！尚父何足为哉！”命趣具即帝位之仪，械系瞳、彦群及诸道使者于狱，既而皆释之。

【译文】刘守光不醒悟，以为六镇节度使确实畏惧自己，更加骄横，于是向后梁太祖朱晃上表报告说：“晋王等共同要推尊我，我蒙陛下的厚恩，不敢接受。我想最适宜的办法是：由陛下任命我为河北都统，那么这样一来并州、镇州都不必劳烦您派一兵一卒去平定了。”后梁太祖朱晃也知道刘守光过分狂妄愚昧，于是也顺水推舟地任命他为河北道采访使，派遣阁门使王瞳、崇政院受旨史彦群前去颁赐册命。

刘守光命令属官草拟接受册封尚父、采访使的礼仪。乙卯日（初三），属僚拿唐朝册封太尉的仪式程序进献，刘守光看了以后，问怎么能不列上祭天、改年号这些仪式呢？属僚回答：“尚父的地位虽然极尊贵，但是毕竟还是人臣，哪能祭天、改年号呢？”刘守光一听大发脾气，把礼仪册扔到地上，说：“我控制的土地方圆两千里，手下拥有强兵三十万，就算做河北的天子，又有谁能禁止我，尚父还有什么值得去做！”命令赶快准备即皇帝位的礼仪，把阁门使王瞳、崇政院受旨史彦群及各道的使者用刑具拘禁，投入狱中，不久又把他们都释放了。

帝命杨师厚将兵三万屯邢州。

蜀诸将击岐兵，屡破之。秋，七月，蜀主西还，留御营使昌王宗镔屯利州。

辛丑，帝避暑于张宗奭第，乱其妇女殆遍。宗奭子继祚不胜愤耻，欲弑之。宗奭止之曰："吾家顷在河阳，为李罕之所围，啖木屑以度朝夕，赖其救我，得有今日，此恩不可忘也。"乃止。甲辰，还宫。

【译文】后梁太祖朱晃命令杨师厚率领军队三万屯驻在邢州。

蜀国的将领攻击岐王李茂贞的军队，屡次把他们打败了。秋季，七月，前蜀主王建向西返回成都，留下御营使昌王王宗镔在利州驻扎。

辛丑日（二十日），后梁太祖朱晃到张宗奭的宅第里避暑，把张家的妇女几乎都奸淫遍了。张宗奭的儿子张继祚气不过，觉得是奇耻大辱，准备弑杀后梁太祖。张宗奭阻止他说："我们家过去在河阳的时候，被李罕之所围困，只靠吃木屑勉强支撑度日，后来好在靠他的解救，我们才能有今日，这个恩情绝不能忘记。"张继祚这才作罢。甲辰日（二十三日），后梁太祖回宫。

赵王镕以杨师厚在邢州，甚惧，会晋王于承天军。晋王谓镕父友也，事之甚恭。镕以梁寇为忧，晋王曰："朱温之恶极矣，天将诛之，虽有师厚辈不能救也。脱有侵轶，仆自帅众当之，叔父勿以为忧。"镕捧卮为寿，谓晋王为四十六舅。镕幼子昭诲从行，晋王断衿为盟，许妻以女。由是晋、赵之交遂固。

【译文】赵王王镕因杨师厚在邢州，非常害怕，就到承天军会见晋王李存勖。晋王认为王镕是他父亲李克用的朋友，对他非常恭敬。王镕一直担心梁朝会入侵，晋王说："朱温罪大恶极，老天马上就要惩罚他了，就算杨师厚也救不了他。假使他来犯的话，我立刻亲自率军对付他，叔父不必担心。"赵王捧起酒杯向晋王敬酒，祝他长寿，并称他为四十六舅。王镕的小儿子王昭诲正好随行在侧，晋王于是截断衣襟，立为盟誓，答应把女儿嫁给他。从此，晋、赵的关系就更加稳固了。

八月，庚申，蜀主至成都。

燕王守光将称帝，将佐多窃议以为不可，守光乃置斧质于庭曰："敢谏者斩！"孙鹤曰："沧州之破，鹤分当死，蒙王生全，以至今日，敢爱死而忘恩乎！窃以为今日之帝未可也。"守光怒，伏诸质上，令军士脔而噉之。鹤呼曰："百日之外，必有急兵！"守光命以土室其口，寸斩之。

甲子，守光即皇帝位。国号大燕，改元应天。以梁使王瞳为左相，卢龙判官刘涉为右相，史彦群为御使大夫。受册之日，契丹陷平州，燕人惊扰。

【译文】八月，庚申日（初九），蜀主王建回到成都。

燕王刘守光将要称帝，将佐大多私下议论以为不可，刘守光于是在大厅里摆置刀斧、砧板，说："有哪个敢再进谏的就斩杀他！"孙鹤说："沧州城破的时候，我照说就该死了，承蒙大王的恩德让我活到今天，我怎么敢因爱惜生命而忘了报答你的大恩呢！我认为在今天称帝绝对是不对的。"刘守光发怒，下令把他按在砧板上，让士兵们割他的肉来吃。孙鹤大叫说："不出百日，一定大军压境！"刘守光命令军士用土塞住他的嘴，把他一寸寸地斩杀。

甲子日（十三日），刘守光即皇帝位，国号大燕，改年号为应天。任命梁朝的使臣王瞳为左相，卢龙判官齐涉为右相，史彦群为御史大夫。登基那一天，北方的契丹攻陷了平州，燕国人都惊慌骚动。

岐王使刘知俊、李继崇将兵击蜀，乙亥，王宗侃、王宗贺、唐道袭、王宗绍与之战于青泥岭，蜀兵大败，马步使王宗浩奔兴州，溺死于江，道袭奔兴元。先是，步军都指挥使王宗绾城西县，号安远军，宗侃、宗贺等收散兵走保之，知俊、继崇追围之。众议欲弃兴元，道袭曰："无兴元则无安远，利州遂为敌境矣。理必以死守之。"蜀主以昌王宗鐬为应援招讨使，定戎团练使王宗播为四招讨马步都指挥使，将兵救安远军，壁于廉、让之间，与唐道袭合击岐兵，大破之于明珠曲。明日又战于鼑口，斩其成州刺史李彦琛。

【译文】岐王李茂贞派刘知俊、李继崇率兵攻打前蜀，乙亥日（二十四日），王宗侃、王宗贺、唐道袭、王宗绍等和他们在青泥岭大战，蜀兵大败，马步使王宗浩往兴州逃命，溺死在嘉陵江中，唐道袭则逃往兴元。起先，步军都指挥使王宗绾在西县筑城驻防，号称安远军，这时王宗侃、王宗贺等人收集逃散的士兵逃到城内防守，刘知俊和李继崇等随后也率兵前来围攻。将领们商议要放弃兴元，唐道袭说："没有兴元就没有安远，利州就会成为敌人的地方了。我们一定要拼死来守卫它。"蜀主王建任命昌王王宗鐬为应援招讨使，定戎团练使王宗播为四面招讨马步都指挥使，率兵前往安远军救援，在廉水、让水之间修筑军垒，并和唐道袭会合袭击岐王李茂贞的军队，在明珠曲把他们打得大败。第二天，又在鼑口交战，斩杀岐王的成州刺史李彦琛。

九月，帝疾稍愈，闻晋、赵谋入寇，自将拒之。戊戌，以张宗奭为西都留守。庚子，帝发洛阳。甲辰，至卫州，方食，军前奏晋军已出井陉。帝遽命辇北趣邢洺，昼夜倍道兼行。丙午，至相州，闻晋兵不出，乃止。相州刺史李思安不意帝猝至，落然无具，坐削官爵。

湖州刺史钱镖酗酒杀人，恐吴越王镠罪之，冬，十月，辛亥朔，杀都监潘长、推官钟安德，奔于吴。

【译文】九月，后梁太祖朱晃的病稍微好一些，听说晋、赵图谋进犯，亲自统率军队前往抵御。戊戌日（十八日），任命张宗奭为西都留守。庚子日（二十日），后梁太祖从洛阳出发。甲辰日（二十四日），到达卫州，正在吃饭的时候，先头部队启奏说晋军已出井陉关，后梁太祖立刻下令急速赶往邢州、洺州，日夜加速赶路。丙午日（二十六日），到达相州，听说晋兵没出来，这才停止前进。相州刺史李思安没有料到后梁太祖突然到来，慌忙之间，什么都没有准备，因此被削去官职爵位。

湖州刺史钱镖酒醉逞凶杀人，担心吴越王钱镠治罪，冬季，十月，辛亥朔日（初一），杀了都监潘长、推官钟安德等，逃到吴王杨隆演那里。

晋王闻燕主守光称帝，大笑曰："俟彼卜年，吾当问其鼎矣。"张承业请遣使致贺以骄之，晋王遣太原少尹李承勋往。承勋至幽州，用邻藩通使之礼。燕之典客者曰："吾主帝矣，公当称臣庭见。"承勋曰："吾受命于唐朝为太原少尹，燕王自可臣其境内，岂可臣它国之使乎！"守光怒，囚之数日，出而问之曰："臣我乎！"承勋曰："燕王能臣我王，则我请为臣，不然，有死而已！"守光竟不能屈。

【译文】晋王李存勖听说燕王刘守光称帝，放声大笑说："等他卜算了能传国几年，我再去问他鼎的轻重（鼎是传国的宝器，这句话的意思是说要灭掉他）。"张承业建议派个使臣去

资治通鉴卷第二百六十八 后梁纪三

593

致贺，让他更骄横，晋王于是派遣太原少尹李承勋前往。李承勋到了幽州，用的是相邻藩镇互通使臣的礼仪。燕国的礼宾官员说："我们大王已经登基为皇帝了，你应该用臣子的礼节觐见。"李承勋说："我是受唐朝册命的太原少尹，燕主要当皇帝，自己把辖境之内的老百姓当臣子好了，怎么可以把别国来的使臣也当作臣子呢？"刘守光大怒，把李承勋关了好几天。几天后再放出来，又问他："肯当我的臣下吗？"李承勋说："燕王如果能够让我们晋王称臣，那么我就请求称臣；不然，唯有一死而已！"刘守光最终也不能让他屈服。

蜀主如利州，命太子监国。决云军虞候王琮败岐兵，执其将李彦太，俘斩三千五百级。乙卯，捉生将彭君集破岐二寨，俘斩三千级。王寂侃遣裨将林思谔自中巴间行至泥溪，见蜀主告急，蜀主命开道都指挥使王宗弼将兵救安远，及刘知俊战于斜谷，破之。

甲寅夜，帝发相州，乙卯，至洹水。是夜，边吏言晋、赵兵南下，帝即时进军，丙辰，至魏县。或告云："沙陀至矣！"士卒恟惧，多逃亡，严刑不能禁。即而复告云无寇，上下始定。戊午，贝州奏晋兵寇东武，寻引去。帝以夹寨、柏乡屡失利，故力疾北巡，思一雪其耻，意郁郁，多躁忿，功臣宿将往往以小过被诛，众心益惧。既而晋、赵兵竟不出。十一月，壬午，帝南还。

【译文】 前蜀主王建前往利州，命太子王元坦监国。决云军都虞候王琮打败了岐王李茂贞的军队，活捉了他的将领李彦太，并且俘虏斩杀岐兵三千五百人。乙卯日（初五），捉生将彭君集攻破了岐军的两个营寨，并且俘虏斩杀岐兵三千人。王宗侃派遣他的副将林思谔从中巴绕小路到达泥溪，觐见蜀主王建，向他告急,蜀主命令开道都指挥使王宗弼率领军队前往安远救援,与刘知俊在斜谷交战,把刘知俊打败。

甲寅日(初四)晚上,后梁太祖朱晃从相州出发,乙卯日(初五),到达洹水。当夜,边境上的官吏报告晋、赵的军队已经南下,后梁太祖立刻下令进军,丙辰日(初六),到达魏县。有人报告说:"沙陀军队到了!"士兵们都惊慌恐惧,很多人逃跑了,下令严刑惩罚也不能禁止。不久又有报告说敌人并没有来,上上下下这才稍微安定下来。戊午日(初八),贝州启奏说晋兵入侵东武,不久又撤走。后梁太祖因为上次在潞州夹寨和柏乡两次战役都失利,所以勉强撑着病体北巡亲征,希望能一雪此前的耻辱,他的内心非常抑闷,时常暴躁发怒,功臣和老将往往因为小过失而被诛杀,大家的心里更加害怕。不久,晋、赵的军队一直没有出来。十一月,壬午日(初二),后梁太祖朱晃南下返回。

燕主守光集将吏谋攻易定,幽州参军景城冯道以为未可,守光怒,系狱,或救之,得免。道亡奔晋,张承业荐于晋王,以为掌书记。丁亥,王处直告难于晋。

怀州刺史开封段明远妹为美人。戊子,帝至获嘉,明远馈献丰备,帝悦。

庚寅,保塞节度使高万兴奏遣都指挥使高万金将兵攻盐州,刺史高行存降。

壬辰,帝至洛阳,疾复作。

【译文】燕主刘守光召集将领官吏们商议要进攻易州、定州,幽州参军景城人冯道认为不行;刘守光大怒,把他关进监狱,后来因为有人求情营救,才免治他的罪。冯道于是逃到晋,张承业将他推荐给晋王李存勖,任命他为掌书记。丁亥日(初七),王处直向晋王告急求救。

怀州刺史开封人段明远的妹妹是宫中被封的美人。戊子日(初八),后梁太祖朱晃到了获嘉,段明远所呈献的物品非常丰盛完备,后梁太祖大为高兴。

庚寅日(初十),保塞节度使高万兴启奏说派都指挥使高万金率领军队进攻盐州,盐州刺史高行存投降。

壬辰日(十二日),后梁太祖朱晃到了洛阳,病又发作了。

蜀王宗弼败岐兵于金牛,拔十六寨,俘斩六千馀级,擒其将郭存等。丙申,王宗鐬、王宗播败岐兵于黄牛川,擒其将苏厚等。丁酉,蜀主自利州如兴元,援军既集,安远军望其旗,王宗侃等鼓噪而出,与援军夹攻岐兵,大破之,拔二十一寨,斩其将李廷志等。己亥,岐兵解围遁去。唐道袭先伏兵于斜谷邀击,又破之。庚子,蜀主西还。

岐王左右石简颙谮刘知俊于岐王,王夺其兵。李继崇言于王曰:"知俊壮士,穷来归我,不宜以谮废之。"王为之诛简颙以安之。继崇召知俊举族居于秦州。

戊申,燕主守光将兵二万寇易定,攻容城。王处直告急于晋。

【译文】前蜀将王宗弼在金牛打败岐兵,攻取十六寨,俘获斩杀六千余人,擒获岐将郭存等。丙申日(十六日),王宗鐬、王宗播等在黄牛川击败岐兵,并且生擒了将领苏厚等人。丁酉日(十七日),蜀主王建从利州前往兴元;救援的军队已经集结,安远军望见援军的旗帜,王宗侃等人击鼓叫喊着往外冲,与援军夹攻岐军,把他们打得大败,攻克了二十一个营寨,斩杀岐军将领李廷志等。己亥日(十九日),岐兵解除对安远军的包围逃走。唐道袭事先在斜谷埋伏兵马截击他们，又把他们打得大败。庚子日（二十日），王建西行返回成都。

岐王李茂贞的左右近臣石简颙向岐王进谗言毁谤刘知俊，岐王于是夺去刘知俊的兵权。李继崇对岐王说："刘知俊是一位壮士，处境困窘来归顺我们，我们不应该因为谗言就废弃他不用。"岐王为此杀了石简颙来安抚刘知俊。李继崇召请刘知俊率全族到秦州居住。

戊申日（二十八日），燕主刘守光率领二万军队入侵易州、定州，进攻容城。王处直向晋王李存勖告急。

十二月，乙卯，以朗州留后马賨为永顺节度使、同平章事。

镇南留后卢延昌游猎无度，百胜军指挥使黎球杀之，自立；将杀谭全播，全播称疾请老，乃免。丙辰，以球为虔州防御使。未几，球卒，牙将李彦图代知州事，全播愈称疾笃。刘岩闻全播病，发兵攻韶州，破之，刺史廖爽奔楚，楚王殷表为永州刺史。

丁巳，蜀主至成都。

戊午，以静海留后曲美为节度使。

【译文】十二月，乙卯日（初五），后梁任命朗州留后马賨为永顺节度使、同平章事。

镇南留后卢延昌沉溺于出游打猎，被百胜军指挥使黎球杀死了，黎球自立为留后；又要杀谭全播，谭全播就诿称有病请求告老，这才免去杀身之祸。丙辰日（初六），后梁太祖朱晃任命黎球为虔州防御使。不久，黎球去世，牙将李彦图代为掌理州中的事务，谭全播更声称病得很严重。刘岩听说谭全播病重，发动军队进攻韶州，攻破了韶州，韶州刺史廖爽逃到楚王那里，楚王马殷上表任命廖爽为永州刺史。

丁巳日(初七),蜀主王建到达成都。

戊午日(初八),梁朝任命静海留后曲美为节度使。

癸亥,以静江行军司马姚彦章为宁远节度副使,权知容州,从楚王殷之请也。刘岩遣兵攻容州,殷遣都指挥使许德勋以桂州兵救之;彦章不能守,乃迁容州士民及其府藏奔长沙,岩遂取容管及高州。

甲子,晋王遣蕃汉马步总管周德威将兵三万攻燕,以救易定。

是岁,蜀主以内枢密使潘炕为武泰节度使,炕从弟宣徽南院使峭为内枢密使。

【译文】癸亥日(十三日),后梁任命静江行军司马姚彦章为宁远节度副使,暂时主持容州事务,这是依从楚王马殷的请求。刘岩派兵进攻容州,马殷派遣都指挥使许德勋率领桂州的军队前往救援;姚彦章守不住,于是把州中的士民和府库中的财货通通迁移回长沙,刘岩于是攻取了容管和高州。

甲子日(十四日),晋王李存勖派遣蕃汉马步总管周德威率领三万军队进攻燕国,以此来救援易州、定州。

这一年,蜀主王建任命内枢密使潘炕为武泰节度使,潘炕的堂弟宣徽南院使潘峭为内枢密使。

乾化二年(壬申,公元九一二年)春,正月,德威东出飞狐,与赵王将王德明、义武将程岩会于易水。丙戌,三镇兵进攻燕祁沟关,下之;戊子,围涿州。刺史刘知温城守,刘守奇之客刘去非大呼于城下,谓知温曰:"河东小刘郎来为父讨贼,何豫汝事而坚守邪?"守奇免胄劳之,知温拜于城上,遂降。周德威疾守奇之功, 譖诸晋王, 王召之; 守奇恐获罪, 与去非及进士赵凤来奔, 上以守奇为博州刺史。去非、凤, 皆幽州人也。先是, 燕主守光籍境内丁壮, 悉文面为兵, 虽士人不免, 凤诈为僧奔晋, 守奇客之。

【译文】乾化二年（壬申, 公元912年）春季, 正月, 周德威自代州东出飞狐口, 与赵王王镕的部将王德明、义武将领程岩在易水会合。丙戌日（初七）, 三镇军队进攻燕国的祁沟关, 攻下了它; 戊子日（初九）, 又进围涿州。刺史刘知温据城防守, 刘守奇的门下客刘去非到城墙下大声呼喊, 对刘知温说:"河东的刘守奇现在回来为他的父亲讨伐贼人, 和你有什么关系, 你为什么要替贼人坚守呢? "刘守奇脱下头盔慰问刘知温, 刘知温在城上叩拜, 于是投降了。周德威妒忌刘守奇的功劳, 于是就向晋王李存勖进谗言毁谤他, 晋王召见刘守奇; 刘守奇担心回去会被治罪, 和刘去非及进士赵凤投奔梁朝, 后梁太祖朱晃任命刘守奇为博州刺史。刘去非和赵凤都是幽州人。起先, 燕主刘守光登记境内的壮丁, 在他们脸上刺字编入军队, 就算是士人也不能免, 赵凤假装是僧人逃奔晋地, 刘守奇收他为门客。

丁酉, 德威至幽州城下, 守光来求救。二月, 帝疾小愈, 议自将击镇、定以救之。

帝闻岐、蜀相攻, 辛酉, 遣光禄卿卢玭等使于蜀, 遗蜀主书, 呼之为兄。

甲子, 帝发洛阳。从官以帝诛戮无常, 多惮行, 帝闻之, 益怒。是日, 至白马顿, 赐从官食, 多未至, 遣骑趣之于路。左散骑常侍孙骘、右谏议大夫张衍、后部郎中张俊最后至, 帝命扑杀之。衍, 宗奭之侄也。

【译文】丁酉日（十八日）, 周德威率军到达幽州城下, 刘守光向梁朝求救。二月，后梁太祖朱晃的病稍有起色，商议亲自率领军队前去攻击镇州、定州来救援刘守光。

后梁太祖朱晃听说岐王李茂贞、蜀主王建互相攻打，辛酉日（十二日），派遣光禄卿卢玭等出使蜀国，给蜀主王建的国书称呼对方为兄。

甲子日（十五日），后梁太祖朱晃从洛阳出发。随从的官员因后梁太祖随意杀戮，捉摸不定，大家都害怕跟着去，后梁太祖听到这件事，更加愤怒。当天，到达白马顿，赏赐随行的官吏们进食，官吏们却大多还没到达，于是派遣骑兵到路口去催促他们。左散骑常侍孙骘、右谏议大夫张衍、兵部郎中张俊最后才到达，后梁太祖下令把他们杀死。张衍是张宗奭的侄子。

丙寅，帝至武陟，段明远供馈有加于前。丁卯，至获嘉，帝追思李思安去岁供馈有阙，贬柳州司户，告辞称明远之能曰："观明远之忠勤如此，见思安之悖慢何如？"寻长流思安于崖州，赐死。明远后更名凝。

乙亥，帝至魏州，命都招讨使宣义节度使杨师厚，副使、前河阳节度使李周彝围枣强，招讨应接使、平卢节度使贺德伦，副使、天平留后袁象先围蓨县。德伦，河西胡人；象先，下邑人也。

【译文】丙寅日（十七日），后梁太祖朱晃到达武陟，段明远供奉的物品比以前更加丰盛。丁卯日（十八日），到达获嘉，后梁太祖回想去年李思安供奉不完备，把他贬为柳州司户，诏书中称赞段明远的能干说："看到段明远这么忠城勤勉，更可以知道李思安是如何违逆怠慢了！"不久又把李思安长期流放到崖州，并赐他自尽。段明远后来改名段凝。

乙亥日（二十六日），后梁太祖朱晃到达魏州，命令都招讨使宣义节度使杨师厚、招讨副使前河阳节度使李周彝包围枣强，招讨应接使及平卢节度使贺德伦、副使及天平留后袁象先包围蓨县。贺德伦是河西胡人，袁象先是下邑人。

戊寅，帝至贝州。

辰州蛮酋宋邺、昌师益皆帅众降于楚，楚王殷以邺为辰州刺史，师益为溆州刺史。

帝昼夜兼行，三月，辛巳，至下博南，登观津冢。赵将符习引数百骑巡逻，不知是帝，遽前逼之。或告曰："晋兵大至矣！"帝弃行幄，亟引兵趣枣强，与杨师厚军合。习，赵州人也。

【译文】戊寅日（二十九日），后梁太祖朱晃到达贝州。

辰州蛮首领宋邺、昌师益都率众降楚，楚王马殷任命宋邺为辰州刺史，任命昌师益为溆州刺史。

后梁太祖朱晃日夜兼程，三月，辛巳日（初二），到达下博县南面，登上观津冢。这时赵王王镕的部将符习正率领几百名骑兵巡逻经过，不知是后梁太祖，急速向前逼近。有人启奏说："晋军的大队人马到了！"后梁太祖把出行使用的帷帐也丢了，立刻率军赶往枣强，和杨师厚的军队会合。符习是赵州人。

枣强城小而坚，赵人聚精兵数千守之。师厚急攻之，数日不下，城坏复修，死伤者以万数。城中矢石将竭，谋出降，有一卒奋曰："贼自柏乡丧败已来，视我镇人裂眦，今往归之，如自投虎狼之口耳。因穷如此，何用身为！我请独往试之。"夜，缒城出，诣梁军诈降，李周彝召问城中之备，对曰："非半月未易下也。"因请曰："某既归命，愿得一剑，效死先登，取守城将首。"周彝不许，使荷担从军。卒得间举担击周彝首，踣地，左右救至，得免。

帝闻之，愈怒，命师厚昼夜急攻，丙戌，拔之，无问老幼尽杀之，流血盈城。

【译文】枣强城小而坚固，赵人聚集精锐军队数千人据城防守，杨师厚紧急攻打，数日没有攻下，城墙坏了，立刻又被修好，攻城的士卒死伤的以万计。城中防守的箭、石等物都将用光了，原计划要出来投降，有一个士兵跳起来说："贼人自从柏乡失败以来，见到我们镇州人恨得眼眶都要裂开。现在去投降他们，如同自己投入虎狼口中一样。局势艰难窘迫到了这个地步，我还爱惜生命做什么！我请求独自前去试试。"夜里，用绳子缒出城外，到梁军那儿假装投降，李周彝召唤他来问城中守备的情形，回答说："没有半个月恐怕不容易攻下。"于是请求说："我既来归顺你们了，希望能得到一把剑，拼死效力去抢先登城，好斩取守城将领的脑袋。"李周彝没有答应他，只让他担个担子随从部队。后来这人终于得到一个机会抓起扁担攻击李周彝的脑袋，李周彝摔到地上，还好左右的人赶快来救他，才免被击死。后梁太祖朱晃听到这件事更加愤怒，下令杨师厚日夜猛攻，丙戌日(初七)，把城攻克，不管老幼全部杀死，鲜血流满全城。

初，帝引兵渡河，声言五十万。晋忻州刺史李存审屯赵州，患兵少，裨将赵行实请入土门避之，存审不可。及贺德伦攻蓨县，存审谓史建瑭、李嗣肱曰："吾王方有事幽蓟，无兵此来，南方之事委吾辈数人。今蓨县方急，吾辈安得坐而视之！使贼得蓨县，必西侵深、冀，患益深矣。当与公等以奇计破之。"存审乃引兵扼下博桥，使建瑭、嗣肱分道擒生。建瑭分其麾下为五队，队各百人，一之衡水，一之南宫，一之信都，一之阜城，自将一队深入，与嗣肱遇梁军之樵刍者皆执之，获数百人。明日会于下博桥。皆杀之，留数人断臂纵去，曰："为我语朱公：晋王大军至矣！"时蓨县未下，帝引杨师厚兵五万，就贺德伦共攻之。丁亥，始至县西，未及置营，建瑭、嗣肱各将三百骑，效梁军旗帜服色，与樵刍者杂行，日且暮，至德伦营门，杀门者，纵火大噪，弓矢乱发，左右驰突，既暝，各斩馘执俘而去。营中大扰，不知所为。断臂者复来曰："晋军大至矣！"帝大骇，烧营夜遁，迷失道，委曲行百五十里，戊子旦乃至冀州；蓨之耕者皆荷锄奋梃逐之。委弃军资器械不可胜计。既而复遣骑觇之，曰："晋军实未来，此乃史先锋游骑耳。"帝不胜惭愤，由是病增剧，不能乘肩舆。留贝州旬馀，诸军始集。

【译文】起初，后梁太祖朱晃率领军队渡过黄河，声称有五十万人。晋忻州刺史李存审屯驻在赵州，担心守军人数太少，副将赵行实建议退入土门以避开梁军的攻击，李存审没答应。等到贺德伦进攻蓨县，李存审对史建瑭、李嗣肱说："我们大王正在应付幽州、蓟州那儿的事，分不出兵马来，南方的战事委任给我们几人。现在蓨县正告急，我们怎能坐视！如果让贼兵攻下蓨县，那么他们一定会继续往西侵扰深州、冀州，这一来灾祸就严重了。我想现在应该和各位想个好计策来击退敌人。"李存审于是率军扼守下博桥，另外派遣史建瑭和李嗣肱分路去捉拿梁军俘虏。史建瑭把他手下部队分为五队，每队各有一百人，一队派往衡水，一队派往南宫，一队派往信都，一队派往阜城，另外亲自率领一队深入敌境，和李嗣肱一遇到梁军出来砍柴割草的通通抓起来，俘获了几百人。第二天在下博桥会合，把他们都杀死，只留下几个人砍断手臂后放他们走，说："回去替我告诉姓朱的，晋王的大军到了！"当时蓨县还没有被攻下，后梁太祖朱晃率领杨师厚的部队五万人，会同贺德伦一起攻城。丁亥日

（初八），才刚到蓨县的西边，都还没有来得及安营，史建瑭和李嗣肱各率领三百名骑兵，冒用梁军的旗帜、衣服，和砍柴割草的部队混杂进入营中，快到傍晚的时候，走到贺德伦的营门，杀了门口的卫士，并到处放火起哄，弓箭乱射，并且左右冲驰，到了天黑后，各斩下敌人首级割去左耳并劫走俘虏后离去了。梁营中大乱，不知发生了什么事。这时，那批被斩断手臂的俘虏又跑回来报告说："晋王的大军来了！"后梁太祖朱晃大为惊惧，烧毁营垒，连夜逃跑，迷失道路，曲折行走了一百五十里，戊子日（初九）黎明才到达冀州。蓨县耕田的老百姓当时都一起抓起锄头扁担追杀梁军，梁国军队所抛弃的军用物资器械多到数不清。不久，后梁太祖又派遣骑兵窥探，回去报告说："晋王的大军其实还没来，这只不过是史建瑭的游击部队而已。"后梁太祖一听，既羞愧，又气愤，从此病就更加重了，甚至连轿子都不能坐。后梁太祖在贝州停留了十几天，各路军队才聚集到了一起。

义昌节度使刘继威年少，淫虐类其父，淫于都指挥使张万进家，万进怒，杀之。诘旦，召大将周知裕，告其故。万进自称留后，以知裕为左都押牙。庚子，遣使奉表请降，亦遣使降于晋；晋王命周德威安抚之。知裕心不自安，求为景州刺史，遂来奔，帝为之置归化军，以知裕为指挥使，凡军士自河朔来者皆隶之。辛丑，以万进为义昌留后。甲辰，改义昌为顺化军，以万进为节度使。

乙巳，帝发贝州；丁未，至魏州。

【译文】义昌节度使刘继威年纪轻，却像他父亲刘守光一样荒淫暴虐，曾跑到都指挥使张万进家中奸淫女人，张万进大怒，把刘继威杀了。第二天早晨，张万进召请大将周知裕，告诉他杀死刘继威的缘故。张万进自称义昌留后,任命周知裕为左都押牙。庚子日(二十一日),派遣使者上表向后梁太祖朱晃请求归降,又另外派遣使者向晋王李存勖投降;晋王命令周德威去安抚他。周知裕心里越想越觉得不安,于是就投奔到梁朝,后梁太祖特别为他设置了归化军,任命周知裕为指挥使,凡是从河朔来归顺的军士都编入这个部队。辛丑日(二十二日),任命张万进为义昌留后。甲辰日(二十五日),改义昌为顺化军,任命张万进为顺化节度使。

乙巳日(二十六日),后梁太祖朱晃从贝州出发;丁未日(二十八日),到达魏州。

戊申,周德威遣裨将李存晖等攻瓦桥关,其将吏及莫州刺史李严皆降。严,幽州人也,涉猎书传,晋王使传其子继岌,严固辞。王怒,将斩之,教练使孟知祥徒跣入谏曰:“强敌未灭,大王岂宜以一怒戮向义之士乎!”乃免之。知祥,迁之弟子,李克让之婿也。

吴镇南节度使刘威,歙州观察使陶雅,宣州观察使李遇,常州刺史李简,皆武忠王旧将,有大功,以徐温自牙将秉政,内不能平;李遇尤甚,常言:“徐温何人,吾未尝识面,一旦乃当国邪!”

【译文】戊申日(二十九日),周德威派遣副将李存晖等进攻瓦桥关,关内的将领官吏以及莫州刺史李严都投降了。李严是幽州人,广泛阅读过各种著作和传述。晋王李存勖让他教儿子李继岌,李严坚决推辞。晋王很生气,本来要将他问斩,后来教练使孟知祥赤着脚跑到王府劝谏说:“我们强大的敌人还没能够消灭,大王怎能因为一气就杀了来归顺的义士呢?” 孟知祥是孟迁弟弟的儿子,晋王李克用之弟李克让的女婿。

吴镇南节度使刘威、歙州观察使陶雅、宣州观察使李遇、常州刺史李简等人都是吴武忠王杨行密的旧属部将,又都立过大功劳,因为徐温是由牙将篡升而主持国政的,他们内心都愤愤不平;李遇尤其生气,常常对人说:"徐温是什么人,我不曾见过面,一日之间竟当政了!"

馆驿使徐玠使于吴越,道过宣州,温使玠说遇入见新王,遇初许之;玠曰:"公不尔,人谓公反。"遇怒曰:"君言遇反,杀侍中者非反邪!"侍中,谓威王也。温怒,以淮南节度副使王檀为宣州制置使,数遇不入朝之罪,遣都指挥使柴再用帅升、润、池、歙兵纳檀于宣州,升州副使徐知诰为之副。遇不受代,再用攻宣州,逾日不克。

【译文】馆驿使徐玠出使吴越,路过宣州,徐温让徐玠劝说李遇到广陵朝见新王杨隆演,李遇一开始答应了。徐玠说:"您不这样做,别人会说您谋反的。"李遇一听大怒,说:"你说我造反,难道杀死侍中的人就不算造反吗?"侍中,指的是吴威王杨渥。徐温听到了以后也大为生气,任命淮南节度副使王檀为宣州制置使,并且责备李遇久久不肯入朝的罪状,派遣都指挥使柴再用率领升州、润州、池州、歙州等各路的兵马强行护送王檀到宣州上任,并派升州副使徐知诰为他的副帅。李遇不接受替代,柴再用攻打宣州,过了一个月没有攻克。

夏,四日,癸丑,以楚王殷为武安、武昌、静江、宁远节度使,洪、鄂四面行营都统。

乙卯,博王友文来朝,请帝还东都。丁巳,发魏州;己未,至黎阳，以疾淹留；乙丑，至滑州。

维州羌胡董琢反，蜀主遣保銮军使赵绰讨平之。

己巳，帝至大梁。

【译文】 夏季，四月，癸丑日（初五），后梁太祖朱晃任命楚王马殷为武安、武昌、静江、宁远节度使，洪、鄂四面行营都统。

乙卯日（初七），博王朱友文来朝见，请后梁太祖朱晃返回东都。丁巳日（初九），后梁太祖从魏州出发；己未日（十一日），到达黎阳，因为生病停留了几天；乙丑日（十七日），到达滑州。

维州羌胡董琢反叛，前蜀主王建派遣保銮军使赵绰前往讨伐平定。

己巳日（二十一日），后梁太祖朱晃到达大梁。

帝闻岭南与楚相攻，甲戌，以右散骑常侍韦戬等为潭、广和叶使，往解之。

戊寅，帝发大梁。

周德威白晋王，以兵少不足攻城，晋王遣李存审将吐谷浑、契苾骑兵会之。李嗣源攻瀛州，刺史赵敬降。

五月，甲申，帝至洛阳，疾甚。

司空、门下侍郎、同平章事薛贻矩卒。

【译文】 后梁太祖朱晃听说岭南和楚王马殷互相攻伐，甲戌日（二十六日），任命右散骑常侍韦戬等为潭、广和叶使，前往进行调解。

戊寅日（三十日），后梁太祖朱晃从大梁出发。

周德威向晋王李存勖报告说兵力太少，没办法进攻幽州城，晋王于是派遣李存审率领吐谷浑、契苾的骑兵前来会合。李嗣源攻打瀛州，刺史赵敬投降。

五月，甲申日（初六），后梁太祖朱晃到达洛阳，病得很严重。

司空、门下侍郎、同平章事薛贻矩去世。

燕主守光遣其将单廷珪将精兵万人出战，与周德威遇于龙头冈。廷珪曰："今日必擒周杨五以献。"杨五，德威小名也。既战，见德威于陈，援枪单骑逐之，枪及德威背，德威侧身避之，奋檛反击廷珪坠马，生擒，置于军门。燕兵退走，德威引骑乘之，燕兵大败，斩首三千级。廷珪，燕骁将也，燕人失之，夺气。

己丑，蜀大赦。

【译文】燕主刘守光派遣他的部将单廷珪率领精锐军队一万人出城迎战，在龙头冈与周德威相遇，单廷珪说："今天非活捉周杨五回去献捷不可。"杨五是周德威的小名。两军交战以后，单廷珪在阵前看见了周德威，于是单枪匹马就追了过来，一枪刺向周德威背部，被周德威一侧身躲开了，周德威顺势就挥起马鞭一鞭把单廷珪打下马来，于是把他生擒，放置在营门前。燕兵向后撤退，周德威立刻率领骑兵乘胜追击，燕兵大败，总共斩杀了三千人。单廷珪是燕国的勇将，燕人失去他以后，大丧士气。

己丑日（十一日），蜀国大赦境内。

李遇少子为淮南牙将，遇最爱之，徐温执之，至宣州城下示之，其子啼号求生，遇由是不忍战。温使典客何荛入城，以吴王命说之曰："公本志果反，请斩荛以徇；不然，随荛纳款。"遇乃开门请降，温使柴再用斩之，夷其族。于是，诸将始畏温，莫敢违其命。

徐知诰以功迁升州刺史。知诰事温甚谨，安于劳辱，或通夕不解带，温以是特爱之，每谓诸子曰："汝辈事我能如知诰乎？"时诸州长吏多武夫，专以军旅为务，不恤民事；知诰在升州，独选用廉吏，修明政教，招延四方士大夫，倾家赀无所爱。洪州进士宋齐丘，好纵横之术，谒知诰，知诰奇之，辟为推官，与判官王令谋、参军王翃专主谋议，以牙吏马仁裕、周宗、曹悰为腹心。仁裕，彭城人；宗，涟水人也。

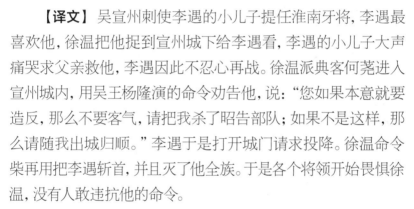

【译文】吴宣州刺使李遇的小儿子提任淮南牙将，李遇最喜欢他，徐温把他捉到宣州城下给李遇看，李遇的小儿子大声痛哭求父亲救他，李遇因此不忍心再战。徐温派典客何荛进入宣州城内，用吴王杨隆演的命令劝告他，说："您如果本意就要造反，那么不要客气，请把我杀了昭告部队；如果不是这样，那么请随我出城归顺。"李遇于是打开城门请求投降。徐温命令柴再用把李遇斩首，并且灭了他全族。于是各个将领开始畏惧徐温，没有人敢违抗他的命令。

徐知诰因功升任升州刺史。徐知诰事奉徐温非常恭谨，任劳任怨，有时候整夜都不解衣休息，徐温因此特别喜爱他，经常对儿子们说："你们侍奉我能像徐知诰那样吗？"当时各州长官大多是武夫，只以征战为职责，不体恤老百姓的疾苦。徐知诰在升州，独独特别注意选用清廉的官吏，修明政治教化，并招揽各地的贤士大夫，就算倾尽家财也毫不吝惜。洪州进士宋齐丘，喜好纵横之术，来拜谒徐知诰，徐知诰很看重他，举用他为推官，和判官王令谋、参军王翃等专门负责替他出主意，又以牙吏马仁裕、周宗、曹悰等人为心腹。马仁裕是彭城人；周宗是涟水人。

闰月，壬戌，帝疾增甚，谓近臣曰："我经营天下三十年，不意太原馀孽更昌炽如此！吾观其志不小，天复夺我年，我死，诸儿非彼敌也，吾无葬地矣！"因哽咽，绝而复苏。

高季昌潜有据荆南之志，乃奏筑江陵外郭，增广之。

丙寅，蜀门下侍郎、同平章事王锴罢为兵部尚书。

帝长子郴王友裕早卒。次假子博王友文，帝特爱之，常留守东都，兼建昌宫使。次郢王友珪，其母亳州营倡也，为左右控鹤都指挥使，无宠。次均王友贞，为东都马步都挥指使。

【译文】闰月，壬戌日（十五日），后梁太祖朱晃的病更加严重了，对亲近的大臣们说："我经营天下有三十年之久了，没料到太原的余孽竟然猖獗到这个程度！我看他的志向不小，老天又要夺去我的年寿，我死后，我的儿子们绝非他的敌手，我看我会死无葬身之地！"于是哽咽失声，一度气绝后才苏醒过来。

荆南节度使高季昌暗中有盘踞荆南的志向，于是启奏说要修筑江陵的外城，并扩大城的范围。

丙寅日（十九日），蜀国的门下侍郎、同平章事王锴被罢去本官，降为兵部尚书。

后梁太祖朱晃的长子郴王朱友裕早死，其次是养子博王朱友文，特别受后梁太祖喜爱，常命他留守东都，并兼任建昌宫使。其次是郢王朱友珪，他的母亲是亳州的营妓，朱友珪担任左右控鹤都指挥使，不受宠爱。再其次是均王朱友贞，担任东都马步都指挥使。

初，元贞张皇后严整多智，帝敬惮之。后殂，帝纵意声色，诸子虽在外，常征其妇入侍，帝往往乱之。友文妇王氏色美，帝尤宠之，虽未以友文为太子，帝意常属之。友珪心不平。友珪尝

610

有过，帝挞之，友珪益不自安。帝疾甚，命王氏召友文于东都，欲与之诀，且付以后事。友珪妇张氏亦朝夕侍帝侧，知之，密告友珪曰："大家以传国宝付王氏怀往东都，吾属死无日矣！"夫妇相泣。左右或说之曰："事急计生，何不改图？时不可失！"

【译文】起初，元贞张皇后严肃端正，聪明多智，后梁太祖朱晃对她又敬重又畏惧。皇后去世以后，后梁太祖纵情于歌舞女色，他的儿子们虽然都在外地，却常常把他们的妻子召进宫里来服侍他，往往就发生了淫乱的事。朱友文的妻子王氏容貌美丽，后梁太祖尤其宠爱她；虽然没有立朱友文为太子，心里却特别中意他。朱友珪心中愤愤不平。朱友珪曾经有过失，后梁太祖用鞭子打了他，朱友珪更加不安。后梁太祖朱晃的病越来越严重，下令王氏把朱友文从东都召回来，想要和他见最后一面，并且托付后事。朱友珪的媳妇张氏平日早晚都随侍在后梁太祖身边，知道了这件事，秘密地告诉朱友珪说："皇上已经把传国宝交给王氏带入东都了，我们马上就要被杀头了。"夫妇两个于是相对而泣。左右有的人建议说："事急生计，何不另作打算，时机不可错过！"

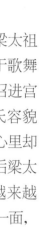

　　六月，丁丑朔，帝使敬翔出友珪为莱州刺史，即令之官。已宣旨，未行敕。时左迁者多追赐死，友珪益恐。

　　戊寅，友珪易服微行入左龙虎军，见统军韩勍，以情告之。勍亦见功臣宿将多以小过被诛，惧不自保，遂相与合谋。勍以牙兵五百人从友珪杂控鹤士入，伏于禁中，中夜斩关入，至寝殿，侍疾者皆散走。帝惊起，问："反者为谁？"友珪曰："非他人也！"帝曰："我固疑此贼，恨不早杀之。汝悖逆如此，天地岂容汝乎！"友珪曰："老贼万段！"友珪仆夫冯廷谔刺帝腹，刃出于背。友珪自以败毡裹之，瘗于寝殿，秘不发丧。遣供奉官丁昭溥驰诣东都，命均王友贞杀友文。

【译文】六月，丁丑朔日（初一），后梁太祖朱晃命令敬翔把朱友珪贬到莱州当刺史，命他立刻去上任。已经宣布后梁太祖的旨意了，但是正式的诏令还没发下。当时贬官者大多追命赐死，朱友珪越发恐慌。

戊寅日（初二），朱友珪改换服装隐藏身份，进入左龙虎军，会见左龙虎统军韩勍，把实情告诉他。韩勍平日也看见功臣旧将们往往因小过失就被杀，害怕自己也保不住，于是和朱友珪共谋造反。韩勍调来五百名牙兵，跟着朱友珪混杂在控鹤军士中进入皇宫，埋伏在宫内，等到夜半，斩开门栓，冲进后梁太祖的寝殿，当时服侍护理病人的人都四散逃走。后梁太祖惊起，问："谋反的是谁？"朱友珪说："不是别人，是我。"后梁太祖说："我原来就怀疑你这个贼，只恨没有早把你杀了。你如此抗命作乱，天地还会容你吗？"朱友珪说："老贼你早该被碎尸万段了！"朱友珪的仆人冯廷谔一刀刺向后梁太祖的腹部，刀刃从背部穿出。朱友珪拿了条破毯子把后梁太祖包裹起来，埋在寝殿里；并对外封锁消息，不发布丧讯。派遣供奉官丁昭溥快马赶往东都大梁，命令均王朱友贞杀死朱友文。

【申涵煜评】梁主老病宣淫，原有死理。天必假手于子祸者，使与安史同归，所以昭悖逆之报也。友珪父盗贼而母营娼，生此枭獍，正是肖子，勿诧以为人伦之变。

【译文】朱温老病淫乱，原本就有死的道理。上天一定要借着他儿子朱友珪的祸乱而死，使他和安禄山的结果一样，这是上天为了显示悖逆的报应啊。朱友珪的父亲是盗贼而母亲是娼妓，生下这样的儿子，正是像极了父亲，不要惊讶这是人伦的变化。

己卯，矫诏称："博王友文谋逆，遣兵突入殿中，赖郢王友珪忠孝，将兵诛之，保全朕躬。然疾因震惊，弥致危殆，宜令友珪权主军国之务。"韩勍为友珪谋，多出府库金帛赐诸军及百官以取悦。

辛巳，丁昭溥还，闻友文已死，乃发丧，宣遗制，友珪即皇帝位。

时朝廷新有内难，中外人情恟恟。许州军士更相告变，匡国节度使韩建皆不之省，亦不为备。丙申，马步都指挥使张厚作乱，杀建，友珪不敢诘。甲辰，以厚为陈州刺史。

【译文】己卯日（初三），朱友珪假下诏书说："博王朱友文谋反，派兵突入殿中，靠郢王朱友珪忠孝，率军把叛逆诛杀了，才保全朕的生命。然而朕的病也因受到惊吓，更加严重，现在我暂且命令朱友珪代我主持军国大事。"韩勍替朱友珪谋划，取出府库内的大量金帛赐给各军及百官以博取他们的欢心。

辛巳日（初五），丁昭溥回来，朱友珪听说朱友文已死，才发布丧讯，并宣告后梁太祖朱晃的遗诏，朱友珪登上帝位。

当时朝廷刚出现内部的变故，内外人心骚动不安。许州的军士们轮番报告发生变乱，匡国节度使韩建都不去了解，也不加以防备；丙申日（二十日），马步都指挥使张厚起来作乱，杀掉韩建，朱友珪也不敢责问他；甲辰日（二十八日），任命张厚为陈州刺史。

秋，七月，丁未，大赦。

天雄节度使罗周翰幼弱，军府事皆决于牙内都指挥使潘晏；

北面都招讨使、宣义节度使杨师厚军于魏州，久欲图之，惮太祖威严，不敢发。至是，师厚馆于铜台驿，潘晏入谒，执而杀之，引兵入牙城，据位视事。壬子，制以师厚为天雄节度使，徙周翰为宣义节度使。

以侍卫诸军使韩勍领匡国节度使。

甲寅，加吴越王镠尚父。

甲子，以均王友贞为开封尹、东都留守。

蜀太子元坦更名元膺。

丙寅，废建昌宫使，以河南尹张宗奭为国计使，凡天下金谷旧隶建昌宫者悉主之。

【译文】秋季，七月，丁未日（初二），大赦天下。

天雄节度使罗周翰年幼懦弱，军府事务都由牙内都指挥使潘晏决定。北面都招讨使、宣义节度使杨师厚驻军在魏州，很早就想谋取天雄，只因害怕后梁太祖皇帝朱晃的威严，不敢发动而已。到了这时，杨师厚驻扎在铜台驿，潘晏来晋见，于是杨师厚把潘晏抓起来杀了，率兵进入牙城，霸据天雄节度使的职位主持事务。壬子日（初七），颁布制书，任命杨师厚为天雄节度使，调任罗周翰为宣义节度使。

任命侍卫诸军使韩勍兼领匡国节度使。

甲寅日（初九），加封吴越王钱镠为尚父。

甲子日（十九日），任命均王朱友贞为开封尹、东都留守。

蜀国的太子王元坦改名叫元膺。

丙寅日（二十一日），后梁撤销建昌宫使，任命河南尹张宗奭为国计使，凡是天下金银钱谷等过去属建昌宫管的通通归张宗奭掌管。

八月，龙骧军三千人戍怀州者，溃乱东走，所过剽掠；戊子，遣东京马步军都指挥使霍彦威、左耀武指挥使杜晏球讨之，庚寅，击破乱军，执其都将刘重遇于鄢陵，甲午，斩之。

郢王友珪既篡立，诸宿将多愤怒，虽曲加恩礼，终不悦。告哀使至河中，护国节度使冀王朱友谦泣曰："先帝数十年开创基业，前日变起宫掖，声闻甚恶，吾备位藩镇，心窃耻之。"友珪加友谦侍中、中书令，以诏书自辨，且征之。友谦谓使者曰："所立者为谁？先帝晏驾不以理，吾且至洛阳问罪，何以征为！"戊戌，以侍卫诸军使韩勍为西面行营招讨使，督诸军讨之。友谦以河中附于晋以求救，九月，丁未，以感化节度使康怀贞为河中都招讨使，更以韩勍副之。

友珪以兵部尚书知崇政院事敬翔，太祖腹心，恐其不利于己，欲解其内职，恐失人望，庚午，以翔为中书侍郎、同平章事，壬申，以户部尚书李振充崇政院使。翔多称疾不预事。

 资治通鉴卷第二百六十八 后梁纪三

【译文】八月，驻防怀州的龙骧军三千人，溃散作乱后向东逃跑，对经过的地方抄抢掠夺。戊子日（十三日），派遣东京马步军都指挥使霍彦威和左耀武指挥使杜晏球等前往讨伐，庚寅日（十五日），击破了乱军，在鄢陵抓到他们的都将刘重遇，甲午日（十九日），把刘重遇斩首。

郢王朱友珪篡夺帝位以后，众位老将大多愤怒，虽然朱友珪极力增加恩赏礼遇，但他们终究不高兴。告哀使到了河中，护国节度使冀王朱友谦哭着说："先帝经过几十年才开创了这个基业，前些日子宫中发生变乱，外面传说很不好听，我位居藩镇，内心感到耻辱。"朱友珪加封朱友谦为侍中、中书令，用诏书替自己辩解，并且召他入朝。朱友谦对使者说："继位的是谁啊？先帝驾崩的时候，很多事情都不合常理，我还正想上洛阳去问问他呢！他还征召我干什么！"戊戌日（二十三日），朱友珪任命侍卫诸军使韩勍为西面行营招讨使，督导各路兵马讨伐朱友谦。朱友谦以河中归附晋王李存勖以求救援，九月，丁未日（初三），朱友珪任命感化节度使康怀贞为河中招讨使，改命韩勍做他的副手。

朱友珪因兵部尚书、知崇政院事敬翔是后梁太祖朱晃的心腹，害怕他对自己不利，想解除他知崇政院事的职务，又怕因此而引起众人失望，庚午日（二十六日），任命敬翔为中书侍郎、同平章事；壬申日（二十八日），另外任命户部尚书李振充任崇政院使。敬翔便常声称有病，不参与政事。

康怀贞等与忠武节度使牛存节合兵五万屯河中城西，攻之甚急。晋王遣其将李存审、李嗣肱、李嗣恩将兵救之，败梁兵于胡壁。嗣恩，本骆氏子也。

吴武忠王之疾病也，周隐请召刘威，威由是为帅府所忌。或谮之于徐温，温将讨之。威幕客黄讷说威曰："公受谤虽深，反本无状，若轻舟入觐，则嫌疑皆亡矣。"威从之。陶雅闻李遇败，亦惧，与威偕诣广陵，温待之甚恭，如事武忠王之礼，优加官爵，雅等悦服，由是人皆重温。讷，苏州人也。温与威、雅帅将吏请于李俨，承制加嗣吴王隆演太师、吴王，以温领镇海节度使、同平章事，淮南行军司马如故。温遣威、雅还镇。

【译文】康怀贞等和忠武节度使牛存节会师，有五万人，屯驻在河中的城西，并且猛烈地攻城。晋王李存勖派遣他的部将李存审、李嗣肱、李嗣恩等率军前来救援朱友谦，在胡壁把梁兵打败了。李嗣恩原是吐谷浑部骆氏的儿子。

吴武忠王杨行密病重的时候，周隐请求召回刘威，刘威因此被淮南帅府的人所忌恨。有人向徐温进谗言，徐温于是准备讨伐刘威。刘威的幕客黄讷劝刘威说："您虽然受到很多谗言的毁谤，但是本来也没有什么具体的造反事实，如果能只以轻舟入京觐见的话，此前的嫌疑自然就可以洗刷干净了。"刘威听从了他的建议。陶雅听说李遇败亡，也很惧怕，与刘威一起前往广陵。徐温待他们很恭敬，礼节如同侍奉武忠王杨行密一样，并且优厚地赏赐他们官职爵位；陶雅等心悦诚服，因此众人都推崇徐温。黄讷是苏州人。徐温和刘威、陶雅等率领将领官吏们向李俨请求，请他秉承天子的旨意加封吴王继承人杨隆演为太师、吴王，又任命徐温兼领镇海节度使、同平章事，淮南行军司马的职务如旧。徐温派遣刘威、陶雅各回本镇。

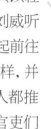

辛巳，蜀改剑南东川曰武德军。

朱友谦复告急于晋，冬，十月，晋王自将自泽潞而西，遇康怀贞于解县，大破之，斩首千级，追至白径岭而还。梁兵解围，退保陕州。友谦身自至猗氏谢晋王，从者数十人，撤武备，诣晋王帐，拜之为舅。晋王夜置酒张乐，友谦大醉。晋王留宿帐中，友谦安寝，鼾息自如。明旦复置酒而罢。

杨师厚既得魏博之众，又兼都招讨使，宿卫劲兵多在麾下，诸镇兵皆得调发，威势甚重，心轻郢王友珪，遇事往往专行不顾。友珪患之，发诏召之，云"有北边军机，欲与卿面议。"师厚将行，其腹心皆谏曰："往必不测。"师厚曰："理知其为人，虽往，如我何！"乃帅精兵万人，渡河趣洛阳，友珪大惧。丁亥，至都门，留兵于外，与十馀人入见。友珪喜，甘言逊词以悦之，赐与巨万。癸巳，遣还。

【译文】辛巳日（九月无此日），蜀国把剑南、东川改称为武德军。

朱友谦又向晋王李存勖告急，冬季，十月，晋王亲自率兵从泽潞往西，在解县和康怀贞遇上了，将康怀贞打得大败，并斩杀了一千人，一直追到白径岭才回去。梁兵只好解除对河中的包围，撤退回陕州。朱友谦亲自到猗氏拜谢晋王，随从者只有几十人，并且撤除武装，到晋王的帐中，拜他为舅父。晋王在晚上陈设酒宴演奏音乐加以招待，朱友谦喝得大醉。晋王留他睡在帐中，朱友谦睡得很安稳，鼾声自在得很。第二天早晨晋王又摆酒宴饮，尽兴才散。

杨师厚得到魏博的军队后，又因兼任都招讨使，精锐的宿卫部队都归他管，各镇的兵马也有权调遣，威势显赫，所以内心有点轻视郢王朱友珪，遇到事情往往独断专行。朱友珪对他很担忧，下诏书召他进京，声称："有关北边的军事机要，想要与您当面商议。"杨师厚正准备出发，他的心腹们都劝谏说："这一去恐怕会遭到意外的灾祸。"杨师厚说："这个人我清楚得很，就算我去了，他又能奈我何！"于是率领精锐部队一万多人，渡过黄河赶往洛阳，朱友珪大为恐惧。丁亥日（十三日），杨师厚到达洛阳外城的城门，把部队留在城外，只带着十几人入城觐见，朱友珪很高兴，用甜蜜恭顺的言辞讨杨师厚高兴，赏赐的财物上万。癸巳日（十九日），朱友珪遣送杨师厚返回。

十一月，赵将王德明将兵三万掠武城，至于临清，攻宗城，下之。癸丑，杨师厚伏兵唐店，邀击，大破之，斩首五千馀级。

甲寅，葬神武元圣孝皇帝于宣陵，庙号太祖。

吴淮南节度副使陈璋等将水军袭楚岳州，执刺史苑玫；楚王殷遣水军都指挥使杨定真救岳州。璋等进攻荆南，高季昌遣其将倪可福拒之。吴恐楚人救荆南，遣抚州刺史刘信帅江、抚、袁、吉、信五州兵屯吉州，为璋声援。

【译文】十一月，赵王王镕的将领王德明率领三万人侵扰武城，一直攻到临清，又进攻宗城，把它攻下了。癸丑日（初九），杨师厚在唐店埋伏，进行截击，大败赵兵，斩杀五千余人。

甲寅日（初十），梁朝安葬神武元圣孝皇帝朱晃于宣陵，庙号太祖。

吴淮南节度副使陈璋等率领水军袭击楚岳州，捉住岳州刺史苑玫；楚王马殷派遣水军都指挥使杨定真前往岳州救援。陈璋等进攻荆南，高季昌派遣他的部将倪可福防御。吴国担心楚人救援荆南，派遣抚州刺史刘信率领江、抚、袁、吉、信五州的军队驻防吉州，作为陈璋的声援。

十二月，戊寅，蜀行营都指挥使王宗汾攻岐文州，拔之，守将李继夔走。

是岁，隰州都将刘训杀刺史，以州降晋，晋王以为瀛州刺史。训，永和人也。

虔州防御使李彦图卒，州人奉谭全播知州事，遣使内附，诏以全播为百胜防御使虔、韶二州节度开通使。

高季昌出兵，声言助梁代晋，进攻襄州，山南东道节度使孔勍击败之。自是朝贡路绝。勍，兖州人也。

【译文】十二月，戊寅日（初五），蜀国行营都指挥使王宗汾进攻岐王李茂贞的文州，把它攻下了，守将李继夔逃走。

这一年，隰州的都将刘训杀了刺史，以隰州归降晋王李存勖，晋王任命他为瀛州刺史。刘训是永和人。

虔州防御使李彦图去世，州人尊奉谭全播主持州中事务；

派遣使者向梁朝请求归附，朱友珪下诏任命谭全播为百胜防御使、虔韶二州节度开通使。

高季昌出兵，声称要帮助梁朝讨伐晋王李存勖，于是进攻襄州，山南东道节度使孔勍把他击败，从此，荆南高季昌入后梁进贡的道路断绝。孔勍是兖州人。

均王上上

乾化三年（癸酉，公元九一三年）春，正月，丁巳，晋周德威拔燕顺州。

癸亥，郢王友珪朝享太庙；甲子，祀圜丘，大赦，改元凤历。

吴陈璋攻荆南，不克而还，荆南兵与楚兵会于江口以邀之；璋知之，舟二百艘骈为一列，夜过，二镇兵遽出追之，不能及。

晋周德威拔燕安远军，蓟州将成行言等降于晋。

【译文】乾化三年（癸酉，公元913年）春季，正月，丁巳日（十四日），晋周德威攻下了燕国的顺州。

癸亥日（十二日），郢王朱友珪祭祀太庙。甲子日（二十一日），在圜丘祭天，大赦天下，改年号为凤历。

吴国的陈璋进攻荆南，没攻下就撤退回去，荆南的军队和楚王马殷的军队会师准备在荆江口进行截击；陈璋得知了这一情况，于是把二百艘船连成一起，夜间过江，荆南、楚二镇军队急忙冲出追赶，没能追上。

晋周德威攻下燕国的安远军，蓟州的守将成行言等人投降晋王李存勖。

二月，壬午，蜀大赦。

郢王友珪既得志，遽为荒淫，内外愤怒，友珪虽啖以金缯，终莫之附。驸马都尉赵岩，犨之子，太祖之婿也；左龙虎统军、侍卫亲军都指挥使袁象先，太祖之甥也。岩奉使至大梁，均王友贞密与之谋诛友珪，岩曰："此事成败，在招讨杨令公耳，得其一言谕禁军，吾事立办。"均王乃遣腹心马慎交之魏州说杨师厚曰："郢王篡弒，人望属在大梁，公若因而成之，此不世之功也。"且许事成之日赐犒军钱五十万缗。师厚与将佐谋之，曰："方郢王弒逆，吾不能即讨；今君臣之分已定，无故改图，可乎？"或曰："郢王亲弒君父，贼也，均王举兵复仇，义也。奉义讨贼，何君臣之有！彼若一朝破贼，公将何以自处乎？"师厚惊曰："吾几误计。"乃遣其将王舜贤至洛阳，阴与袁象先谋，遣招讨马步都虞候谯人朱汉宾将兵屯滑州为外应。赵岩归洛阳，亦与象先密定计。

【译文】二月，壬午日（初九），蜀国大赦境内。

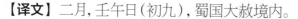

郢王朱友珪得志以后，马上变得荒淫无度，引起朝内外愤怒，朱友珪虽用金帛引诱，但始终没有人依附他。驸马都尉赵岩，是赵犨的儿子，也是后梁太祖朱晃的女婿；而左龙虎统军、侍卫亲军都指挥使袁象先则是后梁太祖朱晃的外甥。赵岩奉派出使大梁，均王朱友贞和他秘密商量要诛杀朱友珪，赵岩说："这件事的成败，就在于都招讨使杨师厚的态度，只要他一句话晓谕禁军，我们的事马上就可以成功。"均王于是派遣了心腹马慎交到魏州去劝说杨师厚，说："郢王杀父篡位，天下的人望都归属于大梁的均王，您如果顺应人心助成这件事情，可以说是非凡的大功劳呀！"并且答应事成之日赏赐给他犒劳将士的钱五十万缗。杨师厚与将佐商议这件事，说："当郢王弒君反叛的时候，我不能立即讨伐他；现在君臣的名分都已经定了，再改变主意好吗?"有人说:"郢王亲自杀死君王父亲,这是贼人;均王发兵复仇,这是义士。尊奉正义、归从义士去讨伐贼人,还计较什么君臣的名分呢!他们一旦打败贼人,您将怎样安顿自己呢?"杨师厚说:"对!我差一点失策。"于是派遣他的部将王舜贤到洛阳,秘密地和袁象先谋划,又派遣马步都虞候谯人朱汉宾率兵屯驻在滑州作为外应。驸马都尉赵岩返回洛阳,也与袁象先秘密制定计策。

　　友珪治龙骧军溃乱者,搜捕其党,获者族之,经年不已。时龙骧军有戍大梁者,友珪征之,均王因使人激怒其众曰:"天子以怀州屯兵叛,追汝辈欲尽坑之。"其众皆惧,莫知所为。丙戌,均王奏龙骧军疑惧,未肯前发。戊子,龙骧将校见均王,泣请可生之路,王曰:"先帝与汝辈三十馀年征战,经营王业。今先帝尚为人所弑,汝辈安所逃死乎!"因出太祖画像示之而泣曰:"汝能自趣洛阳雪仇耻,则转祸为福矣。"众皆踊跃呼万岁,请兵仗,王给之。

　　【译文】朱友珪惩治龙骧军溃散作乱的人,到处搜捕他们的同党,抓到后就杀灭他们全族的人,这件事喧腾了一年多还没停止。当时龙骧军有一部分戍守在大梁,朱友珪下令征调他们进京,均王朱友贞故意派人去激怒军士们说:"天子因为怀州的驻军反叛,准备追捕你们龙骧军所有的人都抓去坑杀。"军士们都十分害怕,不知该怎么办。丙戌日(十三日),均王奏报大梁的龙骧军怀疑恐惧,不肯起程。戊子日(十五日),龙骧军的将领们去觐见均王,哭着请求指示他们一条生路,均王说:"先帝和你们经历三十余年的征战,才经营出这一番王业。现在连先帝都被人所杀,你们还想逃过这一死劫吗?"于是拿出后梁太祖朱晃的画像给他们看,哭着说:"你们如果能前往洛阳为先帝复仇雪耻，就能够转祸为福。"龙骧军兵众跳跃高呼万岁，请求发给兵器。均王发给了他们。

庚寅旦，袁象先等帅禁兵数千人突入宫中。友珪闻变，与妻张氏及冯廷谔趋北垣楼下，将逾城，自度不免，令廷谔先杀妻，次杀己，廷谔亦自刭。诸军十馀万大掠都市，百司逃散，中书侍郎、同平章事杜晓、侍讲学士李珽皆为乱兵所杀，门下侍郎、同平章事于兢、宣政使李振被伤。至晡乃定。

象先、岩赍传国宝诣大梁迎均王，王曰："大梁国家创业之地，何必洛阳！"乃即帝位于大梁，复称乾化三年，追废友珪为庶人，复博王友文官爵。

【译文】庚寅日（十七日）一早，袁象先等率领禁兵数千人冲入宫中。朱友珪听说兵变，与妻子张氏及冯廷谔跑到北垣墙楼下，准备越过城墙出去，朱友珪估计自己终究不能免死，于是命令冯廷谔先杀他的妻子，然后再杀他，冯廷谔后来也刎颈自杀。各路兵马有十余万人乘机到街上大抢大杀，百官都逃散了，中书侍郎、同平章事杜晓和侍讲学士李珽都被乱兵杀死，门下侍郎、同平章事于兢和宣政使李振都受了伤。一直乱到午后快黄昏时才稍微安定下来。

袁象先和赵岩带着传国宝玺前往大梁迎接均王朱友贞，均王说："大梁是我们国家创业发迹的地方，何必一定要定都在洛阳呢？"于是在大梁登基，还称当年为乾化三年，并追废朱友珪为庶人，恢复博王朱友文的官职爵位。

丙申，晋李存晖攻燕檀州，刺史陈确以城降。

蜀唐道袭自兴元罢归，复为枢密使。太子元膺延疏道袭过恶，以为不应复典机要，蜀主不悦。庚子，以道袭为太子少保。

三月，甲辰朔，晋周德威拔燕卢台军。

丁未，帝更名锽；久之，又名瑱。

【译文】 丙申日（二十三日），晋将李存晖率兵攻打燕国的檀州，檀州刺史陈确献城投降。

蜀国的唐道袭从兴元班师回朝后，又担任枢密使。太子王元膺在朝廷中当场数说唐道袭的过失罪恶，认为不应该又让他掌理机要事务，蜀主王建听了非常不高兴。庚子日（二十七日），任命唐道袭为太子太保。

三月，甲辰朔日（初一），晋周德威攻下了燕国的卢台军。

丁未日（初四），梁帝朱友贞改名为锽；过了很久，又改名为瑱。

庚戌，加杨师厚兼中书令，赐爵邺王，赐语不名，事无巨细必咨而后行。

帝遣使招抚朱友谦；友谦复称籓，奉梁年号。

丙辰，立皇弟友敬为康王。

乙丑，晋将刘光濬克古北口，燕居庸关使胡令圭等奔晋。

戊辰，以保义留后戴思远为节度使，镇邢州。

【译文】 庚戌日（初七），后梁加官杨师厚兼中书令，赐爵邺王，下诏书给他时不直呼他的名字以示尊重，无论大小事情都一定要问过他的意见以后才施行。

梁帝朱瑱派遣使者前往招抚朱友谦；朱友谦重新归属为梁朝的藩镇，并奉行梁超的年号。

丙辰日（十三日），后梁帝朱瑱立皇弟朱友敬为康王。

乙丑日（二十二日），晋将刘光濬攻下古北口，燕国的居庸关使胡令圭等人投奔晋王李存勖。

戊辰日（二十五日），后梁帝朱瑱任命保义留后戴思远为保义节度使，镇守邢州。

燕主守光命大将元行钦将骑七千，牧马于山北，募北山兵以应契丹；又以骑将高行珪为武州刺史，以为外援。晋李嗣源分兵徇山后八军，皆下之；晋王以其弟存矩为新州刺史总之。以燕纳降军使卢文进为裨将。李嗣源进攻武州，高行珪以城降。元行钦闻之，引兵攻行珪，行珪使其弟行周质于晋军以求救，李嗣源引兵救之，行钦解围去。嗣源与行周追至广边军，凡八战，行钦力屈而降；嗣源爱其骁勇，养以为子。嗣源进攻儒州，拔之，以行珪为代州刺史。行周留事嗣源，常与嗣源假子从珂分将牙兵以从。从珂母魏氏，镇州人，先适王氏，生从珂，嗣源从晋王克用战河北，得魏氏，以为妾，故从珂为嗣源子，及长，以勇健善战知名，嗣源爱之。

【译文】 燕主刘守光命大将元行钦率领七千骑兵，在山北牧马，招募山北军队来接应契丹的援军；又任命骑兵将领高行珪为武州刺史，作为外援。晋将李嗣源分出一部分兵力进攻山后的八军，都攻了下来；晋王李存勖于是任命他的弟弟李存矩为新州刺史来管理山后的八军。委任燕纳降军使卢文进为副将。李嗣源进攻武州，高行珪献出武州城投降。元行钦听到高行珪投降，率领军队攻打高行珪。高行珪派他的弟弟高行周到晋军中做人质，请求晋军救援。李嗣源率军前来救援，元行钦解除包围撤退回去。李嗣源和高行周一路追赶，一直追到广边军，经过八次大战，元行钦实在无力再战了，只好投降；李嗣源喜爱他作战非常勇猛，于是收他为养子。李嗣源进攻儒州，攻了下来，任命高行珪为代州刺史。高行周留下事奉李嗣源，常常和李嗣源的义子李从珂分别率领牙兵随从出征。李从珂的母亲魏氏是镇州人，原先嫁给王氏，生下李从珂，李嗣源随从晋王李克用到河北作战，得到魏氏，于是收她为妾，因此李从珂就成了李嗣源的儿子，李从珂长大以后，以勇健善战而闻名，李嗣源非常喜欢他。

吴行营招讨使李涛帅众二万出千秋岭，攻吴越衣锦军。吴越王镠以其子湖州刺史传瓘为北面应援都指挥使以救之，睦州刺史传璙为招讨收复都指挥使，将水军攻吴东洲以分其兵势。

夏，四月，癸未，以袁象先领镇南节度使、同平章事。

晋周德威进军逼幽州南门。壬辰，燕主守光遣使致书于德威以请和，语甚卑而哀。德威曰："大燕皇帝尚未郊天，何雌伏如是邪! 予受命讨有罪者，结盟继好，非所闻也。"不答书。守光惧，复遣人祈哀，德威乃以闻于晋王。

千秋岭道险狭，钱传瓘使人伐木以断吴军之后而击之，吴军大败，虏李涛及士卒三千馀人以归。

【译文】吴国行营招讨使李涛率领两万人的军队出千秋岭，进攻吴越的衣锦军。吴越王钱镠任命他的儿子湖州刺史钱传瓘为北面应援都指挥使前往救援，又任命睦州刺史钱传璙为招讨收复都指挥使，率领水军进攻吴国的东洲以分散吴军的兵力。

夏季，四月，癸未日（十一日），任命袁象先兼领镇南节度使、同平章事。

晋周德威率领大军进逼幽州南门。壬辰日（二十日），燕主刘守光派遣使者送信给周德威，请求讲和，非常谦卑地哀求。周德威说："大燕皇帝还没祭天吗? 怎么这么窝囊相呢! 我奉令来讨伐罪人，至于要结盟修好，那不关我的事。"也不回信。刘守光畏惧，又派人前去祈求怜悯，周德威这才把此事向晋王李存勖报告。

千秋岭道路险峻狭窄，钱传璙派人砍伐大树截断吴军的退路，然后发动攻击，吴军大败，钱传璙俘虏了李涛和三千多名士兵返回。

己亥，晋刘光濬拔燕平州，执刺史张在吉。五月，光濬攻营州，刺史杨靖降。

乙巳，蜀主以兵部尚书王锴为中书侍郎、同平章事。

杨师厚与刘守奇将汴、滑、徐、兖、魏、博、邢、洺之兵十万大掠赵境，师厚自柏乡入攻土门，趣赵州，守奇自贝州人趣冀州，所过焚掠。庚戌，师厚至镇州，营于南门外，燔其关城。壬子，师厚自九门退军下博，守奇引兵与师厚会攻下博，拔之。晋将李存审、史建瑭戍赵州，兵少，赵王告急于周德威。德威遣骑将李绍衡会赵将王德明同拒梁军。师厚、守奇自弓高渡御河而东，逼沧州，张万进惧，请迁于河南；师厚表徙万进镇青州，以守奇为顺化节度使。

【译文】己亥日（二十七日），晋将刘光濬攻下了燕国的平州，活捉了刺史张在吉。五月，刘光濬率兵进攻营州，营州刺史杨靖投降。

乙巳日（初四），蜀主王建任命兵部尚书王锴为中书侍郎、同平章事。

杨师厚与刘守奇率领汴州、滑州、徐州、兖州、魏州、博州、邢州、洺州的十万军队大肆掳掠赵地，杨师厚自柏乡入攻土门，进逼赵州。刘守奇从贝州进逼冀州，所过之处，烧杀抢夺，无所不为。庚戌日 (初九), 杨师厚到达镇州, 在南门外扎营, 并放火把城烧了。壬子日 (十一日), 杨师厚从九门撤退到下博, 刘守奇带领军队与杨师厚会合进攻下博, 把它攻了下来。晋将李存审、史建瑭戍守赵州, 兵力少, 赵王王镕于是向周德威告急。周德威派遣骑兵将领李绍衡会同赵将王德明一起抵御梁军。杨师厚和刘守奇从弓高渡过御河, 往东逼近沧州, 张万进害怕了, 请求把他调往河南; 杨师厚于是上表请求把张万进迁去镇守青州, 任命刘守奇为顺化节度使。

吴遣宣州副指挥使花虔将兵会广德镇遏使涡信屯广德, 将复寇衣锦军。吴越钱传瓘就攻之。

六月, 壬申朔, 晋王遣张承业诣幽州, 与周德威议军事。

丙子, 蜀主以道士杜光庭为金紫光禄大夫、左谏议大夫, 封蔡国公, 进号广成先生。光庭博学善属文, 蜀主重之, 颇与议政事。

吴越钱传瓘拔广德, 虏花虔、涡信以归。

【译文】吴国派遣宣州副指挥使花虔率军会同广德镇遏使涡信屯驻在广德, 准备再次进攻吴越的衣锦军。吴越的钱传瓘知道了就率兵前去攻打。

六月, 壬申朔日 (初一), 晋王李存勖派遣张承业到幽州, 与周德威商议军事。

丙子日 (初五), 蜀主王建任命道士杜光庭为金紫光禄大夫、左谏议大夫, 并封为蔡国公, 进号广成先生。杜光庭学识渊博, 善写文章, 王建很看重他, 常与他商议政事。

吴越的钱传瓘攻下广德, 俘虏了花虔、涡信返回。

戊子, 以张万进为平卢节度使。

辛卯，燕主守光遣使诣张承业，请以城降。承业以其无信，不许。

蜀太子元膺，瘕喙龅齿，目视不正，而警敏知书，善骑射，性狷急猜忍。蜀主命杜光庭选纯静有德者使侍东宫，光庭荐儒者许寂、徐简夫，太子未尝与之交言，日与乐工群小嬉戏无度，僚属莫敢谏。

【译文】 戊子日（十七日），梁朝任命张万进为平卢节度使。

辛卯日（二十日），燕主刘守光派遣使者劝说张承业，请求献城投降；张承业认为他过去常常言而无信，没答应他。

蜀国的太子王元膺，生了一张公猪嘴，牙齿外露，眼睛斜视，但是机警敏捷，又有学识，擅长骑马射箭，性情急躁，多疑而狠毒。蜀主王建命令杜光庭挑选性情醇厚而有品德的人去东宫侍奉太子，杜光庭推荐了儒者许寂、徐简夫，但是太子理都不理他们，每天与乐工下人嬉戏玩耍，没有节制，属官没有人敢劝谏。

秋，七月，蜀主将以七夕出游。丙午，太子召诸王大臣宴饮，集王宗翰、内枢密使潘峭、翰林学士承旨高阳毛文锡不至，太子怒曰：“集王不来，必峭与文锡离间也。”大昌军使徐瑶、常谦，素为太子所亲信，酒行，屡目少保唐道袭，道袭惧而起。丁未旦，太子入白蜀主曰：“潘峭、毛文锡离间兄弟。”蜀主怒，命贬逐峭、文锡，以前武泰节度使兼侍中潘炕为内枢密使。

太子出，道袭入，蜀主以其事告之，道袭曰：“太子谋作乱，欲召诸将、诸王，以兵锢之，然后举事耳。”蜀主疑焉，遂不出；道袭请召屯营兵入宿卫，许之。内外戒严。

【译文】秋季，七月，蜀主王建将要在七夕出游。丙午日（初六），太子召集诸王大臣宴饮，集王王宗翰、内枢密使潘峭和翰林学士承旨高阳人毛文锡没到，太子很生气地说："集王王宗翰不来，一定是潘峭和毛文锡在挑拨离间。"大昌军使徐瑶、常谦，一向被太子亲信，饮酒的时候，几次盯着少保唐道袭，唐道袭心里害怕，赶快起身告退。丁未日（初七），早上，太子进宫向蜀主王建启奏说："潘峭、毛文锡两人离间我们兄弟之间的感情。"王建大怒，命令将潘峭、毛文锡贬官放逐出去，任命前武泰节度使兼侍中潘炕为内枢密使。

太子出宫以后，唐道袭入宫进见，蜀主把这件事告诉他，唐道袭说："太子阴谋作乱，计划要召集诸将诸王，派兵把他们都监禁起来，然后发动叛乱。"蜀主听了，心里不免疑惧，七夕就不出游了；唐道袭建议召集屯营兵入宫守卫，蜀主答应了，成都城内外戒备森严。

太子初不为备，闻道袭召兵，乃以天武甲士自卫，捕潘峭、毛文锡至，榍之几死，囚诸东宫；又捕成都尹潘峤，囚诸得贤门。戊申，徐瑶、常谦与怀胜军使严璘等各帅所部兵奉太子攻道袭。至清风楼，道袭引屯营兵出拒战；道袭中流矢，逐至城西，斩之。杀屯营兵甚众，中外惊扰。

【译文】太子王元膺起初没有什么防备，听说唐道袭召集军队，于是用天武甲士进行自卫，又把潘峭、毛文锡两人抓来，把他们几乎打死，然后囚禁在东宫；又把成都尹潘峤抓起来，囚禁在得贤门。戊申日（初八），徐瑶、常谦和怀胜军使严璘等各率领所属部队随从太子攻打唐道袭，到了清风楼，唐道袭率领屯营兵出来迎战；唐道袭被乱箭射中。太子等一直追他到城西，把唐道袭杀死，并杀死很多屯营兵，成都城内外惊慌骚乱。

潘炕言于蜀主曰：“太子与唐道袭争权耳，无他志也。陛下宜面谕大臣以安社稷。”蜀主乃召兼中书令王宗侃、王宗贺、前利州团练使王宗鲁等，使发兵讨为乱者徐瑶、常谦等。宗侃等陈于西球场门，兼侍中王宗黯自大门安梯城而入，与瑶、谦战于会同殿前，杀数十人，馀众皆溃。瑶死，谦与太子奔龙跃池，匿于舰中。及暮稍定。己酉旦，太子出就舟人丐食，舟人以告蜀主，遣集王宗翰往慰抚之；比至，太子已为卫士所杀。蜀主疑宗翰杀之，大恸不已。左右恐事变，会张格呈慰谕军民榜，读至“不行斧钺之诛，将误社稷之计”，蜀主收涕曰：“朕何敢以私害公！”于是，下诏废太子元膺为庶人。宗翰奏诛手刃太子者，元膺左右坐诛死者数十人，贬窜者甚众。

【译文】内枢密使潘炕向前蜀主王建进言说：“太子是为了和唐道袭争权而已，并没有其他的意思，陛下应该当面晓谕大臣们，以安定社稷。”蜀主于是召唤兼中书令王宗侃、王宗贺、前利州团练使王宗鲁等人，让他们调兵讨伐作乱的徐瑶、常谦等人。王宗侃等在西球场门列阵，兼侍中王宗黯从大安门搭梯翻过城墙进入城中，和徐瑶、常谦等在会同殿前交战，杀了几十人，余下众人溃逃。徐瑶战死，常谦和太子逃到龙跃池，藏身在船中。到傍晚才稍微安定下来。己酉日（初九）早上，太子从船中出来向船夫乞讨食物，船夫把这事报告蜀主王建。王建急忙派遣集王王宗翰前往慰问安抚，等到了那里，太子已经被身边的卫士杀死。蜀主王建怀疑太子是被王宗翰所杀，悲恸大哭不已。左右的官员恐怕又生变乱，刚好这时张格把拟好的安抚军民的告示呈献上来，当读到“不行斧钺之诛，将误社稷之计”

（意思是说如果不惩罚这些乱党的话，将会误了国家的大事）时，蜀主才擦干眼泪说："朕怎能因私情危害公事！" 于是，颁布诏书，废黜太子王元膺为平民。王宗翰奏请把亲手杀死太子的人斩首，结果王元膺左右侍从有几十个人被杀，被降职流放的人很多。

庚戌，赠唐道袭太师，谥忠壮；复以潘峭为枢密使。

甲子，晋五院军使李信拔莫州，擒燕将毕元福。八月，乙亥，李信拔瀛州。

赐高季昌爵勃海王。

晋王与赵王镕会于天长。

楚宁远节度使姚彦章将水军侵吴鄂州，吴以池州团练使吕师造为水陆行营应授使，未至，楚兵引去。

【译文】 庚戌日（初十），蜀主王建追赠唐道袭为太师，谥号忠壮；又任命潘峭为枢密使。

甲子日（二十四日），晋五院军使李信攻下莫州，并且生擒了燕国的将领毕元福。八月，乙亥日（初六），李信攻克瀛州。

梁朝赐高季昌渤海王的爵位。

晋王李存勖与赵王王镕在天长会面。

楚宁远节度使姚彦章率领水军进攻吴国的鄂州，吴国任命池州团练使吕师造为水陆行营应援使，吴援军还没有到达，楚兵就退走了。

九月，甲辰，以御史大夫姚洎为中书侍郎，同平章事。

燕主守光引兵夜出，复取顺州。

吴越王镠遣其子传瓘、传璙及大同节度使传瑛攻吴常州，营于潘葑。徐温曰："浙人轻而怯。"帅诸将倍道赴之。至无锡，黑云都将陈祐言于温曰："彼谓吾远来罢倦，未能战，请以所部乘其无备击之。"乃自他道出敌后，温以大军当其前，夹攻之，吴越大败，斩获甚众。

【译文】 九月，甲辰日（初五），梁朝任命御史大夫姚泊为中书侍郎、同平章事。

燕主刘守光带领军队在夜里出击，向晋夺回顺州。

吴越王钱镠派遣他的儿子钱传瓘、钱传璙及大同节度使钱传瑛进攻吴国的常州，扎营在潘葑。徐温说："浙人轻浮又胆怯。"率领诸将兼程赶去迎战。到了无锡，黑云都将陈祐向徐温建议说："他们一定认为我们远路赶来疲惫不堪，不能马上决战，我请求让我率领部属趁他们疏忽防备的时候前往突击。"于是从别的道路绕到敌人后面，徐温带领大军挡在吴越军队的前面，前后夹攻，把吴越军打得大败，杀死俘获的吴越兵很多。

高季昌造战舰五百艘，治城堑，缮器械，为攻守之具，招聚亡命，交通吴、蜀，朝廷浸不能制。

冬，十月，己巳朔，燕主守光帅众五千夜出，将入檀州。庚午，周德威自涿州引兵邀击，大破之。守光以百馀骑逃归幽州，其将卒降者相继。

蜀潘炕屡请立太子，蜀主以雅王宗辂类己，信王宗杰才敏，欲择一人立之。郑王宗衍最幼，其母徐贤妃有宠，欲立其子，使飞龙使唐文扆讽张格上表请立宗衍。格夜以表示功臣王宗侃等，诈云受密旨，众皆署名。蜀主令相者视诸子，亦希旨言郑王相最贵。蜀主以为众人实欲立宗衍，不得已许之，曰："宗衍幼懦，能堪其任乎？"甲午，立宗衍为太子。受册华，潘炕以朝廷无事，称疾请老, 蜀主不许, 涕泣固请, 乃许之。国有大疑, 常遣使就第问之。

【译文】 荆南节度使高季昌制造战船五百艘, 又修筑城墙沟堑, 打造兵器, 准备进攻和防守的器具, 招揽四方的亡命之徒, 并且和吴国、蜀国互相往来, 梁朝渐渐地没法节制他了。

冬季, 十月, 己巳朔日(初一), 燕主刘守光率领五千兵众在夜里出发, 将要进入檀州; 庚午日(初二), 周德威从涿州率领部队截击他, 把他打得大败, 刘守光仅带领一百多名骑兵逃回幽州城, 他手下的部将士卒都相继向晋军投降。

前蜀潘炕屡次请求立太子。蜀主王建认为雅王王宗辂很像自己, 而信王王宗杰则才思敏捷, 想要在两人中挑选一人立为太子。郑王王宗衍最小, 他的母亲徐贤妃受到蜀主的宠爱, 想立她的儿子, 于是让飞龙使唐文扆暗示张格向蜀主上奏请册立王宗衍为太子。张格在夜里把写好的奏表给功臣王宗侃等人看, 欺骗他们说是接受了蜀主的密旨要他这样做, 王宗侃等人都在表上署了名。蜀主让相面的替儿子们看面相, 相面的也迎合着说郑王王宗衍的相貌最尊贵。蜀主王建以为大家都希望能够立王宗衍, 只好答应了, 但是还说: "王宗衍年纪小又个性懦弱, 真能承担这个大任吗? " 甲午日(二十六日), 立王宗衍为太子。册命完毕了以后, 潘炕认为朝廷已没有什么重要大事要他效力了, 就向蜀主报告身体多病, 请求告老还乡; 蜀主原先不答应, 后来潘炕哭哭啼啼地坚决请求, 蜀主这才答应他。不过以后凡是国家有疑难大事, 常派遣使者到他家里征询他的意见。

【乾隆御批】 张格欲结徐妃以自固, 诈称密旨, 胁众署名, 可也。独王建, 明知其子幼懦, 不堪任, 有何不得已, 而委曲徇众之请,诚何谓乎?盖建之据蜀,本不以正,天欲速其亡,故假手童矣,使自蹈倾覆耳。

【译文】 张格想要结交徐妃来巩固自己的地位,他诈称密旨胁迫众人署名,这是张格所为。只是王建,明知他的儿子幼小懦弱,不堪大任,有什么不得已的原因,让他委曲屈从众人的请求,这到底是为什么呢?大概王建本来就不应该占据蜀地,上天想要加速他的灭亡,所以利用幼童,让他自蹈倾覆吧。

岭南节度使刘岩求昏于楚,楚王许以女妻之。

卢龙巡属皆入于晋,燕主守光独守幽州城,求援于契丹;契丹以其无信,竟不救。守光屡请降于晋,晋人疑其诈,终不许。至是,守光登城谓周德威曰:“俟晋王至,吾则开门泥首听命。”德威使白晋王。十一月,甲辰,晋王以监军张承业权知军府事,自诣幽州,辛酉,单骑抵城下,谓守光曰:“朱温篡逆,余本欲与公合河朔五镇之兵兴复唐祚。公谋之不臧,乃效彼狂僭。镇、定二帅皆俯首事公,而公曾不之恤,是以有今日之役。丈夫成败须决所向,公将何如?”守光曰:“今日俎上肉耳,惟王所裁。”王悯之,与折弓矢为誓,曰:“但出相见,保无它也。”守光辞以它日。

【译文】 岭南节度使刘岩向楚王马殷请求联婚,楚王答应把女儿嫁给他。

卢龙节度使的管辖州县都被晋占有,燕主刘守光独自据守幽州城,向契丹请求救援。契丹认为他一向无信,终究没能前来救援。刘守光屡次向晋王李存勖请求投降,晋人怀疑他有诈,一直没有答应。到这时候,刘守光登上城楼对周德威说:“等晋王亲自来了,我就开门俯首听命。”周德威派人向晋王报告。十一月,甲辰日(初六),晋王李存勖让监军张承业暂时代理军府的事务，亲自赶到幽州，辛酉日（二十三日），晋王单骑到达幽州城下，对刘守光说："朱温叛逆篡位，我本来要与你会合河朔五镇的兵马来复兴唐朝。可是你图谋不轨，竟然也像朱温一样狂妄僭越。镇州王镕、定州王处直二帅都很恭敬地侍奉你，而你从来也不体恤他们，所以才有了今天这一场战斗。大丈夫能成能败，要看他决定的去向，你现在打算怎么办？"刘守光说："今天我可以说是块砧板上的肉罢了，完全看大王的裁决。"晋王李存勖怜悯他，和他折断弓箭立誓保证，说："只要你出城相见，我保证你没有别的事情。"刘守光用改日来推托。

先是，守光爱将李小喜多赞成守光之恶。言听计从，权倾境内。至是，守光将出降，小喜止之。是夕，小喜逾城诣晋军降，且言城中力竭。壬戌，晋王督诸军四面攻城，克之，擒刘仁恭及其妻妾，守光帅妻子亡去。癸亥，晋王入幽州。

以宁国节度使王景仁为淮南西北行营招讨应接使，将兵万馀侵庐、寿。

【译文】在这以前，刘守光的爱将李小喜多佐助促成刘守光的恶行，刘守光对他是言听计从，所以李小喜的权势在燕国凌越其他人。到这时候，刘守光准备出城投降，李小喜却阻止他。当晚，李小喜翻城出来到晋军那里投降，并且透露说城中已经再无力抵抗。壬戌日（二十四日），晋王李存勖督率各路兵马四面攻城，攻下了幽州城，活捉了刘仁恭和他的妻妾，刘守光则带着他的妻儿逃跑了。癸亥日（二十五日），晋王进入幽州城。

后梁任命宁国节度使王景仁为淮南西北行营招讨应接使，率领万余人的军队进攻庐州、寿州。